Manual de

Historia de la Cultura

Manual de

Historia de la Cultura

Carlos Alvear Acevedo

LIMUSA

NORIEGA EDITORES

MÉXICO • España • Venezuela • Colombia

GRUPO NORIEGA EDITORES
BALDERAS 95, MÉXICO, D.F.
C.P. 06040
521-21-05
91(800) 7-06-91-00
512-29-03
limusa@noriega.com.mx
www.noriega.com.mx

CANIEM NÚM. 121

PRIMERA EDICIÓN
HECHO EN MÉXICO
ISBN 968-18-5816-6

Contenido

Capítulo 1

La cultura

La cultura es natural en el hombre... en el mismo sentido en que lo son también el trabajo de la razón y de las virtudes, del cual es ella el fruto y la terminación terrenal: responde al anhelo fundamental de la naturaleza humana, pero es obra del espíritu y de la libertad, añadiendo sus esfuerzos al de la naturaleza.

JACQUES MARITAIN

Concepto de cultura

Es el lenguaje común, la palabra *cultura* es antigua.

En un principio, la palabra cultura – equivalente de *cultivo* – se refería a las actividades del campo, al trabajo en la tierra para obtener de ésta los frutos deseados; y esto es explicable porque un campo en cultivo es distinto, en su apariencia y en sus resultados, a un campo abandonado.

Tal concepto del vocablo *cultura*, basado en la explotación del suelo – *cultura, agricultura* – , se transformó, en el correr del tiempo, y se aplicó a las obras producidas por el hombre en general, especialmente en lo tocante a las cosas del espíritu. Fue en el siglo XVII, según parece, cuando comenzó a emplearse en Europa esta acepción más elevada de la palabra *cultura.* Un hombre *culto* ha resultado ser, desde entonces, un hombre de conocimientos, un individuo dedicado al estudio, al saber, al *cultivo* de su inteligencia. Un hombre rudo, o *inculto*, es, por oposición, un hombre poco *cultivado*, un individuo sin preparación.

El concepto de *cultura* como tarea individual, debe, sin embargo, completarse con una concepción más amplia que abarque a la especie humana en su conjunto; y con tal motivo puede hablarse de *cultura* como *la suma de las creaciones humanas acumuladas en el transcurso de los años.*

Al mirar los hechos conforme a este último punto de vista, el colectivo, encontramos que esas creaciones han tenido características especiales según los distintos grupos, según los distintos países, según los distintos continentes. *Por ello, aun cuando es verdad que todos los hombres pertenecemos a la misma especie, y somos esencialmente iguales, no es menos cierto que nos hemos diferenciado por la forma y fisonomía de la cultura elaborada en cada parte y en cada época.* En tal virtud, ha llegado a hablarse de una cultura americana, de una cultura europea, o de una cultura asiática, así como, más concretamente, han podido distinguirse culturas de carácter específico, como la cultura francesa, la cultura china, o la cultura maya.

Todo lo cual no impide que se pueda reconocer que, a medida que los humanos nos comunicamos e interrelacionamos más, la cultura se universaliza también.

Por lo demás, si desde las etapas más remotas de la Prehistoria, todos los humanos han aplicado su inteligencia a adquirir conocimientos —por rudimentarios que ellos hayan sido o sean— a la lucha por la existencia y el desarrollo de su espíritu a fin de sobrevivir, *puede decirse que todos los individuos, sin distinción, han gozado de los bienes de la cultura* —lo mismo el cazador que usaba un cuchillo o un hacha, que el científico que coopera a la desintegración nuclear—, como puede decirse que todos los pueblos han tenido, asimismo, una cultura, por primitiva que sea o haya sido.

Algunos pueblos han forjado mayores bienes de cultura que otros, desde luego, pero ninguno ha estado ausente en esta tarea de transformación y creación a lo largo de las edades.

Cultura y civilización

Hay quienes, por otra parte, se han preguntado si las expresiones de *cultura y civilización* significan lo mismo y pueden utilizarse indistintamente.

En algunas naciones apenas hay diferencias en el empleo de una y otra palabra. En Francia y en Inglaterra, por ejemplo, se habla casi sin distinción de ellas. En Alemania y en el territorio de la antigua Unión Soviética se prefiere establecer diferencias.

En realidad la idea de *civilización* es mucho más reciente que la de *cultura.*

El vocablo *civilización* se emparentaba con la raíz *civis,* que se encontraba ya en expresiones tales como *civil y cívico,* y que tenía que ver con las *civitas* latina, o ciudad, centro de la vida urbana, por oposición a la vida en el campo, o a la vida de los bárbaros. Ser civilizado vino a significar el ser refinado, el ser pulido, el saber comportarse ante los demás con cortesía y comedimiento.

Por nuestra parte podemos afirmar, en general, que la cultura tiene dos acepciones fundamentales: una amplia, genérica, que se refiere a *toda la obra de los humanos capaz de convertirse en un bien de la vida;* y otra, más restringida, que es *la tocante a ciertas formas más elevadas de la inteligencia, como la filosofía, la literatura, o el arte.*

A su vez, la civilización puede considerarse como *el conjunto de las obras referidas más bien a la transformación de la vida material, el uso de la técnica, el invento de la maquinaria, y la disposición de objetos tangibles para satisfacer necesidades de toda clase.* Entendida así la civilización, *no puede negarse que es parte de la cultura en su acepción amplia, y que ésta, por tanto, abarca a la civilización —valores materiales— y a la cultura —valores más altos del espíritu— en su acepción restringida.*

Lo ideal, conforme a ello, es que en cada persona y en cada pueblo haya armonía entre la vida material y la vida espiritual, aunque la experiencia demuestra cuán difícil es poder llegar a esa meta. El deseado equilibrio sigue siendo —y seguirá siendo— un objetivo a alcanzar, que para obtenerse demanda gran esfuerzo, salud mental y una visión correcta del mundo y de la existencia.

Grados de la cultura

La cultura como conjunto de creaciones humanas, de valores, es una realidad social que deja huellas indudables en el individuo. *Éste vive en gran medida de lo que otros seres humanos y otras*

El vocablo cultura, basado originariamente en la explotación del suelo —cultura, agricultura—, se transformó en el correr del tiempo y se aplicó en general a las obras producidas por el hombre

generaciones anteriores a él prepararon e hicieron.

En el estado actual de los conocimientos, y atenta la vastedad de éstos, es imposible tener presentes todos los datos y nociones en forma completa, porque no hay mente humana capaz de hacerlo. En épocas idas fue factible que algunos hombres extraordinariamente dotados —Aristóteles, Pico de la Mirándola, Leonardo da Vinci, por ejemplo— manejasen elementos culturales de toda índole, porque la cultura llegaba sólo hasta ciertos límites, pero tal experiencia nadie puede repetirla ahora. *Todo lo más —y esto es bastante— que importa es tener un criterio básico, una visión panorámica de las aportaciones humanas, independientemente de la especialización que cada quien sea capaz de seguir.*

El saber acerca de algunos puntos, no da, con todo, categoría de persona culta. Una persona culta lo es, más bien, en la medida en que sepa coordinar su campo de conocimiento con el conjunto del saber general.

Podemos darnos cuenta con ello de que la cultura de un individuo está en relación estrecha con el mundo en el que vive. Un beduino se ve rodeado de circunstancias que no son las mismas de un profesor de Oxford, y la cultura de uno y otro ofrece fisonomías diferentes. *La cultura personal depende, pues, en porcentaje inocultable, de la cultura de un grupo o clase, como la cultura del grupo o clase depende, a su vez, de la cultura de la sociedad general ya que en todo esto hay comunicación e interrelaciones continuas.* Y es evidente que la cultura, en cuanto tal, no habría podido tener el desenvolvimiento que en muchos aspectos ha tenido, sin la aportación de hombres de genio, o de hombres dedicados sistemáticamente a las tareas creadoras o de investigación. Tampoco habría sido posible que esos hombres hubiesen podido hacer nada sin lo que recibieron de sus antepasados o de sus contemporáneos.

Aristóteles pudo, en su época, manejar elementos culturales de toda índole y naturaleza, porque el saber llegaba sólo hasta ciertos límites, sin que tal experiencia pueda ser repetida ahora, debido a la complejidad y amplitud de los conocimientos

Historia de la cultura

Al hacer el repaso de los acontecimientos ocurridos en el pretérito, que constituyen la materia de la historia, el investigador ha de apreciar las realidades que apuntamos con anterioridad y darse cuenta de que no puede ver, en ese mismo pretérito, una sucesión escueta y árida de fechas, nombres, referencias doctrinales y movimientos políticos y económicos.

Tiene que ahondar más y ver, en un marco sustancial de las cosas, la cultura dominante en cada momento, y cómo eran las características de ella, para entender los acontecimientos con más depurado criterio. Sin eso, su idea de la historia siempre será trunca. Le es preciso darse cuenta de lo que se ha podido obtener en tales o cuales aspectos, cuántos elementos han llegado a niveles altísimos —como en el caso de las ciencias experimentales—, cuántos frutos positivos de bien material han podido lograrse, pero también, en la misma visión, cuántos fracasos, cuántas limitaciones, cuántas deformaciones han tenido lugar en daño de la sociedad y de los individuos.

La historia de la cultura pone delante del hombre actual la gran suma de las realizaciones del pasado, como una enseñanza de valor inapreciable, a fin de entender mejor ese pasado y actuar mejor en el presente.

A San Agustín (354-430), nacido en Tagaste, Numidia, en el norte de África, se le considera como el iniciador de la filosofía de la historia

Historia e historiografía

La historia trata de aportar conceptos básicos de cuanto ocurrió en las épocas anteriores, y aspira, incluso, a ser guía y elemento de orientación.

Ante las grandes inquietudes de todo ser humano sobre su presente, sobre de dónde viene, y adónde va, la Historia le ayuda a tener elementos para dar contestación a sus interrogantes planteadas acerca de su origen y lo que aconteció antes de él.

Tal es el papel de la Historia.

Debe, con todo, distinguirse claramente lo que es la *Historia* y lo que es la *Historiografía,* porque la *primera es el conocimiento del pasado en su mayor amplitud, es el relato razonado de los hechos, con la búsqueda de las explicaciones que sean indispensables,* en tanto que la segunda, la Historiografía es sólo *el relato escueto, la narración, el escrito propiamente dicho, sin mayores ambiciones que la de apuntar los datos y señalar los hechos.*

Se sigue de allí que el *historiador encuentra causas y factores en la gran trama de los sucesos del pasado, explica y encuentra la razón de ser de lo ocurrido.*

El historiógrafo simplemente escribe los hechos, sin tratar de darles interpretación y sin analizarlos.

La filosofía de la historia

¿Tiene la Historia, por lo demás, un sentido determinado? ¿Es posible hallar en ella un orden, una explicación, algo que permita entender el porqué del paso del hombre en la Tierra?

Ha habido pensadores que se han echado a cuestas la tarea de encontrar un hilo conductor en la Historia y de allí ha nacido la *Filosofía de la Historia.*

Estrictamente, la denominación de Filosofía de la Historia es algo moderno. *Los antiguos, lo mismo en Grecia que en Roma, estaban más bien persuadidos de que lo noble y mejor estuvo en el pasado; constituyó una edad de oro ya liquidada sucedida por tiempos cada vez peores hasta llegar a ellos.* El heleno *Hesíodo* y el latino *Ovidio* explicaron la existencia de varias edades que pasaron de lo más elevado a lo más lastimoso. Fue menester, pues, que se cambiaran muchos conceptos, para que se pensara en que era posible esperar que en el futuro hubiese algo preferible a lo ya conocido. *La idea puesta hacia el porvenir fue propiamente de origen hebreo, y se relaciona con el sentido mesiánico del pueblo judío, en su literatura religiosa, y especialmente en los escritos de Isaías.*

Esta visión futurista mesiánica, de las cosas, *en el Cristianismo encuentra su expresión más depurada y ennoblecida, como marcha del hombre a Dios.*

En medio de todo ello, es posible ver en San Agustín, obispo de Hipona, el verdadero fundador de la Filosofía de la Historia como disciplina y como aportación destacada. En su *Ciudad de Dios,* escrita en las postrimerías del Imperio Romano, San Agustín sostiene la idea central de que la Historia humana, considerada en su conjunto, no es otra cosa sino una lucha entre dos reinos, el de Dios y el del mundo, esto es, entre la *civitas Dei* (ciudad de Dios) y la *civitas terrena.* Es decir, de una parte la vida que se proyecta hacia lo Infinito e Inefable, que es Dios, y de otra, la vida puramente temporal, mundana, carente de valores espirituales. La llegada de Jesús, la Redención, es, sin embargo, el punto central, porque gracias a ella la ciudad de Dios se levanta sobre la ciudad terrena, y el objetivo final en la historia del mundo será el triunfo de los bienaventurados. La historia, en suma, es una labor de la providencia y del hombre.

Este gran filósofo africano, de Tagaste, considerado por la crítica como "el último hombre antiguo y el primer hombre moderno", no despreciaba la cultura grecolatina, la que había estudiado y cultivado a fondo, y que le había dado sus primeras visiones de la existencia; quiso situarla, empero, en su verdadero valor, y la encontró sin energía que el Cristianismo, a su vez, habría de darle, y que sería definitiva para la comprensión futura de los hechos.

Echada a andar así, la Filosofía de la Historia, fue posible distinguir diversos sistemas de interpretación de la Historia, tales como los de:

a) *Rogerio Bacon,* que en el siglo XIII afirmó la idea de que en el transcurso de los años los hombres necesariamente deben mejorar y contar con mayores bienes; obtenidos los cuales, la vida se supera, conforme a una especie de progreso cada vez más rico y apetecible. Paralelamente a él opinaron: *Paracelso,* a principios del siglo XVI; *Francisco Bacon,* considerado como "el precursor de la gran superstición del progreso necesario y fatal"; y *Renato Descartes* y los suyos, iniciadores de la filosofía moderna, que pensaron, asimismo, que la Humanidad a más de enriquecerse en forma continua de conocimientos, constantemente también se mejora. Diversos autores, como *Malebranche, Leibnitz, Voltaire, Vico* y otros, coinciden sustancialmente en sostener este criterio.
b) No fueron ajenos al punto de vista del progreso continuo, dos influyentes pensadores del siglo pasado, *Federico Guillermo Hegel y Augusto Comte,* aunque con matices especiales. Así, Hegel, persuadido de que en la esencia de las cosas es la idea lo primordial, *entendió la Historia como una sucesión persistente e inacabable de los hechos* (la dialéctica), *en etapas sucesivas que eran tres, a las que él llamó respectivamente tesis, antítesis y síntesis.* Comte,

Federico Engels (1820-1895), junto con Carlos Marx, propugnador principal del materialismo dialéctico

por su parte creyó ver en la Historia un movimiento, igualmente gradual y sucesivo, a lo largo de varias edades o "estados", que para su modo de pensar resultaron ser: *el estado teológico, el estado metafísico,* y, finalmente, el *estado científico,* basados cada uno de ellos en el tipo de ideas que movían las conciencias y que explicaban el mundo: *la religión, la filosofía* y *la ciencia.*
c) Todavía en el mismo plano del progresismo, puede anotarse el sistema materialista de *Carlos Marx, Federico Engels* y sus seguidores. Con-

vencido de que la realidad descansa en la materia, Marx indicó que el desarrollo de la Historia no es otra cosa que una sucesión de las etapas señaladas por Hegel, sólo que en forma de *materialismo dialéctico,* que en un momento dado, debería concluir, dentro de lo previsible, en un *comunismo* integral. *Dijo, asimismo, que en la base de todas las estructuras culturales estaba la economía, y que el motor de la Historia era la lucha de clases.*

d) En el pensamiento del inglés *Tomás Carlyle,* la Historia no es fruto de las masas, de los conglomerados sociales, sino de los individuos, los *héroes,* que son quienes señalaban los rumbos a los demás.

e) *Guillermo Dilthey,* alemán, indicó que todas las cosas humanas son relativas a un tiempo; el hombre no es inmutable, sino que "se presenta en las formas más variadas y diversas"; la historia, para el hombre, no es sino un *recuerdo* que él interpreta, y dentro de la historia cada época tiene sus propios valores y sus propias ideas. Lo único permanente es la vida. A este sistema se le llama *historicismo.*

f) El alemán *Oswaldo Spengler,* en el presente siglo, se pronunció contra el progresismo, pero también contra la Filosofía de la Historia. *"La historia,* dijo, *carece de sentido".* Para él, *lo único que tiene sentido es el desenvolvimiento de cada cultura en particular, que a semejanza de lo que ocurre con las plantas, pasa de su nacimiento al desarrollo, a la reproducción y a la muerte.* Hay culturas que como las antiguas de la India, de China, o del Islam, cuando han alcanzado todas sus posibilidades, se mueren y no quedan de ellas sino ramas secas. De este modo, más que un desenvolvimiento general de la Humanidad, *para Spengler sólo existen ciclos culturales independientes.*

La experiencia histórica demuestra, por lo demás, que *es falsa la concepción que quiere ver un progreso continuo de la Humanidad, un mejoramiento sucesivo de ésta en el transcurso de los años.*

Como escribió con toda verdad *Antonio Caso* al valorar los sistemas que descansan en el progreso fatal, no puede admitirse que, en lo físico, el hombre contemporáneo sea superior al de las etapas salvajes. *"Nuestros sentidos, nuestro vigor muscular, nuestro ego físico y biológico,* dijo, *es inferior a la recia individualidad de los primitivos. La civilización, en vez de aumentarlo, ha disminuido considerablemente el vigor físico de las unidades humanas".* Por lo que ve al progreso intelectual, es preciso reconocer, que *si en lo científico y técnico ha habido un aumento inconmensurable de conocimientos y experiencias —a una escala que en los últimos años ha llegado a cimas extraordinarias—, en lo artístico, en lo filosófico y en lo moral ha habido, en cambio, diferencias, al distinguirse épocas de esplendor seguidas de decaimiento, épocas de laxitud seguidas de auges breves, y largas etapas en las que la chispa creadora no ha aparecido visiblemente.* ¿La escultura actual, por ejemplo, es mejor que la de Scopas, Fidias y Praxíteles, en los siglos V y VI antes de Cristo? ¿Los pintores italianos del siglo XIV supusieron un adelanto en relación a Giotto y Cimabué? ¿Pirandello es como autor teatral un fruto evolucionado superior a Esquilo, Eurípides y Sófocles? Evidentemente no. La apreciación más elemental de las cosas revela que no puede afirmarse, de modo cierto, un progreso fatal del intelecto, en lo tocante a la creación cultural de la filosofía, del arte, y ni siquiera de la moralidad del ambiente, sino situaciones diferentes en cada época y en cada individuo. El progreso de la ciencia y de la técnica, en cambio, es un dato irrebatible que supone un aumento considerable en los elementos de la civilización al alcance de una mayor suma de personas.

Se sigue de lo anterior que es indispensable valorar la cultura de la Humanidad con un criterio que sepa distinguir, en cada caso, lo bueno, lo malo y lo mediocre de cuanto ha sido producido, para juzgar mejor las distintas etapas históricas, y para apreciar lo que ellas nos han aportado. *Y si un sentido debe reconocerse en la Historia, es, por una parte, el de ver cómo cada hombre, o cada pueblo, han tenido oportunidades diversas para alcanzar su bien y su enaltecimiento, que pueden haber aprovechado o no, según los casos, en una lucha ardua y trabajosa en la que la libertad, entendida como un valor moral, y las fuerzas del espíritu, se han enfrentado al libertinaje y a las fuerzas negativas, en una pugna dramática. Por otra parte, todo tiene sentido en la marcha hacia Dios. Cuando alguna época o algún hombre han podido contribuir a su superación y desarrollo, han ayudado a la cultura y han preparado los elementos necesarios para su bien.*

Sentido de la cultura

Resultado de las consideraciones previas es el de que la cultura, como expresión creadora del hombre, tiene que orientarles al servicio de éste. Todos los valores espirituales y materiales sólo encuentran su razón de ser en la medida en que permiten a los individuos y a las colectividades —a la Humanidad entera en suma— obtener su máximo desarrollo. La cultura, pues, ha de servir al hombre, y no es lícito pensar que sea el hombre el que tenga que servir a la cultura.

Lecturas

Los varios linajes humanos

De oro fabricaron los dioses, poseedores de palacios olímpicos, el primer linaje de los hombres. Vivían éstos en tiempo de Cronos, que reinaba en el cielo; y su vida era como la de los dioses: su corazón estaba libre de atenciones y apartado de toda suerte de dolores. No se hallaban bajo el agobio de la vejez mísera, puesto que su juventud era perenne en sus brazos y en sus piernas, gozaban en convites, y se veían privados de todo mal. Un sueño plácido era su muerte. Cuanto poseían lo tenían en común. Los campos de cultivo eran fértiles, y de ellos se obtenían los frutos de modo espontáneo y en gran abundancia. Los hombres, pues, complacidos y serenos, gozaban de tales frutos. Por mandato de Zeus, el poderoso, fueron a la tumba los componentes de este linaje, constituido por los genios del bien en el haz de la tierra, y continúan dando protección a los seres humanos...

Después, los dioses... forjaron un segundo linaje, que fue inferior al otro: fue de plata, y se diferenció del precedente en el ingenio y en la forma. Crecían los niños y se instruían al lado de su madre por cien años, en cabal sencillez, dentro de su propia morada. Mas cuando crecían y llegaban a la época de la pubertad, su existencia era corta y sufrían dolores a consecuencia de su necedad: porque eran temerarios, no veneraban a los dioses inmortales, ni les ofrecían sacrificios en sus altares... Fueron destruidos por el Cronida... Al cubrir la tierra a los hombres de tal linaje, quienes vivimos ahora los denominados genios subterráneos e inferiores, aunque cuentan, asimismo, con honores propios.

Un tercer linaje creó entonces el padre Zeus, el de bronce, desemejante al de plata, duro como labrado de una encina, dado a crueldades y poderoso. Aplicáronse los hombres de este linaje a las tareas de Ares, y gestaron pugnas y gemidos. Eran indómitos, no comían y su corazón era duro, semejante al bronce... De bronce eran también sus armas y sus casas, porque era desconocido aun el hierro de color negro. Derrotados por sus manos mismas, acabaron sin gloria en los ámbitos del temible Hades.

Cuando tal linaje lo cubrió la tierra por mandato de Zeus, éste forjó otro más, de mayor justicia y condición: linaje de héroes a quienes denominamos semidioses... Otros más los llevó Zeus en embarcaciones, más allá del mar y de sus abismos, a fin de que pelearan por Helena, la hermosa de cabellera abundante, en Troya, y su vida concluyó allí. Y separados ya de los demás hombres, el Cronida, el padre Zeus, los confinó en las postrimerías del mundo, en donde viven, con felicidad, apartados de preocupaciones, en las Islas Afortunadas, cerca de las corrientes profundas del Océano.

¡Cuán deseable habría sido que yo no hubiese tenido que vivir entre quienes componen el quinto linaje, sino que hubiera parecido antes o llegado al mundo después! Porque los hombres de este linaje son de hierro. Nunca ellos terminan de trabajar en el curso del día ni de sufrir agobios; y aun en la noche se consumen de infortunios, porque les envían los dioses cuidados agobiantes. Empero, incluso para ellos, los males y los bienes se entrecruzan. Una vez que los hombres nazcan con canas, Zeus acabará con este linaje.

HESIODO

Profecía mesiánica

XI, 2: *El pueblo que andaba en tinieblas, vio una luz grande. Sobre los que habitan en la tierra de sombras de muertes resplandeció una brillante luz.*
2. *Multiplicas la alegría, has hecho grande al júbilo, y se gozan ante ti, como se gozan los que recogen las mies, como se alegran los que reparten la presa.*
3. *Rompiste el yugo que pesaba sobre ellos, el dogal que oprimía su cuello, la vara del exactor como en el día de Madián.*
4. *Y han sido echados al fuego y devorados por las llamas las bocas jactanciosas del guerrero y el manto manchado en sangre.*
5. *Porque nos ha nacido un niño, nos ha sido dado un hijo que tiene sobre los hombros la soberanía, y que se llamará Maravilloso Consejero, Dios Fuerte, Padre Sempiterno, Príncipe de la Paz.*
6. *Para dilatar el imperio y para una paz ilimitada sobre el trono de David y de su reino, para afirmarlo y consolidarlo en el derecho y en la justicia desde ahora para siempre jamás. El celo de Yavé de los ejércitos hará esto.*

ISAÍAS
TRAD. NÁCAR COLUNGA

Los héroes

Según mi entender, lo que es la Historia universal, lo hecho por mano humana, es, básicamente, la historia de los grandes individuos que trabajaron entre nosotros. La existencia general fue modelada por grandes caudillos, testimonios vivos en amplio sentido de todo aquello que el conjunto de los hombres quiso obtener o llevar a término: todo lo que contemplamos realizado y capta nuestra atención es el fruto tangible y externo, la concreción práctica, la idea hecha materia de los hombres eminentes... La historia del mundo en su conjunto... El hombre grande es foco de luz viva, manantial que extasía, claridad que abate en el mundo las sombras, no en forma de lámpara que refulge, sino como luminaria natural que esplende como bien del cielo; es una cascada brillante, en donde abundan en forma propia y espontánea, la nobleza y la virilidad... y en cuya relación no existe alma que no se sienta en su ambiente.

TOMÁS CARLYLE

Los factores de la historia

El hombre es el protagonista de la historia, y ésta el resultado de un conjunto de factores de distinto orden. La filosofía de la historia se hace cargo de tales hechos para ver de comprender las raíces y valoración de los sucesos históricos. He aquí los principales factores de la historia: a) El medio externo. La geografía. b) La etnografía. c) El medio cultural, social y económico. d) La acción pragmática. e) La acción progresiva.

El medio externo, geográfico, tiene señalada importancia para comprender lo histórico. Significa tanto influencias favorables como desfavorables, estimulantes como deprimentes. El medio geográfico a veces refuerza la tarea del hombre, a veces la debilita o nulifica. Se ha dicho que la geografía hace historia, sí, pero también el hombre es capaz de transformar su medio geográfico en su propio beneficio: cabe decir, también, que la historia hace geografía.

En segundo lugar hay que tomar en cuenta la casta o calidad del linaje humano, ello es, la raza. Este vocablo, a decir verdad, queda reabsorbido dentro del término más amplio, de pueblo, éthnos. La etnografía, en efecto, describe los diversos pueblos típicos de la tierra. Al hacerlo, trata de vincular las aptitudes y capacidad de esos componentes, los individuos, con la llamada antropología somático-física. Tocante al factor cultural, social y económico, cabe considerar su diversidad y jerarquía. Los bienes culturales, en efecto, varían de época a época y de pueblo a pueblo. Una es la religión de Egipto y otra la de Israel; el arte americano presenta caracteres diversos al arte de la Florencia renacentista; el derecho romano se compuso de preceptos muy diferentes a los de las instituciones de la China Roja.

Lo pragmático es cuando tiene resonancia en la historia; lo cual influye por igual en individuo y sociedad. Unos hechos y hombres son más importantes que otros.

FRANCISCO LARROYO

BIBLIOGRAFÍA FUNDAMENTAL

CASO, Antonio. *El Concepto de la Historia Universal y la Filosofía de los Valores.* Ediciones Botas. México, 1933.
BLOCH, Marc. *Introducción a la Historia.* Breviarios del Fondo de Cultura Económica. México-Buenos Aires. 1957.
DEZZA, Paolo. *Introducción a la Filosofía.* Traducción de Antonio Ibargüengoitia. Editorial Porrúa. México. 1964.
ELLIOT, T. S. *Notas para la Definición de la Cultura.* Emecé Editores. Buenos Aires. 1952.
GRAEMANN, Martín. *La Filosofía de lo Cultura de Santo Tomás de Aquino.* Editorial Poblet. Buenos Aires. 1948.
LARROYO, Francisco. *Introducción a la Filosofía de la Cultura.* Editorial Porrúa. México. 1971.
LECLERCQ, Jacques. *Filosofía e Historia de la Civilización.* Ediciones Guadarrama. Madrid.
MARITAIN, Jacques. *Religión y Cultura.* Librería Editorial Santa Catalina. Buenos Aires. 1940.
RAMÍREZ TORRES, Rafael. *Épica Helena Post-Homérica.* Clásicos Jus. México. 1963.
SAN AGUSTÍN. *La Ciudad de Dios.* Biblioteca de Autores Cristianos. Madrid. 1958.
SCIACCA, Michele Federico. *Historia de la Filosofía.* Editorial Luis Miracle. Barcelona. 1962.
SEPICH, Juan R. *Introducción a la Filosofía.* Cursos de Cultura Católica. Buenos Aires. 1942.

Capítulo 2

La cultura prehistórica

Los fenómenos humanos se distinguen esencialmente de los fenómenos físicos porque en aquéllos intervienen de modo decisivo la inteligencia, la voluntad y el esfuerzo del hombre, factores capaces de influir, dentro de ciertos límites, en la realización ciega de las leyes naturales y en la persistencia de los hechos físico-geográficos.

José Luis Osorio Mondragón

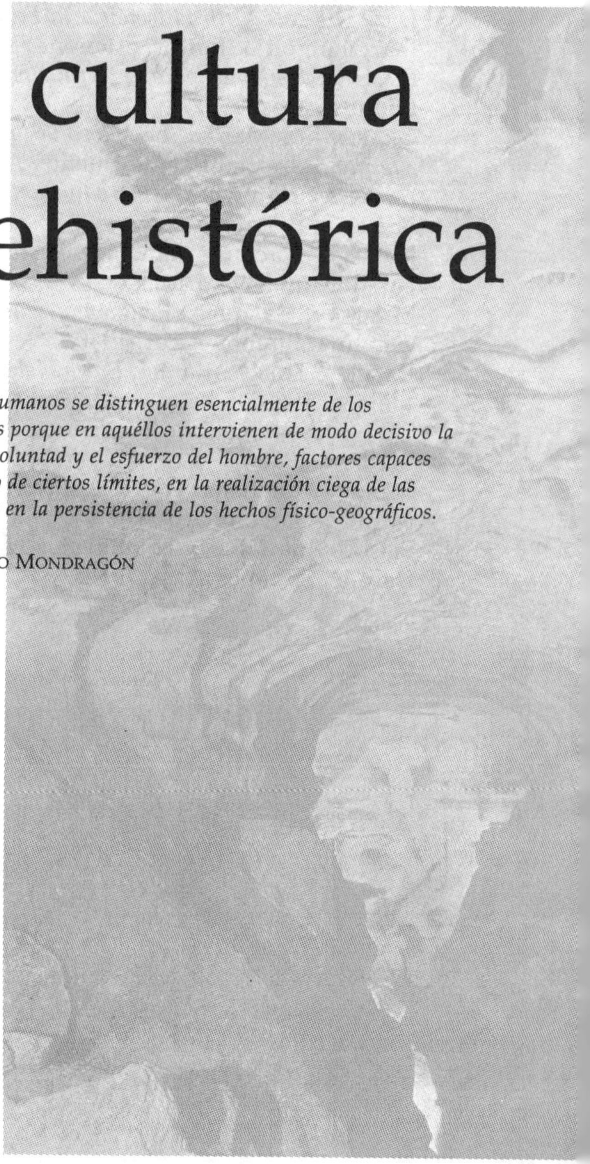

Hombre, Geografía e Historia

Si la *Geografía* ha podido ser definida como *"la ciencia de los fenómenos físicos, biológicos y sociales considerados en su distribución sobre la superficie de la Tierra, las causas que los originan y sus relaciones recíprocas"*, es fundamental para toda clase de estudios históricos.

La Geografía señala cuál es el escenario en donde las comunidades humanas han actuado y permite entender muchos de los acontecimientos ocurridos en éstas. Junto con la *Cronología* – que permite medir las etapas históricas en función del tiempo –, la Geografía es una de las ciencias auxiliares de mayor relieve para nuestra materia, y por ello a ambas se les ha llamado, en conjunto, *"los ojos de la Historia"*.

El ser humano tiene, y ha tenido, en efecto, que estar atento al espacio circundante, y ha sido, respecto de él, según los casos, señor y siervo. *Determinados ambientes geográficos pesan demasiado ominosamente sobre los grupos humanos;* tal, por ejemplo, lo ocurrido con algunas tribus indígenas en las selvas del Amazonas, o del centro del África, en donde la vegetación desmedida constituye una malla que impide la comunicación fácil, el cultivo en terrenos despejados, o el arraigo en establecimientos sedentarios con recursos propios. El medio es en extremo hostil, y las armas técnicas de los pueblos primitivos resultan ser de escaso valor para un desarrollo social apreciable.

Las condiciones geográficas, vistas por otra parte, como factores en la fisonomía, aun física, de los individuos, constituyen materia de reflexión. El

Las condiciones geográficas influyen decisivamente en determinadas formas de vida socioeconómica y cultural del hombre, pero éste, a su vez, modifica el paisaje mediante las labores que realiza

calor o el frío excesivos, las temperaturas templadas, las montañas, los horizontes abiertos, son, todos ellos, elementos de interés para la determinación de algunos tipos antropológicos, y de determinados caracteres o estilos de vida. ¿Y quién puede ignorar que la vida en terrenos montañosos es, a su vez, de influencia decisiva en un carácter reservado, mientras el individuo de la planicie, o el que habita las orillas del mar, suele, en cambio, ser más expansivo y de más rápida comunicación con sus semejantes?

Geografía y Cultura

A lo largo de su prese..cia en el mundo, la especie humana ha debido estar atenta a las condiciones del ambiente geográfico.

En un sentido amplio, puede afirmarse que el hombre, en el transcurso de los años, ha recibido la influencia fundamental de su espacio geográfico, pero ha influido a su vez en ese mismo espacio por razones múltiples.

Si en la Época Paleolítica la flora y la fauna eran determinantes para la existencia colectiva de los grupos, es indudable que después las comunidades humanas han logrado incluso modificaciones sustanciales en la conformación física del suelo, o han aprovechado esta conformación para acrecentar su patrimonio material o espiritual. La existencia de los ríos, de los lagos, o la cercanía del mar, se vincula estrechamente con la aparición de núcleos históricos importantes, pero no es menos cierto que éstos dan, a las zonas que habitan, un aspecto que antes no tenían. Así, el Nilo fue definitivo para que las colectividades egipcias se asentasen. Otros pueblos, a su vez, que pueden mostrar una tendencia al mantenimiento de sus tradiciones, a vivir en cierto modo encerrados en ellos mismos, como Inglaterra y Japón, han debido desarrollar un enérgico programa de supremacía marítima para verse libres de sujeciones por parte de otros pueblos.

A instancias de razones económicas, militares o políticas, la Geografía ha resentido cambios.

Puertos nacidos para atender un tráfico comercial intenso, así como canales abiertos para una mayor comunicación de los mares —como Suez, Panamá, Corinto, etc.—, son testimonios de este aserto. Lo mismo puede decirse, en el orden militar, en cuanto a las construcciones de líneas de defensa, el aprovechamiento de las eminencias montañosas, o la erección de bases navales y aéreas, en sitios que en otras condiciones no habrían merecido la atención de nadie. En la misma situación estuvieron las grandes vías romanas de la Antigüedad, como elementos que aseguraban la defensa del Imperio. Para que todo ello pudiese tener lugar, fue preciso despejar terrenos, nivelar suelos, destruir obstáculos y levantar sillares. *El hombre, en una palabra, en la trabajosa búsqueda de su destino, tiene y ha tenido que contar con los hechos y fenómenos geográficos para resolver sus problemas.*

Ningún análisis histórico es completo, y menos comprensible en un todo, si se prescinde de las consideraciones dictadas por la Geografía.

Áreas Histórico-Culturales

En el espacio y a lo largo del tiempo tiene lugar el desarrollo de la cultura humana.

Sobre tal base puede afirmarse que según la investigación histórica es dable distinguir a determinados *grupos culturales* que se forman con los pueblos o conjuntos de personas que tienen una misma tradición cultural y raíces históricas comunes, que naturalmente pueden enriquecer o matizar con elementos propios de cada uno, aunque manteniendo un denominador general. Tal es, por ejemplo, el caso de los pueblos iberoamericanos, que guardan rasgos afines nacidos de la acción cultural de España o de Portugal, pero en cada uno de los cuales hay fisonomías y características que llegan a diferenciarlos. Ahora bien, el territorio ocupado por los grupos culturales es lo que constituye un *área cultural*, en la que muchas veces es posible precisar un centro cultural que sirvió de punto de irradiación. Roma, en tales términos, fue un *centro cultural* que se proyectó a toda el área cultural latina, formadora de la latinidad o romanidad, que abarcó, por la fuerza de su cultura, a gran parte de Europa, y después a Iberoamérica.

Las experiencias surgidas en las distintas áreas culturales, proporcionan una visión amplia y rica en conocimientos, que ayudan sin duda a conocer mejor el presente y la propia área de vida.

El evolucionismo

En un escenario que resultó muy dilatado para la acción humana inicial, el hombre hizo acto de presencia mucho tiempo después de que la Tierra ya existía.

¿Cuál, empero, es la edad de ésta? El uso de algunos procedimientos físicos permite suponer que nuestro planeta cuenta con varios miles de millones de años: "*Al determinar la edad de las rocas,* dice Riaza Morales, *se ha encontrado en una galena* (trozo de mineral) *de Rodesia la antigüedad de 3,200 millones de años. Últimamente A. L. Hales, de Johanesburgo, ha comunicado que muestras tomadas del basamento rocoso en África del Sur han presentado por el método uranio-plomo una edad de 4,000 millones de años por lo menos. Serían las rocas más viejas de la Tierra identificadas.*" Ello no obstante, si la edad de la tierra puede calcularse en alrededor de 4,000 millones de años, "*el tiempo transcurrido entre la formación de la Tierra y la solidificación de su corteza supone unos cuantos centenares de millones de años*".

Una vez dadas las condiciones adecuadas para que la vida humana pudiese existir, y cuando ya todas las demás muestras de la Creación habían aparecido, el hombre surgió. Todas las formas de vida orgánica lo precedieron. Con él, en consecuencia, parece coronarse todo el orden de lo creado.

Es asunto que toca incidentalmente a nuestro tema el juzgar de *las teorías evolucionistas sobre la procedencia del hombre,* puestas en circulación desde que fue dada a conocer la obra capital de *Carlos Darwin,* llamada *El Origen de las Especies,* publicada en 1859, aunque en la materia hubo antecedentes, aun desde los griegos *Empédocles* y *Aristóteles,* y después *Francisco Bacon, Descartes,* y otros, e incluida la hipótesis de Buffon, en el siglo XVIII, de que las especies no permanecen invariables debido a la acción del medio ambiente. Otro francés, *Juan Bautista de Lamarck,* apuntó también la idea evolucionaria; pero sus explicaciones parecieron carecer de fuerza y no alcanzaron aceptación. *Sólo con Darwin comenzó su difusión mayor la teoría evolucionista.*

Para Darwin la multiplicación de plantas y animales lleva a una superpoblación que conduce a su vez a una lucha por la existencia en la cual sobreviven los más fuertes. Esto es una selección natural. El hombre es el fruto de una evolución a partir de formas primitivas.

Jorge Luis conde de Buffon (1707-1788), naturalista francés, fue autor de una Historia a la que consagró su vida y sus estudios. Buffon apuntó la hipótesis de que las especies no permanecen invariables debido a la acción del medio ambiente

Algunos autores inmediatos a Darwin fueron el inglés *Tomás E. Huxley*, y el alemán *E. Haeckel*. Diversos evolucionistas quisieron sacar la conclusión de que *el hombre ha de ser considerado fundamentalmente como un animal más entre los animales*, y aun adoptaron, con ello, un materialismo y un ateísmo agresivos. Modernamente, sin embargo, se han percibido cambios aun dentro de las mismas tendencias evolucionistas. Algunos siguen insistiendo en el carácter animal puramente evolucionado del hombre. Otros estiman que la evolución, si bien puede explicar las características físicas del individuo, en cambio su fisonomía espiritual deriva del alma, que Dios le dio en un momento dado, y aun hay evolucionistas que sin tocar este último punto, estiman que no hubo propiamente evolución de especie a especie, sino sólo evolución dentro de la misma especie. *La Iglesia Católica no descarta ni aprueba expresamente el evolucionismo, pero sí insiste en que la nota o carácter propio de un hombre deriva del hecho de contar con un alma espiritual, inmortal, creada por Dios*, y en ello puso especial empeño Pío XII en su carta encíclica *Humanum Genus*.

En la práctica, y sobre todo en el siglo pasado, el evolucionismo dio pretextos a algunos —en plena era de expansión imperialista—, a proclamar un cierto "sentimiento colonialista" de superioridad del hombre blanco sobre los "pueblos primitivos", que sirvió, como intento de justificación, para afirmar el principio histórico-cultural de que *lo europeo, lo propio de la raza blanca, era más eminente que lo elaborado por pueblos "poco evolucionados"*. El llamado teorema *pitecométrico*, o *ley de Huxley*, según el cual la diferencia entre el hombre y los monos antropoides es menor que entre éstos y los monos "inferiores", pudo dar pie para que algunos, en otra esfera de ideas, concluyesen en la afirmación político-cultural apuntada por H. Weinert, de que "la diferencia entre los monos superiores y los ínfimos hombres no es tan grande como la distancia del hombre inferior al *homo sapiens* superior".

Hoy podemos ver en el evolucionismo una teoría controvertida, seguida por muchos y cuestionada por otros. Más aún, los antiguos postulados de algunos evolucionistas, que insistían en el paso del simio de tipo actual al hombre, han sido descartados incluso dentro de la misma corriente transformista; aun los evolucionistas contemporáneos más radicales suponen, más bien, que el curso de la evolución de los primates dio lugar, de una parte, al grupo humano, y de otra, al grupo de simios contemporáneos. La materia, pues, sigue sujeta a debate y estudio en todos sentidos.

Los primeros testimonios humanos

Como quiera que haya sido, no es excesiva la edad asignada a los más antiguos restos fósiles de seres con rasgos humanos.

Algunos dientes encontrados en el *Valle del Olmo,* en suelo etiope, en 1966, se consideró que tenían una edad que oscilaba entre los 1.800,000 y los 3.750,000 años. Una mandíbula fue hallada en la misma zona, y se le ha fijado una edad de 2.500,000 años. Diversos restos correspondientes a seres que habitaron el sur de África —a los que diversos autores nombran genéricamente como *australopithecus*— se piensa que vivieron hace alrededor de 1 millón de años. El antropólogo L.S.B. Leakey ha encontrado, junto con otros estudiosos, instrumentos de hueso y de piedra al lado de los fósiles de homínidos en *Oldovai,* Tanzania.

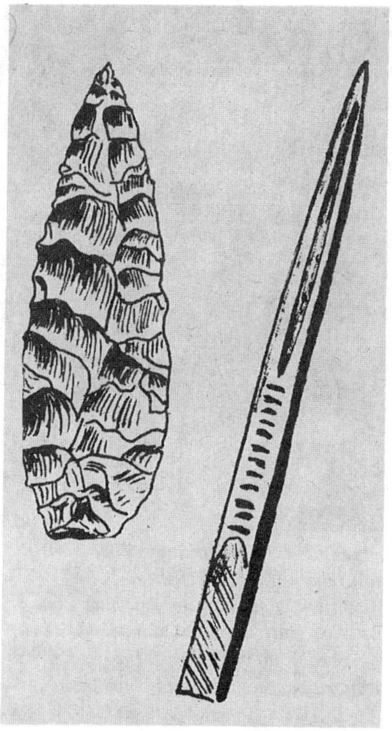

Punta en forma de hoja de laurel, correspondiente a la cultura solutrense, de 12.5 cm. de alto; y punta de lanza perteneciente a la cultura magdaleniense, de 16.5 cm

Sin tener las características completas del *homo sapiens,* sí muestran rasgos mucho más humanos que simiescos.

Suelen citarse también algunos otros fósiles. El más celebre es el *Pithencanthropus erectus (mono hombre erguido),* cuyos restos fueron localizados en la isla de *Java* en 1891 por el médico holandés *Dubois.* Al darse a conocer el hallazgo, se precisó que el *Pithecanthropus* se reducía a la parte superior de un cráneo, un fémur, el fragmento de una mandíbula y dos molares. Algunos autores apuntan la posibilidad de que acaso vivió cuando Java aún formaba parte del continente asiático. Algunos le asignan una edad de un millón de años, y otros menos.

Sostiene Kroeber que se trataba de un ser que caminaba verticalmente; que era un ser terrestre y no trepador, que tenía un parecido mayor con el hombre que con un simio cualquiera.

Puede señalarse todo un conjunto de restos fósiles, como son los hallados en *Neanderthal,* cerca de Düseldorf, Alemania, el verano de 1856, apenas tres años antes de la publicación de *El Origen de las Especies,* de Darwin. Este hombre de Neanderthal, *hombre* ciertamente, no ser intermedio, tuvo, a semejanza de otros —como el *hombre de Pekín, el hombre de Heidelberg,* etc.— los siguientes datos fisonómicos: ausencia de barbilla, arcos supraorbitales prominentes, tamaño reducido del cráneo, frente estrecha, y relativa inclinación al caminar en posición erguida. De la raza del *hombre de Neanderthal* se han encontrado ya, hasta la fecha, decenas de esqueletos en el centro y en el occidente de Europa, Asia y África. Se conoce también este tipo con el nombre de *homo primigenius.* Su aspecto no era el de un animal, sino el de un ser humano aunque con ciertas características primitivas o degeneradas, que es lo que ha hecho que alguien escribiese: "Si pudiera reencarnar y ser colocado en el subterráneo de Nueva York, siempre y cuando fuera bañado, afeitado y vestido con ropa moderna, es dudoso que atrajera más atención que alguno de los otros pasajeros".

Probablemente la raza de Neanderthal tiene una edad oscilante entre los 150,000 y 25,000 años.

Coincidente en parte con la citada, es perceptible en Europa la raza de *Cro-Magnon* —que acabó por desplazarla—, cuyo esqueleto tipo fue encontrado en un lugar de Francia de ese nombre, con rasgos todavía más cercanos a los humanos de nuestros días. Otros individuos de esta última época son, asimismo, el llamado *hombre de Chancelade,* también en Francia, y el *hombre de Grimaldi,* en Italia.

Las etapas de la Prehistoria

Entre la aparición del hombre y el conocimiento de la escritura —dato cultural, este último, que marca el inicio de la Historia propiamente dicha— corrió una larga época que se conoce con el nombre de *Prehistoria o Edad de Piedra,* por ser generalmente *líticos* (esto es, de *piedra),* los utensilios y las armas usadas entonces.

Para su mayor comprensión, empero, la *Prehistoria* se divide en dos periodos básicos: a) el *Paleolítico,* o antigua edad de piedra: y b) el *Neolítico,* o nueva edad de piedra, aunque entre uno y otro se habla de un periodo intermedio o *Mesolítico.*

El *Paleolítico,* mejor estudiado en Europa que en parte alguna del mundo, se ha dividido, en lo básico, en dos etapas sucesivas: a) el *Paleolítico Inferior,* más antiguo; y b) el *Paleolítico Superior,* más reciente.

A su vez, el *Paleolítico Inferior* se subdivide en tres periodos —especialmente válidos para Francia y en parte para España— que son:

1. El *chelense* (por los estudios hechos con objetos hallados en Chelles, cerca de París, Francia).
2. El *achelense* (de *Saint-Acheul,* cerca de Amiens en territorio también francés).
3. El *musteriense* (de *Le Moustier,* en Dordoña, Francia).

El *Paleolítico Superior,* por su parte está subdividido en estas etapas:

1. El *auriñacense* (de *Aurignac,* en el Alto Garona, Francia).
2. El *solutrense* (de *Solutré,* cerca del Jura, en Francia).
3. El *magdaleniense* (de *Madeleine,* cerca de Le Moustier, Francia).

Las primeras muestras culturales

Sin duda el hombre, desde un principio, vivió en grupos, es decir, vivió socialmente. Tal *sociabilidad* no fue prueba de que se pudiese bastar por sí mismo en la lucha por la vida: *más bien fue resultado natural de sus incapacidades para enfrentarse en forma aislada a un medio generalmente hostil a él en todos sentidos.* Menos dotado físicamente que las grandes bestias, más débil, menos vigoroso, sin garras, sin pico incisivo, sin alas que lo pusiesen a salvo, sin una fuerza muscular que le permitiese contender con éxito frente a otros seres, el hombre tuvo que apelar a su ingenio, a su inteligencia, para poder alimentarse y sobrevivir. Y su ingenio, su inteligencia —pruebas de un aliento espiritual— lo llevaron a idear el uso de objetos que completasen su energía limitada. Esto es, lo llevaron desde un principio a crear materiales de cultura. Y esto fue y es de tal manera importante, que muchas veces los investigadores, perplejos ante algunos restos que dudan si son humanos o no, suelen zanjar la cuestión, no por los datos puramente anatómicos de estos restos, sino por el hecho de poder localizar a su lado materiales de actividad cultural, como son los utensilios de piedra.

No se trata, evidentemente, de simples objetos obtenidos en la naturaleza, sino de "instrumentos configurados conscientemente y según un plan".

En este punto, y hasta donde se sabe, algo de lo más antiguo de estos viejos testimonios de la capacidad creadora del hombre se encuentra en una parte del

África oriental, en un sitio llamado Oldovai, ya citado, dentro de la llamada *industria de guijarros,* y se trata de piedras a las que quiso darse una forma golpeándolas con otras piedras. "Caracterizan la cultura 'olduvayense' —dice K. J. Narr (y algunas otras industrias lícitas, especialmente en Asia)—, los llamados *choppingtools* o instrumentos de percusión; en éstos, el canto rodado es preparado por golpes en dos direcciones, de modo que al menos en un borde presenta un cortante con borde de zigzag. El número de los artefactos en los estratos atestigua que no han sido formados y usados por un solo individuo, sino que presentan pruebas visibles de una elaboración sistemática, con previsión de un efecto para todas las veces y continuamente repetido. Así no sólo se han debido conservar hasta cierto punto entre sus autores, sino que, además, el conocimiento de su técnica de fabricación se extendía y transmitía de generación en generación".

Estos artefactos respondían al propósito consciente de cortar, lo cual era algo más que una extensión de la función orgánica de rasgar con dientes o uñas, propia de los animales. En un sentido estricto fue un invento, una solución a un problema por medio de una manufactura concreta e inteligente, lo cual es distinto al caso de los llamados "eolitos", que fueron piedras a las que se les supuso una intervención humana, pero que probablemente sólo tuvieron desgajamientos por la acción simple de las fuerzas naturales.

En una palabra, los utensilios de que se hace mención prueban que el hombre no sólo era "homo sapiens", es decir, hombre inteligente, sino también "homo faber", esto es, hombre constructor.

La piedra no pulida

A lo largo del *Paleolítico,* el hombre, según los hallazgos obtenidos, hizo de piedra sus principales armas e instrumentos, aun cuando utilizó también la madera y el hueso; *pero los objetos líticos no tenían la superficie pulida, y esto caracteriza las obras de la edad a la que nos referimos.* Pese a todo, es dable seguir los cambios en la forma dada a los objetos de piedra en Europa, de acuerdo con las subdivisiones mencionadas con anterioridad, de suerte que puedan señalarse los siguientes datos.

a) Los instrumentos de piedra del periodo *chelense,* eran *amigdaloides,* es decir, en forma de *almendra,* con un largo que iba de 7 a 20 centímetros, y se los empleaba en forma de pico.
b) En el periodo *achelense* los objetos eran más alargados y finos. Las hachas se alisaban en sus bordes en forma de zigzag, mediante golpes secos.
c) En la etapa *musteriense* los artefactos son todavía más finos y de tamaño menor, con filos más rectos.

Se sabe, empero, que no sólo fue la piedra la que aportó material para la preparación de las armas y de los utensilios; tanto la cacería como la guerra, lo mismo que la pesca, exigían artefactos de piedra, pero también de hueso y de madera. *Los hombres vivían de dar muerte a los animales, de la recolección de frutos silvestres y de la pesca, y tales necesidades llevaban a los seres humanos a encontrar lo que mejor sirviese para su supervivencia.* No hay vestigios de cerámica, ni de ganadería, ni de construcciones, ni se sabía del aprovechamiento de los metales: los hombres, que vivían nomádicamente, a tono con las condiciones movibles de las manadas, o de la temporada en lo relacionado con los frutos, hicieron por ello de la *piedra,* del *hueso* y de la *madera,* sus materiales de lucha.

Agrupados en comunidades más o menos pequeñas, los hombres llevaban una vida cargada de asechanzas derivadas del ambiente. Aunque en ocasiones vivían al aire libre, en otras lo hacían en cabañas hechas de ramas, seguramente a orillas de los ríos y de los lagos, en un ambiente cálido y húmedo, en la parte media del Viejo Mundo; o bien en cavernas, en algunas de las cuales se han encontrado restos de hogares y de sepulcros, *lo que, según es de creerse, prueba su sentido de comunidad y de familia.*

En las tumbas encontradas en el suelo de las cavernas ha podido comprobarse que junto a los cadáveres se colocaban armas, adornos y aun alimentos, conforme a la creencia en una vida posterior a la muerte.

Con sus hachas, cuchillos y raspadores de piedra, y, eventualmente, con el uso de trampas para cazar a los animales de grandes dimensiones, los hombres acometían a las bestias, en una dramática pugna de la que dependía su vida misma. Y los objetos de su acción eran, en el norte de Europa, los *renos* especialmente; en la parte media, los *bisontes,* los *caballos,* las *cabras salvajes,* los *mamuts* y los *rinocerontes;* y más al sur, así como en África, los *leones,* los *hipopótamos,* las *hienas,* y otros animales.

Al correr de los años, el *homo faber,* el inventor que es el hombre, fue ganando en experiencias. Al uso de los punzones se agregaron nuevos conocimientos, como fueron, por ejemplo, el endurecimiento de la madera por el fuego, la fabricación de las primeras lanzas, y la introducción de mangos de madera en los utensilios de piedra; y dado que del clima húmedo y cálido se pasó a uno de frío intenso, apareció la confección de indumentarias de piel, cerradas, que inclusive tenían ya hebillas hechas con hueso.

El arte rupestre

Los grandes mantos de hielo o glaciaciones que en diversas épocas cubrieron gran parte del casquete norte del mundo, lo mismo en América que en Euro-

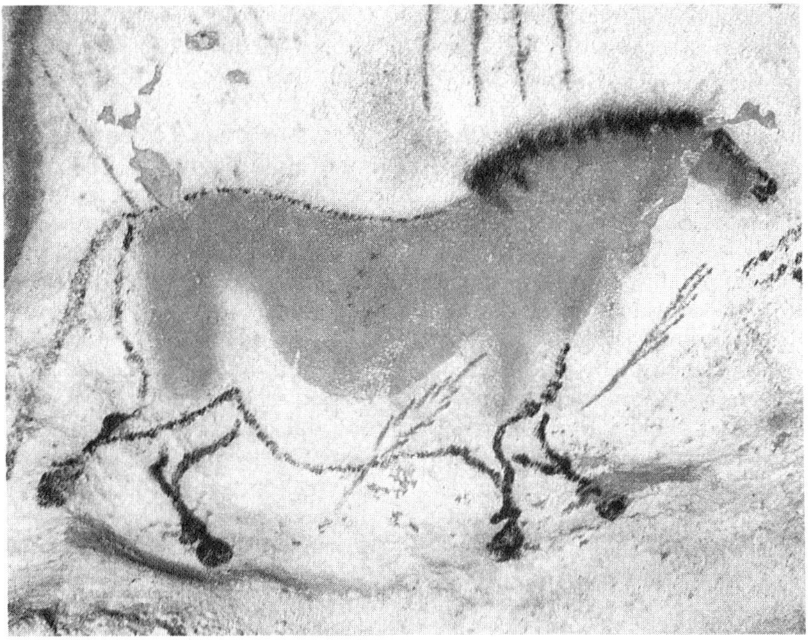

Pintura localizada, junto con otras más, en la caverna de Lascaux, Dordoña, Francia, y que muestra a un toro

pa y Asia, dieron por resultado un cambio de importancia en la localización de los grupos humanos, y en las características de la flora y de la fauna respectivas. Fueron varias las glaciaciones, y, según la extensión que cubrieron en Europa, obligaron a los hombres a retirarse, o a protegerse de un clima hostil. Al examinar los yacimientos de hielo fósil encontrados hasta la fecha, los investigadores han podido determinar que fueron cuatro los glaciares en el norte de Europa, Norteamérica y Asia: a) una primera, no suficientemente probada, llamada *Donau,* y tres cabalmente conocidas: b) *Günz;* c) *Mindel-Riss;* y d) el *Würm,* "con grandes periodos intermedios, dice Mundó, en los cuales se desarrollaba al principio una vegetación raquítica, propio de estepas, que después iba haciéndose más frondosa y casi tropical, y volvía a menguar, hasta que llegaba el glaciar siguiente".

El lapso comprendido por los periodos glaciares se calcula en unos 625,000 años. Desde la última glaciación hasta la época actual sólo han pasado 25,000 años y no es imposible la aparición de otro periodo glaciar.

La *raza de Cro-Magnon,* propia del *Paleolítico Superior,* parece haber surgido hace unos 50,000 años. Esta última raza dejó testimonio de su capacidad creadora con elementos que integraban una cultura mucho más rica y amplia que la forjada por sus predecesores.

Ocurre así, en efecto, que los artefactos de piedra, por la técnica de su factura, tenían las siguientes notas distintivas:

a) En el periodo *auriñacense,* los objetos estaban más retocados en los bordes; entre ellos se perciben ya no sólo hachas y cuchillos, sino también puntas de flechas y punzones.
b) En la era *solutrense* aparecen puntas en forma de hoja de laurel, o de cuña, con las caras muy retocadas.
c) En la última época, la *magdaleniense,* los objetos muestran un especial retocamiento en los bordes.

En ese entonces, una tendencia artística inocultable en el Paleolítico Superior dejó huellas de valor considerable, al lado de muestras elocuentes de cómo continuaba el afán de supervivencia mediante la caza, la recolección de los frutos y la pesca. Hay, desde luego, ejemplos de habitaciones subterráneas y pruebas del uso del carbón de leña; se conocían el arco, el taladro y la honda, lo mismo que el buril; pero también se hizo evidente que el hombre era artista, que esculpía y que pintaba, con una sensibilidad particularmente delicada, sobre todo en esta segunda expresión del arte.

De sus esculturas han quedado ejemplos claros en la *Venus de Willendorf,* de unos 10.5 cm. de alto, o en la *Venus de Brassempouy* que revelan cierta tosquedad en la reproducción de la figura humana. En realidad se conocen alrededor de 130 piezas del periodo auriñacense, constituidas por una mayoría de estatuitas femeninas, generalmente al desnudo, a veces con adornos de joyas.

Conviene añadir, junto con ello, que varias figuras de tamaño pequeño, también de la época magdaleniense, se encuentran atravesadas por un agujero, lo que hace suponer que fueron utilizadas como pendientes. Varios de estos objetos, hechos con marfil, fueron hallados en Ucrania, y muestran dibujos geométricos en la cintura y en la cabeza, reveladores del uso del tatuaje. Por lo demás en los relieves que aparecen en los bastones de mando, de hueso o de piedra, hay líneas de extraordinaria belleza en la reproducción de figuras de animales. Peces, renos y caballos quedaron plasmados por los artistas de la época con una habilidad tan acusada, que los honra, y que nos demuestra, al mismo tiempo, *que los valores estéticos no son frutos de una evolución persistente y sucesiva, sino elaboraciones del espíritu en cualquier ¿época, en cualquier ambiente, y en cualquier sitio del mundo, con tal de que haya un mínimo necesario de capacidad creadora y de recursos técnicos.* Y esto, que se afirma respecto de los relieves y grabados paleolíticos, cabe decirlo también de las pinturas *rupestres,* o pinturas en *piedra,* que en distintas partes de Europa revelan la intuición creadora de los pintores prehistóricos.

Las cuevas de *Altamira,* en España, y de *Lascaux,* en Francia, constituyen los casos de mayor relevancia en la materia.

Allí las producciones de animales —toros, caballos, renos, etc.—, realizadas generalmente con colores negro, rojo, café, amarillo o azul, con dibujos de admirable certeza, han quedado como capítulos de mérito eminente en la historia del arte. El realismo es completo, sin detalles inútiles, y en actitudes casi siempre de perfil, que demuestran el hondo conocimiento que los artistas cazadores tenían de los animales, ya en sus posiciones sedentes, ya en posiciones de movimiento.

Algunos autores consideran que si los artistas pintaron tales obras en el interior de las cavernas —refugios donde se acogían ante la inclemencia del tiempo—, era por razones mágicas, de querer tener dominio sobre los animales que representaban. En esas cuevas, iluminadas gracias a la luz de lámparas en las que se quemaba grasa, el hombre se sentía seguro, pero también señor de las bestias pintadas, y podía, acaso, ejercitarse allí para, más tarde, darles muerte cuando se las encontrase realmente. Es posible que haya sido así. Pero en otros casos, sin lugar a dudas, no medió ningún motivo de orden religioso. Las pinturas rupestres encontradas en el Levante español, por ejemplo, muestra figuras humanas en escenas propias de la vida ordinaria.

Como quiera que sea, un hecho es cierto: *que los artistas, mejor dispuestos a observar y retener las figuras y actitudes de los animales, reprodujeron a éstos con excelencia, pero no así a los demás hombres, que al ser dibujados generalmente muestran una fisonomía deforme.*

La vida paleolítica

No tenemos grandes datos sobre la vida social y sobre las ideas de los hombres del Paleolítico Superior, aun cuando puede suponerse que vivían agrupados en núcleos reducidos, acaso bajo la obediencia de una autoridad encarnada en algún guerrero, en algún hechicero, o en algún patriarca.

No podían, desde luego, constituir grupos numerosos, porque seguían viviendo de la caza, de la recolección de frutos y de la pesca, y lo obtenido de estas fuentes era siempre aleatorio, y a todas luces insuficiente para dar de comer a grandes poblaciones. Les era indispensable ser nómadas, seguidores de las manadas, o buscadores de los frutos que les era menester para subsistir. *Y en cuanto a sus ideas religiosas, perdidos o degenerados en muchos los principios de la Revelación primitiva, parece que adoraban los objetos naturales con los que estaban más en contacto, o que suponían necesarios para su vida: el*

Sol, determinados animales, determinadas plantas. Es creíble que incluso se sintiesen descendientes de algunos de tales objetos (llamados *tótem* por los sociólogos) y que, junto con el culto que les rindiesen, les ofreciesen sacrificios. Algunas tribus, quizás, nunca atacaban a los animales sagrados. Otras, probablemente, sólo los atacarían para comerlos en ceremonia especial, con el fin de hacer suyas las cualidades del objeto sagrado.

La religión, además, se vio unida a prácticas de magia y de hechicería, y a determinadas prohibiciones, o *tabú,* como ocurre aún en varios pueblos primitivos de nuestros días.

Es notorio, sin embargo, que en la historia de la cultura no pueden pasarse por alto dos circunstancias: una, que la religión es, y sigue siendo, un dato universal que respondía y responde a una exigencia profunda del alma humana; y otra, que según los datos de la Etnología y de la Historia Comparada de las Religiones, puede demostrarse también que la idea de un solo Dios no es fruto, tampoco, de una evolución, como algunos llegan a sostener. Los estudios e investigaciones de *W. Schmidt* han probado cómo en los pueblos "más antiguos y primordiales" que aún pueden hallarse —tales, los casos de los pueblos pigmeos del África central y del sudeste de Asia, ciertos pueblos del sudeste de Australia, algunos de California, los indios fueguinos, etc.—, es comprobable la creencia en un Ser Supremo con las propiedades de *omnipresencia, omniciencia, omnipotencia e infinita bondad, las cuales son ajenas a su fuerza creadora y a su relación con la moralidad. Schmidt sostiene que si tales elementos fundamentales de la religión aparecen en pueblos primitivos, en territorios apartados, esos mismos elementos debieron existir antes de su separación, es decir, en las épocas iniciales de la Humanidad.*

Pintura rupestre que representa una escena de caza. Se encuentra en Valltorta, Castallón

Otras ideas y convicciones de no menor interés, en pueblos antiguos, son las referentes a una tradición *referida a un paraíso, un primer pecado y un castigo; o bien, las que versan sobre la existencia del diluvio como castigo a los malvados y la supervivencia de unos cuantos que se pusieron a salvo.* Muchos pueblos de distintas partes de la Tierra se refieren a eso. En el último sentido es posible mencionar desde las afirmaciones religiosas de los mixtecas, en México, hasta las tradiciones que al respecto guardaron los pueblos mesopotámicos.

La piedra pulida

El Neolítico fue el periodo de la piedra pulida.

Cronológicamente, el *Neolítico* fue más breve que el Paleolítico, estimándose su inicio hace unos 5,000 años.

Fue una etapa mucho más nutrida de elementos culturales. El ingenio del hombre halló, en climas más cálidos tras la última glaciación, que podía explotarse el suelo, e inventó, así, la *agricultura,* y pudo, asimismo *domesticar animales* y obtener *la ganadería.* Gradual y paulatinamente se fue abandonando el *nomadismo* por el *sedentarismo,* en un tránsito social que seguramente no fue violento ni intempestivo, porque en un principio es creíble que se hayan combinado las experiencias de la caza y de la recolección de frutos silvestres con las del cultivo de la tierra, hasta que éste desplazó definitivamente a aquélla. A su vez, la ganadería aportó, con una seguridad que antes no fue conocida, carne, pieles, huesos, leche e hilos.

Reno pastando. Grabado hecho en un bastón perforado, de 8 cm. de ancho, localizado en Kesslerloch bei Thayngtn, Suiza

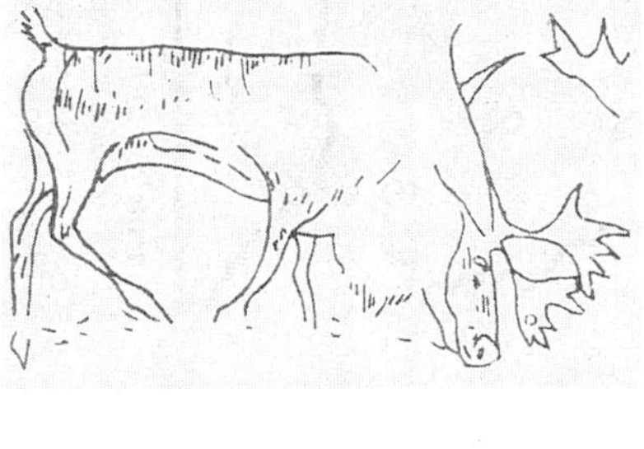

Urgidos por la necesidad de conocer el tiempo, para la fijación de fechas que sirviesen a la agricultura, los hombres deben de haber ido precisando sus conocimientos sobre la *Astronomía,* hasta la aparición de los primitivos sistemas calendáricos y de medición del tiempo. Y, con una derivación inevitable, es posible que esto haya influido en el paso del *totemismo* a la *astrolatría,* o adoración de los astros, a los que deben haberse reconocido atributos y cualidades que influían en la vida de los grupos.

El invento de la *cerámica* supuso nuevas modalidades técnicas, pero también nuevos estímulos a la ornamentación, en forma de incisiones, o de pinturas con motivos diversos. El aprovechamiento de las fibras, animales *(la lana,* por ejemplo), o vegetales *(el algodón y el lino),* permitió asimismo la preparación de vestidos en telares rudimentarios. En suma, se difundieron cada vez más algunos tipos de instrumentos, fruto del ingenio, y respuesta a otras tantas necesidades apremiantes de la vida, como lo fueron las ruedas, el arado, la sierra, y las pinzas, así como multitud de objetos de piedra, madera y hueso, de aprovechamiento cotidiano.

Lo singular es que en ese entonces la reproducción de las figuras de seres vivos, por parte de los artistas neolíticos en am-

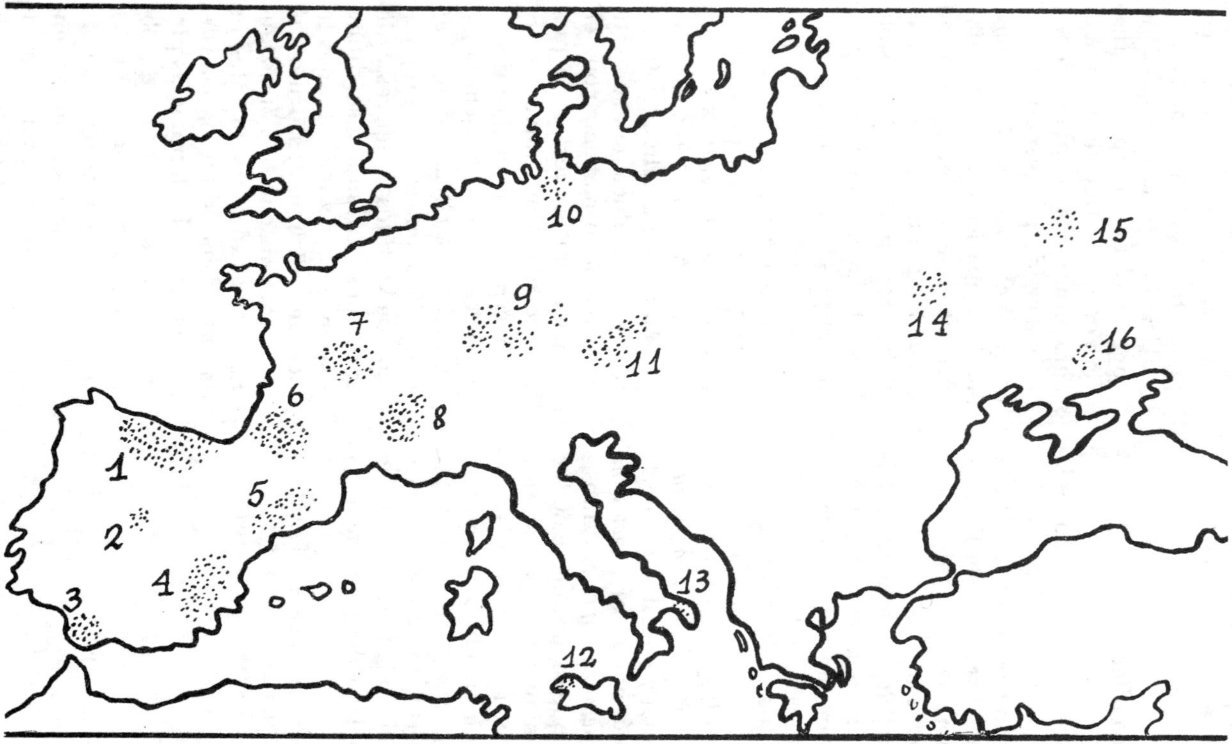

Principales puntos de Europa en donde se han hallado vestigios de artes del Paleolítico Superior: 1. Cantabria, España, incluso Altamira. 2. Las Batuecas, España. 3. Pileta, España. 4. Levante español. 5. Cataluña, España. 6. Pirineos, Francia. 7. Dordoña, Francia, incluso Lascaux. 8. La Baume, Francia. 9. Centro de Europa. 10. Ahrensburg, Alemania. 11. Austria y Checoslovaquia. 12. Levanzo, Sicilia. 13. Romanelli, Italia. 14. Mezin, ex-URSS. 15. Gagarino y Kostienski, antigua URSS. 16. Melitopol, ex-URSS.

plias zonas de Europa, es sumamente escasa; abundan los adornos de tipo lineal en los vasos, en los brazaletes y en los puñales, en forma de triángulos, de rectángulos, de círculos concéntricos y de zigzag. Son distinguibles, en cambio, las imágenes de seres vivos, en Egipto, en el oriente del Mediterráneo y en España, en forma de dibujos y grabados.

Las construcciones megalíticas

Para albergue y para conmemoración, ya social, o ya religiosa, hicieron su aparición construcciones de tipo variado.

Familias y grupos construyeron chozas de madera, de barro cocido con techos de paja, sobre tierra; y en veces, a las orillas de los lagos, asentándose las edificaciones, en este último caso, sobre plataformas que descansaban en pilotes hundidos cerca de las riberas. Restos de estas construcciones, llamadas *palafitos,* se han encontrado en *Francia* y en *Suiza.*

Esto, por lo que se refiere a las construcciones de carácter residencial; pero en otro orden de cosas, en lo tocante a las edificaciones con fines religiosos o conmemorativos, el *Neolítico* también dejó ejemplos destacados de su paso, en las llamadas construcciones *megalíticas* (del griego "megas", grande, y "litos", piedra), que son, fundamentalmente, de los siguientes tipos: a) *menhires* (piedras de apreciables dimensiones enterradas verticalmente), acaso para dejar testimonio de algún acontecimiento importante en la vida de la tribu; b) los *trilitos* (integrados por dos piedras verticales y una encima, horizontal, en forma de dintel); c) los *cromlechs* (sucesión de menhires describiendo un círculo); d) los *alineamientos* (hileras de menhires), que pudieron haber servido para reuniones de un culto periódico. "Es posible, dice Pijoán, que cada piedra indicara el lugar señalado a los miembros de una tribu en el sagrado recinto, y aun que cada tribu levantara su piedra"; y e) los *dólmenes y cistas,* que eran sepulturas. El vocablo *dolmen* proviene de las voces bretonas "dol" (mesa) y "men" (piedra), debido a que los monumentos de que se trata tienen una forma de mesa rudimentaria, sólo que de gran magnitud.

Ejemplos de dólmenes se han encontrado en varios puntos de Europa y en Asia, de suerte que puede localizárseles desde la India hasta Francia, y desde Suecia hasta España. Indudablemente esta clase de sepulturas, que vienen a ser una especie de continuidad de sepulturas paleolíticas, sólo que a flor de tierra y ya no bajo el suelo, revelan la existencia de convicciones religiosas, y es singular que se las encuentre sobre todo en regiones costeras, lo que comprueba que el hombre neolítico prefirió desarrollar su cultura a las orillas de los lagos, de los ríos y del mar. *Hay, además, el dato significativo de que en muchos puntos, las grandes piedras que forman la estructura de los dólmenes no proceden de los lugares en donde se alzaran tales construcciones, sino que fueron llevadas de sitios distantes, demostrándose con ello la existencia de un poder con suficiente vigor como para obligar a los súbditos a transportar los grandes bloques líticos de que se trata.*

A través del hecho concreto de una construcción puede colegirse, por tanto, la presencia de una autoridad robusta, aunque no sabemos de fijo quién o quiénes ejercían esa autoridad: si los *patriarcas, guías* del sistema patriarcal: o los *guerreros:* o los *sacerdotes,* o si había un régimen combinado. Las tres hipótesis son probables, y debe tomárseles en cuenta, sin lugar a dudas.

Por excepción, quizás según algunos piensan, *el gobierno pudo haberlo tenido una mujer, la madre, dando origen al llamado régimen matriarcal, o matriarcado.*

La conciencia histórica

Dada la creencia de escritura, de testimonios gráficos que perpetuasen el recuerdo del pasado en alguna forma, la conciencia histórica, aun rudimentaria como debió haber sido en el Paleolítico y el Neolítico, tuvo, a pesar de todo, algunas muestras notorias. *Esas muestras debieron haberse transmitido oralmente, hasta formarse una cierta tradición, según puede probarse, como dijimos antes, con la supervivencia de algunas nociones persistentes a lo largo del tiempo acerca de hechos religiosos, que ofrecen una coincidencia básica lo mismo en Asia que en América.* La memoria fue el vehículo que hizo posible el mantenimiento de

Cueva de la Menga

Conjunto arquitectónico de trilitos en Stonehenge, Inglaterra, construido probablemente hacia 1500 a.C., en forma de vasto círculo. Parece haber tenido una finalidad religiosa. Su eje coincide con la dirección en que sale el sol en el solsticio de verano

las ideas, de que hacemos referencia, tanto más que los hombres desprovistos de cultura escrita suelen desarrollar, en veces, una memoria que se antoja prodigiosa. *Es el mismo orden de ideas, la hipótesis animada por Pijoán, de que los menhires entre las construcciones megalíticas sirvieron como elemento de recordación de un acontecimiento que dejó huella en el grupo, ayuda a suponer que un germen más de conciencia histórica tuvo, en la piedra, su punto de referencia.* Tal hipótesis descansa, por ejemplo, entre otras, en algunas referencias bíblicas, como en el libro del Éxodo, que dice en una parte: *"Y Labán dijo a Jacob: mira estas piedras y en el monumento que yo he levantado entre tú y yo. Estas piedras y este monumento serán testigos de que yo no pasaré de aquí para acercarme a ti, y tú no pasarás de aquí para hacerme daño".* Y otro texto: *"Y Jacob tomó una piedra y la levantó como monumento".*

Lecturas

El origen del cuerpo humano

La iglesia, con su autoridad de maestra, no prohíbe que, en conformidad con el presente estado de las ciencias humanas y de la sagrada teología, hombres experimentados en ambos campos lleven al cabo investigaciones y sostengan debates sobre la doctrina de la evolución en cuanto ésta escudriña el origen del cuerpo humano como si precediese de una materia viviente y pre-existente, porque la fe católica nos obliga a sostener que las almas son creadas, por un acto inmediato y especial de Dios. Con todo, estos debates e investigaciones deben hacerse de tal manera que se ponderen con toda la necesaria seriedad, moderación y medida, tanto las opiniones en favor de la evolución como las contrarias, y que estén dispuestos a someterse al juicio definitivo de la Iglesia, a la que Cristo dio la misión de interpretar auténticamente las Sagradas Escrituras y de defender los dogmas de la fe.

Empero, hay algunas que transgreden gravemente esta libertad de discusión cuando hablan como si el origen del cuerpo humano, formado de una materia viviente y pre-existente, fuese una cuestión definitivamente cierta y probada por hechos apenas ahora descubiertos, y sacan deducciones de tales hechos como si en las fuentes de la revelación divina no hubiese cosa alguna que demande la mayor mesura y el cuidado más grande cuando de estas cosas se trata.

Pío XII

La cueva de altamira

El más bello lugar de arte rupestre cuaternario y al mismo tiempo la primera cueva pintada que apareció ante los ojos humanos del mundo científico, es la Cueva de Altamira, situada a 5.5 kilómetros al oeste de Santander. Su amplio vestíbulo estuvo habitado por el hombre primitivo... Unos 30 metros más allá del vestíbulo se abre, a mano izquierda de la galería principal, la célebre "sala de pinturas". Tiene 18 metros de largo por ocho o nueve de ancho; su altura, al principio, alcanza más de dos metros, que en su comedio desciende a 1.70 metros y al final no llega más que a los 1.10 metros... La gran mayoría de las figuras pintadas, aproximadamente unas cien, hállanse en esta sala; y no sólo pinturas sino también grabados, figuras antropomorfas, dibujos tectiformes y siluetas de manos. No pertenecen a una sola época, sino a varias... El magdaleniense superior constituye el momento de apogeo en la pintura de los dintornos; domina la pintura de modelado, que alcanza su más alto triunfo en las figuras policromas de Altamira, donde la historia del arte supo con asombro hasta qué grado de fidelidad en la reproducción de la Naturaleza y hasta qué altura de sentimiento artístico pudo llegar el hombre, en humilde estado natural, hacia los 15,000 años antes de Cristo.

Hugo Obermaier y Antonio García Bellido

Aspecto de la vida humana en el Paleolítico Superior

De la cantidad, la especie y la situación de los restos en las diferentes capas, podemos deducir la vida diaria de los hombres del periodo gla-

cial. Una gran parte de ella tiene que haber transcurrido en las cercanías del calor y la luz del hogar, formado por un fuego abierto, rodeado de piedras. En la capa, profundamente negra, del fuego, se encuentran todavía restos de madera carbonizada y de huesos de animales calcinados. Otros restos de comida se encuentran frecuentemente también en el suelo alrededor del fuego. Por la noche, de costumbre sería avivado el fuego, para espantar con sus llamas a los animales salvajes...

Algunos hallazgos de tumbas en las cavernas, nos permiten formarnos una idea del culto a los muertos... El difunto era enterrado piadosamente en el suelo de la gruta, con todos sus utensilios, y con comestibles, de seguro para que continuase viviendo en el otro mundo. En algunos casos, se han encontrado montones de huesos sobre las tumbas, lo que permite pensar que la familia había celebrado un banquete en honor o como despedida del difunto.

JOHANNES MARINGER Y HANS-GEORG BANDI

BIBLIOGRAFÍA FUNDAMENTAL

BLOCH, Marc. *Introducción a la Historia.* Breviarios del Fondo de Cultura Económica México-Buenos Aires. 1957.

CUVAY, Roxane. *Pintura Rupestre.* Editorial Hermes. México.

KÖNING, Franz. Cristo y las Religiones de la Tierra *(Tomo 1). Biblioteca de Autores Cristianos.* Madrid. 1960.

MARINGER, Johannes y BANDI, Hans-Georg. Arte Prehistórico. *Edición Holbein Basilea.* 1952.

MARTÍNEZ DEL RÍO, Pablo. *Por la Ventana de la Prehistoria.* Editorial Polis. México. 1939.

MUNDÓ, José. *Curso de Historia Universal.* Espasa-Calpe. Madrid. 1942.

OBERMAIER, Hugo y GARCÍA BELLIDO, Antonio. *El Hombre Prehistórico y los Orígenes de la Humanidad.* Revista de Occidente. Madrid. 1944.

PIJOÁN, José. *Summa Artis.* Espasa-Calpe. Madrid. 1957.

SCHMIDT, Guillermo. *Manual de Historia Comparada de las Religiones.* Espasa-Calpe. Madrid. 1941.

Capítulo 3

Los primeros complejos culturales

No hay más que una historia: la historia del hombre.
Todas las historias nacionales sólo son capítulos de la mayor.

Rabindranath Tagore

El hombre y su ambiente tras el último glaciar

Con el retiro de los mantos de hielo de la última glaciación, que fue la cuarta – mantos de hielo llamados de *Würm* –, el aspecto de la Tierra, principalmente en el casquete norte, ofreció cada vez más el aspecto que a la postre llegó a tener el mundo. En general, se asentaron las condiciones climatéricas que conocemos modernamente, se precisaron los rasgos de las razas humanas, en definitiva, y tomaron desarrollo mayor las culturas. Tanto la flora como la fauna, a tono con ello, alcanzaron su forma última, y los grupos humanos encontraron, con el paisaje final en que vivieron, las condiciones constitutivas de su ambiente, su hábitat, en las que desarrollaron las culturas propias de la *Edad de los Metales, o Protohistoria,* y luego la *Historia* propiamente dicha.

La relación entre el ambiente y el tipo de cultura es algo que salta a la vista, sobre todo en esa época en la que los seres humanos actuaban más en función de los recursos que los rodeaban. *Así, la abundancia de elementos en las zonas húmedas de los trópicos dio sitio a la existencia de comunidades en las que hubo poco esfuerzo de superación, ya que las necesidades podían satisfacerse con facilidad relativa. Hubo, en cambio, concentración de poblaciones campesinas en las zonas de monzones; más diversidad en las características sociales y económicas en los medios subtropicales o templados; con pueblos sedentarios y nómadas; en tanto que los desiertos quedaron de hecho deshabitados, lo mismo que las áreas polares, mientras las*

Grupo de jóvenes checos con trajes tradicionales

tundras apenas proporcionaron recursos deficientes para la supervivencia de la vida humana.

Ante tales hechos es posible precisar cómo la mayor parte de la población, en forma gradual, fue asentándose principalmente en las regiones subtropicales, y templadas del hemisferio norte, en los sitios de ciclones y en las zonas monzónicas; y allí tuvieron lugar los desarrollos culturales de mayor valía.

Es claro, por lo demás, que el ambiente físico no es determinante, como factor único, en las condiciones de la vida social del hombre. El ambiente influye, pesa, debe ser to-

mado en cuenta, pero la capacidad creadora del hombre es apta para modificarlo y aun obtener de él frutos en escala variada, según la destreza puesta en marcha y según los recursos de la cultura. En un mismo medio, comunidades dotadas de diversos elementos pueden alcanzar consecuencias dispares.

Dispersión de las razas humanas

Cualesquiera que hayan sido los antecedentes inmediatos de cada una de las razas modernas, parece claro que la dispersión de éstas en la época que correspondió al retiro del cuarto glaciar, y en las etapas siguientes, permitió su localización en puntos característicos del globo.

Tales razas son, en principio, cuatro, a saber:

a) La *australoide* (a la que pertenecen los pigmeos de la zona central-oeste de África, los habitantes primitivos de Australia y los del archipiélago malayo: se tipifican por tener el color moreno oscuro o negro, el pelo lanudo, la cabeza alargada y la estatura pequeña).

b) La *mongoloide* (cuyo punto de dispersión acaso estuvo en la parte central de Asia, al norte del desierto de Gobi, de donde se desplegaron los hombres de ella por gran parte del continente asiático; esta raza se caracteriza por tener la cabeza redonda, el color amarillento de la piel, el pelo oscuro y liso, y la estatura generalmente baja, aun cuando esto último no es una regla absoluta).

c) La *negroide* (emparentada, según parece, con el primitivo hombre de Grimaldi, localizado en Europa durante el Paleolítico, si bien éste, presionado por otros grupos, emigró a zonas más claramente tropicales; son propios de ella los siguientes rasgos: cabeza alargada, estatura alta, pelo lanudo, color moreno oscuro o negro).

d) La *blanca o caucasoide* (se supone que procede del suroeste de Asia, aunque el área principal de dispersión de ella fue esencialmente Europa, una parte de Asia Menor y el norte de África; la tipifican la piel clara y la capacidad craneana mediana).

Dentro de la *raza blanca* es dable distinguir tres divisiones básicas: a) el tipo *nórdico,* localizado en el norte de Europa, al que le son propios los rasgos de cabeza alargada, pelo rubio, ojos claros, estatura alta, cara angosta y mentón saliente; b) el tipo *mediterráneo,* del que hay ejemplares en Europa, norte de África, y Cercano Oriente desde el Paleolítico, en torno al Mar Mediterráneo. Los individuos de este grupo son blancos o de color moreno claro, estatura media o baja y cabeza alargada generalmente, aunque en veces también arredondada; c) el tipo *alpino,* que probablemente llegó a Europa procedente del Asia Menor y se estableció en las zonas altas; los individuos que pertenecen a él tienen la cabeza redonda, el color blanco de la piel, el pelo ondulado y la estatura generalmente baja; el cabello es rubio, castaño u oscuro.

No hay, empero, ninguna raza pura, y la variedad de ejemplares en los distintos elementos fisonómicos en cada una de aquéllas, prueba su hibridismo. Es factible ponderar, asimismo, que las características somáticas de dichas razas, resultan meramente accidentales, porque en lo esencial de su morfología y de sus aptitudes espirituales e intelectuales, es distinguible una igualdad básica inocultable. Sólo principios más animados por criterios políticos o pseudosociológicos han pretendido postular la afirmación de que algunas razas son superiores a otras. Tal prejuicio tomó auge en las Épocas Moderna y Contemporánea, al insistirse en que la raza blanca era notoriamente más apta y encumbrada que las demás. Este prejuicio se vio animado por muchos europeos. Toynbee, el célebre historiador inglés, considera que en buena parte fue fruto del protestantismo de los países nórdicos, que por leer y vivir más el Antiguo Testamento, llegaron a identificarse con la calidad de "pueblos elegidos". Es probable, asimismo, que la teología calvinista haya influido también en esto. Los pueblos mediterráneos tuvieron también algunos conceptos de superioridad respecto

Campesinos indígenas de México

de poblaciones no blancas, pero en grado menor de modo que los españoles, si bien consideraron lamentablemente, a los negros, en la colonización de América, como "infames", tuvieron respecto de los indios una actitud distinta; dejaron consignado en normas de derecho —en este caso sobre todo el Libro Sexto, título primero, de la *Recopilación de Leyes de los Reinos de las Indias*— un principio fundamental de protección a las razas amerindias, incluso con la posibilidad legal de contraer matrimonio entre españoles e indígenas, sin ninguna restricción.

Una medida de esta naturaleza —que existía, sin embargo,

junto a otras normas y actitudes que establecían diferencia entre españoles e indios, puestos estos últimos en nivel más bajo— habría sido inconcebible en las colonias inglesas.

La raza amerindia

Un caso que ofrece notas particulares es el de la *raza amerindia.*

El arribo de los europeos a América, a fines del siglo XV, los puso en contacto con un mundo racial y cultural que no conocían, y que les hizo producir teorías de toda esperanza para imaginar cuál había sido el origen de los llamados *indios* del Nuevo Mundo. Se pensó lo mismo que éstos eran descendientes de *egipcios,* que de *fenicios, cananeos,* o *cartagineses,* y aun algunos supusieron que provenían de las Tribus Perdidas de Israel —como imaginó Lord Kingsborough—, por más que ya en el siglo XVI, con mayor tino y perspicacia, *el Padre José de Acosta* indicó, en su *Historia Natural y Moral de las Indias,* que lo más probable era que los aborígenes de América llegaron a ésta procedentes de las tierras inmediatas, que para el caso resultaban ser las del continente asiático.

Tal opinión llegó a prevalecer en lo fundamental, y los antropólogos de la Escuela Norteamericana son quienes más han insistido en ella, con papel destacado del doctor Hrlicka. *Conforme a esta tendencia, se piensa que en varias oleadas sucesivas llegaron los inmigrantes asiáticos a través del Estrecho de Behring.*

Según algunos autores, la llegada de aquéllos sólo pudo tener lugar hasta que se retiraron en América los mantos de hielo de la última glaciación, cuya amplitud cubría gran parte de Alaska, todo el Canadá, y algunos puntos septentrionales de los Estados Unidos. *Esto es, el tiempo de arribo de los primeros inmigrantes debe situarse en una fecha no mayor de 20,000 años.* Sin embargo, se estima también, por otros investigadores, que la llegada de seres humanos fue anterior al avance del hielo, hace alrededor de 50,000 años. Como quiera que haya sido, los primeros pobladores penetraron al Hemisferio Occidental a pie o en embarcaciones muy primitivas. Llegaron desprovistos de los elementos propios de una cultura elaborada y compleja, con recursos caracterizadamente *paleolíticos,* ya que sus conocimientos eran los propios de los cazadores prehistóricos que labraban modestamente las piedras. Acaso conocían el fuego, pero desconocían la agricultura, la cerámica, la ganadería, la rueda y otras muestras de civilización surgida en el Viejo Mundo tiempo más tarde. Eran, en suma, cazadores nómadas que se alimentaban con la carne de los grandes animales pleistocénicos. *Su nivel cultural no era distinto de los europeos primitivos, y correspondían tales primeros inmigrantes, al tipo de seres dolicéfalos, u hombres de cráneo alargado.*

Después hicieron su aparición en América otros inmigrantes que practicaban la caza secundaria, pero eran más dados a la recolección de frutos silvestres. Se piensa que procedían del *sureste* de *Asia,* e incluso de Indonesia.

La tercera movilización u oleada asiática dejó sentir la presencia de nuevos elementos culturales en ese entonces, tales como el perro domesticado, la utilización del cobre, la cerámica y otros. *Al mismo tiempo, el tipo humano braquicéfalo, esto es, de cráneo arredondado, comenzó a ser más común, hasta el punto de que los dolicéfalos fueron poco a poco confinados a sitios apartados.*

Es creíble que otras inmigraciones hayan llegado posteriormente a América, procedentes de *Melanesia y Polinesia.*

En definitiva, parece cosa segura que la inmensa mayoría de quienes arribaron al continente occidental eran de origen asiático, mongoloide.

La máxima dispersión, a lo largo y ancho de este continente tuvo lugar desde el año 3000 a.C., hasta el principio de la Era Cristiana.

La aislada opinión formulada por *Florentino Ameghino,* que postulaba *el origen autóctono de la raza amerindia,* nacida en el Hemisferio Occidental, sin antecedentes de otras partes, no es sostenida actualmente por nadie.

En fin, algunos indicios nada desdeñables —frutos de la observación hecha en estatuas precolombinas, en pinturas, o resultante del examen de algunas tradiciones—, parece corroborar *la presencia de grupos caucasoides llegados en épocas antiguas,* de los cuales Rivet apunta varios datos de interés. Fueron distintos, desde luego, de los escandinavos que arribaron a fines del primer milenio de la Era Cristiana. Se trata de caucasoides —hombres de piel clara y barbados— que quizás llegaron, lo mismo que los mongoloides, por la ruta de Behring, en calidad de cazadores, tras la pista de animales que les servían de sustento, y que pudieron considerar a América como la prolongación del territorio Asiático.

La presencia de otro tipo claramente mongoloide, como es el de los *esquimales,* en el norte de América, obedeció a migraciones posteriores a las que se han citado.

Es dable pensar que, con su débil patrimonio cultural, reducidos, sobre todo los primeros inmigrantes, a convivir en grupos pequeños que avanzaban sin forzar el paso de los ancianos ni de los niños, su dispersión por América —a lo largo de siglos— marcó el inicio nebuloso y gradual de la Prehistoria en esta parte del mundo, en la que la cultura tuvo que irse forjando poco a poco, hasta llegar a las etapas históricas de mayor desarrollo en el México antiguo y en el antiguo Perú, en cuyo suelo se asentaron las culturas aborígenes de mayor rango.

Las altas culturas primarias

Alfredo Weber ha puesto especial énfasis en las grandes transfor-

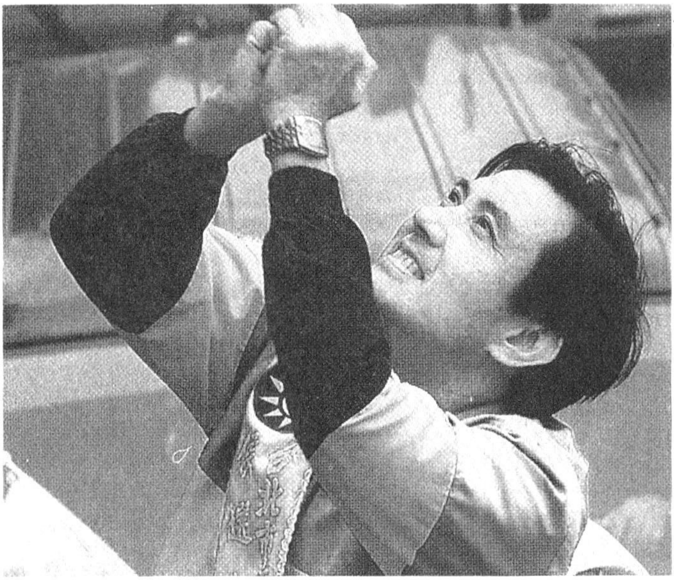

Muchacho chino de Taiwan

maciones sociales y culturales que tuvieron lugar en un plazo que se desenvolvió entre los años 4000 al 2000 a.C. Condiciones climáticas de particular interés se presentaron entonces, en forma óptima para Europa y Norteamérica, en tanto que las áreas centrales y septentrionales de Asia resintieron un clima peor, hasta el punto de surgir en la región siberiana el ámbito helado de las tundras que llegó a ser sepulcro de no pocos animales atrapados allí, como los mamuts, de los cuales se han encontrado algunos restos congelados. *"Es bien conocido, dice el mismo autor alemán, que el marfil de los colmillos de tales mamuts constituía todavía en el siglo XVIII el objeto de un comercio de exportación de alto vuelo".*

A partir del cuarto milenio, antes de Cristo, las comunidades humanas llevaron a cabo cambios sustanciales que corresponden a la parte final del Neolítico, y principios de la Edad de los Metales o Protohistoria.

Hecho fundamental lo constituyó la difusión de la ganadería en Asia: caballar en el norte, vacuna en el centro y porcina en el sur. La baja de la temperatura, unida a la desecación gradual, pusieron en movimiento a los criadores de ganado en el norte y en el centro, dando lugar a un cierto nomadismo pastoril, con el cual "Asia se convierte en el mayor centro de irradiación de emigraciones que se ha conocido en toda la historia".

El conocimiento de la *ganadería,* transmitido desde antes a otras partes, dio nuevo impulso a formas económicas diversas. *La agricultura,* al contar con un arado tirado por un buey, mejoró en técnica y en productividad.

Las olas migratorias de criadores de ganado vacuno comenzaron a efectuarse desde el año 4000, aunque se prolongaron en diversas condiciones por muchos siglos. Sus componentes se dispersaron con rumbo al Asia Menor y luego hasta el África misma.

Con base en ello, en tales hechos, surgen las "altas culturas primarias". Los *invasores nómadas, criadores de ganado, superponiéndose a las poblaciones rurales de agricultores, permiten la formación de organizaciones políticas más complejas, gérmenes de los Estados.* El ganadero es denominador, señorea, calcula y manda, especialmente cuando es un *nómada a caballo,* es decir, *un jinete.* Las sociedades estructuradas entonces tienen, pues, como rasgo común, una cierta jerarquía social a base de clases, una de dominadores y otra de dominados, con la particularidad de que en muchos sitios los dominadores constituyeron grupos que, por tener en sus manos, con el correr del tiempo, facultades sacerdotales, o religiosas en general, y a veces facultades de cierta cultura superior, pudieron ejercer una mayor hegemonía sobre los dominados. De allí, en efecto, salieron las castas de mandarines en China, o de brahamanes en la India.

Urnas cinerarias correspondientes a los inicios de la Edad del Hierro. Proceden de Cataluña, España

La protohistoria y sus divisiones

En la búsqueda de los elementos de la naturaleza, y a impulsos de necesidades perentorias, el hombre encontró los *metales.* Y el uso y aprovechamiento de éstos dio ocasión a que apareciese una etapa nueva, a la que se llama por eso *Edad de los Metales,* o *Protohistoria.*

La investigación arqueológica ha permitido señalar al cobre como el primer metal descubierto por los seres humanos, quizás en el *Medio Oriente,* donde ha sido posible hallar objetos de dicho metal en estado puro. Así hizo su aparición la *Edad del Cobre.* Más tarde, y acaso de un modo accidental, el hombre supo que uniendo el *cobre con el estaño* se podía obtener un producto nuevo, muy aprovechable para la fabricación de armas y utensilios diversos, como fue el *bronce,* que dio título al periodo llamado por eso mismo *Edad del Bronce.*

Fue en Mesopotamia en donde parece que se utilizó por primera vez este material, difundiéndose de allí a otras partes. Así en efecto, es en la parte oriental de la cuenca mediterránea, en donde las culturas de la Edad del Bronce tuvieron sus mejores representaciones; y aunque en otras porciones de la misma cuenca hubo núcleos de civilización interesantes, lo más destacado fue lo anterior.

La última etapa, la tercera de la Protohistoria, fue, en fin, la *Edad de Hierro.*

La cultura del bronce

Las viejas condiciones de mayor penuria que caracterizaron a la Prehistoria, sobre todo en el periodo paleolítico, se fueron superando poco a poco. Ya el Neolítico supuso grandes acrecentamientos en las bases culturales de muchos pueblos, y la posterior Edad de los Metales estuvo lejos del cuadro primitivo inicial.

A través del estudio de los hallazgos, a través de la comparación que puede hacerse con pueblos de civilización menos desenvuelta, y, asimismo, a través de algunas tradiciones guardadas por pueblos que después aprendieron a escribir, pueden encontrarse indicios y materiales que ayudan a formar una imagen de la vida en los tiempos protohistóricos.

Ideas religiosas y costumbres, sistemas de producción y prácticas sociales pueden ser rastreadas en esas fuentes para la reconstrucción de la vida de entonces en sus formas esenciales.

De modo inmediato es distinguible cómo la fabricación de armas y utensilios de bronce (lanzas, espadas, puñales, anillos, alfileres, etc.), alcanzó un gran desenvolvimiento técnico y artístico, pudiendo decirse otro tanto de los objetos de barro que formaban la cerámica.

Las construcciones de piedra, los palacios, los templos, las murallas que circundaban los núcleos urbanos, patentizaron un conocimiento arquitectónico apreciable.

Al mismo tiempo, un comercio muy activo se llevó a cabo por diversos lugares del centro y sur de Europa, o en el Cercano Oriente, lo cual dio nuevos impulsos a la cultura. A lo largo de los mares o de los ríos, las embarcaciones transportaban las mercaderías e igual ocurría por los caminos terrestres, a lomos de caballo, o en carretas tiradas por bueyes.

Gradualmente, la moneda (bolas metálicas, barras, anillos) fue sustituyendo al *trueque* o *cambio* en las actividades comerciales, que tan típico fue en los grupos más primitivos.

A la Edad de Bronce corresponden tipos de cultura tan ricos y tan valiosos, como los de la Troya descrita por Homero en la Ilíada, o los de las ciudades griegas contemporáneas de aquélla, o de las grandes construcciones y palacios encontrados en varias partes de la isla de Creta, que revelan hasta qué punto el hombre había aumentado sus recursos en comparación a su pobre patrimonio del periodo de la piedra.

La vida era más compleja y refinada. Fueron mayores las diferencias entre las clases sociales, entre los que tenían riquezas y los que carecían de ellas, y entre los que eran esclavos y los que eran libres.

Estela con escritura llamada rúnica, localizada en Skartha, en Schleswig y en Inglaterra. La palabra "runa" proviene del antiguo lenguaje nórdico de Europa y significa "letra" o "ciencia"

En muchas comarcas, a lo que se sabe, continuó el *sabeísmo* o adoración de los astros lo mismo que el *animismo,* o creencias en espíritus buenos y malos que habitaban tras cada fenómeno de la naturaleza, y continuó también la magia, pero se desenvolvió todavía más el culto al *Sol* y cobraron gran importancia las clases sacerdotales, cuyo papel se apunta con claridad en la fase de las "altas culturas primarias".

La cultura del hierro

Con motivo de la invasión de pueblos indoeuropeos a Europa Occidental comenzó a difundirse el uso del hierro, metal que desde entonces habría de usarse de modo predominante para hacer armas, utensilios, herramientas y aun máquinas primitivas.

La Edad de Hierro, pues, fue la parte final del largo proceso iniciado con la Edad de Piedra y concluido cuando se pudo contar con el testimonio escrito; proceso en el que se vencieron dificultades de toda especie, se afinaron cualidades de lucha y de inteligencia, y quedó el hombre como dominador de muchos elementos naturales a los que antes estuvo sujeto casi de manera inexorable.

La conciencia histórica

La aparición de la escritura hace 3,000 o 3,500 años a. C., cerró el ciclo prehistórico, y dio paso, con un caudal enorme de potencia cultural —y por consiguiente, de creación humana—, a la Historia propiamente dicha, ante la cual los pueblos se mantuvieron dentro de la que Weber ha llamado "una auténtica rigidez histórica".

La escritura se encontró en el umbral de las grandes culturas, de esas culturas que, dice el mismo autor, "ofrecen de particular el haber registrado en documentos escritos la visión que la humanidad tenía de sí misma y de su destino; y, al mismo tiempo, constituyen aquellas agrupaciones que adquirieron resonancia histórico-universal al convertirse en vehículos de la marcha del progreso humano y constructoras de sus fundamentos".

La conciencia histórica, concentrada antes en la tradición, se amplía con la escritura y alcanza dimensiones insólitas.

Formas primitivas de escritura

"Escribimos, señala Moorhouse, por la misma razón básica que nos hace descubrirnos ante un amigo y amenazar con el puño a un enemigo, hacer un nudo en un pañuelo o desplegar una bandera a medio mástil. Todos ellos son diferentes métodos de comunicación, de transmitir (a otros o a nosotros mismos) un mensaje significativo; pero tienen en común el atraer la atención de nuestra mirada".

A diferencia de un gesto transitorio, la escritura, en cualquiera de sus formas tiene un sentido de permanencia, significa la conservación de un mensaje "por un lapso indefinido".

El hombre de la Prehistoria no escribió, pero dejó una muestra de su afán de comunicación, de sus ideas, de sus sentimientos, en las variadas pinturas que de él conocemos.

Corresponden a esa época unos guijarros localizados en Mas d'Azil, al sur de Francia, considerados como propios de la época paleolítica, en cuya superficie hay rayas, puntos y otros signos, hechos en peróxido de hierro. No se sabe qué indican esos signos aunque no es inverosímil pensar que fueron un germen aislado de escritura. Sólo más tarde, al correr del tiempo, se llegaron a adoptar sistemas o métodos que eran indicadores de datos o referencias, más que escritura propiamente dicha, servían como elementos mnemotécnicos, es decir, como auxiliares para recordar algo que convenía tener presente. Así ocurrió con el uso de *cuerdas anudadas* (escritura nódica), que se conocieron en la América Precolombina (como los "quipus" peruanos), en varios sitios de Europa, y también en China, Tíbet y Japón. Otros sistemas, a base de bloques de madera con relieves, correspondían al mismo tipo. Pero en todos estos métodos, sólo podían "leer" los iniciados, para los demás no tenían sentido.

Un paso más en firme fue la aparición de la llamada *escritura pictórica directa,* por medio de la cual, o se dibujaba directamente el objeto, o se dibujaba en forma esquemática algo que revelaba un objeto, una escena, o una serie de objetos, a quien los veía.

Un sistema más evolucionado, indica Weise, "consistió en determinar con exactitud la forma y el significado propio de cada figura". De este modo, los signos llegaron a tener un valor permanente y convencional, que podía ser entendido por muchos. Tales fueron los *jeroglíficos.*

Cuando, a su vez, un signo representó una idea, se le llamó *ideograma.*

Lo más importante en el progreso de la escritura, fue el hecho, apunta Weise, de que, con el transcurso de los siglos, se llegara a dividir la palabra en sílabas, dando a cada una de ellas un signo distinto. Un nuevo avance se realizó luego al usarse diferentes signos para las distintas letras, representativas de otros tantos vocablos, con lo cual apareció la *escritura fonética.*

La aparición de la escritura fonética no ocurrió en todas partes en igual tiempo; así, mientras en Europa era ya corriente en el siglo XVI, en muchos pueblos precolombinos de América no se había pasado de la etapa del jeroglífico y del ideograma.

Lecturas

La opinión del Padre Acosta

Mas así a bulto y por discreción, podemos colegir que el linaje se vino poco a poco, hasta llegar al nuevo orbe, ayudando a esto la continuidad o vecindad de las tierras, y a tiempo alguna navegación, y que éste fue el orden de venir, y no hacer armada de propósito, ni suceder algún grande naufragio: aunque también pudo haber en parte algo de esto; porque siendo aquestas regiones larguísimas, y habiendo en ellas innumerables naciones, bien podemos creer que, unos de una suerte y otros de otra, se vinieron en fin a poblar. Mas al fin, en lo que me resumo, es que el continuarse la tierra de Indias con esas otras del mundo, a lo menos estar muy cerca, ha sido la más principal y la más verdadera razón de poblarse las Indias; y tengo para mí, que el nuevo orbe e Indias Occidentales, no ha muchos millares de años que las habitan hombres, y que los primeros que entraron en ellas más eran salvajes cazadores, que no gente de República y pulida; y que aquéllos aportaron al Nuevo Mundo, por haberse perdido de su tierra, o por hallarse estrechos y necesitados de buscar una tierra, y que hallándola comenzaron poco a poco, a poblarla, no teniendo más ley que un poco de luz natural, y ésa muy oscurecida, y cuando mucho algunas costumbres que les quedaron de su patria primera.

José de Acosta, S.J.

Hombres blancos en la América Precolombina

Simultánea e independientemente el uno del otro, Thor Heyerdahl y Jean Poirier han reunido un conjunto imponente de tradiciones y de pruebas relativas a la existencia en América de individuos, o de agrupamientos de individuos, que presentan en sus argumentos, en su pelo y algunas veces en el iris, una coloración clara que difiere de la pigmentación habitual del indio, así como de individuos notables por una pilosidad facial que contrasta con la ausencia de barba y de bigote en la inmensa mayoría de los indios.

PAUL RIVET

BIBLIOGRAFÍA FUNDAMENTAL

ACOSTA, Joseph de. *Historia natural y Moral de las Indias.* Fondo de Cultura Económica. México-Buenos Aires. 1962.
CANALES Frau, Salvador. *Las Civilizaciones Prehispánicas de América.* Editorial Sudamericana. Buenos Aires. 1955.
LECLERCQ, Jacques. *Filosofía e Historia de la Civilización.* Ediciones Guadarrama. Madrid. 1965.
MARTÍNEZ DEL RÍO, Pablo. *Los Orígenes Americanos.* Páginas del siglo XX. México, 1943.
MOORHOUSE, A. C. *Historia del Alfabeto.* Breviarios del Fondo de Cultura Económica. México-Buenos Aires. 1961.
MUNDÓ, José. *Curso de Historia Universal.* Espasa-Calpe. Madrid. 1942.
OBERMAIER, Hugo y GARCÍA BELLIDO, Antonio. *El Hombre Prehistórico y los Orígenes de la Humanidad.* Revista de Occidente. Madrid. 1944.
PIÑA CHAN, Román. *Mesoamérica.* Instituto Nacional de Antropología e Historia. México. 1960.
RIMLI E. Th. *Historia Universal Ilustrada.* Vergara Editorial. Barcelona. 1967.
RIVET, Paul. *Los Orígenes del Hombre Americano.* Fondo de Cultura Económica. México-Buenos Aires. 1960.
WEISE O. *La Escritura y el Libro.* Editorial Labor. Barcelona. 1951.

Capítulo 4

La cultura egipcia

¡Loor a ti, oh Nilo! ¡Salve, oh Nilo! que surges en lejanas tierras para dar la vida a Egipto.

PAPIRO ANASTASIANO

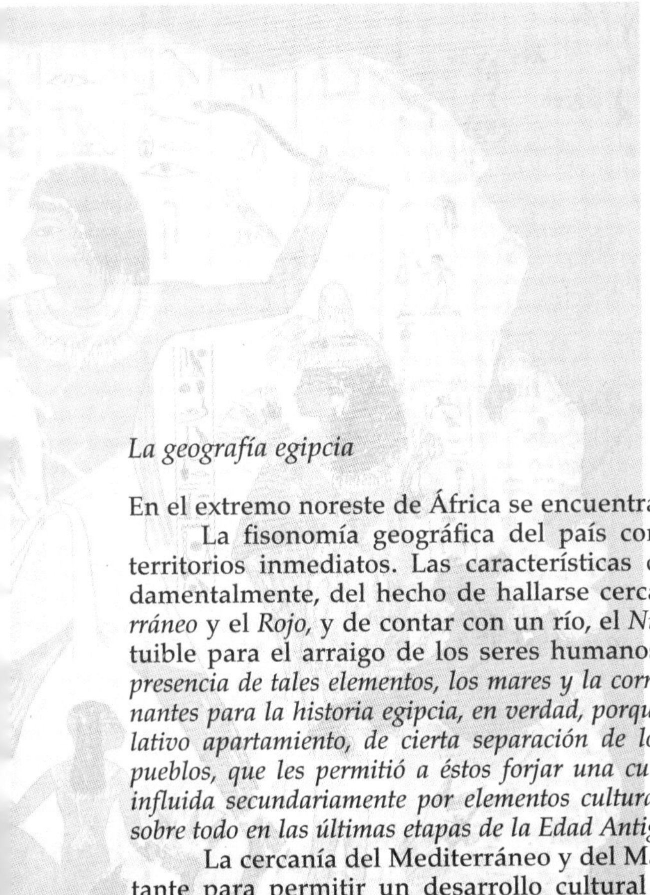

La geografía egipcia

En el extremo noreste de África se encuentra Egipto.

La fisonomía geográfica del país contrasta vivamente con los territorios inmediatos. Las características de su suelo derivan, fundamentalmente, del hecho de hallarse cerca de dos mares, el *Mediterráneo* y el *Rojo,* y de contar con un río, el *Nilo,* de importancia insustituible para el arraigo de los seres humanos y para su vida social. *La presencia de tales elementos, los mares y la corriente fluvial, fueron determinantes para la historia egipcia, en verdad, porque crearon un ambiente de relativo apartamiento, de cierta separación de los egipcios respecto de otros pueblos, que les permitió a éstos forjar una cultura con rasgos típicos, sólo influida secundariamente por elementos culturales llegados de fuera, y esto sobre todo en las últimas etapas de la Edad Antigua.*

La cercanía del Mediterráneo y del Mar Rojo no habría sido bastante para permitir un desarrollo cultural apreciable, si no hubiese sido por el interés representado por el Nilo. Así es que al Nilo debe el Egipto en gran medida su existencia, y gracias a él las comunidades tuvieron oportunidades que en puntos más alejados no habrían tenido. De casi un millón de kilómetros cuadrados que tiene el territorio egipcio, sólo 34,815 km^2 son propicios a la cultura; el resto son arenas abrasadoras.

Sin el Nilo, Egipto sería una mera prolongación del desierto de Libia. No en balde, pudo escribir Herodoto que Egipto era *un don del Nilo.*

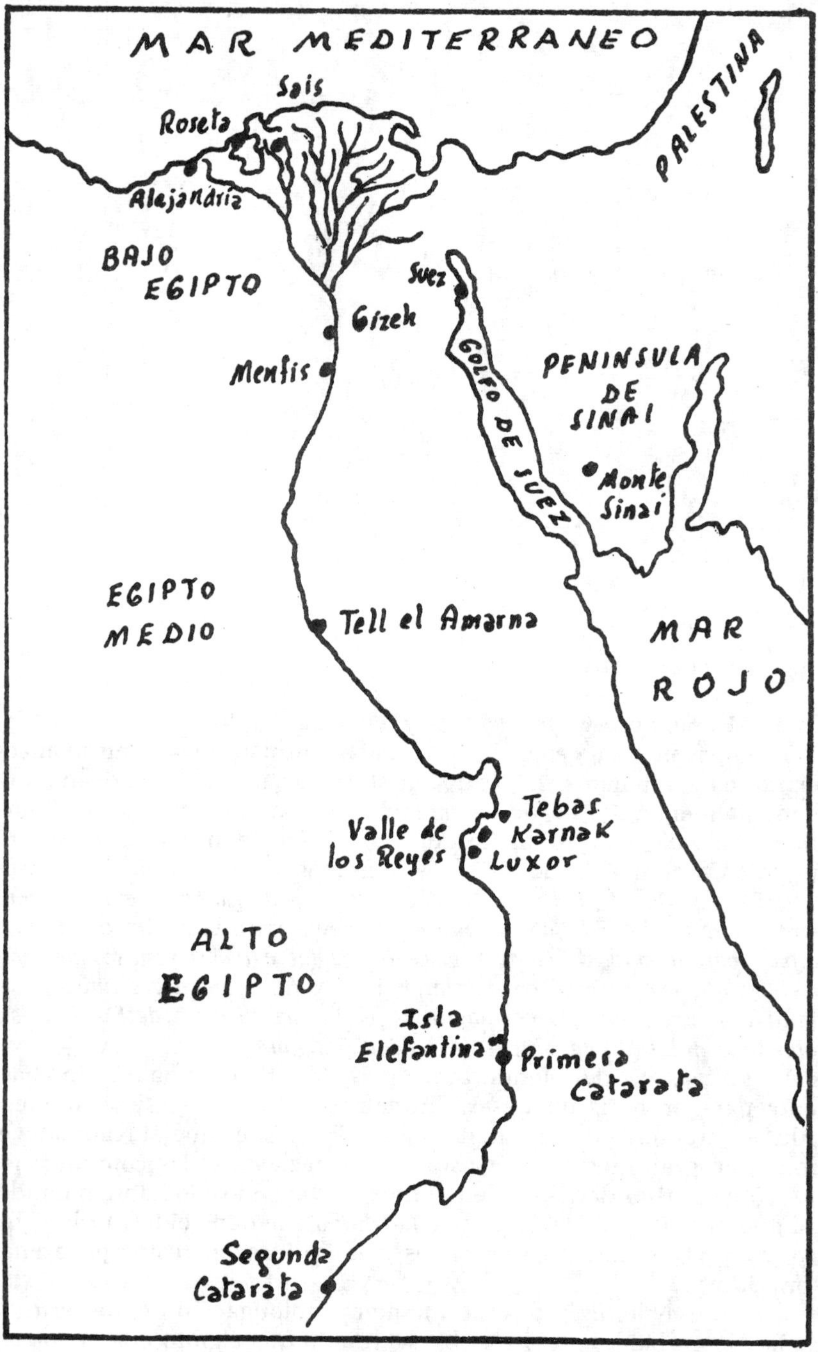

Mapa de Egipto

El Nilo

En realidad no es la tierra egipcia la única que recorre el Nilo.

El río, considerado como uno de los más largos del mundo (6,650 kilómetros de longitud), nace en el centro del continente africano. Siempre hacia el septentrión, pasa por suelo de *Sudán,* atraviesa *Nubia* y a la altura del norte de *Jartum* se encuentra la primera de las seis cataratas que se hallan en su curso. *Es propiamente hasta la segunda catarata, cuando penetra a suelo egipcio, al que atraviesa a lo largo de 1,600 kilómetros*

El valle al que da lugar esta última parte tiene una anchura que oscila entre los cinco y los veinte kilómetros, y en El Cairo se inicia su delta, que hoy tiene sólo dos brazos, y antes seis, aunque entre uno y otro de aquéllos hay multitud de canales artificiales, fruto del ingenio humano, y canales de origen simplemente natural.

Con su caudal medio estimado en 4,000 metros cúbicos por segundo, y con sus crecidas periódicas, el Nilo ha gestado una fertilidad que no se encuentra en otras partes de las regiones circunvecinas. Y siendo navegable en casi todo él, constituye, como es de comprenderse, un factor esencial para Egipto, para su agricultura, para su comercio, para su vida toda. *Ni es de extrañar que incluso los griegos lo consignasen en su mitología: Nilo era hijo de Océano y de Tetis, y se le tenía como un soberano que había canalizado el río.*

Para los egipcios, todavía más, el Nilo representaba su principal razón de supervivencia.

Hacia el mes de mayo hay gran resequedad en el cauce del río, pero en junio empieza a aumentar el caudal, a consecuencia de las lluvias; la primera ola que llega es verde, porque el agua se confunde con residuos vegetales; después arriba la ola roja en la que el agua viene revuelta con elementos minerales y potasa. *Finalmente, salido de su cauce, el Nilo inunda las tierras inmediatas, que quedan de este modo preparadas para la agricultura, lo que ha sido esencial para Egipto.*

Es de comprenderse que, dependiendo en gran medida del río para vivir, los egipcios se aplicaron a conocerlo, a medir sus desbordamientos, a calcular los riesgos que podía implicar una inundación excesiva, y a distribuir las aguas en forma tal que, lo mismo en la parte sur, más elevada *(Alto Egipto),* que en la parte norte *(Bajo Egipto),* hubiese un correcto aprovechamiento de ellas.

Sobre tal base, y con una experiencia acrecentada por los siglos, los egipcios aprendieron a cultivar el *trigo,* la *vid,* el *mijo,* el *garbanzo,* el *algodón,* el *lino,* la *palma datilera,* la *lenteja,* y otros productos más. La carencia, sin embargo, de árboles de maderas gruesas, con la excepción de la palmera, hizo indispensable importar maderas del Cercano Oriente, del Líbano, para atender las necesidades que hubo al respecto.

Una cierta ganadería en la que contaron bovinos, asnos, caballos y camellos, a más de la domesticación de gansos, patos y aves de corral, redondeó algunos aspectos de la economía egipcia.

Las primeras comunidades

Todo indica que desde la Época Prehistórica hubo pobladores en Egipto.

Su vida y su cultura no debieron de ser distintas de las de sus congéneres en Europa y en Asia. Es decir, deben de haber vivido en forma nomádica, y dependiendo, para su alimentación, de la cacería de animales salvajes, de la recolección de frutos silvestres y de la pesca, ya en el río, ya en el mar. Al paso de los años, en el Neolítico, los egipcios seguramente asimilaron nuevas formas de cultura, tales como el cultivo de la tierra, la domesticación de los animales, la producción de cerámica, la vida comunitaria en aldeas, y después, en un paso más, en los nuevos periodos que sobrevinieron, el aprovechamiento de los metales y las nuevas formas de convivencia social.

Hay indicios bastantes para suponer que desde el punto de vista religioso practicaban un cierto *monoteísmo,* en cuanto cada comunidad tenía un solo dios local, muchas veces en forma de *tótem,* esto es, en forma de objeto animal con el que estaban en relación quienes componían el pequeño pueblo; y, como es natural, el tipo de animales o de plantas con los que se sentían vinculados eran los propios de su ambiente geográfico, como chacales, halcones, serpientes, lotos, carneros, gatos, etcétera.

La relativa independencia en que vivían estos grupos fue sucedida por una gradual fusión de los mismos a lo largo de las riberas del Nilo, hasta formarse conglomerados de mayores dimensiones que recibieron el nombre de *"nomos"*, que si por una parte favorecieron el *politeísmo,* al adoptar los dioses locales de los grupos primitivos, por otra dieron ocasión a un mayor centralismo de la autoridad, en un proceso en correlación cada vez más intenso. No fue siempre pacífica la coexistencia de los nomos. Llegaron a producirse rivalidades, pugnas y choques entre unos y otros. La inevitable confluencia de intereses originó, posteriormente, que todos los nomos de las tierras altas se uniesen en un marco político, y que los de las tierras bajas hicieran lo mismo. *Así aparecieron los reinos del Alto Egipto (cuyo rey usaba como distintivo un bonete rojo con una figura de serpiente) y del Bajo Egipto (cuyo soberano usaba como insignia de su autoridad un bonete blanco en el que aparecía un gavilán de alas desplegadas).*

La estructura política

Entre las afirmaciones legendarias, propias de ese entonces, destaca una según la cual hubo, al principio, faraones divinos, *el primero de los cuales fue Ra-Atum,* seguido de otros que pertenecían a su misma familia.

El carácter divino de tales faraones no fue obstáculo para que hubiese rivalidades de unos con otros, y la más relevante fue la que se produjo entre *Seth* (dios malo) y *Osiris* (dios bueno), que se resolvió con el triunfo del primero y el asesinato del segundo.

Isis, la esposa de *Osiris,* recogió los trozos mutilados del cadáver, y otro dios, el del embalsamiento, llamado *Anubis,* los unió, y Osiris despertó a una nueva vida. Un hijo de *Osiris* y de *Iris,* llamado *Horus,* tomó venganza de la muerte de su padre, y tras haber tenido un largo reinado, hizo entrega del poder a los *faraones humanos.*

Es creíble que esta leyenda descanse en un dato cierto: su referencia a las pugnas divinas y políticas puede envolver, tan sólo, la verdad de las oposiciones entre los nomos, y en especial a las que pudo haber entre el Alto y el Bajo Egipto.

Se registra como nombre del primer faraón, propiamente tal, a *Menes,* del Alto Egipto, que tras haber quebrantado la oposición de sus rivales, pudo unificar el país hacia 3000 a.C., por lo cual los monarcas egipcios posteriores usaron en ocasiones una doble corona, símbolo de las dos monarquías enlazadas.

La historia egipcia se desenvolvió en el marco de una es-

Escultura egipcia que representa a la diosa Sakhmet, localizada en Tebas. Corresponde a la época de la XVIII dinastía, y muestra, como otros dioses egipcios, una mezcla de caracteres humanos y animales, reminiscencia, acaso, de las antiguas convicciones totémicas

tructura política de carácter monárquico, bajo el poder de treinta *dinastías,* o familias reinantes, hasta la consumación de la conquista realizada por los romanos, con un total de alrededor de 360 faraones.

Las sedes o capitales de Egipto fueron, sucesivamente, *Tinis, Menfis, Tebas y Sais.* Y el estudio de la historia política se realiza tomando en cuenta los periodos que reciben el nombre de:

a) *Imperio Antiguo* (abarcó de la I a la X dinastías, de 3000 a 2052 a.C.);
b) *Imperio Medio* (abarcó de la XI a la XVI dinastías, de 2052 a 1570 a.C.);
c) *Imperio Nuevo* (abarcó de la XVII a la XXV dinastías, de 1570 a 715 a.C.);
d) *Imperio Saíta* (abarcó de la XXVI a la XXX dinastías de 715 a 31 a.C.).

La personalidad nacional de Egipto se enriqueció a lo largo del gran periodo que abarcó esos imperios, con ciertas líneas de continuidad cultural propias, pero también con elementos llegados de fuera por las innovaciones de que fue objeto su territorio (por parte de los *hiksos,* o *reyes pastores,* de origen semítico, según es de creerse, llegados del Oriente, que incluso fundaron dos dinastías; de los *asirios;* de los *etiopes,* que también esclarecieron una familia reinante; de los griegos de Alejandro Magno, que instauraron la dinastía llamada lágida, por *Ptolomeo Lagos,* general de Alejandro, que quedó al frente del poder; y de los romanos). Ello no obstante, los elementos nucleares de la cultura egipcia fueron nativos y de una valía perfectamente distinguible. Cuando Alejandro conquistó a Egipto, tuvo que plegarse a las costumbres de la tierra, vestirse como faraón y adoptar actitudes que lo congraciasen de algún modo con sus habitantes: no habría obrado de esa suerte si no hubiese pesado en él, como en tantos otros, la gran fuerza de una cultura milenaria de alto valor.

Los elementos sociales

Conforme a lo que se sabe, la situación política tuvo una forma perdurable que mantuvo sus elementos básicos a lo largo del tiempo, desde Menes. Era verdad que podía haber, y de hecho había, características regionales, pero eso no impedía que hubiese una unidad eminente en la cultura y en el gobierno, de cualquiera que fuese la capital en donde se asentase la autoridad.

El *faraón* (vocablo que significa *casa grande* era, por supuesto, el sujeto más eminente en la jerarquía política, el gobernante de mayor rango. De acuerdo con sus convicciones, no se le consideraba como un simple hombre, sino como un *dios* vivo. Su palabra era ley. Los retratos de los faraones los representan solemnes, graves y hieráticos, sin duda por la influencia de los valores religiosos que rodeaban al faraón de toda majestad. Entre otros de sus símbolos estaban el callado y una maza, que representan la dulzura de un pastor y el poder de imponer castigos. Hay textos que lo llaman "señor de la gracia", pero también "aplastador de cabezas", y algunos relieves muestran escenas en que un faraón practica efectivamente esta última potestad.

El faraón era instruido en la cultura de su tiempo y en sus deberes de rey; desde una edad adecuada. Tenía que ser diestro en el uso de las armas y valeroso.

Para mantener la pureza de la sangre real, era corriente que se le casara con una hermana o prima, de quien debía nacer su sucesor. Ello no obstaba para que pudiese tener también otras esposas o concubinas, cuyos derechos eran evidentemente menores.

Otros funcionarios, en planos inferiores, atendían las diversas funciones públicas, aunque en la sociedad egipcia fue claro siempre que dos clases sociales, la de los *sacerdotes* y la de los *nobles,* ejercían actividades y contaban con una influencia de tal índole, que su poder resaltaba incontrastable, no sólo por limitar en la práctica el poder del faraón —que no podía impunemente ir contra determinados intereses de ellas—, sino por tener en sus manos la orientación general de la existencia del pueblo, socialmente hablando.

Los *grandes propietarios y los militares* —cada vez más importantes éstos, en la medida en que las actividades bélicas llegaron a formar parte destacada de la vida egipcia—, tenían relieve eminente en Egipto, así como los *escribas,* que por sus funciones llegaron a tener alguna preeminencia de cierta cuantía. Debajo de todos ellos, como elementos que ocupaban los estratos sociales más bajos, estaban las grandes masas de *labradores,* de *artesanos,* de *comerciantes* de importancia menor, los *trabajadores* dispuestos a toda clase de faenas, y, todavía en nivel inferior aun, los *esclavos,* procedentes, o del mismo territorio egipcio, o del extranjero, a consecuencia de las campañas victoriosas.

Aspectos de otros tantos "Libros de los Muertos"

La religión

La religión constituyó, en el Egipto antiguo, un elemento cultural dominante. Se dejaba sentir en todos los aspectos de la vida, lo mismo en las realizaciones del arte, que en la orientación política, que en las prácticas cotidianas de la vida ordinaria.

Los dioses eran personificados en forma humana, muchas veces, pero también en otras —quizás como una supervivencia de las viejas prácticas totémicas—, se los representaban en forma híbrida, en parte como humanos y en parte como animales; y no era raro que, asimismo, se tributase culto y se rindiese homenaje religioso, considerándolos sagrados, a los escarabajos, a las vacas, a los cocodrilos, a los gatos y a otros animales.

Por encima de ellos, sin embargo, estaban las grandes divinidades, como *Amón-Ra,* que se identificaba como el Sol, y al que se le representaba como un hombre de carne azul; *Osiris,* el dios bueno y justo; *Seth,* el asesino; *Isis, Atón, Horus,* y otros de diversa categoría.

La influyente clase sacerdotal —en la que había varones y mujeres, incluso danzarinas— se encargaba de esa religión oficial en todos sus aspectos. Ni siquiera un faraón podía ir contra el orden establecido. Así ocurrió, por ejemplo, que cuando *Amenofis IV* quiso introducir algunas modificaciones en la religión tradicional, orientándola hacia el dios *Atón,* con una tendencia marcadamente monoteísta, el sacerdocio ofreció resistencia en nombre del politeísmo oficial. El siguiente monarca, *Tuthankamón,* bajo la fuerte presión sacerdotal, restauró en todo su esplendor el culto antiguo, y la situación quedó normalizada.

Aparentemente, eso podría indicar que todo el sacerdocio estaba unificado en torno a la multiplicación de dioses, y que el politeísmo era un dogma admitido. Algunas investigaciones, sin embargo, revelan que entre los más altos dignatarios había una marcada propensión al monoteísmo, del que no hacían participes a los demás; y puede mantenerse la hipótesis de que el politeísmo era sostenido, en el exterior, hacia afuera de los recintos más exclusivistas, sólo por conveniencia, o porque se creía que eso era lo más indicado para un pueblo que por siglos profesó el culto a diversos dioses.

Aunque no abundan obras que sistemáticamente formulen una doctrina ético-religiosa —como las de *Thot o Hermes-Trimesgisto*—, no es menos cierto que en diversos textos se encuentran algunos principios morales que se tenían por válidos en Egipto, y que pueden resumirse en tres mandamientos esenciales: rendir culto a Dios, obrar con justicia y hacer bien al prójimo. En sus actos, se estimaba indispensable la buena intención más que la simple exterioridad.

El culto a los muertos

Como es sabido, dentro de la religión egipcia ocupó *el culto a los muertos* un papel único.

El egipcio vivía, de algún modo, para la muerte, o mejor, para la vida eterna. Tal orientación descansaba en la convicción en que todo ser humano se formaba de tres partes: el cuerpo, el alma y el "ka".

El alma se llamaba "ba", y se le representaba en forma de un pájaro con cabeza humana. El "ka" era un elemento o fuerza vital. Al ocurrir la muerte se producía la desintegración, y el cuerpo al que se embalsamaba y se le ponía en un sarcófago, tenía particular importancia porque venía a ser una especie de sede o punto de referencia para la vida de ultratumba. El alma, o "ba", al sobrevenir la muerte, se desprendía del cuerpo y hacía un viaje por el Mundo Inferior hasta comparecer en el juicio de Osiris. Varios dioses participaban en el proceso, durante el cual el muerto proclamaba su inocencia y negaba haber cometido los cuarenta y dos pecados de que se acostumbraba pedir cuentas; después de una gran balanza se ponían, de una parte, el corazón del muerto, y de otra, la pluma de Maat, la diosa de la verdad. Si el resultado era un equilibrio perfecto, el muerto estaba "justificado" ante Osiris y recibía el premio correspondiente en la vida eterna; tenía goces, pero también trabajos semejantes a los de esta vida que, sin embargo, podía hacer que cumplieran otros, que en este caso eran figuras de piedra, de loza o de madera llamados "ushabtis" (respondientes). Estos muñecos se enterraban junto con los difuntos. Si el muerto fuese hallado culpable, lo devoraba un monstruo.

En cuanto al "ka", no se separaba del cuerpo, sino que vivía en la momia, o acaso en los retratos que se encontraban en la tumba; se alimentaba de las ofrendas, pero si éstas faltaban tenía que comer basura, y errar por el exterior y aun perderse, lo cual ponía en riesgo al "ka" y al alma misma, ya que ambas reconocían al cuerpo momificado como una base de sustentación.

Es de comprenderse que los egipcios tuvieron, entonces, particular cuidado en las labores de momificación, en las que llevaron a cabo adelantos muy valiosos, tanto como en el sentido realista que debían tener los retratos de los muertos, ya fuesen esculpidos o ya fuesen pintados.

Es a través del *Libro de los Muertos,* de las investigaciones arqueológicas, de diversos escritos y de tradiciones mantenidas al respecto por los egipcios, o de los que dieron cuenta otros pueblos que estuvieron en relación con ellos, como se conocen los materiales del mando y de la vida.

Los ejemplares del *Libro de los Muertos* demuestran que se trata de una obra trabajosamente compendiada, en cuyos 190 capítulos se tratan multitud de temas.

Hay en él desde himnos hasta descripciones de la existencia de ultratumba, al mismo tiempo que alegatos del difunto en su defensa ante Osiris, junto con fórmulas de carácter mágico.

La escritura

Desde la época del Imperio Antiguo se conocían diversas formas de escritura.

La escritura primitiva se practicaba, a lo que se sabe, a base de figuras, que sirvieron como base o principio a los posteriores jeroglíficos.

Según parece, los griegos usaban ya la expresión *jeroglífico* para designar una especie particular de escritura usada por los egipcios. Creían, sin embargo, que sólo se trataba de símbolos religiosos, aunque no era así solamente. Cuando se difundió más tarde el conocimiento de la lengua y la escritura griegas fomentadas por la dinastía de los *Ptolomeos,* comenzaron a aparecer los textos en griego y en egipcio. *La difusión del Cristianismo contribuyó al predominio del griego y la escritura nativa se fue perdiendo.* Al quedar fuera del uso, los jeroglíficos perdieron sentido, y posteriormente nadie entendió qué querían decir. Los árabes, dueños de Egipto en la Edad Media, les dieron el nombre de "escritura de pájaros".

En el siglo XVI, el padre *Kircher* intentó descifrar los jeroglíficos egipcios, sin éxito alguno. Los esfuerzos de *Jablonski* no obtuvieron mejor resultado en el siglo siguiente, en el cual se aplicó a la misma tarea el danés *Zoega,* que al localizar seiscientos signos, pensó que no eran muchos, y que quizás eso era debido a que algunos representaban, más que ideas, sonidos. No

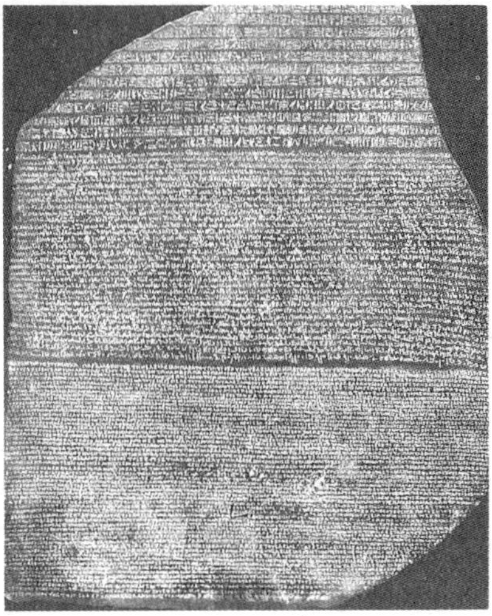

Piedra localizada en Roseta, a fines del siglo XVIII, hoy en el Museo Británico. El texto (en escritura jeroglífica y demótica, con su traducción al griego) hace referencia a un decreto publicado por los sacerdotes en honor de Ptolomeo Epífanes. Esta piedra sirvió como material para el desciframiento de la antigua escritura egipcia

fue, pues, sino hasta el descubrimiento de la *piedra de Roseta,* durante la expedición napoleónica a Egipto, cuando se pudo contar con un elemento de inapreciable valor para intentar el desciframiento. *La Piedra de Roseta consiste en un bloque de granito de forma rectangular; en donde se encuentra un texto en caracteres jeroglíficos, demóticos y griegos, que correspondían entre sí. Algunos investigadores se aplicaron a hacer la traducción pero no todos tuvieron fortuna. Hacia 1814, el físico inglés Young pudo descifrar el signo de cinco signos y supuso el de 77 más, pero no siguió adelante; finalmente, entre 1822 y 1823, el*

Columnata del templo egipcio de Luxor

francés Champollion pudo establecer el significado de la escritura egipcia, al determinar el valor de los signos, y aun sus categorías gramaticales.

La obra de Champollion fue completada más tarde por otros sabios.

Hoy, con todo ese cúmulo de trabajos, se sabe que los egipcios conocieron tres tipos de escritura: a) *la jeroglífica,* que fue la más antigua, y que ya estaba desarrollada en tiempos de la primera dinastía, hacia 3000 a.C.; b) la *hierática* y c) la *demótica.*

Los jeroglíficos los utilizaban los egipcios en los monumentos y se grababan en madera o en piedra, pero también sobre otros materiales blandos, incluso y principalmente las hojas de papiro, utilizándose al efecto una tinta que era aplicada con una pluma o con un pincel. *El papiro es una planta que crece en el delta del Nilo, y los egipcios lo utilizaron con especial esmero, hasta hacer de ella un material de importancia enorme para la cultura escrita de su tiempo.*

La escritura jeroglífica continuó hasta principios de la Era Cristiana, y la última inscripción que se conoce data del año 394 d.C. Sin embargo, dada la circunstancia de que se trataba de una escritura que exigía cuidado sumo y gran laboriosidad —aunque era bella— fue siendo sustituida en algunos casos por otras escrituras más simples, como la *hierática* que a la postre se le reservó para textos religiosos, y la *demótica,* para uso popular.

Los papiros, en forma de rollos, han sido encontrados en muchas tumbas reales, en las ruinas de templos y palacios, y desde la presencia del Cristianismo, en monasterios antiguos.

En Alejandría, existió la mayor colección de escritos egipcios, integrantes de la célebre biblioteca establecida en el museo. Se estima que no eran menos de cuatrocientos mil, y aun hay quienes consideran que llegaban a seiscientos mil. Este gran tesoro cultural sufrió ya grandes mermas con motivo del bloqueo de la ciudad por Julio César, el año 27 a.C., a lo que siguió un gran saqueo por razones de pugna religiosa el año de 391 d.C., cuando algunos cristianos atacaron los templos paganos; y finalmente se completó la obra de destrucción, según parece, cuando Alejandría fue ocupada por los árabes en el siglo VII.

La literatura egipcia

Un fuerte contenido religioso es distinguible en muchas de las obras literarias conocidas, en las que aparece, asimismo, un cierto tinte lírico. *Relatos, cuentos, cantos reales, descripciones, himnos litúrgicos y textos sagrados se hallan en la literatura egipcia.*

Destaca, así, desde luego, el célebre *Libro de los Muertos,* ya mencionado, y al lado suyo, por la materia de carácter religioso, encuéntrase el libro *De los Caminos,* anterior a 1700 a.C., cuyo texto contenía referencias sobre el destino de las almas de los muertos. Ejemplares de este libro fueron encontrados en féretros de las dinastías XI y XII. Al mismo orden de ideas corresponde el *Ritual Divino,* no consignado en papiro, sino escrito sobre las paredes del templo erigido por Seti I.

La *Historia del Náufrago* es, en cambio, por su forma y por su fondo, un escrito más humano, lo mismo que la historia de *Sinhue* semejante a una novela, en donde se describe la fuga de un funcionario de tal nombre, que por considerarse complicado en un complot, escapa con rumbo a Siria.

Por su valor literario pueden consignarse otras dos novelas, como *El Viaje del Sacerdote Wen-Amon a Asiria* y *Los Dos Hermanos,* que hacen referencia a circunstancias de índole humana y descriptiva que ponen delante de los ojos de los hombres contemporáneos, un mundo, una realidad y una sensibilidad que se ubican en un marco histórico de hace miles de años.

Con motivo de las nuevas influencias culturales, y en especial bajo el impulso del Cristianismo, apareció, a partir del siglo III, la corriente literaria en lengua copta.

Prácticamente, la obra egipcia en materia de arte, desplegada en alrededor de cuarenta o cincuenta siglos, demuestra las grandes aptitudes del pueblo que las produjo, que fue un pueblo hábil, con gran dominio sobre la técnica, pero que se aferró a determinados convencionalismos que no quiso abandonar. Y esto fue cierto lo mismo en la escultura que en la pintura o en la arquitectura.

La arquitectura

La profunda religiosidad que animó toda su vida, y el culto a los muertos, no podían dejar de influir en el arte, y por ello, lo mismo en los templos que en las pirámides, o en las sepulturas llamadas "mastabas" por los árabes —por afectar la forma de cajas—, que en los monumentos en general, está la presencia viva de sus valores espirituales. Éstos estaban concebidos con la vista puesta en un sentido de eternidad. La naturaleza misma contribuyó a este rasgo, y la sequedad del clima hizo que allí perdurase lo que en otras partes se habría corrompido o destruido.

Las *pirámides,* por ejemplo, destinadas a ser tumbas de los faraones —y que suponían el trabajo y los sufrimientos de miles de obreros—, son un testimonio de este aserto. Son gigantescas y parecen constituir un desafió a la acción destructora del tiempo. Egipto fue uno de los primeros pueblos que emprendió la tarea de construir grandes recintos de piedra, por haber iniciado la edificación de amplias salas con techos que descansan en columnas y con iluminación lateral, al modo del templo de *Karnak,* en Tebas, algunas de cuyas columnas se elevan hasta una altura de veintiún metros.

Los templos egipcios, en general, tuvieron, con todo, un aspecto demasiado pesado, con gran predominio del macizo sobre el vado, y su decoración muchas veces no resultó hermosa. Estos templos, cercados por muros, constaban en principio de las siguientes partes: a) una avenida previa flanqueada por esfinges, a veces de gran longitud, ya que la de Karnak tiene dos kilómetros; b) los *pilonos,* que eran grandes muros con relieves, con una puerta que daba acceso al recinto sagrado; c) la llamada *sala hipetra,* que era un patio destechado y con pórticos; d) la *sala hipóstila,* o sala cuyo techo estaba sostenido por columnas; y e) la cámara donde estaba la ima-

Avenida de esfinges delante del templo de Karnak, en Tebas

Pirámides de Gizeh, cerca de Menfis, construidas para servir de tumba a los faraones de la IV dinastía

gen del dios, aparte de otras cámaras para el culto interior.

Era frecuente que cerca de los pilonos se encontraran los obeliscos.

Conocemos también formas singulares de construcción, en las que los arquitectos disponían del edificio religioso, llamado después *hipogeo,* parte en el interior de una eminencia montañosa —como ocurre en el *Valle de los Reyes*—, y parte saliendo de ella.

En cuanto a las pirámides, cabe decir que las de mayores dimensiones fueron las erigidas por los faraones de la IV dinastía, en Gizeh, en el área del delta del Nilo, y su conjunto ofrece un espectáculo único. La mayor de estas pirámides tiene una altura de 137.18 metros, y fue mandada construir por el faraón *Khufu* (llamado *Cheops* por Herodoto); los lados de su base tienen una longitud de 233 metros, y cuenta con una especie de gradas que permiten el ascenso hasta la parte superior. Se considera que su construcción tardó cerca de treinta años e implicó el trabajo de cien mil hombres, que tuvieron que llevar los grandes bloques de piedra desde cerca de El Cairo, hasta Gizeh, arrastrándolos sobre rodillos, y una vez allí se utilizaron dichos bloques en la construcción. La segunda es del faraón *Kafra (Chefrén),* menor que la anterior, aunque por estar en un emplazamiento elevado, da la impresión de ser más alta; hay en ella todavía residuos de su antiguo revestimiento. La tercera es la del faraón *Menkaura (Mikerinos),* con una altura de solamente sesenta y dos metros, y con un revestimiento de granito rosa.

En el interior de todas ellas se han encontrado corredores y cámaras con decoración tipo funerario.

No volvieron a construirse edificios de tal monumentalidad, y en lo sucesivo, aun cuando hubo sepulturas apreciables para los faraones, sus dimensiones fueron menores y aun su apariencia también; inclusive las pirámides que fueron agregadas a dichos edificios, constituyeron simples adornos.

Hubo también pirámides, escalonadas de que es ejemplo la de Sakara, correspondiente a la III dinastía.

Escultura y pintura

La preocupación por la muerte está viva en las obras pictóricas y escultóricas, lo mismo que en las convicciones ético-políticas. Así, las pinturas y esculturas funerarias eran realistas en la reproducción fiel de los rasgos del difunto, pero obedecían a determinadas reglas de las que los artistas no se separaban.

Muchas de las figuras escultóricas, especialmente las que tienen cierta solemnidad, suelen estar de frente, ya se trate de figuras de pie o de figuras sedentes. El centro del cuerpo, lo mismo que la cabeza y el nacimiento del cuello se hallan en un plano vertical. El artista no podía dar ninguna flexibilidad a la espina dorsal. Por otra parte, las figuras siempre descansan sobre la planta de los pies, aun en los casos de personas representadas en movimiento. Entre los convencionalismos de que se trata se distingue el hecho de que, en general —bien con excepciones— las mujeres y los niños tienen las piernas unidas, en tanto que los varones adultos, si se trata de representarlos en movimiento, adelantan la pierna izquierda.

Debido a esa sujeción a normas permanentes, los escultores llegaron a esculpir en bajorrelieves, no en obras aisladas, la inverosímil postura de figuras vistas de perfil en cuanto al rostro y los pies, pero de frente en cuanto al cuerpo propiamente dicho, incluidos los hombros.

Con todo, obras como la *cabeza en basalto* que ahora se encuentra en el Museo de Louvre; el *escriba sentado* ejecutada en piedra calcárea; el *Cheikh-el-Beled,* en madera; y la *Esfinge* misma, en la zona de Gizeh —monumento en piedra que se compone de una cabeza humana y un cuerpo de león—; o la cabeza de la reina *Nefertitis,* tienen un valor universal en la historia del arte. Esculturas gigantescas como los *colosos de Memmón,* las múltiples estatuas monumentales de Ramsés II, y otras, revelan una vez más el gusto por lo grandioso entre los egipcios.

Es verdad, en fin, que el arte egipcio se afinó desde el Imperio Medio, y alcanzó notable habilidad en el Imperio Nuevo, pero fue sobre todo en la época saíta, acaso por la influencia cultural griega, cuando produjo labores de mayor delicadeza.

Estatua sedente de Ramsés II

La *pintura* fue usada como elemento de decoración de superficies planas, o como complementación en relieves y en esculturas; tuvo un mérito inferior al de la escultura; ignoró la perspectiva y no conoció ni el claroscuro, ni los matices de colores.

Otras formas culturales

En cuanto a los conocimientos científicos, conviene indicar que los egipcios descollaron sobre todo en el estudio de diversas disciplinas, tales como la Astronomía, la Hidráulica, la Anatomía y la Medicina.

Su agricultura, que dependía sustancialmente de los desbordamientos del Nilo, orilló a los egipcios de las regiones bajas a tratar de medir el tiempo y a fijar puntos de referencia que constituyeron su calendario. Parece que los primeros cómputos se hicieron a base de las posiciones de la luna, pero esto les resultó insuficiente para sus necesidades agrícolas; conocieron también el año solar de 365 días —llamado "año vago"— aunque tampoco les sirvió del todo porque advirtieron que cada cuatro años se retrasaba un día y casi un mes cada 120 años; por ello apelaron a un "calendario njo" que tuvo por base la aparición de la estrella *Sirio* a la que llamaban *Sothis* —y a la que a veces identificaron con la diosa *Isis*— que coincide con la crecida del Nilo y que vino a ser, dada la importancia de este acontecimiento, el primer día del año.

Los sacerdotes —que celosamente guardaban sus conocimientos astronómicos— precisaron que cada 1,461 "años vagos" equivalían a 1,460 años de *Sirio,* y a este plazo lo llamaron "gran año sotíaco".

Lecturas

Himno al Nilo

Salve ¡oh Nilo! que portas en tu cauce
la dicha y la existencia de Egipto;

tu, Amón, lo conduces, constantemente,
y alboroza siempre al alma su venida.

El dios Ra forja los jardines; pero los riega él,
a la bestia sedienta le da de beber;
el amplio suelo se ve bañado cuando se desborda;
con celo cuida que la semilla germine,
con lo que, ¡oh Lharh!, el pueblo egipcio
tiene seguro el alimento.

¡Oh desbordamiento del Nilo! ¡Mil tributos
y sacrificios de bestias recibes!

Festejos solemnes a ti, gallos a ti
en oblación debida, y fieras
que en tu honor capturan en las selvas:
recibes la luz de la llama pura,
y los otros dioses no encuentran más ofrendas
que las dispuestas a quien tiene el número primero.
Álzase hasta las nubes el incienso, y con los
gallos, toros y bueyes se inmolan en el altar.

En la Tebaida se abre él mismo simas;
no se conoce su nombre en el firmamento;
nunca se expresa en forma alguna,
ni forma externa que lo represente.

Lo alaban dioses y hombres,
provoca terror en los temerarios,
y su vástago es señor de lo creado
para bien del pueblo de Egipto.
Esplendes por siempre, ¡oh Nilo! brillo inmortal,
otorga a los hombres vida y felicidad,
al ganado da alimento y brilla
con el resplandor; ¡oh Nilo! de la gloria.

EL LIBRO DE LOS MUERTOS

El Embalsamiento

En lo que toca a las muestras de luto y al enterramiento, es práctica que al fallecer un individuo de importancia, las mujeres de la familia se cubren de lodo la faz y la cabeza. De este modo, deformadas y sin ceñidores... dejan en el hogar al muerto y deambulan por la ciudad con gran lloro y muestras de dolor; acompañadas por los demás familiares. Despojados del cíngulo, los varones se unen al coro, gritando y llorando por el difunto. Terminados los clamores, el cuerpo del muerto es llevado al recinto del embalsamador.

Cuéntase allí con artesanos particularmente diestros en el arte del embalsamamiento. Ellos, en cuanto es conducido un cadáver; presentan a los portadores de éste unos muñecos de madera que sirven como modelos de su arte, que, con los colores que ostentan, imitan vivamente un cadáver embalsamado... Muestran posteriormente otro modelo de menor calidad y menos costo, y después otro tercero basto y barato, inquiriendo sobre cuál es el modelo que se pretende seguir para el arreglo del muerto. Hechos los arreglos y concertado el convenio, se marchan los conductores, y quedando a solas en su taller, los operarios se aplican a su tarea.

HERODOTO

Las pirámides de Cheops

Al tiempo de su origen, la pirámide de Cheops contó con más de cuatrocientos noventa y seis pies de altura. La superficie que cubre es de treinta y un acres... De lo que se conserva de ella, que son las hiladas inferiores, se puede apreciar que sus junturas tienen un ancho de solamente la diezmilésima parte de una pulgada. Estímase que el personal de trabajadores que laboró en la pirámide de Cheops fue de unos cien mil hombres, a lo largo de unos veinte años. No faltan quienes consideran a la Gran Pirámide como la obra conmemorativa de un enfermo mental... Pero no deja de ser posible que Cheops haya sido un administrador hábil que intentó la construcción de su sepulcro como un recurso para impedir el desempleo durante la época de pobreza que se gestaba siempre cuando la inundación estaba en su apogeo y todo el país se hallaba bajo las aguas.

J. E. MANCHIP WHITE

Chapollion

Champollion (1790-1832), que a la edad de 18 años había estudiado ya más de una docena de idiomas, es el sabio por excelencia. Sólo la excitación de los tiempos napoleónicos lo hacía abandonar de vez en cuando su cuarto de estudio para correr por las calles con unas banderas en la mano. A los 19 años de edad era profesor en Grenoble... En 1822 publicó el escrito titulado "Letter a M. Dacier relative a l'alpha-

bet des hierogliphes phonétiques", que contiene la clave para el desciframiento de los jeroglíficos... En 1827 pudo organizar la sección de Egipto, recientemente fundada en el Museo de Louvre; en 1829 creóse para él la primera cátedra de egiptología en Europa, en el College de France de París – la Lepsius, en Berlín –. Y de julio de 1828 a diciembre de 1829 pudo contemplar el país al que había dedicado todos sus estudios: dirigió una expedición a Egipto.

Tres años después, en 1832, murió. El que hoy es considerado, con razón, como el descifrador "clásico", además de deberlo a su genio, a un método felizmente elegido y a su inteligencia, lo debe también al hallazgo de un soldado napoleónico desconocido: la "piedra trilingüe".

La Piedra de Rosetta es un hallazgo debido a la casualidad. Un soldado la descubrió cerca de la ciudad de Rosetta, junto al Nilo, en el mes de julio de 1799.

C.W. CERAM

BIBLIOGRAFÍA FUNDAMENTAL

ABETI, G. *Historia de la Astronomía.* Breviarios del Fondo de Cultura Económica. México-Buenos Aires. 1956.

DE LA PEÑA, Carlos H. *Historia de la Literatura Universal.* Editorial Jus. México. 1963. *Antología de la Literatura Universal.* Editorial Jus. México. 1960.

ECO, Umberto y ZORZOLI, G. B. *Historia Ilustrada de los Inventos.* Compañía General Fabril Editora. S.A. Buenos Aires. 1962.

KÖNING, Franz. *Cristo y las Religiones de la Tierra.* Tomo II. Biblioteca de Autores Cristianos. Madrid. 1960.

MANCHIP, White J. E. *El Egipto Antiguo.* Editorial Alhambra. Madrid. 1955.

MAY ROGER y otros. *Civilizaciones Desaparecidas.* Editorial Maucci, Barcelona. 1961.

M. D. D. *Resumen Gráfico de la Historia del Arte.* Editorial Gustavo Gili. Barcelona.

MILLARES CARLO, A. *Compendio de Historia Universal de la Literatura.* Editorial Esfinge. México. 1945.

MOORHOUSE, A. C. *Historia del Alfabeto.* Breviarios del Fondo de Cultura Económica. México-Buenos Aires. 1961.

NEUBERT, Otto. *El Valle de los Reyes.* Editorial Labor. Barcelona. 1958.

PIJOÁN, José. *Summa Artis.* Espasa-Calpe. Madrid. 1957.

REINACH, Salomón. *Apolo.* Editorial Nueva España. México.

WEISE, O. *La Escritura y el Libro.* Editorial Labor. Barcelona. 1951.

WEISS, J. B. *Historia Universal.* Tipografía La Educación. Barcelona. 1927.

Capítulo 5

Las culturas hitita y mesopotámica

Y mataron a los hijos de Sedecías en su presencia, le sacaron los ojos y sujetado con cadenas de cobre lo condujeron a Babilonia.

Libro de los Reyes

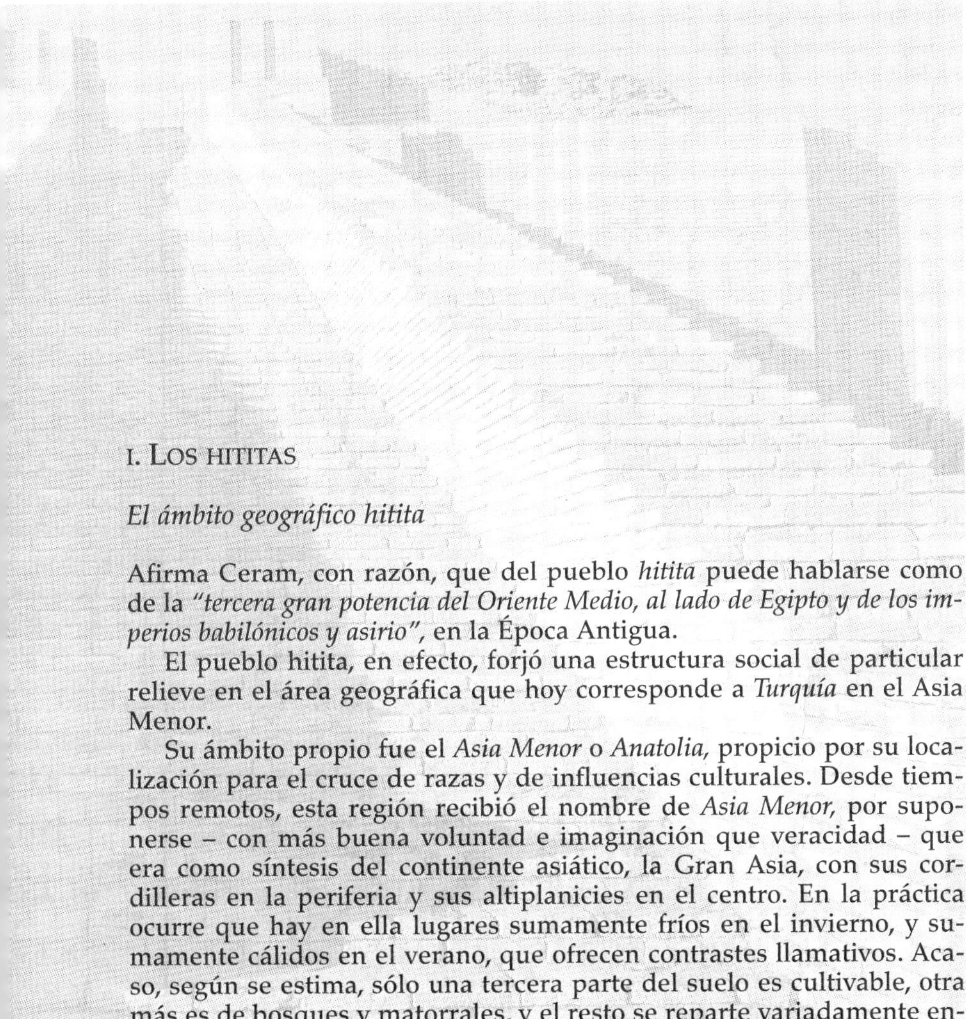

I. Los hititas

El ámbito geográfico hitita

Afirma Ceram, con razón, que del pueblo *hitita* puede hablarse como de la *"tercera gran potencia del Oriente Medio, al lado de Egipto y de los imperios babilónicos y asirio"*, en la Época Antigua.

El pueblo hitita, en efecto, forjó una estructura social de particular relieve en el área geográfica que hoy corresponde a *Turquía* en el Asia Menor.

Su ámbito propio fue el *Asia Menor* o *Anatolia,* propicio por su localización para el cruce de razas y de influencias culturales. Desde tiempos remotos, esta región recibió el nombre de *Asia Menor,* por suponerse – con más buena voluntad e imaginación que veracidad – que era como síntesis del continente asiático, la Gran Asia, con sus cordilleras en la periferia y sus altiplanicies en el centro. En la práctica ocurre que hay en ella lugares sumamente fríos en el invierno, y sumamente cálidos en el verano, que ofrecen contrastes llamativos. Acaso, según se estima, sólo una tercera parte del suelo es cultivable, otra más es de bosques y matorrales, y el resto se reparte variadamente entre estepas, zonas montañosas y desiertos. Su extensión abarca 743,634 kilómetros cuadrados, con una meseta cuya altura llega a ser de mil metros. Al norte confina Anatolia con el *Mar Negro;* al sur, con *Siria* y el *Mediterráneo;* al oeste con el *Mar de Mármara* y el *Mar Egeo;* y al este,

Mapa del Asia Menor

con las mesetas de *Armenia* y *Kurdistán.* Dos cadenas montañosas, la del sur llamada *Taurus,* y la del norte denominada *Póntica,* bordean la citada meseta, y acaban reuniéndose en las montañas altas de *Armenia,* en donde el monte *Ararat* —cuya altura es de 5,156 metros— establece un punto geográfico de separación entre los actuales pueblos persa, ruso y turco.

Los ríos son angostos y de torrente precipitado; corren entre las escarpaduras montañosas, pero no son navegables, y por tanto, ninguno de aquéllos sirvió como vehículo para la transmisión de la cultura.

En las costas, el clima es húmedo y seco, y extremado en las zonas interiores.

"Una tercera parte de Asia Menor, apunta Ceram, la componen angostas mesetas sin agua ni vegetación, formando un vasto páramo con la uniformidad de una alfombra, bajo la que apunta la roca desnuda, y sólo de vez en cuando, acá y allá, brilla al sol un inmenso lago salado. El paisaje es de una monotonía majestuosa, sus colores son como quemados y esmaltados al fuego".

Los hititas en la historia

En ese escenario geográfico actuaron los *hititas.*

De los hititas hay referencias en la *Biblia.* En el *Génesis* y en el *Libro de Josué* se les menciona al hacerse la enumeración de diversos pueblos. De un modo más explícito se habla de ellos en el segundo *Libro de los Reyes* (VII, 6), en donde destaca el carácter bélico y de fuerza política que les era propia, al decirse en él: *"El señor había dispuesto que se oyera en el campamento de los sirios un gran ruido de caballos y de carros: el estruendo de un gran ejército; y se decían unos a otros: he aquí que el rey de Israel ha atizado contra nosotros a los reyes de los hititas y a los reyes de Egipto".*

Los reyes de los hititas eran, ciertamente, personajes que correspondían a un núcleo humano que ejerció gran influencia social en una zona amplia del Cercano Oriente, hasta constituir un vasto imperio. Tuvieron su esplendor y su auge; *pero el relieve de su cultura no alcanzó la magnitud de la cultura de egipcios y mesopotámicos, y con el tiempo se llegó a perder de ellos casi toda idea completa y profunda.* Hoy, sin embargo, a fuerza de investigaciones, se ha reconstruido en gran parte su historia, que suele dividirse en dos épocas fundamentales o reinados, que fueron: el *Reino Antiguo* y el *Reino Nuevo.*

Hay cierta oscuridad en lo que se refiere a los tiempos previos al Reino Antiguo. *El territorio, según parece, estaba poblado por otras comunidades, no hititas, que venían a ser ciudades-Estados, o pequeños reinos, entre los cuales había a veces pugnas, y a veces alianzas transitorias, pero sin que se llegase a obtener una fuerza política unitaria.*

La situación cambió, no obstante, cuando irrumpieron en

Demonios de la mitología Hitita

Anatolia los hititas, hacia el año 1800 a.C. ¿Eran de origen *asiático,* tales invasores, como quieren algunos, o procedían de *Europa,* como afirman otros? Es probable que hayan penetrado por el *nordeste* o por el *noroeste.* Ciertamente no eran semitas, y su lengua, a lo que se sabe, indica más bien que eran *indoeuropeos,* lo cual significa que lingüísticamente estaban emparentados con otros pueblos de Europa y de Asia.

Los dominadores *indoeuropeos* —que de algún modo los podemos enlazar con los *arios* que emigraron a la *India* y *Persia*— lograron la asimilación de los indígenas, que se mostraron fieles al nuevo orden político establecido por aquéllos, llamado "imperio de Hatti" o de "Chatti". Algún escrito menciona a *Labarnas* como el iniciador de la nueva dinastía, *aunque este nombre se usó posteriormente como equivalente de* "rey". La capital de este Reino Antiguo fue establecida en *Hattusas* —en un sitio llamado hoy Bogazky— que ya anteriormente había sido sede de algún reyezuelo protohitita. La potencia militar continuó desarrollándose y aun pudo permitir el ataque a Babilonia hacia el año de 1775 a.C., que se convirtió en una victoria. Siguió después una etapa de decadencia que se prolongó por varias centurias, y sólo hacia el año 1420 a. C. se inició el Reino Nuevo.

Un periodo de mayor vigor militar caracteriza esta nueva etapa, que se convierte en conquistas y sujeciones. Los hititas llegaron hasta Siria, pero Egipto, envuelto en la conmoción religiosa promovida por Amenofis IV, no reaccionó y dejó hacer, sin osar ningún movimiento. El peligro para Egipto era, con todo, un hecho cierto, ante la cercanía del poder creciente de los hititas, por lo cual, en el siglo XIV a. C., el faraón *Seti I* avanzó por el Cercano Oriente y logró vencer al pueblo de Anatolia. Pero esto sólo fue una tregua, los hititas concertaron una vasta coalición y se enfrentaron de nuevo a los egipcios en tiempo de *Ramsés II.* La batalla de *Kadesh* fue decisiva, y aunque Ramsés II obtuvo alguna ventaja final, se vio muy comprometido al principio, y tanto sus tropas como las enemigas padecieron grandes bajas. A diferencia de otros combates meramente abandonados a la acción personal de los guerreros, esta célebre batalla tuvo, por sus dimensiones y por el número de los participantes, un interés considerable.

'Fruto del combate fue el convencimiento mutuo de que era preferible la paz. Un tratado especial, firmado hacia 1270 a.C., estipulaba las condiciones del nuevo trato entre unos y otros, con prohibición de atentados, a más de alianza defensiva contra enemigos exteriores, "acción común contra súbditos sublevados, la extradición de fugitivos importantes, amnistía para las personas expatriadas", y otros puntos, que, como señalan May, Sanders y Loskhardt, fueron testificados "por mil dioses y diosas hititas y otros tantos egipcios".

Por singular coincidencia, tras la muerte de los soberanos firmantes, *Ramsés II* y *Khattusil II,* sobrevino la decadencia para ambos pueblos, aunque si para los primeros fue menos profunda, para los segundos fue definitiva y no volvieron a tener lugar eminente en la historia.

La estructura social

Los datos existentes acerca de los primeros monarcas hititas se ven llenos de referencia a una sucesión violenta de personajes en el poder. Los asesinatos destinados a eliminar rivales eran frecuentes. Las luchas de viudas ambiciosas y de tutores de reyes en minoría de edad se repetían, lo mismo que fratricidios y parricidios. Fue menester que un monarca, *Telebino,* estableciera las *normas de la transmisión de la autoridad a base del hijo varón,* para que los hechos se desenvolvieran en forma más estable. La obra de este rey fue de particular trascendencia, porque dio a la monarquía una base con la que no contaba anteriormente; y aun es creíble que a él se deba una codificación de las leyes hititas, en la cual acaso puede verse sin reflejo de lo que en el mismo sentido se había hecho ya en Mesopotamia.

Un rasgo especial en materia política, *el de que los reyes no se consideraran de estirpe divina,* como era corriente en los demás pueblos orientales, hace pensar que se trata de una prueba más que puede presentarse sobre *el origen europeo de los hititas.* Otro hecho que acaso puede agregarse a esta tesis, es el que toca a los castigos, dentro de sus normas jurídicas, que no son extremados como los de otros núcleos humanos contemporáneos suyos, sino de un marcado carácter benigno. *Hay motivos para pensar que, por lo demás, el éxito político* de *los hititas descansó en buena parte* en *sus dotes militares, pero también en su sagacidad diplomática, tanto para concertar tratados, cuanto para conseguir enlaces reales que aseguraban el acrecentamiento del poder o mantenimiento de éste.*

En la estructura gubernamental era perceptible un sentido *monárquico,* de predominio hitita, pero que no sólo no excluía, sino que descansaba en una *federación* con los demás pueblos del territorio, que pertenecían racial y culturalmente a otras categorías. *La federación funcionó bien, según parece, por un tiempo apreciable, y de hecho los sometidos se beneficiaban con la superioridad económica y militar de los hititas, y de cuyos frutos participaban.*

En el ejercicio del poder, la monarquía hitita ofrecía un rasgo peculiar según el cual la autoridad la ejercía el rey con alguna limitación, *no de hecho, solamente, como ocurrían en otras partes, sino de derecho,* porque desde la época de Telebino, al lado del monarca había un *consejo de nobles* al que se le denominaba *pankus.*

No parece que hubiera, tampoco, una rigidez extrema en las divisiones de clases. Había más flexibilidad en la estructura social que en otras partes, e incluso los mismos esclavos gozaban de ciertos derechos.

Elementos culturales hititas

Atenta la circunstancia de que el imperio hitita no se formó con solamente los dominadores indoeuropeos, sino también con los indígenas, no es de extrañar que en su cuadro de cultura aparezcan elementos variados. Esto fue cierto, por ejemplo, en materia religiosa y en materia lingüística. Había muchos dioses, se les daba reverencia a divinidades nativas, y seguramente a las que recibían el fervor hitita. Y este hecho conviene ser subrayado, porque coincide con una actitud semejante que los probables hermanos de raza de los hititas, los arios de Persia, ejercieron por su parte cuando levantaron su imperio. *La tolerancia religiosa pudo ser; y fue, en efecto, un gesto de raíz política favorable, pero que impidió, a la larga, la integración de lo que Ceram llama "una subestructura espiritual homogénea".*

En las artes plásticas no se ve que hayan descollado los hititas. En los restos de sus templos, de sus palacios y de sus murallas, lo mismo que en las esculturas, hay, en veces, una tendencia a la monumentalidad, y en veces la influencia asiria, pero en general, bastedad y poca finura.

Es probable que hayan producido algo de importancia en materia literaria. Ciertamente tenían una escritura cuyos jeroglíficos ya han sido descifrados, pero hecha salvedad de las llamadas *Oraciones en tiempo de la peste,* y algunos textos de menor importancia, está perdido cuanto hayan podido escribir.

Tal escritura la hacían los hititas sobre materiales tan contrastantes como la *arcilla,* la *piedra,* la *madera* y las *planchas* de *plomo* y de *plata.*

En una palabra, el "imperio hitita", desenvuelto entre los siglos XVIII *al* XII *a. C., y verdaderamente extinguido por la acción invasora y depredadora de los "pueblos del mar", fue más que nada un esfuerzo político y militar de mérito, cuyas aportaciones culturales quedaron, sin embargo, en un nivel de categoría inferior.*

II. MESOPOTAMIA

La geografía mesopotámica

El nombre de *Mesopotamia* es un nombre griego. Significa *entre ríos,* y hace referencia a las dos grandes corrientes fluviales que delimitan un territorio, en el Cercano Oriente, en el cual se asentaron diversas culturas de variada importancia, y que hoy corresponde a lo que es *Irak.* Tales ríos son el *Tigris* —que quiere decir "saeta", por su impetuosidad— y el *Éufrates.* Ambos ríos nacen en los montes de *Armenia* y llegan juntos al Golfo Pérsico con el nombre de *Chat-el-Arab,* aunque en épocas antiguas desembocaban separadamente.

A semejanza del Nilo, tanto el Tigris como el Éufrates se desbordan anualmente, y fecundan el suelo, de suyo desértico. Se sabe que en años remotos los pobladores de Mesopotamia aprovechaban este hecho, e incluso se ingeniaron para que las corrientes de agua pudiesen ir a los sitios que les convenían, para lo cual las encajonaban mediante muros de ladrillos y canales que llegaban hasta las tierras áridas, y aun almacenaban el agua en grandes aljibes. El cuidado con que se hacía esto era resultado de necesidades cuya satisfacción no podía ser diferida; pero con el correr de los años, en tiempos posteriores, se abandonaron los trabajos, y las aguas, desbordadas, convirtieron grandes áreas ribereñas en pantanos insalubres, y lo que es peor, los desiertos se enseñorearon de grandes zonas de Mesopotamia, haciendo perder a ésta su antigua fisonomía, ya que el país, como indica Echmökel, "era muy afamado por su fertilidad" en muchos de sus puntos, especialmente el suelo habitado por los súmeros.

Hacia el norte de la región mesopotámica hay pastos y bosques, y los vientos soplan con fuerza. Hacia el sur, el clima es seco y extremoso, y en el verano las lluvias son abundantes, de suerte que la tierra es más propicia a la agricultura.

Sumeria

Las investigaciones han aportado pruebas de la presencia de un pueblo, el *elamita,* en la etapa neolítica y en los periodos subsiguientes, cerca del Tigris, unos 4,000 a 5,000 años a.C. No se sabe qué origen tuvo, pero sí se conocen objetos elaborados por él, tales como utensilios de cobre, de bronce y de hierro, lo mismo que de pedernal. Han podido localizarse vasos pintados con gusto, fabricados en tornos, y se conocen también armas hechas de metal.

Todo indica que su economía descansaba en la explotación de

Extensión del Imperio Asirio (zona cuya periferia esta punteada) hacia el año 700 a.C

la tierra, en el pastoreo y en la minería, junto con un comercio que debe haber sido intenso con sus vecinos. Los elamitas se aplicaron al estudio de las matemáticas y de la astronomía, y contaron con un cielo cuya serenidad facilitó sus observaciones.

Remontando el Éufrates, al norte, se localizó el ámbito ocupado por los sumerios o súmeros, en una región llamada genéricamente *Súmer*.

El papel desempeñado por los sumerios fue considerable y de gran perdurabilidad. Los hallazgos han permitido ubicar los centros más destacados de los sumerios en *Ur, Larsa, Nisín, Nippur, Eridu* y *Lagash*.

¿Quiénes eran estos forjadores de un patrimonio de cultura que tanta huella dejó?

Presumiblemente, los sumerios eran de raza turania mongólica, aunque hay también quien los supone emparentados con poblaciones de la India. Las imágenes que de ellos tenemos *nos los muestran gruesos, de baja estatura, de rostro ancho, de ojos grandes ligeramente oblicuos, de nariz prominente y boca pequeña.* Tanto la barba como el cráneo los llevaban generalmente afeitados, aunque algunos retratos muestran también a individuos con barbas. Sus trajes eran de lana, usaban sandalias de cuero y solían llevar gorros en la cabeza. Orfebres de habilidad notable, supieron hacer brazaletes, anillos y collares, que sobre todo las mujeres portaban con cierta profusión. En el interior de las tumbas reales de *Ur* se encontró gran suma de objetos de oro, de plata y de cobre. Y en ellas, asimismo, fue dable hallar, por supuesto, restos humanos, no sólo de los monarcas enterrados al efecto, sino también utensilios de variada especie, carretas, restos de cortesanos y servidores muertos para acompañar a su señor, y animales.

La cultura sumeria fue elaborada por un pueblo cuya lengua no corresponde ni a las lenguas de origen ario o indoeuropeo, ni con las de origen semítico. Se trata más bien de una lengua aglutinante, al modo del finés, del húngaro, o del turco. La aportación de los súmeros al arte de la escritura fue de gran valía. Los sumerios, en efecto, conocieron en un principio una escritura pictográfica, y una de tipo lineal, pero sobre todo iniciaron la práctica de trazar signos en forma de cuñas que constituyeron la llamada *escritura cuneiforme,* antes de que terminara el cuarto milenio a.C. Tales signos los grababan sobre tablillas de arcilla, con punzones cuya punta tenía la forma de la cuña. El sistema, como se sabe, fue adoptado por los demás pueblos mesopotámicos, posteriores a los sumerios, y fue semejante al usado por los hititas.

Muchos sitios de interés arqueológico han puesto de manifiesto que los súmeros, con gran frecuencia, tenían como núcleo central de sus ciudades al templo, el cual tuvo formas diferentes. En las épocas antiguas, el templo estaba constituido por un patio cuadrangular o en forma de T, con recintos alrededor y muchas puertas de acceso; más tarde el santuario fue largo y con una puerta alejada del altar. Con el correr del tiempo aparecieron las torres escalonadas, o *ziggurats,* cuyo diseño adoptaron después otros pueblos mesopotámicos para sus templos.

Eran politeístas los habitantes de Súmer, y parecen haber sido divinidades principales el dios *Dumuzi-Tammuz* y la diosa *Inanna,* esposa suya. Se menciona asimismo a una tríada formada por *Anu* (el firmamento), *Enlil* (la atmósfera y la tierra) y *Ea* (las aguas). Creencias esenciales de su religión fueron la creación del mundo, el diluvio y la búsqueda de la vida eterna. "La vida después de la muerte, apunta Langer, la concebían como existencia tenebrosa en regiones subterráneas de las que no se vuelve".

La economía sumeria descansaba en la agricultura, pero hicieron también del comercio una tarea continua, hasta el punto de establecer normas sobre prácticas mercantiles y bancarias, contratos escritos y pesas y medidas. "Su sistema sexagesimal (que se combinó pronto con el decimal), añade Langer, sobrevive todavía en las divisiones del día (24 horas, 60 minutos, 60 segundos) y del círculo (360 grados)".

Nunca integraron los sumerios una unidad política. Celosos de su autonomía, se mantuvieron apartados unos de otros en sus amuralladas ciudades-Estados, aun cuando entre todos participasen de la misma cultura esencial. Cada ciudad tenía su jefe, un sacerdote-rey, al

Estatua sedente de Gudea, con inscripciones cuneiformes

que se le denominaba genéricamente *patesi* o *ensi;* y no fue raro, sino común, el espectáculo de las rivalidades mutuas entre unos pueblos y otros en Sumeria.

Del estudio hecho por los arqueólogos, se han podido conocer los nombres de algunos de esos reyes sumerios, tales como *Uruk-Agina, Ur-Nina,* y otros más.

No resulta aventurado suponer que el estado de pugnas continuas que entre sí mantenían los habitantes de Súmer —que sólo tuvo por excepción los últimos veinticinco años de su historia, con la hegemonía de la ciudad de Umma— fue factor decisivo en el sometimiento de que fueron objeto por otro pueblo, de raza blanca, quizás semítico, originado en *Arabia,* el pueblo *acadio,* que se presentó en son de conquista. El acontecimiento tuvo lugar a mediados del siglo XXV a.C. y la figura de un gran guerrero, llamado *Sargón,* descuella con tal motivo. *Sargón conquistó, de hecho, no sólo el territorio de los sumerios, sino que sus armas victoriosas las llevó hasta las costas del Mediterráneo, fundando así un vasto imperio.*

Lo sucedió su hijo *Naram Sin,* llamado "el amado de la diosa luna", con quien prosiguieron las conquistas, y un célebre relieve nos lo muestra perdonando a sus prisioneros vencidos. Se le atribuye una conducta prudente en la paz, ya estableciendo un sistema de puertos y carreteras, ya fundando verdaderas bibliotecas con tablillas de arcilla. Convencido de la importancia de los metales para la economía de su pueblo, se apoderó al efecto de las minas de Sinaí.

La capital del nuevo poder hegemónico fue *Acad,* sede del imperio y residencia de la dinastía fundada por Sargón. Sin embargo, el dominio resultó efímero. Apenas un poco más tarde, y quizás mediando una debilidad interna, la región mesopotámica fue invadida nuevamente por otro pueblo, el *guti,* que al asentarse allí y fundirse con los antiguos súmeros y acadios, *sentó las bases étnicas de los núcleos mesopotámicos posteriores.*

Caldeos y asirios

El cruzamiento de razas y las confluencias culturales que de la convivencia surgieron, aportaron elementos con los cuales fueron desenvolviéndose gradualmente nuevas formas de vida social.

A esta época correspondió la existencia de dos personajes célebres, políticos y forjadores de valores culturales nada despreciables. Fueron, de una parte, *Gudea,* rey de la ciudad sumeria de *Lagash,* famoso por las obras de construcción que emprendió, y al cual se le atribuyen varios retratos que de entonces se conservan. Una de las estatuas, descabezada, lo muestra sentado, y sobre sus piernas descansa una especie de plano; el otro fue un hombre acaso de origen *amorreo* llamado *Hammurabi,* rey de *Babel* o *Babilonia* (palabra que significa Puerta de Dios), a quien se debe una de las más antiguas recopilaciones de leyes, grabada en una estela, que es conocida justamente con el nombre de *Código de Hammurabi,* hacia el año 1800 a.C., más o menos contemporáneo de *Abraham,* el más antiguo de los patriarcas hebreos. Hammurabi conquistó casi toda la Mesopotamia, llevó a cabo grandes obras públicas y organizó de modo excelente la administración. Estímase que gracias a las actividades de Hammurabi floreció el *primer imperio babilónico o caldeo,* que fue abatido, no obstante, por los ataques de fuerzas enemigas.

Tras el florecimiento del *primer imperio caldeo* apareció el *primer imperio asirio,* forjado por rudos guerreros, de algún modo emparentados con los anteriores, que pudieron sobreponerse a poblaciones militarmente más endebles. Sus capitales fueron *Assur* y *Nínive,* y sus reyes, en el correr de los años iniciaron una etapa de grandeza política y conquistadora, sobre todo a partir del siglo XII a.C., que les permitió llegar hasta el Mediterráneo, con un dominio tal que los mercaderes asirios pudieron recorrer toda esta amplia zona asiática sin mayor peligro. La figura de *Teglatfalazar I* es muy eminente en este sentido, y si bien sobrevino después una cierta decadencia con sus sucesores no es menos cierto que apareció un segundo florecimiento del poderío asirio, o segundo imperio asirio, hacia el siglo VIII a.C., aunque la dura sujeción a que obligaban a los pueblos conquistados provocó continuas sublevaciones, descontento y oposición grave, de que se valieron sus enemigos, especialmente los *medos, persas y caldeos,* para ir en contra de los asirios y vencerlos, de suerte que en el año de 612 fue destruida la ciudad de Nínive, llegando a su fin el imperio asirio.

Con el hundimiento de los asirios en Mesopotamia se dio paso *al segundo imperio caldeo babilónico,* que pretendió extenderse con amplitud, pero su hegemonía fue breve; su dominio sobre otros pueblos, las deportaciones que realizaron con algunos de ellos, como los judíos, que fueron llevados cautivos a Babilonia, no pudieron subsistir ante el empuje de los persas, que tomaron posesión de Babilonia, dirigidos por Ciro, el año de 538.

La estructura socioeconómica

Tanto los caldeos como los asirios tuvieron una economía acomodada a las condiciones y recursos de su ambiente. Esto quiere decir que practicaron la *agricultura,* en la que el aprovechamiento de las corrientes fluviales era esencial para fertilizar el suelo. No ignoraron la *ganadería,* y aún más, el hecho de contar con buena suma de caballos, les permitió disponer de elementos esenciales para sus actividades de conquista. Conocieron algunas formas de *artesanía* variada, y desde luego, el comercio. Para la obtención de recursos, tanto unos como otros solían imponer pesados tributos a los pueblos vencidos, de tal modo que la guerra no era una simple expansión de energía bélica, propia de pueblos dominantes, sino un medio de allegarse riquezas y de favorecer las actividades mercantiles que les convenían.

En el aspecto social, el rey estaba en la cúspide de la jerarquía administrativa. Tenía poderes amplios, absolutos, y su capacidad militar era un deber dentro de sus obligaciones corrientes. Nobles, sacerdotes y grandes comerciantes formaban las capas superiores de la sociedad que descansaba a su vez sobre numerosos campesinos, incluso siervos que podían ser vendidos con las tierras que trabajaban, comerciantes a escala reducida, simples guerreros, y naturalmente, una gran masa de esclavos que aportaban una inmensa mano de obra al servicio de los demás. Los contrastes sociales eran, pues, muy acusados.

Los centros residenciales podían ser meras aldeas, o pueblos de mayores dimensiones o incluso grandes ciudades —como *Babilonia, Assur,* y *Nínive,* con una densidad de población crecida ya que la primera de ellas llegó a tener más de un millón de habitantes—, que se solían establecer a lo largo de los ríos, atenta la escasez de agua en los sitios alejados de éstos: *Babilonia junto al Éufrates, y Nínive junto al Tigris.*

La grandeza de Babilonia, como ciudad, se alcanzó propiamente en tiempos de *Nabucodonosor.* Llegó a ser una urbe fastuosa y rica, refinada y no poco corrompida en el correr del tiempo. Era de planta cuadrada y contaba con 100 puertas cuyas hojas eran de bronce. El río Éufrates atravesaba a Babilonia, que disponía en las riberas de aquél de dos muelles de ladrillo y un puente de piedra entre ambos.

Las calles de la ciudad caldea estaban trazadas en ángulo recto y en las cercanías del palacio real se encontraban los célebres *jardines colgantes,* que no eran sino terrazas que descansaban sobre grandes pilares.

Cuando *Ciro,* rey de los persas, quiso asediar a Babilonia y conquistarla, como la conquistó, desvió el curso del Éufrates.

A su vez, *Nínive* también fue una ciudad amurallada, con 15 puertas y diversas torres; tras de sus costados estaban protegidos con un foso que se llenaba con las aguas de un río tributario que al fin desembocaba en el Tigris. La pujanza urbana de Nínive fue debida, entre otros, a *Senaquerib,* a quien se debió tanto el palacio de Kuyundjik, cuanto el arsenal de *Nebí Yunus* y un parque zoológico con animales exóticos. El agua potable para Nínive era llevada desde las montañas, a 50 kilómetros de distancia, utilizándose en buena parte un acueducto que quizá fue el más antiguo del mundo.

En el campo de la organización familiar, se sabe que ésta descansaba en la monogamia, por más que las leyes y las costumbres toleraban que el varón pudiese tener varias concubinas; y si bien la mujer estaba sujeta a la potestad del marido, contaba, sin embargo, con una suma de derechos de que no disponían las mujeres en otras partes del mundo de esa época. La mujer en Caldea y en Asiria, por ejemplo, podía celebrar contratos y realizar actos de comercio.

La guerra

Si la guerra ha sido, a lo largo de la historia, un dato persistente, en el caso de los pueblos mesopotámicos la guerra fue una actividad hondamente enraizada en las convicciones, y en el modo de ser de su vida social. Quizás el instinto nomádico, que los asirios y los caldeos heredaron de algunos de sus antepasados, se-

Estatua de Ebih-il

mitas de Arabia, haya sido un factor de no escasa importancia. Así, las depredaciones aventureras de los beduinos del desierto tuvieron su eco en las campañas de robo y saqueo que sobre todo al principio realizaron los pueblos que se citan, que irrumpían en los ámbitos de otros pueblos, asaltaban y después se iban, dejando tras sí el caos. Es más bien para el segundo imperio babilonio o asirio, cuando el dominio sobre los demás ya descansó en actividades más permanentes. *Para mantener su dominio dentro de Mesopotamia, y para poder sojuzgar a otros pueblos, hubo necesidad de que las monarquías contasen con ejércitos numerosos.* Los reinos mesopotámicos dispusieron de grandes masas de guerreros, tanto de infantería como de caballería, que iban armados a veces con picas, y a veces flechas y arcos y no hay duda de que el carro de guerra fue de particular importancia para la práctica de sus conquistas.

A medida que el tiempo pasó, y la masa de la población fue siendo cada vez más sedentaria y agricultora, los reyes asirio-babilónicos encontraron más dificultades para el reclutamiento. Las resistencias fueron doblegadas, pero la agricultura perdió brazos y esto cooperó para la decadencia mesopotámica.

La conducta observada ante los vencidos era variada. Los que habían ofrecido oposición eran tratados con rudeza, y aun con crueldad exagerada. Las tierras ocupadas después de una campaña viva eran devastadas en muchas ocasiones; y a los prisioneros se les cegaba, se les cortaba la lengua, se les desollaba, o se les degollaba. En las grandes épocas conquistadoras no fue raro que hubiera deportaciones en masa de pueblos enteros. Sólo cuando a los pueblos no se les castigaba con tanto rigor, todo quedaba reducido a los pagos de tributos que aquéllos tenían que hacer.

La religión

Los asirio-caldeos eran politeístas; tenían multitud de dioses, aunque dentro de éstos ocupaban categoría eminente *Assur, Istar* y *Ninurta,* como divinidades principales en *Asiria,* y *Marduk* y *Nebo,* en Babilonia. Al lado suyo se daba culto religioso (especialmente en Caldea) a determinados objetos del cosmos, tales como el Sol, la Luna, Venus, etc., lo mismo que a dioses menores en forma de animales.

En la larga lista de divinidades babilónicas se han podido anotar no menos de 3,300 nombres, que si de una parte prueban una amplia tolerancia, de otra demuestran que había también una marcada tendencia al panteísmo que alentaba en todo aquello: "La teoría de la correspondencia, dice De Liagre Böhe, se basa sobre la idea de la armonía del cosmos. Los dioses se identifican con las estrellas o con partes del universo, y, por lo tanto, no son sino partes personificadas del gran todo, que los

Templo caldeo escalonado, según la reconstrucción imaginada por Chipiez

asirios y los babilonios, como los sumerios, se imaginaban análogo a un edificio o al cuerpo humano. Ello explica que algunos dioses aislados fueran identificados ocasionalmente con cualidades del gran dios Marduk o incluso con partes del cuerpo de éste"

Entre los actos del culto se conocían las oraciones, las ofrendas y los sacrificios, incluso los humanos. Los sacerdotes atendían tales actos, así como la práctica de la adivinación que tan común era entre los pueblos antiguos.

Parece que creían que tras la muerte había una segunda vida en la que las almas habitaban en regiones de sombras, y, aunque con cierta imprecisión y vaguedad, sustentaban algunas ideas de justicia, con premio para quienes se hubiesen comportado bien y castigo para los malos, aunque en general se inclinaban a la idea de que la expiación de las culpas debía tener lugar en esta vida. Las almas que moraban en las sombras podían causar daños a los vivos, y por ello, para tenerlas gratas, era indispensable ofrecerles sacrificios.

Conceptos de tal naturaleza los tenían los caldeos y los asirios, aunque es notorio que los segundos eran más feroces en los sacrificios humanos, y profesaban menos principios morales que los caldeos.

La escritura y las artes

En la etapa histórica, los pueblos asirio-caldeos continuaron usando la *escritura cuneiforme* que venía de Súmer, y disponían al efecto de las tablillas de arcilla fresca sobre cuya superficie escribían con los punzones respectivos, y luego ponían el material a cocer para darle la durabilidad necesaria. "Es notable en la Mesopotamia, apunta Weiss, el uso cotidiano de la escritura, en sus tablillas de barro, que indican la generalidad del conocimiento de ella, no reservado a una clase sacerdotal... Esto se echa de ver por el sinnúmero de tablillas referentes a transacciones particulares; en las cuales los contrayentes y testigos grababan su sello personal, que cada cual llevaba en un cilindrito colgado del cuello".

Son muchos los ejemplares que se conocen de escritos cuneiformes, y fue la obra de un rey asirio, *Assurbanipal,* la que permitió que se contase con una de las colecciones de mayor valía, una verdadera biblioteca, formada por miles de textos de los cuales algunos han llegado hasta nuestra época. De allí y de otros sitios se conocen escritos poéticos, de prosa literaria (como la célebre *Epopeya de Gilgamés* y *el Poema sobre la Creación),* así como oraciones, relatos, crónicas, informes administrativos, etcétera.

Por su parte, las ruinas arqueológicas de Mesopotamia demuestran que los habitantes de esta parte del mundo realizaron edificaciones muy importantes: algunas tuvieron las formas de murallas y torres para la vigilancia militar; otras fueron torres escalonadas, los "ziggurats" (según el tipo tradicional de la famosa "Torre de Babel"), que servían para templos; y, asimismo, canales, palacios y tumbas. Varios de los grandes palacios, como los de *Korsabad* y otros, eran construidos sobre enormes plataformas, a cuya parte superior se ascendía mediante rampas situadas al frente de ellos. Tales palacios se integraban con salas de tipo rectangular y largos corredores alrededor de diversos patios interiores. Las superficies de los muros se decoraban con pinturas y esculturas.

Fragmento de un contrato de compra de un esclavo, en escritura cuneiforme, procede de Lagash

A diferencia de los egipcios que conocieron la bóveda, pero la usaron poco, los pueblos asirio-caldeos la aprovecharon con mayor amplitud para cubrir sus salas cuadradas. Lamentablemente, usándose poco la piedra, por su escasez, y mucho la arcilla, no se conservaron estas construcciones con la misma solidez que otras hechas de materiales más duros, de suerte que perdieron su antigua forma, se desmoronaron, y cuando fue dable llevar a cabo las primeras excavaciones el siglo pasado, las viejas construcciones asirio-caldeas parecían simples montículos de arena cubiertos con yerba.

En cuanto a la escultura mesopotámica, lo mismo con los súmero-acadios que con los asirio-caldeos, fue, en general, fundamentalmente realista y vigorosa; así lo demuestran la estela Hammurabi, con su código; la estela de los buitres; el relieve de la leona herida; y otras representaciones de imágenes crueles de muerte o lesión a los vencidos.

En fin, para la ornamentación de las fachadas de los grandes palacios, solía ser común que a los lados de las puertas se colocaran enormes toros o leones alados, esculpidos en piedra.

Otros aspectos culturales

Eran los sacerdotes quienes tenían a su cargo los estudios de tipo astronómico, estrechamente unidos a la *astrología,* es decir, a la supuesta relación vital de los hombres con las posiciones de los astros. El estudio de las tablillas ha permitido conocer sus observaciones y cálculos relativos a la posición y al movimiento de los planetas y gracias a ello se sabe que pudieron prever las estaciones y las retrogradaciones de los planetas, "su nacimiento y su ocaso helíaco, dice Abetti, y su acercamiento a las principales estrellas del zodiaco, además de que sabían calcular los novilunios y predecir los eclipses".

El calendario usado desde los tiempos súmero-acadios se basaba en un año solar —con un total de 365 días— dividido en doce meses lunares, a los que en determinadas épocas se agregaba otro mes lunar a fin de ajustar el calendario al orden de las estaciones. El día lo dividían en periodos equivalentes a dos horas, con un total de doce (lo que aún se usa en los relojes contemporáneos), la hora de sesenta minutos y el minuto de sesenta segundos, y pusieron las bases para dividir el círculo en 360 grados.

La religión mantenía lazos estrechos con la astronomía-astrología de estos pueblos, de suerte que cada planeta era una de las divinidades conocidas, que dejaba sentir su influencia en la vida de los humanos: Venus, era Istar; Saturno, Ninib; la Luna, Sin; el Sol, Samás; Marte, Nergal; Mercurio, Nebo y Júpiter, Marduk. Las posiciones de los cuerpos celestes eran determinantes:

Ejemplo de bajorrelieve asirio. Representa a Assurbanipal en una cacería de leones

Relieve que muestra a Assurbanipal, con un texto cuneiforme

así, si la Luna estaba en cuarto creciente, el rey podría vencer a sus enemigos, y si la Luna estaba baja, un pueblo distante se sometería. Todo indica que los sacerdotes dedicados a sus especulaciones de esta clase, tenían la competencia, entre el pueblo, de los charlatanes que hacían horóscopos.

En lo que se ve a la medicina, practicada desde tiempo inmemorial, ya en la legislación de Hammurabi se prescribían los precios de los honorarios, y los castigos que podían imponerse a los médicos si cometían un desacierto, tales como pagar daños y perjuicios al paciente, o, en casos extremos, cortarles las manos por una intervención desafortunada. Al igual que en la astrología, los médicos resentían la concurrencia de los charlatanes, de los nigrománticos y de los brujos. La persuasión de que la enfermedad era consecuencia de una falta moral daba por resultado que se apelase muchas veces a conjuros para alcanzar la salud, haciendo que la fuerza del maligno o demonio que poseía al enfermo, pudiese huir; en ocasiones se usaban drogas para alcanzar este último efecto.

Lecturas

Fragmento de una oración hitita

¡Oh dios hitita, señor mío, señor de las tormentas,
y los otros dioses que os encontráis por encima de mí!

Es verdad: hemos pecado todos.
Igualmente mi padre pecó, quebrantó las órdenes
de mi señor, del señor hitita de las tormentas.

Jamás he cometido falta alguna,
pero las faltas del padre
se vierten en la cabeza del hijo,
de suerte que el pecado paterno sobre mí ha recaído.

Ante el dios hitita de las tormentas he hecho mi confesión,
y ante los otros dioses.

Es verdad: lo hemos hecho nosotros.
He, pues, hecho confesión de la falta de mi padre,
que la ira del señor de las tempestades se aplaque,
así como la de los dioses que se hallan por encima de mí.

¡Benevolencia para vuestro servidor humilde
y alejad la peste de la tierra de Hatti!

La epopeya de Gilgamés

Las doce tablas en que está escrita, cantan la gloria de Gilgamés, el rey desterrado que, cumpliendo las indicaciones que los dioses le hicieron en un sueño, logra reconquistar sus dominios y arrojar del trono al usurpador Kunibaba. La diosa Istar se enamora de Gilgamés, pero al verse desdeñada, consigue de su padre Anú que lance contra aquél un toro divino, el cual resulta despedazado a manos de Gilgamés y de su amigo Eabani. Istar se venga, atacándolo con la lepra. Para curarse, el héroe se dirige al jardín de la bienaventuraza, donde Utanapistin, un antepasado suyo, salvado del diluvio, le libra del mal y le otorga la inmortalidad. Pero en el trayecto ha muerto Eabani, quien desde su celeste lecho de oro contempla los triunfos de Gilgamés.

Es digna de notarse la tabla XI, en la cual hay una descripción del diluvio. En torno al contenido principal del poema giran algunas leyendas, como la del águila y la serpiente, análoga a la narración azteca del mismo asunto.

A. MILLARES CARLO

El código de Hammurabi

El Código de Hammurabi tiene tres partes: 1a. una introducción en que el legislador consigna sus glorias; 2a. el texto de la ley, en 282 parágrafos, de los que están borrados más de 30; y 3a. el final, en que Hammurabi promete todo género de bendiciones a sus sucesores si guardan estas leyes y los amenaza, en caso contrario, pidiendo para ellos los castigos de todas las divinidades. La semejanza de este último pasaje con el de Moisés en el Deuteronomio, sólo demuestra la costumbre semítica de procurar la guarda de las leyes, por medio de las bendiciones y maldiciones a sus cumplidores o infractores.

El adulterio se castiga arrojando a los adúlteros atados al río. Pero si el marido perdona a la adúltera, el rey perdona al adúltero (129)... El que repudia a una mujer, le ha de dar con qué viva y eduque a sus hijos... Se determinan con mucha puntualidad los derechos de la mujer en la herencia del marido, en concurrencia con hijos. Se reconoce una forma de gananciales, concediendo a la mujer la mitad de los bienes adquiridos durante el matrimonio (176).

Son especialmente rigurosas la penas contra los incestuosos; lo cual demuestra un concepto elevado de la santidad de la familia (154 y 158)... Si un arquitecto construyera mal una casa, y cayéndose ésta matare al hijo del dueño, maten al hijo del arquitecto (230)... En general, el Derecho Penal es lo más bárbaro de esta legislación, no sólo por la clase de las penas, sino por la desproporción entre ellas y las culpas. Se tasan los honorarios del médico y del arquitecto; pero si el primero yerra la cura, o el segundo la obra, causando muerte o grave daño, se les castiga atrozmente... Es notable la solicitud del legislador por asegurar la propiedad privada, llegando a imponer responsabilidad solidaria a todo el municipio... Los labradores toman por su trabajo un tercio de la cosecha. La servidumbre no tiene el rigor que en pueblos y épocas posteriores.

JUAN BAUTISTA WEISS

BIBLIOGRAFÍA FUNDAMENTAL

ABETTI, Giorgio. *Historia de la Astronomía.* Breviarios del Fondo de Cultura Económica. México-Buenos Aires. 1956.

CERAM, C. W. *El Misterio de los Hititas.* Ediciones Destino. Barcelona. 1962.

HOGARTH, D. G. *El Antiguo Oriente.* Breviarios del Fondo de Cultura Económica. México-Buenos Aires. 1951.

KÖNIG, Franz. *Cristo y las Religiones de la Tierra,* Biblioteca de Autores Cristianos. Madrid. 1961.

LANGER, W. L. *Enciclopedia de la Historia del Mundo.* Editorial Sopena Argentina. Buenos Aires. 1955.

MAY, Roger y otros. *Civilizaciones Desaparecidas.* Editorial Maucci. Barcelona. 1961.

M. D. D. *Resumen Gráfico de la Historia del Arte.* Editorial Gustavo Gili. Barcelona.

MILLARES, Carlo A. *Compendio de Historia Universal de la Literatura.* Editorial Esfinge. 1945.
MOORHOUSE, A. C. *Historia del Alfabeto.* Breviarios del Fondo de Cultura Económica. México-Buenos Aires. 1961.
MUNDÓ, José. *Curso de Historia General.* Espasa-Calpe. Madrid. 1945.
NOAH KRAMER, Samuel. *La Historia Empieza en Súmer.* Editorial Aymá. Barcelona. 1958.
PIJOÁN, José. *Summa Artis.* Espasa-Calpe. Madrid. 1957.
REINACH, Salomón. *Apolo.* Editorial Nueva España. México.
WEISE, O. *La Escritura y el Libro.* Editorial Labor. Barcelona. 1951.
WEISS, J. B. *Historia Universal.* Tipografía La Educación. Barcelona. 1927.

Capítulo 6

La cultura fenicia

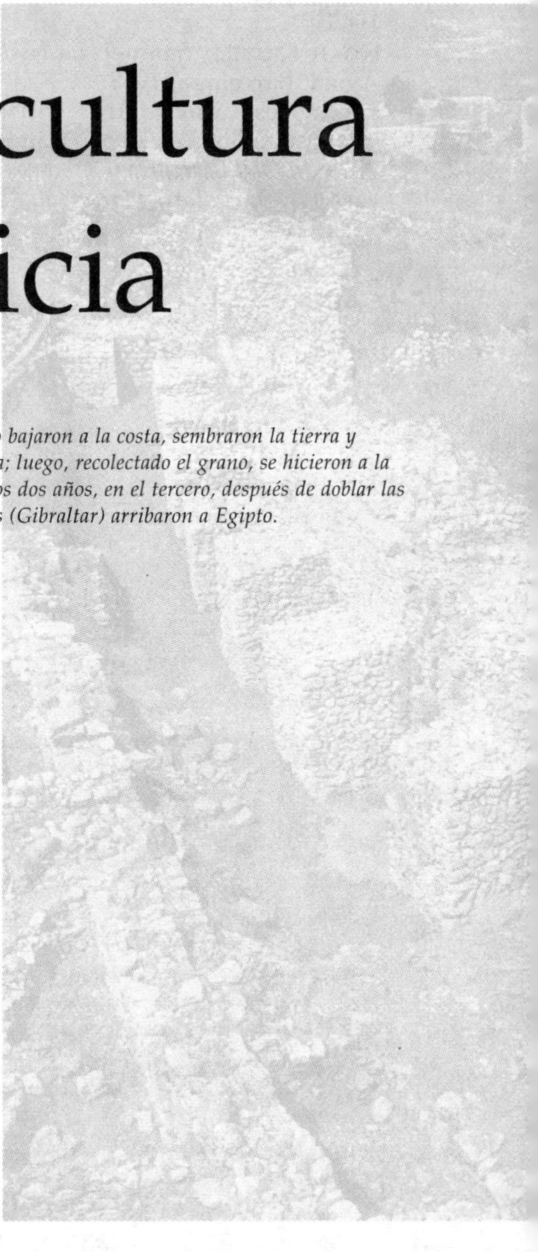

Cuando llegó el otoño bajaron a la costa, sembraron la tierra y aguardaron la cosecha; luego, recolectado el grano, se hicieron a la mar de nuevo. Pasados dos años, en el tercero, después de doblar las columnas de Hércules (Gibraltar) arribaron a Egipto.

HERODOTO

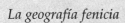

La geografía fenicia

A lo largo de una angosta faja de tierra de alrededor de 200 kilómetros, de cuando mucho 50 o 55 kilómetros de anchura, ubicada, de una parte, entre la cadena montañosa del *Líbano* y del *Carmelo,* y de otra, el mar Mediterráneo, se asentó el pueblo *fenicio.* Su límite norte era el río *Eléutheros* y al sur la ciudad de *Cesarea.*

Accidentes geográficos variados se perciben en esa faja del suelo asiático, correspondiente al *Cercano Oriente.* Las gargantas de las montañas del Líbano son profundas y áridas, salvo en las zonas próximas a los ríos. Hay diversidad de corrientes de agua y pequeños valles que se suceden unos a otros, dando ocasión a formas determinadas de la agricultura y de la ganadería que, sin embargo, no pudieron ser, en la Época Antigua, bastantes para sustentar a un pueblo cuyo natural desarrollo hacía insuficiente la producción de la tierra. Ésta era capaz de hacer crecer arbustos, árboles, frutas y flores, pero no en la medida de las necesidades impuestas por la población, y eso orilló a ésta a buscar, en otras fuentes, sus elementos de sustentación: tales como las artesanías, el comercio por tierra o por mar hasta lugares distantes, y la pesca. De los recursos naturales existentes entonces, los grandes bosques de cedros desempeñaron un papel destacado, porque con las maderas de ellos pudieron hacerse los navíos en los cuales los fenicios recorrieron toda la cuenca mediterránea. En la actualidad es muy poco lo que queda de dichos bosques.

Terracota fenicia

Centros principales

Hay restos muy antiguos que demuestran cómo en Fenicia hubo ya pobladores desde los tiempos prehistóricos, aunque no parecen haber sido de raza semítica. Las investigaciones señalan la presencia de esta clase de centros humanos hacia el año 3000 a.C., como situación previa al arribo de los fenicios propiamente dichos, que tuvo lugar después.

Al irrumpir en los lugares que se mencionan, los fenicios dominaron a los indígenas y forjaron una cultura característica que le dio a la región una fisonomía propia.

La expresión griega *foens* fue usada para designar a este pueblo, llamado por eso fenicio, aunque el vocablo griego lo mismo puede referirse a la palmera que se encuentra en la costa del actual Líbano que a un tinte rojo que vendían los mercaderes fenicios.

Los fenicios nunca llegaron a constituir una gran potencia militar, y sus actividades más destacadas, las del *comercio y* la *navegación,* constituyen tareas más inclinadas a la paz que a la guerra. Desde las ciudades importantes, como *Tiro, Sidón, Arad* y *Biblos,* orientaban sus grandes empresas a muchas tierras de Asia, del norte de África y del sur de Europa; para lo cual contaban con una vasta red de colonias distribuidas por casi toda la cuenca del Mediterráneo, que no

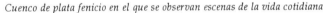

Cuenco de plata fenicio en el que se observan escenas de la vida cotidiana

eran sitios destinados a ejercer hegemonía política, sino a servir como punto de contacto con las poblaciones nativas, a las que compraban sus productos y a las que vendían las mercancías de que eran portadores, llevadas de otros sitios.

Cada colonia solía estar protegida, y soldados contratados al efecto, mercenarios, servían como guardianes. En general, los fenicios procuraban instalar sus colonias en puntos estratégicos del Mediterráneo, y algunas de ellas llegaron a ser, con el tiempo, ciudades de importancia, tales como Marsella, Cádiz y Cartago, si bien sus viajes los orientaban incluso fuera del Mediterráneo.

Su comercio era variado y nutrido. Mediante sus barcos y caravanas comerciaban con la plata de España, el cobre, el ciprés y el grano de Chipre, los metales de las zonas ribereñas del Mar Negro, el marfil de África así como la púrpura que obtenían de los moluscos que eran abundantes en sus costas, y muchos productos más. Comerciaban incluso con esclavos.

Una de las colonias citadas, establecidas en el norte de África, en suelo que hoy es de *Túnez,* llamada *Cartago,* nacida a resultas de rivalidades internas que hubo en Tiro, llegó a ser, con mucho, más importante que las ciudades matrices en Fenicia. Se menciona a este propósito el asesinato de un hombre de sangre real, Sicharbaal, por el rey, pariente suyo, de nombre *Pigmalión,* que dio lugar a que la viuda, *Dido* o *Elisa,* animara una conjuración para vengar a su esposo, pero denunciada la conjura, Dido y sus seguidores huyeron al África. El episodio lo recogió el poeta romano *Virgilio,* en su *Eneida.*

Escultura en madera de Astarté: diosa fenicia de la fertilidad

Cartago desbordó el viejo marco de las tareas puramente mercantiles, y llegó a crear todo un imperio que, especialmente en España, se expandió con amplitud. El dominio sobre las poblaciones indígenas en esta última parte, y la explotación de las minas de cobre, constituyeron bases importantes sobre las cuales se levantó la hegemonía cartaginesa, de tal modo importante y robusta, con el apoyo de ejércitos de mercenarios, que en un momento dado, en el siglo III a.C., dio pie para el enfrentamiento militar entre Cartago y Roma —en las llamadas "guerras púnicas"— que se resolvió con la derrota de la primera y su cabal extinción como pueblo. *De un modo literal, Cartago fue destruida, y con ella su estructura socioeconómica.*

Elementos sociales

En el campo de la política, Fenicia nunca llegó a formar un país unificado y con un sistema central de gobierno. Cada una de las ciudades contaba con sus autoridades propias y sus leyes internas, aunque entre sí mantenían los fenicios relaciones de cultura y de ayuda material mutua.

En general, con el gobierno actuaban igual que en otros aspectos de su vida social, con sagacidad, con cálculo y con interés. Los griegos llamaban "fenicio" a un hombre astuto. La inteligencia tenía que ser usada con preferencia a una fuerza militar poco desarrollada. En el pináculo de la jerarquía política estaban los reyes, en cada una de las principales ciudades, pero el verdadero gobierno lo tenían en sus manos los negociantes, los ricos, a quienes se prefería y escogía por considerar que eran los mejores, ya que se suponía, en efecto, que si se habían enriquecido, era porque tenían cualidades de prudencia, de buena administración y de habilidad.

Se puede decir, por consiguiente, que el régimen gubernamental fenicio fue *la plutocracia,* es decir, el gobierno de los ricos, que lo ejercían a través de una especie de Senado. Las grandes masas de campesinos y obreros no tenían derechos políticos.

La religión fenicia

En religión, los fenicios eran *politeístas.*

A semejanza de otros pueblos, cada ciudad tenía su propio dios, o "baal" y su diosa "baalit". En cada ciudad, el "baal" tomaba un nombre distinto *(Adonis,* en *Biblos; Melkart,* en *Tiro;* y *Moloch,* en *Cartago).* Había una casta sacerdotal numerosa e influyente, que no pocas veces intervenía en los asuntos del gobierno, y que tenía en sus manos, por supuesto, las ceremonias y ritos propios de la religión.

Una parte de las ceremonias consistía en el ofrecimiento de sacrificios humanos, para aplacar a los dioses y tenerlos gratos. A Moloch, por ejemplo, se le ofrecían niños que eran arrojados a la hoguera. Se afirma que en una ocasión, no menos de 200 infantes de las familias más destacadas, fueron sacrificados al terrible dios, al verse en peligro la ciudad el año de 307 a.C.

Otras formas del culto, que se extendían al territorio de *Siria,* en honor de *Adonis* y *Astarté,* revestían formas de exaltación repugnante.

Escritura y navegación

Por lo demás, el principal papel de los fenicios en la historia fue el de haber hecho que su comercio y su marina sirviesen para poner en contacto a pueblos de diversas culturas. La escritura alfabética (atribuida legendariamente a Cadmus) y el uso de la moneda, son otros tantos beneficios transmitidos por los fenicios.

Todo indica que el alfabeto tuvo su origen en la escritura semítica; no se sabe de fijo el sitio exacto de donde partió el conocimiento de alfabeto semítico, aunque es verosímil que procediera de la región del *Sinaí.* Como quiera que haya sido, el alfabeto fue aprovechado hábilmente por los fenicios, cuyos escritos los redactaban sobre papiros. En *Biblos* se han encontrado pruebas de textos primitivos. "De este lugar (Biblos), dice, exportaban el papiro a Grecia los comerciantes fenicios, y así los griegos llamaron a dicho material biblos. Esta palabra se aplicó después en griego para significar el libro (esto es, el rollo de papiro) con que se fabricaba, y de aquí nuestra palabra Biblia (literalmente libro)".

Para la navegación, como ya se mencionó, contaron con las maderas de los bosques de cedros, con que hicieron barcos que surcaron todo el Mediterráneo, a lo largo de sus costas y aun mar adentro —hasta rodear África si son correctos los datos de Herodoto—, guiándose para ello por la posición del Sol, en el día, o de la Estrella Polar —que los griegos llamaban precisamente "estrella fenicia"—, en la noche. Sus conocimientos astronómicos eran amplios y de una utilidad eviden-

Barco fenicio

te para sus exigencias marítimas. Conocían las corrientes y vientos reinantes, y a través del estudio del vuelo de las aves, de las migraciones de los peces y de los prenuncios de las tormentas, sabían orientarse y tomar la actitud que mejor convenía a sus labores. "Probablemente, apunta Weiss, cuando la niebla les impedía la observación de las estrellas, dejaban volar cuervos o palomas, para adivinar hacia qué parte había tierra próxima". En los sitios peligrosos, indica el mismo autor, erigieron monumentos de piedra y faros, para señalar dónde podía haber riesgo..., para advertir los bajíos y escollos. Tales eran las llamadas torres de Hércules, propiamente de Archles, indicio del espíritu emprendedor de los fenicios.

En fin, si los fenicios no fueron grandes creadores de obras culturales y artísticas ("imitadores mediocres de los asirios", los llamó Reinach), sí supieron adoptar modelos extranjeros que procuraron hacer suyos. Destacaron, con todo, en la preparación de copas grabadas de metal, en la fabricación de vasos esmaltados, en los tejidos de aguja de colores variados y en la fabricación de joyas, adornos y armas.

Algunos arquitectos fenicios ganaron fama, como en Palestina. Su escultura la conocemos a través de diversas muestras, incluso sarcófagos. Se perciben algunas influencias griegas y egipcias, aunque falta finura. Es célebre la escultura del dios *Melkart* de una tosquedad propia del culto sangriento del que era objeto.

Lecturas

Los fenicios en España

Para aprovecharse de los productos de todos los países, habían ido los fenicios recorriendo las costas todas del Mediterráneo; y así llegaron a España, indudablemente atraídos por la fama de las riquezas que aquí existían. Hallaron efectivamente, en las tierras y mares españoles, productos de gran valor en ganados, minerales, frutos y pesquerías, que les proporcionaban buen mercado. Para explotarlos establecieron factorías o centros comerciales, principalmente en la región occidental de Andalucía, llamada por entonces Tarteso. La más importante de todas ellas fue la denominada Agadir, situada donde está hoy Cádiz. Antiguas tradiciones dicen que esto ocurrió hacia el siglo XI *antes de Jesucristo.*

Los fenicios enseñaron a los españoles del Sur y luego a los de otras regiones a que extendieran su comercio, el uso de la escritura, el labo-

reo perfeccionado de las minas y algunas artes e industrias (salazón de pescados, extracción de la sal, etc.)... En Cádiz edificaron un templo que tuvo mucha fama por su grandiosidad y riqueza. También escribieron los fenicios algunos relatos de viajes por las costas de España... Otra ciudad fenicia del Sur, Malaca (Málaga), era también importante desde el punto de vista comercial. A ella afluían principalmente los áfricanos de la costa fronteriza (Marruecos), para vender y comprar los respectivos productos.

RAFAEL ALTAMIRA

Las naves fenicias

Las galeras eran bajas y estrechas, con una longitud de cerca de setenta pies, y merced a ellas trazaron un estilo nuevo en la ingeniería marítima, al hacer de lado la proa con curva hacia adentro, propia de las embarcaciones egipcias, volviéndola hacia afuera con una punta aguda con la cual cortar el agua y el viento a los barcos rivales. Contaban con una vela de disposición rectangular, alzada en un mástil localizado en la quilla, y esto auxiliaba a los esclavos que aportaban, con su barco dual de remos, el volumen mayor de la fuerza motora. Por encima de los remeros estaba el puente, en el que se situaban los soldados listos para comerciar o para guerrear... Poco a poco el arte naval se desenvolvió hasta el extremo de que los marinos fenicios, guiados por la estrella del norte (denominada estrella fenicia por los griegos) se lanzaron osadamente al océano, recorrieron la costa oriental del continente africano y "descubrieron", unos dos mil años antes de Vasco de Gama, el cabo de Buena Esperanza.

WILL DURANT

BIBLIOGRAFÍA FUNDAMENTAL

ABETTI, Giorgio. *Historia de la Astronomía.* Breviarios del Fondo de Cultura Económica. México-Buenos Aires. 1956.

ALTAMIRA, Rafael. *Manual de Historia de España.* Editorial Sudamericana. Buenos Aires. 1946.

CARREÑO, Alberto Ma. *Breve Historia del Comercio.* Escuela Bancaria y Comercial. México. 1949.

LANGER, William L. *Enciclopedia de la Historia del Mundo.* Editorial Sopena Argentina. Buenos Aires. 1955.

MOORHOUSE, A. C. *Historia del Alfabeto,* Breviarios del Fondo de Cultura Económica. México-Buenos Aires, 1945.
MUNDÓ, José. *Curso de Historia General.* Espasa-Calpe. Madrid. 1945.
PIJOÁN, José. *Summa Artis.* Espasa-Calpe. Madrid. 1957.
REINACH, Salomón. *Apolo.* Editorial Nueva España. México.
WEISE, O. *La Escritura y el Libro.* Editorial Labor. Barcelona. 1951.
WEISS, J.B. *Historia Universal.* Tipografía La Educación. Barcelona. 1927

Capítulo 7

La cultura egea

La isla de Creta, propiedad del inmenso Júpiter,
yace en medio del ponto.
En donde está el Monte Ida, cuna de nuestro linaje.
En donde ubérrimos reinos habitan cien enormes ciudades.

VIRGILIO

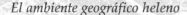

El ambiente geográfico heleno

En la parte sureste de Europa se encuentra la más oriental de las grandes penínsulas que aquel continente adelanta en el Mar Mediterráneo. Esa península, bañada por los mares *Egeo,* hacia el oriente; *Jónico,* hacia el occidente; y *Mediterráneo* y de *Creta,* al sur, cuenta además con una gran suma de islas.

El territorio de la *Hélade,* o *Grecia,* tiene, por tanto, una parte afirmada en la tierra firme que semeja una gran mano, con dos porciones mayores separadas en la parte media por el Estrecho de Corinto (a través del cual ha sido trazado un canal), y que son: la del norte, dividida en varias regiones como el *Atica,* la *Etolia,* la *Tesalia* y la *Beocia;* y la del sur, que ahora se llama *Morea,* y que antes recibía el nombre de *Peloponeso.*

El ámbito de las islas tiene, entre otras, a *Itaca, Corfú, Cefalonia* y *Leucas,* en el *Mar Jónico;* los *Cícladas* y *Eubea,* en el *Mar Egeo* – que es el que tiene la mayor parte de las islas griegas –; *Creta* y *Ceterea* en el *Mar de Creta;* y cerca de ellas, situadas frente al Asia Menor, pero de fuerte contenido cultural griego, las de *Lesbos, Samos, Rodas, Cos* y *Chíos.*

No hay grandes ríos en Grecia, y los que tiene son de escaso caudal, y nada navegables, y al desembocar algunos de ellos en el Egeo, se pierden en llanuras pantanosas. El suelo, a su vez, está cruzado por montañas, entre las cuales se asientan valles de dimensiones no muy grandes, en los cuales las poblaciones arraigaron a lo largo del tiempo. Los recursos de la naturaleza no son abundantes, y aunque hay

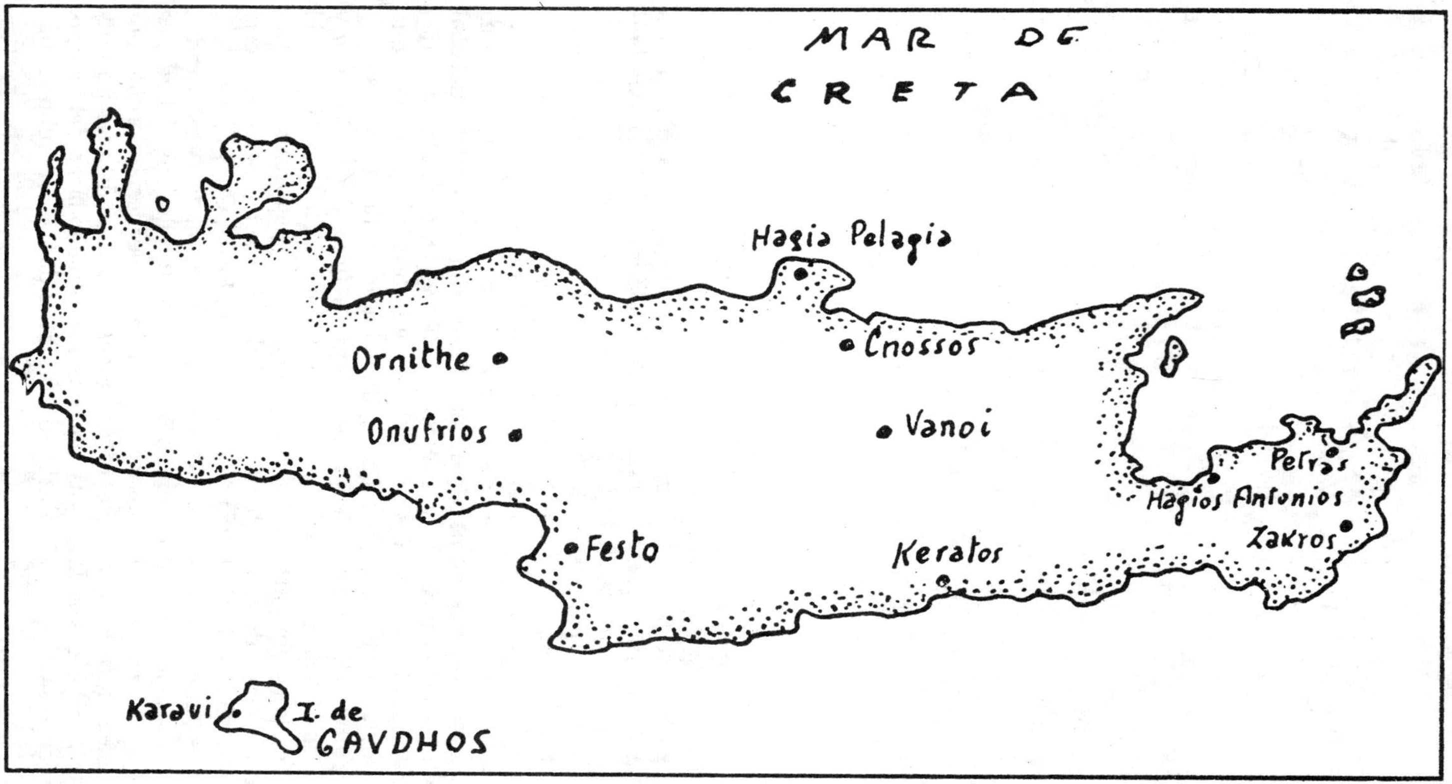

Mapa de Creta con algunos de los principales sitios de investigación arqueológica

yacimientos de algunos metales —inclusive el hierro, el plomo, la plata, y otros— en diversos puntos, y también, condiciones propias a la agricultura en la zona de Beocia, las posibilidades de un gran desarrollo agropecuario y minero fueron, en general, de escaso relieve en la Época Antigua, por lo cual la economía tuvo que orientarse en gran medida —como en el caso de los fenicios, aunque con matices propios— hacia las actividades marítimas y hacia el comercio. La accidentada geografía helénica, por lo demás, dejó su huella como un factor de cierto interés en las dificultades con que tropezaron los griegos para integrarse en un solo pueblo, políticamente hablando, ya que el divisionismo fue persistente y las rivalidades, continuas. Fue menester que llegase un poder de mayor influjo, como fue el de la vecina Macedonia, en tiempos de *Filipo* y *Alejandro,* el siglo IV a.C., para que se obtuviese esa unidad que los griegos por ellos mismos no quisieron o no supieron encontrar.

La geografía cretense

Dentro del citado mundo geográfico se encuentra la isla de *Creta,* en el *Mar Egeo,* que es la de mayores dimensiones en todo el archipiélago griego. Su *posición es casi equidistante de Europa, de Asia y de África, lo que hizo de ella, "desde los tiempos más remotos", dice Pendlebury, "un escalón entre los continentes",* con una superficie de 8,379 km. cuadrados.

El relieve característico de sus montañas ha servido siempre de guía a los navegantes y ha hecho fácil la localización y el acceso a sus puertas.

A lo largo de la isla corre una cadena montañosa con únicamente dos depresiones de importancia. Hay lugares muy abruptos y eminencias montañosas. Se encuentran en forma abundante las altiplanicies, lo mismo las pequeñas mesetas.

En diversas épocas, Creta ha sufrido cambios físicos de importancia; un gran movimiento submarino ocurrido el siglo VI a.C. cambió el nivel de la isla. Antiguamente contó con grandes bosques de cipreses, de gran demanda para la construcción de barcos en muchas partes del Mediterráneo, que en la actualidad están muy mermados. Faltando así las barreras naturales formadas por esa vegetación, la mutación climática se ha dejado sentir, y si Creta en otros tiempos fue la más rica y fértil de las islas del Mediterráneo, hoy se ha visto reducida a una situación pobre, por la abundancia de zonas áridas y rocosas, con corrientes fluviales cada vez más reducidas en su caudal.

La cultura cretense

Creta logró una cultura que irradió pronto hacia otras islas, e incluso hacia el continente, con una personalidad bien definida. Según alguna opinión que Mun-

Copa de oro, actualmente en el Museo de Atenas, con figuras de bovinos. Fue encontrada en una tumba de Vaphio. Demuestra la capacidad artística en el repujado, dentro del periodo prehelénico

dó consigna, los habitantes de Creta estaban emparentados con los filisteos del Cercano Oriente, a quienes la Biblia llama "cerethi" (¿cretenses?). Otros pretenden que pertenecían al mismo grupo racial que los libios.

En lo que se refiere a la tierra continental, independientemente de los núcleos humanos de raíz paleolítica que se desenvolvieron en el suelo griego, se suele mencionar a un grupo racial básico a cuyos componentes se denomina como "pelasgos", como el que constituyó el fondo humano primitivo desde los tiempos neolíticos.

Centros de interés neolítico se han encontrado en diversas partes de la isla de Creta.

La cultura *cretense* también llamada *minoica,* o *egea,* tuvo como principales florones a las ciudades de *Cnossos y Festo* (o *Faistos).* No hubo absoluta unidad política en la isla, pero la unidad cultural fue indudable.

Según la leyenda griega, *Minos,* rey de Creta, tuvo un palacio llamado *Laberinto,* de complicada planta, con salas y corredores, construido por *Dédalo,* en el cual habitaba un monstruo, llamado *Minotauro.* Éste tenía cuerpo de hombre y cabeza de toro, y se le ofrecían sacrificios humanos. Del nombre de *Minos* deriva la calificación de minoica que se da a la cultura cretense.

A fuerza de investigar, comparar y estudiar con persistencia, los arqueólogos, entre quienes destacó mucho el inglés sir *Arthur Evans,* han precisado que hacia el año 3000 a.C., los grupos cretenses eran independientes entre sí. Más tarde parece que quedaron bajo el dominio del rey de *Cnossos,* que extendió su autoridad ya no sólo sobre el territorio isleño, sino también fuera de él, por todo el Egeo, incluso en la Grecia continental. Así lo indica la leyenda de *Teseo,* el primer rey de Atenas, quien se dice que fue ofrecido en sacrificio al *Minotauro.* La obligación de los atenienses era la de proporcionar cada año seis varones jóvenes y seis doncellas para el sacrificio. Conforme a la afirmación legendaria, Teseo logró matar al monstruo y evitó perderse en el laberíntico palacio, gracias al hilo que le proporcionó *Ariadna,* hija de Minos y de su esposa *Pasifea.* La crítica histórica indica, por su parte, que los cretenses realizaron un tráfico marítimo muy intenso por el Mediterráneo, y en su comercio figuraban multitud de productos (alhajas, vasijas, objetos de oro, bronce y cobre, armas y objetos de piel y de madera) salidos de los talleres de sus artesanos. En relieves egipcios del tiempo del faraón *Tutmosis III* (siglo XV), se representan figuras de mercaderes cretenses con vasos de arcilla en forma de embudo, semejantes a los que se hallan en las pinturas y ruinas de Creta. La pesca y la navegación fueron actividades muy favorecidas. Sus barcos —ya guiados por timones o por dos remos especiales—, eran de altas proas, y podían ser galeras ligeras o pesados barcos de carga.

En general, los cretenses eran pacíficos. Cultivaban la tierra, incluso y principalmente la llamada "tríada del Mediterráneo", es decir, la aceituna, la uva y el trigo. Conocían el arado, pero se ignora si éste era arrastrado por animales. Entre sus animales domésticos estaban las cabras, las ovejas y los caballos, aunque lo accidentado del territorio cretense no parece haber favorecido el uso de carros, de modo que los ricos, por ejemplo, solían transportarse más bien en palanquín.

Aunque las figuras que se conocen tienen escasas escenas de guerra, en las que hay se ven combatientes con grandes escudos, cascos, lanzas, espadas cortas, puñales, y, en cierta época, armaduras. Sólo por excepción aparecen los arcos, más difundidos en las últimas épocas.

El lenguaje que usaban ciertamente no era griego.

En lo religioso eran politeístas y contaban con sacerdotes y sacerdotisas para sus diversas ceremonias; y aun en cierto momento a sus reyes se les llegó a considerar como a dioses vivos. No es fácil determinar si conocieron el culto a los muertos, pero sí es seguro que estaba arraigado el culto a pilares y piedras sagradas. Algunas grutas con estalactitas se convirtieron en santuarios. Más tarde los santuarios se construyeron en palacios y aun en casas particulares. Se daba culto a los fenómenos de la naturaleza y en especial a una diosa madre, señora de los árboles, las montañas y los animales salvajes, a la que se llamaba *Britomartis o Diktyna,* y representaba la fecundidad de la naturaleza. Entre las figuras propias del culto se contaban las hachas dobles, los vasos para las libaciones y las ramas sagradas.

Es verosímil que se ofreciera una forma de adoración, o siquiera de reverencia religiosa, al toro, a la paloma, y a la serpiente. Un acto entre festivo y religioso consistía en saltar sobre los toros.

Muestras de arte

Las exploraciones han demostrado que los cretenses se distinguieron en la arquitectura, en la escritura, en la orfebrería y en la alfarería.

Los artistas minoicos trabajaban mejor los objetos pequeños, lo mismo en la cerámica que en la pintura o en la escultura. Sólo excepcionalmente, como ocurre por ejemplo con los fragmentos del *Fresco de la Procesión,* son de dimensiones mayores, pero en trabajos de esta índole, los artistas no parecían tener un gran sentido de las proporciones. En términos generales, las pinturas eran profundamente realistas en la reproducción de sus figuras, lo mismo de carácter profano, incluso las escenas de pugilato y de salto por encima de los toros. En cambio, no hay pinturas que tengan referencias históricas. Pinturas y relieves que representan animales acuáticos y flores, son de una gracia notable, lo mismo que las figuras de porcelana esmaltada. Diversas joyas muestran la especial aptitud artística de los cretenses.

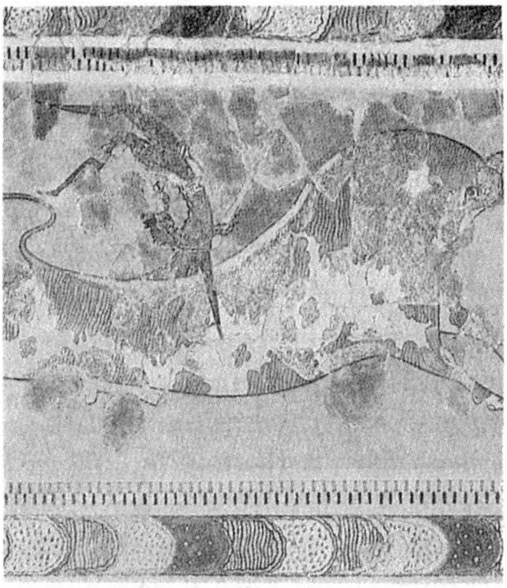

Fresco de la cultura cretense o minoica

La arquitectura alcanzó un importante desarrollo. Se conocen restos de los palacios de *Faestos y Cnossos.* Este último tenía un patio central con dos conjuntos de construcciones; uno de ellos, el más importante se componía de la sala del trono, el templo y diversas salas, galeras y habitaciones. El desagüe era conocido, así como la ornamentación a base de pinturas. Las otras construcciones urbanas eran de piedra, y las rurales, de madera.

La cultura micénica

En tanto la cultura cretense, o minoica, florecía en la región insular, otros acontecimientos importantes se efectuaban en la Grecia continental.

Parece, en efecto, que quizás hacia el siglo XV a.C., se produjo en ella una invasión de pueblos guerreros procedentes de la Europa oriental, de habla indoeuropea que al irrumpir en esta Hélade antigua, se sobrepusieron a los portadores de la cultura establecida en tierra firme. A estos invasores se les llama *aqueos* o *pueblos del mar,* los cuales, una vez establecidos en suelo griego, adquirieron algunos elementos de la cultura nativa, y de la unión final de dominadores y dominados nació un nuevo tipo de cultura micénica o aquea.

Las dos ciudades principales de tal etapa fueron *Micenas* y *Tirinto,* que han sido objeto de cabal estudio, desde los trabajos que emprendieron *Schliemann* y el grupo de arqueólogos que él animó. Se conocen, pues, sus palacios, sus templos y sus tumbas, y se han encontrado, asimismo, muebles, objetos de hierro y gran cantidad de joyas de oro de mucho mérito, que revelan el grado de adelanto a que habían llegado estos pueblos en algunos aspectos.

Máscara de oro proveniente de la acrópolis de Micenas, de mediados del siglo XVI a.C.

Sus construcciones eran robustas y de gran solidez, y no es raro que sus muros estén formados por piedras enormes verdaderamente ciclópeas, como ocurre con el famoso muro de la "puerta de los leones". Corresponde a esta cultura, asimismo, otro edificio conocido con el nombre de "tesoro de Atreo", que repite la forma de sepulturas en forma de horno, excavadas verticalmente en las rocas, de que hay varios ejemplares.

La estructura social micénica

Aunque las ciudades aqueas eran independientes entre sí, en determinados momentos se unían para emprender tareas comunes. A esta liga o confederación de los pueblos *aqueos o aquivos* se refiere precisamente el poema de *Homero,* llamado *La Ilíada* — compuesto acaso unos 200 o 300 años después de los acontecimientos—, en donde se relata la lucha de todos ellos contra la ciudad asiática de Troya, a consecuencia de haber seducido, *Paris,* hijo de *Príamo,* rey troyano, a *Elena,* esposa de *Menelao,* rey aqueo de *Esparta.* Al cabo de diez años de lucha en la que se distinguieron héroes de ambos bandos (como *Héctor,* el troyano, y *Aquiles,* el aqueo), Troya fue destruida por el ejército aliado mandado por *Agamenón,* hermano de Menelao, valiéndose de una estratagema consistente en introducir, en la ciudad sitiada, un enorme caballo de madera en cuyo interior iban soldados enemigos, que abrieron las puertas de Troya a los aqueos. En otro poema, *La Odisea,* se describe el regreso de *Ulises* u *Odiseo,* uno de los reyes argivos, a su patria, *Itaca,* una vez concluida la guerra.

Es probable que los troyanos hayan estado emparentados con los aqueos, racialmente, y tuviesen, unos y otros, antecedentes indoeuropeos comunes.

En el siglo XIII a.C. Grecia fue nuevamente invadida.

Guerreros procedentes del norte, llamados *dorios,* penetraron a muchos de los lugares habitados por Grecia y los pusieron bajo su dominio. Quebrantaron los antiguos poderes y establecieron los suyos, pero bajo esta nueva dirección política se formaron los pueblos griegos de la época histórica y clásica.

Las culturas antiguas dejaron de vivir como realidades orgánicas, pero aportaron algunos elementos a la formación de los nuevos estilos de vida.

Lecturas

Muerte del minotauro por Teseo

Cuando llegó la época para hacer el tercer tributo, y debiendo concurrir los padres que tenían hijos varones, se produjo gran sentimiento entre los ciudadanos contra Egeo, pues se quejaban y lamentaban de que, no obstante considerársele el causante de todo, él no tenía parte en el castigo, y habiendo llevado a un mancebo ilegítimo y bastardo al mando, no tomaba en cuenta que a los demás se les despojaba de sus hijos propios. Tal cosa molestó a Teseo, y percatado de lo que estimó justo para concurrir al infortunio, se dispuso a presentarse voluntariamente aun sin haber sido sorteado.

Esta decisión pareció maravillosa a todos y aumentó su popularidad.

Cuando Egeo se dio cuenta de que ni por súplicas ni de cualquiera otra manera podía disuadirle o separarle de su designio, dispuso el sorteo de los demás jóvenes. La opinión de Helánico es en el sentido de que no había sorteo entre los jóvenes entregados por la ciudad, sino que Minos lo hacía en ésta y los seleccionaba, y que así designó a Teseo con-

forme al pacto, estando convenido que los atenienses proporcionarían la nave, y que los jóvenes que fuesen con Minos no llevarían arma alguna, pero que muerto el Minotauro concluiría la pena... Llegando a Creta, según se ha escrito y cantado por muchos, y habiendo recibido de Ariadna, enamorada de él, el hilo, e instruido respecto de la manera de escapar del Laberinto, Teseo mató al Minotauro y retornó levantando consigo a Ariadna y a los jóvenes.

PLUTARCO

El cadáver de Héctor es llevado a Troya

Las demás deidades y los hombres que combaten en carros, durmieron toda la noche, vencidos por el dulce sueño; pero éste no se apoderó del benéfico Hermes, que meditaba cómo sacaría del recinto de las naves a Príamo sin que lo advirtiesen los sagrados guardianes de las puertas. Y poniéndose encima de la cabeza del rey, así le dijo:

"¡Oh, anciano! No te preocupa el peligro cuando así duermes, en medio de los enemigos, después de que Aquiles te ha respetado. Acabas de rescatar a tu hijo, dando muchos presentes; pero los otros hijos que dejaste en Ilión tendrán que ofrecer tres veces más para redimirte vivo, si llegasen a descubrirte Agamenón, Atrida y los aqueos todos".

Así habló. El anciano sintió temor, y despertó al heraldo. Hermes unció los caballos y los mulos, y acto continuo los guió a través del ejército sin que nadie se percatara... Mas al llegar al vado del voraginoso Janto, río de hermosa corriente que el inmortal Zeus engendró, Hermes se fue al vasto Olimpo. Eos, de azafranado velo, se esparcía por toda la tierra, cuando ellos, gimiendo y lamentándose guiaban los corceles hacia la ciudad, y les seguían los mulos con el cadáver. Ningún hombre ni mujer de hermosa cintura los vio llegar antes que Casandra, semejante a la dorada Afrodita; pues, subiendo a Pérgamo, distinguió el carro con su padre y el heraldo, pregonero de la ciudad y vio detrás a Héctor, tendido en un lecho que los mulos conducían. En seguida prorrumpió en sollozos, y fue clamado por toda la población:

"Venid a ver a Héctor, troyanos y troyanas, si otras veces os alegrasteis de que volviera vivo del combate, porque era el regocijo de la ciudad y de todo el pueblo".

Tal dijo, y ningún hombre ni mujer se quedó dentro de los muros. Todos sintieron intolerable dolor y fueron a encontrar cerca de las puertas al que les traía el cadáver. La esposa querida y la venerada madre, echándose las primeras sobre el carro de hermosas ruedas y tomando en sus manos la cabeza de Héctor, se arrancaban los cabellos; y la turba las rodeaba llorando.

HOMERO
TRAD. DE LUIS SEGALÁ Y ESTALELLA

La mujer cretense

Mujeres son, y no hombres, quienes desempeñan los puestos de honor ante el pueblo. Las mujeres practican el culto, llegan hasta ofrendar los toros sacrificados, en tanto que los hombres aparecen allí únicamente como músicos adjuntos a los actos culturales o como ejecutores de otra cualquier función auxiliar. ¡Tal como se sucedían las cosas entre los hombres, así pasaban también entre los dioses! Hasta el presente no se conocen más dioses en el culto cretense que las divinidades femeninas, que se manifiestan rodeadas de serpientes, dominando leones y armadas de escudos. ¡Cosa notabilísima! La mujer ejerció la potestad en la antigua Creta. Prodúcenos todo esto la impresión de una leyenda. Y cuento fantástico parece la vida alegre y placentera de estos hombres (los cretenses), que, sumidos en la paz más profunda, vivían en una isla hermosa, separada por el mar, tanto del continente, que quedaba atrás, como de los bien armados Imperios de Egipto y de Asia, que tenían delante. Pronto se hundió esta pacífica cultura femenina, quedando tan profundamente sepultada que sólo después de un lapso de tiempo de más de 3,000 años y muchísimos desvelos pudo ser nuevamente descubierta. Pero la posición privilegiada, preeminente, de que en la antigua Creta gozara la mujer, jamás fue completamente olvidada.

ERICH BETHE

BIBLIOGRAFÍA FUNDAMENTAL

APPENDINI, IDA Y ZAVALA Silvio. *Historia Universal Contemporánea.* Editorial Porrúa. México. 1953.

BLOCH, Marc. *Introducción a la Historia.* Fondo de Cultura Económica. México. 1957.

BOSCH GIMPERS, Pedro. *El Hombre Primitivo y su Cultura.* SEP México. 1945.

CERRAM C. W. *En busca del Pasado.* Editorial Labor. Barcelona. 1959.

DE LA PEÑA, Carlos H. *Historia de la Literatura Universal.* Editorial Jus. México. 1963. *Antología de la Literatura Universal.* Editorial Jus. 1960.

HOMERO. *Ilíada y Odisea.* Editorial Jus. México. 1960.

KÖNIG, Franz. *Cristo y las Religiones de la Tierra.* Biblioteca de Autores Cristianos. Madrid. 1961.

LANGER, W. L. *Enciclopedia de la Historia del Mundo.* Editorial Sopena Argentina. Buenos Aires. 1955.

MAISCH R. y PHOLHAMMER F. *Instituciones Griegas.* Editorial Labor. Barcelona. 1931.
MILLARES CARLO, A. *Compendio de Historia Universal de la Literatura.* Editorial Esfinge. 1945.
MUNDÓ, José. *Curso de Historia General.* Espasa-Calpe. Madrid. 1945.
PENDLEBURY J. D. S. *Arqueología de Creta.* Fondo de Cultura Económica. México-Buenos Aires. 1965.
PETRIE, A. *Introducción al Estudio de Grecia.* Breviarios del Fondo de Cultura Económica. México-Buenos Aires. 1956.
PIJOÁN, José. *Summa Artis.* Espasa-Calpe. Madrid. 1957.
PLUTARCO. *Vidas Paralelas* (en Biógrafos Griegos). Aguilar. Madrid. 1964.
REINACH, Salomón. *Apolo.* Editorial Nueva España. México.
RIMLI E., Th. *Historia Universal Ilustrada.* Vergara Editorial. Barcelona. 1957.
WEBER, Alfred. *Historia de la Cultura.* Fondo de Cultura Económica. México. 1956.

Capítulo 8

Las primeras culturas Precolombinas de Norte y Centroamérica

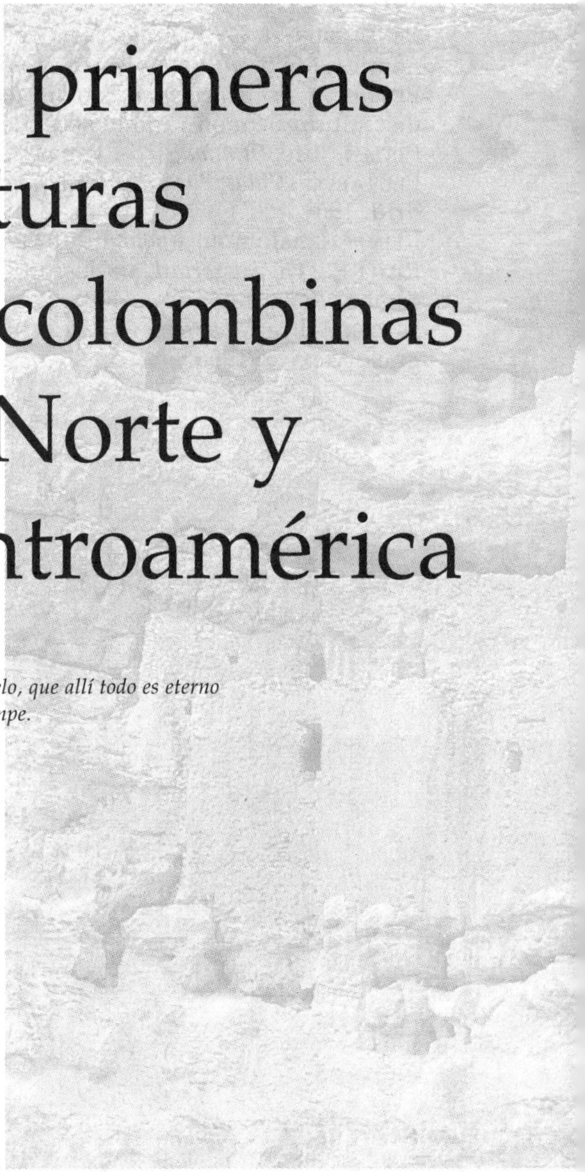

Aspiremos al cielo, que allí todo es eterno
y nada se corrompe.

Netzahualcóyotl

Los primeros testimonios culturales

Independientemente de que los pobladores amerindios hayan procedido, en su mayor parte, del área asiática, y hayan llegado por el *Estrecho de Behring,* o en proporciones menores a través del sur del *Océano Pacífico* – como lo han sostenido porfiadamente Rivet y Canals Frau –, o, más aún, independientemente de que hayan recibido, como algunos aseguran, algunas aportaciones culturales de Europa o de África – como lo insinúan Cuevas y Ceram –, lo cierto es que los primeros testimonios culturales en la parte norte de América corresponden a grupos de hombres cuya alimentación dependía fundamentalmente de la *caza de los animales pleistocénicos.*

Era lo mismo que habían practicado en Asia. *"Por aquellos tiempos, apunta Piña Chan, las estepas asiáticas estaban cubiertas de extensos pastizales que se consideraban botánicamente como una continuación de los pastos americanos; las condiciones climáticas del norte y este de Asia eran similares a las del norte del Nuevo Continente; y la fauna de tipo holártico había pasado con anterioridad a las tierras de América, por lo cual Alaska era la reproducción del hábitat en que se desenvolvían esos grupos de cazadores que encontraron en Alaska no sólo una duplicación del hábitat que habían abandonado, sino también una fauna más rica y abundante, puesto que estaba inexplorada (mastodonte, mamut, caballo, camello, perezoso gigante, lobo, oso de las cavernas, bisonte, etc.)".*

Mapa de Norteamérica con las principales localizaciones de culturas primitivas

Estos principales cazadores sólo trajeron un equipo material y cultural mínimo, similar al de los hombres del Paleolítico Inferior al hacer su arribo hacia 35,000 años a.C.

Quizás entre sus conocimientos se hallaban el del fuego, los procedimientos para tallar la piedra, el aprovechamiento de las pieles de los animales que cazaban, así como el uso de dardos y jabalinas, con algún propulsor. Los inmigrantes eran más bien dolicocéfalos, hombres de cráneo alargado, más caucasoides que mongoloides. Se extendieron desde Alaska hasta la actual frontera entre México y los Estados Unidos. De su escaso patrimonio cultural tenemos algunos ejemplos que han sido agrupados bajo el nombre de *Complejo Sandía,* cuyo nombre deriva de la localización en donde se encontraron objetos de esta clase en Nuevo México, Estados Unidos, tales como puntas de flecha o de dardo, elaboradas por estos cazadores nómadas, las cuales se han encontrado en el Canadá y en varias partes de los Estados Unidos.

Los dardos eran de piedra con puntas lanceoladas, con una escotadura lateral, u hombro, del tipo de las puntas solutrenses de Europa.

Corresponden al mismo estrato cultural una serie de raspadores para pieles, y otros instrumentos bifaciales.

Tras el Complejo Sandía apareció el *Complejo Clovis,* que tomó su designación de otro sitio de Nuevo México. *El Complejo Clovis se caracteriza por puntas de piedra con una canaladura en las caras, así como herramientas de uso y piedras utilizadas como cuchillos.*

Más tarde apareció el *Complejo Folsom* del que se encontraron pruebas en la localidad de ese nombre, también en Nuevo México. *Sus puntas de piedra son distintas.* Puntas de esta especie hay desde Alaska hasta Costa Rica. Algunos objetos como martillos, pulidores de piedra, punzones de hueso y machacadores quizás indican que los hombres de Folsom ya no eran sólo cazadores sino también recolectores de frutos silvestres con lo que, acaso, su vida era menos nomádica que la de los simples cazadores.

Al final de él, la dispersión de los grupos y sus diferencias culturales, basadas en las formas de proyectiles, fueron mayores que en épocas anteriores.

Por lo demás, el cuadro social y económico en que los grupos humanos combinaban ya en mayor escala la cacería con la recolección de los frutos silvestres, aunque se ignora si la modalidad de la recolección fue producto de la inventiva de los hombres en América, o fue importada por nuevas oleadas de inmigrantes asiáticos.

Para esta época, extinguidas en gran medida las especies animales pleistocénicas, la cacería se orientó sobre todo al *bisonte,* y en algunos lugares propicios, como en el noreste de los Estados Unidos, a los *venados* y a los *patos,* lo mismo que a la obtención de *caracoles, tortugas y peces,* en los grandes lagos. *La piedra*

Figura tallada en piedra, perteneciente a la Cultura de los Danzantes, en Oaxaca

siguió siendo el material dominante para hacer armas y utensilios, pero también han sido hallados, de ese entonces, cestos, punzones de hueso, tejidos y sandalias, raspadores, taladros y cuchillos.

El dato persistente del nomadismo en los grupos anteriores, ha hecho que a esta etapa se le llame *Etapa del Salvajismo.*

La etapa de la barbarie

El siguiente paso en el desenvolvimiento cultural americano fue la *Etapa de la Barbarie,* con mayor número de implementos, pero también con cambios de importancia en las condiciones climáticas de Norteamérica.

Probablemente ocurrió un aumento de la temperatura, a que siguió una disminución de la humedad en escala apreciable: muchos lagos se desecaron y algunas áreas se volvieron áridas. Las regiones boscosas de Norteamérica se desplazaron y se extendieron las praderas.

Los nexos culturales con grupos de Alaska, Siberia y Mongolia, parecen bastante admisibles.

Puede decirse que, a más de disponer de una mayor variedad de materiales para preparar sus instrumentos y armas, la cacería que entonces se practicaba era ya menos especializada, y por eso más rica, hasta el punto de comprender también *el coyote, el lobo, el antílope, los venados, los pavos, las águilas, etc.* Era conocida asimismo la pesca, y la recolección de moluscos y de frutos de diversas plantas. Desde el punto de vista social, todo indica que había grupos sedentarios o semisedentarios en forma de pequeñas comunidades que vivían de las actividades conjuntas y combinadas de la pesca y la recolección.

Los entierros hacen suponer cierto culto a los muertos, y el hallazgo de algunos objetos, como los tubos de succión, indican la práctica de ciertas formas de magia.

Es creíble que los nuevos inmigrantes asiáticos hayan traído con ellos, entre otras cosas, *la cerámica, el uso del cobre, la domesticación del perro,* y algunos productos más.

En general, puede afirmarse que la *Etapa de la Barbarie,* a la que se hace referencia, se caracterizó por dos notas fundamentales: *el sedentarismo y la economía autosuficiente,* en contraste con el nomadismo anterior.

El Horizonte Arcaico

Un paso más en el proceso cultural ocurrió de 5000 o 3000 a 1500 a.C., que es el periodo llamado *Horizonte Arcaico.*

Se encuentran ejemplares de este periodo en diversas partes de América.

Los hallazgos en el este norteamericano revelan que los grupos acostumbraban vivir en sitios cercanos a donde había agua (ríos, lagunas, la costa, zonas pantanosas). En algunos sitios había la costumbre de colocar ofrendas junto al muerto, e incinerar los restos humanos que después eran rociados de color ocre rojo. Dice Piña Chan que *"aunque del vestido se sabe poco, ya que sólo se han encontrado algunas evidencias del tejido, es probable que usaran faldas y otras prendas de pieles. Por el contrario, el adorno personal era más rico",* ya que había, en efecto, "brazaletes, collares, pendientes, pectorales, amuletos, peines, etc., los cuales se hacían de concha, cobre, piedra, hueso y otros materiales" y se utilizaban también *"los colmillos de animales como el oso y la danta, lo mismo que mandíbulas de castor y oso".*

Los implementos tradicionales instrumentos y armas de piedra se continuaron usando, pero pareció haber un uso mayor del hueso. La cerámica conocida entonces era burda. Algunas armas, como cuchillos, dagas, hachas y punzones, eran de cobre.

El desarrollo cultural, sin embargo, no fue igual en todas partes. En algunos puntos comenzó la domesticación del maíz, pero en otros continuó la tradición recolectora por más tiempo; eso,

Pirámide del Sol, en Teotihuacan

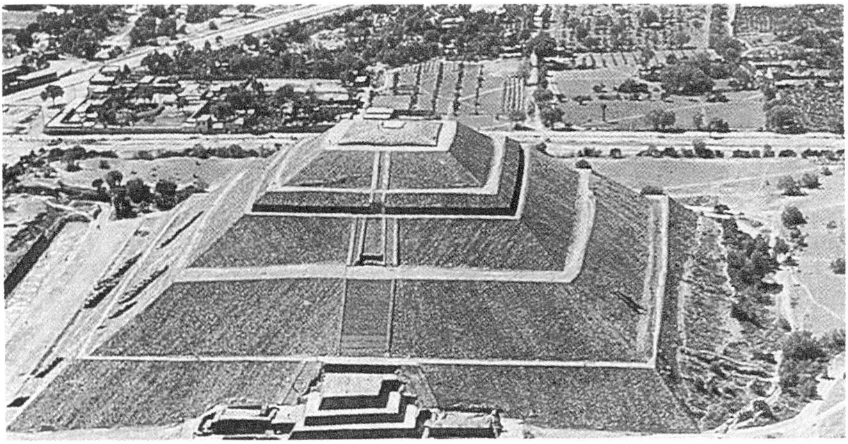

sobre todo, en lo que se refiere a los Estados Unidos, porque más al sur, en *Mesoamérica —es decir, en el área comprendida desde un poco al sur de la frontera entre México y los Estados Unidos, hasta Centroamérica—* el grado de desenvolvimiento fue siendo cada vez más acentuado y de la situación recolectora se pasó a la etapa de los cultivos.

Gracias a las experiencias hechas a base del carbono 14 han podido obtenerse indicaciones de sumo interés. Así, por ejemplo, sitios agrícolas primitivos de Sudamérica —por ejemplo el Valle de Chicama, Perú— revelan que hacia 2500 a.C., había cultivos de diversas plantas, como algodón, calabaza vinatera, chile (ají), frijol y otros, pero no de maíz; en cambio, en la cultura de *La Perra,* Tamaulipas, México, ya se conocía el cultivo del maíz. El origen de éste, sumamente controvertido, parece, con todo, que debe situarse más probablemente en el área mexicana de Chiapas, en estrecha vinculación con el área guatemalteca.

El Horizonte Preclásico

El horizonte se extendió de 1500 a 200 a.C.

En el caso de México, los puntos de mayor interés en este horizonte, llamado también *"formativo"*, fueron: Pánuco, La Venta, Tres Zapotes, Remojadas, El Opeño, Tlatilco, Zacatenco, Cuicuilco, Ticomán, Monte Albán, Montenegro, y otros.

Los hombres de las comunidades agrícolas de que se trata vivían muchas veces en casas que eran de bajareque, esto es, de troncos unidos entre sí y cubiertos de lodo. Sólo más tarde aparecieron plataformas para casas, revestidas de piedra, a más de basamentos escalonados para templos. *La agricultura era la base de la economía, completada con la recolección, la cacería* y *la pesca.* Se usaba ya el bastón plantador, las hachas de piedra y probablemente azadas de madera. Con piedra o con barro hacían diversos instrumentos musicales, tales como silbatos, flautas y sonajas; conocían también las máscaras, y agregaron a su patrimonio, o continuaron usando, según los casos, las hachas, los metales, los metlapiles, los punzones, las agujas, las navajas, las puntas de proyectil, los cuchillos, etcétera.

Los muertos eran enterrados y se acostumbraba poner ofrendas junto a ellos.

El atuendo de los individuos solía implicar la pintura del cuerpo y del cabello, así como la deformación de la cabeza. Parece que tenían culto al agua y al fuego, y había hechiceros y sacerdotes —de funciones apenas diferenciadas— que ejercían el dominio político-social. *Estímase que en las postrimerías de este Horizonte Preclásico comenzó la elaboración del calendario —presumiblemente en las zonas costeras del sureste de México, dado el uso de nombres que se refieren a animales tan característicos como el mono y*

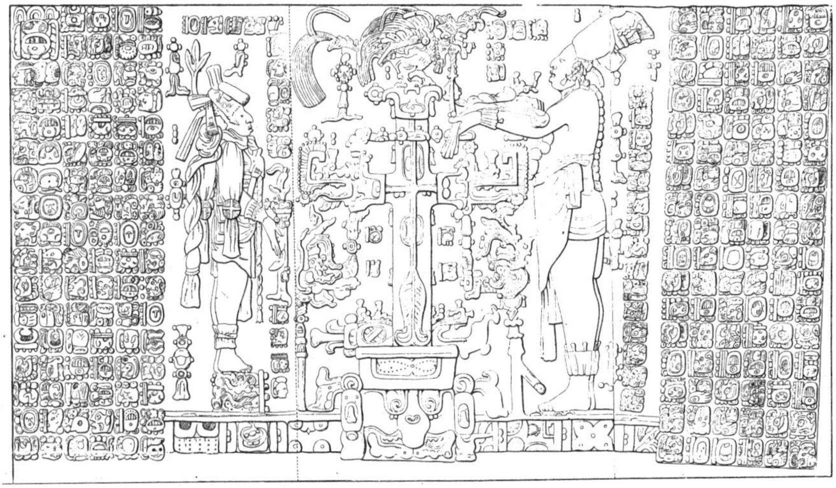

Relieve conocido como "cruz de Palenque", en Chiapas, perteneciente al Antiguo Imperio Maya

el cocodrilo—, la numeración y la escritura jeroglífica.

De todas las artes, fue probablemente *la escultura* la de mayor desarrollo, según lo prueban las grandes cabezas preclásicas localizadas en Tabasco, y otras esculturas de dimensiones menores, incluso la conocida como el *Luchador,* que revela una gran habilidad en el artista que la esculpió, o bien se encuentran figuras, también en piedra, que muestran seres que bailan, o que son enfermos en la llamada *Cultura de los Danzantes,* de Oaxaca.

Las construcciones más características son las de los adoratorios de planta circular hallados en algunas partes de la *Huasteca potosina,* y el célebre templo, de disposición semejante; ubicado en *Cuicuilco,* en el Valle de México.

El Horizonte Clásico

La Época Clásica u Horizonte Clásico —tras un periodo intermedio— tuvo lugar de 200 d.C. a 900 d.C.

Sus principales centros de cultura fueron tres:

a) *la cultura teotihuacana;*
b) *la cultura maya del Antiguo Imperio;*
c) *la cultura clásica de Monte Albán.*

En Teotihuacan, aunque hay elementos culturales arcaicos, lo más notable es lo *clásico,* tanto de tipo arquitectónico como de tipo escultórico, o pictórico. De las edificaciones más llamativas, algunas son tan importantes como las conocidas pirámides —que en realidad son pirámides truncadas superpuestas— del *Sol* y de la *Luna;* el *templo de Quetzalcóatl* o *Ciudadela;* el *templo de Tláloc;* el *palacio de la Agricultura,* etcétera.

Es presumible que esta cultura haya sido elaborada por hombres que procedían, unos, del norte: los *nahuas,* y otros: los *totonacos, mazatecos y popolocas,* de la costa. *La fuerza de irradiación de la cultura teotihuacana llegó hasta Durango y Belice, no obstante lo cual, Teotihuacan sucumbió alrededor del año 900 d.C., a instancias de una invasión de bárbaros.*

Por su parte, *la cultura maya del Antiguo Imperio* se desenvolvió en el sureste de México y en Centroamérica.

Los núcleos de población del Antiguo Imperio Maya eran poblados o ciudades independientes, en los que la arquitectura y la escultura llegaron a tener grande y apreciable desarrollo. A esta cultura corresponden las pinturas de *Bonampak,* en México, que presentan escenas diversas de la vida maya, y cuyo valor artístico es considerable.

Se estima que la ciudad maya más antigua fue la de *Uaxactún,* en Guatemala, y la de mayor magnificencia fue *Copán,* en Honduras.

El pueblo maya era un pueblo pacífico, agricultor y politeísta. Usó una escritura jeroglífica sólo descifrada en parte. Conoció el calendario y realizó observaciones astronómicas notables; supo construir obras arquitectónicas de mérito, aunque, al igual que los demás pueblos mesoamericanos, ignoró la bóveda. Sus edificios, con el correr del tiempo, tuvieron una ornamentación exterior muy recargada, que es perceptible en casi todos sus ejemplares. En términos generales, las construcciones solían estar dispuestas en torno a grandes plazas en el centro de las cuales se erigían los templos y los palacios de los sacerdotes y nobles, que constituían la clase gobernante, mientras la masa del pueblo, que residía a cierta distancia, contaba sólo con chozas de palos y lodo.

Un hecho singular, en este aspecto, fue el descubrimiento reciente, en una de las construcciones piramidales de Palenque, en el templo de las *Inscripciones,* de una tumba en su interior, seguramente con los restos de algún cacique notable, o de algún sacerdote prominente que mereció tal honor. La circunstancia de hallarse los restos en una cámara funeraria que forma parte de la pirámide, revela que esta costumbre, tan típicamente egipcia, también se dio, por lo menos en este caso, en Mesoamérica.

Hacia el año 900 d.C., las ciudades mayas —que nunca formaron una unidad política, un solo Estado— fueron abandonadas, quizás por agotamiento de la tierra, quizás porque ésta, ante la invasión de la selva, ya no era capaz de proporcionar el sustento necesario o por alguna otra causa; lo cierto es que los pobladores emigraron hacia otros puntos, ya en el mismo Chiapas y en Centroamérica, ya hacia Yucatán, dando lugar, en este último punto, al *Nuevo Imperio Maya.*

Las dos culturas mencionadas, la *teotihuacana* y la *maya,* coincidieron con el auge zapoteca, el de *Monte Albán,* en Oaxaca, cuyos mejores testimonios se hallan en las construcciones y en la cerámica, así como en valiosos objetos de adorno personal. Monte Albán fue una ciudad que estuvo habitada en un principio, pero después se convirtió en una necrópolis, cuando los pobladores la abandonaron, por causas no suficientemente claras, aunque coincidentes con la cercanía amenazante de los bárbaros que habían arruinado a Teotihuacan.

De las tumbas de Monte Albán, la 104 y la 105, con pinturas en los muros interiores, son las más valiosas.

La ruinas arqueológicas de Monte Albán no tienen la monumentalidad de las de Teotihuacan, pero son de una apariencia muy bien proporcionada; se encuentran, en ellas, como motivos constantes, los *taludes* y los *tableros.* Hay, de acuerdo con ese estilo, grandes plataformas, patios cuadrangulares con habitaciones alrededor, juegos de pelota, etcétera.

Las urnas funerarias antropomorfas de barro negruzco constituyeron una singular muestra de arte.

El Horizonte Postclásico

Al ocurrir la destrucción de las civilizaciones clásicas, sobrevino un periodo de cambios, de transición, de ajustes sociales; en el

Ruinas arqueológicas en Tula

cual se desenvolvieron algunos focos de cultura localista, regional, como los hallados en *Xochicalco,* Morelos —conjuntos arquitectónicos que incluyen una pirámide truncada con relieves en torno—; en el *Tajín,* Veracruz, donde se hallan, entre otras edificaciones, una curiosa pirámide con 365 nichos a todo lo largo de sus cuatro costados; y en otras partes.

Poco a poco, emergiendo de esta situación, comenzó a advertirse el predominio de las culturas de la altiplanicie, sobre las culturas de la costa. Y esto dio ocasión al *Horizonte Postclásico o Tolteca-Chichimeca,* que se extendió —incluido el periodo de transición mencionado— de 900 a 1300 d.C.

En ese entonces, *Tula,* en Hidalgo, fue uno de los principales centros humanos, como núcleo de la *cultura tolteca,* el sitio en donde los nahuas abandonaron su condición de bárbaros por la de civilizados que es lo mismo que "*toltecas*".

En *Tula,* según parece, los nahuas se unieron a otro pueblo de origen olmeca, y el hecho se halla simbolizado, acaso, en el matrimonio de *Mixcóatl,* el nahua, con *Chimalma,* la olmeca. Una leyenda afirma que un hijo de ambos, *Quetzalcóatl* —palabra que significa serpiente emplumada— fue una especie de reformador religioso. Instado por sus ideas nuevas se enfrentó al sacerdocio sanguinario del dios *Tezcatlipoca* —humo espejeante—, pero fue vencido junto con los suyos y tuvo que huir de Tula. La misma leyenda indica que Quetzalcóatl —con aspecto de hombre blanco y barbado— hizo promesa de volver por el oriente, a señorear la tierra. *Tales afirmaciones tienen, probablemente, algo de verdad, en cuanto que hubo efectivamente, divisiones internas del pueblo, conflictos religiosos y migraciones de algunos toltecas hacia el oriente y sureste, incluso hasta Yucatán.*

Bajo el punto de vista económico, los toltecas, igual que los demás pueblos mesoamericanos, fueron agricultores, con las mismas posibilidades y las mismas limitaciones en los cultivos que eran características de esta parte del continente.

Supieron construir —hay pirámides con escalinatas, muros con relieves, un juego de pelota, etc.—, y esculpir —desde monumentales estatuas de guerreros, hasta representaciones humanas o de otra índole, en tamaños más reducidos—, y no desconocieron, ciertamente, la orfebrería. Algunas de sus obras plásticas guardan gran semejanza con otras localizadas en *Chichén-Itzá,* en la península yucateca, conforme a la proyección cultural de que se hizo mención antes.

Nuevas invasiones de bárbaros nahuas, los *chichimecas,* pusieron término, tiempo más tarde, a la ya para entonces decadente cultura tolteca.

Los chichimecas irrumpieron en *Tula* y casi la destruyeron; avanzaron hacia el sur, y en *Tenayuca* construyeron una tosca y rudimentaria pirámide, que más tarde fue recubierta por otras de origen azteca. A la postre se establecieron en *Texcoco* y tomaron el nombre de *acolhuas.* Corresponde a esta fase postrera de su asentamiento en Texcoco, la actuación de Nezahualcóyotl, considerado como constructor, pensador, poeta y guerrero.

El Horizonte Histórico

Se da el nombre de *Horizonte Histórico,* o Etapa Histórica en Mesoamérica, al último periodo de la era indígena, de 1300 a 1500 d.C.

Fue la época de mayor proliferación de culturas y la de más elevado desenvolvimiento social y artístico. *Puede decirse que, en términos generales, esta época abarcó las culturas que estaban vivas al tiempo de la Conquista Española, aun cuando el nivel de éstas no era el mismo en todas partes: unas estaban más florecientes, otras mostraban diversos síntomas, ciertos e inequívocos, de su decadencia, pero todas latían aun cuando aparecieron los europeos.*

Al Horizonte Histórico corresponden marcos culturales del tipo de los elaborados por los *totonacas, los mixteco-zapotecas,* los *tarascos* y otros, todos ellos dentro de un cierto grado de conocimientos en los que, si la economía descansaba básicamente en la *agricultura* —con preeminencia en cuanto al cultivo del *maíz*—, en las artesanías y en el comercio, la vida social se desarrolló en torno a formas políticas de monarquías o cacicazgos absolutos, sobrevalencia cultural de la clase sacerdotal y de la clase noble —clase, la primera de ellas, depositaria de la cultura e intermediadora entre las divinidades y el pueblo—, y creencias religiosas en las que el politeísmo era dominante en un todo.

Entre todas las comunidades de este tipo histórico precolombino, las que más descollaron fueron las de los *mayas* y las de los *aztecas.*

La cultura anasazi

Al norte de Mesoamérica, en la parte sudoeste de Estados Unidos, destacó una cultura, la llamada "anasazi".

Sus antecedentes son dilatados, y uno de sus periodos más antiguos es el de los *basket makers* (cesteros), por los diversos objetos de cestería localizados en sus tumbas: eran nómadas y cazadores que actuaban desde Colorado hasta Coahuila, más tarde conocieron la alfarería, es coincidencia con su sedentarismo, seguramente conectado con el cultivo cada vez más intenso del maíz. En sus siguientes etapas, la cultura "anasazi" tuvo como representantes propiamente dichos a los "indios pueblos", que se caracterizaron por sus construcciones formadas por muchas piezas contiguas. El último periodo es de los "*cliff dwellers*" (habitantes de acantilados), que edificaban sus refugios en las rocas. Eran centros residenciales con gran número de componentes. "Los refugios mayores de este tipo, dice Lehman, constaban de por lo menos quinientos habitantes y veinticinco *kivas*. La *kiva* era simultáneamente un taller de trabajo y un templo. Las aldeas así concebidas podían considerarse como excelentes bases de defensa contra los enemigos".

LECTURAS

La inmigración polinesia

Por lo tanto, nada ha de obstar para que... admitamos que en la época de la gran expansión insular, el elemento protopolinesio que había partido de la India se iba extendiendo y ocupando su mundo insular oceánico, algunos grupos no muy grandes de estos avezados navegantes llegaron hasta las costas de Sudamérica, y se establecieron ahí. En un principio, y en sentido de los recién llegados, las costas sudamericanas no serían sino otro archipiélago más, como los ya ocupados. Otros grupos seguirían después. Pero como en ningún caso puede haberse tratado de grandes contingentes de pobladores, y la mezcla de elementos en suelo americano ha de haberse producido con cierta rapidez, no debemos esperar encontrar en este hemisferio complejos étnicos o culturales puramente polinesios o protopolinesios, sino que los elementos de ese origen se hubieron de diluir de manera más o menos intensa entre las poblaciones ya existentes en las costas americanas.

SALVADOR CANALS FRAU

La influencia cultural teotihuacana

Al principiar, hacia el año 300 de esta cuenta nuestra, la fase siguiente de Teotihuacan (que se prolongó, tal vez, hasta 650), llegó la gran metrópoli a su mayor esplendor. Su irradiación se advierte en todas direcciones: por el norte alcanza las cercanías de Durango; por el noroeste hasta Chiametla, vecina de Mazatlán; por el noroeste hasta Tamuín y Pánuco; por el oriente toca la antigua "Zona Olmeca" (de modo especial en Cerro de las Mesas); por el sur se extiende por la ruta que lleva de México a Acapulco, y se siente su influjo en el Valle de Oaxaca durante la fase Monte Albán III A; por el sureste su influencia se constata lo mismo en Tonalá (de la Costa de Soconusco), que en Kaminaljuyú (en la Región de los Altos de Guatemala) y también en San José (de la Honduras Británica). Existió, para algunos, algo como una especie de "Imperio Teotihuacano". Se trataba —sin duda— de una cultura teocrática —como parecen haber sido todas las coetáneas— cuyo dios preeminente era el de la lluvia, y donde gente nahua (al lado de otras de diferente idioma, como los mazatecos) parece haber jugado papel preponderante. Teotihuacan fue la metrópoli por excelencia y debió ser, por ello, la primera ciudad a la que se denominó "Tollán", que justamente implica su rango metropolitano.

WIGBERTO JIMÉNEZ MORENO

Copán y el calendario

Copán está situado a los 14° 50' 15" de latitud. A esta privilegiada situación, y no a mera casualidad, se debe, en mi concepto, el auge extraordinario de este centro ceremonial y su notoria superioridad sobre otras localidades en el dominio de la astronomía, de la cronología y del arte, por lo que se ha considerado la capital intelectual de los mayas del periodo clásico. Morley establece que: "Copán es la ciudad donde la astronomía alcanzó su mayor desarrollo. Considero a este sitio arqueológico como el foco científico del área maya, su centro de sabiduría más eminente, especialmente en el dominio de la astronomía. Las fórmulas de sus sacerdotes astrónomos para determinar la duración real del año solar y de los periodos de eclipses fueron más exactas que las de cualquier otra ciudad del Viejo Imperio". J. Eric Thompson confirma que: "Copán parece haber producido el cálculo más completo sobre la duración del año trópico e hizo los correspondientes registros en muchos monumentos". Copán marchó a la cabeza de los mayas tanto en la ciencia como en el arte. Este centro estuvo a la vanguardia en la solución de los problemas relacionados con la duración del año trópico, asunto de suma importancia entre los mayas.

RAFAEL GIRARD

La figura de Quetzalcóatl

Todas las fuentes convienen en la existencia e importancia del rey Quetzalcóatl, pero se confunden al pormenorizar su biografía, en la que parecen mezclarse datos relativos al dios Quetzalcóatl y a reyes y sacerdotes del mismo nombre. Quetzalcóatl dios, es con varios nombres (Quetzalcóatl, Ehécatl, Tlahuizcalpant ecuhtli, Ce Acatl, Xólotl), el dios de la vida, el del viento, el planeta Venus, el dios de los gemelos (Caso). Es hijo de Tenacatecuhtli o de Iztacmixcóatl o de la mujer Chimalma sin concurso masculino (Plancarte). Lo aderezaban tiñén-

dole la cara y todo el cuerpo de negro y vistiéndole una camisa con sobrepelliz, que no le llegaba más que a la cintura (Sahagún). Su estatua en Tula estaba siempre echada y cubierta de mantas, y la cara tenía muy fea, la cabeza larga, y barbudo (Sahagún). Quetzalcóatl hombre (Quetzalcóatl, Topiltzin, Huemac), fue uno o varios de los reyes de Tula, y según los más el último: "gran nigromántico e inventor de la nigromancia... extremado en las virtudes morales". Destruida Tula fue ahuyentado; dicen que caminó hacia el Oriente y que se fue a la ciudad del Sol, llamada Tlapallan y fue llamado del Sol. Según la Relación de la Genealogía, Topilci es hijo de Totépeu, funda a Tula y es su rey, y muere en Tlapallan. Torquemada y Durán lo hacen jefe de los inmigrantes desembarcados en Pánuco. Quetzalcóatl sacerdote, era muy devoto y aficionado a las cosas de su señor y dios (llamado también Quetzalcóatl) y por esto tenido en mucho entre ellos, y así lo que les mandaba, lo hacían y cumplían... y les solía decir muchas veces que había un solo señor y dios que se decía Quetzalcóatl, y que no quería más que culebras y mariposas que le ofreciesen y diesen... Finalmente, fueron persuadidos y convencidos por Quetzalcóatl para que saliesen del pueblo de Tulla, y así salieron de allí por su mandato... Todos se mudaron cuando él salió del pueblo de Tulla para irse a la región que llaman Tlapallan, donde nunca más pareció el dicho Quetzalcóatl (Sahagún).

La crítica ha rechazado por infundada la opinión que veía en Quetzalcóatl un predicador cristiano (Sto. Tomás Apóstol: Fr. Gregorio García, Becerra Tanco, Betancourt, Boturini, Duarte. Sto. Tomás de Melia por: Fr. Servando Teresa de Mier. Un misionero islandés: Orozco y Berra). Pues ni la cruz ni los ritos algo parecidos a los sacramentos, son exclusivamente cristianos. Además, es muy sospechosa una semejanza que se realza y se multiplica en la "tradición" indígena a medida que penetra más el cristianismo.

JOSÉ BRAVO UGARTE

BIBLIOGRAFÍA FUNDAMENTAL

BOSCH GIMPERA, Pedro. *El Hombre Primitivo y su Cultura.* Secretaría de Educación Pública. México. 1945.

BRAVO UGARTE, José. *Historia de México.* Editorial Jus. México. 1951.

CANALS FRAU, Salvador. *Las Civilizaciones Prehispánicas de América.* Editorial Sudamericana. Buenos Aires. 1955.

CUEVAS, Mariano. *Historia de la Nación Mexicana.* Buena Prensa. México. 1952.

GIRARD, Rafael. *Los Mayas*. Libro Mex Editores. México. 1966.

KRICKEBERG, Walter. *Las Antiguas Culturas Mexicanas*. Fondo de Cultura Económica. México-Buenos Aires, 1961.

LEHMANN, Henri. *Las Culturas Precolombinas*. Eudeba, Buenos Aires. 1964.

MARTÍNEZ DEL RÍO, Pablo. *Los Orígenes Americanos*. Páginas del Siglo XX. México. 1943.

MORLEY, Silvanus G. *La Civilización Maya*. Fondo de Cultura Económica. México. 1953.

PIJOÁN, José. *Summa Artis*. Espasa-Calpe. Madrid. 1957.

PIÑA CHAN, Román. *Mesoamérica*. Instituto Nacional de Antropología e Historia. México. 1960.

RIVET, Paul. *Los Orígenes del Hombre Americano*. Fondo de Cultura Económica. México-Buenos Aires. 1960.

VAILLANT, George C. *La Civilización Azteca*. Fondo de Cultura Económica. México-Buenos Aires. 1950.

Capítulo 9

Las culturas maya y azteca

He aquí que se conseguía al fin la sustancia (el maíz) que debía entrar en la carne del hombre construido, del hombre formado; esto fue su sangre; esto se volvió la sangre del hombre.

POPOL-VUH

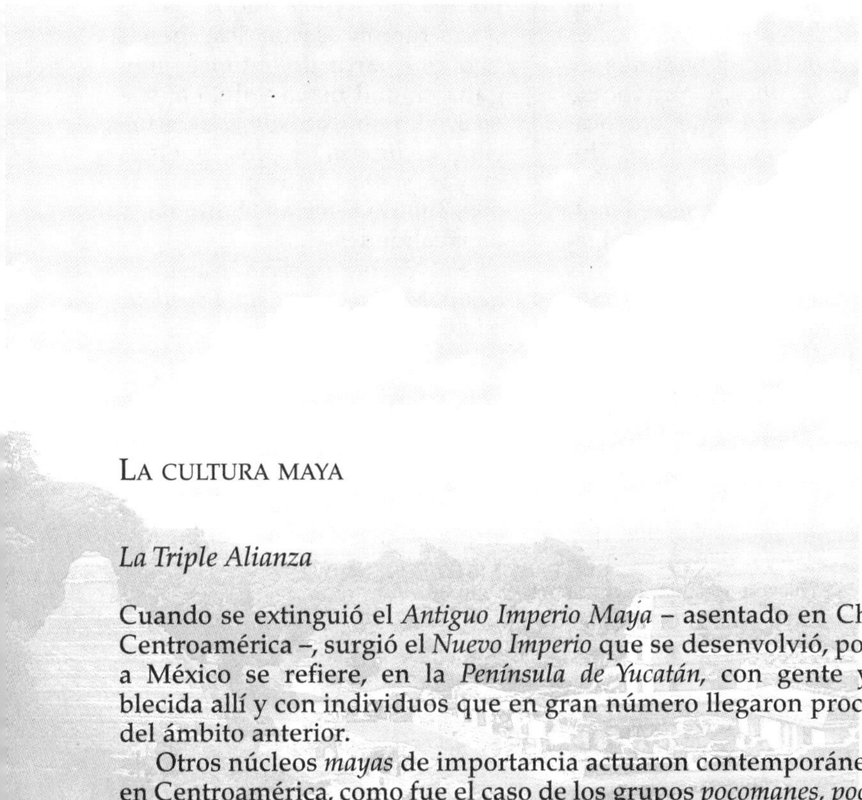

La cultura maya

La Triple Alianza

Cuando se extinguió el *Antiguo Imperio Maya* – asentado en Chiapas y Centroamérica –, surgió el *Nuevo Imperio* que se desenvolvió, por lo que a México se refiere, en la *Península de Yucatán,* con gente ya establecida allí y con individuos que en gran número llegaron procedentes del ámbito anterior.

Otros núcleos *mayas* de importancia actuaron contemporáneamente en Centroamérica, como fue el caso de los grupos *pocomanes, poconchíes, quichés y cakchiqueles* (en las tierras altas de Guatemala), que elaboraron formas de cultura de particular interés, en un área geográfica de clima menos caluroso, y en valles y mesetas más despejadas y menos pobladas de vegetación amenazante, que las tierras bajas.

El *Nuevo Imperio Maya,* entre los siglos VI y XV d.C., tuvo antecedentes en los horizontes previos, pero alcanzó su florecimiento propiamente dicho en la *Etapa Histórica.*

Como es patente, el paisaje geográfico de uno y otros imperios, fue distinto. *Si en el primero era de vegetación abundante, de mayor proliferación vegetal, de ríos abundantes, en Yucatán, en cambio, la geografía se mostró pobre, con escasez de agua, sin ríos superficiales en la parte norte, y sólo con depósitos subterráneos que contaban con pozos llamados cenotes.*

Los informes —fruto de la comparación entre las crónicas indígenas con los relatos españoles, próximos a la Conquista—, acerca del Nuevo Imperio, indican que la primera gran tribu que descolló fue la de los *itzáes,* formada por hombres de lengua maya, unos, y otros acaso de lengua nahua, que dio ocasión a dos florecimientos de Chichén-Itzá. Los *tutul-xiúes,* a su vez, arraigaron en Uxmal. Finalmente, en Mayapán se establecieron los *mayas.*

Entre las tres principales ciudades mayas —que no eran las únicas, pero sí las sobresalientes—: *Chichén-Itzá, Uxmal* y *Mayapán,* se estableció posteriormente una situación de paz y armonía. Sin embargo, la actitud tiránica de uno de los integrantes de la familia *Cocome,* que gobernaba *Mayapán,* determinó el rompimiento del equilibrio, que originó sublevaciones y una incontenible decadencia política. En una gran revuelta promovida por los tutul-xiúes, todos los *Cocomes* fueron asesinados, menos uno, y a partir de entonces ninguna ciudad maya volvió a destacar. En lo sucesivo, la situación ordinaria de los pueblos mayas, salvo cortos periodos de paz, fue de guerras continuas y de rivalidades.

El Nuevo Imperio Maya, al tiempo de la Conquista Española, estaba en un estado de postración política y social.

Centros arqueológicos

Hoy se conocen muchos centros arqueológicos mayas del Nuevo

Templo de los jaguares y patio del juego de pelota en Chichén-Itzá

Imperio, en donde es posible ver, en lo que queda de sus construcciones, la disposición arquitectónica de éstas, los recursos técnicos de que se valieron quienes las edificaron, así como su decoración complicada y múltiple, inspirada en motivos de la naturaleza o en elementos geométricos.

Los hallazgos de mayor valía se localizan en *Chacmultún, Labná, Zayí Kabah, Uxmal* —en donde son notables los conjuntos arqueológicos llamados *El Adivino, las Monjas, el Gobernador y Las Palomas*— y *Chichén-Itzá* —en donde destacan *los juegos de Pelota, El Caracol, El Castillo, El Atrio de las Mil Columnas, El Templo de Kukulkán, etc.*—, y en todo ello es perceptible el desarrollo plástico que alcanzaron los mayas, en el sentido de la arquitectura, aunque no conocieron, como tampoco sus antecesores, la bóveda, sino sólo el falso arco, o escornela.

La doble confluencia cultural —nahua y maya— que resintió *Chichén-Itzá,* es distinguible en sus ruinas, lo mismo en lo arquitectónico que en lo escultórico. Lo que allí se encuentra ofrece, por ejemplo, coincidencias muy singulares con lo que se halla en el centro arqueológico de *Tula.* La correlación cultural entre ambos sitios es notoria desde todos puntos de vista; figuras como la serpiente emplumada —símbolo del tolteca Quetzalcóatl y de Kukulkán—, los leones caminando, o el ser llamado "hombre-pájaro-serpiente", los atlantes y otras, ofrecen similitudes notables en ambos lugares.

Las estelas mayas, la ornamentación de los edificios y las figuras aisladas en piedra y en barro, son los mejores testimonios de una escultura que, igual que la arquitectura, resultó ser de fuerte tendencia barroca, por la profusión de sus adornos.

Estructura economicosocial

Independientes, celosos de su autonomía, los mayas nunca formaron un solo Estado. Hubo en todo caso, alianzas o confederaciones como se ha visto, pero nada que pudiese haber constituido un lazo político permanente y total.

En estas condiciones, resulta que el mando supremo era confiado a un jefe llamado *halach umic* o *ahau,* con cabal separación respecto de las demás autoridades. La transmisión del poder se hacía de padres a hijos mayores. El "halach umic" ocupaba el puesto más elevado en la jerarquía política, pero en niveles inferiores había otros individuos que también ejercían poder, y que atendían a otras funciones en la estructura de la sociedad correspondiente: en cada región había un *batab* a quien nombraba el "halach umic", y cada clan tenía un jefe propio.

La separación social y política entre las autoridades y los grupos dominantes, de una parte, y el pueblo, de otra, era conside-

Detalle de una columna del templo de las grandes mesas en Chichén-Itzá

rable de tal modo que este último vivía en condiciones de inferioridad lo mismo en lo social y económico, que en lo cultural, como una masa sometida que era guiada y regida en un todo por la minoría dominante.

El padre de familia, o "yum", ejercía una autoridad indiscutible en los varios aspectos de la vida del hogar. La familia se basaba en una *monogamia,* en la que la celebración del matrimonio exigía la asistencia de un sacerdote; empero, era común y admitida la práctica del *repudio,* tras la cual el hombre podía tomar otra mujer, con lo que resultaba, en la práctica, que la monogamia podía convertirse en una poligamia sucesiva.

Entre sus variadas costumbres, las había, algunas, fuertemente influidas por los valores religiosos —presentes casi en todos los ámbitos de la existencia— desde la práctica del "caputzihil", que se efectuaba en forma de ceremonia colectiva, cuando los niños tenían cinco años, y a partir de la cual comenzaba su educación, hasta otras formas de convivencia en diferente escala. Una costumbre curiosa que tenían era la de creer que el aplastamiento de la cabeza, que realizaban con los niños pequeños, o el estrabismo, que obtenían poniendo un pegotillo, a la altura del entrecejo, eran signos de belleza.

En materia económica, los mayas hacían de la agricultura su principal ocupación, dando preferencia al cultivo del maíz, que era tenido como algo sagrado. No conocían la ganadería, pero sí determinadas artesanías. Practicaban, por lo demás, un comercio muy intenso, ya por tierra, y a lo largo del mar, en canoas, como lo comprobó Colón en su cuarto viaje a lo largo del Caribe.

De la religión maya se tienen menos datos que respecto de la religión de los pueblos de la altiplanicie.

Dichos datos proceden de las crónicas españolas contemporáneas de la Conquista, o de libros aborígenes posteriores a ésta, escritos en lengua maya, pero con caracteres latinos: tales son, por ejemplo el *Popol-Vuh* o *Libro del Consejo;* los *Libros del Chilam-Balam;* y los *Anales de los Xahil.* Conforme a ellos se sabe que los mayas eran *politeístas,* y aunque no se conocen los nombres de todas las divinidades que adoraban, se conocen algunos, como los de *Hunab,* creador del mundo; *Chac,* dios del agua; *Kukulkán,* equivalente de *Quetzalcóatl; Itzamná,* dios de los cielos; *Ah Puch,* dios de la muerte y otros, pero a la mayoría se les designa sólo por letras, ante la completa ignorancia que hay de sus nombres verdaderos.

Conforme a su cosmovisión, los mayas creían que después de la muerte, las almas de los hombres buenos iban a un sitio de gozo, y las almas de los malos, al *Mitnal,* donde sufrían castigos.

Una numerosa clase sacerdotal atendía a los ritos y actos conectados en el culto religioso. El sacerdote supremo, llamado *Ah Kin May,* atendía con preferencia los estudios científicos y astronómicos de la religión, y cuidaba de la educación y de los estudios de los jóvenes. No participaba sino en los actos de mayor solemnidad. En las ceremonias públicas, los sacerdotes oraban, hacían penitencias, quemaban copal, presentaban ofrendas y realizaban sacrificios humanos; estos últimos podían consistir, según los casos, en el asaeteamiento de un cautivo, en el arrojamiento de una doncella principal, ricamente ataviada, al cenote sagrado de *Chichén-Itzá,* en honor de Chac, o en otras formas diversas que se repetían en ocasiones apropiadas, aunque sin la reiteración y cantidad que fue propia de los pueblos nahuas de la altiplanicie en la Época Histórica.

Otras formas de cultura

Bajo el prisma de los valores culturales, puede decirse que el pueblo maya obtuvo resultados que otras colectividades precolombinas no llegaron a tener.

Así por ejemplo, ningún pueblo mesoamericano elaboró tantos *calendarios* como el maya, cuyos sacerdotes se aplicaban a las observaciones astronómicas con una asiduidad y un don de precisión, difícilmente comparables con pueblos de su mismo nivel. Frutos de sus cálculos y conocimientos fueron los siguientes calendarios: el *"tzolkin",* que se componía de 260 días, servía para adivinar la suerte de los que nacían en ellos y resultaba de la combinación de veinte signos con trece números: el *haab,* integrado por 365 días, se formaba con dieciocho veintenas, o uinales y cinco días adicionales; el *tun* de 360 días compuesto de cinco o seis lunaciones; y el llamado "año venusino", que suponía un cómputo de 583.92 días. En este último caso suprimían cuatro días, "al fin de cada

61 años venusinos, para corregir el error de contarlos usualmente como de 584 días completos".

Su sistema numeral era vigesimal, es decir, descansaba en cálculos de veinte en veinte cifras, y pudo llegar a ser de una precisión notable por haber descubierto los mayas el valor del *cero,* que fue una aportación original, sólo descubierta, a su vez, por los habitantes de la India, en tiempos antiguos.

Los signos de su calendario son conocidos, como se ha visto; desgraciadamente no puede decirse lo mismo de los demás jeroglíficos que sólo los consagrados a las cosas religiosas podían conocer y manejar. *La mayoría de los signos mayas siguen siendo, por tanto, no obstante los esfuerzos de toda clase de investigadores, un misterio impenetrable en multitud de casos.*

El pueblo común y corriente, claramente diferenciado en lo social y en lo cultural de los grupos dominantes, no participaba de los conocimientos que estos últimos y básicamente los sacerdotes, tenían y disfrutaban.

La indumentaria de casi todos ofrecía rasgos comunes, aunque la calidad y adorno recordaban ciertamente los grandes desniveles socioeconómicos. En general, dicha indumentaria, en cuanto a los varones, consistía en una especie de taparrabo; una manta anudada por delante, en el cuello o en el hombro, y unas sandalias; y en cuanto a las mujeres: una camisa, una falda y una tela que les cubría la cabeza y parte del cuerpo.

Completaban su atuendo con joyas (si la posición social lo permitía), y con colores aplicados al rostro o al cuerpo.

La cultura azteca

Situación política

Los aztecas fueron el pueblo de más fuerte personalidad política en Mesoamérica, como los mayas lo fueron en el campo de la cultura.

Eran de raza y de lengua *nahua,* y decían proceder de los míticos lugares de *Chicomóstoc,* patria común de los nahuas, y más concretamente de *Aztlán,* patria propiamente dicha de los aztecas.

No se sabe con seguridad dónde estuvieron Chicomóstoc y Aztlán. Se sabe, sí, que peregrinaron desde tierras situadas en el norte de México, y que al fin llegaron al *Valle de México,* donde quedaron sometidos a los *tepanecas* de *Azcapotzalco,* dominadores de otros pueblos. Parece que tras bordear por algunos puntos del lago de Texcoco, fundaron finalmente, sobre unos islotes que emergían de las aguas, la ciudad de *Tenochtitlan* en 1325, pero sus tres primeros monarcas *(Acamapichtli, Huitzilihuitl* y *Chimalpopoca)* fueron súbditos de los señores tepanecas, hasta que el cuarto monarca, *Izcóatl,* logró la liberación, al aliarse con los *texcocanos* y con los pobladores de Tacuba, con quienes formó la *Triple Alianza,* que subsistió hasta tiempos de la conquista española.

En los años posteriores, los *aztecas* o *tenochcas,* junto con sus aliados, fueron conquistadores a su vez, y ampliaron el territorio sobre el que ejercían su hegemonía, sobre grandes zonas del centro, sur y oriente del actual territorio mexicano, *aunque sin integrar propiamente una unidad política o social, ya que cada pueblo conquistado continuaba con sus propios elementos culturales fisonómicos.*

Fueron monarcas aztecas, después de Izcóatl: *Moctezuma Ilhuicamina, Axayácatl, Tizoc, Ahuízotl, Moctezuma Xocoyotzin, Cuitláhuac y Cuauhtémoc.*

Probablemente hubo, al principio, caudillos religiosos que guiaron al pueblo en su peregrinación, pero al correr del tiempo, la estructura política azteca tuvo, en su nivel más elevado, el gobierno de un monarca, o *tecuhtli,* al que los españoles calificaron de *rey,* aunque en verdad no lo era, porque su poder era electivo y no hereditario. Junto con él actuaban otros funcionarios, ya para atender labores de carácter general, ya para desempeñar funciones administrativas dentro de Tenochtitlan propiamente dicha, como ocurría con el *"cihuacóatl"* y con un consejo formado por los representantes de los barrios, llamado *tlacotan,* que venía a ser una especie de ayuntamiento. Cada barrio o *calpulli* contaba con diversas autoridades, que lo mismo dictaban órdenes para el reparto de las parcelas, que para el reclutamiento de guerreros, que para las funciones religiosas: *la vida del azteca estaba, pues, integrada en un todo a su comunidad, y esto pesó mucho en su sentido persistentemente colectivista, gregario y ajeno, en medida considerable, a las actitudes puramente individualistas.*

Relieve en piedra de índole religiosa perteneciente a la cultura azteca

La economía azteca

La economía azteca se basaba sobre todo en el cultivo de la tierra, en la atención a las artesanías variadas propias de su civilización, en el comercio, y, como todos los pueblos conquistadores, en los tributos que exigían a los pueblos sometidos.

Para fines de ornato o para usos diversos, los aztecas trabajaron algunos metales y piedras, en variada medida. Con oro y con plata —que obtenían, según los casos, de las arenas de los ríos o de vetas superficiales— hacían joyas, lo mismo que con cobre, aunque con este último hacían hachas destinadas especialmente a cortar y labrar madera. El estaño lo empleaban —así como los canutos de las plumas de las aves, rellenos con polvo de oro, o el cacao— como moneda. Con la obsidiana fabricaban espejos, navajas, puntas de flecha y cuchillos.

Conocieron varias formas de propiedad del suelo, acomodadas a su mentalidad fundamentalmente comunitaria: había, ciertamente, algunas propiedades individuales, pero eran escasas, y el *tecuhtli* podía despojar a sus dueños de las tierras que tenían, cuando él quisiera; por ello cabe decir que lo corriente era que hubiese *propiedades comunales,* como la de los barrios, o calpulli, en donde cada jefe de familia tenía una parcela que usufructuaba, pero que no era suya, y que incluso podía perder si no la explotaba; la de la clase militar, cuyos frutos servían para sostener los continuos gastos de la guerra; la de la clase sacerdotal, para atender los gastos del culto; y la destinada a cubrir los gastos públicos.

La estructura social

Hay datos que permiten suponer que los aztecas, en sus orígenes, no conocieron las divisiones de clases sociales: la condición de los componentes del pueblo era equiparable a todos ellos en un principio, pero las fundaciones especializadas, las conquistas y el aumento de riqueza fueron creando separaciones entre unos y otros, sobre todo desde que los aztecas, establecidos ya en Tenochtitlan, propendieron a convertirse en un pueblo conquistador.

Así aparecieron las clases de los guerreros nobles, de los funcionarios, de los sacerdotes y de los mercaderes, o *pochteca,* que comerciaban fuera de la ciudad y que eran también embajadores y espías. Tales mercaderes eran distintos, por ello, de los simples *tlanamacani,* o vendedores a escala menor, que expedían los productos que ellos mismos obtenían. Entre los artesanos había algunos más encumbrados, como los orfebres, que por manejar el oro y la plata, se consideraba que usaban de productos divinos. Y después, por debajo de todos ellos, la gran mesa de los plebeyos, o *macehualli,* dedicados a las labores más modestas, los simples campesinos que vivían en los *calpulli.* "Los que rehusaban casarse o cultivar sus tierras, indicaba Bravo Ugarte, eran expulsados de su *calpulli,* y tenían que vivir bajo la dependencia de otros, que los empleaban en el campo o como cargadores *(tameme).* Llamábanlos en general *tlacotin,* que los españoles tradujeron por 'esclavos'. A la misma condición eran reducidos los insolventes, algunos criminales, los prisioneros de guerra, y los que, por adquirir alguna cosa que les era indispensable, se vendían a sí mismos. Pero en ningún caso la servidumbre era hereditaria, y exceptuando a los cautivos de guerra, todos podían rescatarse, v.gr.: pagando las deudas o presentando un sustituto".

Por lo que toca a la organización de *la familia,* los aztecas practicaban la *poligamia* en la medida de sus posibilidades, ya que había grandes señores que tenían muchas mujeres, y macehuales que no tenían sino una; en los primeros casos, sin embargo, entre todas las mujeres había una que era la principal, bien que, a diferencia de los mayas, no era fácil el repudio, sino que era indispensable que un juez conociese del caso para que hubiera divorcio.

El *matrimonio* propiamente dicho se celebraba ante un sacerdote y ante los familiares, y tenía, entre sus elementos ceremoniales, la práctica de que los esposos comiesen en común y se intercambiasen ropas, en señal de ayuda mutua.

La influencia de la familia era, por lo demás, de interés particular en la educación de los niños, sobre todo hasta los diez o doce años, en que comenzaba lo que podía llamarse la "instrucción pública", extendida hasta los veinte años. Los niños y jóvenes concurrían de este modo, al *calmecac,* si eran nobles o si iban a ser destinados al sacerdocio, y allí aprendían a hacer penitencia y a sacrificarse, a obedecer y conocer los "divinos cantos", el calendario y la interpretación de los sueños. Si el joven, aun siendo plebeyo, tenía aptitudes para ser sacerdote, también era admitido en el *calmecac.* Los plebeyos eran especialmente instruidos en conocimientos diversos y quizá sobre todo para servir como guerreros, en planteles llamados *tepochcalli,* de los cuales había uno en cada barrio. Los alumnos daban también culto a los ídolos y realizaban algunas obras públicas.

El *cuicacalco* era otro centro escolar destinado al cultivo de algunas artes especialmente el canto, la danza, la poesía y la oratoria, y asistían a él, por las tardes, jóvenes de uno y otro sexo.

Para las niñas y las jóvenes había también escuelas. La educación, pues, abarcaba en grados diversos a todos los que estaban en edad conveniente, y aunque no era exclusivista en forma completa, si tendía a ser clasista, no desdeñaba en modo alguno el arte, pero buscaba en general hacer, sobre todo del hombre, un ser disciplinado y duro. El Estado, con una orientación religiosa profunda, era el que totalitariamente daba las normas educativas que preparaban a sus súbditos.

Las artes plásticas

Poco es lo que queda de lo que fuera impresionante *arquitectura azteca.*

Tal es el caso, por ejemplo, de las ruinas de *Teopanzolco*, de *Tlatelolco*, de *Tenayuca*, de *Malinalco*, y del *Templo Mayor de Tenochtitlan*. La destrucción de que fue objeto esta última ciudad, durante el sitio que ocurrió en 1521, dio ocasión a que quedase poco en pie. Como quiera que sea, es notorio que en la arquitectura, como en casi todas las manifestaciones culturales del pueblo azteca, no hubo un gran espíritu de originalidad, pero sí un gran sentido de asimilación de lo forjado por otros pueblos de mayor aptitud cultural. En sus templos de forma piramidal, o en las construcciones destinadas a servir como habitaciones de gente noble o de sacerdote —ya que el pueblo, la masa, vivía en casas de material endeble, fácilmente destruible—, la influencia de otros núcleos humanos de Mesoamérica es perceptible.

En sus construcciones los aztecas empleaban diversos materiales como la traquita, el tezontle, el tepetate y la cal.

Más conocida que la arquitectura es la escultura, cuyos ejemplares revelan habilidad plástica y a veces magnificencia y realismo, pero también predominio, en las obras religiosas, de las ideas de terror, sobre las expresiones de belleza. La imagen de *Coatlicue* es, sin duda, dentro de lo que ha quedado, la representativa de esta tendencia. Otros testimonios descollantes de la cultura azteca son, por ejemplo, el *Calendario Azteca, la Piedra de los Sacrificios*, etcétera.

Muchas de las grandes esculturas fueron hechas en traquita.

La *pintura* azteca quedó vertida, especialmente, o en las decoraciones geométricas de sus vasijas de barro, o en los códices hechos en pieles de venado.

La escritura era jeroglífica, ingeniosa, pero de interpretación no completamente segura, como lo indica el nahuatlato don José Ignacio Dávila Garibi. Se escribía sobre tiras de piel de venado preparadas especialmente para ello, sobre telas de algodón, y sobre una especie de papel que se

Vaso ritual, tallado en piedra, para depositar la sangre de los sacrificios. Corresponde a la cultura Azteca

elaboraba con la madera del árbol llamado *amatl.*

Los *tlacuilos* eran los encargados de la escritura entre los aztecas.

De su *literatura* se conocen diversos poemas y escritos en prosa. En los primeros son distinguibles algunas composiciones en las que se perciben a veces palabras con sentido figurado, vocablos desconocidos en la lengua vulgar, vocales alargadas, e interjecciones, usadas para poner énfasis en las oraciones etc.; en cuanto a los escritos en prosa, la variedad es grande, de modo que se conocen himnos, oraciones, discursos, exhortaciones y aun representaciones teatrales.

La *danza* y la *música,* de tanta significación para la sensibilidad de algunos pueblos, no fueron desconocidas por los aztecas. La música podía ser alegre, en determinadas circunstancias, pero en muchas otras más tenía un cierto matiz melancólico o sombrío inocultable; los instrumentos de cuerda eran desconocidos, y básicamente se usaban instrumentos de percusión o instrumentos de viento; tales, por ejemplo, el *huehuetl,* especie de tambor de madera recubierto con una piel; el *teponaztli,* o caja de resonancia que se golpeaba; las flautas de carrizo; los caracoles; el *ayacacaxtli* o calabaza con piedras adentro; las conchas de tortuga; los raspadores, los silbatos y otros.

En la *orfebrería* utilizaban, a más de los metales preciosos, la turquesa (reservada a los dioses), el *chalchíhuitl* (para uso de los nobles), el ópalo, el rubí y otras piedras con las que hacían collares, narigueras, pulseras, pendientes y otros objetos.

La religión

Los aztecas ofrecieron datos muy singulares en materia religiosa; pero en esto tampoco fueron muy originales, ni en sus prácticas, ni en cuanto a muchos de sus dioses: eran politeístas y sus múltiples divinidades lo mismo tenían un origen azteca, que habían sido tomados de otros pueblos.

Entre sus divinidades más importantes estaban: *Huitzilo-pochtli, Quetzalcóatl, Coatlicue, Tláloc, Tezcatlipoca, Ometecuhtli, Omecíhuatl,* y muchos otros más, que quizás habían sido, en algunos casos, caudillos divinizados, o bien eran símbolos religiosos de algunos fenómenos de la naturaleza.

Tenían una numerosa e influyente clase sacerdotal, que atendía lo mismo a las tareas de la educación, a los ritos y a la orientación general del pueblo en su misión conquistadora. Dentro del culto había oraciones, actos litúrgicos, ofrendas, y de modo particular, sacrificios humanos que se efectuaban en número monstruoso, de tal suerte que, por ejemplo, cuando se inauguró el templo mayor dedicado a *Huitzilo-pochtli,* se mató a miles de cautivos en unos cuantos días, en los múltiples adora-

Figuras en cristal, de origen azteca

torios repartidos por toda la ciudad.

Toda la vida azteca estuvo impregnada de fuerte contenido religioso; y la religión modeló al pueblo con inflexible dureza y con la persuasión profunda de que éste tenía por misión servir al Sol, a cuyo vasallaje debía poner a los demás pueblos. *El pueblo azteca como todo pueblo imperialista,* ha escrito Alfonso Caso, *tuvo siempre una excusa para justificar sus conquistas, para extender el dominio de la ciudad-estado Tenochtitlan, y convertir al rey de México en el rey del Mundo, Cem-Anáhuac Tlatoani, y a México-Tenochtitlan en la capital del Imperio, que titulaban Cem-Anáhuac tenochca tlalpan, es decir, "el mundo, tierra tenochca".* Esto, y el afán de obtener botín y tributos de los pueblos vencidos, hicieron que el pueblo azteca viviese, como indica Bernal en "estado de guerra casi permanente".

Centro y motor de la vida azteca, la religión no tuvo paralelo con ninguna otra idea ni con ningún otro sentimiento en la historia de ese pueblo.

"Pero si la religión, añade Caso, *fue para el azteca la fuerza y la causa de su vida, también constituyó la limitación fatal de su cultura, como en menor escala lo fue de todas las culturas indígenas de México y Centroamérica".* La energía creadora, en efecto, se canalizó hacia una religión estéril, que impidió la adopción de un ideal de mejoramiento auténtico, y que ocasionó que la invención técnica fuese sustituida por el culto invariable, rígido y sangriento a los dioses mexicas.

La convicción, en fin, de que a la postre sería vencido el Sol, dio a la religión azteca, y por ende a la existencia de quienes la profesaban, un sentido pesimista final en cuanto a su destino.

LECTURAS

El juego de pelota en Chichén-Itzá

Se jugaba en estas construcciones un juego parecido al basketball, sólo que en lugar de usar cestas en los dos extremos, tenían dos anillos de piedra, cada uno empotrado en el centro de los largos muros paralelos. Usaban pelotas de caucho macizo... El juego consistía en introducir la pelota en uno u otro de los dos anillos, cuyos agujeros eran perpendiculares al suelo. La jugada que daba el triunfo se hacía más difícil por el hecho de que no se permitía arrojar la pelota con la mano. Había que pegarle con el codo, la muñeca o la cadera, partes del cuerpo que se forraban con fajas de cuero, a fin de que la pelota rebotara fácilmente. Se dice que el tiro del triunfo era tan raro, tan difícil, que de acuerdo con una antigua regla, el jugador que lograba hacerlo tenía derecho a apoderarse de todas las mantas y joyas de los espectadores. Por esta razón, cuando pasaba la pelota por el anillo, todos los espectadores echaban a correr para evitar el pago de esta multa; y los amigos del jugador afortunado tras ellos para cobrarla. Por la naturaleza misma de las cosas, el tiro vencedor debe haberse logrado en muy raras ocasiones.

SYLVANUS G. MORLEY

Descripción de Tenochtitlan

Esta gran ciudad de Temixtitán está fundada en esta laguna salada, y desde la Tierra Firme hasta el cuerpo de la dicha ciudad, por cualquiera parte que quisieren entrar en ella, hay dos leguas. Tiene cuatro entradas, todas de calzada, hecha a mano, tan ancha como dos lanzas jinetas... Son las calles de ella, digo las principales, muy anchas y derechas, y algunas de éstas y todas las demás, son la mitad de tierra y por la otra mitad es agua, por la cual andan sus canoas; y todas las calles de trecho a trecho están abiertas, por do atraviesa el agua de las unas a las otras. En estas aberturas, que algunas son muy anchas, hay sus puentes, de muy anchas y muy grandes vigas juntas y recias y bien labradas, y tales, que por muchas de ellas pueden pasar diez a caballo juntos a la par... Tiene esta ciudad muchas plazas, donde hay continuos mercados... Hay en esta ciudad muchas mezquitas o casas de sus ídolos, de muy hermosos edificios... y muchas casas, muy buenas y muy grandes, y la causa de haber tantas casas principales, es que todos lo señores de la tierra, vasallos de dicho Mutezuma, tienen sus casas en la dicha ciudad y residen en ella cierto tiempo del año, e demás de esto, hay en ella muchos ciudadanos ricos, que tienen asimismo muy buenas casas.

HERNÁN CORTÉS

Huitzilopochtli

Huitzilopochtli asociado al origen mismo de este pueblo no era en realidad sino un pequeño dios tribal, un aspecto del dios Tezcatlipoca, hasta que el triunfo de su pueblo lo eleva a la categoría de un dios creador. Entonces, se convierte en el sol mismo, que es el dador de la luz, del calor, de los días y de todas las cosas necesarias para la vida; pero el sol como todo ser creado por la pareja divina necesita alimentarse, ya que debe luchar diariamente contra sus enemigos: los tigres de la noche, representados por la luna y las estrellas. Recordemos que esto es exactamente lo que tuvo que hacer el pequeño Huitzilopochtli al nacer plenamente armado; pero el sol, desgraciadamente para los vecinos del pueblo azteca, sólo se alimenta con el más preciado de todos los manjares: con el néctar de los dioses, o sea, la sangre humana. Entonces, para tenerlo permanentemente en vida y darle fuerzas en su lucha diurna es indispensable sacrificar a los hombres. Los aztecas se sienten obligados por su historia misma a ser sus guardianes, así como sus sustentadores; en otras palabras, a ellos les toca proveer al sol de sangre humana. Este es, por lo tanto, el excelente motivo de indiscutible altura moral con que ellos mismos pretenden absolverse *de todas las guerras y de todas las muertes; pero para sus vecinos ¡qué tragedia el vivir junto al pueblo elegido!*

IGNACIO BERNAL

La religión azteca

El pueblo azteca, como todo pueblo imperialista, tuvo siempre una excusa para justificar sus conquistas, para extender el dominio de la ciudad-estado Tenochtitlan, y convertir al rey de México en el rey del mundo, Cem-Anáhuac tlatoani, y a México-Tenochtitlan en la capital del Imperio, que titulaban Cem-Anáhuac tenochca tlalpan, es decir "el mundo, tierra tenochca". La idea de que era un colaborador de los dioses: la concepción de que cumplían con un deber trascendental y que en su acción radicaba la posibilidad de que el mundo continuara viviendo, permitieron al pueblo azteca sufrir las penalidades de su peregrinación, radicarse en un sitio que los pueblos más ricos y más cultos no habían aceptado, e imponerse a sus vecinos ensanchando constantemente su dominio, hasta que las huestes aztecas llevaron el poder de Tenochtitlan a las costas del Atlántico y del Pacífico, y que sometieron a pueblos más adelantados culturalmente y más antiguos en la posesión de las tierras de la Altiplanicie y de las costas.

Pero, además de este ideal cosmológico, el azteca creía que tenía también un ideal ético que realizar.

La lucha del Sol contra los poderes de la noche no es sólo una lucha de las dioses, es también y sobre todo una lucha del bien contra el mal. La misión del tenochca es estar al lado del Sol, que representa el bien, en contra de los dioses espantables de la noche, símbolos del mal... Pero frente a este ideal imperialista y religioso siempre hay un sentimiento de pesimismo en el fondo del alma azteca; sabe que, a la postre, será vencido su caudillo el Sol... y ese sentimiento de pesimismo y de angustia se manifiesta en su escultura vigorosa y terrible, y también, teñido de una profunda tristeza, en su poesía... El hombre por sí mismo nada puede; su técnica es ineficaz; sólo el sacrificio a los dioses los inclina benévolos para resolver las necesidades humanas.

ALFONSO CASO

BIBLIOGRAFÍA FUNDAMENTAL

ALVEAR ACEVEDO, Carlos. *La educación* y *la Ley*. Editorial Jus. México. 1963.

BERNAL, Ignacio. *Tenochtitlan en una isla*. Instituto Nacional de Antropología e Historia. México. 1959.

BRAVO UGARTE, José. *Historia de México*. Editorial Jus. México. 1951. *La Educación en México*. Editorial Jus. México. 1966.

CANALS FRAU, Salvador. *Las Civilizaciones Prehispánicas de América*. Editorial Sudamericana. Buenos Aires. 1955.

BLOCH, Alfonso. *El Pueblo del Sol*. Fondo de Cultura Económica. México. 1962.

CUEVAS, Mariano. *Historia de la Nación Mexicana*. Buena Prensa. México. 1952.

CHÁVEZ, Ezequiel. A. *La Educación en México en la Época Precortesiana*. Editorial Jus. México. 1958.

JIMÉNEZ RUEDA, Julio. *Historia de la Cultura en México. El Mundo Prehispánico*. Editorial Cultura. México. 1957.

LEÓN PORTILLA, Miguel. *Los Antiguos Mexicanos*. Fondo de Cultura Económica. México. 1961

MORLEY, Sylvanus G. *La Civilización Maya*. Fondo de Cultura Económica. México. 1953.

PEREYRA, Carlos. *Breve Historia de América*. M. Aguilar Editor. Madrid. 1941.

PIJOÁN, José. *Summa Artis*. Espasa-Calpe. Madrid. 1957.

SAHAGÚN, Fray Bernardino de. *Historia General de las Cosas de Nueva España*. Editorial Pedro Robredo. México. 1938.

SOUSTELLE, Jacques. *La Vida Cotidiana entre los Aztecas*. París. Librería Hachette. 1955.

VAILLANT, George. *La Civilización Azteca*. Fondo de Cultura Económica. México. 1944.

Capítulo 10

Las culturas precolombinas en sudamérica

Un hombre sin historia no ve más que lo que le rodea.

FEDERICO EL GRANDE

Mencionadas ya las principales corrientes de opinión en cuanto al poblamiento de América – influencia asiática llegada de Asia a través del Estrecho de Behring; probables aportaciones humanas y culturales de Polinesia; y eventuales concursos llegados de África –, es dable poner de manifiesto cómo se encuentran pruebas de la presencia de seres humanos en Sudamérica, con cierta antigüedad, cuyos primeros ejemplares fueron como en otras partes del continente, dolicocéfalos.

Imbelloni ha clasificado los cráneos de hombres primitivos sudamericanos en dos grupos fundamentales que son los *fuéguidos* y los *láguidos* (de Tierra de Fuego y Lagoa Santa, respectivamente), con las siguientes características: *los primeros, de estatura baja, frente estrecha, cara más o menos alargada, cráneo de bóveda baja, paladar oblongo y órbitas estrechas; los segundos, de estatura baja, bóveda alta, cara ancha, frente ancha, cráneo estrecho, paladar corto, órbitas altas y nariz ancha.*

A *los fuéguidos* parecen corresponder algunos núcleos de Tierra del Fuego (como los *yámanas* y los *alakalufs),* así como otros de Chile (como los de Valdivia y Coquimbo, cuyos restos se han encontrado debajo de grandes conchas de mariscos), así como las tribus de concheros establecidos en la costa brasileña. Corresponden a los *láguidos,* de acuerdo con el mismo autor argentino, los hombres de Lagoa Santa, Brasil, las diversas tribus brasileñas, y algunos otros en los Andes ecuatorianos, así como en Colombia y en Argentina.

Principales sitios con yacimientos de culturas primitivas en Sudamérica

Culturas iniciales

Sigue siendo objeto de discusión saber si los restos amerindios primitivos fueron resultado de una inmigración desde el sureste de Asia, como parece deducirse de los estudios de algunos investigadores, o si se trató de una mera coincidencia.

Admitida, pues, o no, la influencia proveniente del mundo insular del Pacífico, es notorio que algunos de los elementos culturales de mayor antigüedad que en Sudamérica se han encontrado, proceden de la parte más meridional del continente y de la Tierra del Fuego. El caso de los indios "canoeros" de la costa chilena, a quienes la naturaleza obligó a buscar en el mar su sustento, y que dejaron "grandes montones de conchas como índice de una parte importante de su dieta", según apunta Martínez del Río, es típico en este sentido, como lo es el que otros aborígenes, hacia el oriente, en el área argentina, en tierras más despejadas, pudieron dedicarse con más éxito a la caza como base de su economía. El estudio de los artefactos encontrados cerca del Cabo de Hornos ha arrojado conocimientos sobre cuchillos de concha, y "bolas" semejantes a las usadas todavía en la actualidad por los hombres del campo para enredar las patas de los cuadrúpedos. Los dardos, las lanzas, las flechas, quizás fueron de uso posterior, a *fin* de dar muerte a animales del tipo del perezoso, el guanaco, o el caballo, algunos de los cuales más tarde desaparecieron.

Algunas cuevas muestran enterramientos de restos humanos con cremación de éstos.

En el Brasil, cerca de la costa, se han hallado otros amontonamientos de conchas cuya existencia se discute si fue debida a la acción misma del mar, o al trabajo del hombre: se les llama "sambaquíes", y en algunos casos están asociados a objetos de cerámica y utensilios de piedra pulida.

La cultura de entonces parece haberse desenvuelto a través de las etapas de los cazadores, los recolectores-cazadores —en lo que Piña Chan llama la *Etapa del Salvajismo,* caracterizada por una economía aleatoria y nomádica— y siguiente etapa, la *Etapa de la Barbarie* —propia de cazadores y recolectores, pero ya semisedentarios—, dejó testimonios de la presencia humana en sitios como Ojo de Agua, El Oro, Cuevas de Candonga, Arica, Pisagua, Taltai, Huanacayo, Canal de Beagle, y otros.

Las culturas preclásicas

La tradición de sedentarismo agrícola comenzó tiempo más tarde.

Es objeto de polémica el tema de si la *agricultura* fue una realización amerindia, o si sus primeras muestras llegaron procedentes de Polinesia; lo cierto, con todo, es que en el nuevo periodo que se cita —llamado también *Horizonte Formativo* o *Pre-*

clásico y que se extendió hasta la aparición de las culturas clásicas—, los cultivos alcanzaron un desarrollo apreciable, por ejemplo de haba, ají o chile, algodón, calabaza vinatera, frijol y otros productos, a los que siguieron el maíz y la yuca. Las comunidades se hallaban más evolucionadas; se conocían las casas de bajareque; objetos de piedra (puntas de proyectil, cuchillos, navajas); cerámica; y, según puede suponerse, el calendario y la numeración. Al mismo tiempo las diferencias sociales eran más marcadas.

La cultura de *Huaca Prieta,* en Perú, es ejemplo de una sociedad con economía mixta, agricultora y cazadora, pero obviamente sedentaria.

Elementos característicos de las culturas preclásicas o formativas fueron la agricultura, cierta metalurgia basada sobre todo en el laminado y repujado del oro y el cobre; el tejido-trenzado, y después el tejido propiamente dicho, realizado en telares, aunque el hilado se hacía en husos llamados torteros; atuendo escaso en cuanto ropaje, pero abundante en cuanto a tocado y adornos personales (orejeras, brazaletes, anillos, collares, etc.). No se ignoraba la construcción, y corresponden a esta época algunas edificaciones megalíticas en forma de dos hileras de grandes piedras o lajas puestas de canto, cuya parte media se rellenaba con piedras menores. Con este sistema —en el que Canals Frau ve una clara influencia polinésica—, "se erigieron muchas estructuras ceremoniales que, por lo general, toman la forma de grandes rectángulos a los que se ha llamado calasasayas".

Hubo adelanto en la alfarería, y la escultura se manifestó en grandes bloques de piedra en los que las figuras, ya en relieve, o ya esculpidas, muchas veces son antropomorfas, o de rasgos felinos. En fin, las construcciones de tipo religioso se hacían con mayor monumentalidad, en vivo contraste con la pobreza de las construcciones particulares.

En variada medida, a esta *Etapa Formativa* corresponden las llamadas culturas de: *Agrelo* (Argentina); los *Barreales* (Argentina); *El Molle* (Chile); *Punta Pichalo* (Chile); y, más al norte, las de *Ancón-Supe* (Perú); *Chavín de Huántar* (Perú), considerada como la más notable de este periodo en los Andes Centrales; *Cupinisque* (Perú); *Chanapata* (Perú); así como las formativas de las provincias de *Esmeraldas* y *Manabí* en Ecuador y la de *San Agustín,* en Colombia. *Una influencia cultural de este tipo se extendió en una zona que va de Colombia hasta la parte centroamericana, en donde comenzaba, a su vez, el área de Mesoamérica.*

Las culturas clásicas

Como rasgos salientes en las culturas de la *Etapa Clásica,* encuéntranse, entre otros, los de la aparición de centros urbanos de mayores dimensiones que antes;

un mayor despliegue de fuerzas sociales, muchas veces organizadas en forma teocrática. Es notable una atención desbordada a las cuestiones religiosas, a la edificación de santuarios que reclamaban grandes materiales, y la adoración a las divinidades conectadas con los fenómenos de la naturaleza. El culto a los muertos, que tenía antecedentes en los años previos, alcanzó desenvolvimiento todavía más dilatado.

La comparación entre las casas pobres de las masas populares, y los templos y palacios hechos de piedra, manifiesta mejor que nada la jerarquización social y el hecho de que era una minoría determinada, de guerreros nobles y sacerdotes, la que ejercía el mayor dominio, incluso y principalmente en la política y la cultura, ya que los conocimientos —escritura, numeración, calendario, matemáticas, etc.— eran privativos de ellos y no del conjunto sometido.

Cuéntase con una cerámica más fina, más elaborada, y con dibujos que revelan una técnica mayor y mejor asentada.

No son perceptibles, en cambio, muchas modificaciones en cuanto a la economía, basada, como antes, en la explotación de la tierra.

Las circunstancias geográficas constituyen un factor de gran importancia para el desarrollo de las culturas clásicas, particularmente en la región peruana-boliviana. Ocurre, así, que dado el carácter desértico de la costa, sólo en unos cuantos valles, nacidos a instancias de corrientes fluviales bajadas de la sierra, pudieron arraigarse las comunidades humanas; en el resto de la costa, la naturaleza es inhóspita y en ella nada floreció; a su vez, las regiones selváticas apenas estuvieron habitadas, o quedaron pobladas con tribus de un nivel de civilización notablemente bajo; *por lo cual fue la sierra el ámbito propio de las culturas clásicas, antecesoras de las Época Histórica.*

La más interesante de esas culturas es la de *Tiahuanaco,* en Bolivia, en los Andes Centrales. Es de tal manera importante, que otras formas culturales clásicas la toman como punto de referencia, y se llaman por ello, según los casos, *pre-tiahuanaquenses, tiahuanaquenses y post-tiahuanaquenses.* Las primeras, de 300 a 900 d.C.; las segundas, de 900 a 1200; y las últimas, de 1200 a 1438.

Esta última fecha es la que corresponde al principio de la expansión imperial incaica.

Las culturas Mochica, de Nazca y Pucara, se encuadran dentro de la etapa pretiahuanaquense.

Tiahuanaco

Tiahuanaco es un centro arqueológico situado en el altiplano de Bolivia, cerca de La Paz y a 20 kilómetros del lago Titicaca.

Allí se ubican los monumentos aislados, las grandes construcciones y las edificaciones

La Puerta del Sol, en Tiahuanaco, Bolivia

menores. Entre las estructuras mayores es posible localizar una colina que aun muestra restos de muros de contención, a base de bloques de piedra labrados, que quizás integraban una pirámide escalonada; en la parte más elevada quedan vestigios de muros y cimientos, correspondientes a lo que pudo haber sido un templete. A esta construcción se le conoce con el nombre de *Acapana.* Otra se denomina *Calasasaya* y probablemente constituyó un recinto con muros en forma de grandes bloques, entre los cuales había hileras de piedras menores que en la actualidad han desaparecido; cuenta con una escalinata hecha de una sola piedra que da acceso al recinto; pertenece a este mismo conjunto la célebre *Puerta del Sol,* monolítica, que se considera como el monumento más bello de Tiahuanaco.

Otro recinto con muros dobles y con una escalinata en la que aún hay restos de pintura, forman el conjunto llamado *El Palacio.*

Ruinas de lo que acaso fue otra pirámide así como algunas portadas monolíticas, completan el conjunto de este célebre sitio, que ya para los tiempos de la Conquista española era un sitio devastado y convertido en ruinas. *Más que centro residencial, o metrópoli política, Tiahuanaco parece haber sido un centro religioso, punto de confluencia de peregrinos, a quienes se empleaba, se supone, como trabajadores en las obras de construcción cuando estaban en proceso.*

La *escultura* parece haber estado estrechamente ligada a la arquitectura, ya por la ornamentación de las construcciones, ya porque las mismas esculturas monolíticas parecieron formar parte del conjunto. Generalmente se trata de esculturas antropomorfas, de pie casi siempre, con la cabeza cuadrada y las manos sobre el pecho.

Hay cerámicas de formas diversas, de decoración policroma; y, como cosa típica de esta región de América, placas de bronce, cuya existencia se explica por ser Bolivia un sitio donde hay cobre y estaño. Tumbas en forma de pozos, en donde se colocaba el cadáver junto con cacharros de barro, permiten ver en Tiahuanaco un núcleo cultural de importancia.

Los portadores de la cultura de Tiahuanaco fueron los aymaras, cuya lengua es, junto con el quechua, una de las más difundidas entre las lenguas indígenas de Sudamérica.

La cultura incaica

Cuando los españoles llegaron a Sudamérica en el siglo XVI, encontraron una vasta organización político-social extendida a lo largo de los Andes, desde el sur de Colombia, en el río Ancasmayo, hasta el río Maule, al norte de Chile. Esa organización era el *Imperio de Tiahuantinsuyo*, alentada y dirigida por el pueblo inca.

Su desarrollo en realidad fue breve. Al arribo de los europeos, el Imperio no se había prolongado sino unos tres o cuatro siglos, e incluso había sitios en los que vivían aún, como en el suelo ecuatoriano, hombres que habían sido testigos de la conquista llevada a cabo por los incas.

Motivo de controversias múltiples de toda índole, tal imperio sigue siendo, hasta nuestros días, uno de los temas de mayor reflexión histórica. "*Algunos*, ha dicho Lehmann, *pretenden ver en él un Estado socialista, otros un absoluto despotismo, y todos se basan en hechos concretos*". Y añade: "*En efecto, los incas llevaron a la práctica el principio fundamental del socialismo: entre ellos no existía la propiedad privada sobre los medios de producción. No obstante, las tres clases que componían su sociedad y a las que podríamos designar perfectamente con los términos de clero, nobleza y estado llano, estaban separadas por divisiones por lo menos tan infranqueables como las de Francia antes de la Revolución de 1789*".

Tal situación, demasiado patente, demuestra de modo incidental cómo, frente a la afirmación marxista de que las clases son un fruto de la propiedad privada, el Estado incaico mostró, a la inversa, que las clases pueden existir independientemente de que haya, o no, dominio particular sobre los medios de producción.

En el desarrollo de esta cultura, es dable distinguir dos periodos: uno denominado *inca antiguo,* que abarca dos siglos, o dos y medio, y un periodo posterior, más moderno, que sólo alcanzó su auge desde mediados del siglo XV hasta la época de la conquista española.

La estructura política

En su nivel de mayor desenvolvimiento, la vida política descansaba en la persona y en las acciones del Inca. La historia conserva los nombres de trece de ellos *(Manco Cápac, Sinchi Roca, Lloqui Yupanqui, Mayta Cápac, Cápac Yupanqui, Inca Roca, Yáhuar Huaca, Viracocha, Pachacuti Inca Yupanqui, Topa Inca Yupanqui, Huayna Cápac, Huascar y Atahualpa),* que fueron tanto jefes civiles como religiosos y militares. La cronología respecto de ellos es bastante imprecisa.

El nombre de *inca* parece que en un principio se refería sólo a la calidad de jefe de familia, o de un clan, y es presumible que algunos "incas" lograron sobreponerse políticamente, hasta quedar constituidos en jefes supremos.

Así, en los tiempos del auge y el poderío, el Inca tenía una autoridad incontrastable, que se apoyaba en el culto al Sol, al que encarnaba en el mundo. Dado su carácter divino, no entraba en relación con meros mortales, y por ello, a semejanza de los faraones, contraía nupcias con su hermana, aunque podía disponer de concubinas. Sus vestidos y su ambiente respondían a su condición divina, y cuando moría, su momia era depositada en el templo del Sol, en la capital del Imperio, que era el *Cuzco,* que significa *centro.*

Para su mejor administración, el imperio estaba dividido en cuatro regiones o provincias que recibían el nombre de *suyu,* al cuidado de parientes del Inca, con el título de *apo,* quienes formaban una especie de consejo supremo.

Aun cuando la historia consigna pugnas dinásticas, no fue menos cierto que el dominio del Inca sobre su pueblo fue completo, lo mismo que sobre los pueblos sometidos. Las conquistas, en ocasiones, eran de gran violencia, sin duda por la resistencia ofrecida por las poblaciones a las que se pretendía someter, y la toponimia de algunos lugares recuerda hechos de tal naturaleza, como *Ayacucho* (rinconada de muertos), *Ayaviri* (río de la matanza), *Yahuarpampa* (campo de sangre), *Yahuarcocha* (mar de sangre), y otros.

Los incas en general tuvieron éxito, salvo ante los pueblos de las zonas selváticas, que se mostraron indomables.

La firmeza del dominio llevó, inclusive, a la práctica del establecimiento de grupos incaicos en lugares estratégicos, que así pudieron quedar mejor dominados, o a la deportación en masa de los núcleos de resistencia, con lo que tuvo lugar una política de colonización muy singular.

Vista parcial del más célebre de los centros arqueológicos incaicos, Macchu-Picchu, cerca del Cuzco, en Perú. El nombre de la zona es el propio del monte más alto que se distingue en la parte central. Las construcciones se hallan a gran altura sobre el nivel del mar, y son tanto de tipo civil como religioso y militar

El "ayllu"

En lo que veía a la masa del pueblo, la organización era estricta a base de tribus que se dividían a su vez en clanes, o *ayllu,* y todos los componentes del clan se consideraban parientes entre sí. Pereyra califica como "célula social" de la estructura política incaica al "ayllu", que alcanzó un sentido múltiple, porque bajo la dirección de un "curaca", que lo mismo era juez que jefe guerrero, el grupo era unidad social, centro económico y núcleo religioso. Cada individuo tenía funciones específicas que las autoridades le señalaban, ya que éstas sabían con certeza con cuántos hombres podían contar, pues éstos estaban obligados a empadronarse a este efecto, según su edad.

Las clases sociales

La clase sacerdotal tenía particular importancia por el papel que la religión desempeñaba en la vida del pueblo, y porque sus tareas no podían ser cumplidas por nadie más. Algunos de los sacerdotes, llamados "amauta" se encargaban de la educación de los jóvenes nobles, a quienes hacían conocer las tradiciones y los conocimientos apropiados. Otros atendían las funciones propias del culto, incluso la práctica de la adivinación, el hipnotismo y los sacrificios.

Los nobles, a quienes los españoles llamaban *orejones* —porque usaban grandes orejeras de madera como una especie de símbolo de su categoría— eran quienes aportaban elementos para el gobierno y la dirección del ejército. Los jefes de los pueblos conquistados podían quedar en este grupo, pero nunca se les concedían funciones de importancia.

Por debajo de ellos estaban los integrantes del pueblo, que ya podían vivir en la "ayllu", o ya podían desempeñar tareas oficiales —en cuyo caso eran mantenidos ellos y sus familias por el Estado—, o ya podían estar cerca de las clases superiores como sirvientes.

La economía incaica

El cultivo de la tierra —cuya propiedad era del Inca, y por lo tanto, del Estado—, constituía la base de su economía.

Cada jefe de familia recibía una parcela para trabajarla. Se solía entregársela cuando se casaba, junto con una vivienda, y la porción de tierra era aumentada en cuanto nacían los hijos. La parcela no era una posesión particular, y en consecuencia tampoco era transmisible por herencia. La explotación del suelo era una obligación pública, no una tarea abandonada al interés puramente individual, de suerte que sólo se exceptuaba de ella a quienes ejercían otras actividades de artesanía, como los tejedores, los alfareros y los orfebres, o los hombres mayores de sesenta años. La tierra, por lo demás, aun cuando estaba dentro del dominio genérico del Inca se dividía en tres categorías perfectamente delimitadas, que respondían al sentido jerárquico de aquel pueblo: *las tierras cuyas rentas servían para el culto del Sol, las que proveían al sustento del Inca y de su familia, y las de la comunidad.*

Tejido de la cultura incaica

Parte importante en la economía y en la vida social inca fue la "mita", que consistía en el trabajo obligatorio a que estaban sujetos los indios tributarios.

Gran adelanto tenía el cultivo de la tierra que suponía la fertilización de ésta con estiércol de llama, de seres humanos, o de pájaros marinos (el guano) que conservaban "enjuto y hecho polvo", dice Garcilaso de la Vega, para ocuparlo según la clase de suelo de que se tratara. El contar con ganado (la llama, la alpaca y la vicuña) en condiciones que no tuvieron los demás pueblos precolombinos, fue de enorme interés para la comunicación y para poder disponer de materiales destinados a la alimen-tación y al vestuario.

En cambio los incas desconocieron el uso de la moneda, y sus intercambios los hacían mediante el procedimiento primitivo del trueque, o cambio directo de las mercancías, en los mercados de cada localidad.

La religión

Había adoración a varios dioses. El principal de ellos era *Viracocha,* en el que se conjuntaban el Sol y la capacidad creadora.

Los dioses incas se vieron aumentados con los dioses de las poblaciones conquistadas, que quedaron, en lo sucesivo, como divinidades menores. Era raro, sin embargo, que se diera carácter personal a las divinidades. *Eran más bien símbolos de alguna fuerza de la naturaleza, especialmente aquellas que de modo más sensible herían su imaginación, su deseo, o su temor, coma ocurría con el trueno, el arco iris y otros fenómenos semejantes.* En medio de sus ideas y de sus prácticas religiosas, era conocida además una fuerza misteriosa a la que se llamaba *huaca* que venía a ser un elemento sobrenatural, capaz de residir en cualquier sitio, en cualquier objeto, o en cualquier persona. En ciertas circunstancias se le consideraba como un espíritu protector del clan.

La conducción de la vida religiosa tocaba al influyente sacerdocio, que realizaba las ceremonias del culto de cada mes, aparte de las de mayor significación que tenían lugar cuando ocurrían los solsticios y cuando se iniciaba un año nuevo.

"La muerte de un jefe, la entronización de un nuevo Inca, dice Lehmann, la iniciación de los jóvenes, una partida a la guerra, servían de pretextos para otros tantos festejos. En ocasión de las cosechas, se quemaban espigas de maíz o patatas. Todos los clanes se reunían con motivo de la gran fiesta anual de Sithua, cuya finalidad era librar a la capital de flagelos; cuatrocientos guerreros se dispersaban en dirección a los cuatro puntos cardinales y se metían con armas y todo en el primer río que encontraban. A su paso, la gente salía de sus moradas para practicar abluciones. El ritual comprendía ofrendas de plumas y de conchas destinadas a calmar la cólera de las divinidades de la lluvia y de la tempestad, de hojas de coca o chicha, bebida embriagadora a base de maíz. A menudo se sacrificaban animales, salvo algunos de carácter totémico, tales como el puma y el cóndor".

¿Conocieron los incas los sacrificios humanos?

La cuestión ha sido debatida, y no han faltado autores que lo han negado; sin embargo, hay indicios bastantes para afirmar que sí los practicaban, aunque en número reducido, y sin incurrir en la antropofagia de los antiguos pobladores de la altiplanicie mexicana. "La muerte de la víctima, apunta Pereyra, no se hacía a mano armada. Cuando el que iba a ser inmolado se persuadía ofreciéndose voluntariamente, le vestían, le embriagaban y le estrangulaban. Sólo entonces lo acuchillaban para sacar la sangre necesaria. Finalmente, sepultaban el cadáver".

Las artes plásticas

Es singular que los incas, que demostraron una gran capacidad constructora, y que sucedieron históricamente a pueblos como los de la cultura de Tiahuanaco, prácticamente no conocieron la escultura, cuando ésta es tan abundante en otras comunidades andinas.

Los incas fueron más bien forjadores de construcciones imponentes, y autores de labores artesanales de interés nada escaso. En el Cuzco y en otras partes de los

Grupo de llamas en la región del Colca, Perú

territorios que dominaron, subsisten ruinas de la mayor importancia, realizadas a base de piedras enormes, cortadas con una precisión perfecta para poder unirlas y que formasen un conjunto equilibrado. Muchas construcciones del Cuzco tienen por base lo hecho por los incas; las superposiciones que hay en ellas son coloniales o modernas, pero aquella base es la mas sólida y la que imperturbablemente ha resistido la acción repetida de los sismos. Los vestigios de residencias, de templos y de fortalezas (o "pucaras") —ubicadas éstas en sitios estratégicamente dispuestos del imperio—, constituyen ejemplos notorios de la arquitectura severa, de líneas vigorosas, carente de ornamentación, que fue propia del pueblo incaico.

Los templos y los palacios eran también de piedra, generalmente bajos y poco gráciles, con techos de madera o de caña.

Conocieron una forma de sepultura llamada *huaca* (en connotación diversa de la meramente religiosa), que afectaba una cierta forma piramidal, quizás a imitación de una colina. En otras ocasiones, las tumbas se abrían en alguna gruta ya existente, o bien se utilizaban al efecto unas construcciones de tipo cilíndrico llamadas "*chulpas*".

Algo que sorprendió enormemente a los españoles, y después a todo el mundo, fueron los caminos construidos por los incas, que requerían gran esfuerzo, dedicación completa y multitud de brazos. La concentración absoluta del poder tuvo en tales caminos, y en las fortalezas, dos auxiliares de consideración. Tales vías merecieron a Humboldt el comentario de que no desmerecían "de las más imponentes vías romanas que he visto en Francia, España e Italia". A través de ellas se comunicaban las órdenes y los informes, los productos y las personas. De trecho en trecho había una especie de posadas llamadas "tambos", y los correos, denominados *chasquis,* cruzaban corriendo los caminos al servicio del Estado.

Con la construcción de andenes y la superposición de terrazas para aprovechar los declives de las colinas, para la agricultura, con los ingeniosos sistemas de riego, y con los utilísimos puentes colgantes, se redondeaba el cuadro del esfuerzo constructivo del pueblo: lo que fue tanto más importante, cuanto que la geografía de la sierra andina es muy accidentada.

Por lo que ve a las artes menores, puede decirse que los objetos de cerámica, los tejidos, las joyas y las vasijas de madera, son los tipos más salientes que pueden mencionarse de utensilios destinados a la vida común.

Otras formas de la cultura

Los incas apenas desarrollaron lo que podría llamarse una escritura propiamente dicha.

Conocieron, es cierto, algunas representaciones pictográficas, y aun se habla de unas tablas pintadas que había cerca del Cuzco en un templo, para consignar los hechos de cada soberano; pero lo que ha logrado averiguarse demuestra que había poco desarrollo a este respecto y pocos indicios para poder hablar de que tales pinturas eran una "escritura". Usaron, sí, en cambio, los *quipus,* que eran más un recurso mnemotécnico, que no un sistema gráfico. *El quipu consistía en un conjunto de cuerdas que por la combinación de nudos, colores y tamaños, permitía a un conocedor llevar con cierta precisión los datos que se requerían, pero sin los conocimientos del especialista en interpretarlos, los quipus resultaron materia inservible e inerte.* Otro sistema mnemotécnico que usaban era el de piedrecitas a cada una de las cuales asignaban un concepto que querían tener presente, y les bastaba verlas para recordar de qué se trataba.

Amantes de la música y de la poesía, volcaban sus sentimientos en composiciones que se acompañaban con instrumentos llamados *quena* y *antara,* con los cuales entonaban melodías de gran dulzura, que, naturalmente, servían también para la danza, las ceremonias cortesanas y para las representaciones dramáticas.

En fin, como adoradores del Sol, no fue extraño que precisaran la medición del tiempo y que no conocieran los equinoccios. Su año, sin embargo, lo formaban a base de periodos calculados por los cambios de la luna.

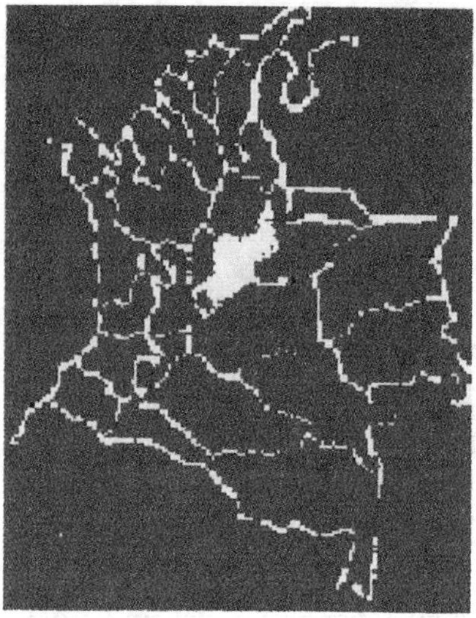

Región donde se instaló la cultura chibcha

La cultura chibcha

Por su posición geográfica, entre el gran macizo sudamericano y Centroamérica, *Colombia,* por su parte, resintió diversas influencias en el mundo de las culturas prehispánicas. Y como a ello se agrega la circunstancia de que el país se ve quebrado en algunas partes por las sierras andinas, resulta que fue factible, en diversos momentos, la aparición de núcleos culturales más autóctonos en algunos sitios, o de mayor correlación en otros, aunque con desigual importancia.

De todas las forjaciones humanas, la que mejor se conoce es, con todo, la correspondiente a los *chibchas.*

Los componentes de este pueblo se denominaban, más bien, *muiscas,* que significa "hombres", y ocuparon tanto los valles altos como las sabanas en los valles regados por los ríos Chicamocho y Bogotá, a un nivel apreciable sobre el mar, en medio de un suelo particularmente fértil.

El país estuvo dividido en varias circunscripciones, con jefes locales que reconocían, no obstante, la jerarquía más encumbrada de dos caciques principales cuyos títulos eran los de *zipa y zaque.* Gran respeto merecían éstos a todos los demás, hasta el punto de que nadie se atrevía a mirarlos, y quien osara hacerlo, atraía sobre sí y su familia una especie de muerte civil, porque nadie volvía a tener trato con ellos.

Curiosamente, la transmisión del poder no se hacía de padres a hijos, sino de tío a sobrino —el hijo de la hermana, o, si ésta no tenía descendencia, el hijo del hermano—.

La poligamia era institución establecida, y cada varón podía tener tantas mujeres cuantas pudiese. Vivían juntas todas ellas, pero el marido tenía un aposento en sitio distinto.

Los chibchas fueron orfebres notables. Lamentablemente para ellos, no había oro en sus tierras, y por ello tenían que conseguirlo, cambiando por él otros productos, tales como las esmeraldas, las telas de algodón o la sal. Infinidad de objetos de oro, de cobre y de tumbaga (aleación de oro y cobre), son conocidos como elaboraciones chibchas, y por medio de ellas puede apreciarse su aptitud artística.

Su religión, a semejanza de los demás pueblos amerindios, era politeísta, pero no todos los dioses eran de igual categoría. Unos eran creadores, y otros desempeñaban una tarea específica. Un dios creador supremo, llamado *Chiminigagua,* había gestado todo cuanto existe, inclusive el Sol y la Luna, aunque a estos últimos también se les consideraba creadores y merecían grandes muestras de acatamiento, de modo que muchos templos les estaban dedicados.

Entre los dioses con funciones específicas, uno de los más pro-

Orfebrería muisca

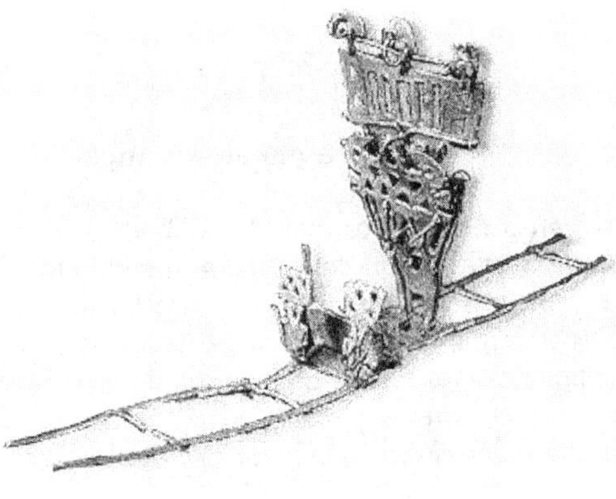

minentes era *Bochica,* divinidad civilizadora, que usaba larga barba y cabellera abundante y que había enseñado a los hombres algunos oficios útiles, como tejer e hilar el algodón.

Se hablaba de él como de una especie de reformador religioso. Fue rival del dios de los mercaderes, *Chibchacum,* el cual, en una ocasión, furioso contra los hombres, inundó la sabana de Bogotá por la acción de las lluvias, pero los hombres solicitaron el auxilio de Bochica, quien con un golpe de su vara de oro partió las rocas del *Tequendama,* donde hoy se aprecian las cataratas de este nombre. *Chibchacum,* por la mala acción, fue condenado a cargar el mundo. La leyenda difiere en otros autores, que señalaban a la esposa del mismo Bochica, la bella y funesta *Yubecayguaya,* como la autora de la inundación.

Parte del ritual religioso consistía en los sacrificios humanos, que se efectuaban dando muerte a la víctima con cuchillos de bambú; la sangre de la víctima servía para rociar las rocas, y el cadáver era abandonado para que los rayos del Sol lo devorasen.

El Dorado

Al llegar al poder un nuevo cacique había ceremonias especiales, acomodadas a cada sitio.

En uno de éstos, en *Guatavita,* en medio de la expectación del pueblo que permanecía en las riberas de la laguna, el candidato llegaba hasta el centro de éste, y allí arrojaba esmeraldas y oro, y él mismo llevaba su cuerpo cubierto con greda impregnada de polvo de oro. De este singular hecho tomó pie, más tarde, en tiempos de la Conquista, la leyenda de *El Dorado,* según la cual había un reino fabuloso en el Valle del Orinoco, que era el "imperio de Omagua", compuesto de ciudades de oro y con riquezas infinitas. Muchos europeos de diversas nacionalidades recorrieron el norte de Sudamérica desde el siglo XVI hasta el XVIII, sin dar con ningún vestigio ni rastro del imperio que buscaban.

Lecturas

La ganadería incaica

Los animales domésticos que Dios dio a los indios del Perú, dice el P. Blas Valera que fueron conforme a la condición blanda de los mismos indios, porque son mansos, que cualquier niño los lleva donde quiere, principalmente a los que sirven de llevar cargas. Son de dos maneras, unos mayores que otros. En común los nombran los indios con este nombre llama, que es ganado; al pastor dicen llamarle llamamichec, que quiere decir el que apacienta el ganado. Para diferenciarlo, llaman al ganado mayor huanacullama, por la semejanza que en todo tiene con el animal bravo que llaman huanacu, que no difieren en nada sino en los colores, que el manso es de todos colores como los caballos de España, y el huanacu bravo no tiene más de un color que es castaño deslavado, bragado de castaño muy claro. Este ganado es del altar de los ciervos de España. A ningún animal semeja tanto como al camello, quitada la corcova y la tercia parte de la corpulencia. Tiene el pescuezo largo y parejo... El peso que lleva es de tres o cuatro arrobas. Las jornadas que camina son a tres leguas, porque no es ganado de mucho trabajo. No le han de sacar de su paso porque se cansa, y luego se echa en el suelo, y no hay medio de levantarlo por cosas que le hagan ni que le quiten la carga. Pueden luego desollarlo, que no hay otro remedio. Cuando porfían a levantarlos y llegar a ellos para alzarles, entonces se defienden con el estiércol que tienen en el buche, que lo traen a la boca y lo escupen al que más cerca hallan, y procuran echárselo en el rostro antes que en otra parte... Para que no lleguen a cansarse llenan los arrieros en sus recuas cuarenta o cincuenta carneros vacíos, y en sintiendo enflaquecer a alguno con la carga, se la quitan luego y la pasan a otro, antes que se eche, porque echándose no hay otro remedio sino matarlo. La carne de este ganado es mejor de cuantas hoy se conocen en el mundo...

Del ganado menor que llaman pacollama, no hay tanto que decir, porque no son para carga, ni para otro servicio alguno sino para carne, que es poco menos buena que la del ganado mayor, y para lana, que es bonísima y muy larga, de que hacen su ropa de vestir de las tres estifas (para la gente común, para los nobles y para los príncipes de sangre real) con colores finísimos, que los indios los saben dar muy bien, que nunca desdicen...

A semejanza del ganado menor, que llaman paco, hay otro ganado bravo que llaman vicuña. Es animal delicado, de pocas carnes. Tiene mucha lana, y muy fina... La vicuña es más alta de cuerpo que una cabra, por grande que sea. El color de su lana tira a castaño muy claro, que por otro nombre llaman leonado. Son ligerísimas... Apaciéntanse en los desiertos más altos, cerca de la nieve. La carne es de comer, aunque no tan buena como la del huanacu. Los indios la estimaban, porque eran pobres de carne.

INCA GARCILASO DE LA VEGA

La fortaleza de Sacsahuamán

Sacsahuamán tenía 450 metros de largo, estaba construida en tres hileras, o sectores. Las piedras que iban en la parte inferior pesaban hasta setenta y cinco toneladas y tenían hasta siete metros y medio de alto... La fortaleza debía de tener más de 200,000 inmensas piedras: todas habían sido puestas allá por el esfuerzo del hombre... Habían sido necesarios ocho años para construir Sacsahuamán, y en la obra trabajaron en forma continua 25,000 indios, y difícilmente había un indio en todo el Imperio que no hubiese empleado algo de su tiempo trabajando en ella.

VÍCTOR W. VON HAGEN

El domingo de los incas

Los tributos consistían en todo. Aquí entra el sistema cerrado de la organización incaica. Nadie escapaba a la fuerza del poder público. Nada se le sustraía. Pero como la organización se basaba en un principio social, negador del individualismo, el interés supremo de la perdurabilidad del sistema impedía la asfixia del productor.

Polo de Ondegardo, en sus admirables investigaciones, se expresa de un modo concluyente. Las tierras se dividían en tres partes: las del Sol, las del Inca y las de la Comunidad. Los productos se dividían también, dando lo que correspondía a la religión, lo que estaba destinado al servicio público, tanto civil como militar; y lo de las parcialidades. No sólo ministraban las especies, sino que las llevaban ya al Cuzco, ya a los adoratorios, ya a los tambos, *es decir, a los aposentos que de trecho en trecho había, más que para descanso y provisión de caminantes, para acuartelamiento de columnas militares, que allí encontraban víveres, ropas y armas. De tambos a tambos había, además, un servicio constante de* chasquis *o correos, pieza esencial de aquella centralización tan avanzada. El vasallo del Inca debía estar dispuesto a todo y servir para todo: cultivar las tierras del soberano y de los adoratorios, cuidar de los grandes, esquilarlos, tejer; extraer metales y beneficiarlos, construir edificios, llevar los productos a donde se necesitaban y combatir cuando llegase la orden.*

CARLOS PEREYRA

BIBLIOGRAFÍA FUNDAMENTAL

ALCINA FRANCH, José. *Manual de Arqueología Americana.* Aguilar. Madrid.

CANALS FRAU, Salvador. *Las Civilizaciones Prehispánicas de América.* Editorial Sudamericana. Buenos Aires.

CIEZA DE LEÓN P. de: *La Crónica del Perú.* Colección Austral. Buenos Aires.

LANGER, William L. *Enciclopedia de la Historia del Mundo.* Editorial Sopena. Argentina. Buenos Aires.
LEHMAN, Henri. *Las Culturas Precolombinas.* Eudeba. Buenos Aires.
LÓPEZ DE GOMARA, Francisco. *Historia General de las Indias.* Editorial Iberia. Barcelona.
PEREYRA, Carlos. *Historia de América Española.* Editora Nacional. México.
PIJOÁN, José. *Summa Artis.* Espasa-Calpe. Madrid.
RODRÍGUEZ LAPUENTE, Manuel. *Historia de Iberoamérica.* Editorial Ramón Sopena. Barcelona.
VEGA, Inca Garcilaso de la. *Comentarios Reales.* Colección Austral. Buenos Aires.
VIDAL, Humberto. *Visión del Cuzco.* Editorial Garcilaso. Cuzco.

Capítulo 11

La cultura en la India antigua

Para alcanzar el conocimiento es preciso tener fe, avasallar y dominar la mente y los sentidos, fijar toda la conciencia en la suprema realidad; y el que alcanza el conocimiento, prontamente obtiene la suprema paz.

BHAGAVAD-GITA

El medio geográfico

En el sur de Asia, en su parte media, se encuentra el territorio de la India. Este nombre no es, en sentido estricto, de origen índico, sino que deriva del vocablo persa *Shindu,* que significa río, y con el que se designa, más especialmente, el río *Indo.* De la voz persa los griegos formaron la suya, *Indos,* de donde surgió la denominación actual de *India.*

La India, con su forma típica de triángulo irregular, es, sin duda, uno de los países de mayores dimensiones en el continente asiático, con más de tres millones de kilómetros cuadrados, en los que la variedad de climas es notable. Tiene fronteras al norte con *China, Nepal y Bután;* al este, con *Birmania, Bangladesh* y la *Bahía de Bengala;* al sur con el *Océano Índico;* al oeste, con el *Mar Arábigo;* y al noroeste con *Pakistán* (que durante el gobierno inglés formó una unidad política con la India y con Bangladesh).

En la región septentrional, la India ve alzarse las *Cordilleras Indo-Kush y Karakorum,* así como en el noreste la del *Himalaya,* cuya conformación abrupta y elevada dificultó todo paso de ideas y de personas en las zonas inmediatas.

En el Himalaya se perciben las nieves eternas desde los 4,500 metros sobre el nivel del mar y hay cumbres de hasta 9,000 metros que, si bien son de una fisonomía impresionante, no dejaron de ser otros tantos valladares para la interrelación cultural: sólo al norte, el desfiladero de Dras, en Cachemira, ofrece mayores seguridades para una

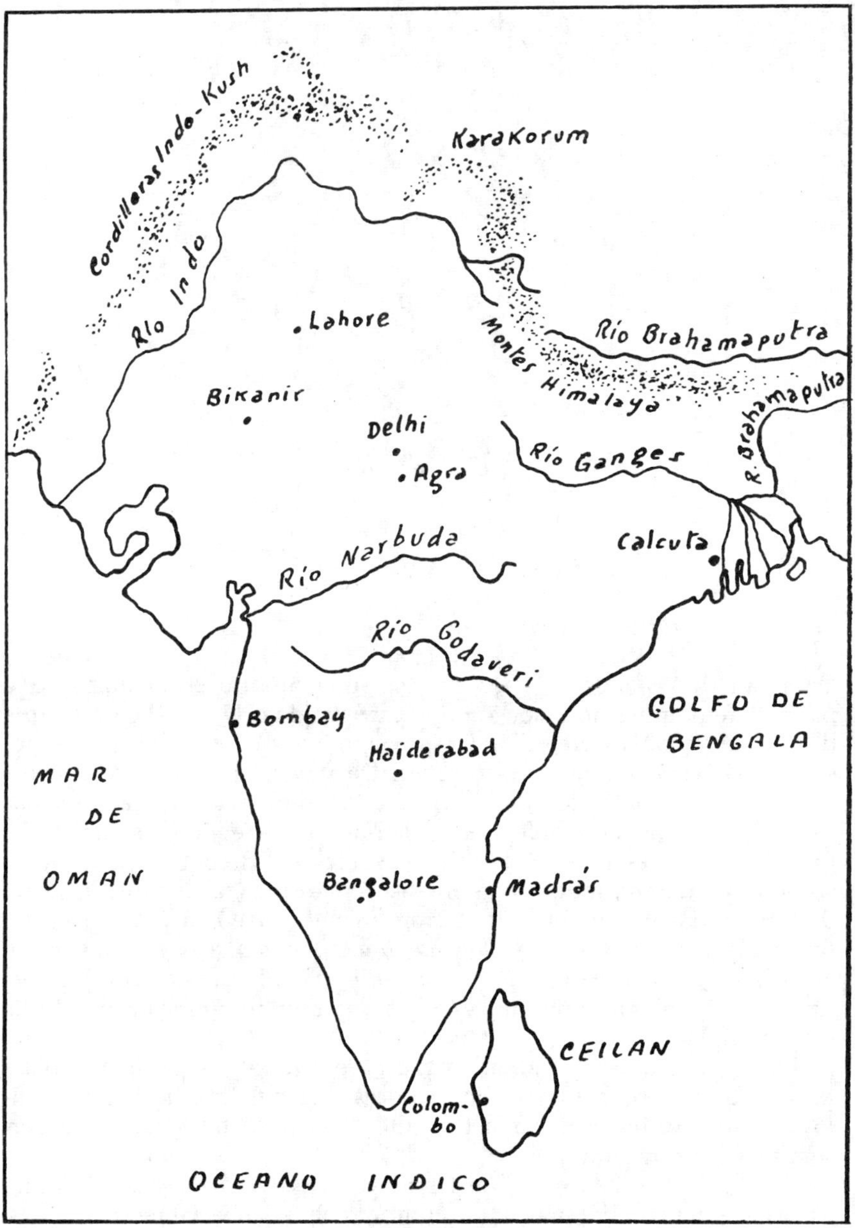

Mapa de la India

comunicación a lo largo de todo el año.

Por su parte, a través del Indo-Kush y del Karakorum hay varias vías que desde siglos han permitido la relación de la India con otras áreas de Asia. Algo semejante sucede en la región oriental, en donde los macizos montañosos se quiebran en algunas partes y permiten el acceso de la Bengala Oriental —hoy Banġladesh— a Birmania, con las facilidades que son de suponerse para el comercio y la interrelación humana.

El suelo indio puede agruparse en cinco partes fundamentales:

a) la región montañosa y más fría del norte;
b) la región inmediata correspondiente a las llanuras del *Punjab* o *Penjab,* al noroeste, con el río Indo y sus afluentes;
c) otra región de llanuras al norte y noreste, las cuencas de los ríos *Brahamaputra y Ganges;*
d) la región media en donde se encuentran los ríos *Narbuda, Godaveri y Mahanadi;* y
e) la parte sur, constituida por la meseta peninsular del *Decán.*

La flora y la fauna variadas se hallan en concomitancia con la diversidad de climas.

Wedas y drávidas

Las comunidades más antiguas de la India se catalogan en los tiempos de la Edad de Piedra, y, más concretamente, en el Paleolítico, como fueron los pueblos *wedas* de raza negroide, poseedores de un patrimonio de civilización que no era diferente al que tenían otros grupos paleolíticos en la misma época.

Los trabajos de investigación permiten afirmar que los sitios de mayor interés en la Era Paleolítica, distinguibles por los objetos de piedra no pulida, se encuentran en el *Punjab,* y en *Nármada,* en el Decán, en tanto que lugares correspondientes al Neolítico se han encontrado en varias partes de la India, incluso y principalmente *Ballari,* cerca de *Madrás,* en donde se han hallado restos de una verdadera fábrica de instrumentos de piedra pulida. "Sin la necesidad siquiera de excavar el suelo, dice Meile, se encuentran en la superficie numerosos monumentos megalíticos: piedras elevadas, corredores cubiertos, dólmenes, piedras plantadas en círculo".

Las distinciones entre Prehistoria, Protohistoria e Historia no son muy claras en la India, y es dable reconocer cómo aun en tiempos contemporáneos, siguió habiendo tribus perdidas en las selvas (los *khasi,* en Assam, por ejemplo), cuyo régimen de vida no es muy distinto del que había en la Protohistoria.

El uso de los metales, característico de la Protohistoria, presenta en la India la particularidad de que, en algunas zonas, al cobre siguió el hierro, en tanto que en otras se conoció el hierro y no se utilizó el cobre.

Más tarde hicieron su aparición los *drávidas* o *dravidianos*. Su irrupción orilló a los *medas* a retirarse al sur, al Decán, en la Era Neolítica. Los drávidas estaban mejor dotados para la lucha por la vida. Sedentarios y agricultores, conocían el cultivo del trigo, del algodón y de la cebada; y en cuanto a los animales que formaban su ganadería, lo mismo contaban con bovinos que con carneros, caballos, cerdos, elefantes y camellos. Conocían la técnica del hilado y el tejido, y no ignoraban la orfebrería ni la cerámica, que pintaban de diversos colores.

El nivel de cultura alcanzado por ellos puede medirse mejor gracias a los hallazgos que prueban, entre otras cosas, la existencia de núcleos urbanos, integrados por casas de ladrillo, y trazados a base de calles. Los sitios de mayor mérito bajo este punto de vista son los correspondientes a *Mohenjo-daro* y *Harappa*. En estas ciudades atendían sus ocupaciones los artesanos que fabricaban armas y utensilios de metal, especialmente de hierro: ceramistas, tejedores y alfareros, así como escultores y grabadores diestros, a quienes se deben notables representaciones de animales, lo mismo que "signos... que parecen corresponder a una escritura", según indica Meile, aunque su significado constituye todavía un misterio no aclarado del todo.

No descifrada la escritura, muchos aspectos de la cultura de Mohenjo-Daro y Harappa, permanecen ignorados.

Hay motivos para pensar que los drávidas profesaban, por lo demás, una religión con motivos *animistas* y *totémicos,* y que daban culto, igualmente, a los objetos de la naturaleza, como las *serpientes,* los *monos* y los *árboles;* e incluso creían que mediante actos mágicos era posible ahuyentar a los espíritus malos y tener propicios a los buenos. La práctica de sepultar los cadáveres en urnas no les fue desconocida.

Aun después de que tuvo lugar la invasión de los "arios", siguieron ocupando puestos de interés en la vida social y económica de la nueva sociedad, aunque en niveles inferiores, y muchos descendientes suyos guardan hoy, como parte de su estilo de vida, modos de ser, prácticas y costumbres que vienen de sus ancestros.

Los arios

En la época de las grandes movilizaciones que hemos destacado con anterioridad, probablemente hacia el año 2000 a.C., tuvo lugar una nueva y muy importante invasión a la India por parte de individuos de raza blanca indoeuropea, nómadas y pastores, conocidos con el nombre de *arios,* relacionados con los pobladores de Irán, que fueron los *persas* y los *medos*. La palabra *arios,* en la India, parece que originariamente significó sólo *campesinos,* pero con el correr del tiempo, y en virtud de las transformaciones sociales que aparecieron después, se usó en el sentido de *excelentes* o *nobles.*

Elementos diversos les permitieron a los arios imponerse a los nativos. Sus armas y utensilios, que hacían de bronce, les facilitaron la conquista. Además, contaron con carros de guerra tirados por caballos, y tal hecho, aparte de concederles una superioridad combativa, les permitió una mayor movilidad en la acción, a resultas de la cual casi toda la India, aunque con no escasa resistencia de parte de los indígenas, cayó en su poder, salvo el Decán.

No puede considerarse que los arios establecieran una cultura superior, independientemente de los nativos; más bien debe pensarse que si alcanzaron la hegemonía política, culturalmente se asimilaron elementos indígenas que unieron a los suyos, y de la interrelación que se produjo con este motivo surgió, en diversa medida, la múltiple y rica fisonomía cultural de la India histórica.

Pagoda india en Tanjore, considerada como una de las siete más importantes de la India drávida

En el caso de los arios, la organización que tenían respondía, en un principio, a su condición de gente nomádica y pastoril. Estaban organizados en familias en las que los *patriarcas* ejercían la máxima autoridad, y las familias, a su vez, formaban tribus dirigidas por jefes guerreros denominados *rajáes,* o *radjan* que para su gobierno contaban con la asesoría de otros guerreros. Empero, no se llegó a formar un solo Estado en la India, sino varios, que en muchas ocasiones fueron rivales y opuestos entre sí, de modo que si hubo momentos en que se constituyeron gobiernos fuertes y poderosos, nunca hubo un solo núcleo político que abarcase todo el país.

Considerable era la potestad del padre de familia, entre los arios, y aunque podía tener varias esposas, la mujer, sobre todo al principio, gozaba de un margen de libertad mayor que el que después contó.

El medio de producción esencial, una vez obtenido el arraigo, era la tierra, tanto para la agricultura como para la ganadería, y su régimen de propiedad era comunal. El comercio se realizaba a través de los ríos, o por tierra, a lomos de bestias y en carros de dos ruedas. Las operaciones de comercio, según todo indica, se realizaban en un principio a base de trueque, pero a la larga se efectuaron mediante el uso de monedas de cobre.

Los arios profesaban, al principio, una religión politeísta, y daban culto a diversos dioses, símbolos de otros tantos fenómenos de la naturaleza, como la tierra, el agua, el viento y el fuego, similares a los dioses primitivos de Grecia y de Roma, aunque menos personificados. La divinidad más importante, conforme apunta Langer, "era *Indra,* dios del aire y de la tormenta, con *Agni,* el fuego del sacrificio; y *Sama,* el embriagante... Era de interés, entre muchos otros, *Varuna,* guardián de la regularidad cósmica, incluso de los actos humanos individuales".

Como conquistadores, los arios penetraron desde Afganistán hacia Punjab, agrupados en multitud de tribus. La invasión no fue homogénea y uniforme, sino desbordada, propicia a la sujeción de los nativos, pero también a la lucha de unos arios con otros, aunque a la postre, los arios establecieron su dominio general, como ya se ha dicho, en gran parte del país, por más que su número reducido, frente a los aborígenes, dio por resultado que el elemento racial ario quedase como predominante sólo en el Punjab, "pero llegando ya al Doab, enseña Konow, entre los ríos *Jumma* y *Ganges,* empieza a ceder ante la fecundidad.... de los drávidas". La fusión, la mezcla de las razas, y la colocación de los arios en los grupos o castas sociales superiores de casi todo el país, fueron otros tantos frutos de esta situación, en el resto de la India.

Buena parte de tal acción de sometimientos por los arios, se encuentra descrita, entre datos míticos y fantásticos, en los poemas épicos más notables del

Ilustración del poema épico el Mahabhárata

país, que son el *Mahabhárata* y el *Ramayana,* cuyos elementos componentes se transmitieron al principio en forma oral, hasta ser más tarde recopilados y escritos.

La situación política hasta los Guptas

Con sus enormes recursos, la India fue siempre un país que atrajo a los pueblos conquistadores; así, a más de las invasiones ya citadas, ocurrió, tiempo más tarde, la del pueblo *persa* (cuyos integrantes eran *arios* asimismo), en el siglo VI a.C., que en realidad no alcanzó dominio sino en la parte norte del país. Es posible que *Ciro* haya intentado el sometimiento de la India, pero fue sobre todo *Darío* (521 a 485 a.C.), contemporáneo de Buda, quien trató de llevar la empresa a mejor término, para lo cual tomó posesión de tierras indias.

Hay aun en la India pobladores, los *Parsi,* que se enlazan culturalmente con los antiguos persas, hasta el punto de que siguen practicando el *mazdeísmo,* o religión de *Zoroastro.*

Otro invasor célebre, posterior a los persas, fue el macedonio *Alejandro Magno,* en el año 326 a.C., que penetró hasta el río Bías. Su hegemonía fue breve, sin embargo, porque sus mismos soldados lo obligaron a regresar y abandonar la India.

Con posterioridad a ello surgió un poderoso imperio indostánico que se extendió desde *Afganistán* hasta *Maghada.* El hombre que logró formarlo fue un hábil guerrero y político indio llamado *Chandragupta,* —conocido por los griegos con el nombre de *Sandrokkotos*— que gobernó con firmeza y con un poderío tal, que pudo rechazar nuevos intentos de invasión de los persas mediante el uso de la técnica militar aprendida a los griegos de Alejandro, y aun logró incorporar a su dominio varios territorios al occidente.

Chandragupta fundó la dinastía de los *Maurías* o *Maurjas,* y entró en relaciones comerciales con otros pueblos.

Un nieto de Chandragupta, *Asoka* (que heredó el poder hacia el año 272 a.C.), fue el más notable de los monarcas de su casa. Hasta entonces, nunca hubo un imperio más dilatado que el suyo, ya que se extendía a gran parte de la India, salvo el Decán y la cuenca del río Indo. De ese tiempo proceden muchas inscripciones con textos que hacen referencia a Asoka y a la idea que él tenía de sí mismo. Tales escritos donde él se designaba como "el amado de los dioses", constituyen, dice Konow, uno de los monumentos literarios más interesantes de la India antigua.

Convencido Asoka de que en el brahamanismo no había principios de justicia, favoreció el budismo, y él mismo se hizo budista y se aplicó a predicar dicha religión, ya en giras, o ya por medio de edictos. No permitió el predominio de los brahamanes y prohibió los sacrificios de hombres y de animales; pero a su muerte el régimen brahamánico volvió a instaurarse.

La muerte de Asoka provocó la desarticulación del imperio forjado y sostenido por su abuelo, por su padre y por él; y como consecuencia de este desplome político, en el curso de los siglos posteriores la India fue víctima de invasiones de griegos, turcos, persas y chinos, con lo cual su situación fue siempre inestable. La influencia política y cultural griega fue, sin duda, la que tuvo una huella más profunda. *Se conocen los nombres de varios reyes de origen griego que dominaron algunas partes de la India, y no es raro encontrar monedas bilingües, grecoindias, lo mismo que muestras diversas de un arte grecobúdico en Gandhara, e incluso se sabe que el idioma griego se usaba corrientemente en el noroeste de la India, antes y después de la Era Cristiana, hasta el punto de que en Táxila se leían las obras clásicas de la Hélade y las obras de teatro eran presentadas allí de modo ordinario.*

En el marco político, el divisionismo se acentuó, pese a todo, y multitud de señoríos se mostraron rivales entre sí, y a veces quedaron sometidos a los extranjeros, que en oleadas sucesivas trataban de conquistar el país.

En los primeros siglos de la Era Cristiana nuevas migraciones afectaron a la India: hombres de origen mongoloide y otros procedentes del occidente irrumpieron y tomaron posesión de distintas porciones del territorio. Uno de los jefes extranjeros, llamado *Gundafar o Gondofares* —quizás de origen partoescita o indoparto—, fue, según una cierta tradición, quien hizo ir a la India al apóstol *Santo Tomás.* Conforme a esa tradición, el apóstol, tras su obra de evangelización, murió cerca de Madrás.

A la postre, y desde el siglo III al V d.C., actuó con cierto brillo la dinastía de los *Guptas,* con cuyos reyes tuvo lugar una gran reacción nacionalista india que abarcó buena parte del suelo indio, y tuvo por sede a Magadha, desde donde se expandió un sistema político de buena administración, orden, prosperidad y tolerancia religiosa; pero a la postre se dejó sentir la presión de los bárbaros hunos del siglo V d.C., que precipitó la decadencia.

En el siglo VII de la Era Cristiana, los árabes invadieron a la India, a la que llegaron por mar, y obtuvieron algunas victorias y dominio, y aunque su poder militar y político se perdió más tarde, quedó cierta influencia religiosa mahometana en el noroeste.

Hacia el siglo XVI se instauró un nuevo estado de cosas en el cual un descendiente del conquistador tártaro *Tamerlán,* llamado *Babar;* fundó una dinastía en la India, a cada uno de cuyos emperadores se le dio el título de *Gran Mogol.* Al lado suyo, sin embargo, continuó habiendo pequeños estados y reinos, muchas veces opuestos entre sí. Empero, con el correr del tiempo, esos países en su inmensa mayoría se relacionaron entre sí, por lazos de tradición, de costumbres y de religión, sobre todo en la parte central. En el norte y en el sur, en cambio, la diversidad fue mayor, lo mismo en lenguas que en religiones.

Cada estado tuvo su rey; en algunos hubo también asambleas en las que el pueblo daba a conocer sus puntos de vista, pero en casi todos el poder de los brahamanes, como clase directora, fue siempre enorme.

Aspecto de los cimientos del templo Vishvanatha

El brahamanismo

Siglos después de que los arios se establecieron en la India, se compusieron unos poemas, los *Vedas,* cuyo texto primitivo había pasado en forma oral de unas generaciones a otras, hasta alcanzar su redacción postrera en tales poemas. *Los Vedas fueron de singular importancia para la India y en general para la historia de la cultura, porque reunían gran parte de las ideas religiosas, morales y filosóficas de los habitantes de la India.*

En las composiciones citadas —que se escribieron en sánscrito, sobre hojas de palmera— se perciben principios religiosos politeístas, en los que se mezclan las creencias de los arios con las de los drávidas y las de otros pueblos, aunque con predominio de las primeras. Seguramente se escribieron antes del año 1000 de la era previa a Cristo, por más que en ninguno de ellos hay una fecha que aporte un indicio seguro.

Verosímilmente, en la integración de los Vedas intervinieron cerca de trescientos poetas, como puede colegirse por los diversos estilos y lenguajes.

El *Rig-Veda* (o saber de las plegarias) es el más antiguo de los poemas. Consta de 1,028 himnos religiosos y es una obra de particular significación para entender a la sociedad y la religión de los hindúes. Según parece, guarda lazos estrechos con la literatura avéstica del Irán.

Los posteriores poemas son: el *Sama-Veda* (o saber de las melodías), el *Yagur-Veda* (o saber de los ritos) y el *Atharva-Veda* (o saber de los encantamientos).

La composición de los Vedas, hasta donde puede saberse, coincidió con la lucha por la supremacía social planteada dentro de los mismos grupos arios: lucha que se fue decidiendo poco a poco a favor de los *brahamanes* o *brahamines,* que eran los sacerdotes, que acabaron por imponerse y por imponer su religión llamada *brahamanismo* o *hinduismo.*

Para una mayor información acerca de las ideas religiosas hindúes, es indispensable tener en cuenta también, a más de los poemas védicos, otros escritos de fuerte contenido religioso. Tales escritos son los siguientes: a) los *Brahamanas* o comentarios sacerdotales; b) los *Upanishads,* u escritos que contienen las conversaciones de algunos videntes o "rishis", especie de ascetas que se retiraban a los bosques del norte, con quienes los seguían; en tales escritos se entrecruzan las referencias a los ritos con la magia y la mitología, aunque se perfila en ellos con cierta claridad el panteísmo; c) los *Sutras,* o himnos compuestos a base de frases cortas que proceden de los últimos siglos anteriores a la Era Cristiana, con muestras patentes de alguna decadencia en la religión védica; d) el *Bhagavad-Gita,* o Canto del Bienaventurado, que es un capítulo del gran poema épico llamado *Ma-habhárata,* en cuyos setecientos versos se contienen singulares indicaciones religiosas y morales; y e) el *Darmasastra de Manú,* más conocido como Código o *Leyes de Manú* –siglo II a.C.–, en cuyos doce libros se encuentran indicaciones, leyes, costumbres y deberes de cada una de las castas.

Templos monolíticos en Mahabeliput

En términos generales puede decirse que la religión brahamánica se basó en un panteísmo evidente y en un sistema de división de castas. Panteísmo quiere decir que todo cuanto existe es parte de la divinidad. Todo fue creado por ella y todo debe volver a ella; pero cómo puede efectuarse esta reabsorción del individuo en el yo universal, dio lugar, en el correr de los años, a dos posiciones distintas: una pretendió que el individuo podía incorporarse directa o inmediatamente a la divinidad, tras la muerte, sin etapas ulteriores mientras otra sostuvo, a su vez, que era indispensable, antes de la reabsorción, que hubiese etapas de purificación, de suerte que las cosas y los seres humanos debían pasar de un estado a otro, de una situación a otra, en una especie de escala continua: el alma de un mineral podría pasar a una planta, luego a un animal y luego a un hombre, hasta llegar finalmente a confundirse con *Brahama,* el Ser Supremo.

Esto último suponía, de algún modo, una exigencia ética mayor que en el caso de la primera posición, a base de un mejoramiento del alma: si ésta, empero, no se purificaba, en vez de ascender, descendería en la escala correspondiente.

A este propósito se dice que cuando el alma pasa de un cuerpo humano a otro cuerpo humano, *hay reencarnación.* Cuando pasa, en cambio, a un animal se dice que hay *metempsícosis.* Y una y otra situación se llaman genéricamente *transmigración* o *palingenesia.*

Conforme a esta religión, que aún es la dominante en la India, el Ser Supremo, *Brahama* es al mismo tiempo una trinidad (o *trimurti),* que se compone de las siguientes naturalezas: *Brahama,* que es el principio creador; *Vishnú,* que es el principio conservador; y *Siva,* que es el destructor. Esta religión cree, al mismo tiempo, que Brahama es un ser espiritual, pero frente a él existe el mundo exterior (o *Maya),* el cual es una ilusión, algo pasajero, algo aparente, pero que ha nacido también de Brahama.

El fin supremo del hombre es deshacerse de lo aparente, de *Maya,* e ir a confundirse con *Brahama,* como una gota se confunde con el mar. Como afirma Conger, tomando en cuenta las indicaciones de los Upanishads, el hinduismo cree que el alma individual es análoga, y en el fondo idéntica, a la realidad espiritual universal. "Esta realidad al final debe ser experimentada directamente por el individuo como la realidad de su propio yo, y por lo mismo como esencialmente indescriptible: Alcanzar esta comprensión de la identidad de uno mismo con el *Brahama* absoluto es ganar la liberación, o como diríamos nosotros, la salvación".

La liberación significa, al mismo tiempo, un desinterés o despego del mundo, para obtener el cual se recurre, entre otros sistemas, *al yoga,* que es una disciplina de dominio de la mente y de concentración que, si por una parte demanda ciertos ejercicios mentales y corporales para ayudar a que el individuo se concentre, por otra reclama una observación rigurosa de virtudes personales para la *reunión con el espíritu.*

Este método, despejado de sus directrices hinduistas, de franco panteísmo, ha sido alentado por autores de Occidente, como el padre J. M. Dechanet O. S. B., el padre García Salve, a fin de hacer de la meditación un camino a Dios en sentido cristiano.

Las castas sociales

Con indudable base en muchos aspectos de la religión brahamánica, la India supo, y sabe aún, de la división de *castas,* es decir, de la *existencia de grupos sociales diferentes entre sí por su origen y por su papel dentro de la sociedad.* Con el correr del tiempo, la oposición y disparidades entre las castas fueron haciéndose tan acentuadas, que se prohibieron los matrimonios de individuos pertenecientes a distintas de ellas, y aun se llegó al extremo de creer que la cercanía de personas de una casta, contaminaba a personas de otra casta.

Toda una red de prohibiciones y creencias separó a los hombres de unos grupos respecto de los otros.

En nuestros días subsisten todavía muchas de estas prácticas, aunque poco a poco van perdiendo fuerza.

En la Época Antigua, las castas que se formaron en la India, y cuyos reflejos se perciben aún —formadas las tres primeras sólo por arios—, eran, en resumen, las siguientes:

a) la superior y dominante, que fue la de los *brahamanes, brahamines,* o sacerdotes, que según sus creencias habían nacido de la cabeza de Brahama. A su cargo estuvo mantener la pureza de la religión, atender las prácticas del culto, estudiar éste y enseñarlo;
b) en segundo lugar se encontró la casta de los *chatrias,* o guerreros, que nacieron de los brazos de Brahama, para defender el orden, la justicia y los asuntos de la guerra;
c) la casta de los *vaisias,* o comerciantes, que era también la de los artesanos y de los campesinos, seres nacidos de los muslos de Brahama;
d) la casta de los *sudras,* formada por sirvientes, y por los campesinos y artesanos descendientes de algunos drávidas o de matrimonios mixtos de arios y drávidas, nacidos de los pies de Brahama;
e) finalmente, todavía por debajo de la casta anterior, se encontraron los *parias,* cuya situación social era ínfima y degradante, y de quienes proceden hoy muchos millones de hombres miserables llamados "intocables". No se les toleraba que viviesen dentro de las ciudades de las otras castas, sino afuera, comiendo desperdicios y vistiéndose con ropas de muertos.

Mausoleo de Akbar, en Secundra

Como resultado de esa diferenciación social, la India tuvo una estructura aristocrática y estable, que desafió todos los embates políticos y las influencias políticas y culturales extranjeras, pero en medio de una profunda injusticia social para quienes quedaron colocados en los planos inferiores, sin posibilidades ordinarias de ascender a situaciones más favorables.

El budismo

Uno de los múltiples estados indios, *Magadha,* al sur del Valle del Ganges, logró en un momento dado tener un apreciable poderío político, a partir del siglo VI a.C.

Fue allí precisamente en donde nació, dentro de la familia real, un hombre llamado *Gautama Sidarta* o *Sakkia Muni,* y más tarde *Buda* (que significa *sabio* o *iluminado),* cuya vida transcurrió probablemente entre los años 563 y 483 a.C.

La tradición búdica —nutrida con multitud de datos de los diversos lugares donde se difundió su doctrina—, afirma que este hombre fue la noventa y última encarnación de *Vishnú.*

Como hijo de príncipes, llevó una vida regalada y placentera, aunque desde un principio demostró su talento y su bondad. Su familia quiso alejarlo de las miserias del mundo, pero cuatro encuentros célebres le hicieron comprender que no todo era vida, felicidad y contento: un día se cruzó con un anciano y aprendió que el hombre está sujeto a la ley de la vejez; más tarde supo de un enfermo y luego de un muerto; y finalmente dio con un asceta errante que le infundió el deseo de buscar la paz lejos de las pasiones.

Taciturno y solitario, decidió abandonar el palacio y renunciar a las riquezas, y aun a su familia misma. Se apartó de su antigua vida, se retiró a las montañas, estudió e hizo penitencia, y comenzó a realizar sus hechos prodigiosos en los "sitios santos". En la ciudad de Benarés se le reconoció como *buda,* es decir, como *sabio* o *iluminado,* y el resto de su vida lo dedicó a la predicación de su doctrina, durante cuarenta y cuatro años hasta su muerte, ocurrida, según se dice, por comer carne de cerdo. Se le incineró y sus cenizas fueron distribuidas en ocho monumentos funerarios.

Parece que Buda, en el curso de su vida, se acercó a los humildes, y en cuanto al sistema de castas, decidió admitir en su estilo de vida ascética a individuos de cualquier procedencia, pero en cuanto a la vida ordinaria, no quiso intentar ninguna reforma de las divisiones sociales.

Buda pensó y predicó que el origen del dolor es consecuencia de los deseos no satisfechos. Vencer los deseos, los apetitos, lleva a tener serenidad, paz y felicidad. Cuando el hombre logra dominar sus deseos, sus apetitos, alcanza el "nirvana", y el alma está en contacto con el Ser Supremo. Nirvana significa vencer las pasiones; ser enemigos de violencias y de impurezas; y amigo de la paz, la tolerancia y la caridad, estado especialísimo, que es, sin embargo, una oscilación "entre el ser y el no ser". Es punto discutible si Buda admitía la existencia de un Dios personal o no. En la práctica no hay un principio búdico seguro sobre este punto, ni tampoco sobre la vida de ultratumba.

Por lo demás, al igual que el brahamanismo, la doctrina búdica afirma que *Maya* es el mundo aparente que nos rodea, al que es necesario vencer para llegar al nirvana. Buda rechazó el panteísmo y la afirmación brahamánica de que había dos principios, el individual, el yo *(atman),* y el universal, o divino, o "gran yo" *(mahatman),* destinados a unirse; en contraste con ello, Buda negó el sentido permanente de las cosas, que llevó a la conclusión natural, en los seguidores de su doctrina, de negar que hubiese historia de la creación, ni Dios, ni causa primera. "Aun en el budismo realista, indica Takakusu, se concibe a la realidad sólo como una existencia momentánea", y de acuerdo con ello, en medio de un individualismo extremado, cada quien debe aferrarse a su propia individualidad hasta alcanzar su beatitud última.

Conforme con esto, si el brahamanismo fue un sistema basado en el *ser,* el budismo descansó en el *devenir:* todo es y pasa y el tiempo, que es relativo, es como un círculo "sin principio ni fin".

Los libros sagrados donde se contiene la doctrina de Gautama son fundamentalmente dos: el *Lalita Vistara,* de los budistas del norte, y el *Tripitakha,* de los budistas del sur.

Difusión del budismo

Es compresible que los reyes de Magadha, por razones de parentesco o de convicción hayan favorecido las ideas budistas. En la India se propagaron un tanto, pero la reacción que más tarde se produjo en su contra, de parte del hinduismo, determinó que su área de difusión mayor fuese más bien en territorios no indios, es decir, en el *Tíbet,* en *Indochina,* en *Birmania,* en *Siam,* en *China* y en el *Japón.*

Los discípulos inmediatos de Buda se convirtieron en sacerdotes de la nueva fe religiosa, que llevó consuelo a muchos humildes, pero que fomentó la inacción y la falta de progreso material y social de gran parte del continente asiático por mucho tiempo. Por otra parte, al extenderse el budismo por tantos sitios, se mezcló con otras creencias religiosas y adquirió otras prácticas en sus ritos, e inclusive el budismo se dividió en dos grandes grupos: uno que vio en Buda a un dios, y otro que vio en él sólo un gran hombre.

Las artes en la India

Variado y múltiple, sobre todo desde la época de Asoka, el arte indio alcanzó una valía mayor que en las etapas anteriores. Las construcciones de la época de los Vedas y aun las de tiempos de Buda, eran de madera.

Al paso de los años, la arquitectura usó la piedra como material básico, y fue haciéndose cada vez más suntuosa y barroca, es decir, recargada de ornamentación, lo mismo en los templos excavados en el interior de las montañas, que en los templos erigidos en forma de pirámides escalonadas, en los que se apilaron esculturas, columnas y relieves de toda

Centro de adoración budista, cuevas de Ajanta

Miniatura que muestra una escena del Ramayana

índole. Por su carácter singular se pueden mencionar los santuarios cavados en la roca, y localizados en las regiones centrales de la India, seguramente copiados de Persia. Poco a poco la influencia persa fue siendo cada vez menor, dándose paso a un tipo de arquitectura en el que la ornamentación escultórica fue rica, multiforme, tanto en el exterior como en el interior. Una transición singular fue la que apareció, del santuario budista en forma circular, al estilo de santuario en forma de torre, que fue típico de la India en la Edad Media.

Lamentablemente, por la acción destructora debido a motivos religiosos —en este caso obra de musulmanes y portugueses—, y al abandono de otros —los hindués—, muchos monumentos fueron devastados o abandonados hasta convertirse en ruinas especialmente en el norte, en tanto que en el sur es posible encontrar más y mejores ejemplos de la arquitectura india. Debe advertirse, sin embargo, que en las zonas de influencia musulmana también se construyó con amplitud y en no pocos edificios se recurrió con profusión al uso de arcos, bóvedas y amplias cúpulas.

A su vez, la escultura de la India recibió ciertas influencias extranjeras, entre las cuales la mayor fue la griega, mientras que la pintura pareció tener mayor relación con la persa, pero en aquélla es perceptible asimismo un gusto especial, una tendencia según la cual se optó más por las figuras como complementos de la arquitectura, que como figuras aisladas: de éstas hay ejemplos sin duda, pero en número infinitamente menor a las que forman parte de las construcciones. Superada la primera hostilidad búdica a las imágenes, éstas se reprodujeron en gran manera. Las artes menores tuvieron gran desarrollo en este país, con gusto delicado y fantasía desbordante en los tapices, en los bordados y en la orfebrería.

La danza y la música tuvieron fuerte relación con las prácticas religiosas, y en la segunda de ellas es perceptible un tono de melancolía inocultable.

Por lo que ve a la producción literaria, aparte de las obras de carácter religioso que ya se mencionaron, muchas más llegaron a integrar vasta producción de la India. Toda clase de géneros literarios aparecen allí, como la epopeya, el drama, la lírica, la novela, la fábula, y otros géneros más.

Comentario y descripción de grandes hazañas militares son las dos grandes epopeyas conocidas como el *Mahabárata* —o *Gran Relato de las Guerras de los Bárata,* atribuido, según la tradición a Krishna Rivaipayana—, y el *Ramáyana* —cuyo autor fue Valmiki—, de un valor literario inferior, pero con mucha riqueza descriptiva.

Los cuentos en los que intervienen animales y hombres constituyen un importante acervo en la literatura india.

Poemas en lengua sánscrita, o en lenguas vulgares, los hay de variado interés, lo mismo que obras de teatro escritas en el idioma primeramente citado, de las que muchas no han llegado a nosotros sino fragmentariamente; hombres, demonios y dioses de la mitología índica hacen acto de presencia allí, conforme al gusto y a la manera de ser del pueblo que produjo tales expresiones literarias.

Otras formas culturales

En el campo de la ciencia, se cultivaron la Astronomía, la Medicina, los principios de la Física y de la Química, y las Matemáticas, que dividieron en tres: Aritmética, Álgebra y Geometría. Conocieron el cero y los números que después han sido llamados arábigos.

Prácticamente todos los cultivadores de la ciencia fueron sacerdotes, y muchas veces por motivos religiosos se obtuvieron nuevos conocimientos o se ampliaron otros; "surgió la astronomía, dice Durant, del culto a los cuerpos celestes, y la observación de sus movimientos tenía por fin la fijación en el calendario de los días de fiesta y sacrificio; la gramática y la filología se desarrollaron por la insistencia en que toda oración o fórmula, aunque expresada en una lengua muerta, fuese textual y fonéticamente correcta". Así la Astronomía se desarrolló en la India a partir de la Astrología, pero fue gracias a la influencia griega como alcanzó mayor desenvolvimiento. Un astrónomo y matemático, como

En la India se desarrolló la Astronomía a partir de la Astrología

Ariabata, lo mismo estudió el Álgebra que la Geometría, que los problemas geográficos de los eclipses, los equinoccios o los solsticios, apuntó la posibilidad del carácter esférico de la Tierra y su movimiento en torno de su eje. Él y *Brahmagupta,* así como sus sucesores adoptaron la práctica mesopotámica de dividir el cielo en constelaciones zodiacales, y formularon un calendario de doce meses, cada uno de ellos formado por treinta días, compuestos a su vez de treinta horas; y al cual tenía que agregarse un mes cada cinco años, para que la cuenta fuese correcta. No desconocieron el estudio de los eclipses y aun calcularon con exactitud el diámetro de la Luna. Lo singular es que muchos de los estudios realizados en torno a estos temas fueron expuestos en forma poética, un ejemplo de lo cual es este problema algebraico: "De un enjambre de abejas, un quinto posóse en una flor de kadamba; un tercio, en una flor de silindrhra; tres veces la diferencia voló hasta un capullo de kutaja. Quedó una abeja en el aire. Dime, encantadora mujer, el número de abejas..."

Salvo en Geometría, los indios tuvieron en estas materias, pues, un desarrollo no igualado por pueblo alguno de la Antigüedad.

Su Física se vio dominada en ciertos aspectos por los conceptos religiosos, pero alcanzó una jerarquía nada desdeñable. Así, *Kanada,* un filósofo, suponía que el mundo estaba compuesto de átomos de diversas clases, y afirmaba que la luz y el calor eran expresiones de una misma sustancia; otro, *Vachapasti,* estimaba que la luz se componía de partículas diminutas.

Grandes adelantos tenían los indios en Química y en Medicina, y ya en los siglos VI y V a.C., sus médicos conocían con gran pormenor la anatomía humana, el proceso de la gestación, las operaciones quirúrgicas más variadas —usaban 121 instrumentos al efecto—, el uso de las hierbas medicinales, ciertos injertos de piel, algunas formas de vacuna y el uso de drogas para insensibilizar a los pacientes.

Es creíble que en el desarrollo de la Medicina haya habido una cierta interrelación con los trabajos mesopotámicos y griegos, en una confluencia múltiple de conocimientos apreciables.

Lecturas

El dominio de sí mismo

1. *Es "yogui" quien realiza las obras sin tener preocupación por los frutos.*
2. *Nadie es "yogui" sin renunciar al deseo y a la voluntad.*

3. *Para el sabio, en la plenitud del "yoga", la causa consiste en el dominio de sí mismo.*
4. *El yo superior debe obtener la liberación del yo inferior.*
5. *Alcanza el "yoga" quien se conoce a sí mismo, quien realiza su equilibrio dominando sus sentidos y considerando igual un pedazo de arcilla, de piedra o de oro.*
6. *El "yogui" practica el "yoga" concentrando su pensamiento y dominando los sentidos y los movimientos de la conciencia.*
7. *El "yoga" no es apropiado para quien come o duerme mucho.*

PENSAMIENTOS DERIVADOS DEL BHAGAVAD-GITA

Las castas de la India

Una casta es un grupo de familias de un mismo linaje, que con frecuencia —teóricamente siempre— se dedican a una misma profesión u oficio, y las cuales forman dentro del Estado otro Estado más pequeño, cuyos jefes tienen amplia jurisdicción sobre todos los miembros de la colectividad... La casta del individuo la determina su nacimiento, es decir, se hereda de los padres... en cada uno de ellas (las castas) rigen preceptos muy rigurosos acerca de los alimentos lícitos o ilícitos, acerca de la ceremonia de la boda y usos matrimoniales, honores fúnebres, etc... Puesto que las castas son hereditarias, parecería natural que no se pudieran formar otras nuevas espontáneamente...; sin embargo, en la práctica no ocurre así, pues sin cesar nacen castas nuevas, y esto desde los tiempos más antiguos.

STEN KONOW

El sufrimiento y el nirvana según Buda

¿Qué puede y tiene que saber un hombre, según el Buda?

En primer lugar tiene que reconocer el hecho de que en el mundo terrestre no hay verdadera alegría, sino que toda la vida es sufrimiento. En su primer sermón de Benarés anuncia el Buda la "noble verdad sobre el sufrimiento" con estas palabras: "El nacimiento es sufrimiento, la vejez es sufrimiento, la muerte es sufrimiento, estar unido con quien uno no ama es sufrimiento, estar separado de quien uno ama es sufrimiento, no alcanzar lo que uno desea es sufrimiento"... Lo que lleva a los seres vivientes de reencarnación en reencarnación es la voluntad sin sentido de vivir —el Buda la llama deseo de vivir y de gozar—. El fin del sufrimiento sólo puede lograrse matando el hombre en sí mismo la voluntad de vivir. Si lo hace, ya no vuelve o nacer nunca y entra en el Nirvana.

ALBERT SCHWEITZER

Economía y educación

Había una agricultura rica en productos; una ganadería completa, con predominio de la vaca y el caballo, altamente estimados, a tal extremo, que tal vez existiera ya entonces la aberración de frustrar económicamente a la vaca por la atribución de un carácter sagrado que arrastraba la prohibición de matarla. Había diversos oficios, entre los que sobresalían los de carpintero, con el gran prestigio que le confería su calidad de constructor del carro, el arado y tantos útiles, muebles y objetos caseros; broncero, herrero, joyero, guarnicionero, tejedor, sastre, curtidor de pieles y alfarero. Las profesiones intelectuales no estaban delimitadas; sus funciones las absorbían los bramanes, que también eran los encargados de la educación, como preceptores, en los palacios aristocráticos; como maestros, en sus viviendas, aunque siempre que podían, daban sus lecciones al aire libre, utilizado el sistema mutuo, por el cual, los alumnos mayores ayudan al maestro en la enseñanza o el cuidado de los menores, había ciudades con abundancia de comercio, talleres, mercados y recreaciones, y aldeas en contacto con ellas a través de las sólida relación que establece en las civilizaciones nacientes la provisión mutua de las cosas necesarias para la subsistencia, y ya que no por documentos indios, sabemos por la historia de los pueblos occidentales que el comercio exterior era de bastante consideración a través del golfo Pérsico y los Omán y Rojo, y también por China.

SANTIAGO HERNÁNDEZ RUIZ

BIBLIOGRAFÍA FUNDAMENTAL

BHAGAVAD-GITA. *Biblioteca de Iniciación Filosófica.* Aguilar. Buenos Aires. 1964.

DECHANET, J. M. *El Camino del Silencio.* Ediciones Desclée de Brouwer. Bilbao. 1965. *Yoga Cristiano.* Ediciones Desclée de Brouwer. Bilbao. 1966.

DE LA PEÑA, Carlos H. *Historia de la Literatura Universal.* Editorial Jus. México. 1963. *Antología de la Literatura Universal.* Editorial Jus. México. 1960.

FAIRSERVIS Jr., Walter. *India. Culturas Básicas del Mundo,* Joaquín Mortiz. México. 1964.
KÖNIG, Franz. *Cristo y las Religiones de la Tierra.* Tomo II. Biblioteca de Autores Cristianos. Madrid. 1961.
KONOW, Sten. *India.* Biblioteca de Iniciación Cultural. Colección Labor. Barcelona 1946.
LANCER, W. L. *Enciclopedia de la Historia del Mundo.* Editorial Sopena Argentina. Buenos Aires. 1955.
LÓPEZ-GAY, Jesús. *La Mística del Budismo.* Biblioteca de Autores Cristianos. Madrid. 1974.
M. D. D. *Resumen Gráfico de la Historia del Arte.* Editorial Gustavo Gili. Barcelona.
MELLE, Pierre. *Historia de la India.* EUDEBA. Buenos Aires. 1962.
MILLARES CARLO, Agustín. *Compendio de Historia Universal de la Literatura.* Editorial Esfinge. México. 1945.
MUNDÓ, José. *Curso de Historia Universal.* Espasa-Calpe. Madrid. 1942.
PIJOÁN, José. *Summa Artis.* Espasa-Calpe. Madrid. 1957.
RIMLI E., Th. *Historia Universal Ilustrada.* Vergara Editorial. Barcelona. 1957.

Capítulo 12

La cultura en la antigua China

Aquél que sea capaz de practicar cinco cosas donde quiera que se encuentre, es un verdadero hombre... A saber: diligencia, comprensión, veracidad, cuidado y generosidad.

CONFUCIO

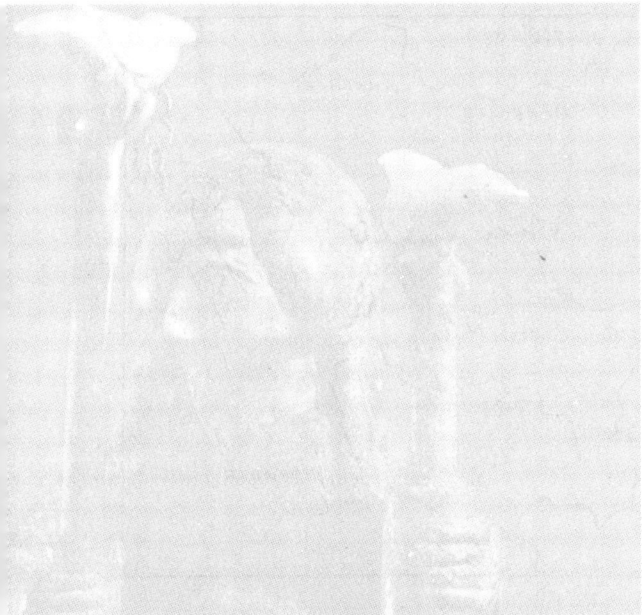

Ambiente geográfico

El territorio chino se sitúa en el Extremo Oriente. La vastedad que tiene ese territorio, y las características que le son propias, dieron a las elaboraciones culturales una fisonomía muy peculiar que las distinguieron de las producidas en otras partes, con una nota de aislamiento y de escasa comunicación con el exterior.

La cultura china en la Época Antigua fue, básicamente, de tipo continental terrestre, poco volcada hacia tareas marítimas. Su sentido original y de encerramiento en estructuras sociales muy tradicionalistas, acaso se explique en buena medida por el peso de los factores geográficos que allí se encuentran, ya que las montañas, los mares, las selvas o los desiertos, alzaron barreras de incomunicación relativa entre China y otros núcleos humanos.

El territorio chino, en efecto, se encuentra enmarcado, al norte por *Mongolia* y la *ex Unión Soviética:* al noreste con la misma *ex URSS* y *Corea;* al este, con el *Océano Pacífico;* al sur, con *Vietnam, Laos, Birmania, India, Bután y Nepal;* al suroeste, con *Pakistán, Afganistán* y la *ex Unión Soviética.*

En esa dilatada extensión geográfica de diez millones de kilómetros cuadrados, se dan múltiples climas consecuencia de la variada topografía y latitud de este vasto país que ha contado con numerosos recursos naturales: país montañoso en el norte y en el suroeste; y de amplias planicies en el centro y en el sur; con clima frío al norte, templado en la parte media, y cálido hacia las regiones del sur.

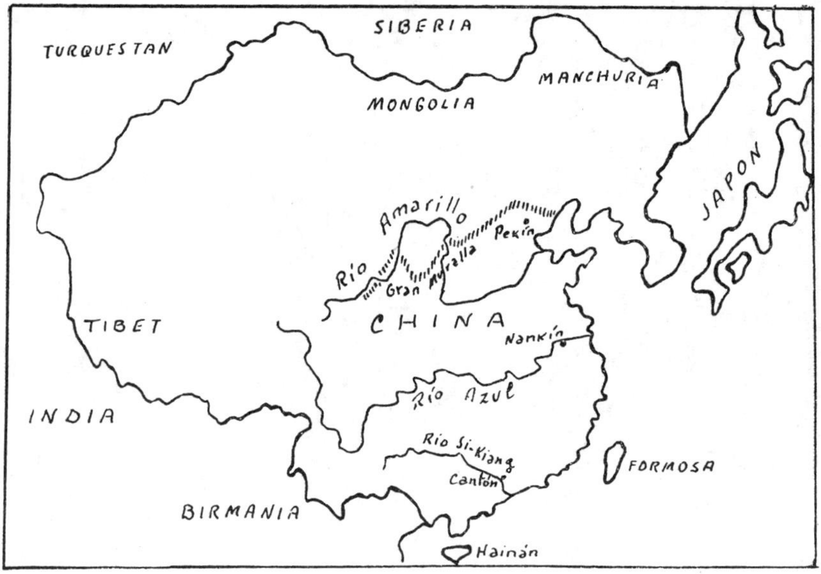

Mapa de China

Por razones muy explicables, los núcleos más importantes de cultura se concentraron, desde un principio, en la zona central y en las partes ribereñas de los tres más importantes ríos de China, que son: el río *Amarillo* o *Hoang-Ho* (cuyo nombre se debe a los sedimentos de color amarillento que transporta; atraviesa la gran llanura septentrional y tiene, entre sus características, la de desbordarse en determinados momentos, provocando inundaciones de consideración); el río *Azul o Yang-Tse-Kiang* (que va del occidente al oriente y que es muy navegable), y el *Si-Kiang* (que corre por el sureste). Los dos primeros dividen a China en tres grandes regiones bien delimitadas en su geografía, y de interés para la historia.

El territorio, de suelo fértil, es favorable a los cultivos del arroz, de las moreras, de la caña de azúcar, del té, del trigo, y otros, así como a las labores mineras, habida cuenta de los yacimientos de cobre, de oro, de hierro, y de plomo que posee. En él se asentó el pueblo chino —correspondiente a la raza mongólica, de pómulos salientes, ojos oblicuos, cabello negro y lacio, y tez más o menos amarillenta—, que forjó una cultura de singular relieve.

El pueblo turanio

El testimonio humano más antiguo de que se tiene noticia en China es, como se sabe, el resto conocido como *hombre de Pekín* o *sinanthropus pekinensis* considerado como contemporáneo de las razas primitivas que vivieron en el Paleolítico Inferior. El "hombre de Pekín", hasta donde alcanza a saberse, conocía el fuego, era cazador y hacía de piedra sus cuchillos, sus martillos y sus raspadores, a semejanza de sus congéneres en otras partes del mundo.

Tiempo más tarde fueron otros seres humanos, correspondientes a una raza diversa de la del "sinanthropus", los que habitaron en China, con un patrimonio cultural no mejor dotado. Peor todavía, su existencia se volvió más difícil aún, en un momento dado, porque en el norte y en el oeste de China se extendieron grandes mantos de hielo que hicieron bajar la temperatura, mientras grandes huracanes barrían tales regiones. Y el hombre, no pudiendo vencer esos obstáculos, tuvo que retirarse.

Fue menester que se superaran tales condiciones para que reaparecieran otros pueblos en esos sitios del norte, en coincidencia probable con la emigración de algunos grupos hacia el *Japón* y hacia el *continente americano.*

Los hombres vivían, según puede suponerse, en pequeñas comunidades, recolectaban frutas y raíces, y pescaban y cazaban.

Al correr de los años, dentro de un clima más benigno, hizo su aparición, finalmente, el periodo neolítico. Los hombres conocieron la cerámica, la fabricación de telas y el uso de la rueda; domesticaron algunos animales como el cerdo y el perro; y se sirvieron de utensilios y armas como la azada de piedra, el arco y la flecha; a más de ser presumible que entre sus cultivos hayan contado con el mijo, el trigo y el arroz.

Para la guerra, o para la caza, utilizaban lanzas de bambú, y para su defensa disponían de pieles de animales que arreglaban convenientemente.

Los hombres se dispersaron, tanto por el norte, como por los valles cercanos al río Amarillo, cerca de la costa, y aun por sitios tan lejanos como la provincia de Honán. Cada población estaba rodeada por murallas de tierra apisonada, y aunque sus conocimientos arquitectónicos eran rudimentarios sabían edificar casas de madera y de adobe.

Tales elementos culturales correspondieron a un pueblo conocido genéricamente con el nombre de *turanio.*

La cultura de los turanios

El pueblo turanio logró un cierto desarrollo en su agricultura, aunque no hasta niveles mayores, quizás porque la escasez de animales de tracción (caballos o bueyes) impedía disponer de suficiente ayuda, lo cual se reflejaba, asimismo, en los transportes de la época. Ello no obstante, estos chinos primitivos, por exigencia del cultivo, se vieron constreñidos a formar su calendario y a conocer rudimentos necesarios de Astronomía, a fin de determinar las estaciones.

Todo indica que en lo religioso practicaron el *sabeísmo,* o adoración de los astros, especialmente el *Sol*, adoraron asimismo a la tierra y a otros fenómenos de la naturaleza, y creyeron en la existencia de espíritus que podían influir en los actos de la vida diaria. Tampoco les fue extraño el culto a los muertos, y practicaron los sacrificios de animales y de seres humanos, a fin de favorecer la buena voluntad de las divinidades o de los espíritus, evitando su cólera. La piedad, el decir siempre la verdad y el tener amor al prójimo, eran virtudes recomendables. Parece, así también, que los chinos de estas etapas creían en la existencia de un Ser Supremo y Perfecto, al que llamaban *Shang-Ti.*

Por lo que se refiere a la organización de la familia, practicaban la *monogamia,* pero a veces también la *poligamia.*

Hay datos para suponer que muchas pequeñas comunidades chinas ribereñas del río *Amarillo* tuvieron continuas rivalidades, que sólo gradualmente fueron acabándose al establecerse un régimen unitario de carácter monárquico. El hombre que tuvo la máxima potestad concentró diversas autoridades, por lo que fue legislador, jefe político y sacerdote.

Leyendas y reyes

El marco social anterior corresponde a la Prehistoria.

Por lo que a la historia china propiamente dicha se refiere, en sus primeros capítulos, se conocen numerosas leyendas que descansan, seguramente, en algún fondo de verdad, recubiertos por una imaginación desbordada.

Conforme a una de esas leyendas, el primer hombre, llamado *Pan-ku,* existió antes del mundo, y al morir dio lugar a que de él surgiera el universo: de una cabeza salieron las montañas y las cordilleras; de sus ojos, el Sol y la Luna; sus venas se transformaron en mares y ríos; y de sus cabellos brotaron las plantas.

Otras leyendas hablan de hombres célebres cuyo trabajo benefició a los demás, especie de Prometeos chinos, como *Fu-Hi,* que inventó la escritura, y que fue uno de los primeros emperadores, dedicado a la enseñanza de conocimientos útiles a su pueblo; *Ching-Nun,* que ideó el arado; y *Hoang-Ti,* que fue el primer astrónomo.

En este mundo, en el que lo legendario apenas tiene límites claros respecto de los hechos concretos, se citan como primeras dinastías las siguientes: la *Hsia* (¿1994 a 1523 a.C.? y la Shang (1523 a 1027 a.C.), cuyos dominios se extendieron por las llanuras inmediatas al río *Amarillo.*

Su capital más importante parece haber estado cerca del Anyang moderno, y en ella se levantaron templos, palacios y mausoleos, aunque, en vivo contraste, el pueblo humilde vivía en chozas de barro o en moradas subterráneas. A través de las inscripciones de esta época han podido conocerse algunos de sus adelantos culturales y su habilidad para escribir en metal, en concha, en hueso, en madera, en bambú y en seda, valiéndose para ello de cuchillos, buriles y pinceles primitivos. Los signos eran ya para entonces muy estilizados, lo que supone una larga evolución.

Esta escritura, trazada de arriba abajo, y desarrollada después ampliamente, sirvió de base a las escrituras de muchos pueblos del Extremo Oriente.

En la estructura social de la época, el rey, con sus varias esposas, aparece a la cabeza de todas las jerarquías. Había funcionarios para la atención de las obras públicas, y los sacerdotes eran coadjutores importantes en las tareas de gobierno, ya que presidían todas las ceremonias importantes y aconsejaban al rey; atendían los actos del culto y realizaban los sacrificios inherentes a su religión, que lo mismo podían consistir en la muerte de animales que de seres humanos. "La fijación del calendario, dice Goodrich, que era entonces, y ha sido a lo largo de toda su historia, una de las principales funciones del gobierno chino, como de todo pueblo, en general, que depende ampliamente de la agricultura, estaba también, sin duda, en manos de los sacerdotes. El calendario de Shang, aunque burdo, era bastante preciso, y fue reajustado frecuentemente para hacerlo coincidir con las estaciones".

Sin duda los cálculos astronómicos de los chinos eran inferiores a los de los indios o los de los persas, pero tenían un cierto grado de utilidad, que fue beneficioso al pueblo.

Otros testimonios culturales de la época Shang incluyen, según los hallazgos arqueológicos, o de las referencias de la época, sepulcros de reyes con decoración de bronces ceremoniales, mármoles esculpidos, marfiles tallados, herrajes de carrozas, etcétera.

Sin embargo, en medio de un importante desarrollo material, sobrevino la decadencia, y con ésta, la caída de los reyes Shang, incapaces de contener a los guerreros fronterizos que casi aniquilaron la capital.

Ello dio ocasión al advenimiento de una nueva familia reinante, quizás fruto de una invasión, que fue la dinastía *Chou,* que encabezaba a gente guerrera, nómada, pastoril, de la misma raza mongólica, pero sin duda con un estilo de vida notoriamente inferior, que se enriqueció, sin embargo, al establecerse en estos dominios.

Los reyes de la familia Chou gobernaron de 1027 a 256 a.C.

Dados los antecedentes, es explicable que los militares hayan ocupado puestos de importancia, lo mismo que los *mandarines* o funcionarios públicos. Los comerciantes, los artesanos, los campesinos, los siervos y los esclavos, eran quienes formaban las otras clases sociales.

Por su cultura, los *mandarines* eran sujetos prominentes que conocían la escritura, la música, el manejo de las armas, las leyes y el arte de llevar las cuentas.

Es singular, con todo, que la historia de la dinastía Chou, no obstante haber comenzado violentamente, fue, en lo sucesivo, una historia de paz y de trabajo, de dedicación a la agricultura y a las artes, en un ambiente políticamente regido desde *Shensi,* que fue la sede del gobierno.

En la base de la economía estaban la explotación de la tierra, que pertenecía a un grupo reducido de personas, especie de aristocracia, a cuyo servicio se encontraban los campesinos que vivían comunalmente en el campo o en las aldeas.

En cuanto a la formación de los matrimonios, no estaba permitida la *endogamia* (o matrimonio de individuos pertenecientes a una misma familia), pero sí la *exogamia* (o matrimonio de personas pertenecientes a distintas familias).

Por lo demás, los reyes Chou (a cada uno de los cuales se daba el título de *Hijo del Cielo,* y quienes venían a ser por eso una especie de intermediarios entre el cielo y los hombres), lograron extender su autoridad sobre un territorio cada vez más amplio, que se extendía desde las orillas del río Amarillo hasta las del río Azul, a todo lo cual se le da el nombre de *Imperio Medio,* por pensar los chinos que estaban en la parte central del mundo.

Entre los elementos culturales descollantes en la China de esa época se encontraron lo mismo el uso de la rima en sus producciones literarias —lo que en el Occidente no apareció sino hasta tiempo más tarde—, que conocimientos matemáticos muy elaborados, capacidad arquitectónica al servicio de las necesidades civiles y militares, mayores relaciones comerciales con otros pueblos y adopción de prácticas económicas útiles, como el arado tirado por bueyes y los relojes de sol.

Para el año de 444 a.C., los chinos calculaban ya la duración del año en 365 días más un cuarto.

Hacía el año 800 a.C., el auge de estos reyes, empero, comenzó a declinar, aun cuando su poder subsistió todavía por algunos siglos, y ello coincidió con el hecho de que fueron cada vez más poderosos los señores feudales, es decir, los jefes de pequeños estados o comunidades que muchas veces se atrevieron a desafiar la autoridad de los monarcas, despojando a éstos de su poder militar y de las principales decisiones gubernativas, de suerte que dichos señores, en calidad de reyezuelos, dictaban leyes, cobraban impuestos y eran sucedidos por sus hijos.

Esta situación fue desfavorable para China.

Sin embargo, en medio de este ambiente de inseguridad, hubo personajes famosos en el arte y en general en la cultura que, como maestros o pensadores, influyeron mucho en la conformación del pueblo: tales como *Moti,* enemigo de la guerra, que predi-

Supuesto retrato de Confucio

có el amor al prójimo, el místico *Chuang-Chou,* y sobre todo *Lao-Tsé* y *Kuang-Tsé* (o Confucio), que vivieron en una época que los chinos consideran clásica.

La revolución espiritual

La edad clásica de China no fue un suceso aislado.

Varios escritores han puesto de manifiesto que hubo una relativa concordancia cronológica entre la aparición de los grandes pensadores chinos, con otros grandes reformadores en la India, en el Cercano Oriente y en Europa.

Ocurre, en efecto, que en un plazo que osciló entre los años 800 y 200 a.C., se produjo en estos tres ámbitos una obra histórica de gran profundidad en la que individuos eminentes aspiraron a entender el mundo y el ser del hombre de una manera distinta a la tradicional, no sujeta simplemente a afirmaciones míticas. Una reflexión razonable se apunta entonces; se plantean problemas; y aun cuando las soluciones no sean las mismas, hay, en tales individuos, el dato común de la búsqueda de fórmulas favorables a la comprensión de la vida.

Karl Jaspers llama *tiempo-eje* al periodo que mencionamos.

Sin tener que aceptar todas las conclusiones en la tesis del autor alemán, sí es verdad que se encuadran en ese "tiempo-eje", a más de las grandes direcciones de la filosofía china, otros hechos que fueron definidos para el criterio y la actitud ética de millones de seres humanos, ya que entonces surgen en la India los Upanishads, "vive Buda, se desarrollan como en China, todas las posibles tendencias filosóficas, desde el escepticismo al materialismo, la sofística y el nihilismo. En el Irán enseña Zarathustra la excitante doctrina que presenta al mundo como el combate entre el bien y el mal. En Palestina aparecen los profetas, desde Elías, siguiendo por Isaías y Jeremías", y en "Grecia encontramos a Homero, los filósofos —Parménides, Heráclito, Platón—, los trágicos (Esquilo, Sófocles y Eurípides)", además de "Tucídides, Arquímedes", etcétera.

Jaspers cree ver en este "tiempo-eje" el gran motor de la historia que dio paso a una etapa definitiva, ya que entonces se constituyeron "las categorías fundamentales con las cuales todavía pensamos, y se inician las religiones mundiales de las cuales todavía viven los hombres" de modo que en "todos los sentidos se pone el pie en lo universal".

Falla el escritor citado, sin embargo, en no ver que el Cristianismo es la única corriente religiosa que ha llegado a tener auténtica proyección universal —puesto que, aparte su origen divino, de él se encuentran testimonios en todos los continentes—, sólo él ha permitido una clara división del tiempo, en antes y después de Cristo —dato que aceptan todos los pueblos del mundo, al haber adoptado el calendario occidental—, a más de que las mejores formas de pensamiento o las mejores actitudes éticas anteriores sólo alcanzan su plenitud en los postulados cristianos, que tienen, como ninguna otra doctrina, una completa trabazón entre sus normas morales, lo cual no ocurre en su visión total del mundo y de la vida, y las corrientes antes mencionadas que, o carecen de suficiente fundamento ontológico —como el budismo—, o proponen directrices éticas sin adecuado fundamento en el ser del hombre —como el confucianismo— o se diluyen en él un panteísmo inconducente —como el hinduismo—, apuntando sólo porciones de verdad o ideas incluso contradictorias entre sí.

En el Cristianismo, en cambio, el ser y el deber ser mantienen un equilibrio cabal.

Taoísmo y confucianismo

Por lo que a China se refiere, la revolución espiritual produjo diversas filosofías; pero entre ellas las doctrinas más salientes, de mayor huella, fueron el *taoísmo* y el *confucianismo.*

La palabra taoísmo no parece haberse comenzado a usar sino hasta el siglo I a.C., aunque la doctrina procede de varios siglos antes, y tuvo como propugnadores destacados a *Yang Chu* y *Lao Tsé.*

Yang Chu corresponde al siglo IV a.C. Era un devoto de la naturaleza, interesado en la conservación de la vida, y en que no hubiera nada que dañara la existencia material.

Lao-Tsé (cuyo nombre quiere decir "el Viejo Sabio"), parece haber sido un "yu", es decir, un letrado, una especie de sacerdote-profesor. Probablemente vivió también en el siglo IV a.C. Se le atribuye el libro *Tao-tsé King.*

Aplicado a los estudios, según la leyenda, fue archivero de un príncipe de la familia Chou. En su libro sostiene que la fuerza creadora y eterna de todas las cosas en *Tao* (que significa "camino" o "razón"), la cual ordena al mismo tiempo cuantos elementos hay en la naturaleza. Los hombres deben sentirse partes de esa mínima fuerza, en la que deben pensar para obtener su bien.

Lao-Tsé enseñó también que para alcanzar la felicidad se deben dominar los deseos y las pasiones, y que se deben practicar determinadas virtudes, como las de evitar la hipocresía, la mentira y la guerra, debiendo, en contraste, practicarse la honestidad, la justicia y la piedad. Su idea central era la de la "sencillez", y una vida sencilla, espontánea, implicada al tener que descartar la ganancia, la astucia y el egoísmo. Frente a la vida artificial, predicaba el apego a la naturaleza. "La diferencia principal entre Lao-Tsé y Confucio, ha escrito Chang Wing-Tsit, está en el hecho de que mientras en Confucio la medida de todas las cosas es el hombre, en Lao-Tsé es la naturaleza".

Afirma la leyenda que después de vivir muchos años en la soledad de su archivo, y siendo ya muy anciano, salió de China montado en un búfalo y no volvió nunca a su país.

En los años posteriores, algunos de sus discípulos lo llegaron a divinizar y aun formaron congregaciones o monasterios taoístas aun cuando en su origen el taoísmo fue una filosofía naturalista, despreocupada del problema de Dios.

Confucio, por su parte, mejor localizado históricamente, nació en 551 y murió en 409 a.C. Era hijo de funcionarios. Su nombre fue *Kuang-Tsé* (llamado Confucio por los occidentales), viajó catorce años por China, de una de cuyas provincias del norte era nativo.

Trató de formar una doctrina moral que se adaptara a la manera de ser del pueblo chino. Para encontrar buenos ejemplos estudió los libros antiguos y embelleció el estilo de éstos. Varios de dichos libros alcanzaron una redacción definitiva gracias a él: eran libros de poesía, historia y religión.

El sistema a que dio lugar Confucio procuró exaltar los sentimientos de respeto a las tradiciones y a los ancianos, el culto a los muertos, el mantenimiento de los afectos dentro de la familia y el ejercicio de la caridad. Confucio pensó que los gobernantes debían ser justos y sabios, y sus súbditos debían obedecerlos y respetarlos, a fin de que pudieran mantener la paz, el bienestar y la seguridad en la sociedad. Las normas o preceptos de Confucio fueron múltiples y se refirieron a todos los aspectos de la vida humana. Más que un reformador religioso, fue un moralista. Las grandes cuestiones de la muerte, la existencia de ultratumba, y otras semejantes, nunca se las propuso. El hombre, y sólo el hombre ordenado moralmente, era lo que le preocupaba. Todo el conjunto de sus puntos de vista se podían resumir en la palabra "yen", que quiere decir hombría, como puede dilucidarse de este pasaje suyo:

"Los antiguos príncipes que deseaban desenvolver e ilustrar en sus Estados el principio luminoso de la razón que recibimos del cielo, se aplicaban primero a gobernar bien sus reinos; los que deseaban ordenar bien sus familias se aplicaban primero a enmendarse; los que deseaban enmendarse se aplicaban a procurar virtud a su alma; los que deseaban aplicar virtud a su alma, se aplicaban antes a conseguir que sus intenciones fueran puras y sinceras; los que deseaban que sus intenciones fuesen puras y sinceras, se aplicaban antes a perfeccionar cuanto les fuese posible sus conocimientos morales".

Confucio tuvo, en el curso de su vida, más de tres mil discípulos cuya educación procuró tanto mediante sus enseñanzas morales cuanto por la lectura comentada de los libros antiguos de China. Su gran influencia le permitió combatir, en cierto modo, el relajamiento moral que corroía a su país; y aunque no fue estrictamente un político, un hombre que ocupase un puesto gubernamental, sí se preocupó por formar a sus discípulos como buenos políticos, aunque siempre con un cierto sentido de oportunismo y sometimiento al Estado.

Todo su sistema de moral quedó en sus cuatro libros, o "king", cuyo contenido llegó a tener suma importancia en toda China, sobre todo cuando otro filósofo, *Men-tse* (o *Mencio*), que fue propiamente el autor del cuarto "king", difundió con amplitud la doctrina confuciana.

Las dinastías Chin y Han

Por lo que se refiere a la estructura política, conviene apuntar

Lao-Tsé

que a mediados del siglo II a.C., una familia feudal provinciana se sobrepuso a las demás, e incluso hizo a un lado a la familia reinante, para quedar en su lugar.

Surgió así una nueva dinastía, la de la familia *Chin* (de donde viene el nombre del país: *China*), el año de 526 a.C., la cual restableció la unidad de toda la nación bajo su mando.

El más notable de los monarcas de esta familia fue *Shi-huang-ti,* fundador de la dinastía, que se hizo llamar *primer emperador.* Su tarea inicial fue la de tratar de destruir, o siquiera menguar el poder de los reyezuelos que dominaban en las provincias, buscando que se concentrara la máxima autoridad en él.

Alcanzadas la unidad y la centralización políticas, pudo extender sus fronteras hasta el Asia Media, en tierras indias y del Turquestán. Al mismo tiempo se aplicó a una tarea de defensa de China contra las invasiones de los nómadas hunos y de los turcos, para detener a los cuales dispuso la construcción de una muralla defensiva que fue llamada la *Gran Muralla China,* tendida desde el Océano Pacífico hasta el Turquestán, aunque hubo ya antecedentes de una obra de esta naturaleza en épocas anteriores.

Millones de trabajadores fueron empleados para realizar tan importante obra militar, que tardó diez años en ser construida y que supuso la unión de todas las murallas previas. Se trazaron igualmente caminos estratégicos, y se transportaron familias en masa, para hacer que los sitios peligrosos contaran con defensores. La muralla fue más tarde reforzada por los emperadores de la casa Ming. Tiene un total de más 2,400 kilómetros. Los materiales empleados para hacerla fueron básicamente la tierra y la piedra. Su altura es de cinco a nueve metros, y a todo su largo, cada 200 metros, se eleva un torreón. *Gracias a ello China quedó en gran modo a salvo de las incursiones enemigas; pero si bien es cierto que cumplió esa meta militar, también es verdad que en lo sucesivo fue el símbolo material del aislamiento cultural que, en términos generales, la nación mantuvo por siglos, con raras excepciones.*

Shi-huang-ti, como todos los autócratas de cierto talento, favoreció las grandes obras públicas, los canales, la agricultura y la acuñación de monedas de cobre. Entre los ríos *Yang-Tse-Kiang* y *Si-Kiang* mandó construir un canal que facilitó la comunicación en general.

Dividió a China en 36 provincias o zonas militares, cada una de las cuales tuvo funcionarios nombrados por él. Ordenó la recopilación de las leyes y dispuso la adopción de pesas y medidas, similares en todo el país.

Un numeroso ejército se mantuvo sometido al emperador, y aun se hizo obligatorio el servicio militar. En coincidencia con ello se ordenó un desarme mediante la confiscación de todas las armas de los particulares, las cuales fueron fundidas. Se ordenó también que todos los hijos menores de las familias de origen noble debían dedicarse a la agricultura, y en cambio dio facilidades para que individuos pertenecientes a las familias humildes ocupasen puestos superiores dentro del Estado, quizá para contar, mediante esta última medida, con un más amplio apoyo popular.

Este "primer emperador" quiso que se "iniciara" la historia de China con él y para lograr tal fin dispuso la destrucción de multitud de libros clásicos de literatura y de historia antigua en que pudiera haber ideas contrarias a un sistema político. Sólo se salvaron las obras científicas y las que se hallaban en manos de 70 eruditos oficiales, que incluían libros de medicina, agricultura, adivinación, arboricultura y los de historia de su propia casa. En cambio, permitió que se adoptaran dos ventajas en materia de escritura: por una parte, se comenzó a usar la seda en rollos para escribir, y por otra, se simplificaron los signos de la escritura.

Pintura china que representa un paisaje de verano

Los emperadores Han

La unidad creada por Shi-huang-ti se quebrantó a su muerte, tras la cual ocurrieron trastornos en tiempos de sus sucesores; pero era ya de tal modo fuerte la organización política de China, que la obra continuó poco años después con los reyes de la nueva casa reinante, los *Han Occidentales.*

Por varios siglos gobernaron monarcas de esta dinastía: de 202 a.C., a 220 d.C. —con breve interregno—, en una larga etapa que permitió el fortalecimiento del poder centralizado, el gran auge de la cultura china y la aceptación oficial de las ideas de *Confucio y Lao-Tsé.* Nuevamente los *mandarines* llegaron a desempeñar puestos importantes dentro de la vida del Estado, aunque la máxima autoridad política la siguieron ejerciendo los reyes, sin permitir el florecimiento del viejo feudalismo. Los mandarines, en consecuencia, eran meros funcionarios con poder delegado.

Poco a poco, y no obstante diversos contratiempos militares, los reyes de la familia *Han* completaron sus dominios mediante conquistas, hasta el punto de que extendieron su poder a un territorio que correspondía más o menos al de la China actual.

Se fomentó por parte de los Han un comercio de importancia aun con naciones muy alejadas de China, sabiéndose de embajadas que llegaron a Roma, y de viajes marítimos que los chinos efectuaron a lo largo de las costas asiáticas hasta el Océano Índico, si bien no es creíble que haya habido una influencia cultural permanente, sino sólo esporádica, a través de esos contactos mercantiles.

Es indudable, por lo demás, que la economía, tanto como las ciencias y las artes, tuvieron un desenvolvimiento de consideración en esta época.

Fue entonces, en efecto, cuando se inventó el *papel* (el año de 105 d.C.) que dio oportunidad para que se escribieran y aun se imprimieran mediante el uso de tablas de madera con relieves que se entintaban para imprimir diversos libros. Tiempo más tarde se llegó incluso a idear tipos movibles de barro, de madera y de metal, en el curso de la Edad Media, aunque estos procedimientos no llegaron a prevalecer, tanto por las características de la escritura china, formada por miles de ideogramas, cuanto por la afición china a la bella escritura pintada. El año de 750 d.C. apareció incluso la llamada *Gaceta de Pekín,* que puede considerarse como el primer periódico chino.

El invento del papel es atribuido al funcionario palaciego *Isai-Lun,* quien pudo obtenerlo mediante la mezcla de "trapos, corteza de árbol, fibras vegetales e hilo de cáñamo", al decir de Weise. El invento fue bien acogido y el Estado chino estableció la primera fábrica de papel.

La vieja prohibición que hubo respecto a los libros antiguos, fue quitada, y se hizo posible una renovación literaria de importancia. Muchas obras de siglos anteriores fueron copiadas y difundidas de nuevo, pero con caracteres más modernos.

Es probable que a este periodo corresponda la propagación del *budismo,* procedente de la India, hacia mediados del siglo I de la Era Cristiana. En general, los chinos armonizaron sus viejas ideas taoístas y confucianas con las nuevas doctrinas budistas, creándose así una nueva situación filosófico-religiosa en la nación.

La actuación de los últimos monarcas de la familia *Han* (llamados para entonces *Han Orientales),* fue de una evidente decadencia.

Hubo despotismo, renacimiento del poder de los gobernadores, con el consiguiente divisionismo, hambres, corrupción administrativa, e incluso rebeliones de los campesinos, al par de invasiones de extranjeros (hunos, tobas y turcos) que aprovecharon para su beneficio al desconcierto general. El año de 220 d.C., tomaron el poder los reyes de la familia *Wei,* con quienes se restableció la paz. Fueron sucedidos en 618 d.C., por la familia *Tang,* que llegó hasta mediados del siglo X de la Era Cristiana, bajo cuyo influjo se puso fin a la Edad Antigua en China.

Es evidente que si el pueblo chino llegó a tener, a pesar de las conmociones políticas y los acosos generales de que fue objeto, una cierta estabilidad social, fue sobre todo por su recia organización familiar. El padre o el ascendiente de mayor edad eran las autoridades de la familia, a quienes todos los demás estaban sometidos; y era obligatorio, al mismo tiempo, el culto familiar a los antepasados, convertidos en protectores de la familia.

El arte en China

El pueblo tuvo también desde épocas muy remotas una gran sensibilidad artística y un sentido de la observación puesto al servicio de las ciencias (Medicina, Astronomía, Matemáticas, etc.).

Sus construcciones religiosas, o pagodas, así como los edificios militares y civiles, se hicieron de piedra o de madera, generalmente con grandes aleros puntiagudos, y con las extremidades vueltas hacia arriba, con hermosas tejas vidriadas, y no fue raro que algunos edificios estuvieran rodeados de jardines o de terrazas escalonadas.

Los edificios tradicionales chinos no dan, sin embargo, la impresión de fuerza, salvo el caso de la obra militar de la Gran Muralla, y en varios de aquéllos es notoria cierta influencia india.

Un tipo de arquitectura china muy característica fue la funeraria, sobre todo en lo que se refiere a tumbas de reyes, que contaron con frecuencia con avenidas bordeadas de esculturas de gran tamaño. Para estos fines de complementación de arquitectura, o simplemente como obras aisladas, los chinos esculpieron en forma diversa, tanto en piedra como en madera, bronce y marfil. Los escultores supieron ser sensitivos, e interpretaron a veces a sus modelos con gran realismo, pero a veces también idealizaron, y aun llegaron a crear, en ocasiones seres de figuras monstruosas. En ciertos tipos de esculturas es perceptible la inspiración índica, como ocurre por ejemplo con las grandes importantes *Memorias Históricas.*

Los chinos conocieron también la pintura, que realizaron siempre con "una originalidad única", "muy elevada y de una habilidad extraordinaria", dice Hourticq. Los pintores ejecuta-

Pintura mural de Buda, en Nara, Japón

ron en general labores de gran delicadeza y finura. Tomaron como modelos a seres humanos, a plantas y animales, que dibujaron y pintaron sobre papel, o sobre telas, lacas y biombos.

Un comercio intenso llegó a efectuarse, durante muchos siglos, con objetos producidos en China por artífices de notable capacidad, tales como mercancías de seda, de maderas preciosas, de porcelana, de joyas de jade, y otros más en que se mostraron maestros consumados.

En cuanto a la literatura china puede decirse que llegó a ser muy copiosa. Entre sus principales autores se puede mencionar a *Confucio* (con sus ya citados libros *King* y los *Su), Lao-Tsé* y *Sema-tsien,* autor de las importantes *Memorias Históricas.*

Su poesía contó con composiciones de tipo guerrero, religioso y lírico. Hay cuentos de maravillosa ternura, sobre acontecimientos de la historia china, relatos de aventuras y escritos morales. "Por lo demás, indica Millares Carlo, la afición al detalle con perjuicio del conjunto es nota característica de la literatura china".

La escritura china al principio fue nódica, es decir, a base de nudos hechos con cordeles que pendían de una caña de bambú. Más tarde surgió la escritura jeroglífica, que se estilizó poco a poco, hasta llegar a contar con muchos miles de signos monosilábicos escritos de arriba abajo y de derecha a izquierda, complicadísimos casi todos ellos.

La lengua china es del tipo de las lenguas monosilábicas, pero se ha diversificado en multitud de dialectos.

Lecturas

Pensamientos de Lao-Tsé

Obtened el vacío integral.
Conservad una inquietud firme.
Cuantas cosas hay acaban por ser, y yo contemplo, por eso, su retorno.
Cuantas cosas hay florecen, mas todas ellas retornan a su origen.
Tal retorno a su origen se denomina quietud;
Quiere decir, su regreso de conformidad con su Destino.
Retomar de acuerdo al Destino se denomina lo Eterno.
Darse cuenta de lo Eterno se llama contemplación profunda.
Ignorar lo Eterno y vivir a ciegas es desquiciante.
Conocer lo Eterno es ser liberal.
Esto último quiere decir no tener prejuicios.
No tener prejuicios es comprenderlo todo.
Comprenderlo todo es ser grande
El que es grande es como Tao (el camino).

Quien es como Tao es (contar con él) para siempre y no tener fallas en cuanto la existencia dure.

Pensamientos de Confucio

- *Desde el hombre más encumbrado en dignidad hasta el más modesto y oscuro, todos cuentan con un mismo deber: el de reformar y superar su ser propio; es decir, alcanzar la perfección de uno mismo es el principio medular de todo desarrollo y de todo progreso moral.*
- *Un individuo que no se ha reformado a sí mismo de sus pasiones injustas no es capaz de poner en armonía a su familia.*
- *El individuo de virtud mayor trabaja natural y perseverantemente en el ejercicio del justo medio, equidistante de los puntos extremos.*
- *Será causa de desvergüenza el que en un Estado regido por los principios de la razón, se encuentra la miseria y la pobreza.*
- *Cinco son las obligaciones más universales del género humano y el individuo tiene a su alcance tres facultades naturales para realizarlas. Las cinco obligaciones son: los lazos que deben existir entre el rey y sus colaboradores, entre el padre y sus descendientes; entre el esposo y su mujer; entre quienes son hermanos mayores y quienes son menores, y el vínculo de quienes son amigos entre sí... Las tres facultades grandes y universales del individuo son: la conciencia, que como una luz permite distinguir lo que es bueno y lo que es malo; el sentimiento humanitario, que es como la equidad del corazón; y el valor moral que es la energía del alma.*

Pensamiento chino

Subyace en él un dualismo metafísico, muy diferente, por lo demás, del dualismo persa y que la especulación filosófica no tardó en subordinar a un principio supremo, el Tao. *En efecto, los dos contrarios, el* Yin *y el* Yang, *no son dos principios adversos, en lucha el uno con el otro, sino dos aspectos complementarios que existen el uno por el otro y cuya unión es indispensable para asegurar el orden universal: las realidades y los símbolos se suscitan por resonancia cuando son equivalentes, produciéndose por alternancia cuando son opuestos. Así, la metafísica china nos presenta un mundo regido por un juego de combinaciones infinitas que se hacen y se deshacen a voluntad del* Yin *y del* Yang, *atracciones y repulsiones, amores y odios, correlaciones e influencias mutuas, bajo la acción de la causalidad recíproca y de la volución circular, según un principio supremo o una "vía central", el* Tao, *eje de las equivalencias y de los contrastes, regulador soberano, sustancia única de la cual el* Yin y *el* Yang *son los puros modos, eterna reversibilidad, inefable en sí, que no puede ser definida más que negativamente, que funda un relativismo radical y exige una actitud de despego e indiferencia total con respecto a todas las cosas. "Un Yin y un Yang, eso es el Tao", dice el antiguo Hi-t'seu.*

JACQUES CHAVALIER

BIBLIOGRAFÍA FUNDAMENTAL

ABETT, G. *Historia de la Astronomía.* Breviarios del Fondo de Cultura Económica. México-Buenos Aires. 1956.

CARRINGTON GOODRICH, L. *Historia del Pueblo Chino.* Breviarios del Fondo de Cultura Económica. México-Buenos Aires. 1954.

CONFUCIO. *Los Cuatro Libros.* José Jarnés Editor. Barcelona. 1954.

KÖNIG, Franz y otros. *Cristo y las Religiones de la Tierra.* Tomo II. Biblioteca de Autores Cristianos. Madrid. 1961.

LANGER, W. L. *Enciclopedia de la Historia del Mundo.* Editorial Sopena Argentina. Buenos Aires. 1955.

LÓPEZ-GAY, Jesús. *La Mística del Budismo.* Biblioteca de Autores Cristianos. Madrid. 1974.

MILLARES CARLO, Agustín. *Compendio de Historia Universal de la Literatura.* Editorial Esfinge. México. 1945.

MOORHOUSE, A. C. *Historia del Alfabeto.* Breviarios del Fondo de Cultura Económica. México-Buenos Aires 1961.

MUNDÓ, José. *Curso de Historia Universal.* Espasa-Calpe. Madrid. 1942.

PIJOÁN, José. *Summa Arts.* Espasa-Calpe. Madrid 1957.

WEISE, O. *La Escritura y el Libro.* Editorial Labor. Barcelona. 1951.

WEISS, J. B. *Historia Universal.* Tipografía La Educación. Barcelona. 1927.

Capítulo 13

La cultura hebrea

Y se apareció Yahvé a Abraham y dijo: "A tu descendencia daré esta tierra"; y él construyó allí un altar a Yahvé, que se le había aparecido.

GÉNESIS 12,7.

El ambiente geográfico

En el Cercano Oriente, en el suelo de *Canaán* – que después tomó el nombre de *Palestina* – los hebreos se asentaron y tuvieron su desenvolvimiento histórico-cultural de mayor relieve, en la Época Antigua.

Palestina es una tierra que se halla acotada, al norte, por *Líbano;* al noreste, por *Siria;* al este, por Jordania; al sur y suroeste, por el *Golfo de Acaba* y *Egipto;* y al oeste por el *Mar Mediterráneo.*

De norte a sur corre el *río Jordán,* que nace en las faldas del siempre nevado Monte Hermón, toca el *Lago Huleh* o de *Merom,* sigue al *Mar de Galileo* o *Lago de Tiberíades* y desemboca en el *Mar Muerto.* De curso violento y precipitado, sus aguas dan, en veces, contra la parte baja de altos acantilados que ciñen el río como otras tantas murallas. No es navegable, y su cauce es útil, más bien, para fertilizar la tierra mediante obras de riego, que no para servir como vía de comunicación entre los pueblos ribereños. "El valle de Jordán, indica Rattey, es desolado, sin belleza, y tan intolerablemente cálido que la poca gente que en él vive son débiles y apáticas. La única ciudad importante es Jericó, que está situada en el extremo sur. Debió su importancia a su posición como guardián del camino principal que conduce a la meseta central y asimismo a los vados que servían como paso ordinario al país de Moab. No obstante, Jericó cedió siempre sin lucha a todo ataque decidido, y sus habitantes no parecen haber tenido jamás la energía suficiente para defender los vados cercanos a la ciudad".

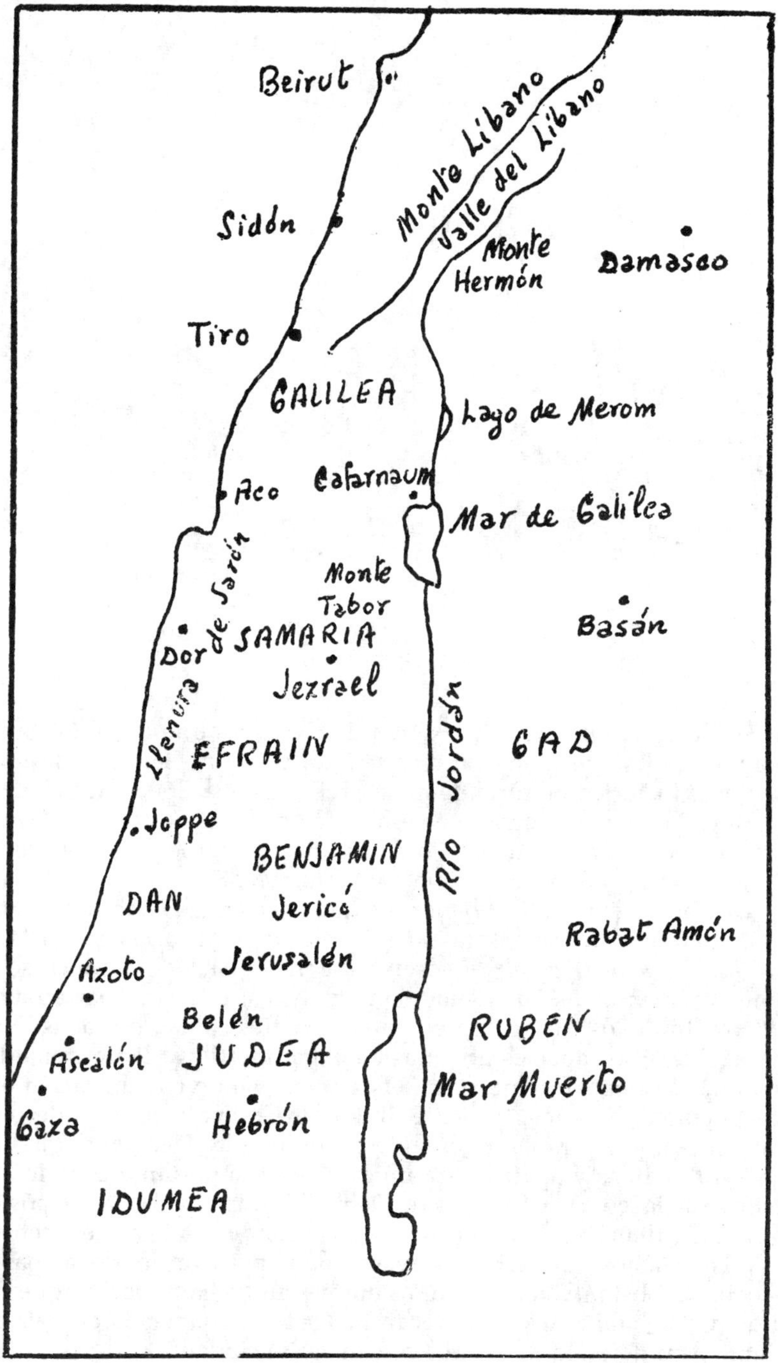

Mapa de Palestina

Al este de Jordán se encuentra una meseta alta en la que varios ríos —el *Arnón,* el *Jabok* y el *Yarmuc*— dividen las comarcas y permiten una fertilidad mayor, propicia a los bosques, a las huertas, a los árboles frutales, al cultivo del trigo y a los pastos.

La meseta central se forma a base de una cadena montañosa que corre de norte a sur, cortada por una llanura llamada de *Esdrelón,* cuya parte norte, fértil y con agua para el riego, es *Galileo* o *país de Neftalí.* En la parte sur se hallan otras dos comarcas, igualmente montañosas, llamadas *Samaria* —o país de Efraín— y *Judá.*

A lo largo de la costa se extiende la llanura de *Sarón,* frente al *Mar Mediterráneo,* en cuya parte meridional se ubican colinas que dejan sitio a diversos desfiladeros y valles profundos. Esta llanura cobró fama por su rica producción de aceite, vino, cereales, flores y árboles frutales en medio de un paisaje de atractiva belleza.

Hay en Palestina, asimismo, algunas eminencias montañosas que contribuyen a dar fisonomía característica a la región, y algunas de ellas se vinculan a hechos de particular significación en la historia hebrea, como el *Monte Gelboé,* que presenció la derrota de *Saúl* por los filisteos, y el *Monte Carmelo,* relacionado con el profeta *Elías.*

En fin, la variada configuración topográfica de Palestina tiene su lógica correspondencia en la variedad de climas que allí se perciben, y que van desde los que son propios de las zonas frías, hasta los que son característicos de las regiones más cálidas. En términos generales, sin embargo, puede considerarse que son dos las estaciones que dominan: una seca, que es en verano —de abril a octubre— y otra, el invierno —que se extiende el resto del año—, que es lluviosa. La época del verano es la del crecimiento, la del esplendor de la naturaleza, y por ello, a no dudar, las tres grandes festividades judías se celebraron en verano; es decir: la *Pascua Hebrea,* con los días inmediatos de la *Fiesta de los Acimos,* cuando se ofrecían a Dios las primicias de los cultivos; *Pentecostés,* siete semanas después, al término de la recolección del trigo y cuando todo el pueblo debía presentarse al Santuario; y los *Tabernáculos,* o fiesta de vendimia, mediante la cual se daba gracias a Dios por los beneficios recibidos.

La cultura cananea

Puede deducirse, de las investigaciones arqueológicas llevadas a término en Palestina, que ya desde la Prehistoria hubo asentamiento en ella de diversas comunidades, integradas por hombres que, según es de creer, no eran de raza semítica.

Se conservan de ellos algunos testimonios indicadores de su nivel de vida, tales como vasijas de barro, husos, altares, restos de casas de barro, y otros más.

Igual que en otras comarcas de Asia, migraciones de grupos acabaron asentándose en la tierra de Palestina. Tal fue el caso de los *cananeos* que, procedentes de Arabia, tomaron posesión de muchas partes de esta comarca. Su presencia dio ocasión a que el suelo tendido entre el Jordán y la costa se llamase, por consiguiente, *Canaán.*

El Antiguo Testamento aporta pocos datos de esas épocas, si bien consigna los nombres de otros pobladores de Palestina, los principales de los cuales fueron los *amorreos,* los *jiveos,* los *perizeos,* los *yebuceos* y los *guirgaceos,* etcétera.

Fueron los *cananeos,* empero, quienes más descollaron.

Políticamente estaban agrupados éstos en ciudades-Estados independientes, muchas de ellas defendidas por murallas de piedra, y cuyas casas solían también ser de piedra, aunque las había, asimismo de adobe o de tierra apisonada. Cada ciudad tenía su gobernante, que de hecho no era del todo autónomo, porque, como se ha dicho, la influencia de los faraones egipcios, o también de los reyes mesopotámicos, se extendía hasta Palestina, y las autoridades aborígenes de ésta se veían obligadas a reconocer la superioridad de los monarcas extranjeros, en una situación que era tanto más explicable, cuanto que la tierra a la que hacemos referencia venía a ser el paso obligado entre la cuenca del Nilo y las cuencas del Éufrates y el Tigris.

Por los datos que se tienen puede afirmarse que casi todos los cananeos practicaban la agricultura —olivo, vid, trigo—, pero también se dedicaban al comercio, hasta el punto de que para los hebreos, los términos de "cananeo" y "mercader" llegaron a ser sinónimos. Hay pruebas, en efecto, de la multiplicidad de productos que vendían e intercambiaban con otros pueblos, en una correlación internacional que dejó evidentes huellas culturales en la Palestina de esa época, como puede advertirse en los principios legales corrientes, en el uso de una escritura de tipo cuneiforme y en no pocas leyes y prácticas generales que tomaron carta de naturalización. Los hebreos, más tarde, resintieron esa proyección cultural vigorosa, hasta el punto de serles familiares, por ejemplo, las normas jurídicas de Hammurabi.

En la religión cananea había un politeísmo inocultable, que implicaba la adoración a diversos dioses —llamados *"baales"*—, conectados con los fenómenos de la naturaleza, y no pocas de sus festividades, por la misma razón estaban vinculadas con los cultivos en sus varias manifestaciones. En cada poblado había un adoratorio establecido en un punto eminente, en donde se practicaban los actos del culto, entre los que no eran raros los sacrificios humanos.

Las sucesivas oleadas de semitas deben considerarse, por lo demás, como la causa de la presencia en suelo palestino de pueblos tales como los *arameos,* los *amonitas,* los *moabitas,* y los *madianitas,* que completaron el cuadro etnográfico de la región, y a quienes se agregó otro pueblo de origen diverso, que fue el *filisteo.*

Los filisteos no eran semitas. Por lo que se sabe, debe conectárseles más bien con los *"pueblos del mar",* citados en páginas anteriores, que ocasionaron una gran corriente migratoria relacionada con la destrucción de la cultura *hitita* —hacia 1200 a.C.— y su probable establecimiento en Creta y en otros puntos de la cuenca oriental del Mar Mediterráneo. Un relieve egipcio de ese entonces muestra las figuras de varios prisioneros filisteos con penachos de plumas y un claro perfil griego. Disputaron con los hebreos la comarca oeste del Jordán, pero a la postre fueron arrojados de allí y confinados al extremo sur de la llanura de *Sarón,* donde levantaron cinco ciudades.

En otras partes no dejaron mayor testimonio de su cultura, pero sí el nombre de *Palestina,* o *tierra de los pulasati* o de los *palishtim,* que eran los *filisteos.*

En cuanto a los hebreos que después se establecieron en Palestina, eran de origen semítico indudable.

Oscuras son, con todo, algunas etapas primitivas de la vida hebrea, si bien en la *Biblia,* en el *Antiguo Testamento,* pueden encontrarse muchos datos de importancia que permiten aclarar su historia en diversos aspectos, con la circunstancia de que las excavaciones han venido a confirmar lo que ya la Biblia había dicho en los siglos anteriores.

Reunidas así las fuentes del conocimiento —Biblia y arqueología—, cabe indicar que la primera organización hebrea fue *el patriarcado,* y que varios de los patriarcas han sido históricamente localizados. Eran todos ellos jefes de pequeñas tribus nomádicas, dedicados al pastoreo. Uno, *Abraham,* hijo de *Téraj,* vivió en *Ur,* en Mesopotamia, de donde partió su movilización ulterior. Puede ubicársele cronológicamente hacia el año 1900 a.C., de acuerdo con los hallazgos realizados de 1933 a 1936 en el Cercano Oriente, que al aportar datos de aquel entonces vinieron a confirmar la historicidad de las ciudades de *Jarán* y *Najor,* enlazadas a la historia de Abraham, y de las que no había mayores datos hasta que los trabajos arqueológicos vinieron a dar la razón a la Biblia.

Los patriarcas

El Antiguo Testamento enseña que Dios —a quien los hebreos designaban con el nombre de *Yahvé,* aunque tal nombre procuraban no repetirlo, por respeto, y usaban un circunloquio— quiso que Abraham marchara desde la zona mesopotámica hasta Canaán o Palestina, y le expresó que dada su fidelidad, celebraría con él una "alianza".

Cuando el patriarca, su familia y los componentes de su pue-

Moisés, según Miguel Ángel

blo se asentaron en el valle palestiniano del Jordán, ocurrió, sin embargo, un cataclismo en un sitio cercano.

En efecto, dos ciudades vecinas, *Sodoma* y *Gomorra,* famosas por sus grandes vicios y pecados, fueron destruidas mediante una gigantesca catástrofe que las aniquiló íntegramente, no salvándose, dice la Biblia, sino *Lot,* el sobrino de Abraham, y su familia. La catástrofe cavó una enorme fosa de 394 metros debajo del nivel del mar, que se cubrió después con una agua salada y densa, donde, según hoy puede comprobarse, el cuerpo humano flota, y a esto se le llamó más tarde el *Mar Muerto,* en el que no hay vida orgánica, ni peces de ninguna clase, ni nada florece en sus riberas.

"Seguramente alrededor del año 1900 a. C., tuvo lugar la destrucción de Sodoma y *Gomorra* —escribió en 1951 el erudito americano Jack Finegan—. *Un minucioso examen de los testimonios literarios, geológicos y arqueológicos conduce a la conclusión de que las destruidas ciudades de la Llanura (Gén., 19, 29), se hallaban en la comarca actualmente sumergida bajo las aguas que lentamente van subiendo en la parte del Mar Muerto, y que su destrucción tuvo lugar a causa de un gran terremoto que probablemente fue acompañado de explosiones, de descargas eléctricas, de desprendimientos de gases y fenómenos ígneos".*

En una palabra, el terremoto liberó las fuerzas volcánicas que estaban debajo, y el cataclismo se produjo. Lo singular de los estudios contemporáneos es, por lo que al punto que consideramos se refiere, que el año 1900 a.C., se vincula, justamente, con la época en la que Abraham vivió.

Hoy podemos reconstruir la ruta seguida por Abraham desde Jarán hasta el suelo cananeo, a lo largo de mil kilómetros. La ruta, en la actualidad, supone la travesía por tierras que pertenecen a Turquía, a Siria, a Jordania y a Israel, aunque en aquel entonces sólo había en ese trayecto un solo reino importante, que era el de *Mari,* con un rango de cultura nada despreciable, con vivas propensiones a las labores pacíficas, hasta su destrucción e incendio final por los soldados de Hammurabi.

En la marcha de Abraham y los suyos mediaron, sin duda, motivos religiosos —el Antiguo Testamento menciona un mandato expreso de Yahvé—, pero pudieron haber ocurrido también causas políticas o de otra índole en concordancia con la movilización pacífica de los *hurritas,* que tuvo lugar entonces, y que pudo haber influido en la migración hebrea. Lo cierto es que Abraham residió en varios puntos cananeos, aunque se sabe también de una permanencia suya en Egipto, de donde retornó, sin embargo, con destino a tierra palestina. El Antiguo Testamento habla de Abraham tipificándolo como guerrero, como profeta y como siervo y amigo de Yahvé, que con él acordó la ya mencionada "alianza", que si implicaba de parte de Dios la promesa de su bendición y protección al pueblo, el dominio de Canaán y una numerosa descendencia, de parte del pueblo, a su vez, implicaba el acatamiento a las normas y leyes de Yahvé, con exclusión de cualquier otro culto.

Murió Abraham cerca de Hebrón en donde, en el encinar de *Mamré,* han sido encontradas las piedras de un antiguo santuario.

Al correr del tiempo, un nieto de Abraham, hijo de *Isaac,* llamado *Jacob,* recibió asimismo el nombre de *Israel,* y con ese motivo los hebreos fueron denominados *israelitas.*

Jacob tuvo doce hijos, cabezas de tribu, habidos en sus dos esposas, *Lía y Raquel,* y en dos esclavas, *Zilpá y Bilhá,* del modo siguiente:

a) hijos de Lía: *Rubén, Simeón, Leví, Judá, Isacar* y *Zabulón;*

El profeta Zacarías, pintura de Miguel Ángel

b) hijos de Zilpá: *Gad* y *Aser;*
c) hijos de Raquel: *José* y *Benjamín;*
d) hijos de Bilhá: *Dan* y *Neftalí.*

La misma categoría de cabezas de tribu tuvieron los hijos de José: *Manasés* y *Efraín.*

La permanencia en Egipto

Débil, con un régimen pastoril, sin tierras propias, nomádico, el pueblo hebreo se tuvo que enfrentar a condiciones difíciles en el ambiente que lo rodeaba.

Celoso, empero, de su independencia, y deseando encontrar mejores condiciones de vida, se unió con otros pueblos semíticos para su mejor defensa y para encarar con mayor éxito las dificultades.

Así parece que anduvo con los *acadios* y después con los *hicsos* o *reyes pastores* —en realidad, grupos dirigidos por patriarcas que encabezaban núcleos nómadas de pastores— que invadieron Egipto, quizás a resulta de una gran sequía que afectó a una buena parte del Cercano Oriente.

El dominio de hicsos fue tan completo durante algún tiempo, que fueron ellos quienes formaron las dinastías XV y XVI en el país del Nilo, entre los años 1670 y 1570 a.C.

Es a esta época a la que corresponde la historia de *José,* durante la cual los hebreos llegaron a tener cierta influencia dentro de la vida egipcia, incluso ocupando determinados puestos de interés político social en la nación; pero más tarde ocurrió la expulsión de los hicsos, y aunque los hebreos se quedaron en Egipto, su situación comenzó a hacerse difícil. Se les veía con recelo, con animadversión, y sólo finalmente fueron liberados por un caudillo de nombre *Moisés,* que quiere decir *"salvado de las aguas",* porque lo halló la hija del faraón en el Nilo, donde lo depositó su madre en una canastilla para evitar que lo matasen los egipcios como a muchos otros niños hebreos.

Esto era fruto de la servidumbre impuesta por los egipcios a los israelitas.

La Biblia, en el Éxodo, menciona el hecho, lo mismo que las extremas medidas de rigor que las autoridades egipcias adoptaron, y que vinieron a ser, según es patente, la primera represión antisemita de la historia universal. Se impusieron a los hebreos, de acuerdo con esto, las tareas más pesadas y las servidumbres más rigurosas, y como aún no se considera bastante, el faraón —Tutmés III, para algunos; Merneptah, para otros; Ramsés II para una crítica que aporta acaso mayores datos— dispuso incluso que las parteras dieran muerte a los niños recién nacidos. La ira de Dios hizo entonces que sobrevinieran sobre Egipto diez plagas, cuya fuerza dio ocasión para que Moisés acaudillara a los suyos y los sacase de Egipto (¿1290 a.C.?) con destino a Canaán, mediando un largo peregrinaje durante lo cual los israelitas sufrieron sed, hambre, enfermedades y los ataques de los beduinos, en forma persistente. Más de una vez, por ello quisieron volver a Egipto, del que olvidaban los maltratos, pero recordaban el alimento, reprochando a Moisés los desastres que sufrían.

El Decálogo

Durante ese largo y azaroso viaje, Moisés recibió de Dios, en el *Monte Sinaí,* los diez preceptos religiosos y morales que fueron conocidos como el *Decálogo* y que estuvieron contenidos en dos tablas.

Dichos mandamientos fueron los siguientes:

I. "Yo soy el Señor Dios tuyo... No tendrás otros dioses delante de Mí".

Vista general de Jerusalén y sus murallas

II. "No tomarás en vano el nombre del Señor tu Dios".
III. "Acuérdate de santificar el día de sábado".
IV. "Honra a tu padre y a tu madre".
V. "No matarás".
VI. "No fornicarás".
VII. "No hurtarás".
VIII. "No levantarás falso testimonio contra tu prójimo".
IX. "No codiciarás la mujer de tu prójimo".
X. "No codiciarás la casa de tu prójimo... ni cosa alguna de las que le pertenecen".

Singularmente, sin embargo, cuando Moisés volvió a su pueblo, llevando el Decálogo —expresión del pacto entre Dios y los israelitas, en lo religioso, y materia propicia para la unidad nacional, en lo humano, por su carácter de ley única para todos—, el pueblo se había revelado y había pedido a *Aarón,* hermano de Moisés, que mandase esculpir un becerro de oro, para adorarlo.

El hecho constituía una deslealtad, un gesto agresivo, pero no algo insólito en aquellas comarcas en cuanto a manifestación, ya que el culto al becerro "se encuentra en muchas formas, como dice Rattey, tanto entre los pueblos semíticos, como en la religión egipcia; este tipo de culto persistió en algunas de las tribus, incluso después de su entrada en Canaán, y fue adoptado en el norte de Israel varios siglos más tarde por Jeroboam I".

Es posible recordar a este respecto, asimismo, la importancia del toro en la cultura cretense.

Por lo demás, Moisés indignado por tal hecho, rompió el ídolo y sólo más tarde reanudó la marcha hacia Palestina, conforme a una fecunda gestión que reveló, al par realizado por él anteriormente, su gran calidad de conductor del pueblo, de político y de jefe religioso. Hombre de grandes decisiones y de sentido práctico, administraba la justicia por sí mismo en los casos difíciles, aunque dejaba los asuntos menores a los ancianos que él designaba como gobernantes, de las tribus o pequeños grupos.

Canaán

A la "tierra prometida", Palestina, no entró Moisés, que murió poco antes, sino su seguidor, *Josué.*

El asentamiento, sin embargo, no fue fácil. La pretensión del dominio en ciertos lugares, de parte de los hebreos, ocasionó luchas continuas contra los vecinos ya arraigados en estos sitios, pero al fin pudieron aquéllos quedar como dueños en una buena parte de Canaán.

Ésta fue la época de los *Jueces* —hombres que desempeñaban funciones de gobierno, que encabezaban si era preciso a las fuerzas militares y que dirimían judicialmente las disputas—, al frente de un pueblo que vivía la transición del estilo de existencia nomádico y pastoril al estilo de vida agrícola y sedentario.

Entre los jueces más conocidos se encontraron: *Gedeón, Jefté* y *Sansón* —cuya fuerza se hizo proverbial—, y también *Samuel,* el último de ellos, que fue al mismo tiempo uno de los más notables profetas del pueblo; mas en virtud de haber querido los israelitas tener reyes como gobernantes, Samuel ungió como monarca a *Saúl.* Este primer rey hebreo obtuvo algunas victorias sobre los enemigos, pero debido a la conducta que observó más tarde, Samuel ungió secretamente a *David,* joven guerrero que alcanzó fama desde el triunfo sobre el gigante *Goliath,* pero no fue coronado sino cuando Saúl se suicidó a consecuencia de una derrota.

La Biblia recuerda a David como el rey guerrero y poeta —autor de buena parte de los *Salmos*—, y fue ciertamente animador de la única época de militarismo israelita en la Antigüedad, durante la cual se efectuaron algunas conquistas de consideración que, sin embargo, no se continuaron tras la muerte del rey. Lo sucedió su hijo Salomón, fastuoso, inteligente, emprendedor, que impulsó el comercio y las construcciones, incluso de tipo naval, ya mencionadas en los textos sagrados, y que los trabajos del arqueólogo Nelson Glueck, de la Escuela Americana de Investigaciones Orientales, han venido a confirmar. Edificios, comunicaciones, tratos mercantiles, explotación de yacimientos de hierro y cobre, constituyeron las pruebas de una estructura social y económica nueva, de índole más vasta y pujante que la propia de las edades anteriores, y en la que tomaron parte no sólo los hebreos, sino también técnicos extranjeros que Salomón supo asimilar a sus grandes empresas.

En general hubo una marcada política de centralización del poder real. Para el mejor gobierno del territorio israelita, Salomón dispuso su división en doce distritos que coincidían con los territorios de doce tribus, y en concomitancia con ello nombró gobernadores cuyo principal papel era el de recaudar los impuestos correspondientes. Se dice que otras de las misiones de tales autoridades consistía en la aportación de trabajadores para las múltiples construcciones que entonces fueron emprendidas, ya que había una especie de servicio obligatorio de trabajo —¿sólo para israelitas? ¿para israelitas y extranjeros avecinados en su suelo?— que se aprovechaba para el levantamiento de obras de defensa, para la corte o para el culto. Fundó ciudades-campamentos; su ejército contó con carros de guerra tirados por caballos y dispuso la edificación de grandes caballerizas de cuyos restos quedan testimonios en Meguiddó, conforme a las investigaciones arqueológicas realizadas allí.

Como edificios destinados al servicio de la corte pueden citarse: un palacio con múltiples dependencias, la llamada "casa del bosque Líbano", el patio de las columnas, la sala del trono y un palacio para su esposa egipcia; todo ello circundado por extenso muro.

Fue entonces cuando Salomón dispuso también que se construyera un nuevo templo de Jerusalén, con el concurso de arquitectos fenicios.

Poco fue, sin embargo, lo que subsistió a su muerte. Algunos círculos proféticos acusaban a Salomón de practicar una tolerancia religiosa indebida, y esto, unido a la centralización administrativa que era mal llevada por algunos, y a los agobiantes impuestos con que recargó al pueblo, precipitó al desajuste y la crisis. No sobrevivieron, de su obra sino de las edificaciones, pero el reino quedó dividido, en *Israel y Judá,* en medio de una gran debilidad para todos.

División del pueblo

Uno y otro reinos se vieron asolados por divisiones internas y por los ataques de los pueblos más poderosos. Los *asirios* comenzaron a absorber a los hebreos de Israel y después a los de Judá, pero fueron los *caldeos* quienes los llevaron cautivos, en masa, hasta *Babilonia;* cautiverio que, no obstante todo, no agotó las energías internas del pueblo judío, cuya fe se vio sostenida por sus profetas, y muy destacadamente por dos de ellos, que fueron *Daniel* y *Ezequiel.* Los persas, finalmente, los libertaron y les permitieron su vuelta a Palestina, pero los hicieron tributarios suyos. Tiempo después, la situación entre unos y otros se hizo recelosa, y la paz y la seguridad faltaron. Un rey persa, *Jerjes I (Asuero,* según la Biblia), ordenó pasar a degüello a todos los judíos, hombres y mujeres, viejos y niños, desde la India hasta Etiopía, conforme a un decreto que tuvo por pretexto el hecho de que el israelita *Mardoqueo,* en acto valeroso, no quiso doblar su rodilla delante de *Amán,* el primer ministro, por más que el texto del monarca persa se fundaba, en una acusación según la cual el pueblo hebreo, no obstante estar "mezclado a todas las tribus que existen sobre la tierra", se mantenía "en oposición con todos los pueblos en virtud de sus leyes", impidiendo "la perfecta armonía del imperio".

El terrible mandato fue anulado, con todo, por las gestiones de la esposa de Jerjes I, la reina *Esther,* que era judía.

Con posterioridad a ese acontecimiento, otros pueblos (los *macedonios,* los *egipcios,* los *sirios,* y a la postre los *romanos),* atacaron a los hebreos o establecieron su dominio en tierras de éstos, cuya libertad se perdió, o al menos se vio muy menguada, en manos de los extranjeros. A esa época corresponden hechos de gran fuerza emotiva, verdaderas hazañas históricas de parte de muchos judíos contra sus opresores, como fue, por ejemplo, la resistencia del pueblo dirigido por los hermanos Macabeos, en pro de la libertad nacional y religiosa, frente a la hegemonía y a los intentos de helenización que ejercían los reyes sirios en contra de los judíos.

En cuanto a los romanos, su relación con los judíos respondió más bien a la búsqueda de una alianza por parte de éstos para hacer frente a los sirios, que les eran tan hostiles; pero la amistad romana, a la larga, se trocó en tutela. Al siglo I a.C., los romanos aprovecharon unos disturbios para conquistar Jerusalén, y una buena parte del territorio judío. El

Judea, uno de los dos reinos formados a la muerte de Salomón

año 40 a.C. fue puesto *Herodes I* como rey por parte de los romanos, aun cuando no era judío, sino descendiente de idumeos y árabes. Astuto y poco escrupuloso, supo sacar partido de las diferencias políticas entre los romanos y afianzó su poder y extendió su dominio. Se aplicó a grandes construcciones, fundó varias ciudades, propició la reconstrucción del *templo de Jerusalén* —que sólo se concluyó hasta mediados del siglo I d.C.—, y en la misma capital: la fortificación de la torre Antonia, un teatro, un anfiteatro y el palacio real.

Diversas obras militares aparecieron entonces asimismo.

Sin embargo, su vida privada, su favor al helenismo —que sin embargo no trató de imponer— y los pesados tributos exigidos, crearon una latente oposición en su contra. A su muerte el reino se dividió entre sus hijos, pero poco tiempo después toda Judea quedó bajo el gobierno de los procuradores romanos, salvo alguna excepción. Al correr de los años, y con motivo de una rebelión judía, los legionarios romanos destruyeron una gran parte de Jerusalén, incluso casi todo el templo, el año 70 d.C. Los judíos se sublevaron nuevamente en los años posteriores, y los romanos, para castigarlos definitivamente, los obligaron a salir a refugiarse en otros sitios fuera de Palestina. Estas emigraciones forzadas que arrojaron a los israelitas por casi toda la cuenca del Mediterráneo —en algunos de cuyos sitios ya había judíos desde tiempos anteriores— son conocidas con el nombre de *dispersión*, y tal es la causa de que el pueblo hebreo haya carecido de una patria propia, aunque siempre alentó la idea de tener una, de regresar a Jerusalén, a Palestina en general, y establecerse allí nuevamente. Se sabe que en el curso del Imperio Romano había colonias judías lo mismo en España que en Italia, en Germania lo mismo que en las Galias.

El Antiguo Testamento

Los israelitas, mientras estuvieron en Palestina, resistieron no pocas influencias culturales de índole diversa, pero su personalidad histórica supo mantenerse en sus grandes líneas a pesar de todo. Tal continuidad se explica tanto por su adhesión sustancial a su patrimonio religioso, heredado de sus antepasados, cuanto por la gran fortaleza de su organización familiar.

Esto último fue cierto incluso teniendo presente el hecho de que la familia judía conoció históricamente el paso de la *poligamia* a la *monogamia*. El tener varias esposas fue cosa admitida entre patriarcas, aun cuando no faltaron nunca indicaciones de que la monogamia era más perfecta. Todavía en tiempos de Moisés, la ley, sin aprobar la poligamia, regulaba sus consecuencias. Como dice Lesetre: "La actitud de la ley mosaica frente a la poligamia es la actitud discreta de una prudencia que juzga inútil condenar abiertamente un abuso que cree imposible extirpar de una vez. Establece una legislación que, sin condenar la poligamia, está inspirada por un espíritu contrario, y tendrá como efecto hacerla desaparecer progresivamente".

Es verosímil que la tendencia poligámica —muchas veces reducida a una bigamia— disminuyó después de la cautividad en Babilonia, y de hecho no se encuentra ningún caso citado en la Biblia a partir de entonces. "Ninguna ley judía, apunta Godefroy, ordenó, sin embargo, la unidad del matrimonio y algunos hechos extrabíblicos muestran que la poligamia no había desaparecido por completo..."

La familia en cualquier sentido, supo mantenerse con gran solidez, y esto contó mucho en la perpetuación del ser nacional hebreo.

En concomitancia con ello, los judíos desarrollaron una cultura de perfil propio, que si se asimiló algunas prácticas, no afectaron éstas a las líneas esenciales de la fisonomía popular. La religión fue, a este propósito, el nervio y el motor de su papel histórico. Toda ella nos es bien conocida a través de la *Revelación* contenida en la *Biblia,* aunque sólo el *Antiguo Testamento* es admitido como sagrado por los judíos.

La palabra *testamento* se usa, en este orden de ideas, a consecuencia de que los traductores griegos de la parte primera de la Biblia, tradujeron la palabra hebrea, "berit", que significa "alianza", por, *diaqnxh,* expresión popular helenística que equivalía a *testamento.* Y a su vez las versiones latinas reprodujeron también *berit* por *testamentum.* De allí la denominación de *Antiguo Testamento* para indicar la alianza de Yahvé con Israel, en contraste con la de *Nuevo Testamento,* que es la nueva alianza, fundada y sellada por Cristo.

Entre los judíos, el conjunto de textos sagrados es conocido, desde la Edad Media, con el nombre de *Tanaj,* y abarca, según el cánon hebreo, tres conjuntos de libros: la *Tora,* el *Nebiim* y el *Ketubim.*

"La *Tora* (la ley), indica Dujovne, comprende los primeros cinco libros de la Biblia, o sea, el *Pentateuco:* Génesis, Éxodo, Levítico, Números y Deuteronomio. *Nebiim* (Profetas) comprende los Primeros Profetas, esto es, los libros históricos de Josué, Jueces, Samuel y Reyes, y los Segundos Profetas: Isaías, Jeremías, Ezequiel, y la colección de los libros proféticos menores: Oseas, Joel, Amós, Abdías y Jonás, Miqueas, Na-hum, Habacuc, Sofonías, Hag-geo, Zacarías, y Malaquías, *Ketubim* (Escritos, Hagiógrafos) comprende: Salmos, Proverbios, Job, Cantar de los Cantares, Ruth, Lamentaciones, Eclesiastés, Esther, Daniel, Esdras (Ezra), Nehemías y Crónicas".

Si esta lista se compara con la formulada por el Concilio de Trento, de mediados del siglo

XVI, que enumeró cuáles son los libros que forman el Antiguo Testamento, conforme al dogma católico, pueden advertirse algunas diferencias al respecto. Efectivamente, la tradición judía reconoce, en veces, hasta un total de 39 libros, que en otras reduce, por la manera como se les agrupa; las iglesias protestantes siguen en general la misma tendencia, pero los católicos postulan una cifra de 45 libros, que son los siguientes:

Génesis, Éxodo, Levítico, Números, Deuteronomio, Josué, Jueces, Ruth, Primero de Samuel, Segundo de Samuel; Primero de los Reyes, Segundo de los Reyes; Primero de las Crónicas, Segundo de las Crónicas, Esdras, Nehemías, Tobías, Judith, Esther, Job, Salmos, Proverbios, Eclesiastés, Cantar de los Cantares, Sabiduría, Eclesiástico, Isaías, Jeremías, Lamentaciones, Baruc, Ezequiel, Daniel, Oseas, Joel, Amós, Abdías, Jonás, Miqueas, Nahum, Habacuc, Sofonías, Ageo, Zacarías, Malaquías, Macabeos (Primero y Segundo).

A los libros no aceptados por los grupos cristianos disidentes, ni por los judíos, se les llama *deuterocanónicos,* los demás son llamados *protocanónicos.*

Fueron escritos los libros del Antiguo Testamento, casi todos ellos en *hebreo,* algunos en *arameo* y otros en griego, como el libro Segundo de los Macabeos.

Originalmente no tenían las divisiones en capítulos y versículos que hoy, por comodidad, se usan en todas partes. La división en capítulos de longitud aproximadamente igual, señala Robert, no se remonta sino a los principios del siglo XIII. Se debe a Esteban Langdon... que, al principio profesor de la Universidad de París, fue después arzobispo de Canterbury y cardenal. Fue introducida en la Biblia llamada parisiense, hacia el año 1226, y de aquí a todas las ediciones de la Biblia, comprendida también la Biblia hebrea. La capitulación moderna no difiere sensiblemente de la de Esteban Langdon. La división en versículos es más reciente; ha tomado su forma definitiva con el célebre impresor Roberto Estienne, en 1551. A pesar de sus inconsecuencias, se ha encontrado ya consagrada por el uso, y adoptada en todas las ediciones de la Biblia".

La vida religiosa

La vida religiosa hebrea, basada en la Biblia, aceptó como elemento primordial la idea de Dios —denominado *Yahvé,* nombre que por reverencial los judíos no solían usar, y lo sustituían, a veces por el de *Adonay,* y por *Elohim*—. El culto a Dios fue celosamente profesado por el pueblo, pese a no pocas caídas en la idolatría, a instancias ésta, sin duda, del influjo de otros pueblos politeístas e idólatras.

La religión pesó enormemente en los criterios, en las costumbres y en las tendencias generales, girando toda ella en torno a un *monoteísmo* riguroso y estricto. Dios no era, para esta cosmovisión, algo que se confundía con la naturaleza. No era algo inmanente a ésta. Dios era un ser trascendente, personal que por determinación de su voluntad libérrima, creó el mundo, la naturaleza, y en ella al hombre —que no es un *hecho* meramente natural, sino un ser creado *a la imagen y semejanza* del mismo Dios—, con la circunstancia de que el hombre, según un texto del Génesis, tiene un papel de conquistador de la naturaleza, de colaborador de Él, y por consiguiente de forjador de la cultura.

La relación entre Dios y el hombre era, por lo demás, eminentemente moral, y descansaba en los preceptos de Aquél.

El ser humano debía cumplir tales preceptos, hacer suyas tales normas, para servir mejor a Dios, lo que en el caso del pueblo judío significaba el cumplimiento inexcusable de la "alianza" establecida y sancionada desde tiempos de los patriarcas.

Por lo demás, en el ámbito judío conectado por la religión y la política, podía hablarse, incluso, de una *teocracia,* como forma de vida social, ya que si bien es cierto que a partir de *Saúl* se estructuró la vida pública en forma de monarquía, no es menos verdad que la influencia del sacerdocio fue determinante en todo momento.

En un principio las funciones religiosas eran atendidas por el jefe de la familia o de la tribu. Los reyes, al modo de David, actuaban como sacerdotes, o usurpaban funciones sacerdotales al modo de Azaryá. Con todo, en la época de David y Salomón el sacerdocio tuvo desarrollo amplio, y Jerusalén quedó como santuario nacional para todo Israel. Una vez establecida la calidad sacerdotal, ésta se hizo hereditaria. A la cabeza de la clase estaba el sumo sacerdote, y los demás se distribuían en 24 linajes, cuyo servicio se repartía por suertes. La principal misión del sacerdote era la instrucción en asuntos rituales y religiosos, los sacrificios y la administración de los bienes del templo.

Al paso de los años se tituló *príncipes de los sacerdotes* a las cabezas de las familias sacerdotales, y *escribas* a los que eran maestros de la ley, que era la Torá.

La suprema autoridad administrativa del pueblo eran el *Sanedrín,* presidido por el sacerdote supremo y compuesto por 70 miembros que correspondían a tres grupos: a) los *ancianos,* que eran representantes conspicuos de las familias no sacerdotales;

Reconstrucción del templo de Jerusalén

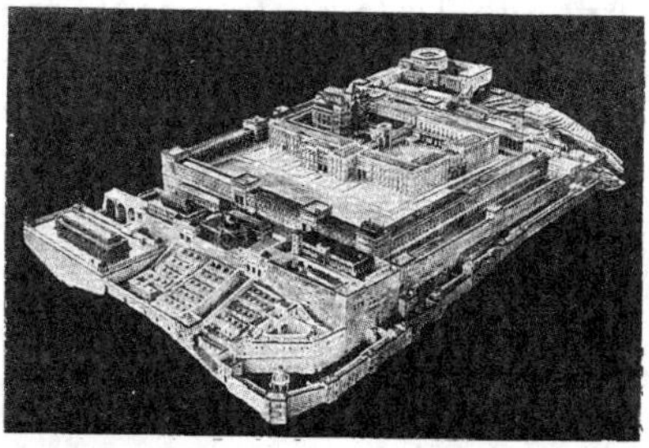

b) los *escribas;* y c) los *sumos sacerdotes retirados.*

Como corrientes religiosas entre los judíos —que implicaban un estilo de vida e ideas características— aparecieron tres, que en la época de Jesús estaban bien caracterizados, y eran: los *fariseos,* los *saduceos* y los *esenios.*

Los *fariseos* constituyeron una secta cuyos participantes se llamaban a sí mismos *haberim,* que significa *compañeros,* lo que hace suponer la existencia de una organización compacta, de modo que el término de *fariseso* —derivado del hebreo "prusim", que equivale a *separados*— quizás les fue impuesto por sus adversarios. Los fariseos se entregaban al estudio a fondo de la Torá y de las tradiciones; exigían una interpretación rigurosa de la ley, especialmente en lo que se refería al sábado, a la integridad ritual y a los diezmos se consideraban como poseedores de una mayor pureza que la muchedumbre, de la que efectivamente se sentían "separados".

Los *saduceos* parecen haber actuado en firme desde el siglo II a.C. y formaron más bien un grupo político dentro del sacerdocio, aunque también en lo doctrinal tenían ideas propias, de suerte que si aceptaban la autoridad de la Torá, rechazaban en cambio la "tradición de los padres".

Finalmente, los *esenios* formaban, en tiempos de Cristo, una secta religiosa en forma de comunidades monásticas, con una clara tendencia ascética. La Biblia no los menciona ni la tradición oficial judía. Vivían especialmente en las cercanías del *Mar Muerto;* practicaban la pobreza y el celibato, aunque había esenios casados que integraban una especie de "orden tercera". Quienes pertenecían a las comunidades obedecían las órdenes de un superior que era electo por ellos mismos. Veneraban a Moisés y a los ángeles, vivían de su trabajo manual, no tomaban parte en el culto del templo, hacían una oración matinal y observaban estrechamente el precepto del sábado.

Según parece también tenían un sentido fatalista de la intervención de Dios en los asuntos humanos.

A partir de 1947 se han descubierto, sobre todo en *Qumrán* y en sus contornos, en las cercanías del Mar Muerto, unos manuscritos a los que genéricamente se conoce con el nombre de *"rollos del Mar Muerto",* que arrojan no poca luz sobre la vida de los esenios. Hasta el momento son once las grutas donde se han hallado los manuscritos —cuyos textos se encuentran en las lenguas *hebrea, aramea y griega*—, y las investigaciones arqueológicas han permitido dar con los restos de varios monasterios y una necrópolis.

Otras formas culturales

Si en la religión y en la literatura fue mucho —y de proyección histórica enorme— lo que produjeron los judíos, en otros aspectos de la cultura fue mínima su aportación.

Ni en la escultura ni en la pintura lograron destacar. Las prohibiciones repetidas en las Sagradas Escrituras sobre la elaboración de imágenes, para evitar que el pueblo cayese en idolatría, pesaron mucho en la ausencia de esculturas que demostrasen un desarrollo apreciable en el arte. Ni los querubines que estaban en el "arca de la alianza" y en los muros del templo, eran, de acuerdo con ello, imágenes que merecieran culto. A su vez, en la arquitectura, no pocas de las grandes edificaciones fueron obra de arquitectos fenicios, que eran herederos de la tradición asiria de suerte que no es dable distinguir un estilo que con líneas propias haya surgido en Palestina bajo el influjo hebreo.

El porte judío debe ser subrayado, pues, en lo que tuvo de religioso y de literario como vehículo de su gran papel en la historia. Se enlaza con este hecho, así también, la circunstancia de que ante la presencia de Cristo, el pueblo hebreo, en cuanto tal —hechas las excepciones de quienes constituyeron los primeros núcleos cristianos— se negó a reconocer en Él al *Mesías* anunciado por los profetas. Los hebreos se mantuvieron unidos, en cambio, con la idea de que continuaban formando el *"pueblo elegido"* de Dios, aguardando un Mesías que restaurase el antiguo reino de David. Y si ese Mesías debía ser una persona, o era el pueblo todo, como algunos llegaron a pensar después, fue cuestión que dividió las opiniones. Lo cierto es que en medio de la dispersión fue la fe religiosa el principal lazo de unión, perpetuada a través de la reverencia al Antiguo Testamento, que se consideraba sagrado y a través de la adhesión al *Talmud,* que se formó al correr de los siglos.

Para entender lo que es el *Talmud* debe recordarse que los hebreos, desde tiempos muy antiguos, tenían una ley oral con la que interpretaban a la ley escrita (la Torá y los profetas), y esa ley oral la llamaban *Mishná,* la cual llegó a ser tan copiosa y desbordante, que de hecho fue extremadamente difícil poder retenerla de memoria por su misma dispersión, con riesgo de perderse. Por eso el rabino *Yehuda el Santo,* en el siglo II d.C. hizo una recopilación que fue oral, como todas las anteriores y "sólo a partir de los siglos V y VI se hicieron redacciones oficiales por escrito, aunque no es imposible la existencia de redacciones escritas para uso privado", según David Romano. La *Guemará* está formada por los comentarios de los rabinos.

Ambas cosas constituyeron el Talmud, del que surgieron dos versiones, una en *Tiberíades,* que se llamó *Talmud de Jerusalén,* y otra en *Babilonia,* que tomó este último nombre. *El Talmud de Babilonia* es el más usado y el que generalmente se cita.

El saber y el actuar religiosos del pueblo hebreo, en lo sucesivo, se modelaron en gran parte bajo la influencia del pensamiento talmúdico, por la acción de los rabinos.

LECTURAS

Cántico de Judith

Cantad al Señor al son de los tímpanos; cantad al Señor un nuevo cantar al son del pandero: glorificad su Nombre e invocadlo.

El Señor es quien hace pedazos los ejércitos: se llama el Señor.

Él fue quien acampó entre su pueblo, para arrancarnos de las manos de todos nuestros enemigos. Del norte vino Asur, de los montes vino con un gran ejercito, con un fuerte ejército cuya muchedumbre tapaba los torrentes, cuya caballería cubría los valles.

Dijo que incendiaría mi tierra, que a cuchillo pasaría a mis jóvenes soldados, que mis niños serían su botín, que mis muchachas serían llevadas cautivas.

Mas el Señor omnipotente se lo estorbó, lo entregó en manos de una mujer y lo traspasó con la espada...

Señor Dios, tú eres grande y de excelsa fuerza; tú eres invencible.

Que todas tus criaturas te sirvan: porque al mando de tu voz recibieron la existencia; enviaste tu espíritu, y fueron creadas; no hay quien resista tu voz.

TRAD. AGUSTÍN MAGAÑA MÉNDEZ

Los reyes y la sabiduría

Por eso, reyes, oíd, y entended, jueces de todo el mundo, aprended la lección; prestad atención jefes de las muchedumbres, vosotros que os gloriáis de dominar a tantos pueblos:

que ha sido el Señor quien os dio el señorío, vuestra soberanía os viene del Altísimo, el cual habrá de investigar vuestras obras y penetrar vuestros planes.

Porque siendo vosotros súbditos de su reino no gobernasteis bien, ni guardasteis la Ley, ni seguisteis el camino del propósito de Dios; y por eso vendrá sobre vosotros con rapidez y con espanto, porque los que ocupan altos puestos serán sometidos a juicio severo.

Porque el hombre humilde podrá recibir el perdón de la misericordia, mientras que los poderosos habrán de sufrir juicio severísimo.

TRAD. AGUSTÍN MAGAÑA MÉNDEZ

Salmo 96

Cantad al Señor un himno nuevo,
moradores de la tierra, todos cantad al Señor.

Cantad al Señor, bendecid su Nombre, pregonad su salvación todos los días.

Cantad entre las naciones su gloria, y sus maravillas entre todos los pueblos.

Porque grande es el Señor, merece toda alabanza; más terrible que todos los dioses.

Pues todos los dioses de los pueblos son puros ídolos, mientras que el Señor hizo los cielos.

Esplendor, magnificencia ante su rostro; gloria, majestad, en su Santuario.

Familias de naciones dad al Señor, dad al Señor gloria y honor.

Dad gloria al Señor por su nombre.

Traedle presentes, penetrando en su atrio.

Prosternaos ante Él, moradores todos del orbe.

Decid entre las naciones; el Señor impera: por eso está firme, sin menearse, el mundo; el Señor juzga con rectitud a los pueblos.

Regocíjense los cielos, alégrese la tierra, truene el mar con lo que contiene; llénense de júbilo el campo y lo que hay en él; griten de alegría todos los árboles de la selva, ante el Señor, porque viene a juzgar al mundo; y juzgará la tierra justamente, y lealmente juzgará a los pueblos.

TRAD. AGUSTÍN MAGAÑA MÉNDEZ

BIBLIOGRAFÍA FUNDAMENTAL

COLUNGA, Alberto y GARCÍA CORDERO, Maximiliano. *Biblia Comentada.* Biblioteca de Autores Cristianos. Madrid. MCMLX.

DE LA PEÑA, Carlos H. *Historia de la Literatura Universal.* Editorial Jus. México, 1963. *Antología de la Literatura Universal.* Editorial Jus. México. 1960.

HAAG, Herbert y otros. *Diccionario de la Biblia.* Editorial Herder. Barcelona. 1964.

HOGARTH, D.G. *El Antiguo Oriente.* Breviarios del Fondo de Cultura Económica. México-Buenos Aires. 1965.

KELLER, Werner. *Y la Biblia Tenía Razón.* Ediciones Omega. Barcelona. 1966.

LECLERCQ, Jacques. *La Familia.* Editorial Herder. Barcelona. 1961.

MATTUCK, Israel I. *El Pensamiento de los Profetas.* Breviarios del Fondo de Cultura Económica. México-Buenos Aires. 1962.

MILLARES CARLO, Agustín. *Compendio de Historia Universal de la Literatura.* Editorial Esfinge. México. 1945.

MUNDÓ, José. *Curso de Historia Universal.* Espasa-Calpe. Madrid. 1942.
RATTEY, B.K. *Los hebreos.* Breviarios del Fondo de Cultura Económica. México Buenos Aires. 1966.
RIMLI, E. Th. *Historia Universal Ilustrada.* Vergara Editorial Barcelona. 1957.
ROBERT A. y TRICOT A. *Iniciación Bíblica.* Editorial Jus. México. 1957.
ROMANO, David. *Antología del Talmud.* José Janés. Editor. Barcelona. 1953.
WEISS, J.B. *Historia Universal.* Tipografía. La Enseñanza. Barcelona. 1927.

Capítulo 14

La cultura en la Persia antigua

Sólo es buena la naturaleza que no haga a otra lo que no es bueno para ella misma.

AVESTA

El suelo iranio

La *Meseta del Irán* – nombre que deriva, según se supone, del vocablo *Airizana,* o *tierra de los arios* – constituyó un ámbito de singular importancia en la historia de diversos núcleos humanos, y de no pocas corrientes culturales en la Época Antigua.

Es una meseta que abarca, en nuestros días, porciones de *Armenia,* de *Afganistán* y de *Beluchistán,* aun cuando la mayor parte corresponde a *Irán,* que geográficamente coincide en gran parte con la *vieja Persia.*

Tres macizos montañosos atraviesan la meseta: en la parte septentrional se encuentran los Montes Elburz, algunas de cuyas eminencias llegan a contar con más de cinco mil metros sobre el nivel del mar; hállanse también los *Montes Zagros,* que cuentan con alturas igualmente importantes, a lo largo de sus casi 1,200 kilómetros de extensión; finalmente, al centro, hay un conjunto de cordones montañosos de cierta importancia, que no llegan a alcanzar, sin embargo, las eminencias de los anteriores sistemas.

En total, la *Meseta del Irán* tiene más o menos unos dos y medio millones de kilómetros cuadrados, con una zona interior que, no obstante contar con una altura de unos 1,200 metros sobre el nivel del mar, ofrece la fisonomía de una verdadera depresión, si se toma en cuenta la elevación impresionante de sus bordes.

No es de extrañar que a resultas de la condiciones físicas anteriores, las temperaturas iranias suelen ser extremadas. El interior de la mese-

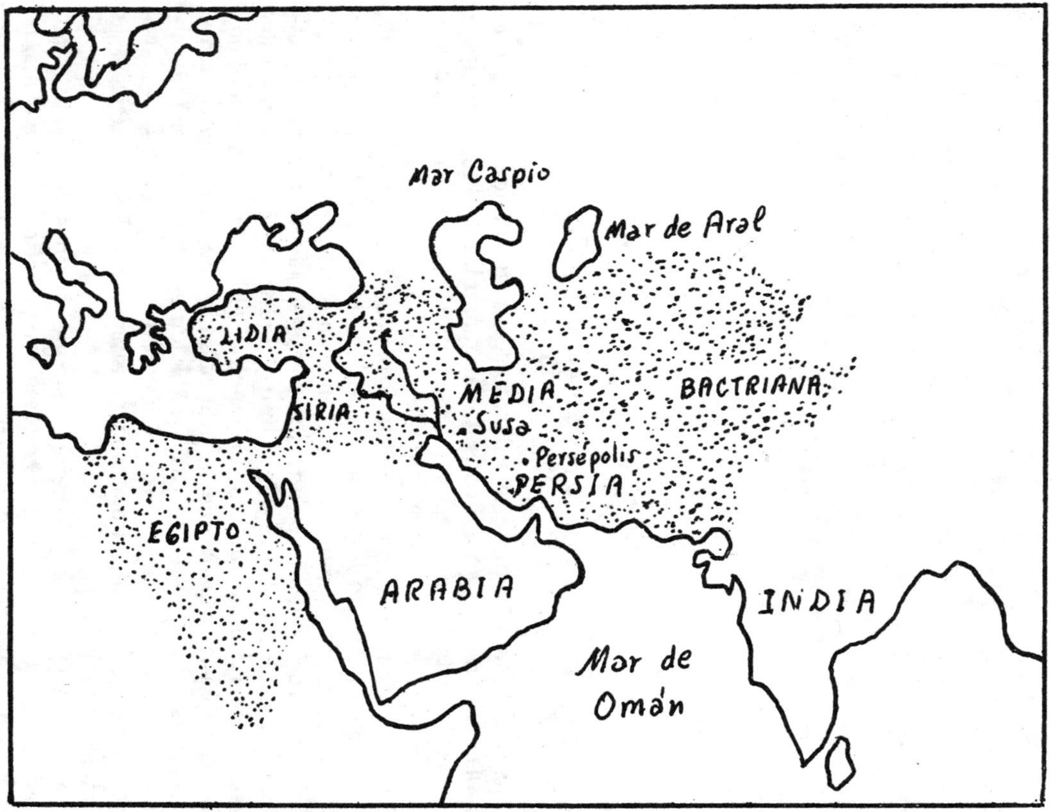

Extensión del dominio persa en tiempos de Darío I

ta es notablemente seco, como consecuencia de que las montañas externas retienen las precipitaciones acuosas, y aún ocurre, asimismo, que la mayor parte de las cuencas iranias carecen de desagüe externo.

Al norte es posible encontrar montañas cubiertas de bosques, el resto de la tierra se ve cubierto más bien por arbustos, matorrales y, en general, la vegetación es propia de la estepa o del desierto. En una palabra, la nota distintiva del clima, en su mayor parte, es la aridez, dado el predominio de los vientos secos y de la escasez de las lluvias.

Los ríos, inclusive, son de caudal pobre, salvo en la primavera.

La fertilidad que hay en determinados puntos es la que históricamente ha permitido la existencia de algunas formas de agricultura, del tipo de la palmera, el cerezo, el durazno, la higuera, la vid, el nogal, y otros frutos más, al lado de flores —rosas, jazmines, lilas, violetas— que han sido pertinazmente aprovechadas para la obtención de perfumes desde hace mucho tiempo.

Animales de muchas categorías, silvestres unos, domesticados otros, han tenido también importancia en la vida persa, tales como los ciervos, los caballos, los bovinos, los camellos, las ovejas, y las aves de diversas especies.

Hay yacimientos de metales y de petróleo, y abundan igualmente las piedras preciosas.

Vista en su conjunto, la *Meseta del Irán* está limitada, al sur, por el *Golfo de Omán;* al suroeste, por el *Golfo Pérsico;* al norte, por el *Mar Caspio* y la *URSS;* al oeste, por *Mesopotamia* —hoy *Irak*— ; al noroeste, por *Turquía;* y al este, por la zona general de *Afganistán* y *Pakistán.*

El Irán moderno ocupa más de millón y medio de kilómetros cuadrados de la meseta de que se hace mención.

Medos y persas

Es evidente que la Meseta del Irán ya supo de la acción de los núcleos humanos, con el grado de cultura que fue propio de la *Época Neolítica* o de la *Edad de los Metales,* si bien puede postularse que no fueron ellos quienes elaboraron las grandes formas de vida social que allí se estructuraron en la Época Antigua.

Los autores de la cultura más descollante en el Irán fueron los *arios,* y cuando se dice arios, se indica, como se sabe, una corriente humana emparentada culturalmente con los invasores de la *India,* hacia 2,000 o 1,800 años a.C. y presuntamente también con los *hititas,* agrupados todos ellos —salvo cualquier rectificación que en lo sucesivo se haga— en la categoría de los pueblos *indoeuropeos* o *arios.* Conforme a ello, hay materia suficiente para conjeturar que indios y persas, habitantes futuros de la India y de Persia, estuvieron en relación durante mucho tiempo antes de separarse. "Las formas más antiguas de las lenguas de ambas razas, dice Pijoán, casi son idénticas; la mitología tiene muchos dioses comunes, y muchas prácticas del ceremonial religioso de los brahmanes y de los parsis son parecidas". Los persas y los indios se separarían cuando no habían salido todavía del nomadismo; practicaban el pastoreo en un país mitológico, llamado por los persas Airiana-Vaeja, que se ha localizado en las estepas del norte del Turquestán, e inclusive, el "*Zend-Avesta,* o libro sagrado de los persas, ha conservado una descripción de la creación del mundo, mejor dicho, de los países que ocuparon los arios de Asia, que refleja una tradición de cuando indios y persas no se habían separado aún".

Emergiendo de ese paso común, varias oleadas de invasores arios se volcaron sobre la Meseta del Irán —conocedores ya del uso más elaborado del metal y con dominio sobre el caballo como instrumento de guerra—, acabando por sujetar a las poblaciones aborígenes, que no pudieron ofrecer una resistencia efectiva. La invasión debió haber ocurrido en movimientos sucesivos, y dio ocasión a que se perfilase, no obstante todo, una separación relativa entre dos facciones, que fueron la de los medos —que acabaron asentándose en la parte norte, o *Media*— y la de los *persas* —cuyo ámbito de arraigo fue la zona sur, o *Persia*— aunque a la postre se fusionaron e integraron una sola comunidad.

La expansión imperial

Los nuevos señores de la tierra, esos "nómadas a caballo" cuya importancia en la conformación histórica ha sabido destacar Weber como dominadores de los pueblos meramente pastoriles, de menor energía que ellos, no integraron al principio un solo Estado.

Los *medos,* avanzada de la migración más nutrida, sujetaron a la población ya existente, y explotaron la riqueza ganadera como fuente principal de sustentación de su economía. No hay grandes constancias de sus tiempos iniciales, aunque se sabe que hacia 837 a.C., se hallaban asentados veintisiete grupos gobernados por otros tantos reyes, seguramente arios. La localización de los yacimientos de metales —cobre, plomo, hierro, oro y plata— y de piedras preciosas, resultó ser motivo más de estímulo para que los arios se hubiesen establecido en tales sitios.

Su capital *Ecbátana* —que significa *cruce de muchos caminos*—, fundada por *Deyoces,* alcanzó rango prominente, y su nombre ya es buen indicio del carácter estratégico donde se erigió, y característico de las confluencias culturales.

Los *asirios* irrumpieron varias veces en *Media,* pero nunca lograron un sometimiento integral, y dos siglos después, los medos no sólo se independizaron de sus dominadores sino que destruyeron *Nínive,* la capital asiria, en tiempos de *Ciaxares.*

Palacio de Persépolis

El ímpetu militar de éste dio por resultado una expansión que dejó en sus manos toda la *Persia,* la *Mesopotamia* y la *Lidia.* Pero la decadencia fue tan rápida como el auge, de modo que en tiempos de su hijo, *Astiages,* la inestabilidad política, unida a la relajación moral y al lujo, determinaron una debilidad general y completa.

Sus parientes y vecinos, los *persas,* que habían sido dominados y los medos, cambiaron el escenario y se convirtieron en dominadores a su vez, destacando especialmente la tribu de los *pasárgadas,* de la cual salieron los reyes que asentaron su poder en casi toda la *Meseta del Irán,* y a quienes se conoce con el nombre de *"aqueménidas".*

Su capital inicial fue *Susa, y* después *Pasárgadas.*

Fruto de un enlace dinástico persa-medo, y con el apoyo de las armas, *Ciro,* de Persia, concluyó el proceso de predominio de su pueblo, y a mediados del siglo VI a.C., tomó para sí el título de *"Rey de los medos y de los persas".*

Este monarca, indica Durant, "era uno de esos gobernantes naturales de cuya coronación, dijo Emerson, todos los hombres se alegran. Real en espíritu y acción, capaz de administración prudente como de dramática conquista, generoso con los vencidos y amado por los que fueran sus enemigos, no es sorprendente que los griegos lo hicieran tema de innumerables fábulas, y que fuera, para ellos, el más grande héroe antes de Alejandro".

Herodoto presentó de Ciro una historia mezclada con muchas fábulas, y *Jenofonte* lo tomó como figura central de su *Ciropedia.*

Lo cierto es que con Ciro se puso fin al predominio de los pueblos semitas en el Cercano Oriente, y se echó a andar una vasta estructura política que se proyectó con amplitud en tiempos de aquél y de sus sucesores. Su hijo, *Cambises,* llevó las armas persas hasta Egipto, pero careció del talento organizador de su padre, y se mostró, en contraste, violento y cruel hasta extremos muy lamentables. Asesinado o suicidado al volver a África para castigar al usurpador *Gaumata* —que se hacía pasar por *Esmerdis,* hermano de Cambises, y quien éste mandó matar—, fue sucedido por *Darío I,* con quien Persia alcanzó su máxima extensión, ya que abarcó su dominio desde Egipto hasta parte de la India, y desde las colonias griegas de Asia hasta la Bactriana. Pero su fracaso con los griegos en las *"guerras médicas"*, que su *hijo Jerjes* tampoco pudo evitar, mostraron los signos de la decadencia política que se acentuó hasta la caída final del poder de los reyes aqueménidas —el último fue *Darío III*— a manos de *Alejandro Magno,* en el siglo IV a.C.

Las satrapías

En sentido estricto, los persas crearon el primer imperio organizado de la Antigüedad. En las etapas previas a ellos hubo, es cierto, grandes conquistas y hegemonías de unos pueblos sobre otros, pero no forjación de una estructura política que tuviera carácter institucional y permanente. Los "imperios" de egipcios, de babilonios y de asirios, eran, salvo aspectos excepcionales, situaciones de hecho que descansaban en la presencia de las fuerzas armadas de ocupación más que en la labor persistente y continua de un cuerpo administrativo.

La obra de organización fue iniciada en tiempos de *Ciro,* que supo crear por lo menos un clima de comprensión hacia las costumbres, religión y estilo de vida de los pueblos conquistados; pero fue, sobre todo, fruto de la tarea emprendedora de *Darío,* que supo por experiencia lo que significaba la posibilidad de un derrumbe inminente de todo lo sometido, apenas se retiraban los soldados ocupantes, o apenas había una lucha palaciega de importancia. Cuando subió al trono apeló a la violencia para quebrantar la resistencia de las provincias rebeldes, y en ocasiones se mostró de un rigorismo extremado, como ocurrió por ejemplo, cuando tras el asedio a la rebelde Babilonia mandó crucificar a tres mil habitantes principales de la ciudad. Actos de esa inusitada condición aterraban, pero no eran los más a propósito para modelar un imperio permanente. Los cuarenta millones de individuos que estaban dentro de los límites del imperio, no habrían podido ser gobernados de modo estable por los dos millones de persas, si no se hubiese apelado a la prudencia organizadora.

A este efecto, *Darío* dividió los territorios del imperio en veintitrés provincias a las que se dio el nombre de *satrapías,* aumentadas más tarde hasta un total de treinta y una. Cada satrapía era gobernada por un príncipe vasallo, pero más ordinariamente por un *sátrapa* persa, que representaba al rey, y que ejercía los poderes civiles, tanto tiempo como gozaba del favor de la Corte: al lado suyo estaba un *jefe militar,* que encabezaba a las fuerzas de ocupación y en tercer lugar había un *secretario* que daba cuenta al rey de la conducta de los otros. El poder triplemente repartido entre esos funcionarios no podía centralizarse en modo alguno, ya que, por otra parte, las guarniciones de las fortalezas estaban a las órdenes de jefes militares distintos, y solía haber, todavía más, investigadores conocidos como *ojos y oídos del rey,* que como inspectores podían presentarse en cualquier momento para examinar el estado que la provincia guardaba.

Un grupo numeroso de funcionarios menores completaba la burocracia persa en la vasta red de tareas públicas ideada por Darío y completada en los tiempos posteriores.

Preocupación importante de los sátrapas era la recaudación de impuestos a favor del monarca, a más de otros suministros de variada especie, que lo mismo consistían en los cien mil carneros anuales de los medos, los treinta mil potros de los armenios, que los quinientos jóvenes castrados que los babilonios debían entregar para que sirviesen como "guardianes de las mujeres" en los harenes de Persia.

Un imperio así delineado mantuvo por muchos años la paz, el equilibrio general y el orden administrativo, como compensaciones obtenidas frente a las cargas tributarias, el sostenimiento de los funcionarios persas y la crueldad de algunos reyes, que los pueblos domeñados tenían que soportar.

Cada país sometido pudo conservar sus características culturales, y la experiencia desplegada entonces sirvió sin duda como modelo para futuras organizaciones imperiales, del tipo de la romana.

El gobierno persa

Al frente de la vida política persa estaba el monarca, o *chaira* —es decir, el *guerrero,* vocablo que conviene enlazar con el *chiatria* de los indos, que significa lo mismo, y de donde deriva la denominación de *sha,* que se daba al rey del moderno Irán—, siempre con una suma extraordinaria de poder y como punto culminante de una centralización política notoria.

Se le llamaba también *Rey de Reyes* para indicar que estaba por encima de los monarcas que le eran tributarios. En teoría su palabra era ley, y de él dependía la vida o la muerte de sus súbditos, lo cual permitía que, al carecerse de toda oposición o de toda limitación institucional, el monarca, si quería, podía emprender vastas tareas de gobierno y de reforma administrativa, como las que realizaron *Ciro* y *Darío I,* aunque también en otras ocasiones los reyes sin carácter abandonaban las funciones políticas en manos de los nobles o de los eunucos imperiales. Eso era en el plano de las fórmulas teóricas: en la práctica, el rey, si bien era absoluto, acataba la opinión de una especie de consejo formado por los componentes de las familias que habían ayudado a Darío I contra el usurpador Guamata. Los nobles, que habían recibido tierras del monarca, también le eran afectos, y es obvio que el rey no podía prescindir de ellos, que le aportaban hombres y materiales para la guerra.

El rey era un sujeto que se vio rodeado, asimismo, de un cierto hálito religioso. Esto fue particularmente cierto a partir de *Darío I,* que en su lucha contra Gaumata y contra los sacerdotes-magos que apoyaban a éste, dio su favor a la corriente religiosa *mazdeísta,* de suerte que su victoria fue atribuida a la protección de *Ahuramazda,* el dios del bien y de la luz, según la nueva fe. A partir de entonces, los reyes se consideraron poseedores de un cierto *"derecho divino"*, conforme al cual Ahuramazda concedía a cada rey una especie de espíritu especial, llamado *Varenoch,* por virtud del cual el monarca interpretaba a la divinidad y gobernaba con propiedad.

Toda la maquinaria política, y todo el armazón imperial descansaban como es de considerarse, en la existencia de un ejército cuyo núcleo estaba integrado por medos y persas —con una guardia selecta de dos mil jinetes y dos mil infantes nobles, cuya misión era proteger al rey—, al cual se agregaban las fuerzas de los pueblos vencidos, cuya heterogeneidad en cuanto a las armas, al modo de combatir y a sus características culturales era de tal naturaleza, que impresionaba por el número, pero era incapaz de sostener una acción unificada y armónica ante un ejército bien disciplinado y concorde, como se demostró durante el fracaso persa ante la resistencia de los griegos.

Jefe del ejército era el rey.

En la práctica, para la impartición de la justicia, había un tribunal compuesto de siete magistrados, y multitud de jueces menores que en un principio fueron sacerdotes, y más tarde seglares, incluso mujeres. Había normas de tipo procesal y severas prescripciones contra el soborno, pero los principios de carácter penal tuvieron, como en todos los pueblos antiguos, un sentido rigorista en el que, en veces, se llegaba hasta extremos impresionantes de crueldad.

Una vida política de tal perfil tuvo la directriz eminente del rey, que ejercía sus funciones —si no estaba en campaña— desde *Pasárgada, Ecbátana, Persépolis,* o la lejana *Susa.*

Vida económica

La sociedad persa estaba dividida en clases, en las que el contraste en la posesión de la riqueza era equivalente al que había en los otros pueblos de su tiempo.

Entre el noble allegado al rey, el sátrapa, el sacerdote influyente, o el funcionario importante, de una parte, y de otra los hombres comunes, los simples soldados, los campesinos o esclavos, mediaban siempre diferencias considerables en el goce de los bienes en general. Sin duda influía en ello la expansión imperial, la influencia de los tributos, la multiplicación de las fuentes de ingresos, pero también de la circunstancia de que una parte de las tierras destinadas al cultivo estaba en manos de quienes podían considerarse como otros tantos señores feudales, que daban en aparcería sus tierras a cambio de recibir una participación en la cosecha, aunque otras porciones eran cultivadas por los esclavos extranjeros. La agricultura era atendida también, sin embargo, por propietarios en pequeño, que a veces se unían para laborar en forma cooperativa. Los persas conocieron las obras de riego y el uso del arado por bueyes, para obtención de diversos productos entre los que descollaban el *trigo* y la *cebada.*

Toro alado antropomorfo en una de las puertas del palacio de Jerjes

Al par de ello, la industria alcanzó un desarrollo apreciable, en ciertas artesanías, si bien no pocos objetos manufacturados de los que estaban en uso, solían proceder de otros pueblos. Para ciertas formas de comercio no hubo particular afición de los persas: eran más bien individuos de otras procedencias especialmente semitas —fenicios, judíos, babilonios—, quienes se dedicaban a él, ya que las clases aristocráticas manifestaban un inequívoco desdén por las transacciones mercantiles, transacciones que en un principio se hicieron a base de trueque y después a base de monedas, desde que éstas fueron llevadas a Lidia. Las monedas acuñadas en

Persia fueron de oro y plata, y parece que de entonces arranca la práctica del *bimetalismo* que tanta difusión llegó a tener en las épocas posteriores.

Estrecha relación tuvieron las comunicaciones con la vida económica, lo mismo que con la vida social, política y cultural de la meseta irania, en una situación cuya importancia puede apreciarse mejor si se recuerda la ubicación intermedia de *Persia* entre la *India, Mesopotamia,* el *Cercano Oriente, Egipto* y el *Asia Menor.*

Fue Darío quien mayor impulso dio a las comunicaciones, a tono con las exigencias de su tiempo, hasta el punto de haberse trazado y construido una vasta red de vías que permitía el enlace con todas las capitales de provincia, y con ventas establecidas en las encrucijadas, en donde los empleados del rey podían descansar o cambiar de caballos: "*Yo no sé qué pueda hallarse de nubes abajo cosa más expedita ni veloz que esta especie de correos* —escribió Herodoto— *que han inventado los persas, pues se dice que cuantas son en el viaje las jornadas, tantos son los caballos y hombres apostados a trechos para correr cada cual una jornada, así hombre como caballo, a cuyas postas de caballería ni la nieve ni la lluvia ni el calor del sol ni la noche los detiene, para que dejen de hacer con toda brevedad el camino que les está señalado. El primero de dichos correos pasa por órdenes o recodos al segundo, el segundo al tercero y así por su orden de correo en correo, de un modo semejante al que en estas fiestas de Hefesto usan los griegos en la corrida de sus lámparas*".

Moneda persa con la efigie de Jerjes I

Estas afirmaciones son válidas para la interrelación en tierra, pero no para las vías marítimas, ya que para los quehaceres en el mar, los reyes persas se valieron más bien de marinos *fenicios* o *griegos,* cuya experiencia supieron aprovechar.

La religión y Zaratustra

La religión de los arios en el Irán era una religión *politeísta,* marcadamente orientada a la adoración de determinados animales, de los antepasados, y de algunos fenómenos de la naturaleza. Sus principales divinidades eran, de acuerdo con esto, *Mitra,* dios del Sol; *Anaita,* diosa de la tierra y de la fertilidad; y el dios toro, *Haoma,* que conforme a sus creencias, cuando moría, retornaba y concedía a los hombres su sangre para que alcanzaran inmortalidad. El nombre de *haoma* lo usaban también los persas para la hierba con la que preparaban una bebida embriagante.

Los espíritus que poblaban al mundo se dividían en dos grupos: los *devas,* o demonios y los *ahuras,* o dioses, pero si bien para los persas y medos eran maléficos los primeros y benéficos los segundos, para los indios no había una misma disparidad.

Algunos himnos y prescripciones de medos y persas de esta época ofrecen gran similitud con sus equivalentes indios.

Había, además, una importante clase sacerdotal cuyos componentes no aceptaron sin resistencia la reforma promovida por *Zaratustra.* Con todo fue la reforma de Zaratustra la que dio a Irán su mayor significación espiritual, a instancias de la corriente que acabó por tener una cabal aceptación general.

Una leyenda persa afirmó que en Airyana-Vaeja, el antiguo "hogar de los arios", apareció *Zaratustra* —hacia el siglo VII o el VIII a quien los griegos dieron el nombre de *Zoroastro.* Se le atribuyó un origen divino, como fruto de la unión de un sacerdote y una doncella que guardaban, él, un ángel, y ella, un rayo de gloria del cielo. Pronto dio pruebas de su carácter sobrenatural y resistió las acometidas del demonio. Más tarde recibió del Señor de la Luz, *Ahuramazda,* el *Libro del Conocimiento y la Sabiduría,* llamado Avesta, cuyo contenido fue difundido por *Zaratustra,* aunque no con éxito al principio.

El zoroastrismo fue la religión propia de los pueblos iranios, y el apoyo que recibió de Darío le concedió la sanción final en el imperio.

El Avesta no fue conocido directamente en la Europa moderna sino hasta el siglo XVIII, cuando el estudioso francés *Anquetil Duperron* llevó el primer manuscrito avédico. Con anterioridad sólo se conocían las noticias que los escritores griegos, latinos y orientales habían transmitido. Así se pudo obtener una idea más completa de la obra, en relación con la cual han abundado los estudios histórico-religiosos, habida cuenta de que las ideas centrales de esta religión trascendieron en Persia y llegaron a tener una huella considerable, como es perceptible en pensadores modernos, persuadidos de la existencia de una realidad dual en el mundo.

"El Avesta, indica König, no es una obra unitaria, sino más bien un nombre colectivo dado a una serie de escrituras de épocas distintas y diferente valor. Su primera reunión en un libro no tuvo lugar hasta las modernas ediciones europeas de Westergaard (1852-1854) y Geldner (1886-1895)".

El texto del Avesta parece que desapareció con motivos de

la conquista de Alejandro a Persia, lo que es imposible dada la turbulencia de la época. "Por orden del príncipe sasánida Ardesio (o Artajerjes), dice Millares Carlo, los textos fueron de nuevo reunidos y publicados en el año 220 de la era Cristiana con el título de *Zend-Avesta,* o sea, comentarios de los Avesta".

Zaratustra, dentro de este marco general de las cosas, no fue estrictamente el "fundador" de una religión, sino más bien un "reformador" de particular relieve.

En el pensamiento zoroástrico se encuentra la afirmación de que hay un *dualismo* irreducible en el mundo: de una parte está *Ahuramazda* —a quien los griegos llamaron *Ormus*—, que es el "Señor sabio", y de otra se halla *Ahrimán,* o "espíritu de la angustia". Ahuramazda es dios de la luz, del bien, del amor, de la verdad, de la justicia y de la vida. Ahrimán es el dios de las sombras, del mal, de la muerte, de la mentira, de la angustia y del odio. Espíritus buenos y elementos positivos del mundo, lo mismo que los hombres limpios de corazón, siguen a Ahuramazda, en tanto que a Ahrimán lo siguen las bestias, los animales ponzoñosos, los demonios, las aves de rapiña y los hombres de ánimo criminal o perezoso.

Una lucha total enfrenta a esos dos conjuntos de energías contrapuestas, que no se concluirá sino hasta el triunfo postrero de las fuerzas del bien.

Tal concepción de' mundo tuvo una ontología peculiar, pero también una ética consecuente, ya que las malas acciones de los hombres —que por ello merecían castigo— retardaban la victoria final de Ahuramazda.

Todo individuo, por otra parte, no se encontraba asistido por un ser protector, o "fravashi", que lo ayudaba al cumplimiento de sus buenas acciones, y el mismo Ahuramazda contaba con un séquito de espíritus divinos, entre los cuales estaba el antiguo Mitra de la religión pre-zoroástrica. Alentaba, asimismo, la idea de una justicia de ultratumba, por virtud de la cual un tribunal juzgaba de cada quien, y, según el resultado del juicio, el alma era precipitada a los antros oscuros, si la vida del sujeto había sido mala; iba a la "mansión de los pesos iguales", si la conducta no había sido ni buena ni mala; o a los campos de la luz, a la mansión de Ahuramazda, si la vida del individuo había sido buena.

Ahuramazda no podía ser representado por ninguna imagen, sino por el fuego, que era su símbolo, y que ardía en los hogares y en lo alto de las montañas. No se construyeron templos en su honor.

Como el fuego tenía tal símbolo, los persas y medos no quemaban los cadáveres, tampoco los enterraban, en general, sino que los colocaban sobre las "torres del silencio", que eran plataformas en forma de torres abiertas, a donde acudían las aves de rapiña a descarnarlos.

Los sacerdotes, o "magos", ofrecían a Ahuramazda, por su

Tumba del rey Ciro, austera, con frontones a la manera griega

parte, los tributos de los fieles, una vez que habían vertido sobre las llamas algunas gotas de *haoma*.

Los *magos*, según la investigación hecha por Messina, tenían un nombre derivado de la forma persa "maga", que significa *don*, y eran, como dice De Tuya, *participadores del don*, y mago, en consecuencia, vino a ser discípulo consagrado de Zoroastro.

"*Se ocupaban, en concreto* —añade el mismo autor al tratar el tema en relación con los magos adoradores de Jesús, que cita el Evangelio de Mateo—, *de ciencias naturales, medicina, astrología y adivinación. Por su doble carácter de sacerdotes sabios, formaban una casta de gran influencia en la corte. Y hasta formaban parte del consejo de reyes. En una segunda época tardía, después de la conquista de Babilonia, degeneraron y pasaron a ser nigromantes y astrólogos en el sentido peyorativo. Entonces 'mago' se hace sinónimo de astrólogo y cultivador de ciencias ocultas*".

La conquista árabe de Persia en el siglo VII d.C., arrasó con el zoroastrismo; sólo quedan pocos seguidores suyos allí, y otros en la India, que son los "parsis".

Familia y educación

Las familias eran tenidas en gran estima por los persas, cuando eran numerosas y contaban con hombres sanos y emprendedores.

El responsable de la marcha de la familia era el *padre*, uno de cuyos deberes era cuidar que todos los actos del culto en los que tenía que ver la familia se atendiesen escrupulosamente.

Hasta seis años, la educación del niño era recibida en la familia. La adoración a Ahuramazda le era infundida, y la madre cuidaba de despertar en el infante las prácticas y los sentimientos propicios a la virtud. A partir de los siete años el niño entraba dentro de la esfera de acción del Estado —cuyas tendencias políticas, sin desconocer los valores religiosos, fueron tomando incremento al correr del tiempo—, el cual hacía que se le impartiesen cuantos conocimientos eran indispensables para hacer de él un buen guerrero. La equitación y el uso de los arcos y jabalinas eran partes importantes de la instrucción, lo mismo que el conocimiento adecuado del Avesta. Entre los 15 y los 20 años tenía lugar una educación militar intensa, aunque sin descuidar lo cívico y lo religioso. Al iniciar esta parte de su preparación, el joven debía hacer un juramento público de seguir la ley del Zoroastro y de servir con fidelidad al Estado. Ese juramento tenía la mayor importancia, porque simbolizaba, como indica Larroyo, el rompimiento de los "lazos familiares que aún ataban al ciudadano", para dar lugar a los nuevos lazos de sujeción al Estado.

A los 25 años estaba concluida su educación.

Lo que podría llamarse una "educación superior", era la que tocaba a los sacerdotes, en el ámbito que les era propio.

Las artes

No fue gran cosa lo que desde el punto de vista literario produjeron los persas. Salvo algunos himnos, algunas producciones religiosas, y sobre todo, el Avesta, apenas puede encontrarse nada, quizás porque, como indica Durant, el cultivo de las letras se veía desdeñosamente como algo poco viril, dado el militarismo dominante.

En las artes plásticas, en cambio, hay aportaciones que merecen ser destacadas, y no porque siempre hayan sido originales, sino porque aun lo que recibieron como inspiración, especialmente de los asirio-caldeos, lo interpretaron con matices propios y le dieron carácter distintivo. En materia de escultura, por ejemplo, el ascendiente mesopotámico es notorio, incluso en la producción de seres monstruosos, del tipo de los toros alados; sin embargo, fueron los persas verdaderos maestros en la escultura y en la decoración. "La elegancia rítmica de los motivos repetidos en sus frisos, azulejos, cerámica vidriada, tapices, telas, es exquisita", según afirman Appendini y Zavala. El uso del azulejo tuvo tal impacto en la sensibilidad artística de otros pueblos, que fue adoptado más tarde por los árabes, pasó a España, y de España a América, con una última y valiosa proyección en México, que dio lugar a un estilo colonial que Manuel Romero de Terreros ha llamado "talaveresco", y cuyas mejores expresiones se encuentran en la región poblana y en la capital mexicana.

Lamentablemente, es poco lo que queda de la arquitectura persa; y de ese poco pueden citarse,

como elementos de mayor interés, las ruinas de los palacios de *Ecbátana, Pasárgadas, Susa y Persépolis,* con cuyos elementos se han intentado reconstrucciones más o menos acertadas.

Las influencias asiriocaldeas y egipcias no se perdieron en modo alguno, pero se hicieron más gráciles en manos de los arquitectos persas.

"El principal conjunto arquitectónico, señala Velarde, se construyó en la explanada de Persépolis, terraplén de 12 metros de altura, excavado en parte en la roca y en parte construido con bloques de piedra colocados en seco y unidos con grapas de hierro. Fue como una baja y extendida acrópolis donde se erguían, rodeados de jardines, el palacio de Darío, la Sala del Trono o de las Cien columnas, la sala hipóstila y los Propileos de Jerjes. Los rasgos esenciales de estos palacios aqueménidas consisten en un pórtico abierto de esbeltas y originales columnas, flanqueado por dos angostas torres almenadas; sigue luego una gran sala cuadrada —la 'apadana'— con numerosas columnas que sostienen un techo plano de madera, y a ambos lados de esta sala aparecen estrechas salas de cámara y recintos cubiertos, posiblemente, con bóvedas".

Importante fue la arquitectura funeraria, que tuvo ejemplares diversos.

La tumba de Ciro, por ejemplo, sencilla y austera, consistía en una cámara rectangular elevada sobre una gradería empinada, con un techo a dos aguas y con frontones a la manera griega, acaso por influencia jónica. Otras construcciones monumentales, de tipo funerario, son de tumbas reales que fueron labradas en las laderas de *Nak-i-Rustan,* en las cercanías de *Persépolis* que reproducen con precisión las fachadas de los palacios correspondientes.

En una palabra, hay "en el arte persa un sentido oriental de lujo y una elegancia que le son muy propios", apunta Velarde, ya que fue "como un crisol de formas asiáticas, asirias y egipcias, que no dejó de influir sobre los griegos en cierto sentido".

LECTURAS

Inscripción del palacio real de Susa

Al amparo de Ahuramazda he erigido este palacio. De tierras lejanas proviene su decorado. El suelo fue cavado hasta dar con la roca viva. Fue colmado el foso cuya hondura es, por una parte, de cuarenta codos, y por la otra, de veinte. Encima del terraplén se levantó este palacio. Trabajo de los babilonios fue el de haber excavado y rellenado la brecha, así como la elaboración de los ladrillos. De un monte cuyo nombre es

Líbano fue traída la madera de cedro; fueron los asirios y los jonios quienes contribuyeron para traerla a Susa. De Karmania fue transportada la encina de Gándara. El oro, trabajado aquí procedió de Sardes y la Bactriana. De Sogidiana procedieron el lapislázuli, la serpentina y la piedra. De Khorasmia fue transportada la piedra hematites, que se labró aquí. De Egipto vinieron el cobre y la plata. De Jonia llegó la decoración con la que se cubrió la pared exterior. El marfil que me fue traído provino de Etiopía, Aracosia e India. Cuantas columnas de piedra fueron trabajadas aquí me fueron traídas de Afrodisia en la Caria y fueron talladas por jonios y sardanos. A su vez, los operarios que alzaron el edificio fueron egipcios y medos. Quienes trabajaron en los muros fueron jonios y babilonios. La piedra fina fue trabajada por egipcios y sardianos.

Por el favor de Ahuramazda este palacio bien edificado y adornado lo he alzado yo: ¡ojalá Ahuramazda bendiga lo que he edificado, lo que han hecho mi padre y mi nación!

Pasajes del Avesta

- *Ahuramazda "tiene por ropaje la bóveda sólida del cielo... su cuerpo es la luz y la gloria suprema; son sus ojos el sol lo mismo que la luna".*
- *Triple es la obligación del individuo: "Tornar amigo a quien es rival; volver justo a quien es malvado; y hacer sabio a quien es ignorante".*
- *El hombre casado es superior al soltero; quien sostiene un hogar es superior a quien carece de él; el hombre que cuenta con hijos es superior a quien no los tiene; quien cuenta con bienes está por encima de quien carece de ellos.*
- *La voz enunciada por Ahuramazda tiene tres elementos principales: pensar correctamente, hablar correctamente y actuar correctamente.*

Bibliografía fundamental

ABETTI, G. *Historia de la Astronomía.* Breviarios del Fondo de Cultura Económica. México-Buenos Aires. 1956.

APPENDINI, Ida y ZAVALA, Silvio. *Historia Universal.* Editorial Porrúa. México. 1953.

DE LA PEÑA, Carlos H. *Historia de la Literatura Universal.* Editorial Jus. México. 1963.

De Tuya, Manuel. *Biblia Comentada* (Evangelios). Biblioteca de Autores Cristianos. Madrid. 1964.
Hogarth, D. G. *El Antiguo Oriente.* Breviarios del Fondo de Cultura Económica. México-Buenos Aires. 1965.
König, Franz y otros. *Cristo y las Religiones de la Tierra* (Tomo II). Biblioteca de Autores Cristianos. Madrid. 1961.
Larroyo, Francisco. *Historia General de la Pedagogía.* Editorial Porrúa. México. 1960.
Millares Carlo, Agustín. *Compendio de la Historia Universal de la Literatura.* Editorial Esfinge. México. 1945.
Pijoán, José. *Summa Arts.* Espasa-Calpe. Madrid. 1957.
Reinach, Salomón. *Apolo.* Editorial Nueva España. México.
Sartiaux, Félix. *Las Civilizaciones Antiguas del Asia Menor.* Biblioteca de Iniciación Cultural. Colección Labor. Barcelona. 1954.
Velarde, Héctor. *Historia de la Arquitectura.* Breviarios del Fondo de Cultura Económica. México-Buenos Aires. 1963.

Capítulo 15

La cultura griega

El verdadero amante de la sabiduría busca siempre el ser...
No se contenta con los múltiples fenómenos cuya
realidad es sólo aparente.

PLATÓN

El milagro griego

Hubo un tiempo en que se habló del "milagro griego"...

Hubo, en efecto, quienes pensaron que Grecia produjo, en la Antigüedad, una cultura prodigiosa que pudo llegar a las más altas cimas de la creación humana, como fruto de un pueblo excepcional, que careció de antecedentes y de influencias culturales exteriores. Este concepto de elogio absoluto, pero demasiado simple, ha tenido que ser modificado a instancias de las investigaciones realizadas en los últimos decenios.

Grecia, ciertamente, dio al mundo una aportación de grandeza enorme, que apenas tiene comparación con nada en los tiempos antiguos, pero su cultura no surgió de improviso, ni fue ajena a diversos valores que le llegaron de fuera. La época clásica griega supuso los precedentes egeos y minoicos, junto con elementos que procedían de distintos sitios de Asia, que se unieron a las notables creaciones propias, a lo largo de una etapa de muchos siglos hasta la floración destacada que se presentó en los siglos VI, V y IV antes de Cristo, y fue así, en un largo y brillante proceso, como Grecia pudo alcanzar, como alcanzó, su rango de nación prócer en la historia de la cultura.

Fusión de elementos

El fondo de ese proceso ha sido visto ya en páginas anteriores.

Mapa de Grecia

La etapa definitiva en la historia griega se obtuvo a partir del siglo XII, al irrumpir los dorios en la tierra de la Hélade.

Evidentemente la invasión produjo un trastorno serio en las estructuras sociales y en la marcha de la civilización, ya que, como indican Appendini y Zavala, *"las luchas constantes paralizaron las ciencias, las artes y el comercio"*. Sin embargo, no es menos cierto también que algunas de las instituciones y algunos de los estilos de vida anteriores, supervivieron o se adaptaron a la nueva situación, sobre todo en materia política y social. Por ello conviene recordar que en la Edad Heroica, descrita en los poemas homéricos —y anterior a la llegada de los dorios— había elementos estructurales de gran fuerza que se proyectaron hasta los tiempos posteriores, de suerte que no sólo no se extinguieron, sino que dejaron huella profunda en lo sucesivo. En esa Edad Heroica, por ejemplo, dice Petrie, "*a la cabeza del Estado, que todavía se reduce a tribu, está el Rey, a la vez sumo sacerdote, juez y capitán de su pueblo. Pero su poder está limitado por la costumbre: debe contar con el consejo de sus jefes o Boulé. En tercer lugar, tenemos el Ágora, o asamblea general de hombres libres, aún no diferenciada de la revista de contingentes militares para el combate... la cual se junta para oír, aunque no discutir, las proposiciones que el Rey somete a sus consejeros. En estos tres elementos —Rey, Consejo y Asamblea— encontramos los gérmenes de las futuras organizaciones políticas europeas*".

En los años que siguieron y con modificaciones naturales, la vida política conoció a tales antecedentes y los aprovechó.

A partir del siglo XII, los cambios que aparecieron como fruto de las invasiones, dieron por resultado el surgimiento de dos sucesos de interés notorio en la vida social: uno, la aparición de *la ciudad* y de la *vida urbana,* que vino a sustituir a las *comunidades rústicas,* tan características de los años previos; y, dos, la declinación de la monarquía, que gradualmente fue cediendo su poder y su sitio a la *aristocracia,* que más tarde fue suplantada, a su vez, por una forma política de tipo *republicano.*

Fue probablemente en las regiones del *Atica* y de *Laconia* donde primero comenzaron a establecerse ligas estrechas de varias comunidades, en relación con los núcleos urbanos reconocidos como capitales. Tales núcleos urbanos fueron, respectivamente, *Atenas* y *Esparta,* en los ámbitos que se citan.

A la larga, asimismo, Atenas y Esparta llegaron a ser las dos sedes más importantes de la Hélade, en cuanto centros humanos, aun cuando el concurso cultural de la primera fue enorme, y casi nulo el de la segunda.

La vida griega, por lo demás, no se ciñó a solamente el suelo de Grecia. A impulsos de la navegación y el comercio, se establecieron colonias en gran parte de la cuenca del Mar Mediterráneo y otros puntos inmediatos.

Antecedentes de Esparta

Por lo que a *Esparta* se refiere, cabe señalar que ésta se ubicaba en la región continental del sur, en el *Peloponeso,* a un lado del río *Eurotas,* y junto a las montañas del *Taigeto* y el *Parnón.*

Su colocación interior y el despliegue de sus inquietudes sociales hicieron de Esparta, en general, una ciudad de actividades medularmente terrestres, y no marítimas. En ello influyó, probablemente, la circunstancia de que sus tierras son propicias a la agricultura, mientras sus costas no ofrecen oportunidad segura para practicar la navegación o la pesca.

Cuando los dorios llegaron al *Peloponeso,* encontraron un centro de población, asentado allí, llamado *Lacedemonia,* que fue transformado y convertido, al paso del tiempo, en la ciudad de *Esparta,* capital de toda la región dominada por ellos en el sur. Los descendientes de los antiguos habitantes siguieron viviendo en torno de *Esparta,* y por eso se les llamó *periecos,* que significa *los de alrededor de la casa,* y no eran otros que los *aqueos* que se sometieron a los invasores, en tanto que los aqueos que ofrecieron resistencia fueron castigados, reduciéndolos a un estado de servidumbre, con la denominación de *ilotas.*

La historia espartana menciona el nombre de un legislador, *Licurgo,* que en el siglo IX a.C., dictó leyes severas a los espartanos o *lacedemonios,* que acaso no fueron originales de él, sino más bien el fruto de la recopilación sistemática de normas o costumbres que venían de tiempo atrás. Hay historiadores modernos que dudan, incluso, de la existencia de *Licurgo,* y piensan que la obra legislativa se realizó por la obra de varios estadistas, en etapas diversas. Como quiera que haya sido, al trastorno original que surgió tras el dominio dorio, sucedió una época de rígida estructuración política en la que las clases estuvieron claramente diferenciadas, y las funciones de su gobierno alcanzaron una precisión mayor.

Todo indica que los espartanos tuvieron como forma de gobierno, desde la época de Licurgo, un régimen de *dos* individuos que ejercían el poder vitaliciamente, y que al vigilarse mutuamente evitaban la concentración del poder en uno solo.

Estos reyes se turnaban en la dirección de las actividades militares y en las tareas de tipo religioso; pero a medida que transcurrieron los años, los reyes quedaron reducidos a solamente las funciones de carácter bélico, mientras la política pasó a manos de otra clase de funcionarios.

El gobierno espartano, en el molde clásico, estuvo al final en manos de un grupo reducido de individuos, dorios todos ellos, que practicaban un sistema claramente aristocrático en donde la plenitud de los derechos sólo tocaba a los descendientes de los invasores.

Un consejo de ancianos, llamado *gerousia,* estudiaba los proyectos de ley que eran presentados después de la *asamblea popular,* que los aprobaba o los rechazaba, según lo creyera pertinente. Dicha asamblea era la encargada de nombrar también a los *éforos,* que eran los magistrados que tenían a su cargo la marcha general del gobierno y la aplicación de las leyes vigentes.

La estructura social espartana

Todo ello se ejercía siempre con gran sentido de exclusivismo y de limitación de tareas políticas, ya que ni *periecos* ni *ilotas* tomaban parte en la política en sus formas ordinarias.

Los *periecos,* es cierto, eran libres y aun podían poseer tierras

Vasija de oro de vatio, del siglo XV antes de Cristo

y propiedades en general, pero estaban desprovistos de derechos cívicos. Los *ilotas* carecían de estos derechos y de la potestad para ser propietarios. Convertidos prácticamente en esclavos, los "ilotas", tenían sin embargo algunos derechos frente a sus amos, que no podían venderlos ni darles muerte: pero no tenían ningún derecho frente al Estado. En una palabra, los espartanos eran quienes se situaban en la cúspide de la jerarquía social, y señalaban los principios públicos y económicos que debían servir de norma a todos los demás.

Siendo, pues, una minoría, es comprensible que tratasen de mantener su poder por la fuerza de las armas, de la política y de la economía. Para ello, los espartanos eran adiestrados desde los 11 años en los ejercicios físicos, en las prácticas militares, y en cuanto los hiciera diestros, robustos y alertas. Asimismo, para fortalecer su espíritu de unidad, los ciudadanos —es decir, los *dorios*— hacían obligatoriamente una comida en común todas las tardes, en grupos de quince individuos.

No obstante, si los espartanos fueron excelentes guerreros, y hombres de actitudes heroicas no pocas veces, su aportación a la cultura fue prácticamente nula, debido a que se veían aniquilados en aras de un Estado todopoderoso y absorbente, en el que la libertad se vio minimizada hasta extremos lamentables.

Se afirma que en tiempos de *Licurgo* se realizó un censo de población, cuyos resultados permitieron fijar determinadas actividades y funciones en cada grupo, inclusive el estatuto que debería aplicarse a la tierra como medio de producción. Conforme a ese censo se supo que había, en ese entonces, 9,000 dorios, 30,000 periecos y 200,000 ilotas. Sólo los componentes de los dos primeros grupos podían ser propietarios del suelo, de suerte que de las 39,000 heredades que se trazaron —ninguna de las cuales podía ser objeto de compra-venta— las más fértiles a orillas del río *Eurotas,* fueron dadas a los dorios, y las restantes, que estaban en las colinas, a los periecos, que además debían pagar una determinada contribución cada año. Los ilotas, en cuanto siervos, estaban agregados a la tierra, cuyo cultivo atendían, y no podían abandonarla ni siquiera salir de sus casas al anochecer, ni usar armas de ninguna clase. Sólo en situaciones verdaderamente excepcionales podían ser requeridos por sus dueños para que participaran en acciones militares. El derecho de propiedad particular, por lo demás, tenía grandes limitaciones, y era factible el uso común de los instrumentos de labranza. Tales limitaciones mantuvieron una estructura económica cerrada, pero al mismo tiempo, el hecho de que no pudiera haber enajenación del suelo, impidió el *latifundismo* en Lacedemonia, así como otras normas impidieron la acumulación de la riqueza en

Piezas de cerámica que muestran escenas de la vida cotidiana de los griegos

general entre los espartanos. No había monedas de plata ni de oro, y las que había, que eran de hierro, solían ser pesadas y de difícil manejo.

A la luz de tales circunstancias, que se unían a la de su particular estilo de vida, se entiende cuál fue el carácter austero, frugal y desprendido que los espartanos tuvieron.

Es significativo, en fin, que los dorios, con el tiempo, no sólo no aumentaron, sino que disminuyeron, llegándose a calcular que para el siglo III a.C., su número no pasaba de unos 4,000.

Primeras etapas en Atenas

En la península del *Ática,* más al norte del istmo de *Corinto,* la ciudad más importante llegó a ser *Atenas.* El *Ática* es de suelo abrupto, montañoso, y carece de grandes corrientes fluviales, hasta el punto de que los ríos de mayor importancia casi se extinguen en la época del verano. En los valles de la península, además, podían cultivarse flores y legumbres en la primavera; el trigo y la cebada en las llanuras; y en las laderas de las colinas, frutos diversos y flores. No fueron abundantes los animales de ganado mayor, como reses y caballos, pero sí los de ganado menor y las aves de corral. Poseía la península algunos yacimientos metalúrgicos y de mármol, y tuvo, a diferencia del Peloponeso, mayores oportunidades para el desarrollo de las actividades marítimas y de pesca.

Los habitantes eran de origen variado, inclusive pelasgos y aqueos, aunque la mayor parte eran de origen *jónico,* tanto en Atenas como el resto de las comunidades áticas.

En sus orígenes, la población ateniense —y presuntamente la de los otros grupos citados— estuvo organizada en forma familiar, con propiedades de tipo comunal, en donde los *gens* era el núcleo social formado por individuos emparentados entre sí, y cuyas tierras y ganado se poseían en común. Más tarde la propiedad se hizo individual, se acentuaron las diferencias sociales, y la unión de varios grupos permitió la aparición de la *polis* o *ciudad.*

Cuando por ello quedó *Atenas* convertida en capital de toda la región del Ática en el siglo VII a.C., se recordaba su parentesco con las otras poblaciones mediante fiestas que reunían a representantes de todas ellas, y que eran llamadas *Panateneas.*

Es verosímil que la primera forma de gobierno en *Atenas* haya sido la *monarquía,* aunque esta época está llena de leyendas.

Los reyes actuaban como jefes políticos, pero también como jefes militares, jueces y sacerdotes, y contaban con el asesoramiento de quienes dirigían a las tribus y gens de toda la región.

La república ateniense

Después de la monarquía apareció un sistema republicano, pero de tipo aristocrático.

Los integrantes de un grupo rico y poderoso, a quienes se denominaba *eupátridas* —que vale tanto como *bien nacidos*— tomaron para sí la dirección de la cosa pública al quedar abolida la realeza en el siglo VII a.C. Poseían porciones importantes de la tierra, gozaban de toda clase de derechos, y ejercían funciones de prestamistas en condiciones rigurosas con los bienes o con las personas mismas de los deudores insolventes, que se convertían por ello en esclavos suyos. No fue raro que especulasen con las mercancías, llevándolas del exterior hasta Atenas, en cantidades apreciables para provocar bajas intempestivas de los precios, que arruinaban a los agricultores y comerciantes menores. De esta clase social de los *eupátridas* salían quienes gobernaban a Atenas que eran nueve *arcontes,* o magistrados: el *bassileus* o *arconte rey,* que atendía los asuntos religiosos; el *epónimo,* que daba su nombre al año en que ejercía sus funciones de gobierno; el *polemarca,* que dirigía el ejército; y los seis *tesmotetes* que cuidaban en general del orden, la seguridad y las leyes que servían a su clase; al lado de ellos estaba el consejo o tribuna que estudiaba y modificaba las normas jurídicas, llamado *areópago.*

Los *arcontes* y el *areópago,* no eran, de hecho, sino meros instrumentos de los aristócratas.

La miseria de los que estaban en los estratos sociales inferiores llegó a un nivel culminante en el mismo siglo VII, hasta el punto de hacerse indispensable una reforma política y social. Así, leyes muy severas conocidas con el nombre de *Código* de *Dracón* —por el nombre de legislador que las elaboró— permitieron limitar un poco el poder de los *eupátridas,* aunque no llegaron a la raíz de los hechos, y se produjo una reacción que acentuó el descontento.

La existencia de este código es puesta en duda por algunos autores.

Solón

Al siglo siguiente, otro personaje, *Solón,* preparó una constitución que buscó la paz interior en Atenas.

Era arconte, rico, honrado, filósofo y gustaba de las diversiones, lo que, según se dice, complació a los atenienses, que vieron en él a un ser comprensivo y humano.

Conforme a las nuevas leyes, se mejoró la situación de los deudores y se fomentaron las actividades de los artesanos y las exportaciones útiles. Las antiguas leyes penales subsistieron, y en cuanto a los derechos políticos no se estableció una plena igualdad de todos los hombres libres. Esto quiso decir que si bien los hombres libres —excluidos por tanto los esclavos— tenían todos ellos el derecho de voto, la participación en el gobierno siguió siendo algo propio y privado de la nobleza a menos que los pobres se enriquecieran y pudieran ascender en su categoría social.

La forma de gobierno puesta en marcha por Solón tomó en cuenta algunas de las instituciones anteriores, y adoptó determinadas reformas en otros aspectos.

En tales términos, el gobierno ateniense quedó integrado de este modo:

a) El *Areópago* —cuyo nombre deriva de tener su asiento en la colonia de *Ares,* o *Areios pagos*— que era un tribunal supremo formado por magistrados a quienes se daba el nombre de *areopagitas* y cuyo cargo era vitalicio; este tribunal conocía de los delitos cometidos contra dioses, contra la piedad o contra la patria. Estudiado un caso, los "areopagitas" votaban con guijarros negros que caían en un recipiente de madera si la sentencia era condenatoria, o blancos que caían en una urna de bronce si la sentencia era absolutoria.
b) El *Senado,* cuyas funciones eran las de proponer nuevas leyes, o proponer la reforma de las ya existentes, mediante iniciativas que se ponían a consideración de la Asamblea. El total de los senadores era de 400 y para ser designados debían tener por lo menos 30 años.
c) La *Asamblea Popular,* formada por todos los hombres libres, se reunía en la plaza pública, o *ágora,* y tenía como atribuciones propias las de conocer, discutir y resolver sobre las iniciativas de ley, y sobre el nombramiento de los magistrados.
d) El *Arcontado,* con las características mencionadas antes.
e) Los *Helias,* que eran tribunales, en número de diez, cada uno integrado por 500 miembros en forma de jurados. Atendían toda clase de asuntos civiles y penales.

El año de 594 a.C., los normas de Solón fueron aprobadas y juradas por la Asamblea, la que se comprometió a que no hubiese ninguna ley nueva en los siguientes diez años.

Solón, el legislador —que pese a todo hizo dar un paso más a favor de la democracia— quizá pudo haberse convertido en la figura máxima de Atenas, pudo haber aspirado a los mayores honores y potestades, como todo inundo esperaba, no obstante, "se abstuvo con noble desinterés de aprovecharse" de las circunstancias, como indica Mundó, e incluso abandonó Atenas para irse a Lidia, en el Asia Menor.

Ido Solón, las pugnas renacieron. Los nobles se sentía despojados, y los pobres consideraban no haber recibido bastante. Al final, un "eupátrida" llamado *Pisístrato,* pariente de Solón, contó con el apoyo de algunos grupos populares y se hizo cargo del poder como *tirano.* Esta expresión no tenía entonces un significado peyorativo sino que servía para designar a un hombre que, no

Escultura conocida como el "jockey", del siglo II a.C.

siendo de sangre real, tomaba el poder para sí, y de hecho la tiranía de Pisístrato fue beneficiosa para Atenas. Es significativo, pues, como dicen Maisch y Pohlhammer, que se encuentren tiranos en casi todos los Estados griegos, *"lo que demuestra que no se trata de un fenómeno casual y aislado, sino de una necesaria forma de transición entre la oligarquía de los ricos y la democracia del pueblo"*.

Con todo, la tiranía griega, como todas las dictaduras, dependía del sujeto que la tuviese, a la larga degeneraba en autocratismo. Los hijos de Pisístrato, *Hipias* e *Hiparco,* tuvieron en sus manos el poder y lo ejercieron con variada fortuna, pero el segundo de ellos fue asesinado, y el otro, a la postre, fue expulsado y se refugió en Persia, en 510 a.C.

Clístenes

Dos años después, en 508 a.C., y tras violentas luchas intestinas, se impuso *Clístenes,* a quien se encargó de tratar de dar con una reforma que pusiera término al desasosiego político.

Sus normas modificaron en parte las de Solón y constituyeron el fundamento de las instituciones públicas atenienses para lo sucesivo, incluso con un mayor sentido democrático en la vida general. Uno de sus principios de mayor relieve, tendiente a evitar la tiranía, fue el del *os-*

tracismo. Según esta institución, señalan Maisch y Pohlhammer, el acuerdo de la mayoría de la Asamblea Popular, en la que votaban por lo menos 6,000 ciudadanos, tenía facultad de desterrar por diez años a un caudillo cuya creciente influencia política pareciese poner en peligro el equilibrio democrático, y sus bienes le eran confiscados provisionalmente. El sufragio se hacía mediante la anotación del nombre del individuo en el interior de una ostra *—ostrakón,* ostra; de allí "ostra-cismo" o destierro—, aunque al final de los diez años, el ciudadano podía volver y recobrar sus derechos.

El antiguo *polemarca,* jefe del ejército, dejó de tener tal facultad, y merced a las reformas de Clístenes, fueron diez generales llamados *estrategas,* los que tuvieron a su cargo la dirección de las fuerzas armadas.

En cuanto a la estructura político-social, el legislador dispuso nuevas modalidades políticas que afinaron el régimen democrático —que no descartó, sin embargo, la esclavitud de miles de seres humanos, pero que supuso, al menos, una mayor flexibilidad en las instituciones políticas occidentales— con lo que la situación se colmó, disminuyendo las discordias intestinas.

Desgraciadamente las *guerras médicas* contra los persas, en la primera mitad del siglo V —492 a 449 a.C.—, no obstante el sentido heroico que implicaron, llegaron a constituir un trastorno serio en la marcha de la vida ateniense, que se precipitó todavía más con la posterior *guerra del Peloponeso* —431 a 404 a.C.—, entre *Esparta* y *Atenas,* hasta provocar la ruina postrera de los dos contendientes. Sólo el brillante periodo de gobierno de *Pericles* entre una y otra de esas guerras, trajo para Atenas un caudal enorme de poder, ocasiones propicias a la cultura y despliegue notable de su fuerza como nación directora de otras comunidades griegas.

La decadencia fue inevitable. Más tarde, Grecia entera cayó en manos de *Filipo de Macedonia* y luego de su hijo, *Alejandro,* en el siglo IV, dando sitio a la etapa *helenística,* en la que los valores de la cultura griega fueron llevados, al paso de las tropas alejandrinas, hasta la *India,* el *Cercano Oriente y Egipto.* Y esto, junto a la adopción que de la cultura griega hicieron los romanos en gran medida, al conquistar a la Hélade —convertida en provincia de *Acaya*—, permitió a dicha cultura una proyección mayor en el mundo antiguo, que a su modo sirvió como preparación para el advenimiento del Cristianismo.

La expansión colonial

En el curso de la historia griega fueron varias las ciudades que sirvieron como metrópolis de otras tantas colonias establecidas en el Asia Menor, en el norte de África y con varios puntos de la cuenca del Mar Mediterráneo, hasta España.

La colonización se volcó hasta las riberas del *Mar de Mármara* (la *Propóntide)* y del *Mar Negro (Ponto Euxino),* así como también a la zona del Mar Egeo noroccidental, lo mismo que a *Sicilia* y la *Italia continental* —que recibieron tal cantidad de elementos humanos y materiales helenos, que en conjunto llegaron a constituir la *Magna Grecia*—, y finalmente la *costa norafricana,* sobre todo *Girene y Neucratis,* que fueron la base para el amplio comercio que se emprendió con el mundo egipcio.

El objetivo básico que movía el establecimiento de tales colonias, era de carácter económico. En efecto, los griegos no tuvieron propósitos de conquista política, militar o de dominio general de los pueblos, a la manera de los imperios asiáticos mencionados antes, salvo el caso excepcional de *Alejandro,* que no era propiamente griego, aunque muchos griegos militaban en sus filas. Los griegos, pues, establecieron sus colonias sólo para comprar productos a los indígenas y venderles mercancías de otras partes.

En ocasiones, las colonias estaban ubicadas a lo largo de las costas; pero en algunas otras, las colonias estaban junto a las ciudades indígenas, y aun hubo casos en que los griegos aprovechaban el barrio de una ciudad, o toda una región extranjera, como la Magna Grecia, para hacer allí su comercio.

El establecimiento de dichas colonias llegó a su punto mayor de auge en el siglo v a.C.

Cada colonia estaba naturalmente protegida. Había soldados y fortificaciones. No era raro que en el curso del día estuviesen abiertas las puertas de la ciudad para las compras y las ventas; pero en la noche se cerraban aquéllas herméticamente, se ponían guardias, y las rondas recorrían las partes superiores de las murallas.

Las comunicaciones entre Grecia y sus colonias eran marítimas, de cabotaje, es decir, a lo largo de las costas. En la Grecia europea se hallaban los astilleros donde se construían las naves; allí estaban también los grandes almacenes, y quienes dirigían las múltiples empresas económicas que se extendían por tantos puntos.

La familia griega

La familia entre los griegos llegó a ofrecer algunas circunstancias de contraste según los pueblos. Lo que puede afirmarse en Esparta, por ejemplo, no siempre puede aplicarse a los demás grupos griegos, aunque es evidente que hubo prácticas que eran comunes a todos, como era, por ejemplo, la existencia de la *monogamia* en la constitución del matrimonio.

Éste, en principio, era arreglado por los padres o por los parientes más inmediatos.

Un acto previo lo constituían los *esponsales,* que simbolizaban la entrega que el padre o el pariente masculino más cercano hacía de la novia al novio; los "esponsales" no podían omitirse, porque entonces el matrimonio era nulo y los hijos se consideraban ilegítimos. Era indispensable, conforme a las normas establecidas, la entrega de una *dote,* que en caso de divorcio debía ser restituida. Entre los esponsales y el matrimonio propiamente dicho, había ceremonias de carácter religioso escogiéndose en general el invierno, y más especialmente un plenilunio, para efectuar el casamiento, porque esto se consideraba de buena suerte. El día de la boda los novios debían realizar abluciones y en la casa de él se efectuaba una fiesta que incluía un sacrificio y el comer un pastel preparado para el banquete respectivo; después de la comida, la novia era llevada a su nueva casa.

Cuando nacía un niño se colocaba en la puerta de la casa una corona de olivo, y si era niña, una madeja de lana.

El padre era el jefe de la familia y su potestad llegaba al punto de que podía incluso abandonar al hijo, aunque esto en la práctica ocurría raras veces. Al quinto o séptimo día del nacimiento había una ceremonia de purificación, de tipo privado, y en el décimo otra más, de índole pública, en que el niño recibía su nombre, que muchas veces era el de su abuelo, ya paterno, o ya materno.

El divorcio era sumamente fácil de realizarse, ya que bastaba que el marido dispusiera que la mujer —probablemente ante testigos— volviese al lado de su familia y se llevase su dote.

La educación griega

La educación griega aportó, a su vez, un nuevo estilo.

Frente a una pedagogía, circunscrita en gran medida a unos cuantos: los encumbrados, los sacerdotes, los mandarines, los nobles, como fue corriente en otros pueblos, en Grecia surgió una pedagogía que descansó en el ejercicio de la razón y de la libertad, y se convirtió en una *paideia,* es decir, como indica Larroyo, en una *"formación integral y consciente del hombre gracias a la influencia recíproca del individuo y la comunidad".* En este cuadro de vida, la educación de los niños y de las niñas, hasta los siete años, corría por cuenta de la madre, auxiliada por alguna esclava.

La adolescente y la joven ateniense no solían tener más tarde una instrucción especial, o la recibían muy escasa, y consistía generalmente en la instrucción recibida de la madre para atender los quehaceres domésticos. En Esparta la mujer doria gozaba de mayor libertad.

La instrucción de los varones era más completa.

Un vez que habían llegado a los siete años, concurrían a una escuela, llevados por un esclavo llamado *paidagogós,* que si bien cuidaba de vigilar la conducta del educando, no era propiamente su maestro. Las escuelas, prácticamente particulares todas

Máscara de actor trágico, del siglo IV *a.C.*

ellas, impartían la enseñanza en dos ramas básicas que eran la *música* y la *gimnástica,* esta última en un plantel llamado *palestra.*

La música implicaba unos tres años de aprendizaje de la lectura y la escritura, ciertos rudimentos de aritmética y geometría, lo mismo que del dibujo, después se hacia el estudio de los poetas —especialmente *Homero,* pero también *Hesíodo,* y otros—, y el conocimiento del canto, junto con el arte de tocar un instrumento, sobre todo la lira. En la "palestra", el muchacho aprendía ejercicios físicos: lanzamiento del disco, carrera, lucha, salto, lanzamiento de jabalina, etcétera.

Lo que podría llamarse *educación superior* fue, en Atenas, fruto de las enseñanzas impartidas en la época clásica por los *sofistas,* que enseñaban diversas disciplinas mediante pago, o bien en las *efebías,* que sobre todo a partir del siglo IV a.C., eran instituciones en donde por dos años se formaban los *efebos,* o jóvenes de dieciocho años, que en principio recibían instrucción militar, aunque poco a poco el adiestramiento bélico fue siendo suplido por materias de tipo intelectual, del tipo de la filosofía, la ciencia o la retórica.

El "liceo" de Aristóteles y la "academia" de Platón fueron centros de alta enseñanza en donde el cultivo del espíritu alcanzó desarrollo más elevado.

Los dioses griegos

Probablemente la religión en los tiempos primitivos de Grecia fue semejante a la de los demás pueblos prehistóricos.

Es patente que la religión helena, en los tiempos históricos, era politeísta y antropomorfa, pero acerca de cómo se formó y de cuáles fueron los orígenes de los distintos mitos, hay discrepancias entre los autores: ¿fueron, en efecto, tales mitos, como los de otros pueblos, una mera personificación de las fuerzas naturales? ¿Fueron el resultado de invenciones ideadas por jefes que así pudieron impresionar a sus súbditos para domeñarlos mejor? ¿Fueron inventados los mitos por hombres probos para obtener una enseñanza eficaz? ¿Fueron hombres reales a quienes se divinizó más tarde? ¿O fueron, en fin, proyecciones al exterior de las íntimas y eternas aspiraciones del hombre? "*Tal vez a este respecto,* como postula Ramírez Torres, *la explicación de la existencia de los mitos tenga que buscarse no en una sino en varias teorías a la vez. Diversos elementos mitológicos claramente se ve que forman parte de un acervo común primitivo, por ejemplo los diluvios, los Sansones o Heracles, etc., que aparecen en pueblos tan distantes como India, América, Grecia. Más cualquiera que sea la teoría que se prefiera, una cosa debe evitarse con cuidado: el lanzarse al terreno de la pura y simple imaginación sin argumentos serios*".

Parece con todo, que algunos de los elementos religiosos más antiguos de Grecia guardaron cierto parentesco con los de otros grupos indoeuropeos, según pensó Burckhardt, con razón, al decir: "*A mucha distancia, en la mitología de los Vedas, se han podido hallar no sólo viejos parientes de los dioses helenos, sino que hasta se ha podido escuchar la resonancia de varios nombres; y eso sin contar con una serie de leyendas y concepciones místicas que los griegos poseen en común con otros pueblos*".

Como quiera que haya sido, lo cierto es que la religión tenía ya una estructura, aunque de vez en vez aparecieron las contradicciones y los matices variados. Dioses y diosas, conforme al criterio admitido, eran representados con figuras de hombres y de mujeres con las virtudes y los defectos propios de los seres humanos.

Es claro que en este proceso de "humanización" de los dioses fueron decisivas las descripciones que de ellos hicieran los poetas, y en ello, muy destacadamente, *Homero,* en sus *Obras,* y *Hesíodo,* en su *Teogonía.*

En general, llegaba a pensarse que los dioses podían estar en cualquier sitio en un momento dado, aunque su residencia propia se hallaba, normalmente, en el *Monte Olimpo* —salvo cuando se trataba de divinidades del mar o demasiado vinculadas con algunos lugares de la tierra—, cuyas cimas se encuentran frecuentemente cubiertas por nubes y por eso mismo al abrigo de las miradas de quienes están en la planicie.

Las principales de dichas divinidades eran las siguientes: *Zeus* —hijo de *Cronos* y de *Rea*— considerado como el padre de todos los dioses, aunque la misma mitología griega admitía la existencia de divinidades anteriores a él; era la autoridad máxima desde que destronó a su padre —como éste a su vez había destronado al suyo, *Urano*—, y tenía como elemento propio el rayo. Su esposa y hermana, considerada como madre de las divinidades, tenía el nombre de *Hera.*

De las otras divinidades, las más importantes eran las siguientes: *Apolo* era dios de la luz y de la salud; *Palas Atenea,* que nació armada de la cabeza de Zeus, era la diosa protectora de *Atenas* y divinidad de la Sabiduría de las artes y de la guerra; *Hermes,* dios del comercio; *Afrodita,* diosa de la belleza y del amor; Ares, dios de la guerra; *Poseidón,* dios del mar y hermano de Zeus; *Hades,* dios del infierno y de las sombras, también hermano de Zeus; *Artemisa,* diosa de los cazadores; *Hefestos,* dios cojo, artífice extraordinario y dios de las fraguas; y *Deméter,* diosa de la fecundidad.

Los dioses secundarios eran innumerables y de toda especie, desde *Dionisio,* dios de las vides y del vino, hasta *Esculapio,* dios de la medicina, o *Prometeo,* benefactor de la humanidad, quien fue castigado por Zeus, debido a que entregó el fuego a los hombres.

Estatua de Atenea

Algunos fenómenos de la naturaleza eran considerados como representaciones de algunos dioses inferiores y había también seres intermedios entre la divinidad y la humanidad, que eran los semidioses, el principal de los cuales era *Heracles* o *Hércules,* célebre por su fuerza y sus hazañas.

La vida religiosa

En varios lugares de Grecia había santuarios dedicados a alguna divinidad, como los de *Delfos* y *Delos,* en honor de *Apolo,* y el de *Eleusis,* en honor de *Deméter.*

Era frecuente que se celebrasen festividades en honor de los dioses en algunos puntos de Grecia, y a dichas festividades concurrían personas procedentes de todas las regiones de cultura helénica; entre ellas fueron notables las fiestas *olímpicas,* en Olimpia; las *píticas,* en *Delfos,* y otras más.

En la Grecia histórica, la religión exigía actos de culto y sacrificios, aunque debe señalarse que los sacerdotes no formaban propiamente una clase social, y determinadas ceremonias, como las de consultar a los oráculos, estaban en manos de mujeres que recibían el nombre de *pitonisas,* en *Delfos,* aunque también había hombres que desempeñaban la función de adivinos.

La vida religiosa en Grecia se resintió lógicamente de la relajación moral de tantos pueblos antiguos, y ello explica cómo, por ejemplo, fue práctica corriente en algunos lugares la existencia de una prostitución de tipo religioso.

En las últimas etapas de la cultura griega, la religión tradicional perdió prestigio. La corrupción atribuida a muchos de los dioses contribuyó a esto, y por ello los filósofos y pensadores griegos de los últimos años hacían crítica de las divinidades —aunque esto oficialmente era un delito y así Sócrates, entre otros cargos, fue acusado y condenado por su "impiedad"—, mientras en la masa del pueblo se arraigaban a su vez costumbres y prácticas supersticiosas, unas nativas, y otras llegadas del exterior.

En el *Ática,* desde los tiempos de Solón, pero sobre todo a partir del siglo V a.C., tuvieron su desarrollo mayor los "misterios" entre los cuales se hicieron famosos los de *Eleusis.* Tales misterios eran, según parece, ritos secretos en los que se admitía únicamente a quienes habían pasado por algunas pruebas indispensables, y que se pensaba ejercían una influencia en el carácter de las personas. No se sabe de fijo el origen de estos "misterios". En la práctica implicaban que un día determinado, en octubre, se reunían los iniciados, se purificaban bañándose en el mar, participaban más tarde en una procesión, entregados a ayunos rituales, y luego pasaban a la "sala de los misterios", en donde los actos de religiosos culminaban con la representación de un drama sacro.

Por lo que se refería a la muerte, los griegos suponían que el alma del difunto iba a un sitio en donde dominaba *Hades,* hermano de Zeus y de Poseidón. El sitio era un paraje desolado y triste a una distancia enorme del mundo de los vivos, que también recibía el nombre de *Hades,* aunque se le llamaba asimismo *Erebo* y *Averno,* o bien se le confundía con el *Tártaro,* donde estaban los Titanes vencidos. La "separación entre los vivos y los muertos", dice Garibay, era "mediante el agua". En la laguna Estigia bogaba la nave de *Caronte,* en la que eran transportadas las almas, que para ello debían pagar un óbolo al barquero. La puerta del Averno estaba guardada por un monstruo en forma de perro llamado *Cerbero,* con cincuenta cabezas, patas de león, voz broncínea y pelaje de serpientes.

Al paso del tiempo, sin embargo, se tuvo la idea de que las almas de los seres escogidos iban a otro sitio de mayor agradabilidad, que era denominado *Campos Elíseos.*

Si bien en las épocas descritas por Homero la costumbre era la de cremar los cadáveres en las piras correspondientes, en la era histórica la práctica consistía en enterrarlos a lo largo de los caminos, marcando el sitio con un montículo o con una losa clavada verticalmente, con una inscripción para identificar al difunto. Mujeres que se alquilaban para ello, las *plañideras,* lloraban al muerto, mientras los amigos y parientes iban a decirle adiós. El cuerpo, al día siguiente, era llevado en andas, o en un carro, y se organizaba un desfile en el que además de las plañideras iban unos flautistas. Depositado en la tumba, los demás colocaban a su lado algunos objetos.

El luto implicaba el uso de vestidos negros y el corte del pelo.

Las letras

Una tradición existente en Beocia indicaba que un inmigrante llamado *Cadmo* —que en lengua fenicia quiere decir Oriente— había llevado la escritura a Grecia.

La tradición, como muchas otras de su especie, posee una buena dosis de verdad, porque según se afirma verosímilmente la escritura pasó del mundo cultural del Cercano Oriente a Grecia, y los transmisores fueron *los fenicios.* "No hay nada tan significativo para explicar la íntima relación que existía entre la forma de escribir de los griegos y de sus modelos fenicios, ha escrito Wiese, como el nombre de las letras y la dirección de la escritura griega antigua. Actualmente, al hablar de un alfabeto, nos olvidamos de que esta palabra fue formada con los nombres de las dos primeras letras fenicias: *aleph,* vaca (en griego, alpha), y *bet,* casa (en griego beta)

Retrato de Pericles

para designar la totalidad de los signos fonéticos".

Por la misma influencia fenicia, los griegos, en un principio, escribían de derecha a izquierda, según lo demuestran las inscripciones más antiguas; pero ya en el siglo V a.C. se generalizó la costumbre de escribirse sólo de izquierda a derecha.

Se escribía sobre tablillas de madera, recubiertas con una ligera capa de cera, las cuales se unían "por su parte superior o lateral en grupos de dos o más cuando era necesario", según apunta Iguíniz. "Para impedir el rozamiento de la escritura por el contacto de las unas con las otras, les dejaban un ligero reborde que protegía la cera. Escribían sobre ellas con un punzón de metal, puntiagudo en uno de sus extremos y plano en el otro, a manera de espátula, utilizando éste para borrar lo escrito y emparejar la cera para volverla a utilizar, al que los griegos daban el nombre de *graphion* (grafio) y los romanos *stylum* (estilo). Las tablillas así preparadas se utilizaban principalmente en la correspondencia, las cuentas, las notas breves y en otros usos".

Para escritos de mayor importancia se utilizaban tablillas recubiertas de albayalde, o de marfil, sobre las que se escribían con tinta, o bien, láminas de plomo en las que se grababa la escritura por medio del grafio.

Rico, flexible, capaz de servir para expresar cualquier pensamiento, el idioma griego se habló en Grecia y en todos aquellos lugares hasta donde llegó la presencia de este pueblo, y de hecho su influencia se ha perpetuado hasta nuestros días, sirviendo a sus lenguas modernas, junto con el latín, para formar nuevas palabras técnicas.

La lengua griega tuvo en la época clásica, y en la helenística, un cultivo notable. Muchos literatos produjo la Hélade, y algunos de ellos se encuentran en los primeros lugares de la literatura universal.

Entre los escritores anteriores al siglo VIII, el más descollante de todos fue *Homero,* autor de los dos más grandes poemas de la épica antigua, que fueron *La Ilíada* y *La Odisea.*

Se sabe, empero, que antes de que surgiese *La Ilíada,* se conocían ya *cantos épicos* que eran recitados con acompañamientos de cítara por cantores llamados *aedas* en las fiestas públicas o en los festines privados. Conforme a la tradición, los más célebres *aedas* fueron *Lino, Orfeo* —que con los acordes de su lira amansaba las fieras, civilizaba a los tracios y transportaba las rocas— y *Anfión* —que con su música infundía vida a las piedras para la construcción de los baluartes tebanos—. En cuanto a *Homero,* la crítica moderna considera que, independientemente de algunas interpolaciones, los dos poemas corresponden sustancialmente a él, y cuyo lugar de origen se disputan Esmirna y otras ciudades. La tradición lo representa ciego, aunque de ello no hay fundamentos muy sólidos, y, como sostiene Bowra, su don de relatar los hechos es tan certero, que se debe reconocer que, al menos, "se acordaba muy bien de lo que había visto antes de cegar".

La *Ilíada* canta un episodio de la guerra que sostuvieron los aqueos contra la ciudad de *Troya,* a resultas del rapto de *Helena,* esposa de *Menelao,* por el príncipe troyano *Paris,* de otro nombre, *Alejandro.* Por su parte, *La Odisea* se refiere a la vuelta de *Odiseo* o *Ulises* a su patria, *Itaca,* y a las penalidades que sufre en el trayecto.

Otro poeta, posterior a Homero, llamado *Hesíodo,* cultivador de la epopeya didáctica fue autor de dos poemas fundamentales: *Los Trabajos y los Días,* y *La Teogonía,* de gran importan-

Platón

cia esta última como fuente de la historia de la religión griega.

Entre los siglos VIII y VI a.C. se alcanzó el desarrollo mayor de la poesía lírica, que tuvo por principales representantes a *Calino de Efeso, Tirteo, Mimnermo de Colofón, Solón* el legislador y *Teognis de Megara,* así como la poetisa *Safo* –a quien Platón llamaba "la décima musa", y quien sobresalió en las canciones y en los "epithalámia"–, así como *Anacreonte de Teos.* En esta misma época hubo cultivadores de la poesía satírica, de la poesía coral y del "ditirambo", que era un canto que se decía a coro en torno al altar de *Dionisio,* y de donde, más tarde, surgió la tragedia griega.

Tiénese a *Píndaro* como el más notable de los poetas líricos de la Hélade.

La fábula, a su vez, fue cultivada por *Esopo,* que según la tradición era un esclavo frigio, cuyos relatos han sido objeto de imitación en casi todas las literaturas.

La edad de oro de las letras griegas se produjo entre los siglos V y IV a.C., alcanzando en Atenas su esplendor mayor, en tiempos de Pericles. El teatro, de modo especial, dice Millares Carlo, *se admite que el teatro griego nació del culto a Dionisio ('ditirambo'), con ocasión del cual cantaba el coro las proezas del dios, danzando en torno a su altar. Más tarde fueron objeto de dichos cánticos las hazañas de otros héroes; luego, en el siglo VI, apareció un personaje junto al coro, a cuyas preguntas respondía. Creando así el diálogo de un modo incipiente y rudimentario, fue tomando cada vez mayor importancia, al mismo tiempo que disminuía la del coro, el cual acaba por ser puramente accesorio en el teatro de Eurípides".*

Los más notables cultivadores del teatro fueron: *Esquilo* –nacido el año 525 en Eleusis y muerto en 456 en *Sicilia*–, poseyó un estilo de imponente grandeza a través del cual se percibe el poder inexorable del destino en las vidas de los hombres y de los dioses; escribió cerca de ochenta obras, pero sólo se conocen siete: *Los Persas, Los Siete contra Tebas, Prometeo Encadenado, Las Suplicantes, La Orestíada (compuesta de tres tragedias, que fueron: Aga-*

memnón, Las Coéforas y Las Euménides). Con él se sitúa, en plano primerísimo, *Sófocles* —nacido en Colono el año de 497 y muerto en 405—, de estilo majestuoso, pero con un matiz de mayor humanidad y justicia, que escribió alrededor de cien tragedias, de las que se conocen siete: *Ayax, Antígona, Electra, Filoctetes, Las Traquinias, Edipo Rey* y *Edipo en Colono.* A su lado debe anotarse a *Eurípides* —nacido en *Salamina,* hacia 480 y muerto en *Macedonia,* en 405—, que escribió tragedias en las que sin desconocer el peso fatal del destino reconoce un papel muy vivo a las pasiones humanas, como puede verse en las diecisiete de sus noventa y dos tragedias conocidas: *Alcestes, Medea, Hipólito, Las Troyanas, Helena, Orestes, Ifigenia en Aulide, Las Bacantes, Andrómaca, Hécuba, Electra, Los Heráclidas, Hércules, Furioso, Las Suplicantes, Ifigenia en Táuride, Ión* y *Las Fenicias,* a más del drama satírico llamado *El Cíclope.*

La comedia nació también del culto a Dionisio, pero no del "ditirambo", sino de las procesiones burlescas que después de la vendimia realizaban los campesinos a través de las aldeas.

El cultivador mayor de la comedia fue *Aristófanes,* que nació en *Atenas* en 452 y murió en 380 a.C., y de cuyas cuarenta y cuatro comedias sólo once son conocidas: *Las Acarnanias, Los Caballeros, La Paz, Lisistrata, Las Nubes, Las Avispas, La Asamblea de las Mujeres, Pluto, Las Fiestas de Ceres, Proserpina, Las Ranas* y *Las Aves,* escritas muchas de ellas con estilo mordaz y satírico.

De otro comediógrafo, *Menandro,* sólo se conocen fragmentos.

La Filosofía

En la filosofía, Grecia tuvo a figuras de categoría universal.

En los siglos VI y V a.C., aparecieron pensadores que, sobre todo en *Jonia,* en el Asia Menor, trataron de explicar el mundo y la vida, afirmando que todas las cosas proceden de algún elemento material. El tema que entonces dominó, "el tema de toda la primera etapa de la filosofía griega", ha dicho Julián Marías, fue el de "la naturaleza", y como, especialmente en sus comienzos, esta filosofía se parecía "enormemente a una física", se explica que a estos pensadores los denominara Aristóteles con el título de *físicos.* Con ellos comienza en verdad la filosofía, porque buscaban encontrar, no cómo se hizo el mundo, sino propiamente qué es el mundo, con afirmaciones que, al hacer a un lado el "mito", abrieron el campo a la especulación racional para entender la realidad.

Entre ellos cabe anotar a los integrantes de la *Escuela de Mileto:*

Tales, de actividades e inquietudes múltiples, asignado al grupo de los Siete Sabios tradicionales de Grecia —que según Platón fueron: Tales, de Mileto; Pítaco, de Mitilene; Bías, de Priene; Solón, de Atenas; Cleóbulo, de Lindos; Misón, de Khen y Quilón, de Lacedemonia; aunque la lista no es uniformemente admitida—, consideraba que el principio de las cosas era el *agua;* es decir, el estado de humedad, quizás porque el agua alimenta lo mismo a las plantas y a los animales; y la tierra misma flota sobre el agua. *Anaximandro* —acaso matemático y cartógrafo— indicaba que la base de las cosas era el "ápeiron", o principio limitado y grandioso, de donde todo surge, aunque él permanezca independiente de las cosas concretas. Y *Anaxímenes* —discípulo del anterior— entendía que el principio de las cosas era el aire, formándose aquéllas mediante la condensación y la rarefacción.

Otros filósofos pre-socráticos, ahora en la Magna Grecia, integrantes de la *Escuela Itálica,* fueron: *Pitágoras* y sus discípulos, los *pitagóricos.* Del primero nada se sabe de fijo, aunque hay afirmaciones vagas sobre sus viajes y su establecimiento final en Crotona. Según *Diógenes, Laercio y Cicerón,* Pitágoras fue el primero que se dio sí mismo el nombre de *filósofo* o *amante de sabiduría,* en vez del de "sabio", que usaron sus antecesores. En Crotona "organizó una sociedad, cuyos miembros (de 300 a 500) se sujetaban a ciertas prácticas, algo misteriosas y no bien averiguadas, y se comprometían a profesar en religión, moral y política lo mismo que su maestro", al decir de Domínguez. Su argumento supremo era el "magister dixit". Cumplían normas extrañas y prohibiciones variadas a una vida de contemplación desligada de lo corporal, que estimaban era la vida propia de los sabios. Según su pensamiento, consideraban que los principios de la matemática son inmutables, tienen propiedades fijas y guardan relaciones que tampoco varían. Son consistentes, y su consistencia puede conocerse por la contemplación. Las cosas visibles, a su vez, aunque varían y se mueven, tienen una figura, pueden contarse, y por tanto, "existen por imitación de los números".

En fin, en el campo pre-socrático que se cita, es dable mencionar a la *Escuela de Elea,* que tuvo por antecedente a *Jenófanes;* su figura principal fue *Parménides,* y sus seguidores más notables fueron *Zenón* y *Meliso.*

Para *Jenófanes* hay un Ser que es único e inmóvil. Para *Parménides,* el pensamiento es el instrumento para conocer el "ente", es decir, "lo que es", y ese "ente" es uno, inmóvil, sin principio y sin fin. En su célebre poema consignó tales afirmaciones, a las que añadió que, si bien el *pensamiento,* o *"vía de la verdad"* lleva el conocimiento del "ente", la *sensación* es la *"vía de la opinión"* que nos da a conocer las cosas cambiantes y múltiples, que son en realidad meras *"apariencias",* objetos que nos parece que se mueven, aunque no es así, porque el movimiento es imposible.

Por oposición a la escuela eleática, *Heráclito* sostuvo, por su parte, que *"todo fluye", y* que si la sustancia primordial es el *fuego,* la realidad cambia continuamente, aunque postuló también que entre las cosas contrarias es posible descubrir una armonía.

Los nombres de *Empédocles, Anaxágoras, Demócrito* y *Diógenes,* correspondieron a otros tantos pensadores presocráticos.

En la primera mitad del siglo V tuvieron lugar las "guerras médicas". Al concluir, y en la nueva época iniciada entonces, aparecieron los *"sofistas",* que mediante lecciones por las cuales cobraban, enseñaban fundamentalmente la *retórica,* hablaban de todo, y mostraban cómo a base de esa retórica, era posible triunfar social y políticamente. Lo importante no era *qué* debía decirse, sino cómo decirse, esto es, lo importante no era buscar el *"ser"* de las cosas, sino la *"opinión"* que de ellas podía formarse. Por lo cual, como dijo Aristóteles, la sofistica era *"sabiduría aparente",* pero no auténtica.

Entre lo *sofistas* más célebres pueden ser citados sobre todo, *Protágoras* y *Gorgias,* y en plano inferior, *Hipias, Pródico* y *Eutidemo.*

En el siglo IV a.C. vivió *Sócrates,* pensador ateniense, con quien la filosofía no se preocupó tanto de explicar el origen del mundo, sino que más bien trató de encontrar las normas de conducta que sirvieran mejor al hombre. Fue, pues, principalmente un *moralista,* de quien, sin embargo, no se conoce ningún escrito, pero sus ideas son conocidas por las obras de dos de sus discípulos más eminentes: *Platón y Jenofonte.*

Cada ser humano, según Sócrates, cuenta con una aptitud o capacidad para algo, que es su *"virtud",* y que debe ser perfeccionada, lo que hace indispensable que cada quien se conozca a sí mismo, por lo cual el conocimiento, según él, está estrechamente vinculado por la ética, y la ignorancia con la ausencia de moral. El diálogo tendiente a buscar el conocimiento que es preciso hacer salir, fue usado por Sócrates con el nombre de *"mayéutica".*

Pese a todo, las prédicas de Sócrates encontraron una recia oposición de parte de algunos atenienses, que lo sujetaron a proceso e hicieron que se le condenase a muerte mediante una bebida venenosa llamada *"cicuta".* Los cargos de "impiedad" y "corrupción" que se le hicieron, en realidad recubrían la inquina que los oligarcas de su tiempo tenían contra una voz libre e ilustre como la de Sócrates.

Los libros de su discípulo *Platón,* generalmente escritos en forma de diálogos, constituyen algo de lo mejor en la literatura y en la filosofía griegas.

Platón elaboró su propia doctrina, según la cual la verdadera esencia de las cosas está en las *ideas,* y no en las apariencias que vemos o sentimos. Fue, por consiguiente, *un filósofo idealista.* Temas de tanta relevancia como el amor, la inmortalidad del alma, la virtud, el ser, la belleza, la naturaleza, etc., destacan en tales diálogos.

En materia política se mostró partidario de que se estructurase la sociedad con un sentido jerárquico y aristocrático, pero con cierta flexibilidad que hiciera posible el ascenso de hombres capaces hacia los niveles superiores. Platón tuvo muchos discípulos a quienes daba sus enseñanzas en un jardín dedicado al héroe *Academo* (jardín que por eso se llamó *Academia);* y uno de ellos, verdaderamente genial, fue *Aristóteles,* natural de *Estagira,* y posteriormente maestro de Alejandro Magno. Aristóteles, que sostuvo una filosofía realista, y con quien pudo superarse la vieja oposición que los pensadores presocráticos no habían podido dilucidar entre el ser y el movimiento, fue seguramente el hombre de inteligencia más universal que hubo en la Antigüedad y el que puso las bases para muchas ciencias, para la política como objeto de estudio, y para la filosofía en sus diversas expresiones. En moral se mostró partidario del *"término medio",* como norma de conducta entre los extremos del exceso y el defecto.

Las ciencias y las artes

"No debe creerse, como indica Laloup, que los griegos lo inventaron todo". En realidad "fue mucho lo que recibieron de Babilonia, de Fenicia y de Egipto", aunque el estudio propiamente científico, como forma de cultura independiente, comenzó con ellos.

Es claro, en ese sentido, que los primeros intentos griegos para tener una explicación inteligible del mundo, se manifestaron en forma religiosa, y concretamente, en forma mítica. La *Teogonía* de Hesíodo constituye, en este sentido, la más vieja concepción acerca del origen del mundo y de los dioses. En su poema puede advertirse que señala como deidades de la *"primera generación"* a seres que no son personales, al modo de la *Tierra,* al *Cielo,* la *Noche,* etc., que, como indica Laloup, "expresan únicamente el determinismo natural en su brutal realidad". Más tarde, las divinidades comienzan a personificarse. ¿Quiso decir eso, entonces, que se trataba del primer esfuerzo que el pensamiento humano hacía para entender las fuerzas de la naturaleza frente al destino? "En lo que llamamos nosotros las "leyes naturales", dice el autor que se cita, vieron los griegos a la vez el determinismo y lo indeterminado y para hacer inteligible a este último, se lo imaginaron inteligente y amable, como a una persona humana. Esto es, indudablemente, el sentido profundo de la lucha implacable de Zeus contra los Titanes, los Cíclopes y todas las monstruosas emanaciones de la era precedente".

La superación del mito por la explicación profana de la naturaleza, separación básica para el desarrollo de la ciencia comenzó a apuntarse, no obstante, en el ámbito jónico del Asia Menor, aunque de ello hubo ya antecedentes indudables en *Sumer* y en *Babilonia.* Algunos conocimientos que los griegos ampliaron o aprovecharon, suponían esos precedentes; así, cuando *Tales de Mileto* predijo un eclipse total en 585 a.C., sus cálculos tuvieron que basarse en observaciones realizadas por muchos hombres anteriores a él, sin perjuicio de que a este mismo personaje se le atribuyese la elaboración de un calendario meteorológico y la determinación de las propiedades de los triángulos rectángulos.

No es de extrañar que los puntos de vista de los pitagóricos, por su parte, hayan servido para lograr cierta precisión en los sonidos musicales, teniendo en cuenta sus conocimientos sobre las relaciones numéricas. A ellos se deben, también, datos no despreciables acerca de Geometría, de Aritmética, de Biología (incluso el estudio de ciertas funciones del cerebro y de los nervios), lo mismo que de Astronomía, bien que todo ello en función de sus especulaciones filosóficas.

La disposición propicia a las matemáticas dejó huellas en los sofistas y en *Platón.*

Los estudios y observaciones posteriores de *Aristóteles* dieron a muchas formas de la cultura un empuje notable, ya en lo tocante al acontecer físico, ya en lo tocante a otros fenómenos de variada especie, como la Anatomía Comparada y los estudios sobre Genética. Auxiliado por varios discípulos y destacadamente *Teofrasto,* Aristóteles realizó sus estudios minuciosos de cerca de quinientas especies zoológicas. Su obra *La Historia de los Animales,* fue quizás el primer libro de Biología que hubo en el mundo.

Hubo, pues, entre los griegos, rudimentos de interés muy apreciables en Física, en Biología, en Astronomía, en Zoología, en Botánica y en Medicina, pero sobre todo en Geometría, en donde la obra de *Euclides* fue fundamental.

No puede ponerse en olvido, en este orden de ideas, la figura de *Arquímedes,* en Siracusa, en la Magna Grecia, que descubrió la Fórmula de la circunferencia, que escribió un tratado sobre estática —en el cual se propuso definir la ley de equilibrio de la palanca, y la teoría del centro de gravedad— y que llevó a cabo importantes especulaciones matemáticas. Tampoco puede olvidarse a *Aristarco de Samos,* que estimó que la Tierra se movía, que su eje de revolución estaba inclinado, que la Luna giraba en torno de la Tierra y que ésta pertenecía a un sistema de carácter solar. *Hiparco* catalogó las estrellas conocidas, estudió el año sideral y el mes lunar, e hizo contribuciones importantes a la *Trigonometría Plana* y *Esférica,* que de hecho se inició con él. *Claudio Ptolomeo,* en el siglo II a.C. reiteró el punto de vista geocéntrico. Estimó que la Tierra era redonda, propuso una lista astronómica a base de 48 constelaciones y 1,042 estrellas, que tuvo mucha autoridad hasta fines de la Edad Media; aprovechó ampliamente el *astrolabio* y expuso diversos puntos de vista astronómicos de gran interés en su obra *Sintaxis Matemática,* más conocida por su nombre árabe de *Almagesto.*

La teoría atómica de *Leucipo* y *Demócrito,* según la cual los cuerpos se componen de partículas indivisibles, o *"átomos"* fue un intento meritorio para explicar las constituciones de los distintos seres de la naturaleza, conforme a una teoría según la cual se supuso que los cuerpos sólidos estaban formados por átomos fuertemente ligados entre sí; los líquidos contenían átomos en cierto estado de libertad, rodeados de alguna delgada capa consistente; y los "cuerpos aéreos" se formaban por átomos libres unidos por una trayectoria paralela.

Por lo que ve a la Medicina, la autoridad máxima fue *Hipócrates,* y más tarde *Galeno.*

En el campo de los estudios históricos cabe citar como personajes de mayor relieve a *Herodoto, Tucídides* y *Jenofonte.*

En una palabra, la ciencia tuvo en Grecia, no sus primeros conocimientos, pero sí sus primeras concepciones como actitud diferenciada de lo puramente mítico, con rango propio y materiales específicos, que fue algo de enorme proyección para el desarrollo que esa misma ciencia tuvo en los siglos ulteriores.

Las artes

Las artes plásticas tuvieron representantes de un valor extraordinario en Grecia.

En la escultura se hallaron artistas muy prominentes como *Fidias, Praxíteles, Scopas* y *Mirón,* que en los siglos V y IV a.C. elaboraron lo mejor de esta expresión del arte, con obras en que la serenidad, el gesto equilibrado y la armonía de las líneas, recordaban el principio griego de que nada debía hacerse con exceso y sí, en cambio, con belleza armónica.

Más tarde, en el siglo II a.C., la escultura griega, en la llamada época helenística, correspondiente al dominio macedónico, dejó de ser serena y prefirió los temas del dolor, de la angustia, de la vejez, de la fuerza en tensión, aunque siempre con gran sentido de lo bello.

Desgraciadamente muchas de las esculturas clásicas y helenísticas no nos son conocidas en su

Aspecto del Partenón (inaugurado el año de 438 a.C.), y semidestruido a consecuencia de los combates de venecianos y turcos, siglos después

forma original, sino a través de las copias que después fueron hechas en tiempos de Roma.

De la arquitectura griega hay testimonios que demuestran que desde la misma Edad de los Metales se conocían técnicas de construcción muy avanzadas, como se ha visto a propósito de la cultura en Creta, en Micenas y en Tirinto. Con todo, después de las invasiones de los dorios, la arquitectura griega comenzó un nuevo desarrollo de mucho interés, que es posible seguir sobre todo a través de la evolución de los templos, que fueron ciertamente las obras más características de la arquitectura en Grecia.

Los templos, antes del siglo V, tenían líneas robustas, vigorosas, en cierto modo pesadas. Dominaban entonces el estilo *dórico,* que en las columnas y en sus remates y capiteles tenían líneas geométricas muy severas. Más tarde, mejor desenvuelta la técnica, las líneas de los templos griegos se hicieron mas finas más gráciles, y apareció el estilo *jónico,* de columnas menos gruesas y de capiteles con volutas a los lados: finalmente surgió el estilo *corintio,* que fue el último y también el más delicado, con capiteles en forma de una canastilla con hojas y flores de acanto. Estos tres estilos sirvieron más tarde de inspiración a muchos edificios en Roma y después en el Renacimiento, cuando lo clásico volvió nuevamente a tener una gran aceptación aun en años posteriores.

El templo griego no era un recinto para contener muchedumbres de fieles; era más bien el lugar destinado a que allí se encontrase la imagen del dios y se efectuaran las ceremonias del culto.

En ocasiones, los arquitectos contaban con la cooperación de los escultores, sobre todo en la época clásica, y de este modo las esculturas completaban la construcción, ya apareciendo en forma de relieves sobre los frontones o grandes triángulos de las fachadas, o ya sirviendo algunas figuras humanas en sustitución de las columnas, como en el llamado *templo de Erecteo,* en el que los sostenes delanteros del techo son figuras de muchachas, o *cariátides.*

Las obras de construcción y de urbanización más completas en la historia griega, fueron sin duda las levantadas en tiempos de *Pericles,* en el siglo V a.C. en *Atenas,* cuando dicha ciudad fue

Planta de un templo griego, rodeado de una columnata y en cuyo interior se encuentran tres partes fundamentales: el pronaos o vestíbulo; la naos o santuario; el opistodomo, donde se guardaba el tesoro de la divinidad

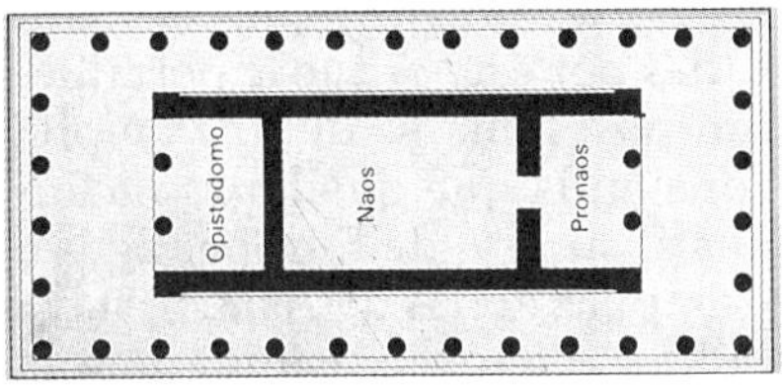

reformada y embellecida por el gran estadista.

La pintura griega se manifestó a su vez en obras de pequeño tamaño, como los vasos, en los que hay escenas de casi todos los aspectos de la vida griega, o se expresó en los muros de las construcciones. Los griegos no conocieron la pintura de caballete.

De diversos artistas que cultivaron la pintura se conservan varios nombres, pero el principal de ellos correspondió al *Polignoto,* no sólo por la fecundidad de sus obras, sino también por el valor que estas mismas tienen.

Igual que la escultura, la pintura griega influyó en Roma, de tal manera que no fue raro en la época imperial, que los pintores griegos ejecutaran obras en las casas romanas, o sirvieran como maestros de los artistas latinos.

El helenismo

El dominio de Grecia por parte del *Filipo de Macedonia* —no obstante la oposición de algunos, incluso el gran orador *Demóstenes,* que pronunció piezas de notable elocuencia llamadas *"filípicas"* – y de su hijo *Alejandro Magno,* más las posteriores conquistas realizadas por éste —que le permitieron posesionarse de una amplia zona en la que quedaron incluidos al sureste de Europa, Egipto y amplias zonas de Asia, hasta la India— dieron ocasión a que la cultura griega se proyectase a muchos ámbitos y constituyese un elemento que vitalizó, o siquiera influyó, en otros estilos de vida.

La obra cultural de raíz griega que apareció entonces, sobre todo en *Alejandría,* en suelo de Egipto —ante la cual quedan como "centros menores" de cultura, según afirma Reves, *Pela* en Macedonia; *Antioquía,* en Siria; *Cilicia, Tarso y Soli; Cos; Siracusa,* en la Magna Grecia; *Nicea* y *Nicomedia,* en Bitinia; *Rodas;* e incluso la misma *Atenas*—; y que irradió tan dilatadamente en los sitios mencionados antes, es conocida con el nombre de *helenismo.* Y si es posible señalar con fechas a este desarrollo de la creación humana posterior a la época clásica, podría decirse que se inicia en el año de 323 a.C., con la muerte de Alejandro, hasta la batalla de Accio, el año 31 a.C., que significó la consolidación del dominio romano.

Los romanos acogieron lo griego y lo transmitieron también, y su esfuerzo constituyó una etapa nueva, que de algún modo fue la síntesis de lo heleno con lo latino.

Un hecho escueto, el paso de Grecia a Alejandría de *Demetrio Faléreo,* discípulo del Liceo de Aristóteles, puede tomarse como el símbolo del traslado de una sede y de una inquietud, de Atenas, la vieja sede, al nuevo emporio de la cultura, en el norte de África.

Según se sabe, *Alejandría* fue formada por Alejandro del año de 332 a.C. Afírmase que fue el mismo conquistador macedonio quien esbozo el plano inicial de la ciudad, por más que su construcción básica concluyó hasta tiempos de Ptolomeo II.

Fue, pues, un centro en donde lo griego recibió aportaciones de la vieja cultura faraónica y del pensamiento hebreo, y pudo enriquecerse, a cuenta de influir a su vez en otras estructuras sociales contemporáneas.

De sus construcciones se conservan relatos múltiples, inclusive acerca del célebre *Serapeum,* dedicado al dios egipcio *Serapis,* y el *Faro,* que se edificó en la isla de tal nombre, y cuya monumentalidad y función causaron asombro en su tiempo, hasta el punto de considerársele una de las *siete maravillas del mundo antiguo* (orbis miracula), en cuya lista estaban, además, *las pirámides de Gizeh; las murallas y los jardines colgantes de Babilonia; el mausoleo, o tumba que la reina Artemisa de Caria, hizo construir en Halicarnaso en memoria de su marido, Mausolo, en 352 a. C.; el templo de Diana en Efeso; la estatua de Júpiter Olímpico, esculpida por Fidias; y el coloso de Rodas, de 60 metros de alto, en la isla de este nombre.*

Uno de los centros culturales de mayor relieve en Alejandría fue el *Museo,* donde se encontraba la célebre Biblioteca. Ésta, dice Iguíniz, fue "fundada por *Tolomeo Soter* en el siglo IV a.C. en el barrio llamado Brucheum, y cuyos sucesores fomentaron notablemente. Tolomeo Filadelfo envió emisarios a Grecia y a otros pueblos del Asia a fin de obtener las obras más valiosas, y no escatimó esfuerzo ni sacrificio para enriquecer sus colecciones; entre estas obras se cuentan los libros sagrados de los hebreos que setenta sabios tradujeron al griego, y cuya traducción aún se conoce con el nombre de la *Versión de los Setenta.* Tolomeo Evergetes se apoderó de los libros de los extranjeros en beneficio de la biblioteca, cuyos propietarios tuvieron que conformarse con recibir en cambio las copias correspondientes. Contenía esta biblioteca, según Aulo Gelio, 700,000 volúmenes en rollo".

Sufrió la biblioteca varias pérdidas sucesivas. Una, cuando Julio César atacó Alejandría el año de 48 a.C., provocando un incendio devastador. Y otra, cuando algunos cristianos, en tiempos del patriarca *Teófilo,* en 391 d.C., saquearon los templos paganos. Algunos autores estiman que la afirmación de que la Biblioteca fue destruida por los árabes de Omar, en 640 d.C., es una simple leyenda difundida por Paulo Orosio.

Los tolomeos, en general, atrajeron hacía Alejandría a gran suma de científicos, literatos y artistas, que dieron lugar a un auge notable de los valores culturales en dicha ciudad. La *Biblioteca y el Museo* sirvieron para la impartición de disciplinas de enseñanza superior, y muchos fueron los estudios de orden filosófico, gramatical y de ciencias, que allí pudieron germinar y desarrollarse. Hubo, con tal motivo, una particular tendencia a la erudición, a los estudios crí-

Cariátides del templo de Erecteo.

ticos y a cierto gusto, acaso excesivo, por la forma.

Figuras destacadas en la era helenística fueron, así, las de: *Aristarco de Samotracia* —filólogo y director de la Biblioteca—; *Apolonio de Rodas,* autor del poema *Los Argonautas;* el geómetra *Apolonio de Pérgamo;* el matemático, astrónomo y geógrafo *Hiparco de Nicea;* el matemático *Zenodoro;* el poeta y crítico *Calímaco;* el matemático y geógrafo *Eratóstenes,* a quien se debió la primera determinación científica de la longitud del meridiano terrestre; el ya citado *Claudio Tolomeo;* y el igualmente mencionado *Arquímedes.*

La Antigüedad consideró a este último como el mayor de los sabios. Nació en Siracusa y estudio en Alejandría. La investigación científica absorbió su vida. Lamentablemente murió asesinado por un soldado romano de las tropas de Marcelo en 212 a.C., no obstante la orden que éste dio para que se le respetase la vida, según indica Plutarco.

Su obra más notable fue su *Método,* en donde expuso un sistema mecánico para resolver los problemas geométricos, y constituyó un estudio de medular importancia para el cálculo integral. Se le atribuye la frase célebre de: "*Dadme un punto de apoyo y moveré la Tierra*". El tratado *Sobre los Planos que Tienen el Mismo Momento Estático* se considera como el punto de partida de la mecánica teórica, y en él hizo uso de los conceptos de "centro de gravedad" y de "la ley de las palancas". Fue prácticamente el fundador de la hidrostática. Construyó varias máquinas de guerra, incluso un espejo parabólico de cobre bruñido, con el cual se incendiaban las naves romanas al refractar los rayos solares que se concentraban en el espejo.

Por lo que ve al campo de la *filosofía,* el helenismo adoptó una actitud diferente, que acarreó una modificación en las inquietudes tradicionales. La filosofía, en efecto, dejó de ser una mera búsqueda de la verdad, para convertirse sobre todo en la búsqueda de un modo de vida, en una actitud que desnaturalizó en cierto modo a esta disciplina. El "más grave problema que plantean *estas filosofías* de la época helenística, ha escrito Julián

Marías, es éste: desde el punto de vista del saber, todas ellas —incluso la más valiosa, la estoica— son toscas, de escaso rigor intelectual, de muy cortos vuelos; no hay comparación posible entre ellas y la maravillosa especulación platónico-aristotélica, de portentosa agudeza y profundidad metafísica; y, sin embargo, el hecho histórico, de abrumadora evidencia, es que a raíz de la muerte de Aristóteles estas escuelas suplantan su filosofía y logran una vigencia ininterrumpida durante cinco siglos. ¿Cómo es esto posible?"

"En estos siglos cambia sustancialmente el sentido que se da en Grecia a la palabra *filosofía.* Mientras en Platón y Aristóteles es una *ciencia,* un *saber* acerca de lo que las cosas son, determinado por la necesidad de vivir en la *verdad,* y cuyo origen es el *asombro,* para las escuelas posteriores va a significar cosa bien distinta. Para *Epicuro,* "la filosofía es una actividad que procura con discursos y razonamientos la vida feliz", según los *estoicos,* es el ejercicio de un *arte* encaminado a regir la vida. La filosofía, pues, cambia de sentido...

La filosofía, otra vez fuera de la *vía de la verdad,* se va a convertir en una especie de religiosidad de circunstancias, apta para las masas. Por esto, su inferioridad intelectual es, justamente, una de las condiciones del enorme éxito de las *filosofías* de este tiempo. Con ellas, el hombre antiguo en crisis logra una moral mínima para tiempos duros, una moral de resistencia, hasta que la situación sea radicalmente superada por el Cristianismo, que significa el advenimiento del *"hombre nuevo"*.

Lecturas

Fábula de Esopo

Molesta una tortuga por verse obligada a deambular siempre por el suelo, rogó al águila que la alzase lo más que fuera posible por los aires. Así lo hizo la reina de las aves, que la levantó hasta las nubes, y sintiéndose complacida la tortuga proclamó:

—¡Qué envidia deben tenerme ahora cuantos animales me contemplan en tanta altura sobre ellos!

El águila que oyó tal vanidad, no pudo tolerarla y soltó a la tortuga que se hizo mil pedazos al caer el orgulloso animalito y dar contra unos peñascos.

Gesto loco es sentirse engreído por los favores de la suerte.

No pocas veces la aparente felicidad se vuelve en desgracia.

Pensamientos de Heráclito

- *Atiendo no a mi persona, si no a la voz (de las cosas) es sabio proclamar de modo unánime que todas las cosas son uno.*
  Es de sabiduría un solo hecho: dar con la razón que encauza todas las cosas mediante todas cosas.
  Ninguna divinidad ni hombre alguno hizo este mundo, sino que fue, es, y será, un fuego perennemente vivo, que se prende y se apaga según medidas. El fuego se trueca par todas las cosas, y todas las cosas, a su vez, por el fuego; así coma las mercancías por el oro, y el oro por las mercancías.
- *No te es dable entrar por dos ocasiones en el mismo río.*
- *Padre y rey de todas las cosas es la guerra; a unos declara divinos y a otros hombres; a unos hace libres y a otros esclavos.*
- *Los individuos no acaban de entender cómo lo que es diferente está de acuerdo consigo mismo, es una armonía de tensiones opuestas, al modo de la lira y el arco. La opuesta es lo que conviene.*
- *He procurado buscarme a mí mismo.*

Pensamientos de Parménides

- *Es necesario decir y pensar que el ente es, porque es posible que sea, mientras que no es posible que la nada sea.*
- *El ente es ingénito e imperecedero, pues es completo e inconmovible, y sin fin; ni fue jamás, ni será, puesto que es ahora todo a la vez, uno, continuo.*

La belleza suma

Quien por etapas haya llegado aquí contemplando ordenadamente las cosas bellas, arribando al término de los arcanos de amor, mirará de pronto una admirable belleza por la cual ¡oh Sócrates! bien es posible tolerar los trabajos previos; belleza que existe siempre, ni nace ni parece, ni disminuye, ni aumenta, ni es parte bella y en parte repugnante, ni hermosa unas ocasiones y fea otras, ni hermosa o fea en relación a otras, ni bella aquí y fea allá, ni se presenta fea a unos y hermosa a otros. Ni es lícito imaginarse tal hermosura como una cara o unas manos bellas, o cualquier otra cosa corpórea, ni como un raciocinio ni como una ciencia. Ni nos es dable suponer que esté en una cosa, v. gr., en la tierra o en una bestia, o en el cielo, o en parte alguna, sino que ella es por ella misma, y es permanentemente uniforme, y cuantas cosas hay que sean bellas lo que son porque participan de su hermosura; y aunque las demás surjan o mueran, ella no se inmuta en modo alguno.

PLATÓN

La juventud

Los jóvenes hállanse plenos de deseos ardientes y son capaces de ponerlos en práctica. Pero hay volubilidad en ellos y se hastían pronto: desean con ardor y se cansan prestamente; sus caprichos son más vivos que duraderos y fuertes, como ocurre con el hombre y la sed de un enfermo. Por naturaleza son dados a la ira y a la violencia; no han aprendido o domeñar sus impulsos.

Ciegos por el ímpetu de sus sentimientos y por la vanidad propia, no admiten el desprecio ni toleran una injusticia. Tienen ambición; pero especialmente gustan del triunfo, porque aspiran a ser en todo los primeros, y que el éxito confirme su superioridad. El honor y la victoria prefieren al dinero, al que no le conceden todo su valor porque aún no han sabido lo que es la necesidad. Son más dados al bien que al mal, porque a éste no lo han conocido; se confían porque aún no han sabido lo que es el engaño; están esperanzados porque su sangre joven los impulsa como una bebida generosa, y, asimismo, porque todavía no han padecido excesivas decepciones. Se ven alentados, sobre todo, por la esperanza, porque la esperanza tiene futuro delante de sí, y no al pasado que jamás retornará.

El porvenir es largo para los jóvenes y lo ya pasado es corto, porque en el marco primaveral de la existencia no se tienen recuerdos, pero se tiene derecho a todas las esperanzas.

ARISTÓTELES

El término medio

Todo hombre con instrucción se aparta del exceso y del defecto, y prefiere el término medio, término medio determinado, no en lo que se refiere al objeto, sino relativamente a nosotros. De este modo, si todo conocimiento cumple con su oficio, contempla siempre al término medio y a él dirige tus actos.

ARISTÓTELES

BIBLIOGRAFÍA FUNDAMENTAL

ARISTÓTELES. *Obras*. Aguilar. Madrid. 1964.
APPENDINI, Ida y ZAVALA, Silvio. *Historia Universal (Oriente, Egipto, Grecia)*. Editorial Porrúa. México. 1953.

BETHE, Erich. *Un Milenio de Vida Griega Antigua.* Editorial Labor. Barcelona. 1937.
BIÓGRAFOS GRIEGOS (Plutarco, Diógenes, Laercio, Filostrato, Jenofonte). Aguilar. Madrid, 1964.
BOWRA, C. M. *Historia de la Literatura Griega.* Breviarios del Fondo de Cultura Económica. México-Buenos Aires. 1950.
BURCKHARDT, Jacob. *Historia de la Cultura Griega.* Editorial Iberia. Barcelona, 1947.
DE COULANGES, Fustel. *La Ciudad Antigua.* Emecé. Buenos Aires. 1945.
DE LA PEÑA, Carlos H. *Historia de la Literatura Universal.* Editorial Jus. México. 1963. *Antología de la Literatura Universal.* Editorial Jus. México. 1960.
DOMÍNGUEZ, Dionisio. *Historia de la Filosofía.* Editorial Sal Terrae. Santander. 1953.
GOETZ WALTER y otros. *Historia Universal (Hélade y Roma).* Espasa-Calpe. Madrid. 1958.
HERODOTO. *Los Nueve Libros de la Historia.* Editorial Iberia. Barcelona. 1950.
HOMERO. *Ilíada y Odisea.* Editorial Jus. México. 1960.
IGUÍNIZ, Juan B. *El Libro (Epítome de Biología).* Editorial Porrúa. México. 1946.
JENOFONTE. *Historia Griega.* Editorial Iberia. Barcelona. 1956.
KÖNIG, Franz. *Cristo y las Religiones de la Tierra.* Biblioteca de Autores Cristianos. Madrid. 1961.
LALOUP, Jean. *La Ciencia y lo Humano.* Editorial Herder. Barcelona. 1964.
LARROYO, Francisco. *Historia General de la Pedagogía.* Editorial Porrúa. México. 1960.
MAISCH, R. y PHLHAMMER, F. *Instituciones Griegas.* Editorial Labor. Barcelona. 1931.
MARÍAS, Julián. *Historia de la Filosofía.* Revista de Occidente. Madrid. 1943.
MARÍAS, Julián y LAÍN ENTRALGO, Pedro. *Historia de la Filosofía y de la Ciencia.* Ediciones Guadarrama. Madrid, 1964.
MILLARES CARLO, Agustín. *Compendio de Historia Universal de la Literatura.* Editorial Esfinge. México. 1945.
PETRIE, A. *Introducción al Estudio de Grecia.* Breviarios del Fondo de Cultura Económica. México-Buenos Aires. 1956.
PIJOÁN, José. *Summa Artis.* Espasa-Calpe. Madrid. 1957.
PLATÓN. *Obras Completas.* Aguilar. Madrid. 1966.
RAMÍREZ TORRES, Rafael. *Épica Helena Post-Homérica.* Editorial Jus. México. 1963. *Flavio Arriano.* Editorial Jus. México. 1964. *Demóstenes* (Obras Completas. 2 tomos). Editorial Jus. México. 1961.

REINACH, Salomón. *Apolo.* Editorial Nueva España. México.
REYES, Alfonso. *La Filosofía Helenística.* Breviarios del Fondo de Cultura Económica. México-Buenos Aires. 1965.
SCIACCA, Michele Federico. *Historia de la Filosofía.* Editorial Luis Miracle. Barcelona. 1962.
SÓFOCLES. *Teatro.* Editorial Jus. México. 1963.
STEGMANN. *La Escultura de Occidente.* Editorial Labor. Barcelona. 1936.
WISE, O. *La Escritura y el libro.* Editorial Labor. Barcelona. 1951.
WEISS, J. B. *Historia universal* (Tomos II y III). Tipografía La Educación. Barcelona. 1927.

Capítulo 16

La cultura romana

...cantar un himno a los dioses con quienes las Siete Colonias están en gracia. ¡Oh! Sol que todo alimentas, que con tu carro de fuego traes el día y lo escondes de nuevo y vuelves a nacer como otro nuevo día, y sin embargo el mismo, que nunca te corresponda ver nada más grande, que esta ciudad, Roma.

HORACIO

El marco geográfico

La *península italiana,* localizada en la parte central del *Mar Mediterráneo,* tiene una extensión territorial de 301,023 kilómetros cuadrados.

No es país abundante en llanuras, y las pocas que hay son estrechas, excepción hecha de la del *Po.*

Orográficamente son distinguibles dos grandes sistemas, que son: el de los *Alpes,* que limitan a *Italia* de *Francia,* al noroeste, y de *Suiza* y *Austria* en la parte norte; y el de los *Apeninos,* que cruza el territorio italiano del noroeste al sureste, uno y otro con relieves marcadamente abruptos.

Vista en su conjunto, *Italia* se forma de tres partes importantes: la *continental* – que abarca la zona enclavada en la masa del continente europeo –; la *peninsular* – formada por una gran lengua de tierra que penetra con profundidad en el Mediterráneo –; y la *insular* – integrada por las islas de Sicilia, Cerdeña, el archipiélago toscano, Lípari, Capri, Ischia, las Egades, etcétera.

Muchos son los ríos que hay en Italia, pero la configuración del suelo es de tal naturaleza que las corrientes fluviales no son extensas ni navegables. El más caudaloso y largo es el río *Po,* que tiene una extensión de 652 kilómetros, permite, por su riego, una gran fertilidad a la llanura de *Padania.*

Otros ríos de importancia son: el *Adigio,* el *Piave,* el *Isonzo,* el *Tiber* – junto a Roma –, el *Arno,* el *Volturno,* etcétera.

Mapa de Italia

Varios lagos, en la parte septentrional de Italia, tienen importancia como vías de comunicación y por su acción reguladora que dejan sentir en los ríos.

Los mares que bañan las costas italianas —costas ciertamente favorables a la pesca y la navegación— son: el *Mar Adriático,* al este; el *Mar Jónico* al sureste; el *Mar Mediterráneo,* al sur; y el *Mar Tirreno,* al oeste.

En un país de tal variedad de condiciones geográficas, es comprensible que la multiplicidad de climas sea grande, desde los más fríos y extremados del norte, hasta los más suaves y húmedos del sur y del centro, pasando por los de tórrida condición en el verano, en las regiones de la llanura distante de las costas.

Hay bosques abundantes de encinas, castaños, laureles y coníferas; árboles frutales de tipo mediterráneo —naranjos, limones, perales, manzanos, avellanos, vides, olivos, cerezos—lo mismo que cultivos de cereales y de flores en variedad notable. En la fauna italiana es posible consignar tanto animales domésticos de especies variadas —incluso ganados de toda clase— cuanto animales silvestres como los jabalíes, las gamuzas, los lobos y los ciervos.

Cuenta Italia con algunos yacimientos metalúrgicos, aunque en este punto su riqueza no es muy amplia.

Los primeros pobladores

El nombre de *Italia* no siempre se le ha aplicado a toda la península. En la antigüedad, con ese nombre se designaba únicamente a la parte sur, en la región de *Calabría,* tocada por aguas del *Mar Tirreno* y del *Golfo de Tarento.* El vocablo parece que deriva de la palabra *Vitelliu* o *Vitulu,* que el dialecto *osco* vendría a significar *país del becerro,* de donde surgió la expresión *Vitalia,* que a la postre quedó en *Italia.*

Con el término de *Vitalia,* los oscos designaban también una diosa que simbolizaba la fuerza.

¿Tuvo Italia, en consecuencia, algunos otros nombres en la Antigüedad?

En los textos de algunos poetas se encuentran varios, como son, por ejemplo, *Saturnia* o tierra del dios *Saturno; Esperia,* o tierra del poniente; o *Enotria,* o tierra del vino.

Los descubrimientos arqueológicos han podido determinar la existencia de núcleos humanos enmarcados dentro de las culturas paleolítica y neolítica, que dejaron testimonio de su obra a través de utensilios y armas de piedra, de los que se han hallado diversas muestras. No es seguro poder determinar cuál fue su origen, aunque se supone verosímilmente que procedían del norte de África, de donde pasaron a Sicilia y a la tierra firme en el sur, y otros hasta Liguria. Hubo además inmigraciones de grupos *indoeuropeos* que tomaron posesión de varios puntos de Italia, también desde la Edad de Piedra, incluso hasta el neolítico, dándoles el nombre de *"pueblos itálicos".* La corriente migratoria de hombres de procedencia *indoeuropea,* se extendió prácticamente desde el año 2000 hasta el siglo IX a.C., y en sus primeras etapas coincidió con los desplazamientos masivos de que se ha hecho referencia en lo tocante al Cercano Oriente, Persia y la India. Los *indoeuropeos* se desbordaron desde las zonas del Danubio.

No utilizaban los *indoeuropeos* una sola lengua, sino varias.

Tampoco había unidad política. Clanes y tribus agrupaban a los habitantes, dentro de una situación política de apartamiento e independencia recíprocas. Su economía descansaba en la agricultura, en la ganadería y en ciertas formas de comercio. Han podido encontrarse, de ese entonces, utensilios de piedra, pero también de bronce, así como telares primitivos con los que elaboraban las telas de lino y de lana con que se cubrían. En algunas regiones han podido localizarse los restos de construcciones del tipo de los palafitos suizos, en los lagos, en los ríos, o cerca de la costa —llamadas *"terra mares"* en Italia—, lo cual, como apunta Mundó, puede denotar cuál era quizás su procedencia. Más tarde, al comenzar el primer milenio anterior a Cristo, Italia fue objeto de una nueva invasión *indoeuropea* que aportó como elemento de cultura el uso del hierro.

Coincidieron esos acontecimientos con la aparición de colonias fenicias, sobre todo en las islas de *Cerdeña* y *Sicilia,* y después, en el curso del siglo VIII a.C., los grupos *griegos* que hicieron otro tanto en una amplia zona que abarcó desde el golfo de Nápoles hasta el de Tarento, a todo lo cual se le dio el nombre genérico de *Magna Grecia,* y en cuyo suelo surgieron ciudades helenas de la importancia de *Tarento, Nápoles, Síbaris, Crotona* y *Cuma,* con una importancia socioeconómica y cultural que no puede ocultarse.

En una palabra, para el siglo VIII a.C. —principio de la historia propiamente dicha en la península—, el territorio italiano contaba con los siguientes elementos humanos como más destacados:

a) al sur, los descendientes de las poblaciones prehistóricas, junto con los griegos de la Magna Grecia y de Sicilia;
b) al centro, los *latinos* —oscos, sabelios, sabinos, rutulos, samnitas, lucianos, etc.—; los *umbros* y los *etruscos;* y
c) al norte, los *ligurios* y los *vénetos.*

De todos ellos, fueron los *latinos,* los *etruscos* y los *griegos,* los que mayor importancia alcanzaron, y los que dejaron testimonio más vivo en la forjación del pueblo y de la cultura romanos.

Los etruscos

El origen de los *etruscos* sigue siendo un enigma. Herodoto les asignó por patria el *Asia Menor,*

Escultura etrusca en un sarcófago de Cerveteri, que representa un matrimonio. Procede del siglo IV *a.C.*

pero no hay pruebas bastantes que confirmen el aserto. Hay quienes los suponen procedentes del *Danubio,* y quienes afirman que llegaron de *África,* sin que haya, en definitiva, ninguna seguridad al respecto. Como quiera que haya sido, lo cierto es que puede apuntarse el siglo X a.C. como el principio de su asentamiento en Italia, en la actual Toscana, y el levantamiento de poblaciones suyas en diversos lugares de la parte media de la península.

El punto culminante de su esplendor cultural lo alcanzaron en el siglo VI a.C., cuando dominaban casi las dos terceras partes de Italia.

Desgraciadamente, factores diversos han ocurrido para impedir tener de ellos una noción precisa en todos los aspectos de su vida. Y sólo las investigaciones contemporáneas han ido poco a poco completando las nociones escasas que de antiguo se tuvieron. *"Dormidos desde la era cristiana en las colonias toscanas,* ha escrito de ellos M.F. Briguet, *los etruscos han despertado lentamente de ese sueño milenario gracias a los esfuerzos de los arqueólogos para ofrecer a nuestro pasmo los tesoros de un antiguo y extraño pasado. Tardío, pero justo, desquite de uno de los pueblos más denigrados de la historia. Al odio del romano conquistador, encarnizado en borrar sus ciudades opulentas de la faz del mundo, y al desprecio de los griegos por costumbres que no comprendían, los etruscos han opuesto el enigmático silencio de las necrópolis innumerables e indestructibles donde descansan sus muertos. Y la voz de las riquezas que fueron enterradas con ellos habla hoy con elocuencia".*

Un hecho, entre otros, ha dificultado un estudio cabal del pueblo etrusco, y es el de no haberse podido descifrar su lengua, porque si bien es cierto que se conocen cerca de 8,000 inscripciones correspondientes a una escritura inspirada en el alfabeto griego, no es menos verdad que el desconocimiento de la lengua ha sido un obstáculo insalvable hasta el momento.

Las ruinas etruscas de mayor interés se encuentran en la *Campania* y en *Toscana.*

Hoy podemos imaginarlos gracias a las múltiples pinturas y esculturas que de ellos proceden, como hombres de tez morena, bajos de cuerpo, gruesos y de nariz prominente, cuya economía descansaba en la explotación de la tierra, las artesanías y un comercio que en veces se combinaba con la piratería.

No formaron una sola entidad política, un solo Estado, sino que vivían dispersados en ciudades independientes, con autoridades propias cuyo primer funcionario era un rey, electo en cada caso, y a cuyo lado se encontraban unos nobles. Tanto el rey como los nobles usaban unos asientos llamados *curules,* hechos de marfil y oro, y en las ceremonias, eran acompañados por doce guardias, o *lictores,* que portaban, como emblema de su cargo, o símbolo de la justicia, hachas envueltas en haces de varas.

La organización familiar descansaba en la *monogamia,* y la mujer tenía un papel prominente en las tareas domésticas, y aun en la vida social en general.

La cultura etrusca

Fueron, sin duda alguna, profundamente religiosos, y esto constituyó uno de sus rasgos más distintivos, al par que fue ocasión para que a través de algunas de sus obras se les conozca mejor en algunos aspectos.

Probablemente en su religión hubo influencias griegas, asiáticas e indoeuropeas. Creían que había dioses buenos y dioses malos, trabados en una lucha continua por apoderarse de los hombres. Afirmaban por divinidades superiores que eran: *Tini, Uni* y *Menrfa,* en tanto que *Mantus* era el dios de las regiones infernales, auxiliado por *Tuculea,* que era un monstruo que, como la *Medusa* griega, tenía víboras en lugar de cabellos, y poseía alas y pico de águila.

Preocupados por conocer la voluntad de los dioses, recurrían a la adivinación, que practicaban los sacerdotes etruscos mediante ceremonias muy complicadas, examinando para ello las entrañas de los animales sacrificados, los relámpagos, o el vuelo de las aves.

No desconocieron la inmolación de seres humanos, que realizaban en ocasiones determinadas, como cuando moría un monarca o un noble, y se forzaba a los esclavos a luchar entre sí para que las almas de quienes pereciesen pudiesen acompañar a su señor.

Oraciones, sacrificios y libaciones eran comunes en las prácticas religiosas, muchas de ellas vivamente orientadas hacia el *culto de los muertos.* Solían colocar no pocos objetos en los sepulcros, sin duda por la idea de que la existencia de ultratumba exigía la satisfacción de necesidades equiparables a las del mundo de los vivos. Pocos pueblos de la Antigüedad sintieron tan vivamente el temor a la muerte y a la situación ulterior, como el etrusco.

Las escenas pintadas en las cámaras funerarias muestran, en veces, banquetes, danzas, hombres y animales, pájaros y peces, con figuras reproducidas en pocos trozos, con fidelidad singular y con fieles efectos cromáticos a base de contrastes.

Notables fueron los etruscos, por lo demás, como constructores.

Erigiendo ciudades de forma cuadrada cerca de las colinas, rodeadas de murallas para su defensa. Las habitaciones también eran cuadradas y constaban de una gran pieza central cuyo techo tenía una abertura que coincidía con el recipiente que en el suelo guardaba el agua de lluvia, a más de otras piezas más pequeñas que completaban la construcción.

Los templos eran rectangulares, con frontones y peristilo.

Otras obras de la arquitectura etrusca, de gran sentido urbanístico, fueron los acueductos, los servicios de drenaje y los trabajos de riego.

La aportación etrusca a la cultura romana fue de interés crecido en no pocos campos de la vida social y del arte. *"Cuán profundamente mezclado se hallaba el elemento etrusco con el romano* —escribió Herbert Koch—, *lo demuestran muchos aspectos de la religión y de las costumbres... Así no es de extrañar que no sólo formas características del arte etrusco sigan reproduciéndose en templos y sepulturas, sino que también dicha influencia se reconoce en sectores peculiarísimos del arte romano, como el retrato escultórico y tal vez en la interpretación paisajista. Justamente estas especialidades prestan al arte romano, aun en el periodo de más intensa helenización, un matiz propio, difícil a menudo de expresar con palabras".*

La fundación de Roma

A partir de la fundación de Roma, en el *Lacio* —llamado así por lo llano, o *"latus"*—, que tuvo lugar el 21 de abril de 754, según las cuentas de *Varrón,* hasta la caída final del Imperio, se desenvolvió la historia romana, dividida en tres etapas básicas;

a) la *monarquía,* de 754 a.C., a 510 a.C.;
b) la *república,* de 510 a 27 a.C.; y
c) el *imperio,* de 27 a.C. —cuando Octavio se convirtió en príncipe vitalicio—, a 476 d.C.

La *monarquía romana* se apuntó desde la fundación misma de la ciudad. Esta fundación, según una leyenda que tuvo amplia difusión sobre todo en tiempos de *Octavio* —y que el gran poeta *Virgilio* acogió en su *Eneida*— supuso la existencia de un rey llamado *Latino,* cuando llegó a suelo italiano el príncipe Eneas, fugitivo de Troya. Eneas se vio obligado a combatir contra algunos de los pobladores, a quienes venció, después de lo cual tomó por esposa a *Lavinia,* hija de Latino, y de la unión de nativos y troyanos surgió el pueblo latino, con capital en *Lavinia.* El hijo de Eneas, *Ascanio,* gobernó durante treinta años, y fundó como nueva capital a *Albalonga,* como cabeza de un dominio político que abarcaba 30 ciudades. Un descendiente suyo, *Numitor* fue desposeído del mando por su hermano *Amulio,* quien para evitar que *Numitor* tuviera descendencia dispuso que la hija de éste, *Rea Silvia,* fuese consagrada al culto de *Vesta,* a fin de que guardara continencia. Sin embargo, *Marte,* el dios, la hizo su esposa, y tuvo dos hijos, *Rómulo y Remo,* a quienes Amulio mandó que se les arrojara al *Tiber,* pero se salvaron, y fueron después amamantados por una loba hasta que un pastor, *Fáustulo,* los recogió y les dio protección. Posteriormente se enteraron de cuál era su origen, depusieron a su tío Amulio restauraron en el poder a su abuelo Numitor, y éste, en premio, les permitió fundar una ciudad en la colina del *Palatina,* donde se habían salvado, que fue *Roma.*

Consultado el vuelo de las aves para determinar quién mandaría en la ciudad, los signos fueron favorables a *Rómulo,* quien con un arado marcó en el Palatino un gran surco cuadrado en donde habría de levantarse la ciudad; dejando sin arar los cuatro puntos correspondientes a las cuatro puertas futuras. La prohibición de brincar el surco fue violada por *Remo,* y su hermano Rómulo, en castigo, lo mató, y después impuso a la ciudad el nombre de *Roma,* que acaso deriva de la expresión etrusca *Ruma,* que significa *río.*

Esta leyenda la dejó consignada *Plutarco* en la vida de Rómulo. Mas, independientemente de ella, lo verosímil es que la fundación de Roma haya sido fruto de la necesidad que los latinos de Albalonga tuvieron de erigir, en el Palatino, un baluarte defensivo ante la expansión etrusca.

Afirmaba la tradición que los primitivos fundadores de la ciudad eran individuos de diverso origen, incluso perseguidos, delincuentes y esclavos, que se aplicaron a la construcción de la ciudad, en la que erigieron las casas, el campo de juego, en el centro de la colina, el "mundus", o sitio sagrado, en donde depositaron el "gleba", o terrón que se levanta con el arado, que habían traído desde sus lugares de origen así como objetos diversos de uso diario. Tras la fundación debió haber fiestas y danzas, que los romanos posteriores conmemoraban con el nombre de *fiestas lupercales* o fiestas de los lobos, *"por ir los cofrades,* dice Pijoán, *vestidos con pieles de lobo, como en las danzas totémicas prehistóricas, y cada año tenían lugar las danzas saltantes o saliares, en las que los cofrades repetían los saltos del fuego del día de la fundación, hecho para aplacar a la rústica Pala, que habitaba el Monte Palatino antes de establecer allí una ciudad".*

Como los primeros romanos, según la tradición, no tenían mujeres, las raptaron a sus vecinos de la colonia del *Quirinal,* los *sabinos,* a quienes invitaron con sus hijas a presenciar las fiestas organizadas para celebrar la fundación de Roma, aprovechándose de que los sabinos llegaron desarmados y en son de paz. Los ofendidos pusieron sitio a la ciudad, pero al fin las sabinas intercedieron por los romanos y se llegó a un acuerdo para que unos y otros formasen un solo pueblo. Habría así en lo sucesivo, un gobierno monárquico, en el cual el rey, que sería electo, procedería alternativamente de entre los latinos y los sabinos.

La monarquía romana

Afírmase que fueron siete los reyes romanos:

a) *Rómulo,* el fundador y organizador —de quien la leyenda dijo que murió misteriosamente en una tormenta, arrebatado quizás por su padre *Marte* y adorado después con el nombre de dios Quirino—;
b) *Numa Pompilio* —de origen sabino, hombre religioso y pacífico; reformó el calendario que antes era de diez meses, haciendo que constase de doce meses de treinta días—;
c) *Tulio Hostilio* —latino, guerrero, domeñó a su vez a Albalonga y a otras poblaciones del Lacio—;
d) *Anco Marcio,* de procedencia sabina, estableció el puerto de Ostia, impulsó las tareas productivas y el comercio, y se aplicó a obras de embellecimiento de la ciudad. Probablemente hubo entonces un desbordamiento *etrusco* que trajo consigo la sujeción de Roma, porque el siguiente monarca ostentó muchos elementos marcadamente etruscos;
e) *Tarquino Prisco,* llamado el *Antiguo,* mostró, en efecto, ropajes etruscos, usó una curul y contó a su alrededor con lictores. La gran afición etrusca a los trabajos de construcción no dejó de presentarse, y fue entonces cuando arquitectos procedentes de Etruria construyeron en Roma la célebre *Cloaca Máxima,* varios acueductos, no pocas calles, fuentes y el Circo Máximo. Un lugar que otrora constituía una simple llanura fue arreglado para que fuese el *Foro* o plaza central, y allí se edificó también el *Senado* o *Palacio de la Curia.* Asimismo, prácticas, normas e ideas religiosas etruscas invadieron a Roma. Pese a todo la tensión política derivada de la oposición entre latinos y etruscos derivó hacia el asesinato de Tarquino el Antiguo;
f) *Servio Tulio,* yerno de Tarquino, ocupó el trono. Siguió la línea política de su suegro, que buscaba favorecer a los

plebeyos, emprendió varias reformas y mandó construir un nuevo muro, llamado *Muralla Serviana,* aunque a la postre también fue asesinado, según parece por sus mismos familiares;

g) *Tarquino el Soberbio,* el último rey, era descendiente de Tarquino el Antiguo —¿hijo? ¿nieto?—, se mostró despótico tanto con los patricios como con los plebeyos, creando un ambiente de hostilidad en su contra. El año de 510 a.C., se sublevaron los patricios con motivo de haber sido ofendida una dama romana, *Lucrecia,* por un familiar de Tarquino. Lucrecia se suicidó, y entonces el marido, *Collatino,* y su primo, *Junio Bruto,* encabezaron a los romanos contra Tarquino, a quien expulsaron, lo mismo que a los etruscos, proclamando la república.

Si el incidente fue cierto, o no, lo que parece evidente es que entre los patricios había una recia oposición a los gobernantes etruscos que buscaban favorecer a la plebe.

La población romana en curso de la época monárquica estuvo, en efecto, formada, básicamente, por cuatro clases de personas: los *patricios* —descendientes de quienes fundaron Roma, que llegaron a formar una aristocracia herméticamente cerrada, sólo ellos podían celebrar el matrimonio religioso, grandes privilegios a su favor, ya que sólo ellos podían gozar el beneficio de las tierras conquistadas y desempeñar las funciones de gobierno, del sacerdocio y de la autoridad militar—; los *plebeyos* —descendientes de quienes llegaron con posterioridad a la fundación de la ciudad, integraban la muchedumbre, o *plebs,* y realizaban generalmente actividades de tipo urbano, como el comercio o las artesanías; podían votar, pero no ser electos; y como no tenían antepasados divinizados, o *genios,* no podían celebrar el matrimonio religioso—; los *clientes* —eran los individuos que se avecindaban en Roma, al amparo de algún patricio, en cuyas propiedades trabajaban, y a quien debían servir en la guerra; y finalmente los *esclavos,* cuya cantidad no fue excesiva entonces.

Cada grupo romano formaba una *tribu,* la cual, a su vez, se integraba con diez barrios o cuarteles, llamados *curias;* cada curia se formaba con familias, o *gens,* cuyo antepasado común era llamado *genio* y su nombre servía para dar apellido a los integrantes del grupo. Las curias y las tribus solían reunirse a deliberar en los actos públicos llamados *comicios.*

La estructura gubernamental descansaba en la acción del rey, electo como se ha dicho antes, y por ello sin potestades hereditarias.

El *Senado* fue instituido, conforme a la tradición, por *Rómulo,* quien designó para ello 200 individuos entre sus más adictos; sus descendientes siguieron teniendo la dignidad senatorial, que ejercían vitaliciamente y que servían como asesores del rey.

El *jefe militar* y el *Pontífice Máximo* eran otros auxiliares del monarca para los asuntos propios de sus cargos.

La república romana

Los principios de la vida republicana en Roma fueron difíciles.

En el meollo de los hechos se hallaba la recia hostilidad entre *patricios* y *plebeyos,* derivada de la negativa de los primeros a hacer extensivos los derechos a los segundos; y como no pareció haber nada que pudiese zanjar las dificultades, los plebeyos optaron por retirarse de Roma, sobre todo cuando los patricios faltaron a su palabra de darles tierras como compensación por la ayuda que aquéllos les proporcionaron ante el ataque de pueblos extraños, como los *volscos* y los *ecuos.* Irritados ante la negativa, los plebeyos se marcharon al *Monte Aventino* y al *Monte Sacro,* pero el Senado, al final, logró convencerlos de que retornasen a Roma, reconociéndoles algunos derechos, tales como tener dos representantes en el senado, que serían dos *tribunos* que a más de ser intocables, podrían ejercer la potestad de *veto,* o prohibición, a los acuerdos senatoriales que afectasen a los plebeyos. Así surgió la institución de los *tribunos de la plebe.*

Soldado romano

Emergiendo de sus dificultades, pudo consolidarse el régimen republicano en Roma.

Había, con este motivo, dos *cónsules,* con potestades militares y judiciales, a quienes se elegía mediante los comicios. Uno tenía, respecto del otro, el derecho de *intercessio,* que equivalía a un veto respecto de la decisión tomada por el colega. Duraban en su encargo dos años. En caso de peligro, los cónsules podían designar a un *dictador* para que con todas las potestades de gobierno en su persona, pudiera encarar el riesgo cernido sobre Roma; pero una vez que éste cesaba, la autoridad del dictador llegaba a su fin.

A semejanza de lo que hubo en la época de la monarquía, continuó el *Senado,* ahora con 300 componentes que procedían, como antes, de las familias más encumbradas, y que tenían el cargo vitaliciamente, a menos que por su conducta merecieran ser desconocidos. Los nuevos senadores —del vocablo *senectus,* o *anciano*— eran designados por los *cónsules,* primero, y después por los *censores,* que eran los magistrados que fijaban los impuestos y vigilaban la moral romana.

Toda las decisiones graves que tocaban a Roma, debían ser resueltas por el Senado, y ninguna ley ni tratado alcanzaban validez sin su consentimiento. Los senadores eran, conforme a esto —y atento su origen— *padres de la patria.*

Conviene mencionar también, en la jerarquía de los funcionarios públicos, a los *ediles,* que desde principios del siglo V a.C., ejercían tareas en la ciudad, como auxiliares de los tribunos, para cuidar del aprovisionamiento de trigo, los precios de los víveres, los juegos, los espectáculos, el orden general y la vigilancia de las construcciones públicas. Otros magistrados fueron: los *pretores,* que desempeñaban trabajos de jueces; y los *cuestores* o recaudadores de los impuestos.

Muchas de las tareas gubernamentales estuvieron únicamente en manos de los patricios, pero el año de 300 a.C. se alcanzó la igualdad jurídica, cuando a los plebeyos se les reconoció la misma condición religiosa que a los patricios, y pudieron, de este modo, participar incluso en los colegios sacerdotales, reservados antes a los patricios, aun cuando continuaron las divisiones de clase basadas, ya no en la procedencia, sino en el goce de los bienes materiales.

La expansión conquistadora

Al par de ello, Roma encaró problemas serios bajo el acoso de los galos que invadieron su territorio desde las zonas que ocupaban en el norte de Italia. El siglo IV llegaron inclusive a ocupar a Roma, que en gran parte destruyeron. Sin embargo, la energía romana se sobrepuso, la ciudad fue reconstruida, y más tarde procedió a acometer a otras poblaciones vecinas que habían atacado a Roma. La acción permitió doblegar la resistencia de latinos, sabinos, etruscos y griegos del sur de la península, de tal modo que el año de 272 a.C. todo el territorio italiano estaba bajo la hegemonía de Roma.

Las *guerras púnicas* contra *Cartago* (de 264 a 146 a.C.), y la expansión conquistadora en otros puntos de la cuenca mediterránea, redondearon la obra política de la república romana, que sirvió lo mismo para dar nuevos cauces a la cultura y forjar una personalidad histórica propia, que para crear la futura *paz romana,* que constituyó el marco en el cual el Cristianismo pudo irradiarse.

Roma tuvo que realizar una obra de consolidación administrativa, jurídica y militar con las tierras que iban quedando bajo su mando. Así por ejemplo, en relación con los territorios que domeñó en Italia, surgió una doble categoría: la de los *municipios* y la de las *ciudades federadas.* En los primeros, una minoría de individuos gozaba del título de *ciudadano* romano; a la mayoría de las personas se les concedían sólo los *derechos latinos* que eran meramente derechos civiles. Y por lo que veía a las *ciudades federadas,* éstas conservaban sus formas de gobierno nativas y sus libertades, pero bajo la protección de Roma como ocurrió con las ciudades griegas. Por razones de ventaja política y militar, Roma dispuso que en las zonas conquistadas hubiesen también *colonias* formadas por soldados suyos y sus familias con tierras para que de ellas sustentasen. Los *colonos* poseían derechos plenos como *ciudadanos romanos.*

Como complemento a esta obra de estructuración política, una vasta red de caminos o vías enlazaba a las ciudades con Roma.

Cuando las armas romanas sujetaron a otras regiones fuera de Italia —España, Francia, África del Norte, Grecia, Cercano Oriente—, hubo un esfuerzo de organización que pretendió regular su situación bajo la dirección de la ciudad señorial; se crearon colonias, semejantes a las ya establecidas en Italia, pero también *provincias* y *estados amigos,* con derechos que fueron siendo precisados al correr del tiempo. En las *provincias* (de los vocablos *pro* y *vinco,* país de conquista), el Estado romano se hacía representar por un funcionario de poderes amplios que ejercía anualmente, y a quien se llamaba *procónsul* o *propretor,* según que antes hubiese sido —como era indispensable que así fuese— *cónsul* o *pretor* con anterioridad. El cargo de estos funcionarios duraba un año.

Los habitantes de las provincias, es decir los *provincianos,* pagaban contribuciones a Roma.

En torno al procónsul o propretor había *legados* militares, que eran lugartenientes suyos, de confianza, para las obras militares, así como *cuestores* o funcionarios encargados de llevar la hacienda pública de la provincia correspondiente.

Frutos de la expansión

La vigorosa y enérgica expansión romana permitió que se afinasen las cualidades guerreras del pueblo, y que Roma se convirtiese, a instancias de la lucha contra Cartago, en una potencia naval por lo que el Mar Mediterráneo llegó a convertirse, a la postre, en el *Mare Nostrum,* es decir, en el *mar nuestro,* desde el punto de vista romano.

Roma llegó a ser política, social y económicamente la señora del mundo antiguo. Empero, las relaciones que resintió de otros pueblos y de otras culturas dejaron en ella un impacto profundo. El saber griego conquistó a los conquistadores, y lo mismo ocurrió con otras formas de vida social que también influyeron en las ideas y en las costumbres de los romanos. Mas no todo lo que llegó a través de lo que aprendieron los legionarios en sus conquistas, o de lo que arribó con los extranjeros que se avecindaron en la gran ciudad fue limpio. Supersticiones molicie, lujos y aun depravaciones se arraigaron en Roma, de modo que Juvenal pudo decir, a este propósito, que: *"El mundo que hemos vencido se ha vengado de nosotros al darnos sus vicios"*.

La mentalidad y el modo de ser del romano había sido, hasta antes, como dice Barrow, la de un campesino y la de un soldado fundidos en una sola persona. "Sus virtudes son la honradez y la frugalidad, la previsión y la paciencia, el esfuerzo, la tenacidad y el valor, la independencia, la sencillez y la humildad frente a lo que es más poderoso". Algunas de esas cualidades subsistieron entre los romanos, no hay duda, pero otras se relajaron ostensiblemente con motivo de la expansión y surgieron también cambios sociales profundos. Así se pasó, por ejemplo, de una situación económica en la que el cultivo del campo era lo más importante, junto con las transacciones comerciales, a un nuevo estado de cosas en que se hizo común el uso de monedas de plata y de oro, y del desdén, en muchos, por las faenas de tipo agrícola. Los exlegionarios no solían gustar, a su retorno, de las viejas prácticas del cultivo, y en cambio la tierra fue acumulándose en manos de unos cuantos latifundistas. Cundieron la especulación, las actividades bancarias a interés muy elevado, y la creación de fuertes intereses económicos mercantiles.

El lujo, el desenfreno y las diferencias sociales agudas entre ricos y pobres fueron las consecuencias lógicas. Multitud de esclavos desplazaron a los plebeyos pobres, y Roma vio crecer una clase parasitaria de gente sin ocupación fija.

Aparte de ello, que fue minando la estructura social y los valores humanos, llegó a ser grave, asimismo, el problema de la tierra, que los hermanos *Gracos,* Cayo y Tiberio —hijos de *Cornelia* y nietos de *Escipión el Africano,* el vencedor del cartaginés *Aníbal*— trataron de resolver mediante leyes propuestas al Senado, que buscaban el limitar la posesión de las propiedades rurales a no más de 126 hectáreas, reparto de los excedentes de los latifundios entre ciudadanos pobres, y empleo obligatorio de trabajadores libres en las fincas rústicas. Otras medidas pretendían que no se regalase el trigo a los pobres, por crear esto situaciones de holgazanería y de lesión a su dignidad, sino que realizasen algún esfuerzo que los obligara a superarse por ellos mismos.

La oposición a tales medidas provocaron entre los pobres, que se habían acostumbrado al sostenimiento gratuito por parte de Estado, y sobre todo de los ricos, reacciones de tal naturaleza que las leyes no pudieron aplicarse como lo deseaban los Gracos, y a la postre ambos fueron asesinados.

El germen del descontento siguió desarrollándose, y tuvo en las *guerras sociales* de fines del siglo II y principios del siglo I a.C., sus capítulos más dramáticos. *Mario* y *Sila,* generales en pugna, simbolizaron la lucha entre las masas populares y los aristócratas, que se resolvió con la victoria de los segundos, el reforzamiento del Senado —ahora compuesto por 600 integrantes—, supresión del veto de los tributos y la muerte práctica del espíritu republicano. Los triunviratos posteriores —con *Craso, Julio César* y *Pompeyo,* el primero y con *Lépido, Antonio* y *Octavio,* el segundo— constituyeron la etapa final del sistema republicano de gobierno. La brillante dictadura de *Julio César* fue el signo más elocuente de esta situación, porque si bien impulsó obras de trascendencia social y económica, compilación de leyes y selección de funcionarios honrados, no es menos cierto que su acción preparó el sistema cada vez más personalista de los máximos gobernantes de Roma.

El imperio romano

Con *Octavio* comienza la era imperial que concluyó cuando los bárbaros germanos conquistaron a Roma el año de 476 d.C.

La habilidad política de Octavio, sus triunfos militares y la

Julio César

confianza que logró despertar de parte del Senado, lo convirtieron en un personaje de indiscutible preeminencia política. Usó el título de *imperator,* que en un principio era el que se daba a los generales victoriosos, y de allí se siguió que a las tierras sobre las que ejercía el gobierno se les llamara "imperio".

Cambió su nombre y se hizo llamar César Augusto.

Roma amplió todavía más sus conquistas y puso en relación a pueblos y culturas de diversa procedencia, bajo una estructura pública firme en términos generales. Las vías o calzadas que habían comenzado a construirse en la época anterior, prosiguieron durante el imperio, y con mayor razón pudieron intensificarse el comercio y los intercambios de estilos culturales.

En el plano más eminente de la jerarquía política quedó un emperador o *princeps*, que reunía en su persona todas las potestades, aunque para su ejercicio solían delegarías en otras personas. El Senado no desapareció, pero su vida fue languideciendo a ojos vistas. Las provincias quedaron bajo la dirección de *procuradores* y *legados*, y en Roma fueron atendidas las funciones administrativas —orden en la ciudad, abastecimiento de víveres, etc.—, por otros tantos *prefectos*, nombrados a este efecto. Antes hubo una ley que prohibía que en Roma pudiese haber soldados armados, pero desde la época de Octavio se autorizó la existencia de nueve cohortes de mil soldados cada una, como guardias imperiales, con el título genérico de *guardia pretoriana*, que a la postre se convirtieron en fuerza de acción política que se aplicó a quitar y poner emperadores, en la era decadente y final de Roma.

Con tino, Octavio concedió *libertades municipales* a las ciudades de provincia. Otros emperadores hicieron todavía más extensivas las potestades ciudadanas, y finalmente *Caracalla*, el año 212 d.C., dispuso en célebre edicto *que todos los hombres libres del imperio eran ciudadanos*, con igualdad de derechos, de modo que a partir de esa fecha la única diferencia legal entre los habitantes de los territorios sujetos a Roma, fue la de seres libres y seres esclavos.

En la larga lista de los emperadores romanos aparecen, por lo demás, individuos de talento y probidad, lo mismo que sujetos depravados, o criminales, e individuos de gris personalidad, llegados al poder por hechos meramente casuales. Sin embargo, la situación general del imperio tenía tal trabazón y ofrecía tales características, que la "paz romana" fue un hecho en el interior de sus fronteras, aunque en la periferia hubiese siempre el peligro de los bárbaros. No con poder hereditario, sino electivo, los emperadores fueron, con todo, los sujetos de mayor potestad, si bien en la práctica eran otros los que, a través de ellos, ejercían el mando cuando tales emperadores eran débiles. La *anarquía militar* se enseñó del imperio del siglo III d.C., y no fue raro que hubiese emperadores encumbrados o sostenidos por la soldadesca, incluso tratándose de personajes de origen no romano, como *sirios, ilirios* y de otros orígenes.

Por su importancia para la vida del imperio, la obra de *Diocleciano* (284 a 305 d.C.), fue fundamental.

Y lo fue, no sólo porque el sistema político superó la anarquía, sino sobre todo porque se convirtió más que nunca en una *monarquía absoluta*, con etiqueta y ceremonial al estilo persa, y también porque se dispuso que, para su mejor gobierno, se dividiese el imperio en dos: el *Imperio de Occidente*, con capital en *Milán*, y el *Imperio de Oriente*, con capital en *Nicomedia*, en Asia menor, Diocleciano tomó para sí el Imperio de Oriente, en tanto que su colega, el otro emperador —uno y otro con título de *Augusto*— que fue *Maximiano,* quedó en Milán al frente del Imperio de Occidente.

Junto a cada uno de los emperadores hubo auxiliares, con derecho a sucesión, llamados Césares, pero que residían en otros puntos.

A este sistema político se le llamó *Tetrarquía,* y fue la causa de que el Imperio Romano pudiese tener una administración más descentralizada, desde fines del siglo III d.C.

La división del imperio se perpetuó en los años siguientes, pero a principios del siglo IV se desencadenaron violentas luchas entre los aspirantes al poder imperial. A resultas de ellas, el año de 312 quedaron victoriosos: *Constantino,* en Occidente, y *Licinio* en Oriente. Un año después, en 313, el primero dictó el *Edicto de Milán,* que reconoció la libertad de religión, y poco después entró en conflicto con Licinio, a quien derrotó y mató, y una vez más se restableció la unidad imperial y se destruyó la Tetrarquía.

Constantino quedó como emperador único, al frente de un régimen centralizado, absoluto y hereditario.

Las pugnas de sus hijos, a su muerte, y las amenazas de los bárbaros fueron debilitando cada vez más al imperio. En las postrimerías del siglo IV, el emperador *Teodosio* volvió a dividir el imperio en dos: el *Imperio Romano de Oriente,* con capital en *Constantinopla,* o *Bizancio,* y el *Imperio Romano de Occidente,* con capital en *Milán* y *Ravena.*

El *Imperio de Oriente* pudo resistir más a los embates de los bárbaros y subsistió mil años después de que el otro Imperio había quedado destruido. Así en efecto, mientras la caída del *Imperio Romano de Occidente* marcó el fin de la *Edad Antigua,* en 476 d.C., la caída del *Imperio Romano de Oriente,* o *Imperio Bizantino,* en 1453, a manos de los turcos, señaló el fin de la *Edad Media.*

El imperio bizantino

Este régimen político contó con personajes notables al frente de él, pero acaso el más descollante fue *Justiniano,* gran político, militar, estadista y compilador del Derecho Romano, el siglo IV d.C.

Los dominios bizantinos se desbordaron por gran parte de la cuenca del Mar Mediterráneo, y llegaron incluso a España. Y aunque hubo motivos de gran conmoción a lo largo de su historia —allí, por ejemplo, el favor de algunos emperadores a la herejía *iconoclasta,* o enemiga de las imágenes, o después al *Cisma de Oriente,* que desgajó la *Iglesia Ortodoxa* de la *Iglesia Católica*—, no es menos cierto que su existencia a lo largo de varios siglos constituyó un acontecimiento singular, pudiendo decirse a este respecto que si el Imperio Bizantino duró tanto tiempo, es preciso buscar la razón en las si-

Retrato de Octavio en el Museo del Vaticano

guientes causas: a) *la multiplicidad de propiedades agrícolas, que a más de constituir la base económica del imperio, le dieron estabilidad y firmeza;* b) *sus diversas fronteras naturales de ríos, desiertos y montañas, que ayudaron a una mejor defensa de su territorio;* c) *el genio político y militar de muchos de los emperadores;* y d) *las Cruzadas, que no obstante haber fracasado en su intento de reconquistar los Santos Lugares, en Palestina, detuvieron de todos modos durante algún tiempo el avance de los turcos.*

Ello no impidió, por supuesto, que el poder de los emperadores haya ido decreciendo con el tiempo. Su autoridad se hizo cada vez más absolutista, practicaron el despotismo, y las costumbres palaciegas llegaron a ser muy complicadas.

Cabe precisar, por lo demás, que la cultura del Imperio Bizantino no puede ser considerada como una simple derivación o proyección de la cultura romana. En realidad, en Bizancio se unieron las tradiciones *latina* y *griega* —con predominio de esta última, a la postre— para dar lugar a formas culturales propias y características. Más aún, desde Bizancio se extendió la influencia cultural hacia los pueblos balcánicos, y hacia Rusia y esto explica por qué la religión predominante llegó a ser el cristianismo ortodoxo griego, y no el católico. Labor evangelizadora muy importante realizaron los misioneros *Cirilo* y *Metodio.* El alfabeto usado aún hoy por rusos y búlgaros es el cirílico.

Entre los bizantinos cultivadores de las letras hubo quienes, como historiadores, filósofos, literatos o teólogos, se distinguieron mucho, aunque en la etapa de la decadencia final fue común que los pensadores se redujeran a discusiones y estudios complicadísimos y sin ninguna importancia real, es decir, a meros *bizantinismos.* Mas donde la cultura bizantina tuvo sus obras artísticas más notables fue en la *arquitectura* y en la *pintura de mosaicos.* Las construcciones bizantinas de *Constantinopla* (la basílica de Santa Sofía, especialmente) y las italianas de *Ravena* (San Vital y San Apolinar el Nuevo) influyeron a su vez en el estilo que luego se extendió por otras partes de Europa, hasta Rusia. Las pinturas en mosaicos fueron hechas por artistas de gran mérito.

Contaron con mérito artístico, asimismo, los tallados en madera y en marfil, y otras formas de artes menores, como los tapices, las telas de seda y la pedrería.

El derecho romano

Si alguna aportación de Roma fue de particular trascendencia para el haber cultural de la humanidad, puede mencionarse, como la de mayor valía, el *Derecho Romano.*

Roma creó un orden, una estructura social y un estilo de vida, pero mucho de todo eso descansó en el genio del pueblo que permitió crear un patrimonio jurídico que se prolongó por siglos, y que sirvió, más tarde, para fundamentar la vida legal de multitud de pueblos en Europa y en América, ya que las naciones de más acentuada influencia latina, en Europa, al desbordarse hacia el Nuevo Mundo —España, Portugal, Francia— proyectaron efectivamente sus elementos culturales a las tierras descubiertas por Colón, *y eso explica por qué el Derecho romano ha sido base esencial de las fisonomías jurídicas en pueblos como los iberoamericanos, modelados en este sentido bajo la influencia de la vieja Roma.*

Es dable destacar, en el examen de la creación romana, que hubo al principio en el campo del derecho, como en tantos otros pueblos primitivos, normas de costumbres, prácticas y hábitos que servían para resolver los problemas. No obstante, a mediados del siglo V a.C., se sintió la necesidad de contar con leyes escritas, y a este efecto fueron nombrados diez patricios de mérito y conocimientos para que redactaran los principios legales convenientes incluso inspirándose en las normas que entonces estaban vigentes.

A estos patricios se les llamó *decenviros* (de los vocablos *decem,* diez y *vir,* varón), y su obra quedó consignada en normas que, tras su aprobación por el *Senado,* fueron grabadas en unas planchas de bronce que el año 451 a.C. fueron fijadas en el *Foro* para que todo mundo conociese y las pudiese aplicar. Se las conoció con el nombre genérico de *Ley de las Doce Tablas,* pero de ellas no se cuenta hoy sino con datos muy fragmentados, aunque durante siglos fue tan decisivo su prestigio que los jóvenes debían aprender de memoria sus normas.

La *Ley de las Doce Tablas* acogió muchas de las costumbres que regían la vida romana, pero las actualizó, o innovó en otras.

La *Ley de las Doce Tablas* puso límites a ciertas prerrogativas o actitudes de superioridad de los patricios, aunque no consagró una absoluta igualdad jurídica de plebeyos y patricios. Elementos tales como la necesidad del consentimiento libre de la mujer para casarse quedaron consignados en la ley, como algo nuevo y distinto de la antigua compra que antes se practicaba. El padre siguió teniendo una gran potestad sobre la familia, hasta el punto de tener la facultad de matar al hijo contrahecho, o de disponer su muerte en otras condiciones, oído el consejo de familia. Con todo, e independientemente del mantenimiento de disposiciones que revelaban aun costumbres de gran rudeza, fue notorio que la *Ley de las Doce Tablas* supuso un adelanto inocultable, y su vigencia duró casi trescientos años, aunque fue menester adaptarla por deducciones lógicas y por ficciones legales, a las condiciones que la sociedad fue planteando poco a poco.

Cerca de un siglo más tarde tuvo lugar un hecho con gran repercusión jurídica, al considerarse pertinente quitar a los *cónsules* sus poderes de tipo judicial, confiriéndolos a un funcionario a quien se llamó *praetor urbanus,* para los asuntos propios de la ciudad, y después a otro llamado *praetor peregrinus,* para los asuntos en los que contendían ciudadanos romanos con extranjeros, incluidos los itálicos entre éstos.

Al comenzar el año, los *pretores* —que eran electos para el desempeño de su cargo— debían presentar un *edictum* o declaración de las reglas conforme a las cuales pensaban interpretar la *Ley de las Doce Tablas,* lo que fue de particular importancia para la formulación de las normas integradoras del Derecho Romano. Con tales materiales se fue forjando lo que llegó a llamarse el *jus civile,* a instancias de las directrices dispuestas por el *pretor urbano* y el *jus gentium,* a consecuencia de las normas dictadas por el *pretor peregrino,* atento el hecho de que, si bien ni uno ni otro de dichos magistrados podían derogar la Ley de las Doce Tablas, las interpretaban con toda amplitud en vista de las situaciones nuevas.

El Derecho Romano no enriqueció asimismo con los preceptos consignados en los *edictos* que los gobernadores de provincia daban a conocer al principio de su gestión; es cierto, desde luego, que debían respetar las costumbres y los estilos peculiares de cada región, pero no era menos verdad que el orden romano prevalecía a la postre en caso de conflicto.

El Senado, a su vez, durante la época de la república, no tenía propiamente facultades legislativas. Sus decisiones, o *senadores consultos,* eran más bien recomendaciones que se ponían a consideración de la asambleas populares. Desde la época de los Antoninos el Senado se vio cada vez más debilitado en sus funciones, y el poder legislativo quedó de hecho reducido al emperador mismo.

Aparte de todo lo anterior, el Derecho Romano recibió nuevos elementos con las opiniones de los juristas, e indirectamente con las opiniones de los filósofos estoicos.

Cabe anotar, en fin, que desde el decreto de *Caracalla* del año

212 d.C., que hizo ciudadanos romanos a todos los habitantes del imperio, desapareció la distinción entre el *jus civile* y el *jus gentium.*

Todo ese vasto, importantísimo y complejo cuerpo de normas y principios de Derecho fue objeto de recopilación en el *Imperio Bizantino* del siglo VI d.C. por orden del emperador *Justiniano,* quien encomendó la tarea a *Triboniano* y a otros juristas.

Tras la muerte de Justiniano se agregaron otras disposiciones.

El *Derecho Romano* así estructurado quedó en vigor en el Imperio Bizantino, y más tarde en Italia, cuando ésta quedó bajo el dominio de Bizancio.

La economía

Los romanos de las primeras épocas fueron sustancialmente *campesinos,* cultivadores de la tierra y poseedores de ganado. Esto reclamaba la actividad lo mismo de los patricios que de los plebeyos, de los clientes lo mismo que de los esclavos en el curso de la monarquía y de la república, hasta tiempos de las guerras púnicas.

En Roma, las labores de tipo artesanal y el comercio estuvieron generalmente en manos de los plebeyos, algunos de los cuales llegaron a ser ricos.

Es de creerse que no hubo una gran concentración de la tierra en pocas manos, en ese entonces, aunque todo indica que los patricios tenían preferencia a tomar posesión del *ager publicus,* o tierra pública, que era la arrebatada a los adversarios a consecuencia de la guerra. Sin embargo, el año de 367 a.C., los plebeyos lograron que no hubiera más ese privilegio.

El amor a la tierra por parte de los romanos subsistió mucho tiempo, y aun dio ocasión a que se produjesen obras poéticas del tipo de las de *Virgilio* —sus *Bucólicas* o sus *Geórgicas*—, o de las de *Horacio.*

No obstante, fue evidente que, tanto por el desarrollo que el *latifundismo* llegó a alcanzar después de las conquistas realizadas en Italia, cuanto por la mayor afición práctica de los romanos a otros tipos de actividades, el amor a la tierra quedó como una nostalgia, como un recuerdo, más que como una realidad concreta en la que trabajasen muchos, e incluso la circunstancia de que se recurriese tanto a la labor de los esclavos en las faenas agrícolas, hizo que gran número de antiguos propietarios fuesen quedando gradualmente desplazados, como ya se dijo. Los grandes dueños tuvieron extensiones considerables de tierra, pero es notorio que no supieron organizarlas como centros de producción intensiva, y esta falta de articulación de una economía estable fue sin duda de interés enorme, como factor de desquiciamiento de la sociedad romana, al lado de otros elementos de no menor significación, como la corrupción moral y de desajuste postrero de muchas familias en la época imperial.

Los aristócratas, latifundistas, estaban apartados de las tareas industriales y de la especulación bancaria, en tanto que —todo ello a fines de la república, pero con proyecciones a los tiempos siguientes del imperio— los *caballeros,* integrantes de la *orden ecuestre,* nuevos ricos, especulaban a su vez en forma voraz, que contribuyó por su parte a impedir en determinadas épocas el asentamiento de una economía equilibrada y sana.

La acción moralizadora o de reformas sociales de *Catón,* de los *Gracos,* o de *Julio César,* no pudo enderezar los hechos y las diferencias socio-económicas de la población, fueron por ello otras tantas fuentes de malestar general.

En el curso del imperio, si bien las diferencias sociales no se atenuaron propiamente, hubo, en cambio, oportunidad de que la "paz romana", favoreciera las tareas productivas y de comercio, al poner en contacto, cada vez mayor, a pueblos distintos a través de las múltiples vías terrestres y marítimas que surcaban el ámbito imperial, aun cuando Roma dejó de ser, en cuanto ciudad, un centro de producción importante, para convertirse, sobre todo, en un gran centro de consumo al que afluían lo mismo el estaño de Inglaterra que las maderas de Líbano, los pergaminos de Asia Menor, que las sedas y abanicos de China, el ámbar del Báltico que los marfiles y las joyas de la India, etcétera.

En este marco de vida, los artesanos que se dedicaban a un tipo de trabajo similar formaron corporaciones o *colegios* que eran agrupaciones que se regían conforme a determinados estatutos, con autoridades propias y ciertas formas de mutualismo, incluso el funcionamiento de cajas de ahorro. Participaban en tales *colegios* tanto los artesanos libres como los esclavos que desempeñaban el mismo oficio, ya que, para entonces, en la era imperial, la situación del esclavo se había aligerado en gran manera e incluso no era rara la existencia de esclavos cultos, sobre todo griegos, que desempeñaban tareas de cierta responsabilidad en el desempeño de trabajos públicos, o como artesanos y como maestros.

En los campos siguieron abundando los esclavos empeñados en las tareas agrícolas, y escaseaban los trabajadores libres.

Es posible afirmar que salvo la época de *Diocleciano* que dio nuevo esplendor al imperio —aun cuando con formas de absolutismo oriental—, la decadencia, acentuada desde el siglo III d.C., con su anarquía militar y sus desgarramientos políticos y sociales, dejó una huella seria en los desniveles de las clases lo mismo que en los desajustes económicos, hasta la situación final de derrumbe del imperio, ocurrido a mediados del siglo V d.C.

El ejército

Elemento fundamental en la organización romana fue el *ejérci-*

Mosaico en el que se muestra un carro entrando vencedor en una carrera

to, en cualquiera de las tres grandes épocas.

Sin él no habrían sido posibles ni las conquistas iniciales ni el dominio posterior ejercido en Italia y en el resto de las partes componentes de la república y del imperio.

En tiempos de *Servio Tulio,* durante la monarquía, el ejército estuvo dividido en dos grupos; uno, en el que formaban activamente los varones hasta los cuarenta y siete años, y otro, de hombres de mayor edad, que constituía una especie de reserva a la que sólo se recurría en caso de necesidad extrema. En términos amplios, el ejército romano de los años siguientes tenía por base las *legiones,* formadas, cada una de ellas, por 3,000 soldados en total; en alguna época hubo también una fuerza auxiliar de 1,200 hombres llamados *vélites,* a más de elementos de caballería que cooperaban para acosar a los enemigos. A partir de los tiempos de *Mario,* en la época republicana, el antiguo servicio militar obligatorio de hecho quedó anulado, porque gran número de los soldados eran mercenarios. Los solados, entonces, sólo se clasificaron por su origen en tres categorías: los *legionarii,* que eran ciudadanos romanos; los *socii* que eran italianos; y los *auxilio,* que eran provincianos; mas cuando se fueron borrando las diferencias legales y se hizo extensivo el derecho de ciudadanía ya no pudo establecerse tal clasificación.

El jefe del ejército era, según los casos, el *rey* —en tiempos de la monarquía—; el *dictador o el cónsul* —en tiempos de la república—; o el *emperador,* el *procónsul,* o el *pretor* —en otras épocas diversas.

Una severa disciplina había en el ejército romano, cuyos componentes estaban siempre ocupados, ya en el guerra, ya en las labores de construcción en tiempos de paz.

Los soldados usaban una especie de casco de metal o de cuero. Sobre el pecho llevaban la *loriga,* formada por correas reforzadas con anillos de metal o escamas; en las piernas portaban unos protectores y defendían el cuerpo con un escudo rectangular de madera, reforzado con un arco de metal y recubierto de cuero, o bien, con un óvalo de bronce o con un escudo pequeño y redondo.

Como armas ofensivas utilizaban una espada larga de un solo filo, y otra más corta, ancha y de dos filos; los dardos arrojadizos, de 1.60 de largo, mitad de hierro y mitad de madera; otra lanza denominada *asta;* piedras o bolas de hierro arrojadas mediante una honda; y saetas, que generalmente eran usadas por mercenarios extranjeros.

Marco Aurelio

A más de su traje hasta las rodillas, los militares llevaban un manto corto, que era de color púrpura cuando se trataba de los jefes.

Cada legión tenía por enseña un águila; los *manípulos,* o divisiones de la legión tenían a su vez por distintivo una mano; y los grupos de caballería ostentaban una banderola cuadrada.

Usábanse trompetas para dar las señales correspondientes en la campaña.

Por lo demás los romanos fueron muy diestros en instalar y en retirar *campamentos,* los cuales se escogían oyendo el parecer de los agrimensores y de un augur. Algunos de tales campamentos llegaron con el tiempo a convertirse en otros tantos centros de población. En torno se abría una zanja, cuya tierra servía para alzar un parapeto coronado por tina empalizada. Las tiendas eran de cuero, recubiertas de pieles si el clima era riguroso, con diez hombres en cada una de ellas, y dispuestas de tal modo que formasen calles como para permitir una fácil y rápida comunicación de la tropa. Había, aparte, el *pretorio,* o tienda del general, un ara para los sacrificios, el santuario con las enseñanzas, un foro y una tribuna para las arengas. En las cuatro puertas del campamento había vigilantes, a más de soldados que realizaban tareas de patrullas.

Diestros fueron, asimismo, en sitiar ciudades o fortalezas, para lo cual recurrían a las catapultas para arrojar dardos incendiarios u otros objetos de acoso, o construían torreones y murallas alrededor, muros de ataque, túneles y torres de madera que los protegían y les permitían acometer a los sitiados. Contra las paredes de los recintos enemigos descargaban golpes demoledores con los *arientes,* que eran grandes vigas de hasta 30 metros de largo, que terminaban en una maza o en una punta que era de metal.

Cuando un general victorioso —al que se denominaba *imperator*— retornaba a Roma, y el Senado lo consideraba pertinente, se reunían las tropas en el *Campo de Marte,* y después en emotivo desfile, los senadores y el pueblo encabezaban una parada que, seguida por los soldados, concluía en el *Capitolio,* donde se hacían las ofrendas a los dioses.

La religión

En un principio, los romanos adoraban a varias divinidades, entre las cuales la mas descollante era el Sol, con el nombre *de Jano,* al que representaban en imágenes con dos caras; al lado suyo, sin embargo, había otros dioses que personificaban a otras tantas virtudes o actos relacionados con la vida de entonces (dioses protectores de las *siembras,* el *honor,* la *fidelidad,* etcétera).

Era muy común en Roma también el culto a los muertos.

Estos dioses particulares de cada familia estaban presididos por el *lar,* que era el genio de quien había fundado dicha familia, los *manes* eran los espíritus de los demás antepasados, que eran también protectores, si se les recordaba y se les hacían ofrendas, pero que podían convertirse en genios malos, o incluso en larvas, si sus tumbas eran abandonadas o no se hacían en su honor las libaciones diarias. Finalmente, los *penantes* eran los espíritus que favorecían a la familia al hacer posible que llegaran a ella los alimentos y las provisiones.

En cada casa ardía una llama en el altar doméstico, en honor de *Vesta,* la diosa del hogar, y en torno de ese altar realizaba el padre las ceremonias del culto.

En el curso de la monarquía y todavía durante la república, los romanos fueron en su vida religiosa y en su vida en general más austeros. Pero con la conquista de Grecia y con la influencia que ésta tuvo culturalmente en Roma, se adoptaron infinidad de convicciones religiosas y prácticas llegadas de la *Hélade.* Así, las divinidades griegas pasaron a Roma y se confundieron con las divinidades propias, o fueron adoptadas con pocas modificaciones, como fue el caso de *Zeus,* que se identificó con el *Júpiter* romano; *Atenea* se convirtió en *Minerva; Ares* en *Marte; Poseidón* en *Neptuno; Afrodita* en *Venus; Hera* en *Juno; Hermes* en *Mercurio; Artemisa* en *Diana; Hefesto* en *Vulcano; Apolo* en *Febo; Hestia* en *Vesta; Dionisio* en *Baco, etcétera.*

Más tarde, con motivo de otras conquistas y de las relaciones es-

Detalle de la pintura "La Donación de Constantino"

tablecidas con otros pueblos, fue corriente encontrar en Roma y aun en algunas provincias, dioses egipcios, fenicios y de otras partes. Y durante el imperio, muchos emperadores, y aun sus favoritos, llegaron a ser divinizados, así como Roma misma.

En general, los romanos se mostraban humildes y reverentes ante sus dioses, y eran de notable tolerancia para toda clase de credos religiosos —sin más salvedad que las persecuciones contra los cristianos, y eso por razones especiales—, hasta el punto de que en el siglo I d.C., se levantó en la ciudad imperial un templo llamado *Pantheon* —de los vocablos *pan*, todo, y *teo* dios— en el que se quiso venerar a todas las divinidades que entonces eran conocidas.

Las funciones religiosas eran desempeñadas por los diversos individuos, o sacerdotes, que al principio sólo podían pertenecer a la clase *patricia*, si bien no se consagraban únicamente a las tareas religiosas. Los sacerdotes estaban agrupados en *colegios*, el más importante de los cuales era el de los *pontífices*, presidido por el *Pontífice Máximo*, que era quien tenía la responsabilidad del culto del Estado, atendía las fechas del calendario religioso, vigilaba los *colegios* y nombraba a los sacerdotes.

La variada jerarquía sacerdotal consignaba agrupaciones sacerdotales como la de los *flamines*, en número de quince, que atendían a las quince divinidades mayores de Roma; los *feciales* cuyo cargo consistía en mantener las relaciones amistosas con los pueblos extranjeros y declarar la guerra o firmar la paz; las *vestales*, que eran doncellas que cuidaban del fuego sagrado de *Vesta*, la diosa del hogar, y que debían mantenerse en castidad, bajo pena de ser muertas; y los *augures*, que predecían el futuro viendo las entrañas de los animales, el vuelo de las aves, o la dirección de los relámpagos.

Los "arúspices" eran adivinos privados, casi siempre etruscos, a quienes recurría la masa del pueblo.

Se sabe que había también cofradías de personas que participaban en prácticas religiosas comunitarias.

En los tiempos antiguos se ofrecían sacrificios a los dioses, incluso humanos; pero más tarde se acostumbró más bien hacer procesiones, realizar sacrificios incruentos —por ejemplo, ofrecimiento a los dioses de libaciones, perfumes, tortas, y flores, que se quemaban en los altares—; plegarias, y sacrificios cruentos, con animales, el más importante de los cuales consistía en inmolar tres animales: un toro, una oveja, y un cerdo. "Los animales, indican Appendini y Zavala, se llevaban al sacrificio adornados con cintas de color y una bola de harina, agua y sal, llamada mola, que colocaban sobre su frente. De mola ha venido el verbo inmolar, es decir, sacrificar".

Muy escrupulosos en el cumplimiento de sus deberes religiosos, los romanos procuraban atender cada acto y decir cada palabra con todo cuidado; acataban las fiestas y ceremonias obligatorias; y consideraban que había días buenos *(fastos)* y días inconvenientes *(nefastos),* cuya importancia no podía ser desconocida.

De acuerdo con sus prácticas religiosas, cuando moría un romano de categoría social elevada, se efectuaba un desfile en el que el cadáver era acompañado por un sacerdote, por músicos, por "plañideras", esclavos o actores con máscaras que eran retratos de los antepasados, los parientes y los magistrados.

El cadáver era incinerado y las cenizas se depositaban en el monumento correspondiente. Los restos de los pobres se colocaban en nichos llamados *columbarios.* Muy solemnes eran, a su vez, los sepelios de los emperadores, sobre todo cuando por su categoría se les consideraba divinos. Las pompas fúnebres que se le tributaban al cadáver tenían lugar en el *Campo de Marte,* donde era visitado y custodiado durante varios días; posteriormente se le tendía sobre un catafalco, muy adornado y con múltiples perfumes, al que se le prendía fuego, simultáneamente con ellos se echaba a volar un águila que se suponía llevaba el alma del emperador al *Olimpo,* como nuevo dios; en caso de que el cadáver correspondiese a una emperatriz, se soltaba un pavo real.

A esta ceremonia se le llamaba *apoteosis.*

La familia

La familia romana tenía por autoridad máxima al *pater,* o padre

Detalle de un sarcófago que muestra a soldados romanos dominando a un grupo de bárbaros

de familia, quien en los orígenes de Roma tenía derechos y poderes enormes sobre su esposa y sus hijos, incluso hasta el punto de poder disponer, como se dijo antes, del derecho de vida y muerte en determinadas circunstancias.

En la primitiva historia romana, el "paterfamilias" realizaba también funciones sacerdotales, y no era raro que consultase con el viento y con la lluvia (como campesino que era), para saber la época y manera de hacer los cultivos. De hecho, a él le estaban sometidos los descendientes, los esclavos y los sirvientes. Pero poco a poco, con el correr del tiempo, el poder del padre de familia disminuyó sensiblemente, de suerte que, por ejemplo, desde fines de la república y durante el curso del imperio fue adquiriendo la mujer mayor número de libertades frente al marido, aunque también fue cierto que éste, a su vez, la podía abandonar o repudiar más fácilmente.

Cuando el padre moría, el hijo mayor asumía la autoridad principal en la familia y la madre debía acatarlo como nuevo jefe.

Los esclavos poco a poco llegaron a tener mayor cantidad de derechos, e incluso en ciertas circunstancias podían tener algunos bienes con los cuales podían comprar su libertad, en cuyo caso se convertían en *libertos,* aun cuando seguían teniendo lazos de dependencia en relación con la familia a la cual habían pertenecido.

En cuanto a la formación del matrimonio, había dos ceremonias:

a) la *religiosa,* reservada sólo a los *patricios* en un principio, y más tarde extendida a los demás, recibía el nombre de *confarreatio* (de *farreo,* harina fina) y consistía en una ceremonia según la cual la novia, con traje blanco y un velo que le cubría el rostro, era acompañada por su padre al altar familiar, en donde se despedía de los *penates* que le eran propios, porque en lo sucesivo admitiría los del marido. En la calles, el padre la entregaba al cortejo nupcial integrado por amigos y familiares que la conducían al nuevo hogar, pero antes de entrar a él, el novio la levantaba en vilo, en recuerdo del rapto de las sabinas, y así entraba con ella a la casa, portándola hasta el altar; con la asistencia de testigos y un sacerdote se efectuaban las plegarias y se hacían las libaciones de rigor; y después los nuevos esposos partían un pan de harina fina —de allí el nombre de este tipo de matrimonio— con la promesa consiguiente de compartir en sus vidas lo bueno y lo malo;
b) la *civil,* que era un matrimonio llamado *coemptio* (o venta), propio en un principio sólo de los *plebeyos;* consistía en un acto realizado ante seis testigos y un magistrado, durante el cual el padre de la

novia colocaba su mano sobre el platillo de una balanza y se comprometía con ello a entregar a su hija, en tanto el novio, por su parte, colocaba una moneda o una barra de bronce en el otro platillo.

El derecho romano conoció también el matrimonio llamado de *uso.*

El divorcio, en fin, fue poco frecuente en tiempos de la monarquía y de la república, pero de mayor difusión en la era imperial.

La educación

En cuanto a la educación, los niños la recibían de su familia hasta los siete años; a esa edad, si los varones no tenían maestro propio, concurrían a las escuelas públicas, aunque también las había privadas; el *litterátor* les enseñaba las primeras nociones culturales; después, a los doce o trece años, el *grammaticus* se encargaba de la enseñanza más avanzada, especialmente de la literatura; y ésta se completaba por parte del *retor,* que insistía sobre todo en la elocuencia.

Entre las materias que se impartían estaba el conocimiento de la *Ley de las Doce Tablas,* y desde la época de la influencia helénica, el estudio del griego, de la gramática latina, la dialéctica, la oratoria, la astronomía, la geometría, la música y la poética.

El joven romano era declarado mayor de edad a los diecisiete años.

Al llegar a dicha edad se efectuaba una ceremonia en la cual él ofrecía sacrificios a los dioses *lares,* vestía ya la toga viril y recibía la visita del *pretor,* que le confirmaba su nombre. Posteriormente, el joven elegía la carrera de sus preferencias, aunque a esa edad tenía que comenzar su adiestramiento militar en el Campo de Marte, si más tarde quería desempeñar cargos públicos.

A los veinte años se le reconocía como ciudadano romano, con todos los derechos inherentes.

Las letras

Son pocos los escritos que se conservan de los primeros tiempos, es decir, de la época de la monarquía y de gran parte de la república, debido a la destrucción de que fueron objeto, sobre todo en el curso de las invasiones bárbaras. Por ello, de entonces se conocen sólo algunos cantos, varias disposiciones de la *Ley de las Doce Tablas,* y otras disposiciones jurídicas, como la *Ley Canuleia,* que puso bases para borrar las diferencias entre patricios y plebeyos en lo tocante a los matrimonios.

Desde la época de *Julio César* hasta el fin del imperio, en cambio, las letras romanas —expresadas en latín clásico o en latín vulgar— tuvieron grandes cultivadores, y que, en efecto, los escritores romanos manejaron todos los géneros y estilos literarios, con variada importancia.

Entre los poetas de ese entonces no puede pasar inadvertido el historiador *Polibio,* autor de una *Historia* en la que relató con gran pormenor el desarrollo de las guerras púnicas. Nació en 204 y murió en 125 a.C. Al lado suyo es dable consignar las figuras de *Estrabón* —autor de una historia que hoy se ha perdido, y de una *Geografía Universal,* de gran mérito—; *Dion Casio* —que escribió una *Historia Romana*—; *Diódoro Sículo* —autor de una *Biblioteca Histórica* cuyo texto abarca hasta Julio César—; *Dionisio de Halicarnaso* —a quien se deben las *Antigüedades Romanas*— y *Flavio Josefo* —autor de la *Guerra de los Judíos*—; y *Plutarco* —autor de las celebérrimas *Vidas Paralelas,* en las que trazó las biografías concordantes de personajes griegos y latinos—, nació en Queronea el año 50 d.C., y murió allí mismo alrededor del año 120; escribió todo un conjunto de tratados que genéricamente se llaman *morales,* acerca de temas muy variados.

El teatro romano, que en un principio consistió en representación poética que se caracterizó por una gran libertad en el gesto y en las palabras, o en improvisaciones de los actores sobre la base de una trama simple, alcanzó después mayor rango hacia los siglos III y II a.C., en las comedias de *Plauto,* con cierta dosis de lenguaje más al alcance del pueblo, o de *Terencio,* de mayor refinamiento que el anterior. La tragedia a imitación de la griega, se dejó sentir en las letras romanas, y *Séneca* fue uno de sus mejores cultivadores, con varias piezas escritas en su juventud; empero, no fue el teatro la rama en la que más descollaron los autores latinos.

De mayor significación fue la poesía, que en casi todas las épocas de la historia romana tuvo representantes destacados.

La *sátira,* como poesía corta, de fuerte contenido crítico, fue un género que mereció especial preferencia a los autores romanos. En el siglo I a.C., descolló *Lucrecio,* que en su poema filosófico *De la Naturaleza* trató de sostener la tesis materialista y fatalista de que no hay más realidad que la presente, que el alma perece con la muerte, que los fenómenos corrientes del mundo son hechos naturales y no obra de los dioses, que en nada participan en la vida de los hombres; basado acaso en la teoría de *Demócrito,* supuso que la materia se integra con átomos que conforme a determinadas leyes forman los cuerpos existentes.

Contemporáneo suyo fue *Cayo Valerio Catulo,* con piezas de valía, especialmente las cortas.

Un poco posteriores fueron los máximos poetas latinos, *Virgilio* y *Horacio.*

Del primero de ellos hay tres géneros de producciones: las *Bucólicas* o *Eglogas,* en donde el excelso escritor contó la vida pastoril con gran belleza y ternura; las *Geórgicas,* posteriores, en donde la inquietud estética se volcó hacia la vida agrícola; y la *Eneida,* el más notable de los poemas

El estudio de la Ley de las Doce Tablas

latinos —especie de Odisea e Ilíada a la vez— cuyo tema central es el viaje del príncipe troyano *Eneas,* rumbo a Italia, y su establecimiento en ésta, como precedente histórico del pueblo romano.

Horacio, por su parte, representó lo mejor de la poesía lírica de Roma, a través de sus *odas,* el *canto secular, los épodos,* las *sátiras* y las *epístolas.*

No puede pasarse por alto, en relación con Virgilio, con Horacio y con otros literatos de la época de Augusto, el gran influjo que en ellos ejerció *Mecenas,* el amigo y compañero de Octavio, y entusiasta y desinteresado protector de la cultura. Mecenas supo ser un gran señor que respetó el valor de cada uno de sus protegidos, a quienes infundió, como indica Grimal, "el sentimiento de su propia dignidad".

A instancias de la influencia helenística llegada a Roma se cultivó también la poesía elegíaca, propicia al canto del amor y de los sentimientos melancólicos, de que fue particular representante el poeta *Ovidio.*

En la poesía épica cabe citar a *Lucano,* cuya *Farsalia,* acerca de la guerra entre Pompeyo y César, es sin duda lo mejor de su producción. Otros poetas fueron, asimismo, ya en la Era Cristiana: *Juvenal,* satírico; *Marcial,* epigramista; y otros de los últimos siglos del imperio.

La prosa tuvo figuras eminentes en las letras latinas, tales como *Marco Tulio Cicerón,* abogado, político y escritor, que escribió varias obras filosóficas y retóricas, diversas epístolas y sus célebres discursos, entre los cuales son muy conocidos los que por estar dirigidos contra *Catilina,* se denominan *catilinarias; Quintiliano,* que escribió las *Instituciones Oratorias,* para el adiestramiento de un tributo cabal; *Plinio el Joven,* a quien se deben varias "epístolas" y unos discursos, de los cuales no se tiene ningún ejemplar; *Petronio* y *Apuleyo.*

Aunque escribió en griego, corresponde cronológicamente a la era romana la figura de *Luciano de Samosata* —natural, según parece, de la provincia de *Comagena,* en el Asia Menor— en el curso del siglo II d.C., cuyos escritos revelan una gran pureza de lenguaje, erudición y un claro ingenio, en el que escasea el humorismo.

No es de extrañar, por lo demás, que la Historia haya tenido una gran suma de devotos como ocurrió con *Catón el Censor,* a quien se debe una obra llamada *De los Orígenes* en donde relata la sujeción de las ciudades italianas por Roma; después: *Julio César,* que se aplicó a diversos géneros literarios, pero de quien sólo se conocen dos obras históricas, como son los *Comentarios de la Guerra de las Galias y los Comentarios de la Guerra Civil; Salustio,* autor de *La Conjuración de Catilina* y *La Guerra de Yugurta; Cornelio Nepote,* de calidad inferior a los otros; *Tito Livio,* que escribió una *Historia* que abarcaba desde el arribo de Eneas a Italia hasta los últimos años del siglo I a.C., en que él murió; *Tácito,* a quién se deben varios libros —*Diálogo de los Oradores,* la *Vida de Agrícola,* la *Germanía* y las *Historias*—; *Suetonio,* autor de las *Vidas de los Césares* y *De los Hombres Ilustres,* etcétera.

La filosofía

Roma no produjo corrientes filosóficas de gran originalidad en la historia del pensamiento.

El Coliseo o Anfiteatro Flavio, en Roma

Hubo, es cierto, hombres eminentes y de valía nada escasa que se aplicaron a los estudios filosóficos y que produjeron algunas obras notables, pero las directrices básicas que siguieron fueron, en lo sustancial, reminiscencias del saber griego en sus variadas formas.

El *estoicismo,* el *epicureísmo,* el *escepticismo* y el *eclecticismo* fueron las tendencias de mayor aceptación entre los romanos que cultivaron la filosofía.

La doctrina *estoica* consideraba al hombre, desde sus orígenes helenos, como el centro principal de sus preocupaciones, sobre todo bajo el ángulo de la moral. Las convicciones de sus seguidores giraban en torno a una idea materialista del mundo, ya que los dos principios esenciales que admitían, la *materia* y la *razón,* creían que eran pura y simplemente corporales. Dios se identifica, según esto, con la Naturaleza, y todas las cosas obedecen a una ley inexorable que es el destino, aunque el hombre tiene un cierto margen de libertad. El ser humano, y principalmente el sabio, se basta a sí mismo y tiene por bien eminente la felicidad, que se traduce en virtud, la cual estriba en vivir conforme a la naturaleza de acuerdo con la razón.

Figuras de la relevancia particular en el estoicismo romano fueron *Séneca,* cordobés, maestro de *Nerón,* el siglo I a.C.; *Epicteto,* esclavo de origen frigio, posterior a aquél; y el emperador *Marco Aurelio,* el siglo II d.C.

El *epicureísmo* ejerció gran influencia incluso hasta el siglo IV d.C. Fue una filosofía materialista y atomista — los dioses mismos se integran con átomos finos y resplandecientes—, consideraba que el bien consiste en el *placer,* aunque éste debe ser sin molestia ni desagrado, debe ser perdurable, y ha de hacer del hombre un ser dueño de sí mismo. Su representante más notable en Roma fue, como se indicó antes, el poeta *Lucano.*

El *escepticismo* que implica una duda sistemática de todo —y que ya mereció de San Agustín la crítica básica de que se puede dudar de todo, menos de que se está dudando—tuvo como figuras más destacadas, en la época romana, al cretense *Enesidemo* y al médico *Sexto Empírico.*

Del *eclecticismo* —que es una corriente de compromiso, un afán de tratar de enlazar los puntos de vista opuestos— fue su cultivador mayor el célebre Cicerón.

No puede dejar de mencionarse a *Filón de Alejandría,* que en el siglo I d.C., pretendió conciliar el Antiguo Testamento con la filosofía griega; y sobre todo a *Plotino,* fundador del *neoplatonismo* —siglo III d.C.— cuya obra, recopilada por su discípulo *Porfirio,* llamada *Enéadas,* abunda en los principios sustanciales de esta escuela filosófica, que son el *panteísmo* y su distanciamiento del materialismo y de otras corrientes del pensamiento de ese entonces. El neoplatonismo no sólo fue acogido en el imperio romano, sino que ejerció notable

Arco de Constantino

influjo en la Edad Media hasta casi el siglo XIII.

La ciencia romana

Estrictamente no hubo una ciencia propia y característica de Roma.

Los conocimientos más importantes que los romanos tenían en Geografía, Matemáticas, Física, Medicina, etc., eran generalmente importados de Grecia, aunque también recibieron datos científicos procedentes de Oriente.

Buenos observadores de la naturaleza, no obstante, los romanos contaron con varios libros en los que se describen algunos fenómenos de aquélla, del campo, de los hechos geográficos, etc., de modo que de *Catón el Censor* se conoce un tratado llamado *De Agricultura,* y otro más, con el mismo título, de *Varrón.* Acerca del mismo tema, y con el rubro de *Dere rustica,* hay una obra completa sobre los trabajos agrícolas, debida a *Columela,* nacido en España y contemporáneo de Séneca. De otro autor, *Frontino,* se citan dos libros: *Estratagemas,* con normas de estrategia militar, y *Sobre los Acueductos,* de interés arqueológico. *A Plinio el Viejo* se debe una *Historia Natural,* y a *Aulo Gelio* se deben unas *Noches Áticas* que, en veinte libros, dan cuenta de los temas de más diversa índole.

El arte romano

Grandes constructores fueron siempre los romanos. Desde los tiempos más antiguos hasta los años de mayor esplendor del imperio, dejaron testimonio de su capacidad creadora a través de grandes obras arquitectónicas.

Sus ciudades tuvieron un gran sentido urbanístico, un buen trazo y una buena distribución de las casas, de acuerdo con la técnica de su época. Conocieron y practicaron, como herencia de los etruscos, las obras de desagüe.

La calles y las grandes vías que comunicaban todos los territorios dominados por ellos, estaban pavimentadas y permitían un tránsito eficaz y continuo. Las vías romanas formaron una verdadera red de comunicaciones en las cuales había, de trecho en trecho, posadas para los viajeros.

Por lo que a Roma se refiere, ésta estuvo situada en un principio en la colina del *Palatino,* como se dijo antes, y los primeros reyes procuraron rodear a la pequeña urbe llamada *Roma quadrata,* de un muro que la defendiera; pero como fue creciendo la ciudad, ocupó gradualmente más espacio, de modo que en el reinado de *Servio Tulio,* Roma se había extendido ya por las siete Colinas. Con el advenimiento de la república y después del imperio, el crecimiento de Roma fue todavía mayor, y de nuevo, como en los primeros años, se hizo menester rodearla una vez más de murallas, como efectivamente se hizo en el siglo III d.C.

No se sabe con certeza cuántos habitantes había en Roma en la época imperial, pero se calcula que pasaban del millón.

Las casas eran de tres categorías: de *alquiler,* con varios pisos y agrupadas en manzanas; las de los *ricos,* que eran casas solas al estilo griego; y los *palacios* de los emperadores, que se llamaron así porque se construyeron generalmente en el monte *Palatino.* Las casas de los ricos tenían al centro un patio, y alrededor de éste se encontraban las distintas piezas. Las residencias más lujosas eran las de los nobles y grandes personajes, que cuando se encontraban en el campo recibían el nombre de *villas.*

Como muestras características de la arquitectura romana,

Aspecto actual del foro romano

en cuanto a edificios públicos se refiere, había: los *teatros,* con su escena y sus graderías para los espectadores, el más famoso de los cuales fue el *teatro de Marcelo,* en Roma; los *anfiteatros,* destinados a los combates de los gladiadores —esclavos que se adiestraban para la lucha—, combates navales y luchas de fieras, y en donde hubo también funciones públicas en las que el espectáculo consistía en la muerte de los cristianos por los animales salvajes en tiempos de las persecuciones; el mayor de estos anfiteatros fue el *Coliseo,* en Roma, con cupo para 85,000 espectadores; en los *circos* había carreras de carros y caballos, y eran también de gran amplitud: en el "Circo Máximo", de Roma, podían permanecer como espectadores hasta 30,000 personas.

Otras construcciones romanas de mucho mérito fueron: las *basílicas,* edificios destinados a impartir justicia, y que después sirvieron de modelo para los primeros templos cristianos, generalmente rectangulares y con techo plano sostenido por columnas; las *termas,* o baños públicos, las más célebres de las cuales fueron las de *Caracalla,* solían ser de grandes dimensiones, con agua fría, caliente, o con vapor; en ellas había también recintos para la lectura, para las reuniones de los concurrentes, para coleccionar pinturas, para practicar la gimnasia, etc.; y los *foros,* o plazas, que eran lugares de reunión a donde concurrían los habitantes para tratar diversos asuntos; el Foro Romano era un vasto espacio que se extendía entre las colinas, rodeado de construcciones, monumentos y estatuas.

Al igual que en Grecia, los templos romanos no eran sitios para la reunión colectiva de los fieles, sino más bien para la guarda de la imagen del dios y para la atención de las ceremonias litúrgicas. Los arquitectos romanos se inspiraron en las construcciones griegas, pero usaron profusamente dos elementos característicos: la *bóveda* y el *arco romano.* En la ciudad de Roma y en provincias se construyeron muchos templos, así como también *mausoleos* para la inhumación de restos pertenecientes a familias pudientes.

Fue propio asimismo del genio constructor de Roma, todo el conjunto de obras que se realizaron por doquier: las ya citadas vías; los grandes puentes; las fortificaciones; los viaductos, etc., que prueban hasta qué punto Roma fue una gran nación constructora que no debe ser valorada sólo por las depravaciones o los crímenes de algunos de sus emperadores.

Las grandes edificaciones romanas, vigorosas, enérgicas, firmes, hicieron válida la afirmación de que una gran obra que necesitaba esfuerzo y genio era una *obra de romanos.*

En cuanto a la escultura, cabe decir que tras los primeros ejemplos en que se percibió la influencia etrusca, Roma sintió la proyección de Grecia, de suerte que multitud de obras de ésta son conocidas a través de las copias romanas, si bien en este aspecto del arte, Roma dio preferencia al *retrato,* gracias al cual se conoce la fisonomía de muchos personajes de huella honda en la historia romana.

Se conocieron también esculturas en formas de relieves, agregadas a las construcciones o a obras distintas de la arquitectura, siendo lo más destacado en este sentido los relieves en los arcos del triunfo o en las columnas conmemorativas, como ocurre en el *arco* de *Tito* y en la *columna de Trajano.*

Pinturas romanas anteriores a la conquista de Grecia a su vez, no se conocen, y aun en años posteriores, muchas de las obras que se tienen por romanas fueron ejecutadas por artistas griegos o por romanos que los imitaban.

No era raro que en las casas de los ricos hubiera cuadros y que algunas paredes estuviesen decoradas con pinturas. Ejemplos significativos de esto último se hallan en las ruinas de *Pompeya,* la ciudad que fue destruida por una erupción del *Vesubio* el año 79 d.C.

LECTURAS

Égloga IV

¡Más noble el canto, oh Musa de Sicilia!
Alzadlo un poco, que no a todos placen
los boscajes y humildes tamarices.
Si las selvas cantamos, que de un cónsul
nos desdiga el cantar.

La edad postrera
ya llegó del oráculo de Cumas:
nace entero el gran orden de los siglos;
vuelve la Virgen ya, vuelve el reinado
primero de Saturno, y al fin baja
estirpe nueva desde el alto del cielo.

Sólo, casta Lucina, atiende amante
al niño que nos nace, a cuyo influjo,
muerta la edad de hierro, una áurea gente
en todo el mundo va a surgir: Apolo,
tu hermano, reina ya.

Mas de este siglo
la gloria ha de iniciarse mientras dure,
Polión, tu consulado, y en tu tiempo
su curso incoarán los grandes meses.
Tuyo será el poder cuando los rastros,
si algunos hay, de nuestro antiguo crimen,
quedarán sin efecto, y a las tierras
libertarán de su perpetua alarma.

Recibirá vida divina el niño,
verá a dioses mezclados con los héroes,
a él mismo le verán en medio de ellos,
que, puesto el orbe al fin en paz, lo rige
con las virtudes de su padre.

Entonces,
para empezar, te ha de brindar, oh niño,
sin cultivo la tierra sus presentes,
la bácara, las hiedras trepadoras,
la colocasia y el festivo acanto.

Por si las cabras con las urbes llenas
volverán al redil; no tendrán miedo
de los grandes leones las manadas;
flores te verterá la misma cuna;
muerta la sierpe, y muerta la ponzoña
de la hierba engañosa, en todas partes
veránse flores de asirio amono.

Mas cuando loas de los grandes héroes
y hazañas de tu padre leer puedas
y sepas qué es virtud, verás los campos
poco a poco enrubiarse con espigas,
y en uvas tintas frutecer las zarzas,
y aljofarada miel sudar los robles.

De maldad antigua, sin embargo
vestigios quedarán que al hombre impelan
a desafiar las ondas de sus naves,
y amurallar las urbes, y con surcos
los rastrojos abrir. Un nuevo Tifís
no faltará, piloto de otra Argo
para escondidos héroes; todavía
surgirán guerras, y de nuevo a Troya
habrá quien lance un poderoso Aquiles.

Mas cuando llegues a varón perfecto,
renunciarán al mar los navegantes,
no habrá barco que trueque mercancías,
producirán todas las tierras todo.
No se ha de hundir la azada ya en los campos,
ni en las vides la hoz; ya sus toretes
desuncirá el recio gañán. La lana
no querrá ya mentir varios colores.

Por sí mismo el morueco en los pradales
mudará su vellón en clara púrpura
o en amarilla gualda, y los corderos
al pastar teñiránse de escarlata.

"¡Pronto hilad tales siglos!" repetían
a sus husos las Parcas, de concierto
con el fallo inmutable de los Hados.

A los grandes honores adelántate,
–tu tiempo llega ya–, divino vástago,
incremento magnífico de Jove.

Al mundo mira gravitar el peso
de la celeste bóveda, las tierras,
los mares, las honduras de los cielos:
todo ¡mira! de gozo se estremece
ante el siglo que llega.

¡Oh que hasta entonces
alcanzará el ocaso de mi vida
con voz e inspiración para cantarte!

Mi canto no venciera el tracio Orfeo,
no lo venciera Lino, aunque acudiesen
padre y madre divinos a asistirles,
a Orfeo Caliopea, a Lino Apolo.

Si me retase Pan, y toda Arcadia
estuviese el Juez, Arcadia toda
a Pan le sentenciara a ser vencido.

Con tu sonrisa a conocer empieza,
tierno niño, a tu madre, a diez meses
por ti sufrió de expectación ansiosa;

niñito, empieza; al niño que no sabe
sonreír a su madre no le brindan
ni un dios la mesa ni una diosa el lecho.

VIRGILIO
TRAD. DE AURELIO ESPINOSA POLIT

A Augusto

Quise un canto de guerra y de victoria,
mas advirtióme Febo con su lira
que era audacia ilusoria
entregar mi bajel al ponto en ira.

César, por ti rebosan nuestras eras,
y ve Jove por ti sobre sus aras
las perdidas banderas
que del soberbio Parto recobraras.
Jano cerró sus puertas; libre el crimen
no campea como antes; las pasiones
sus ímpetus reprimen,
y se entablan las viejas tradiciones:

Las que a la majestad de nuestro imperio,
al renombre de Italia, a su realeza,
de uno a otro hemisferio,
dieron eternas bases de grandeza.

Con César, no tenemos las airadas
revueltas de contienda fratricida,
que, forjando espadas,
ciudad contra ciudad Marte dividida.
Las leyes julias, aunque infiel, respeta
el persa, y a violarlas no se atreve
el Sera quieto, el Geta,
el que del Tanais o el Danubio bebe.

Y nosotros, en tanto, cada día,
juntos todos, ya en fiestas, ya en labores,
tras la plegaria pía,
gozando de Lieo y sus favores,
a la paterna usanza cantaremos,
con lidia flauta, a Troya la gloriosa,

a sus héroes supremos,
a Anquises y al retoño de la diosa.

HORACIO
TRAD. DE AURELIO ESPINOSA POLIT

Vida y filosofía

Un solo punto es la duración de la existencia del hombre; algo que fluye, la esencia del hombre, lo que percibe, confuso; la integración de su cuerpo todo, algo que corrompe fácilmente; su alma, una tormenta; su futuro, sin certeza; su fama, sin decisión; en suma, todo cuanto constituye el cuerpo humano es a modo de un río; lo que compone nuestra alma es sueño y humo; la existencia, una batalla constante y un hogar breve en suelo extranjero; el recuerdo entre los posteriores, un simple olvido.

¿Qué es, en esta virtud, lo que puede auxiliarnos en tal peregrinación? Una sola cosa: la Filosofía. La Filosofía acude a que nuestro espíritu se preserve al margen de daños y de ultrajes; con mayor vigor que el dolo y el gozo, se preocupa de que no haga nada sin sentido, ni con dolo ni con doblez, y no esté con la preocupación de lo que hace o no hace otro sujeto; se esfuerza por aceptar su parte y su suerte como lo que procede del mismo sitio de donde viene él y especialmente porque aguarde a la muerte con voluntad bien dispuesta, no siendo aquélla otra cosa que la separación de las partes de que se hallan compuestos todos los mortales. Y si nada terrible ocurre a estos elementos en su permanente transformación, ¿por qué miramos con temor el cambio y la disgregación de todas las cosas? Todo cuanto ocurre es según la Naturaleza, nada de cuanto es natural puede considerarse malo.

MARCO AURELIO

Las virtudes

Ya puedes contemplar, hijo mío Marco, la hermosura misma y como la faz de la honestidad, la que, si lograra verte con los ojos, despertaría, como dice Platón, un maravilloso amor de ella. Pero todo cuanto es honesto proviene de alguna de estas cuatro cosas: en efecto, o consiste en el conocimiento de la verdad y en la viveza del ingenio; o en fomentar la sociedad de los hombres dando a cada uno lo suyo y siendo leal en los contratos; o en la grandeza y fortaleza de un alma excelsa e inquebrantable; o en el orden y medida en cuanto se dice y se hace, en lo cual estriban la modernación y la templeza.

Aun cuando estas cuatro cosas están ligadas entre sí e implicadas unas en otras, sin embargo, de cada una nave determinada especie de deberes. Por ejemplo, en la primera que fue enunciada y en la que hacemos consistir la sabiduría y la prudencia, encuéntrese la búsqueda y el hallazgo de la verdad, siendo éste el deber propio de aquella virtud... A las tres virtudes restantes, se les asigna el oficio de disponer y cuidar de aquello de que está hecha la actitud del hombre, tanto para que se conserve la sociedad y la amistad de los hombres, como para que brille la nobleza y la grandeza del alma.

CICERÓN

BIBLIOGRAFÍA FUNDAMENTAL

APPENDINI Ida y ZAVALA, Silvio. *Historia Universal.* (Roma, Edad Media, Islam). Editorial Porrúa. México. 1953.

BARROW, R. H. *Los Romanos.* Breviarios del Fondo de Cultura Económica. México-Buenos Aires. 1956.

DE LA PEÑA, Carlos. *Historia de la Literatura Universal.* Editorial Jus. México. 1963. *Antología de la Literatura Universal.* Editorial Jus. México, 1960.

DOMÍNGUEZ, Dionisio. *Historia de la Filosofía.* Editorial Sal Terrae. Santander. 1953.

ESPINOSA PÓLIT, Aurelio. *Virgilio en Verso Castellano.* Editorial Jus. México. 1960. *Lírica Horaciana.* Editorial Jus. México. 1960.

GOETZ WALTER, y otros. *Historia Universal (Hélade y Roma).* Espasa-Calpe. Madrid. 1958.

GRIMAL, Pierre. *El Siglo de Augusto.* EUDEBA. Buenos Aires. 1965.

GUDEMAN, Alfred. *Historia de la Literatura Latina.* Colección Labor. Barcelona. 1961.

LANGER, William, L. *Enciclopedia de la Historia del Mundo.* Editorial Sopena Argentina. Buenos Aires. 1955.

LECLERCQ, Jacques. *Filosofía e Historia de la Civilización.* Ediciones Guadarrama. Madrid. 1965.

MARÍAS, Julián. *Historia de la Filosofía.* Revista de Occidente. Madrid. 1943.

MILLARES CARLO, Agustín. *Compendio de Historia Universal de la Literatura.* Editorial Esfinge. México. 1945.

MOMMSEN, Teodoro. *El Mundo de los Césares.* Fondo de Cultura Económica. México. 1945.

MUNDÓ, José. *Curso de Historia Universal.* Espasa-Calpe. Madrid. 1942.
PIJOÁN, José. *Summa Artis.* Espasa-Calpe. Madrid. 1957.
SAMOSATA, Luciano de. *Novelas Cortas y Cuentos Dialogados.* Editorial Jus. México. 1966.
WEISS, J. B. *Historia Universal.* (Tomo III). Tipografía La Educación. Barcelona. 1927.

Capítulo 17

El cristianismo

Dejando, pues, vuestra antigua conducta, despojados del hombre viejo, viciado por las concupiscencias seductoras; renovaos en el espíritu de vuestra mente y vestíos del hombre nuevo, creado según Dios en justicia y santidad verdaderas.

San Pablo

Jesús de Nazareth

San Agustín escribió, a propósito del marco global que Roma había creado políticamente que: *"el imperio unitario de Roma había sido consentido por la Providencia Divina precisamente para crear un ambiente favorable a la propagación de la religión universal".*

Cuando Jesús de Nazareth nació, el mundo antiguo – occidente, sur y centro de Europa, norte de África, Cercano Oriente, así como otras tierras más – había sido en gran manera modelado por el genio de Roma, y constituía una vasta estructura en donde se entrecruzaban las ideas y las costumbres, y en donde era factible que pudiese alcanzar mayor proyección la nueva fe; había, pues, ese "ambiente favorable" que venía a ser el elemento material propicio para el mejor arraigo, en lo humano, del mensaje que iba a irradiarse desde Palestina.

Para entonces, era ésta una parte del mundo romano.

En la capital del imperio gobernaba *César Augusto,* y en la región palestiniana ejercía la autoridad como soberano indígena, *Herodes el Grande.*

Conforme a los cálculos de *Dionisio el Exiguo,* hechos a mediados del siglo VI, Jesús vino al mundo el año 754 de la fundación de Roma, y a los treinta del reinado de Augusto. Al correr de los años y hechos algunos ajustes indispensables, se ha visto que Dionisio el Exiguo sufrió un pequeño error en sus cómputos, por lo cual puede afirmarse que el nacimiento de Jesús debió haber tenido lugar un poco antes del

La Adoración de los Pastores. Pintura de Giorgione

principio que se calculó para la Era Cristiana, de modo que tal hecho debió haber tenido lugar el año 749 o el 748 de la fundación de Roma.

El pueblo judío, no obstante haber perdido su independencia a manos de los romanos, conservaba el depósito de su fe, parte de la cual era la persuasión de que en él habría de advenir el *Mesías* prometido.

Había un clima de expectación en este sentido, e incluso hay quienes quieren ver en la Égloga IV de *Virgilio* un reflejo de tal estado de ánimo en el mundo pagano.

La palabra *mesías* es la forma helenizada del vocablo arameo *mesiha* y del hebreo *masiah* que significa *ungido,* y así se encuentra usada en varios pasajes del Antiguo Testamento, en relación con reyes y sacerdotes a quienes se ungía. Fue a partir del último siglo precristiano cuando se usó la palabra en el sentido específico del Redentor prometido.

La expresión griega χριστός (Cristo) es la traducción del vocablo *"masiah".*

Ahora bien, *Jesús* era el Cristo, es decir, el *Mesías* que habría de redimir al mundo; algunos componentes del pueblo judío así lo reconocieron, y vieron en Él a la persona en quien se cumplían las profecías, pero otros no, y éstos persistieron en esperar un Mesías como mero caudillo.

Jesús —de la estirpe de David— nació en *Belén,* pequeña población cercana a *Jerusalén,* con motivo del viaje que *José,* su padre adoptivo, y *María,* su madre, tuvieron que hacer a la capital de Palestina para inscribirse en el censo que los romanos habían dispuesto. Los años de su infancia transcurrieron en *Egipto* y en *Nazareth;* y seguramente también su adolescencia y su juventud las pasó en este último lugar, al lado de su familia. Todas las hipótesis y sugerencias que se han hecho para suponer que estos años los vivió en otra parte, como algunos han querido afirmar —asimilándolo a los *esenios,* a los *yoguis,* o a los *budistas*— no tienen ninguna base y se resuelven en meras expresiones sin sentido, que no pueden desvirtuar el informe evangélico según el cual Cristo vivió con José y María, creciendo "en sabiduría, en edad y en gracia delante de Dios y de los hombres" seguramente como trabajador en el taller de José.

El físico de Jesús

Ninguna tradición auténtica nos indica cómo era físicamente Jesús.

"Las figuras de Cristo en cuanto a la carne, escribió San Agustín, varían al infinito y quizá esté muy alejada de la realidad la imagen que nos formamos en nuestro espíritu".

Ninguna imagen se conserva de Él. A principios del siglo IV se mencionaba una en Cesarea de Filipo, como parte de un grupo en bronce, de la que no hay sino escasos datos. Había también algunas pinturas de Cristo y de los apóstoles, pero a nadie aseguraba que fuesen semejantes a los originales. Aún más, el poco favor de la Iglesia primitiva para las imágenes —por el temor a que los nuevos conversos salidos de la gentilidad retornasen a la idolatría—, o el mismo despego de los judíos que se habían hecho cristianos hacia las imágenes, contribuyó a que no se hubiese tratado de mantener una figura que representase al Mesías. Sin embargo, alguna secta de los primeros siglos del Cristianismo tenía a honra poseer algunas imágenes de Jesús, de Platón, de Aristóteles y de Pitágoras, que honraban por igual, y después, en Roma, en el oratorio del emperador Alejandro Severo, hallábanse las estatuas de Jesús, de Abraham, de Orfeo y de Apolonio de Tyana, a igual nivel, y a todas ellas se ofrecían sacrificios e incienso.

Cuando el Cristianismo pudo vivir en libertad, el viejo recelo contra las imágenes fue disminuyendo, ya que los neófitos, para entonces, entendían que no era igual "adorar" (idolatría), que simplemente venerar una imagen, en cuanto el culto no hacía más que "pasar por ellas, para subir hasta sus originales", en la expresión de San Basilio.

"Las imágenes de Cristo, enseña Prat, han tenido una evolución, cuyas fases es posible señalar. Prevaleció al principio, en las catacumbas, el tipo de un joven imberbe, hasta mucho después de que los Antoninos volvieron a poner de moda la barba. Siempre se le representa así cuando hace milagros. Al tipo imberbe, sucede otro con barba y cabellera. Aparece desde el siglo tercero y se generaliza en el cuarto, sobre todo en los frescos que representan a Cristo como doctor y como juez. En la catacumba de los santos Pedro y Marcelino, se le ve en medio de los dos grandes apóstoles, fácilmente identificables, el uno con su barba en punta y su cabeza descubierta, y el otro con su barba corta y espesa. La cabeza de Jesús, quizá por primera vez, está nimbada de resplandor; en mitad de la frente se parte en dos su larga cabellera rizada; se levanta su mano para bendecir y su boca se abre como para hablar; y la mirada es de una expresión que pasma. Un tipo análogo se encuentra con frecuencia en los mosaicos de los siglos quinto y sexto: el aire es grave y majestuoso, pero sin estiramiento. Después viene el tipo bizantino, en que aparece Cristo más avanzado en edad, con el rostro encuadrado por una barba negra más o menos larga..."

"El tipo que se podría llamar moderno proviene de las descripciones legendarias que tomaron fuerza a partir del siglo séptimo y que nos transmitieron Andrés de Creta, el monje Epifanio, los tres patriarcas orientales en su carta al emperador iconoclasta Teófilo, el falso Léntulo y Nicéforo. Los rasgos característicos son los siguientes: talla más que mediana, cabellera castaña partida a la mitad y ca-

"La entrada de Cristo en Jerusalén." Pintura de Pietro Lorenzetti

yendo en rizos sobre las espaldas, frente serena sin pliegues ni sombras, tez natural un poco bronceada, expresión dulce y majestuosa del rostro, barba del color de los cabellos, abundante, pero no muy larga, y terminando en dos puntas. El monje Epifanio agrega algo conmovedor y muy verosímil, puesto que Jesús no tenía padre terreno, y es que era el vivo retrato de su madre, de la que tenía, en especial, el rostro ovalado y la tez ligeramente sonrosada".

En Turín, Italia, se conserva el llamado "santo sudario", que según una tradición es el lienzo o sábana con que fue envuelto el cuerpo de Cristo por *José de Arimatea,* con ayuda de *Nicodemo,* cuando se le hizo descender de la cruz. Muestra el cuerpo de un varón con todas las huellas de las heridas que Jesús padeció en sus suplicios, como en un magno negativo de fotografía sumamente impresionante.

El "santo sudario" de Turín es defendido calurosamente como algo auténtico por algunos autores, mientras otros ponen en tela de duda tal autenticidad.

La predicación

A los treinta años de vida, y tras haber pasado una etapa previa de ayuno y penitencia, *Jesús* fue bautizado por *Juan* en el *Jordán* e inició su predicación.

Contó pronto con varios colaboradores llamados *apóstoles,* a quienes al principio sólo se llamaba "los doce", y que fueron: *Pedro* —originariamente llamado Simón—, *Andrés* —hermano de Pedro—; *Santiago el Mayor* y *Juan* su hermano; *Tomás; Santiago el Menor,* primo de Jesús; *Judas Tadeo, Felipe, Bartolomé, Mateo, Simón Zelote* y *Judas Iscariote,* agregándoseles más tarde *Matías,* que sustituyó a este último, tras la Pasión— cuyo nombre tuvo el sentido de *enviados* o *portadores* del mensaje neotestamentario, como algo propio y específico, ya que antes el vocablo se utilizó en el griego clásico en relación con personas y objetos vinculados con la marina, aunque en el dialecto jónico a veces se le dio también la connotación de *emisario.*

Al lado de los apóstoles hubo otros *discípulos,* en número de setenta, que completaron el cuadro inicial de los seguidores inmediatos de Cristo, con quienes fundó una Iglesia, de la que hizo jerarca primordial y primera autoridad a *San Pedro,* que por consiguiente tuvo el carácter de primer Papa.

Durante varios años recorrió *Jesús el Cristo* (Jesucristo) diversos lugares de Palestina, dando cuenta de su doctrina, con gran eco entre no pocos elementos del pueblo, pero también con la recia oposición de otros, especialmente de las autoridades judías, que tramaron su aprehensión y su muerte. A los treinta y tres años, Jesucristo, durante el gobierno romano de *Poncio Pilato,* fue hecho prisionero y juzgado por las citadas autoridades, que lo condenaron a morir, sentencia que por cobardía fue refrendada por el funcionario romano, y así se le ejecutó en la cruz, quizá el día 7 de abril del año 30, cuando gobernaba en Roma el emperador *Tiberio.*

Las enseñanzas de Cristo se hallan en los libros de algunos de sus seguidores, y singularmente en los cuatro *Evangelios,* escritos por *San Mateo, San Lucas, San Marcos* y *San Juan Evangelista.* "La palabra "evangelio" (*evaggélion*), dice De Tuya, tuvo diversos significados. En el griego clásico significó el premio por una buena noticia, las víctimas inmoladas en acción de gracias y los días festivos celebrados con este motivo. En la época helenística se extendió a significar la misma "buena nueva".

"En el Nuevo Testamento significó la "buena nueva" por la venida del reino de Dios (Mc. 1, 14ss); la redención del género humano hecho por Cristo (Lc. 2, 10ss); el cumplimiento de las promesas divinas con la venida del Mesías (Rom. I, 1-3); la eterna salud lograda por Cristo (Ef. I, 13; 2 Tim. I, 10)... Después del siglo II adopta esta palabra el sentido técnico de: a) *narración* de los hechos y doctrina de Cristo; b) los mismos *libros* donde se contiene esto. Así dice San Justino: "Los Apóstoles, en sus comentarios, que se llaman *evangelios,* transmitieron lo que mandó Jesús".

Ya desde tiempos antiguos se escribieron no pocos "evangelios", pero los Padres Apostólicos no citaban más que los cuatro evangelios citados, calificados de "canónicos", y toda la crítica bíblica es unánime en reconocerlos como los verdaderamente auténticos, que recogieron el mensaje mesiánico, de suerte que se denomina *apócrifos* a todos los demás.

El *Nuevo Testamento,* o parte segunda de la Biblia, se compone con los cuatro Evangelios, y con otros libros más que son: los *Hechos de los Apóstoles;* las *Epístolas de San Pablo* (A los Romanos, I A los Corintios, II A los Corintios, A los Gálatas, A los Efesios, A los Filipenses, A los Tesalonicenses, I A Timoteo, II A Timoteo, A Tito, A Filemón, y A los Hebreos); la *Epístola de Santiago;* la *Epístola I de San Pedro;* la *Epístola II de San Pedro;* la *Epístola I de San Juan,* la *Epístola II de San Juan;* la *Epístola III de San Juan;* la *Epístola de San Judas;* y el *Apocalipsis.*

Se encuentran también otros datos acerca de Cristo en diversas obras de la antigüedad, como en los escritos de *Tácito,* de *Plinio el Joven,* de *Flavio Josefo* (aunque la noticia comunicada por éste ha sido discutida), etcétera.

La doctrina dada a conocer por Jesucristo enseñó la existencia de un solo Dios, creador, todopoderoso y providente, expresado en tres personas, o Trinidad, que son: el Padre, el Hijo y el Espíritu Santo. Cristo es la segunda persona de la Trinidad, que se hizo hombre en el seno de una Virgen, para redimir a los seres humanos. Cristo resucitó al tercer día después de su muerte, pero volverá visiblemente al

Cristo crucificado es llevado por Dios al cielo. Pintura de El Greco

fin de los siglos. La doctrina se constituyó tanto por principios de orden dogmático, o verdades de fe, cuanto por normas de carácter moral destinadas a orientar la conducta. La vida eterna gloriosa fue prometida a quienes cumpliesen los mandamientos mientras la condenación fue anunciada a quienes faltasen a ellos.

Una institución, la *Iglesia* –del vocablo latino *ecclesia,* y éste del griego ἐχχλησια, que significa "asamblea" o "junta del pueblo"–, fue instituida para guardar en depósito la doctrina y para impartir los sacramentos (o vías para adquirir la gracia) establecidos por el mismo Cristo, pero sin que se quisiera que esto quedase sólo en el ámbito puramente judío, ya que Él quiso que los medios de santificación pudiesen quedar al alcance de todo el mundo ("Id y predicar a todas las gentes", fue el mandato explícito dado a los apóstoles), por lo cual la Iglesia se llamó con este motivo *católica,* que significa *universal.*

Todavía más rigurosa que la ética hebrea, la ética cristiana postuló normas de muy elevado contenido, como el amor al prójimo (amigo o enemigo, inclusive), la recta intención de los pensamientos y la pureza en las costumbres, la dignidad de la persona humana, la caridad –que significa amor–, el bien, la justicia, la templanza, etcétera.

Difusión del cristianismo

Es probable que la Iglesia, al ocurrir la muerte de Cristo, no haya contado sino con pocos adeptos, cuya situación y actividades no son conocidas a través de los relatos contenidos en los *Hechos de los Apóstoles;* pero la difusión alcanzada después permitió aumentar el número de los adeptos hasta cifras muy considerables. No pocos de dichos cristianos primitivos ejercitaban actos de caridad en forma continua, e incluso se daba el caso de que tuviesen sus bienes en común, o simplemente los que tenían algunos, los compartían con quienes no los tenían. El estado de cosas de la comunidad cristiana no fue, sin embargo, de paz y sosiego. Los jerarcas hebreos pronto iniciaron la persecución en su contra, hasta el punto de que se aprehendió y se azotó a varios de los apóstoles como San Pedro y San Juan, así como a otros, y cuando el Sanedrín pretendió que no predicasen más la buena nueva, San Pedro indicó firmemente: *"Antes hay que obedecer a Dios que a los hombres".*

Gradualmente la represión se volvió más violenta, y *San Esteban,* uno de los *diáconos* –servidores de la Iglesia primitiva, en numero de siete, que atendían diversas funciones, tales como el bautizar, el predicar y el cuidar de obras de caridad o beneficio, aun no siendo propiamente sacerdotes– fue apedreado y muerto, por lo cual se le conoce con la denominación de *protomártir.* A instancias de esta persecución, la comunidad cristiana de Jerusalén se dispersó, y esto, a más de los viajes de predicación de los apóstoles, permitió una mayor difusión del Cristianismo en la que tomó un papel muy destacado *San Pablo* (Saulo o Pablo de Tarso), que de antiguo perseguidor de los cristianos se convirtió más tarde en activo propagandista del nuevo credo, alrededor del año 34 d.C.

En el curso del reinado de *Herodes Agripa* tuvieron lugar nuevas persecuciones, en cuyo desarrollo fue muerto el apóstol *Santiago.*

Pocos años más tarde, hacia 49 o 50, tuvo lugar el primer *Concilio* —esto es, la primera reunión de los jefes cristianos— en Jerusalén, en donde se tomó el acuerdo, por especial insistencia de *San Pablo,* de que los nuevos cristianos no tuviesen que sujetarse a las costumbres y prácticas de la Ley de Moisés.

Allí mismo, en la capital palestiniana, así como en Cesarea y en Roma, San Pablo sufrió varias cautividades; sin embargo, su enérgica y viva acción difusora permitió que en la práctica el Cristianismo alcanzase un radio de acción mayor, no sólo entre los judíos sino también entre toda la clase de personas, en virtud de lo cual se le conoce con el nombre de *Apóstol de los Gentiles.*

Por su parte, el "príncipe de los apóstoles", *San Pedro,* ejerció funciones de obispo —que en griego significa *el que vigila*— en *Antioquía* y después en *Roma.* Murió, lo mismo que San Pablo, durante la persecución desatada por Nerón el año 67.

A pesar de todos los obstáculos, el Cristianismo se propagó y en los cursos de los siglos I y II penetró hondamente a muchas partes del Imperio Romano. Así, llegó a haber pronto cristianos lo mismo entre los soldados que entre los nobles, entre los esclavos como entre los individuos de las clases más prominentes, hasta el punto de que puede afirmarse que para el siglo II había ya obispos en casi todo el territorio italiano, al par de comunidades cristianas en las Islas Británicas, en las Galias en España y en Alemania, a más de las que existían en el Cercano Oriente y en el norte de África.

Contribuyó vivamente a esta proyección dilatada —aparte el sentido milagroso que en ello puede verse, por la institución divina de la Iglesia— la unidad política forjada por Roma, a que hizo referencia San Agustín, cuanto también la vigencia de los valores de la cultura griega, y en otro sentido, la conducta generalmente de mayor moralidad de los cristianos, que contrastaba con tanta viveza ante el general ambiente de decaimiento, de degeneración y de ausencia de grandes ideales que moviesen el pensamiento y la voluntad de las masas populares.

La importancia de la cultura griega ha sido ponderada por Jaeger, que destaca con razón cómo dentro del pueblo judío mismo había un sector fuertemente helenizado —en Palestina y fuera de ella— en el que los primeros predicadores cristianos encontraron eco franco. Fue precisamente "esa parte de la comunidad apostólica de Jerusalén llamada "helenistas" en el capítulo VI de los *Hechos de los Apóstoles* —dice—, la que, tras el martirio de su jefe, Esteban, se dispersó por toda Palestina e inició las actividades misionales de la generación siguiente. Al igual que el propio Esteban (Stephanos), todos llevaban claros nombres griegos, Felipe (Philippos), Nicanor, Prócoro, Timón, Parmenas, Nicolás (Nikolaos), y en su mayoría pertenecían a familias que habían sido helenizadas hacia una generación o más". El nombre de la nueva corriente religiosa, inclusive, "christianoi", se originó "en la ciudad griega de Antioquía, en las que estos judíos helenistas encontraron el primer gran campo de actividad para su misión cristiana".

El uso del idioma griego estaba muy extendido en los diversos núcleos judíos, y las estructuras culturales helenas no fueron ajenas a la obra nueva, ya por haberse utilizado tal lengua para muchos de los escritos, ya porque algunas de las formas de difusión o de discusión eran típicamente griegas. En el caso de San Pablo, sus discusiones "con los judíos a los que se dirige en sus viajes y a los que trata de llevar el Evangelio de Cristo se llevan a cabo en griego y con todas las sutilezas de la argumentación lógica griega. Por regla general, ambas partes citan el Antiguo Testamento según la traducción griega de Los Setenta y no según el original hebreo".

Formas literarias como la "epístola", al modo de los filósofos; de los "hechos", de la "diatriba" o del "martirologio", fueron instrumentos culturales griegos propicios en manos de los portadores de la buena nueva.

Las persecuciones romanas

Serios escollos se alzaron, no obstante, a la difusión del Cristianismo. Las persecuciones fueron desatadas primero por parte de las autoridades judías, después por parte de las autoridades romanas.

Afirmaciones calumniosas —inclusive algunas tan monstruosas como las que *Tertuliano* consigna como corrientes en su tiempo, hacia el año 200, y que él refuta, según las cuales los cristianos en sus congregaciones nocturnas mataban un niño, con cuya sangre hacían sopa— creaban expectación entre las masas ignorantes del paganismo y entre los magistrados encargados de aplicar las leyes. Un odio sordo era alimentado con torpeza, agregándose a ello la circunstancia no menos grave de que los cristianos no podían admitir que Roma y los emperadores fuesen "dioses", ni podían adorarlos, siguiéndose de allí un fruto final de persecución acerba. Así ocurrió que no obstante ser tolerantes los romanos en relación con todas las religiones, y tener, como se ha dicho, un *Panteón*, su

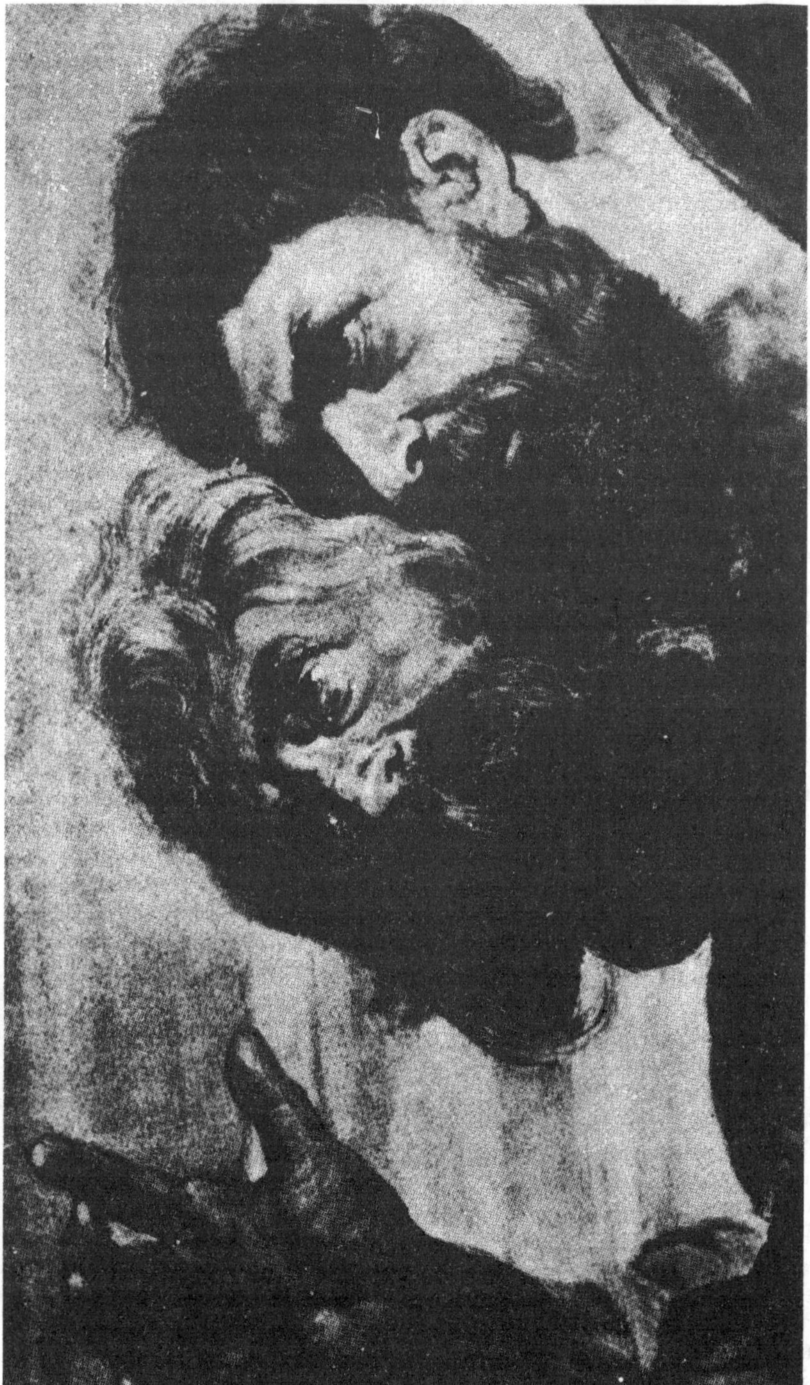

San Pedro y San Pablo. Pintura de Rubens

actitud entre los cristianos fue diferente porque éstos no podían ponerse en el mismo nivel religioso que todos los demás. Negarse a concurrir a la *apoteosis*, que como se dijo, consistía en el culto de ser divinizado, valía tanto, a los ojos del Estado romano, como ser rebelde a ese mismo Estado.

Gradualmente, pues, la animadversión de los enemigos del Cristianismo subió de punto y desembocó en las persecuciones.

La primera acción represiva fue la que decretó Nerón el año de 64 con motivo del incendio de la capital imperial que se dice él mismo provocó, y que le sirvió después para erigir una nueva ciudad mejor trazada. Nerón acusó a los cristianos de tal hecho y se dispuso su castigo, de tal modo que muchos fueron atados en largos maderos, se les untaron materias inflamables y se les prendió fuego. Otros fueron matados de diversas maneras, y así sumaron gran cantidad los cristianos que perecieron entonces. Entre ellos se contaron precisamente los apóstoles *San Pedro y San Pablo*, que estaban en Roma.

La tradición del sepulcro de San Pedro en la colina del *Vaticano* ha sido objeto de plena ratificación por las excavaciones hechas en la basílica de su nombre, y que tuvieron lugar entre los años de 1940 a 1949.

Plinio y Trajano

Tras el acoso neroniano ocurrieron varios años de paz, pero a finales del siglo I sobrevino una nueva persecución dispuesta por *Domiciano* —que pretendía ser adorado como dios, lo que los cristianos evidentemente no podían admitir—, a la cual siguieron otras, en la siguiente centuria, bajo los gobiernos de otros emperadores. *Trajano* fue uno de ellos, y es de singular interés conocer su actitud, que se resume en la consulta que le hizo *Plinio el Joven*, gobernador romano de Bitinia y del Ponto, y en la concisa contestación que Trajano dio.

Plinio le inquirió al emperador qué norma debía seguir en lo sucesivo en contra de los cristianos, a algunos de los cuales ya había castigado: "¿Es el nombre sólo, sin ningún crimen, lo que debe castigarse, o los crímenes que con él se relacionan?" preguntó y añadió: "La regla que he seguido por ahora cuando se acusaba a algunos por ser cristianos, es la siguiente: Les preguntaba si eran cristianos. A los que confesaban serlo, volvía a preguntarles por segunda y tercera vez, amenazándolos con el suplicio, que en realidad mandé aplicar a los que persistían. Pues, confesaran lo que confesaran, pensé que la pertinacia y la obstinación merecían castigo. Hubo algunos obstinados en la misma locura a quienes por ser ciudadanos romanos reservé para mandarlos a Roma.

"Pronto, con la tramitación de las causas como suele suceder, se propagó este crimen y se presentaron diferentes casos. A mis manos llegó un anónimo con los nombres de muchos; a los que negaron ser cristianos o haberlo sido y ante mí y de la manera que lo ordené invocaron a los dioses y ofrecieron incienso y vino a vuestra imagen, que para esto había mandado traer junto con las estatuas de nuestros númenes, y también maldijeron a Cristo —a todo lo cual, nunca puede forzarse a los que son verdaderamente cristianos—, creí que podía absolverlos. Otros, denunciados como cristianos, lo admitieron de pronto, para negarlo en seguida diciendo que ciertamente habían sido cristianos, más que dejaron de serlo: unos, tres años; otros, hacía muchos años, y algunos por fin, hasta veinte atrás. Todos éstos adoraron vuestra imagen y las estatuas de los dioses, y maldijeron a Cristo.

"Afirmaban que toda su culpa o error había consistido en reunirse determinados días, antes del alba, y cantar alabanzas a Cristo como Dios, comprometiéndose con juramento, no a cometer crímenes, antes bien a no robar, ni entregarse al bandidaje, a no cometer adulterio, ni perjurio, ni retener, cuando se los reclamaran, los depósitos que se les hubieren confiado. Luego acostumbraban separarse, para volver a reunirse a tomar un alimento vulgar e inocuo; que aun esto mismo ya no lo hacían después de mi edicto, por el cual había prohibido toda suerte de asociaciones, siguiendo vuestras órdenes. Por lo cual más me convencí de la necesidad de arrancar la verdad aun con tormentos, a dos esclavas que se decían diaconisas, mas no descubrí sino una superstición perversa y desmesurada. Por eso suspendí la causa y me apresuro a consultaros. El asunto me parece digno de vuestra consideración, por la multitud de los que están en peligro, pues muchas personas de toda edad, condición y sexo están acusadas o lo serán. Este mal contagioso no sólo se ha difundido por las ciudades, mas también por las aldeas y por los campos. Con todo, creo que puede remediarse y detenerse...".

La respuesta de Trajano fue ésta:

"Procediste en la forma debida, Segundo mío, al juzgar las causas de cristianos que te llevaron. Ni puede señalarse una norma general fija. No hay que buscarlos. Si los acusan y les prueban, hay que castigarlos, pero teniendo en cuenta que si alguno negara ser cristiano y lo probara por hechos, es decir, adorando a nuestros dioses, aunque se sospeche que lo fue, debe concederse perdón a su arrepentimiento. En ninguna manera deben admitirse acusaciones anónimas, pues son un mal ejemplo e impropias de nuestros tiempos".

Tal actitud de Trajano la asumió después el emperador *Adriano.* Las disposiciones no fueron modificadas por *Antonino Pío,* que evitó que hubiera motines contra los cristianos, aunque hubo algunos casos de persecución. *Marco Aurelio,* como filósofo estoico, despreciaba a los cristianos, no cambió la legislación y dejó que los cristianos fueran perseguidos. En el siglo III promovieron persecución anticristiana, en diversas épocas, otros emperadores, aunque hubo también años de completa paz, en que el Cristianismo pudo desarrollarse en condiciones mejores.

La más considerable de todas las persecuciones fue probablemente la que se decretó en tiempos de *Diocleciano,* de tal manera que a esta época se le llamó *la Era de los Mártires.* Fue muy extensa, cruel y con gran suma de víctimas.

¿Cómo explicarse, sin embargo, que emperadores de tanta personalidad, tan preocupados de los asuntos públicos, como *Trajano, Adriano* y otros, persiguieran a los cristianos o tolerasen la persecución? La razón, quizá, está en esto: los emperadores creían que su autoridad estaba por encima de todas las leyes, mientras que los cristianos creían que la ley de Dios estaba por encima del emperador, y eso se consideraba una clara rebeldía, que implicaba peligro para la estabilidad de un imperio asentado sobre el concepto pagano de una política en la que la conciencia tenía que estar sometida a las normas del Estado.

Modificados poco a poco los hechos, cuando el emperador *Constantino* llegó a quedar como dirigente máximo del Imperio Romano, mantuvo primero una actitud de tolerancia hacia los cristianos, que dio paso, después, al *Edicto de Milán,* del año 313, en virtud del cual se concedió libertad al Cristianismo.

San Juan Crisóstomo, según un relicario del Vaticano. San Juan Crisóstomo fue uno de los pocos santos de la antigüedad de quien pudieron conservarse varios retratos auténticos

Las primeras herejías

A través de la palabra se dio a conocer inicialmente la doctrina cristiana. La obra apostólica fue fecunda en este sentido. Más tarde, sin embargo, a más del conjunto de verdades y principios dados a conocer por la tradición, se llevó adelante la propagación de la fe mediante los Evangelios, las Epístolas de San Pablo, los demás documentos del Nuevo Testamento, y a través de otros escritos de los cristianos de los primeros tiempos —se habla incluso de unos relatos donde se contenían dichos de Jesús, llamados "*logia*", aun cuando de éstos no hay pruebas adecuadas de su autenticidad—, uno de los cuales debe ser destacado especialmente, llamado *Didajé*, o *Doctrina de los Doce Apóstoles*, descubierto en el siglo XIX, y que resume muchos principios cristianos.

Otros manuales o textos de doctrina cristiana fueron redactados en el norte de África y en diversos sitios del Imperio Romano.

La Iglesia Católica mantuvo en pureza el depósito de la doctrina; pero no faltaron desde un principio quienes, aun dentro del Cristianismo, negaron o deformaron determinados principios, dando ocasión a verdaderas separaciones teóricas y prácticas en relación con esa misma Iglesia. Tales cristianos que sostenían puntos de vista discrepantes a los de la ortodoxia propiamente dicha, fueron llamados "herejes".

La expresión "herejía" significaba, en las épocas helenísticas, una simple tendencia doctrinal, escuela o secta. En los *Hechos de los Apóstoles* se usa todavía el vocablo en tal sentido al referirse al grupo judío de los saduceos. *Dentro del judaísmo se mantuvo así durante mucho tiempo; pero pronto en el Cristianismo vino a significar una doctrina errónea desenvuelta fuera de la Iglesia. En una de las epístolas de San Pablo, la dirigida a los Gálatas* (5, 20) *y en la segunda de San Pedro (2, 1), ya se manejo el vocablo de acuerdo con este sentido.*

Entre los primeros seguidores de herejías, esto es, entre los primeros herejes, había algunos que sostenían que el cuerpo de Cristo había sido sólo aparente, una especie de visión sensible, pero no real, como sostenían los llamados *doketas;* otros, influidos acaso por el viejo dualismo persa del bien y el mal, trataron de compaginar estos principios con algunas ideas cristianas: tales fueron los *maniqueos* y los *gnósticos;* otros mas decían que no era posible esperar el perdón de los pecados, y veían en un individuo, llamado *Montán,* al Paráclito anunciado por Cristo, como fueron los *montanistas,* el más encumbrado de los cuales fue *Tertuliano,* cuya cultura y vehemencia se pusieron al servicio de esta secta. Numerosos fueron asimismo los herejes que negaban la divinidad de Cristo, aunque lo consideraban como un ser extraordinario, según pasó con la herejía propagada por *Arrio,* que dio el nombre de "*arrianos*" a quienes la siguieron. Otros, por su parte, afirmaban doctrinas erróneas acerca de la libertad como fueron los *pelagianos*, etcétera.

A ello cabe agregar que el Cristianismo se vio continuamente asechado, no únicamente por los acosos materiales de los perseguidores, sino también por quienes, de palabra o por escrito, propalaban rumores falsos o sostenían puntos de vista de ataque franco a los postulados cristianos. A fin de hacerles frente hubo en las filas de estos últimos, figuras destacadísimas de escritores que produjeron diversas obras de defensa de la fe, como sucedió con *San Clemente Romano, San Ignacio de Antioquía, San Policarpo de Esmirna, Papías de Hierápolis*, y otros a quienes se conoce genéricamente con el nombre de *Padres Apostólicos*, y a quienes se da tal nombre, indica Ruiz Bueno, porque "o trataron o se supuso un tiempo haber tratado en vida a los Apóstoles", y cuya obra debe situarse entre los fines del siglo I y buena parte del siglo II. En el resto de este siglo aparecieron otros autores más que, ya por hacer la apología del Cristianismo —de allí su nombre de *apologetas*—, ya por sus trabajos polémicos, ya por sus exposiciones del pensamiento cristiano, ejercieron una influencia muy importante.

En este sentido puede citarse a *San Justino el Filósofo, Atenógenes, Tertuliano, San Ireneo, San Hipólito*, y otros.

A fines del siglo II, particularmente en Oriente, se sintió la necesidad de dar de una manera sistemática la instrucción cristiana. Así se explica que surgieran diversas escuelas. La más importante de estas escuelas fue la de *Alejandría*, que contó con la acción principal y brillante de varios personajes, los más importantes de los cuales fueron, sin duda, *Clemente de Alejandría y Orígenes*, en la primera mitad del siglo III.

Los Padres de la Iglesia

Ya en las postrimerías del Imperio Romano, y especialmente tras la paz otorgada por Constantino, fueron notables y de gran impacto cultural y religioso las obras de varios autores a quienes se conoce con la designación colectiva de *Padres de la Iglesia*. Sus obras, dice Olmedo, revelan: "*clasicismo* en la presentación de la verdad cristiana, pues los Padres de esta época estaban formados en la mejor tradición de la cultura greco-latina. *Pensamiento vigoroso* gracias a la firmeza y sinceridad de la fe Cristiana y a la profunda cultura filosófica de donde emanaba. *Enciclopedismo*, podríamos decir, pues los Padres se mueven con grandísima facilidad y acierto en todas las formas y en todas las materias del saber humano de entonces: exégesis, apologética, dogmática, moral, controversia, ascética, historia, elocuencia y aun poesía". Entre los escritores orientales y de ese entonces pueden citarse: *San Basilio, San Atanasio, San Gregorio Niseno, San Gregorio Nacianceno, San Juan Crisóstomo,* y otros. Entre los escritores latinos estuvieron a su vez: *San Hilario, San Ambrosio,* que insistió mucho en cl carácter moral de las Sagradas Escrituras; *San Jerónimo,* que tradujo al latín la *Biblia* (en una versión conocida con el nombre de *Vulgata),* autor también de otras obras importantes; y sobre todo, *San Agustín,* nacido en Tagaste, en el norte de África convertido más tarde al Cristianismo, y hecho después obispo de Hipona.

Los libros fundamentales de San Agustín fueron dos: *La Ciudad de Dios,* que como se dijo antes constituyó el primero de los esfuerzos culturales para estructurar una filosofía de la Historia; y *Las Confesiones,* a través de cuyas páginas describió su propia vida y algunos de los elementos de su doctrina. Hombre de enorme cultura, de inteligencia clarísima de sólida preparación filosófica, aprovechó cuanto era aprovechable y rechazó lo que debía rechazarse, sobre todo del pensamiento de Platón, y más especialmente de la filosofía neo-platónica expuesta por Plotino, aunque, conocedor del terreno, "fue él mismo, dice Martínez, quien puso en guardia a los cristianos contra los errores de este filosofar helénico". "Cuando Agustín se convierte al Cristianismo, indica por su parte Sciacca, tiene ya una rica experiencia filosófico-religiosa. Le es familiar el pensamiento de la antigüedad, especialmente el de los neo-platónicos de Pitágoras y de los estoicos, de los epicúreos y de los académicos, especialmente por las relaciones que tienen con Cicerón; y Agustín es el canal que transmitirá una parte del pensamiento antiguo al Medioevo. Sin embargo, a diferencia de Orígenes y de otros padres de la Iglesia griega, sabe adaptar lo antiguo al espíritu del pensamiento nuevo".

Para San Agustín el centro de su pensamiento es Dios ("deseo conocer a Dios y al alma. ¿Nada más? Nada más!"). La vida espiritual se encauza a Él, a lo eterno. Como Dios es la Verdad por antonomasia, únicamente a través de Dios es dable conocer todas las cosas de la Creación, que fueron hechas por Él y para Él. Conocer la Verdad reclama amarla. "La filosofía, dice Sciacca, es amor a la sabiduría, es decir, amor a Dios: Si la sabiduría es Dios... el verdadero filósofo ama a Dios. Por lo tanto, la verdadera filosofía y la verdadera religión no se excluyen, sino que se reclaman: Dios es el fin único de la investigación racional y de la fe. La sola razón no basta: para entender es necesaria la fe como presupuesto. La razón, reconociendo sus limites, hace necesaria la fe. Al apoyo que la razón proporciona a la fe, corresponde la ayuda que la fe da a la razón".

Apasionado por la búsqueda de la verdad, el obispo de Hipona situaba como objetivo urgen-

San Jerónimo. Grabado de Durero, en madera

te, a más de Dios, el alma, y con ello dio a su pensamiento una dimensión de perennidad vital, toda vez que hizo del hombre un material inapreciable de estudio, de investigación y de valor. Todas sus ideas acerca del mal (que es la nada, frente al bien que es el ser), acerca de la Gracia, acerca de la libertad, acerca de la Historia, giran en torno a las grandes cuestiones de Dios y del hombre.

De allí su atracción y su frescura como pensador para todos los tiempos.

En fin, como poeta de particular valía, cabe citar a *Prudencio*, hispanolatino, de fines del siglo IV, principios del siglo V.

El arte cristiano primitivo

A consecuencia de las persecuciones de que fueron objeto los primeros cristianos tanto en el Cercano Oriente como en Roma, no hubo margen adecuado para las creaciones artísticas en sus expresiones más depuradas. Fue menester, en consecuencia, que el arte cristiano primitivo buscase sitios ocultos, de apartamiento, de refugio, que pusiesen en salvo sus obras del alcance de los perseguidores; por tal razón, los cristianos aprovecharon las *catacumbas*.

Las catacumbas eran galerías subterráneas con sepulcros, y como las leyes romanas ordenaban que las sepulturas fuesen respetadas, esto permitió a los cristianos poder utilizarlas sin peligros inminentes de un ataque de sus enemigos. Las catacumbas llamadas de *Calixto*, en Roma, son muy extensas; se componen de tres pisos, unidos entre sí por escaleras y rampas en gran profusión, y con muchos corredores. En el interior de las catacumbas se hacían nichos y cámaras para depositar los restos humanos; en ocasiones, las cámaras, que eran pequeños recintos rectangulares, se aprovechaban también para realizar los actos del culto.

En medio de las dificultades que el ambiente hostil había acumulado, los artistas pudieron, no obstante, efectuar diversas obras.

Hay, así, diversas pinturas en las catacumbas en las que se presentan los temas de la nueva fe religiosa, aunque con modelos paganos; los temas preferidos se tomaban del Antiguo y del Nuevo Testamento. Más escasas fueron las esculturas, aunque no dejó de haberlas: se han encontrado, por ejemplo, relieves en mármol o en pórfido ejecutados en los sarcófagos, con temas inspirados también en las Sagradas Escrituras. Se halla con cierta abundancia en dichos relieves, el anagrama de Cristo, X y P; proliferan asimismo las letras *alfa* y *omega,* que son la primera y la última del alfabeto griego, para indicar el principio y el fin de las cosas. En cuanto a imágenes, se encuentran casi de un solo tipo: la estatua del Buen Pastor, que representa a Cristo.

Basílicas y bautisterios

Cuando se concedió libertad al Cristianismo por virtud del *Edicto de Milán* de 313, el culto pudo ya efectuarse de manera pública, y ello obligó a contar con recintos adecuados.

En un principio los cristianos aprovecharon como templos las construcciones ya existentes, del tipo de las *basílicas,* que como se dijo antes, eran antiguos edificios destinados a impartir justicia. Los nuevos edificios siguieron el mismo modelo, y hay el caso típico de la basílica de *San Pablo Extramuros,* en Roma, que es una reproducción fiel de la basílica *Ulpia.*

El techo de las basílicas, exteriormente, tenía dos vertientes, pero en el interior era plano, con ventanas para iluminar la nave central que requería de mayor claridad; al lado de esta última había otras naves, tres o cinco, de menor altura. Entre nave y nave había columnas de sostén. Al fondo se hallaban el altar y el *ábside,* que era el espacio semicircular que formaba el extremo del templo.

No era raro que cerca de la basílica se construyera otro edificio pequeño, generalmente de planta circular y con piscina, que era el *baptisterio,* destinado a impartir allí el primer sacramento, el *bautismo,* que en un principio se efectuaba por *inmersión* del cuerpo al agua y que sólo después se sustituyó por simple *infusión,* es decir, vertiéndose el agua en la cabeza del *catecúmeno,* o aspirante a convertirse en cristiano.

La pintura y la escultura, en este periodo posterior al año de 313, siguieron al principio las tendencias que venían de las catacumbas, pero más tarde se desenvolvieron con mayor amplitud y tuvieron más temas, sobre la vida de Jesucristo, de la Virgen María, y motivos generales de la Biblia.

LECTURAS

Selección del sermón de la montaña

- *Bienaventurados los pobres de espíritu, porque de ellos es el reino de los cielos. Bienaventurados los mansos, porque ellos poseerán la tierra. Bienaventurados los que lloran, porque ellos serán consolados. Bienaventurados los que tienen hambre y sed de la justicia, porque ellos serán saciados. Bienaventurados los misericordiosos, porque ellos alcanzarán misericordia. Bienaventurados los que tienen puro su corazón, porque ellos verán a Dios. Bienaventurados los pacíficos, porque ellos serán llamados hijos de Dios. Bienaventurados los que padecen por la justicia, porque de ellos es el reino de los cielos.*
- *Vosotros sois la sal de la tierra. Y si la sal se hace insípida, ¿con qué se le volverá el sabor? para nada sirve ya, sino para ser arrojada y pisada de las gentes.*
- *Porque yo os digo, que si vuestra justicia no es más llena y mayor que la de los escribas y fariseos, no entraréis en el reino de los cielos.*
- *Habéis oído que se dijo a vuestros mayores: no matarás, y que quien matare, será condenado en juicio. Yo os digo más: quien quiera que tome ojeriza con su hermano, merecerá que el juez le condene... Por tanto, si al tiempo de presentar tu ofrenda en el altar, allí te acuerdas que tu hermano tiene una queja contra ti: deja allí mismo tu ofrenda delante del altar, y ve primero a reconciliarte con tu hermano, y después volverás a presentar tu ofrenda.*
- *Habéis oído que se dijo a vuestros mayores: no cometerás adulterio. Yo os digo más: cualquiera que mirare a una mujer con mal deseo hacia ella, ya adulteró en su corazón.*
- *Hase dicho: cualquiera que despidiere a su mujer, déle libelo de repudio. Pero yo os digo: que cualquiera que despidiere a su mujer, si no es por causa de adulterio, la expone a ser adúltera; y el que se casare con la repudiada, es asimismo adúltero.*
- *Habéis oído que fue dicho: amarás a tu prójimo y tendrás odio a tu enemigo. Yo os digo más: amad a vuestros enemigos, haced bien a los que os aborrecen, y orad por los que os persiguen y calumnian.*
- *Sed pues vosotros perfectos, así como vuestro Padre celestial es perfecto.*
- *Guardaos bien de hacer vuestras obras buenas en presencia de los hombres con el fin de que os vean: de otra manera no recibiréis su galardón de vuestro Padre, que está en los cielos.*
- *Y así cuando des limosna, no quieras publicarla a son de trompeta, como hacen los hipócritas en las sinagogas y en las calles, a fin de*

ser honrados de los hombres... Mas cuando tú des limosna, haz que tu mano izquierda no perciba lo que hace tu derecha.

- *Porque si perdonáis a los hombres las ofensas que cometen, también vuestro Padre celestial os perdonará vuestros pecados.*
- *No queráis amontonar tesoros para vosotros en la tierra, donde el orín y la polilla los consumen, y donde los ladrones los desentierran y roban. Atesorad más bien para vosotros tesoros en el cielo, donde no hay orín ni polilla que los consuman, ni tampoco ladrones que los desentierren y roben.*
- *No podéis servir a Dios y a las riquezas.*
- *Así que, buscad primero el reino de Dios y su justicia, y todas los demás cosas se os darán por añadidura. No andéis pues acongojados por el día de mañana, que el día de mañana harto cuidado traerá por sí; bástale ya a cada día su propio afán.*
- *No juzguéis a los demás, si queréis no ser juzgados. Porque con el mismo juicio que juzgáreis habéis de ser juzgados; y con lo misma medida con que midiereis, seréis medidos vosotros.*
- *Pedid, y se os dará; buscad y hallaréis; y llamad y os abrirán.*
- *Mas tú, ¿con qué cara te pones a mirar la mota en el ojo de tu hermano, y no reparas en la viga que está dentro del tuyo?*
- *Guardaos de los falsos profetas, que vienen a vosotros disfrazados con pieles de ovejas, mas por dentro son lobos voraces. Por sus frutos los conoceréis.*
- *No todo aquel que me dice, ¡oh Señor, Señor! entrará en el reino de los cielos, sino el que hace la voluntad de mi Padre celestial... cualquiera que escucha éstas mis instrucciones, y las practica, será semejante a un hombre cuerdo que fundó su casa sobre piedra... pero cualquiera que oye estas instrucciones que doy, y no las pone por obra, será semejante a un hombre loco que fabricó su casa sobre arena.*

EVANGELIO SEGÚN SAN MATERO
TRAD. TORRES AMAT-PETISCO

Fragmentos de la Didaje

- *Dos caminos hay, uno de la vida y otro de la muerte; pero grande es la diferencia que hay entre estos caminos. Ahora bien, el camino de la vida es éste: En primer lugar, amarás a Dios, que te ha creado; en segundo lugar, a tu prójimo como a ti mismo. Y todo aquello que no quieres que se haga contigo, no lo hagas tú tampoco a otro.*
- *No matarás, no adulterarás, no corromperás a los jóvenes, no fornicarás, no robarás, no practicarás la magia ni la hechicería, no*

matarás al hijo en el seno de su madre, ni quitarás la vida al recién nacido, no codiciarás los bienes de tu prójimo. No perjurarás, no levantarás falso testimonio, no calumniarás, no guardarás rencor.

No serás doble ni de mente ni de lengua; porque la doblez es lazo de muerte. Tu palabra no será mentirosa ni vacía, sino cumplida por la obra. No serás avariento, ni ladrón, ni fingido, ni malicioso, ni soberbio. No tramarás designio malo contra tu prójimo.

- *No fomentarás la escisión, sino que pondrás en paz a los que combaten... No seas de los que extienden la mano para recibir y la encogen para dar. Si adquieres algo por el trabajo de tus manos da de ello como rescate de tus pecados... No rechazarás al necesitado, sino que comunicarás en todo con tu hermano y nada dirás que es tuyo propio. Pues si os comunicáis en los bienes inmortales, ¿cuánto más en los mortales?*
- *En la reunión de los fieles, confesarás tus pecados y no te acercarás a la oración con conciencia mala. Éste es el camino de la vida.*

(TRAD. DANIEL RUIZ BUENO)

Las Escrituras

Atendamos, pues, a las Escrituras y su lectura; porque si a ésta atiendes, ella aparta de ti la tristeza, te infunde la alegría, te quita la malicia, te arraiga en las virtudes, y no permite que entre las olas de los negocios que van y vienen, te conturbes, a la manera de los que andan sufriendo el embate del oleaje. Se enfurece el mar, pero tú navegas tranquilo; porque en lugar de timonel, tienes contigo la lección de las Escrituras, cuerda que nunca rompen las tentaciones de los negocios. Y los hechos mismos testifican que no miento.

SAN JUAN CRISÓSTOMO
TRAD. DE RAFAEL RAMÍREZ TORRES

Himno a la caridad

¡Aspirada a los dones superiores! Y aun os voy a mostrar un camino más excelente.

Aunque hablara las lenguas de los hombres y de los ángeles, si no tengo amor, soy como bronce que suena o címbalo que retiñe. Aunque tuviera el don de profecía, y conociera todos los misterios y toda la ciencia; aunque tuviera plenitud de fe como para trasladar montañas, si no tengo caridad, nada soy. Aunque repartiera todos mis bienes, y entregara mi cuerpo a las llamas, si no tengo amor nada me aprovecha.

El amor es paciente, es servicial; el amor no es envidioso, no es jactancioso, no se engríe; es decoroso; no es egoísta no se irrita, no toma en cuenta el mal; no se alegra de la injusticia; se alegra con la verdad. Todo lo excusa. Todo lo espera. Todo lo soporta.
El amor no acaba nunca. Desaparecerán las profecías. Cesarán las lenguas. Desaparecerá la ciencia. Porque imperfecta es nuestra ciencia e imperfecta nuestra profecía. Cuando yo era niño, hablaba como niño, razonaba como niño. Al hacerme hombre, dejé todas las cosas de niño. Ahora vemos en un espejo confusamente. Entonces veremos cara a cara. Ahora conozco de un modo imperfecto, pero entonces conoceré como soy conocido.
Ahora subsisten la fe, la esperanza y la caridad, estas tres. Pero la mayor de todas ellas es la caridad.

SAN PAULO
BIBLIA DE JERUSALÉN

BIBLIOGRAFÍA FUNDAMENTAL

DE LA PEÑA, Carlos H. *Historia de la Literatura Universal.* Editorial Jus. México, 1963. *Antología de la Literatura Universal.* Editorial Jus. México. 1960.
DE TUYA, Manuel. *Biblia Comentada* (Evangelios). Biblioteca de Autores Cristianos. Madrid. 1954.
Diccionario Enciclopédico de la Fe Católica. Editorial Jus. México. 1953.
DOMÍNGUEZ, Dionisio. *Historia de la Filosofía.* Editorial Sal Terrae. Santander. 1953.
FLAVIO JOSEFO. *Guerra de los Judíos.* Editorial Iberia. Barcelona. 1955.
HAAG, Herbert y otros. *Diccionario de la Biblia.* Editorial Herder. 1964.
JAEGER, Werner. *Cristianismo Primitivo y Paideia Griega.* Breviarios del Fondo de Cultura Económica. México-Buenos Aires. 1965.
LECLERCQ, Jacques. *Filosofía e Historia de la Civilización.* Ediciones Guadarrama. Madrid. 1965.
LLORCA, Bernardino. *Manual de Historia Eclesiástica.* Editorial Labor. Barcelona. 1946.
MARÍAS, Julián. *Historia de la Filosofía.* Revista de Occidente. Madrid. 1943.
MILLARES CARLO, Agustín. *Compendio de Historia Universal de la Literatura.* Editorial Esfinge. México. 1945.

MUNDÓ, José. *Curso de Historia Universal.* Espasa-Calpe. Barcelona. 1943.
NACAR-COLUNGA. *Sagrada Biblia.* Biblioteca de Autores Cristianos. Madrid. 1966.
OLMEDO, Daniel. *Manual de Historia de la Iglesia.* Editorial Buena Prensa. México. 1946.
PIJOÁN, José. *Summa Artis.* Espasa-Calpe. Barcelona. 1957.
PRAT, Ferdinand. *Jesucristo. Su Vida. Su Doctrina* y *Su Obra.* Editorial Jus. México. 1946.
PRUDENCIO. *Obras Completas.* Biblioteca de Autores Cristianos. Madrid. 1950.
ROBERT A. y TRICOT A. *Iniciación Bíblica.* Editorial Jus. México. 1957.
RUIZ BUENO, Daniel. *Padres Apostólicos.* Biblioteca de Autores Cristianos. Madrid. 1955. *Padres Apologistas Griegos.* Biblioteca de Autores Cristianos. Madrid. 1954. *Actas de los Mártires.* Biblioteca de Autores Cristianos. Madrid. 1962.
SAN AGUSTÍN. *Ideario.* (Selección y Estudio de Agustín Martínez). Espasa-Calpe Argentina. Buenos Aires-México. 1946. *Obras Completas.* Biblioteca de Autores Cristianos. Madrid.
SAN JUAN CRISÓSTOMO. *Obras Completas.* Editorial Jus. México. 1965.
SCIACCA. Michele Federico. *Historia de la Filosofía.* Editorial Luis Miracle. Barcelona. 1962.
TERTULIANO. *Apología contra los Gentiles en Defensa de los Cristianos.* Editora Cultural. Buenos Aires. 1943.
WEISS, J. B. *Historia Universal* (Tomo III). Tipografía La Enseñanza. Barcelona. 1927.

Capítulo 18

La cultura del islam

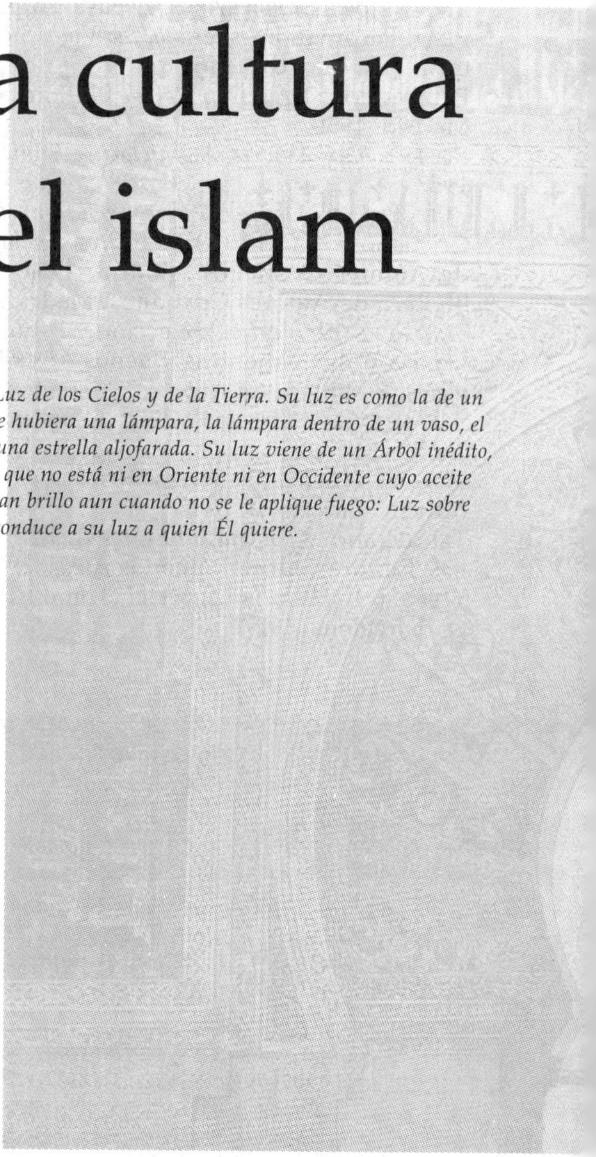

Dios es la Luz de los Cielos y de la Tierra. Su luz es como la de un nicho donde hubiera una lámpara, la lámpara dentro de un vaso, el vaso como una estrella aljofarada. Su luz viene de un Árbol inédito, de un olivo que no está ni en Oriente ni en Occidente cuyo aceite arde con gran brillo aun cuando no se le aplique fuego: Luz sobre Luz; Dios conduce a su luz a quien Él quiere.

El Corán

El marco geográfico árabe

Mientras se alzaban de las ruinas del Imperio Romano de Occidente nuevas estructuras políticas, tras las invasiones bárbaras, y mientras en el Imperio Bizantino subsistían formas de vida social características que suponían una combinación valiosa de lo latino y de lo griego – en todo lo cual se sintió la irradiación de los valores cristianos –, fue perfilándose gradualmente un nuevo tipo de cultura: la *cultura islámica,* que tanta importancia llegaría a tener, primero en el pueblo árabe, y después en multitud de comunidades de África, de Asia y de Europa, en forma muy profunda.

El punto de germinación de este estilo de vida surgió en *Arabia,* en donde las condiciones geográficas fueron determinantes respecto de la forma de existencia social de los núcleos humanos asentados allí antes de Mahoma.

Situada la península en un punto medio entre Asia y África, tiene una superficie de unos tres millones de kilómetros cuadrados, y limita, al norte, con *Mesopotamia;* al noroeste, con *Jordania* y *Egipto;* al oeste, con el *Mar Rojo;* al este, con el *Golfo Pérsico* y con el *Mar de Omán; y* al sur, con el *Golfo de Aden.*

Mirada en su conjunto, Arabia se forma sobre todo con mesetas bajas, aunque en las regiones del oeste hay eminencias montañosas apreciables, en general, en tanto que presenta las características del clima estepario y más húmedo en las zonas elevadas, lo que da por

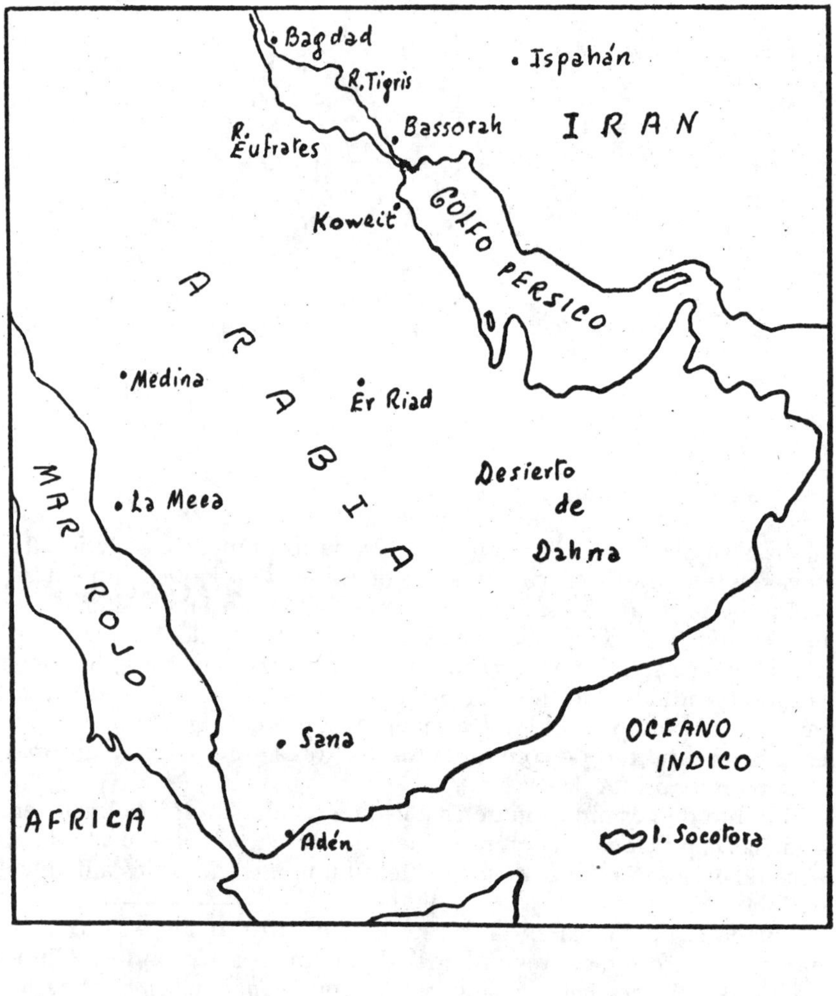

Mapa de Arabia

resultado que en la península arábiga *sólo la sexta parte esté habitada,* mientras el resto carece de todo atractivo para el asentamiento de los núcleos humanos; este estado de cosas, por supuesto, no es exclusivo de nuestro tiempo, sino que desde hace siglos la población se ha concentrado en unos cuantos puntos, en algunas ciudades, en algunas aldeas, o en los oasis que surgen de vez en vez en algunas partes, en medio del desierto. La precipitación pluvial es muy escasa; las lluvias son esporádicas y sólo se presentan en la estación invernal, en las regiones inmediatas al *Mar Rojo,* o en la región del *Hedjaz.* Sólo en el *Yemen* hay riachuelos de caudal permanente que permiten el riego de algunas tierras propicias al cultivo del café, en razón de lo cual a esta zona se le conoce con el nombre de *Jardín de Alá.*

La agricultura árabe permite hoy la producción —sobre todo en las tierras de mayor humedad— del *mijo,* la *cebada,* el *trigo,* el *dátil* y el *tabaco.* Desde tiempo inmemorial se practica, asimismo, la economía pastoril, con ganados de *ovejas,* de *cabras,* de *caballos* y de *camellos.*

La población pertenece a la *raza blanca semítica,* y se ha mantenido en general con gran pureza, ya que salvo la presencia de algunos esclavos negros, o de mujeres llevadas de otras partes, no ha habido de hecho ninguna inmigración que haya modificado las características étnicas de la masa humana que habita en la península que se cita. A los habitantes se les llama también *ismaelitas,* por considerárseles, conforme a la *Biblia,* descendientes de *Ismael,* hijo de Abraham y de su esclava egipcia *Agar.*

En tiempos del *Imperio Romano,* Arabia se consideraba dividida en tres zonas fundamentales: la *Desierta,* el *Yemen* o *Arabia Feliz,* y la *Pétrea,* que hacía el siglo V d.C. estaba unida a *Siria.*

La Arabia preislámica

En los tiempos bíblicos y aun por muchos siglos después, antes de que hiciese su aparición *Mahoma* en el siglo VI d.C., los árabes vivían en condiciones de vida que apenas llegaron a ser diferentes de las que se han anotado. Ya desde tiempos antiguos, los árabes eran clasificados en dos grupos principales que eran: los *árabes,* en sentido estricto, que eran los semitas sedentarios que habitaban bajo techo, en las poblaciones, y los *beduinos,* que eran nómadas que a su vez vivían en tiendas de campaña, en forma errabunda. En este último sentido, como indica Atiyah, aún hay nómadas a quienes se sigue llamando *beduinos, y* no sólo en Arabia, sino también en *Jordania,* en *Siria,* en *Irak* y en el norte de *África,* sin mutaciones socioeconómicas de interés en relación a lo que caracterizó a sus antepasados: "Siguen vagando por el desierto ignoto en sus camellos, dice el autor, en tanto que los aeroplanos de la era de propulsión a chorro vuelan sobre ellos. Viven en tiendas hechas de pelo de camello. A menudo tienen que hacer recorridos de uno o dos días de duración, desde los pastizales en que viven sus camellos a los pozos de agua más cercanos en busca de este líquido, sin el cual ni ellos ni sus camellos pueden vivir. Transportan esa agua a sus campamentos en odres. Viven en tribus, vida en la cual la fiera independencia del individuo se halla en constante lucha contra los grilletes de la disciplina social. Su código les permite asaltar y saquear a las demás tribus y a la vez les impone obligaciones de hospitalidad y de otorgar refugio y asilo a los extraños".

En nuestros días, la palabra "árabe" designa asimismo, ya no solamente a los árabes originales, ni a sólo los beduinos, sino en general a todos los pueblos que culturalmente fueron arabizados a consecuencia de las conquistas musulmanas de los siglos VII y VIII después de Cristo, y que poseen un estilo de vida común, fundado sobre todo en una religión y en una lengua que les son comunes.

En la Arabia preislámica, cada grupo contaba con sus propios dioses y se carecía de una clase sacerdotal. En su inmensa mayoría, los árabes de entonces profesaban la *litolatría,* es decir, la adoración de piedras sagradas —probablemente aerolitos cuya condición de objetos llegados del cielo los hacían valiosos—, la más famosa de las cuales era una gran piedra negra, a la que se le daba culto en el templo de *Kaaba,* situado en la ciudad de *La Meca.*

La religión descansaba en ideas más o menos simples, con nociones vagas acerca de una segunda vida posterior a la muerte, y la persuasión de que el mundo invisible estaba poblado de espíritus malignos, aunque no puede ignorarse que entre los siglos V y VI de nuestra era floreció una cierta literatura preislámica cuya lengua sirvió de antecedente al Corán.

Mahoma

La Meca era la más importante de todas las concentraciones humanas en la antigua Arabia. Por el número de sus pobladores, por el comercio que en ella se efectuaba, por estar allí el templo de Kaaba, es natural que esta ciudad, cerca del Mar Rojo, tuviese un rango que no tenía equiparación con nada en su mundo cultural.

La ciudad estaba bajo el gobierno de una oligarquía formada por familias ricas que encauzaban la situación pública, en la que el tráfico mercantil de las caravanas y el arribo de las peregrinaciones que iban a adorar la piedra negra constituían la base de su economía. Según la tradición, la piedra negra había sido traída a la Tierra por el arcángel *San Gabriel* para indicar cuál era el sitio en el que *Ismael* y su madre *Agar* habían descansado.

No es de extrañar que dado el fervor religioso de quienes iban a La Meca, hubiese un tráfico intenso de imágenes de diverso carácter y de amuletos, ni que comerciantes de muchos lugares llegasen a expender lo suyo a los peregrinos que combinaban su permanencia en La Meca por razones religiosas con exigencias de tipo económico. Sirios, judíos, egipcios, persas y cristianos que se dedicaban a las transacciones mercantiles mantenían relaciones continuas con los mercaderes árabes, y ello explica la infiltración de ideas y convicciones religiosas en un lugar tan propicio a toda suerte de corrientes sociales. En tal ambiente fue, pues, donde nació Abul Kasim Muhammad ben Abdallah ben Abdalmuttalib al-Hasini, en el año de 570, en la tribu de los *koreisitas* o *qurays,* que era la de mayor preeminencia social en La Meca. La tradición afirma que era huérfano de padre y de madre, y fue educado por su tío *Abu Taleb,* según unos o por sus abuelos, según otros. Abul Kasim, tiempo más tarde, fue conocido con el nombre de *Mahoma* —que significa *el que es digno de alabanza*—, pero en sus primeros años se dedicó al pastoreo de ovejas, y más tarde al oficio de camellero, en las caravanas dedicadas al comercio.

A los veinticinco años se casó con una viuda rica llamada *Khadidjá,* y quince años después inició sus actividades como reformador político y religioso. El tiempo en el que Mahoma se puso en relación con otros pueblos y con otras ideas, fue de particular interés como etapa de preparación de su obra. Sobre todo, el *Judaísmo* y el *Cristianismo* le llamaron la atención, y eso fue fundamental en la integración del nuevo credo, siendo verosímil, asimismo, que todo esto haya coincidido con una particular admiración de Mahoma respecto del Imperio Bizantino, y acaso respecto del Estado persa, del que debe haber tenido algunas noticias, en concordancia con esos impulsos tradicionales en los pueblos semitas, que los llevaron tantas veces a desbordarse hacia otros ámbitos como lo hicieron desde la Antigüedad en diversas ocasiones. En este caso, la reforma de Mahoma, que dio unidad cabal al pueblo árabe, permitió que el empuje fuese mayor, y que se proyectara con gran suma de valores humanos y sociales a distancias más considerables que las obtenidas por las migraciones de los siglos anteriores.

Por lo que a la fe nueva se refiere, Mahoma supo enlazar algunas de las antiguas creencias árabes, con elementos primordiales del Cristianismo y del Judaísmo. Conforme a sus afirmaciones, el credo religioso le fue comunicado por el arcángel *San Gabriel,* que se le apareció de súbito, invitándolo a que predicase. Decía entrar en éxtasis en algunas ocasiones, y los principios que comunicaba formaron la base de la nueva corriente religiosa. Sus primeros seguidores fueron sus familiares y amigos, pero en corto número, ya que sus ideas opuestas a la idolatría y al culto de las piedras —menos la piedra negra de la Kaaba— le atrajeron la recia oposición de los demás habitantes de La Meca, y acaso sobre todo de quienes se consideraban guardianes de los lugares santos, y de quienes derivaban de ello sus ganancias. La situación llegó a ponerse tensa, y Mahoma se vio obligado a huir de La Meca con rumbo a *Yatreb* —más tarde llamada *Medina*—, en donde encontró mejor acogida a sus ideas. *La huida de una ciudad a otra se llama Hégira, y los musulmanes la toman como el principio de su calendario, que vino a corresponder con el año 622 de la Era Cristiana.*

Miniatura persa que muestra al arcángel Israfil, según los musulmanes. Procede de fines del siglo XIV *o principios del siglo* XV

No fue fácil que Mahoma, por lo demás, doblegase la oposición de sus enemigos. La lucha entre La Meca y Medina tardó ocho años, de suerte que sólo hasta el año 630 pudo Mahoma retornar triunfalmente a su ciudad natal, convertido ya en un caudillo religioso, político y militar, que había puesto en marcha un fortísimo movimiento que tendía a la unidad árabe, en torno a una particular visión del mundo y de la vida. Las tribus dispersas lo reconocieron como jefe, ya no con lazos meramente transitorios, o de tipo familiar, sino con sentido institucional que puede considerarse como el principio del Estado árabe propiamente dicho, con normas de carácter permanente en multitud de aspectos. *"Mahoma,* apuntan Appendini y Zavala, *fue un hombre inteligente, hábil, dotado de un temperamento profundamente religioso. De la religión se valió para fundar un Estado a la altura de reinos de cultura superior, como el bizantino y el persa. Conoció el atraso de sus hermanos de raza y la visión de lo que podían ser los árabes unidos por vínculos políticos y religiosos."*

Mahoma fue iniciador, gestor de singular trascendencia y fundador de una situación que dejó mucha huella, pero no el realizador cabal de toda la obra, porque murió dos años después de haber llegado a La Meca.

El Corán

La religión que Mahoma predicó es llamada *Islam* —que equivale a *sometimiento a Dios* –, aunque recibe también el nombre de *mahometismo,* si bien los fieles de ella han insistido siempre en que Mahoma sólo fue un profeta y no un ser divino al que deba adorarse. "*Al adicto al Islam,* dice Gibb, *se le designa por lo común con el gentilicio correspondiente de 'muslime' (del cual 'moslem' es una adaptación occidental). Los persas adoptaron un adjetivo diferente, 'musulman' de donde se derivan el anglo-indio 'mussulman' y el francés 'musulman'*".

Propiamente Mahoma no escribió ningún precepto ni elemento alguno de su credo.

Una leyenda pretende que Mahoma, inspirado por el arcángel *San Gabriel* dictó sus indicaciones, que integraron el *Corán* o *Alcorán* —vocablo que vale tanto como *el libro, la palabra, la lectura* o *la recitación* –, aunque lo que Mahoma decía en realidad, eran frases, conceptos, o sentencias que sus discípulos aprendían de memoria o escribían aisladamente. En tal virtud, un sucesor de Mahoma, *Abubéquer,* temiendo que esto se perdiera, ordenó su recopilación en 114 capítulos, llamados *suras.*

Como quiera que los mahometanos consideran que el Corán es un libro inspirado, ven en él la palabra literal de Dios transmitida al profeta mediante la voz del arcángel, por lo cual en el preámbulo de las locuciones sagradas está estampada la frase de *Dios ha dicho,* mientras que las expresiones conservadas por la tradición se hallan netamente diferenciadas, al recalcarse de éstas su índole puramente humana, mediante la indicación de *el Profeta dijo,* que les concede una categoría inferior respecto de las anteriores.

Las investigaciones hechas últimamente se inclinan a considerar que la influencia cristiana que se dejó sentir en las prédicas de Mahoma procedía propiamente de las tendencias siriacas, integradas por grupos heréticos entre quienes sobresalían los *nestorianos,* cuya doctrina consistía en postular que en Cristo había dos naturalezas completas, pero unidas de tal manera, que formaban dos personas distintas, lo que fue condenado en el Concilio de Efeso, de 431.

El fuerte caudal de ideas cristianas que hay en el Islamismo es lo que hizo decir en la Antigüedad a *San Juan Damasceno,* y modernamente a *Hilaire Belloc,* que se trata de una "herejía" cristiana, surgida, no dentro de la Iglesia, como las demás, sino fuera de ella.

El Corán, por lo demás, no es un libro de lectura agradable, pero sí de fuerte impacto en cualquier lector atento.

Tomás Carlyle, al escribir su ensayo sobre Mahoma, dejó asentada su primera impresión al indicar de él: "debo decir con toda franqueza que es una de las más aburridas lecturas que jamás hice; un baturrillo confuso, grosero, indigesto, fastidioso, plagado de repeticiones, embrollos y divagaciones interminables... Es imposible que un europeo, a no

Mahoma

ser que le obligue algún deber, pueda soportar la lectura del Corán desde el principio hasta el fin". Años más tarde, sin embargo, el mismo Carlyle supo ver en el Corán algo que no era lo meramente literario, la expresión puramente formal, sino el sentido normativo de la obra religiosa, y escribió que en ella había "un mérito que no tiene nada que ver con lo literario", ya que "cuando un libro sale del corazón, conquista fácilmente otros corazones; en comparación con esto, todo el arte del escritor es de poca importancia".

Mahoma, en efecto, supo manejar el lenguaje coránico, de contenido espiritual, no como un literato, sino como un hombre que sabía cuáles estímulos eran los más apropiados para despertar la reacción emotiva de los suyos.

La religión musulmana

Dos son los preceptos básicos de la religión musulmana: *que no hay más que un solo Dios Alá, y que Mahoma fue su profeta,* aunque se reconoce también el carácter profético de Moisés y de Cristo.

Alá es el principio supremo del bien, que tiene, empero, la oposición del principio del mal, llamado *Iblis,* que a la postre será vencido. La visión que el Corán da de Alá lo representa como un ser viviente, inmutable, eterno, omnipotente, omnisciente, creador del mundo y fuente de vida. Alá creó al primer hombre, que habitó un paraíso, del cual fue arrojado por su desobediencia, pero ese pecado fue personal y no se transmitió a los demás hombres. Tras la muerte hay un juicio particular, y al final de los siglos habrá un juicio final. Cada hombre tiene un alma inmortal, y quien permanece fiel a la doctrina merece un premio.

¿Es el Islamismo, por otra parte, una religión puramente fatalista como generalmente se asegura? Hay pasajes en el Corán que así parecen indicarlo, La expresión común de *Dios lo quiere,* corrobora de algún modo el sentido determinista de la fe musulmana, según la cual la intervención de Alá es concluyente en la orientación de las vidas humanas; con todo, es dable distinguir algunos pasajes en los que la tendencia a reconocer el libre albedrío parece más distinguible y enfática; esta oscilación o dualidad en el texto coránico es atribuida, por Gibb, al hecho de que el primer caso, el de la predestinación, Mahoma se dirigía a la multitud indiferente, y en el segundo, el de la libertad, al grupo de los oyentes.

El principio de que la ira de Alá puede cernirse sobre los hombres, dominó, y aun obsesionó, a Mahoma. El perdón de Alá tiene que nacer de la gracia de Alá mismo, no bastan los méritos del individuo, aunque puede alcanzarse tal perdón mediante buenas obras, oraciones, limosnas, y un vivo y enérgico dominio de sí mismo; y es de tales premisas de donde surgieron los elementos de la moral musulmana, cuyas prácticas obligatorias pueden resumirse, como afirma Fraile, en los siguientes puntos: "*1o. Ablusiones purificatorias con agua, o, si es en el desierto, con arena. 2o. Oración* (salat) *cinco veces al día, con el rostro vuelto hacia La Meca* (qibla). *3o. Santificar el viernes. Ayuno del Ramadán. 4o. Hacer limosnas* (zaka). *Pagar el diezmo en favor de los pobres. 5o. Peregrinación a La Meca, al santuario de la Kaaba, con la finalidad de mantener la unión entre los musulmanes. El Corán permite la poligamia, limitada a cuatro mujeres legítimas, más un número indefinido de concubinas. Mahoma tuvo nueve mujeres, cuatro de ellas cristianas (Sawda, Um Salama, Um Habiba y Mayan).*"

Cabe añadir a lo anterior que, con el correr del tiempo, se fue formando una tradición basada en los comentarios hechos al Corán, y a esa tradición se le llamó *Sunna.*

Dentro de la religión musulmana, diversos individuos tomaron a su cargo las funciones religiosas, tales como los *ulemas,* que resolvían los problemas de conciencia de los fieles; los *imanes* que pronunciaban los sermones; los *muecines,* que llamaban a la oración varias veces al día, desde lo alto de las torres (o *minaretes)* de sus templos (o *mezquitas),* pero por encima de todos, al paso del tiempo, llegó a encontrarse el *Califa,* que fue, al mismo tiempo *comendador de los creyentes* y jefe del gobierno, en una clara confusión de las potestades religiosa y civil.

La religión mahometana no fue siempre aceptada en forma igual por todos. Muchos siguieron las enseñanzas del fundador sin cambiarlas, pero otros las modificaron, y por ello surgieron pugnas. *Como quiera que haya sido, a la muerte de Mahoma, el Islamismo era ya un vigoroso movimiento social, político y religioso que iba a tener grandes repercusiones culturales en el mundo.*

A instancias del impulso árabe, en un principio, y después de los turcos, la religión musulmana, y los valores culturales que le fueron anexos —lengua, estilos de vida, etc.—, se expandieron notablemente por el Cercano Oriente y por otros sitios. El Imperio Bizantino fue siendo conquistado gradualmente, hasta su destrucción final. Otro tanto pasó con el Imperio Persa, y la acción se proyectó también hasta el norte de África y España. Más tarde el Imperio Otomano, o Turco, sentó sus reales en la región europea de los Balcanes, y la acción misionera sirvió, a su vez, para que en la India, en el Turquestán, en China, en Oceanía, en Filipinas, y en diversas y distantes regiones de África llegase la proyección del credo surgido en Arabia.

La influencia griega

No es posible desconocer la gran influencia que en algunos campos de la cultura islámica ejercieron los valores de la vieja *Hélade.*

Una vez obtenidos los primeros contactos, en efecto, las obras griegas se precipitaron como un aluvión en el mundo árabe y en las regiones hasta donde éste se fue extendiendo. De algún modo prepararon este fenómeno los cristianos sirios, que desde el siglo V se habían empeñado en realizar traducciones de obras filosóficas y científicas del griego al árabe, y algún tiempo más tarde, los libros de Aristóteles, de los neoplatónicos, de Euclides, de Ptolomeo, de Platón o de Hipócrates, llegaron a tener una gran aceptación desde el siglo VIII, dando lugar a la creación de un fenómeno cultural que ofreció, entre los árabes, un carácter similar al que ejerció Grecia en Europa.

Lamentablemente, entre la multitud de libros griegos traducidos, no sólo se encontraron los auténticos sino también los apócrifos, y fueron éstos —al modo de la *Teología* de Aristóteles— los que más influencia llegaron a alcanzar en lo sucesivo. El contacto del Islam con la cultura occidental, griega especialmente, comenzó a acentuarse desde la conquista de *Damasco* por los califas *Omeyas,* que instalaron en dicha ciudad su capital, y sobre todo cuando los siguientes califas, los *Abbasidas,* asentaron su corte en *Bagdad,* permitiendo —bien que entre disensiones políticas serias— un gran esplendor cultural y un gran despliegue del arte, que constituyó el punto culminante del desarrollo árabe en el Oriente.

El ímpetu de la cultura islámica medieval no fue más allá del siglo XII, y al siglo siguiente sobrevino la muerte del último califa, junto con la dominación del mundo árabe por los turcos.

Lo griego constituyó un fermento notabilísimo a favor de la filosofía, y de la cultura en general, con clara primacía del pensamiento de Aristóteles. Ningún pensador tuvo la huella del Estagirita y casi toda la filosofía islámica se orientó conforme al aristotelismo que los árabes conocieron —no pocas veces, sin embargo, adulterado por las traducciones poco fieles— aunque

Basílica de Santa Sofía en Estambul, la antigua Constantinopla, convertida, dicha basílica, en mezquita

en evidente relación con el Corán, ya para defenderlo, ya para asumir actitudes de oposición a determinados principios religiosos.

En Oriente, la figura de *Avicena* (985-1036) es ciertamente la que logró descollar más, tanto por la amplitud de sus conocimientos cuanto por la mayor profundidad de éstos. "Dotado de gran capacidad y afirmación al estudio, dice Domínguez, parte con maestros, parte leyendo a Aristóteles y El Farabini, a los dieciocho años poseía la teología musulmana, las ciencias lógicas, físicas y matemáticas y practicaba la Medicina con gran éxito. Desde los veintiuno en adelante su vida novelesca se repartió entre los azares políticos y negocios de varias cortes, la profesión de la Medicina y la composición de sus obras, que, según cuentan algunos, pasaron de un centenar".

Fue, en filosofía, el más fiel discípulo de Aristóteles entre los mahometanos orientales de su época.

A su vez, en el mundo musulmán de Occidente, el filósofo que escaló niveles de mayor altura —discípulo igualmente de Aristóteles, por quien profesaba gran devoción— fue *Ibn Rusd* o *Averroes* (1126-1198), nacido en Córdoba, y equiparable a Avicena en la amplitud de sus inquietudes intelectuales. Cultivó la Teología, la Medicina y el Derecho; desempeñó varios cargos públicos y tuvo especial valimiento entre algunos califas españoles, pero acusado en los últimos años

La giralda de la Catedral de Sevilla

de su vida de irreligiosidad, se vio sujeto a destierro y murió en Marruecos.

La ciencia y el arte

Al paso del dominio árabe fueron apareciendo, en diversos sitios, otros tantos centros de particular interés para la cultura, de modo que pueden traerse a cita, como los de mayor importancia, los de *Bagdad, Samarkanda, Damasco, El Cairo, Alejandría, Sevilla, Córdoba y Granada,* en donde surgieron planteles de enseñanza superior, incluso universidades que merecían la atención y la ayuda material de las autoridades, y en donde lo mismo era dable encontrar salones de clase que laboratorios, mezquitas, bibliotecas y observatorios. Una de dichas universidades, la de *Córdoba* en la España Musulmana, llegó a tener en el siglo IX hasta cuatrocientos mil volúmenes disponibles. El *Museo de Alejandría,* mencionado como centro en la era helenística, sirvió de modelo para la instauración de los planteles de educación superior en diversas ciudades árabes, sin perjuicio, por supuesto, de que llegase a haber, en mayor profusión, escuelas elementales en donde era característica la instrucción a base del Corán, la Aritmética, la Gramática y la Poesía,

Varias ciencias, como la Medicina, la óptica, la Biología y la Física recabaron la dedicación porfiada de no pocos sabios árabes, que mucho las hicieron progresar. De los griegos tomaron gran suma de conocimientos filosóficos y científicos, como se ha dicho antes, pero también de la múltiple herencia oriental se quisieron sentir sucesores, y así aprovecharon el saber matemático de los indios y la Astronomía de los pueblos mesopotámicos y egipcios. Los números llamados "arábigos" fueron, como se sabe, una adaptación de los números indios. Las tendencias alquimistas de los egipcios del helenismo recibieron nuevo impulso con los árabes, y gracias a sus experimentos pudieron obtener la preparación de no pocas medicinas, perfumes y ungüentos, a más de sistemas destinados a la curtiduría de pieles y a la preparación del acero.

Afírmase que a resultas de estas experiencias fue posible que los árabes encontraran el ácido nítrico, el ácido sulfúrico y el alcohol.

Atribúyese a ellos, así también, el desarrollo del Álgebra.

En el campo del arte los árabes no produjeron sino pocos elementos de valía en la pintura y en la escultura, debido a que por prejuicios religiosos no se sentían impulsados a reproducir la figura humana. El Corán propiamente no prescribe de modo terminante nada en contra de la creación de pinturas figurativas, pero algunos teólogos sí adoptaron una actitud negativa "que cristalizó, dice Ettinghausen, en las codificaciones expresas de las Hadith o "Tradiciones" (relativas al Profeta y a sus compañeros)". Estas narraciones, recopiladas en el siglo IX de la Era Cristiana, precisaron la prohibición en forma concluyente, a fin de evitar la idolatría. Sin embargo, en algunos sitios, sobre todo fuera de las mezquitas, sí hubo, pese a todo, elaboración de pinturas en donde el ser humano no fue extraño, especialmente en Persia y en Turquía, e incluso se conocen gráficas en donde el mismo Mahoma aparece transportado al cielo.

Mas en conjunto es verdad que la cultura árabe se resintió de esta ausencia, aun cuando en el dibujo y en la pintura ornamental hubo producciones apreciables y destacadas. Los dibujos lineales se encontraron lo mismo en las portadas de los libros que en el adorno de los templos, en los tapetes lo mismo que en las lámparas, en los muebles, o en los palacios, no siendo raro que a lado suyo aparezcan, como elementos de ornamentación, versículos tomados de la literatura sagrada, integrando conjuntos de color vivo que se conocen con el nombre de *arabescos*.

Fue la arquitectura, sin embargo, el arte donde quedó de manifiesto el genio árabe, a medida que hubo asimilación de conocimientos tomados de otros pueblos; el uso del azulejo lo tomaron de los persas; las cúpulas, los arcos y las bóvedas, los tomaron de los caldeos y de los romanos; y de los griegos y persas, la disposición de los capiteles y de las columnas. Incluso de sus vecinos, los pobladores de Bizancio, tomaron elementos arquitectónicos muy característicos, como ocurrió con el aprovechamiento de la bóveda como elemento dominante en la pieza central de las mezquitas.

Lado oriental de la mezquita de Córdoba

No fue, en verdad, una arquitectura que revelase fuerza la que los árabes produjeron, sino más bien delicadeza en las disposiciones generales de los edificios y en los motivos de adorno múltiples que en ellos fueron perceptibles. Los muros llegaron a verse cubiertos de maderas, de mármoles y de estucos, lo mismo que las bóvedas y las fachadas.

En algunas partes fue propio de los palacios, o alcázares, el que hubiese jardines interiores y patios con fuentes y surtidores así como celosías de madera tallada.

A no dudar, de cuanto en España se produjo, fueron la *Mezquita de Córdoba*, la *Alhambra de Granada* y el *Alcázar de Sevilla*, las obras de mayor valor y ejemplo del arte musulman en Occidente, mientras en Oriente cabe citar, en el mismo orden de ideas, las grandes mezquitas de *El Cairo*, de *Damasco*, de *Isfajan* o de *Samarkanda*, como las que más claramente testimonian la capacidad creadora de sus forjadores. El arte musulmán que continuó en España bajo el dominio de los reinos cristianos se llamó *mudéjar*, que significa *vasallo*, y su influencia pasó a América, hasta el punto de que en diversas obras arquitectónicas de México es perceptible su presencia.

Ávidos de saber y con gran aptitud para hacer suyos los conocimientos de otros pueblos, los árabes no se mostraron insensibles a la elaboración literaria, de suerte que, a más del Corán, apareció entre ellos una poesía generalmente lírica que tuvo diversos representantes como el hispanoárabe *Mocadem*, el sirio *Mutanabi*, el cordobés *Ibn-Zaidun*, o el rey de Sevilla, *Almotamid*, y quizás sobre todo el persa *Omar Khayyam* (1045-1130), matemático, astrónomo y poeta de agudo sentido filosófico, a veces un poco irónico, a veces pesimista y con matices de hedonismo inocultable en sus poemas o *rubái*, cuyo conjunto forma el *rubáiyat*. En prosa supieron hacer del cuento una de las formas de mayor arraigo y aceptación, como es patente en la celebérrima colección titulada *Las Mil y una Noches*, en la que, si no todos los cuentos son árabes propiamente dichos —algunos son de origen chino, como el de Aladino, otros son egipcios, persas, indios y griegos—, no es menos cierto que la difusión que algunos llegaron a alcanzar, han hecho de ellos otros tantos relatos de conocimiento universal.

Por lo demás, resulta clara la aportación árabe en la forjación del patrimonio cultural hispánico. Estilos arquitectónicos y ornamentales, tanto como vocablos múltiples, arraigaron en suelo español, y después, por la irradiación cultural de España a América, pasaron a esta última. Ejemplos de la adopción de voces árabes al idioma castellano son los siguientes: fonda (de *fundag*); tahona (de *tahuna);* tarifa (de *tarifa);* fulano (de *fulán*); bata (de *batt*); gabán (de *gabá*), etc. No pocos sustantivos castellanos que comienzan con la partícula *al* —que es el artículo árabe refundido en el nombre—tienen también la misma procedencia, como en alcoba (de *al-qubba*); alquiler (de *al-kirá*); alhaja (de *al-haya)* y otros.

Algunos vocablos de otro origen, pero que llegaron a nuestro idioma a través de los árabes, tienen también el sello de estos últimos, como el persa *xácar,* que dio lugar al árabe *as-sukkar,* que en español se convirtió en *azúcar.*

Múltiples son, en fin, los nombres toponímicos españoles y algunos hispanoamericanos que tienen el mismo origen árabe, como ocurre con *Guadalquivir, Medina, Guadarrama, Guadalcázar,* etcétera.

Lecturas

Fragmento del Corán

¡En el nombre de Dios clemente y misericordioso!
Todo lo que hay, en el cielo y en la tierra glorifica a Dios: Él es Poderoso y Sabio.
De Él es el reino de los cielos y de la tierra. Él da la vida y la muerte, y es poderoso sobre todas las cosas.
Él es quien creó el cielo y la tierra en seis días subiendo después a su trono. Él sabe lo que llega a este mundo y lo que de él sale; lo que cae del cielo y lo que a él sube; y está en vosotros dondequiera que os halléis, presenciando todos vuestros actos.
Suyo es el reino de los cielos y de la tierra, y a Dios volverán todas las cosas.
Él hizo la noche para que siguiese el día, y al día para ir detrás de la noche y conoce todos los secretos del corazón humano.
Creed en Dios y en su Profeta, y dad limosna de lo que Él os dio como herencia; que los que crean y sean caritativos, alcanzarán gran premio.
¿Por qué os negáis a creer en Dios y en su Profeta, que os llama para que creáis en vuestro Señor?
Él acepta vuestra alianza, si creéis en Él.

Él es quien ha enviado a su siervo señales clarísimas para que podáis ser transportados a la luz de las tinieblas: porque Dios es benévolo y misericordioso con vosotros...
¿Queréis hacer a Dios un buen préstamo? Lo doblará y Dios sabe todo cuanto hacéis.

La sombra del astro

Oh, alma, si te vieses en libertad, un día,
De las cadenas de la carne vil
¡Con qué diáfana albura tu esencia irradiaría
Entre las rosas blancas del místico pensil!

Sólo así fueras alma, en toda la pureza
De la gracia en su etérea plenitud,
Y al firmamento irías de la inmortal belleza,
A ser la nueva Estrella, la estrella Excelsitud.

Ah, tan sólo una sombra la claridad velara
Del halo de tu éxtasis astral:
Cuando el vago recuerdo a tu mente asomara
De los lejanos días de tu vida inmortal.

OMAR KHAYYAM

BIBLIOGRAFÍA FUNDAMENTAL

APPENDINI Ida y ZAVALA, Silvio. *Historia Universal (Roma. Edad Media. Islam).* Editorial Porrúa México. 1953.
ATIYAH, Edward. *¿Quiénes son los Árabes?* Editorial Novaro. México. 1953.
BELLOC, Hilaire. *Las Grandes Herejías.* La Espiga de Oro. Buenos Aires. 1946.
DE LA PEÑA, Carlos H. *Historia de la Literatura Universal.* Editorial Jus. México. 1963. *Antología de la Literatura Universal.* Editorial Jus. México. 1960.
DOMÍNGUEZ, Dionisio. *Historia de la Filosofía.* Editorial Sal Terrae. Santander. 1953.
ETTINGHAUSEN, Richard. *Miniaturas Turcas.* Editorial Hermes. México-Buenos Aires. 1965.
FRAILE, Guillermo. *Historia de la Filosofía.* Biblioteca de Autores Cristianos. Madrid. 1960.

GIBB H. A. R. *El Mahometismo.* Breviarios del Fondo de Cultura Económica. México-Buenos Aires. 1966.
KÖNIG, Franz y otros. *Cristo y las Religiones de la Tierra* (Tomo III). Biblioteca de Autores Cristianos. Madrid. 1961.
MARGOLIOUTH, D. S. *Islamismo.* Editorial Labor. Barcelona. 1949.
MILLARES CARLO, Agustín. *Compendio de Historia Universal de la Literatura.* Editorial Esfinge. México. 1945.
PIJOÁN, José. *Summa Artis.* Espasa-Calpe. Madrid. 1957.
WEISS J. B. *Historia Universal.* (Tomo IV). Tipografía La Enseñanza. Barcelona. 1927.

Capítulo 19

La cultura en la edad media

El hombre tiene un dominio natural sobre los bienes externos en cuanto que, valiéndose de su inteligencia y voluntad puede utilizarlos en beneficio propio, toda vez que para él se han hecho.

SANTO TOMÁS DE AQUINO

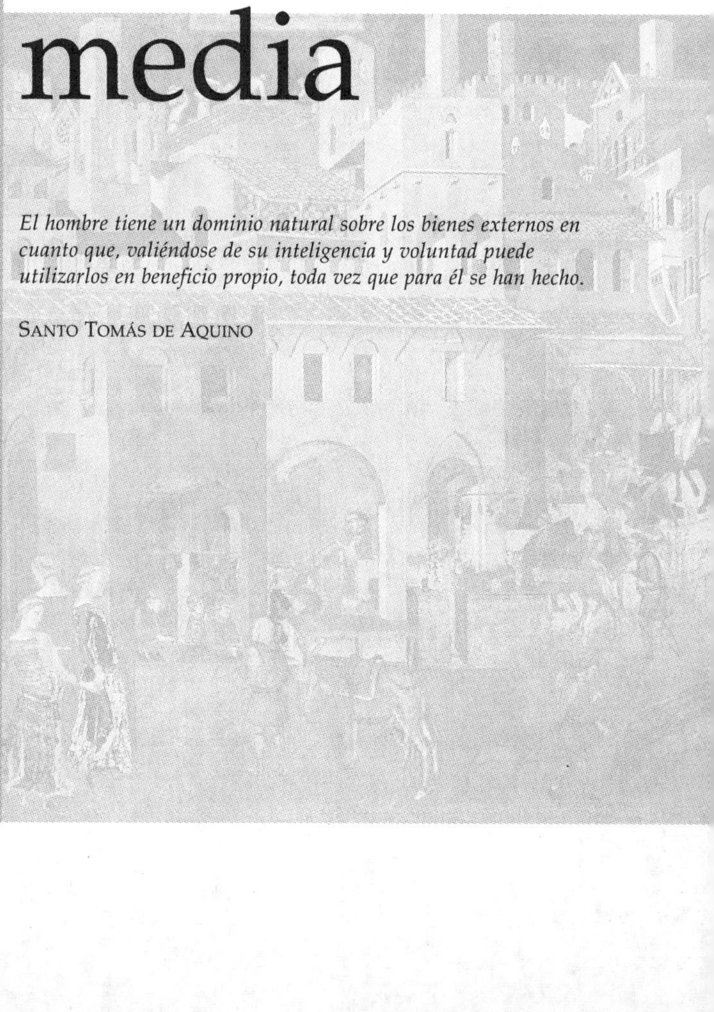

I. La Estructura Político-Social

Los bárbaros

La irrupción de los bárbaros – germanos o asiáticos – en el territorio del Imperio Romano de Occidente constituyó la etapa final del proceso de descomposición política y social de aquél.

Bárbaros eran, para los griegos y para los romanos, los pueblos extranjeros, aunque más tarde, por una extensión del sentido del vocablo, y dado el escaso nivel cultural de los invasores que se desbordaron al ámbito del imperio, la palabra *bárbaro* vino a ser usada como sinónimo de *incivil*, de *intratable*, o de *salvaje*. Ahora bien, de todos los bárbaros que acabaron por destruir el orden imperial fueron dos los grupos de más caracterizada fisonomía social, según sus orígenes y notas propias de su estilo de vida: a) *los procedentes del norte y centro de Europa, de raza germánica;* y b) *los que procedían del Oriente, es decir, de Rusia y del centro de Asia, que eran de raza mongólica.*

Los segundos dejaron su huella física y cultural más honda en *Hungría* – que de ellos tomó su nombre, aunque en nuestros días son pocos ya los pobladores húngaros que muestran una fisonomía mongólica, y priva más bien el tipo de rasgos eslavos o germánicos –, aunque no fue profundo el impacto que dejaron en el resto de Europa, como ocurrió con los bárbaros del primer grupo, que al tornarse señores de las tierras invadidas y mezclarse con los indígenas, formaron los llamados *Estados bárbaros.*

Los germanos, considerados en su conjunto, estaban agrupados sustancialmente en dos grandes familias: la *teutona* y la *gótica.*

Los *teutones* se subdividían, a su vez, en *sajones, francos, lombardos, vándalos, suevos, borgoñeses, alamanos, frisones, anglos, jutos, marcomanos* y *cuadros;* en tanto que los *góticos* se repartían en menor número de subgrupos, aunque no eran por eso menos influyentes, como fueron los *visigodos,* los *ostrogodos,* los *hérulos* y los *gépidos.*

Estos pueblos germanos habitaban las tierras situadas al norte y noreste del Imperio Romano, sobre todo en las cuencas de varios ríos, como el Rhin, el Main, el Wesser y el Danubio, o bien, en las tierras de la península escandinava.

Todos los datos que se tienen de los germanos los mencionan como hombres de grandes aficiones a la guerra, amantes de la libertad y de constitución vigorosa. Su economía descansaba en el pastoreo y en una agricultura que suponía una posesión comunal de la tierra, aunque no siempre se cultivaba ésta de modo intenso, ante la atracción que la guerra y la caza llegaba a ejercer entre los bárbaros. Conocían también el arte de hilar lana, con la que hacían telas para sus ropas, aunque también usaban túnicas de algodón y lino que adquirían de otros pueblos. Se alimentaban con carne, producto de la cacería o de la ganadería, con frutas silvestres, con leche, con los productos de los cultivos y con cerveza. La organización familiar germánica descansaba en una unidad muy estrecha de los componentes, que reconocían como autoridad máxima al padre, aunque la madre merecía también particular respeto a los demás. Ese sentido unitario y solidario de la familia se manifestaba, inclusive, hasta el punto de que la ofensa hecha a alguno obligaba a los demás a vengarla. El Derecho Germánico conoció más tarde, en lugar de la venganza familiar cuando había asesinato, la componenda o *vehrgeld,* por la cual se pagaba a los familiares del muerto una cierta cantidad de carneros o de bueyes. Las familias solían vivir agrupadas en aldeas, aunque no había en éstas una distribución especial en cuanto a la ubicación de las casas que en ellas se alzaban.

Era el rey, o jefe guerrero —llamado *koening*— el que encabezaba la jerarquía política de las tribus, pero su autoridad *no era hereditaria* sino *electiva,* a instancias de la decisión que se tomaba en la asamblea de guerreros —o *mall*—, la cual ejercía también funciones legislativas para los problemas más importantes que tocaban a la vida del pueblo.

En ocasiones la justicia se impartía mediante las *ordalías,* consistentes en pruebas a las que se sujetaba al acusado, por ejemplo mediante el fuego, por suponerse que la divinidad intervendría en su favor si era inocente; o bien, se recurría al "juicio de Dios" o duelo, para decidir quién de los contendientes tenía razón. Ambas prácticas se difundieron más tarde en el curso de la Edad Media.

Los germanos eran politeístas, de modo que ofrecían su adoración a diversas divinidades que venían a ser otros tantos símbolos de algunas de las fuerzas de la naturaleza con las que se sentían más vinculados, como el Sol —*Sunna*—, la Luna —*Mani*—, y otras, aunque por encima de todos los dioses se hallaba uno, de rango supremo, a quien daban el nombre de *Wothan*, u *Odín*.

Thor o Har, dios de la mitología nórdica de Europa

Los dioses tenían una residencia llamada *Walhalla*, a la que podían tener acceso también los guerreros valerosos que sucumbían en los combates, conducidos a ella por unas divinidades femeninas llamadas *walkirias*. Quienes no se habían mostrado valientes —cualidad eminente en pueblos medularmente guerreros—, iban, al morir, a un sitio frío y oscuro.

Las prácticas religiosas no suponían la existencia de una clase sacerdotal. Algunos individuos —hombres y mujeres— eran, sin embargo, considerados como poseedores de facultades adivinadoras, y se les consultaba en los casos que se estimaba necesario. En el ámbito familiar, el padre ejercía las funciones religiosas.

Desconocían la existencia de templos.

Estos pueblos, en suma, fueron los que de diversas maneras —pacíficas unas, violentas las más, a la postre— se desbordaron sobre el Imperio Romano, lo destruyeron, y sobre sus ruinas —al fundirse con las poblaciones nativas— erigieron las nuevas sociedades europeas sobre el molde político de los llamados "Estados bárbaros", en donde los descendientes de los invasores germanos fueron quienes constituyeron, en general, los componentes de las clases nobles.

Lo anterior vale para la fisonomía tradicional de los bárbaros en materia religiosa, aunque para el siglo V era verdad notoria que muchos germanos eran ya cristianos, por virtud de la acción

"La expulsión de Atila." Fresco de Rafael que muestra a Atila y los hunos confrontados por el papa León I

misionera de predicadores arrianos. Un obispo godo, *Ulfila,* del grupo arriano, tradujo al germano la Biblia en el siglo IV, e ideó el *alfabeto gótico.*

La cultura y los bárbaros

Es verdad que el Imperio Romano, ya carcomido por sus fallas internas, cayó ante el impacto de los pueblos germánicos, pero no es menos cierto que, con la invasión de los seres humanos no corroídos por la molicie o la depravación, los cuadros sociales recibieron, de algún modo, una nueva vitalidad. El tránsito fue rudo y dio ocasión a desajustes, pero a la larga se pudo alcanzar una nueva fisonomía política en la que gradualmente fue posible obtener la fusión de algunos de los valores clásicos con los nuevos elementos bárbaros, como ocurrió por ejemplo con el mundo de las leyes. El viejo Derecho Romano fue admitido en algunos aspectos por los mismos que habían destruido el imperio, y ese derecho, unido a algunas leyes bárbaras, sirvió de base a la legislación de los nuevos Estados que trabajosamente se fueron estructurando, como ocurrió por ejemplo con el *Código de Eurico,* en España, aparecido a fines del siglo V. En ocasiones, los bárbaros germanos siguieron usando su propio derecho, dejando el romano a las poblaciones sometidas. En el campo religioso fue dable presenciar un fenómeno equiparable. Los bárbaros germanos que llegaron a las tierras de jurisdicción romana eran paganos, o cristianos de la secta arriana como se ha dicho, pero puestos en contacto con las poblaciones nativas, muchas de ellas católicas, asumieron al principio una actitud de apartamiento, pero al correr del tiempo se convirtieron a la fe católica y al desaparecer las diferencias religiosas se hizo factible un nuevo motivo de fusión social.

En tales términos, y en medio del desastre producido por las invasiones y ausente toda autoridad civil de alcances generales, la *Iglesia Católica* fue la única institución social que sobrevivió con vigor y respetabilidad, y no es extraño por ello que haya sido, histórica y culturalmente, el punto de enlace entre el Imperio Romano, que desaparecía, y las nuevas situaciones que surgían en las primeras etapas de la Edad Media.

En pleno choque de grupos, la cultura, desde luego, resintió un quebranto notorio, pero una vez que comenzó el periodo de búsqueda de una nueva estabilidad, se inició el difícil proceso de una cierta labor de prosecución cultural en diversa medida. Fue en ese entonces, efectivamente, cuando vivieron y actuaron hombres descollantes en el horizonte de las letras, como el español *San Isidoro,* obispo de Sevilla, autor de un libro titulado *Etimologías,* que reunió todo el saber que era dable asimilar en su tiempo; los historiadores italianos *Dionisio el Exiguo, Pablo Diácono y Casiodoro,* así como el filósofo, también italiano, *Boecio,* que tras haber gozado de cierta privanza en la corte del ostrogodo rey *Teodorico,* en Italia, cayó en desgracia y fue muerto; su obra de mayor mérito fue la *Consolación de la Filosofía,* que escribió en prisión, y que fue el mejor testimonio de una cultura que, siendo cristiana, se vio asimismo fuertemente influida del pensamiento clásico; otros personajes destacados fueron, igualmente, *San Gregorio de Tours,* historiador nacido en Francia; y en Inglaterra, el también historiador *Beda el Venerable.*

Conviene subrayar la circunstancia de que en ese entonces, tanto en Europa como en Inglaterra y en Irlanda, los monasterios llegaron a ser centros de Vida religiosa, pero también de interés cultural, porque en muchos de ellos hubo particular celo por conservar o copiar no pocas obras clásicas, que así pudieron salvarse.

En el campo del arte, a poco del asentamiento de los germanos se produjeron obras que, o quisieron inspirarse en los antiguos modelos romanos, o pretendieron adoptar estilos de líneas propias, aunque ni unas ni otras llegaron a tener valía considerable; la principal construcción de tipo bárbaro que puede citarse en este sentido es, acaso, la tumba de *Teodorico,* en Ravena, Italia. Y otro tanto puede decirse de la escultura y de la pintura. En contraste con ello, el arte bárbaro se mostró más fino y con mayor delicadeza en la preparación de algunas Joyas, en los códices y en las miniaturas.

El Imperio Carolingio

No hay duda que fue en *Francia* donde el dominio de los bárbaros francos —de quienes derivó el nombre de aquel país— se tradujo con mayor presteza en una estructura política más equilibrada. La acción de *Clovis,* o *Clodoveo,* rey de los francos, fue definitiva en ese sentido, de suerte que en el siglo V pudo extenderse la obra de consolidación y unidad desde el Ródano hasta el Atlántico y desde el Rhin hasta el Garona. La obra de asentamiento fue tan fuerte que pudo resistir los intentos de disgregación que se presentaron, lo mismo que la ineficacia de los *reyes holgazanes,* los reyes merovingios, que a la postre fueron suplantados por los *mayordomos de palacio,* que a partir del año 752 se convirtieron en reyes en la persona de *Pipino el Breve.*

En otras partes de Europa la fusión siguió procesos más largos, a veces seriamente trastornados por factores llegados de fuera: por ejemplo la presencia de los bizantinos en Italia, de los musulmanes en España, o de los sajones en Inglaterra, de modo que la integración de Estados propiamente dichos se retardó como consecuencia natural, hasta que pudo lograrse la unión de todos los componentes sociales, o hasta que los extraños pudieron ir siendo replegados, como ocurrió con los musulmanes, en el suelo hispano. La situación francesa alcanzó relieves de estabilidad y consistencia mayores, que culminó en el intento imperial de *Carlomagno,* como un vasto movimiento basado en el poder monárquico en Francia, y al mismo tiempo en una búsqueda para reconstruir el antiguo Imperio Romano, acomodado a los tiempos nuevos. El emperador era el depositario de la potestad suprema, pero sin que dejase de haber reyes, señores y gobernantes de variada jurisdicción y poder.

Por su decisión, por su habilidad, por su tesón, Carlomagno, hijo de Pipino el Breve llegó a dominar en grandes zonas de Europa, de acuerdo con su ideal de unidad genérica, y tal ideal en cierto modo lo vio realizado cuando el Papa León III lo consagró como emperador el año de 800.

Formado por pueblos de razas, lenguas y costumbres distintas —desde una parte de España hasta Alemania, y desde Lombardía hasta Flandes—, el imperio fue gobernado por Carlomagno con tino y sentido de la organización. Para su mejor administración, todo él fue dividido en *condados,* cada uno de los cuales fue puesto a las órdenes de un funcionario que tenía el título de *conde.* Al mismo tiempo, empleados imperiales que ejercían funciones de inspección (los *missi dominici),* recorrían continuamente todo el territorio y vigilaban el cumplimiento de las disposiciones del emperador. A su vez, en las provincias fronterizas, a las que se daba el nombre de *marcas* y *ducados,* los gobernantes llamados *marqueses,* o *duques,* cuidaban del orden y de la seguridad.

Es evidente que la colaboración de la Iglesia contó mucho para el equilibrio, conforme a una situación de ayuda mutua en la que Carlomagno puso a salvo al Papado frente al acometimiento de los lombardos, e incluso reiteró a favor de ese mismo Papado la donación hecha por su padre —que fue la base de los futuros *Estados Pontificios*—, mientras el Papado, por su parte, otorgó su beneplácito a la acción política y social del imperio.

En tal situación, Carlomagno no tenía una capital fija, aunque solía preferir la ciudad de *Aquisgrán,* o *Aix-la-Chapelle.*

Para una mejor atención del gobierno, Carlomagno convocaba dos veces al año a las asambleas imperiales, o *dietas* a las que concurrían los principales hombres del imperio. En ellas se daban a conocer los problemas, aunque era el emperador quien tenía que decir la última palabra. Las leyes dictadas para dar consistencia y unidad al imperio recibieron el nombre de *Capitulares.* La religión cristiana fue un elemento de cohesión social en el Imperio; prácticamente casi todos los habitantes eran católicos, y cuando Carlomagno conquistó a los *sajones* de Alemania, que seguían siendo paganos,

Supuesto retrato de Carlomagno

muchos también se convirtieron, si bien es verdad que con quienes no quisieron hacerlo hubo represiones sangrientas. Carlomagno dotó con tierras a no pocos obispados, se preocupó por la disciplina del clero, convocó concilios, y dada la mayor preparación intelectual de muchos clérigos, hizo de varios de éstos otros tantos funcionarios dentro de su administración.

Con todo, tras la muerte de Carlomagno el impulso unitario en Europa quedó destruido con sus nietos, en el *Tratado de Verdún,* de 843, que puso fin a la gran estructura.

La escisión del imperio dio paso al divisionismo de los países que habían formado aquél, y dentro de ellos, a la forma de vida social, política y económica llamada feudalismo. Poco más tarde surgió en Alemania, el siglo X, un nuevo intento de formar otra estructura imperial, a partir de los monarcas de la Casa de Sajonia, y tal fue el *Sacro Imperio Romano Germánico,* que de hecho se extendió por gran parte de Alemania, una parte de Italia, Lorena, Borgoña y el reino de Arlés. Tal estructura quiso ser, una vez más, un esfuerzo vivo para la integración del imperio según el viejo ideal romano, pero en verdad fue más un ideal en marcha que una realidad completa.

El feudalismo

Las raíces del *feudalismo* comenzaron a apuntarse desde el establecimiento de los bárbaros en el mundo romano; tuvo diversas manifestaciones en tiempos de Carlomagno, pero fue sobre todo en la etapa posterior a éste, del siglo X al XIII, cuando alcanzó su auge mayor, decayendo más tarde, hasta desaparecer sus últimas huellas en Europa durante los siglos XIII y XIX.

El feudalismo deriva su nombre de la palabra germánica *fehu,* que significa *rebaño* o *propiedad,* según algunos, o de los vocablos también germánicos *feh* o *fee,* recompensa, y *od* u *odh,* propiedad o bienes raíces, según otros, o, finalmente, de *feod,* que significa fiar o confiar, *y se refiere al hecho de que el rey entregaba a un señor determinado una porción de tierra, a cambio de ciertos servicios que el señor debía prestar al mismo rey.* Al acto por el cual el rey concedía los derechos o beneficios al señor se le llamaba *ceremonia de investidura; a* ello correspondía el señor mediante la *ceremonia de homenaje,* por el cual el beneficiado juraba sobre los Evangelios serle fiel al rey y considerarse su vasallo. Complementariamente estaba el hecho de que las personas que vivían en la tierra concedida, que eran los siervos, reconocían a su vez como protector al señor, a quien le debían obediencia. Dichos siervos eran de dos clases: los *siervos personales,* que estaban obligados a prestar servicios o trabajos al señor; y los *siervos de la gleba,* que estaban arraigados en la tierra y no podían abandonar ésta sin el permiso del señor.

El señor feudal era una especie de rey en pequeño. Tenía su corte, su ejército y sus vasallos; cobraba impuestos, acuñaba moneda e impartía justicia. Ésta —derivada en buena medida de las viejas prácticas germánicas—era primitiva; así por ejemplo, si el reo consideraba que era válido el juramento de dos testigos, y éstos lo habían acusado, entonces se le condenaba; pero si el reo decía que los testigos habían jurado en falso, tenía que contender con ellos en desafío público; o bien, se sometería a bárbaras pruebas (llamadas *ordalías),* que consistían en que el acusado se exponía al agua hirviente, al hierro candente, etc., suponiéndose que si el reo no tenía culpa,

Miniatura del siglo XII, en la Biblioteca Regional de Fulda, que muestra al emperador alemán Federico I Barbarroja con sus dos hijos

Dios obraría un milagro para que él no sufriera ningún mal.

El señor —que generalmente era seglar, pero que podía ser también un obispo o un abad—, estaba sometido, por lo demás, al rey de su país, pero en la práctica no lo obedecía siempre, y aun llegó a darse el caso de señores más poderosos que sus mismos monarcas.

El feudalismo tomó gran incremento, no sólo por las costumbres que los germanos tenían de vivir en grupos pequeños, cada uno con un jefe, sino también porque los múltiples peligros que había en esas épocas —derivados de la inseguridad general; las invasiones de los depredadores *normandos* que asolaban muchos sitios— hacían que muchos pobladores, sobre todo los pobres y los militarmente débiles, acabaran por someterse a los señores a cambio de que éstos les proporcionaran protección.

Gradualmente fueron surgiendo los feudos, integrados por tierras de cultivo, o de pastos, habitados por los siervos en pequeños caseríos, y en un lugar eminente, el *castillo* del señor, como sitio fuerte y de protección. Tal construcción señorial estaba generalmente rodeada de un foso protector y contaba con grandes murallas circundantes en cuya parte superior solía haber almenas y torreones, saeteras, matacanes y caminos de ronda. Un puente levadizo, frente a la única puerta existente, se tendía o se recogía, según las necesidades del momento. En el interior del castillo hallábase un patio, y al lado suyo, una capilla y una construcción recia y maciza, llamada *torre del homenaje,* que servia para las habitaciones del señor y de su corte, mientras la parte inferior, subterránea, estaba destinada a las *mazmorras,* o sótanos en donde se guardaba a los presos. Normalmente la torre se remataba con la atalaya para los vigías.

Francia fue el país clásico del feudalismo hasta el punto de considerarse que en su época culminante hubo no menos de diez mil señores feudales.

En *Inglaterra,* en *Alemania* y en otras partes de Europa cundió también esta forma de vida sociopolítica, en tanto que en *España* tuvo caracteres más leves, debido a la presencia de los musulmanes, o a los afanes de la Reconquista, que dieron a los reyes una potestad que en otras partes no tuvieron.

Atenta la rudeza de las costumbres y de la vida en general, la Iglesia dejó sentir su influencia para suavizar las relaciones sociales. A instancias suyas se instauraron o fomentaron instituciones como la *tregua de Dios,* que prohibía los combates desde la noche del miércoles hasta la mañana del lunes. Se estableció también su *paz de Dios,* que tenía por objeto que los hombres de armas actuaran de un modo más humano, respetaran los templos y conventos, no atacaran a los eclesiásticos, ni a los comerciantes ni a los campesinos y respetaran los ganados y cultivos, bajo pena de incurrir en *excomunión* —sanción que daba por resultado que el transgresor quedase fuera de la Iglesia— o en *entredicho* —que equivalía a la suspensión de las ceremonias del culto en el lugar donde la fechoría se había cometido.

Por lo demás, el feudalismo no acabó con los hombres libres, que eran propietarios y artesanos, generalmente habitantes de las ciudades, sino que se impuso sobre todo a los hombres del campo. La esclavitud, en este marco social, casi dejó de existir a medida que las convicciones religiosas fueron modificando los criterios, y la servidumbre fue en muchas partes el paso que llevó de la esclavitud a la posterior condición de los seres jurídicamente libres en un todo, que advino tiempo más tarde. El régimen feudal tuvo sus ventajas y sus desventajas. Si hubiese sido un régimen puramente negativo, el feudalismo no habría podido sobrevivir tantos siglos. Respondió a una necesidad histórica, y allí tuvo su razón de ser, pero cuando tal razón dejó de existir, el feudalismo se hizo anacrónico. Tolerable en algunas partes, fue opresivo en otras, y eso provocó en Francia verdaderas revueltas contra los señores, a las que se dio el nombre de *jacqueries,* por usarse el nombre de *Jacques Santiago o Jacobo,* despectivamente, para designar a los campesinos rudos.

La caballería

La nobleza en los países dominados por los bárbaros estuvo constituida en general por los descendientes de los germanos.

Ellos constituyeron una verdadera clase directora que sólo hasta el siglo XVIII fue desplazada de su tarea jerárquica por la *burguesía.*

A los nobles, sobre todo después de las Cruzadas, se les acostumbraba también llamar *caballeros,* porque combatían a caballo. En términos generales, los caballeros se agrupaban en tres categorías bien diferenciadas: en la primera estaban los señores de mayor rango, los príncipes, los duques, los condes y marqueses, que ejercían labores de gobierno en territorios vastos; venía después un segundo grupo menos preeminente, el de los barones, mesnaderos y ricos-hombres, cuyo poder era menor que el de los anteriores, pero que contaban con pequeños ejércitos o mesnadas que portaban su pendón; y por último, los caballeros de recursos mínimos, que no tenían ejércitos que mandar, e iban a la guerra con uno que otro ayudante, portando pendones triangulares o partidos a la mitad.

Estos últimos caballeros, o los anteriores inclusive, designaban como *escuderos* a sus auxiliares; los más poderosos solían tener además a su servicio a quienes eran aprendices de caballeros, los cuales servían durante años hasta hacerse diestros y dignos de ingresar a la caballería. Aprendían el uso de las armas lo mismo que la caza mediante aves de rapiña, como los halcones o gerifaltes.

El aspirante era armado más o menos a los veinte años, en una ceremonia solemne en la que recibía de su padrino —el rey u otro señor— la espada y las espuelas correspondientes en el altar mayor de la iglesia, así como un ligero golpe en la espalda —el *espaldarazo*—, acompañado de estas palabras: *Sé caballero.* En seguida montaba a caballo y con sus armas acometía contra un muñeco que representaba a otro caballero. Un día antes, debía hacer que se bendijeran sus armas y esa noche tenía que velarlas. En principio un caballero no debía combatir sino contra otro ca-

Castillo construido por los cruzados en el Cercano Oriente

ballero, y en circunstancias especiales llegaba a haber reuniones en las que las luchas entre unos y otros se efectuaban en presencia de algún dignatario y jueces que conocían de las reglas propias de esta clase de enfrentamientos, llamados *torneos.* Sus hazañas solían ofrecerlas a Dios, a la Virgen María, o a la dama de sus pensamientos. Dada la menor rudeza de costumbres que hubo después del siglo XII, en contraste con las centurias previas, surgieron entonces las llamadas *cortes de amor,* que eran los tribunales formados por damas y caballeros para dirimir las contiendas en que participaban los elementos de la caballería. Así, los torneos y las cortes de amor vinieron a ser la misma cosa.

Los caballeros, en cuanto tales —componentes de la "caballería andante"—, debían cuidar de su honor, ser leales, evitar la cobardía, defender a los débiles y a la religión católica, ser respetuosos de la mujer y deshacer las injurias.

Al paso del tiempo, la expresión *caballero* dejó de tener una significación militar, para entrañar los valores de nobleza y alteza de conducta de un hombre.

Fue básicamente con caballeros y con sus servidores con quienes se integraron los vastos movimientos que, en defensa y preservación de los Santos Lugares —en los siglos XI y XII— permitieron el desplazamiento de miles de combatientes desde diversos sitios de Europa hasta el Cercano Oriente. Tales movimientos —las *Cruzadas*— no tuvieron sino un éxito parcial y relativo, y eso sólo en cuanto a la primera y a la tercera, porque las demás fracasaron por uno u otro motivo, pero sirvieron a la interrelación humana en una medida que quizás no se habría sospechado años antes. Permitieron que hubiera un mayor conocimiento entre los pueblos de Europa, los del Imperio Bizantino y los del Cercano Oriente. A partir de entonces hubo caminos más propicios al comercio y a la intercomunicación cultural. Ideas más concretas y claras pudieron tenerse, y los mundos puestos en contacto pudieron medir su fuerza y sus posibilidades, en medio de la violencia, los ideales, la rapiña y el heroísmo que las Cruzadas desbordaron.

Política y sociedad en la Baja Edad Media

La estructura social y política de Europa en la parte final de la Edad Media, o *Baja Edad Media,* tuvo una fisonomía diversa en no pocos de sus componentes. En efecto, la sociedad típicamente feudal fue perdiendo algunas de sus características; así por ejemplo, frente al dominio general de la tierra por parte de los señores, sucedió, en diversos puntos, un nuevo estado de cosas en el que agricultores ricos que no eran nobles, llegaron a tener, junto con la posesión de la tierra, cierta preeminencia social; las ciudades se fortalecieron, contaron con una economía más sólida, y sus pobladores fueron normalmente seres libres no sujetos a señorío, y a veces ni siquiera a un monarca determinado, como ocurrió con los habitantes de algunas ciudades italianas o *ciudadanos,* que se ocupaban generalmente en tareas mercantiles, artesanales, en la construcción de barcos, en las llamadas profesiones liberales, o en actividades diversas.

Ocurrió con ello que las ciudades —llamadas *burgos* en algunas partes— alcanzaron gran desarrollo en no pocos países, y sus habitantes, los *ciudadanos* o *burgueses,* procuraron contar con gobiernos libres, electos por ellos mismos. Los reyes en cuyos territorios llegaba a haber centros urbanos de este tipo, procuraban en general darles su apoyo, como un medio político para contar con aliados en su lucha contra la nobleza feudal. Leyes y privilegios —que en España tuvieron el nombre de *fueros*— pudieron aparecer a favor de las ciudades, que constituyeron ámbitos de una democracia viva y dinámica, hasta el punto de que en algunas partes se adoptó la práctica de que los reyes juraran respetar tales privilegios, al llegar al trono. Así se desarrolló el gobierno *municipal,* o gobierno electo por quienes residían en la ciudad de que se tratara y en sus alrededores, que tuvo ciertamente sus antecedentes romanos, pero que entonces alcanzó mayor desenvolvimiento. Los jefes de los gobiernos municipales recibieron nombres característicos: en Francia fueron llamados *maires;* en España *alcaldes;* en Italia, *cónsules* y *podestá;* y en Alemania, *burgomaestres.*

Plaza de San Marcos, en Venecia, ciudad que en la Edad Media desempeñó un enorme papel en las comunicaciones con Asia

En forma coincidente se hizo sentir en la Baja Edad Media otro hecho político no menos interesante, que fue el constituido por los organismos que, en forma colegiada, representaban a determinadas clases o núcleos sociales, y que de hecho llegaron a ser una especie de congresos, en los que se podían deliberar determinados problemas públicos ante el rey, y en donde, sobre todo, éste obtenía el consentimiento para la fijación de los impuestos, que en principio no eran válidos si tales congresos no los aprobaban; tales fueron las *Cortes* de España; los

Estados Generales de Francia; las *Dietas* del Imperio Alemán; y el *Parlamento* de Inglaterra. La vigencia, en este último país, de un documento impuesto a la monarquía desde la época de Juan sin Tierra, que era la *Carta Magna,* constituyó el principio de una viva limitación al poder real por parte de la nobleza, con derechos que andando el tiempo se hicieron extensivos a otras clases sociales.

Más aún, varias ciudades europeas, no conformes con alcanzar su libertad municipal, y conscientes de la fuerza que podrían tener de su unión, integraron ligas o repúblicas federales que llegaron a contar con una influencia política inocultable, como sucedió con la *Liga Lombarda,* presidida por Milán, a partir del siglo XII, y sobre todo con la *República Helvética,* formada por villas y ciudades suizas que lograron hacer frente, en el siglo XIV, al Sacro Imperio Romano Germánico, afirmando su libertad y su influencia, en medio de luchas en las que surgió la tradición del caudillo helvético *Guillermo Tell.*

En las postrimerías de la Edad Media, cuando aparecieron los primeros síntomas del absolutismo moderno, los reyes, que habían contado con las ciudades en sus pugnas con la nobleza, procuraron a su vez restar fuerza a los congresos, para dar paso a una situación final —salvo *Inglaterra* en aspectos básicos— en que la palabra del rey llegó a ser la norma legal.

La economía

Por lo que se refiere al marco económico en el que se desenvolvió la vida medieval, cabe señalar que tuvo como elementos esenciales a la agricultura, la ganadería, las artesanías, la minería, el comercio, y en algunos lugares, ciertas formas de actividad bancaria.

El tráfico mercantil se vio muy limitado en los primeros siglos de la Edad Media, dentro del ambiente de inseguridad y desquiciamiento que sobrevinieron con motivo de las invasiones bárbaras. En los tiempos difíciles del feudalismo persistió en no pocas partes la inseguridad en los caminos, la intranquilidad, las asechanzas de los normandos, y la acción, en el mar, de los piratas, todo lo cual pesó en la dislocación de las comunicaciones y en la falta de oportunidades para las transacciones seguras. No obstante, a medida que la situación general pudo estabilizarse y se contó con una paz social mayor, el comercio tuvo un desarrollo muy considerable a través de los caminos de tierra, o a través de los ríos navegables (el *Escalda,* el *Danubio,* el *Mosa,* el *Rhin,* etc.); o por medio de los barcos que costeaban las riberas marítimas, hasta llegar a manejar volúmenes muy apreciables de mercancías.

Por razones fáciles de comprender, aparecieron las *ferias,* como reuniones periódicas de comerciantes y clientes en determinadas fechas y en determinados lugares de Europa, como ocurrió con las ferias de *Medina,* en España; de *Leipzig,* en Alemania; o de *Novgorod,* en Rusia, que congregaban a grandes multitudes deseosas de comprar, de vender, o de divertir para ganarse el sustento.

En este aspecto mercantil cabe mencionar la circunstancia de que algunas ciudades marítimas al sur, en el Mar Mediterráneo, o al norte, en el Mar del Norte, llegaron a constituir verdaderos emporios de comercio. Tales fueron los casos de las ciudades de *Venecia, Génova, Pisa* y *Florencia,* en Italia, como centros de grandes organizaciones de comercio. De aquéllas, fue *Venecia,* sin duda alguna, la de mayor importancia. Su interés comercial llegó a ser tan grande, que se calcula que para el siglo XIV tenía una marina compuesta por 3,300 barcos, y en sus astilleros trabajaban 16,000 obreros. *Su auge comenzó en tiempos de las Cruzadas, cuando los venecianos se constituyeron en proveedores de los ejércitos cristianos, y llegó su fuerza a ser tal, que pudo en ocasiones contender militarmente contra los turcos.*

En la cuenca del Mar Mediterráneo tuvieron también importancia, como grandes centros mercantiles, *Bizancio* y *Alejandría; y* en Flandes, *Brujas, Gante y Amberes;* pudiendo decirse otro tanto de las ciudades alemanas de *Lübeck, Hamburgo y Brema.* El impulso comercial llegó a tal nivel en las urbes germánicas que, siendo libres cada una de ellas, se unieron para trabajar en común y formaron la *Hansa* o *Liga Hanseática,* cuyas bases constitutivas se redactaron en 1250, hasta llegar a ser una verdadera potencia económica, política y militar.

En forma paralela al desarrollo del comercio aparecieron las actividades bancarias, es decir, las actividades de los comerciantes de dinero. Es verdad que algunas de ellas eran conocidas en forma variada desde tiempos antiguos, pero no es menos cierto que fue en la Baja Edad Media cuando tuvieron un desenvolvimiento mayor. Así por ejemplo, fue entonces, y en especial en las ciudades italianas y españolas, donde se propagó el uso de los *títulos de crédito,* y concretamente de las *letras de cambio,* como formas efectivas de facilitar las transacciones de comercio. Las expresiones *banca, bancarrota, quiebra,* y otras que aún persisten en la terminología jurídica, derivan en buena parte de las prácticas de los comerciantes de dinero de ese entonces, a todo lo cual se agregó la circunstancia de que en *Barcelona,* así como en las ciudades mercantiles de Italia, los comerciantes se unieron para su defensa y colaboración en agrupaciones llamadas *consulados,* cuyo modelo y costumbres pasaron más tarde a las prácticas económicas de Hispanoamérica.

No es posible dejar de indicar que dado el sentido social y jerárquico que en la Baja Edad Media hubo, la unión y solidaridad de los ciudadanos que practicaban una actividad determinada dio lugar a la aparición de las *corporaciones* o *gremios,* según cada especialidad de trabajo: corporación o gremio de ebanistas, de albañiles, de pasteleros, etc. Cada uno de estos grupos se formaba a su vez por tres elementos fundamentales: los *aprendices,* que se iniciaban en el oficio; los *oficiales,* que ya lo conocían y los *maestros,* que además de conocer el oficio tenían su taller propio, con oficiales y aprendices a sus órdenes, y que para poder ostentar su cargo tenían que haber hecho en público examen una *obra maestra* que demostrara su dominio del oficio. Cada corporación, por lo demás, era una *cofradía.* El sentido de ayuda mutua y cooperación era primordial en estas organizaciones.

Escolástica y economía

Entraña interés considerable indicar, a propósito de la economía, que los pensadores medievales, y fundamentalmente los escolásticos, hicieron reflexiones de medular importancia cuyo valor es perdurable en una gran medida.

El mundo económico, para ellos, no era algo aislado del orden general, u *orden total del universo y de sus causas,* como decía Santo Tomás de Aquino. "Para los teólogos escolásticos, apunta al respecto Gallegos Rocafull, el mundo económico es tan sólo un elemento de un conjunto más vasto, el mundo humano, el cual a su vez, con todo su valor, no es más que una parte insignificante del mundo cósmico". En esta cosmovisión, todo parte de Dios y a Él ha de volver, no en el sentido panteísta del hinduismo, en el que se pierden las individualidades, sino en el sentido de una estructuración armónica que se sustente y reconozca a Dios como el ser supremo, el ser supremo ordenador y el bien sumo, que pide que todas las cosas y todos los seres hallen su sitio.

El monje Agustín, convertido en primer arzobispo de Canterbury, en el siglo VII

Los animales tienen su orden, regulado y gobernado por su instinto. Los objetos inanimados tienen el suyo, que responde a leyes físicas precisas. El hombre ha de buscar su sitio en el orden, la realización completa de su ser; pero no en forma fatal, sino mediante el ejercicio legítimo de su libertad, que ha de usarse de modo recto para que se alcancen los fines deseables; puede el hombre, claro está, disponer mal de la libertad, quebrantar las normas, pasar por encima de su deber, pero al obrar así desvirtúa la libertad y atenta contra el orden. Por ello entonces lo económico no puede ser ajeno a las características del ser humano y de la sociedad, ni puede ser indiferente a las exigencias de la ética. Una economía *amoral* era inconcebible para los pensadores escolásticos.

No elaboraron estos pensadores una ciencia económica integral, pero sobre las bases religiosas erigieron un criterio básico que lo mismo llevó a la condenación de la usura, que a la elaboración de una doctrina acerca de la propiedad, en la que el dueño fue visto como titular de un derecho para *cuidar* y *administrar* la posesión, pero atenta a los deberes sociales de servicio y ayuda a los demás seres humanos; en una palabra, la doctrina que se menciona reconocía en la propiedad una verdadera *función social.*

En posición equidistante del liberalismo individualista y del colectivismo totalitario, el pensamiento de la escolástica supo ver los derechos del individuo, pero también los derechos de la sociedad.

La catedral de San Basilio, en Moscú

II. La iglesia en la Edad Media

La organización eclesiástica

La organización de los grupos cristianos comenzó desde los tiempos apostólicos; pero con motivo del gran desenvolvimiento que el Cristianismo tuvo, especialmente tras el Edicto de Milán, fue menester acentuar todavía más la tendencia estructural a fin de dar mayor eficacia a las tareas religiosas.

Conforme a ello, cuando los núcleos cristianos llegaban a ser numerosos en un sitio, se integraban iglesias particulares que encabezaba, como se ha dicho antes, un *obispo,* el cual gobernaba sobre un territorio al que se le dio el nombre de *diócesis.* Si el conjunto de iglesias lo ameritaba por su número e importancia se constituía una *provincia eclesiástica,* aunque, por supuesto, tanto las diócesis como las provincias eclesiásticas reconocían *el primado del obispo de Roma,* esto es, del Papa, sucesor de San Pedro.

La atención que tenía que concederse a los distintos problemas eclesiásticos llevó a la necesidad de que hubiese reuniones que servían para dilucidarlos, y así aparecieron los *sínodos* o *concilios,* que tenían tal objeto. Cuando a tales juntas concurrían eclesiásticos de todas las provincias, se tenía un *concilio ecuménico,* o concilio universal. Algunos de los concilios nacionales fueron de particular importancia, como el *Concilio de Elvira* de los obispos españoles —efectuado entre los siglos III y IV—, importante por haber sido el primero que impuso el *celibato* a los obispos, sacerdotes y diáconos; tal medida disciplinaria se hizo extensiva para toda la Iglesia Latina, es decir, la Iglesia Católica en Occidente, que usó la liturgia latina; entre los demás católicos de los ritos orientales, ha sido posible que hombres casados puedan ordenarse de sacerdotes y retener a sus esposas, pero en caso de viudez no les es permitido volver a casarse; los obispos, sin embargo, tienen que ser solteros o viudos.

En cuanto a los Concilios Ecuménicos de las Edades Antigua

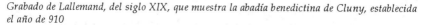

Grabado de Lallemand, del siglo XIX, que muestra la abadía benedictina de Cluny, establecida el año de 910

y Media, se admite oficialmente, conforme al criterio católico, la siguiente lista: 1. El de *Nicea* (en 325); 2. El de *Constantinopla 1* (en 381); 3. El de *Efeso* (en 431); 4. El de *Calcedonia* (en 451); 5. El de *Constantinopla II* (en 553); 6. El de *Constantinopla III* (en 680-681); 7. El de *Nicea II* (en 787); 8. El de *Constantinopla IV* (en 869): 9. El de *Letrán I* (en 1123); 10. El de *Letrán II* (en 1139); 11. El de *Letrán III* (en 1179)12. El de *Letrán IV* (en 1215); 13. El de *Lyon I* (en 1245); 14. El de *Lyon II* (en 1274); 15. El de *Viena* (en 1311-1313); 16. El de *Constanza* (en 1414-1418, en parte únicamente); y 17. El de *Basilea-Ferrara-Florencia* (en 1431-1443). Con posterioridad ha habido los siguientes: 18. El de *Letrán V* (en 1512-1517); 19. El de *Trento* (en 1545-1563), y 20. *El Vaticano I* (en 1869-1870), completado por el *Vaticano II* (1962-1965).

De ellos, son admitidos los siete primeros por la Iglesia Ortodoxa Oriental; los dos primeros, por los cristianos nestorianos; y los tres primeros por los disidentes armenios, coptos y sirios.

Al paso de los años, las prácticas religiosas se fueron perfilando mejor. De este modo, a la mera tarea de propaganda apostólica general de los primeros tiempos siguió el establecimiento del *catecumenado,* como forma de preparación de quienes aspiraban a recibir el sacramento del *bautismo.* El curso que recibían los *catecúmenos* duraba dos años, y hacia los siglos II y III tenía ya una organización completa. El procedimiento de enseñanza era el de *catequesis* (vocablo que proviene del griego *Kateecheo,* que significa instruir por medio de preguntas y respuestas). La voz *catecismo* derivó del griego *Kateechismos,* que quería decir compendio de alguna ciencia, y en especial de alguna doctrina religiosa. De acuerdo con esto se usó la expresión *catecúmeno* para designar a quienes se instruían en la nueva fe. Era costumbre que los catecúmenos no podían asistir a todos los actos religiosos, sino sólo a una sola parte de ellos y en sitio distinto de los fieles. En general, el bautismo se solía conceder a los catecúmenos en las ceremonias solemnes, mediante la "inmersión" del cuerpo en la piscina del baptisterio, según ya se explicó antes, y después por "infusión" consistente en derramar el agua sobre la cabeza del aspirante o cristiano.

La *misa* era la ceremonia por excelencia del culto católico. El vocablo —derivado del latino *misa,* que posiblemente significaba *despedida*— generalizado en casi todas las lenguas europeas, desde el siglo VI, se designaba antes con las expresiones de *oblatio* (ofrenda), *sacrificium* (sacrificio), *mysterium* (misterio), *fracción del pan* y otras. Dentro de la misa la eucarística era el punto medular. *La eucaristía es la transubstanciación del pan y del vino en el cuerpo y en la sangre de Cristo, conforme a lo dispuesto por Él en la última cena.* Tal acto se vio rodeado de diversas ceremonias. Los fieles recibían en un principio la eucaristía, es decir, *comulgaban,* en ambas especies, práctica que continuó en las iglesias orientales, mientras en la latina se circunscribió, para los fieles, a solamente la recepción del pan. Actualmente en ciertas circunstancias, los fieles pueden comulgar en las dos especies.

El sacramento de la *penitencia* o *confesión,* que traía consigo el perdón de los pecados, originariamente se hacía en forma pública, como se ve por ejemplo en el texto de la Didajé, pero más tarde se optó por que fuese en privado, esto es, *auricular.*

También se encuentran datos acerca de otros sacramentos como el de la *imposición de manos,* que según los casos equivalía a la *confirmación,* por parte del obispo; la recepción del *orden sacerdotal,* el *matrimonio,* etc., hasta quedar perfectamente definida la doctrina de los siete sacramentos, o vías instituidas por Cristo para comunicar la gracia. A este propósito conviene recordar que sobre todo en el siglo pasado tuvo aceptación en círculos de crítica racionalista el pensamiento según el cual los sacramentos cristianos eran sólo una derivación de las prácticas habidas en los antiguos *misterios* de otras religiones, ya de *Oriente,* o ya de *Grecia.* Los "misterios" eran los ritos que ejecutaban los *mistas,* o *iniciados,* que formaban parte de los grupos religiosos secretos. El hombre por él mismo no alcanzaba la salvación, pero sí realizando los actos específicos de

Urbano VI en el momento de recibir las llaves de San Pedro, bajo su pontificado comenzó el cisma de occidente

que se trata, como algo mecánico y desde fuera, buscando una inmortalidad feliz. La investigación objetiva demuestra que, frente al punto de vista racionalista, puede sostenerse válidamente que: a) los sacramentos cristianos no son ritos de acción mecánica, sino actos que suponen la renovación interior; b) el carácter eficaz de los sacramentos es reconocido en la primitiva comunidad cristiana de Jerusalén, que como puede demostrarse históricamente se mantuvo ajena a las influencias misteriosóficas; c) escritos fundamentales referentes a misterios paganos tienen, por otra parte, fechas posteriores a los escritos neotestamentarios, por lo que puede pensarse que hubo, en algunos casos, más bien influencia cristiana en la terminología y en los ritos de los misterios; d) encontrándose su base en las disposiciones de Cristo, las ceremonias propias de los sacramentos en su aspecto exterior han podido tomar algunas *formas* del culto no cristiano como ha asumido el Cristianismo, dice Allevi, algunas categorías de pensamiento de la filosofía pagana, o el lenguaje de Grecia y de Roma.

Ermitaños y cenobitas

No fue raro, desde los primeros tiempos del Cristianismo, hallar personas deseosas de vivir en apartamiento del mundo, como una forma de existencia que tuvo gran auge especialmente en *Egipto* y en los desiertos del *Cercano Oriente.* Apartados del mundo, vivían dedicados a la penitencia, al trabajo y a la oración. Eran los *solitarios,* "ermitaños" *o anacoretas.* Y los hubo tanto hombres como mujeres. Puede mencionarse, entre los más descollantes, a *San Pablo el Ermitaño y San Antonio Abad,* en el siglo IV. El segundo de ellos impartía orientaciones a muchos solitarios que acudían a él y con esto apareció una nueva faceta de grupos de anacoretas que, si bien seguían viviendo cada uno de ellos en forma aislada, se reunían a veces para la realización de actos religiosos comunitarios, y para recibir directrices de quienes por su ciencia y virtud podían otorgarlas.

El capítulo que siguió fue el de la vida propiamente en común de los que deseaban mayor perfección moral, conforme a determinados principios que integraban una "regla" —de allí la expresión de *clero regular* que posteriormente se usó—, bajo la obediencia de un *superior.* Fue *San Pacomio* quien inició esta expresión de la vida religiosa, y de hecho la "regla" de San Pacomio sirvió para que se formasen y viviesen diversas comunidades de religiosos o de religiosas, que recibieron el nombre de *cenobios.*

Una "regla" de mucha aceptación fue la formulada por *San Basilio,* a cuyo influjo se propagaron las fundaciones de grupos que, según los casos, recibieron el nombre de *monjes basilianos* o *monjas basilianas,* con una difusión muy crecida sobre todo en Egipto y el Cercano Oriente. A su vez, la tendencia fue llevada en el siglo IV a Europa por *San Atanasio* y algunos monjes que lo acompañaron a Roma. Varios obispos se aplicaron también a vivir en un marco de vida cenobítica como ocurrió con *Eusebio,* obispo de Vercelli en Italia, o como sucedió con *San Agustín,* en África, que ya lo había hecho con sus discípulos desde antes de su congregación episcopal.

"Una carta que escribió a un monasterio de mujeres, indica Olmedo, *sirvió además de regla para muchas comunidades occidentales, sobre todo los siglos más tarde, y le valió el ser considerado como patriarca de los agustinos".*

En suelo italiano, en Francia, en Inglaterra y aun en Irlanda, la vida comunitaria, o *monaquismo,* tuvo gran aceptación, y no hay duda que en este acontecimiento de vivas inquietudes religiosas fueron *los monjes irlandeses* quienes más se distinguieron. Su piedad, sus labores apostólicas, sus penitencias, y su gran afición a los estudios, fueron características que los siguieron en todos los sitios por donde llegaron a actuar, siguiendo la "regla" dictada por San Columbano. "En el norte de la Gran Bretaña y en Escocia, apunta Schnuerrer, pusieron los cimientos de la civilización cristiana y ejercieron bienhechora influencia en los anglosajones vecinos... En el sur y hasta en el centro de Alemania fueron los primeros mensajeros del Cristianismo y avanzadas de una cultura superior. En la iglesia franca renovaron la vida religiosa y moral". Desgraciadamente las condiciones históricas que siguieron a sus primeras manifestaciones e influjo —como fueron las grandes conmociones políticas y sociales posteriores a las invasiones bárbaras—, impidieron que hubiese continuidad en su obra, aunque puede apuntarse como un brote bastante tardío de sus afanes el renacimiento literario en tiempos de Carlomagno.

San Benito

Con *San Benito,* en el siglo V, se forjaron normas y estilos monásticos de características permanentes que dieron a la vida religiosa un sendero definitivo en Occidente, desde su sede en Monte Casino, que fue el centro de su gran labor. La "regla" de San Benito fue el fruto de una mente madura, evangélica, y de una voluntad experimentada.

"Conforme a nuestra humana condición, indica Olmedo, *distribuye la jornada diaria del monje en tres partes más o menos iguales: la principal consagrada al 'Opus Dei' o sea al servicio litúrgico con canto de salmos, himnos, lecciones y otras oraciones, que reúne a los monjes apenas levantados poco después de la media noche (matutini laudes), al salir el sol (prima), a las tres divisiones del día (tercia, sexta y nona) al ponerse el sol (vísperas) y por fin antes del descanso nocturno (completas); otras ocho horas dedicadas al trabajo del campo y del monasterio así como a la lectura, y las ocho restantes al necesario reposo".*

Nada de condiciones de vida ásperas o extremadas, como en la vida de los anacoretas, sino sencillez, trabajo, obediencia al "abad" o superior—electo para el cargo por mayoría de votos— y asiduo cumplimiento de la virtud.

Al principio no fue común que los monjes fuesen sacerdotes; más tarde se introdujo la costumbre de que por lo menos el abad sí lo fuese; y posteriormente lo llegaron a ser varios, con lo que se estableció una doble categoría de monjes: la de los sacerdotes y la de los hermanos legos.

La "regla" benedictina recibió una aportación notable con la ayuda que le otorgó el Papa Gregorio VII.

A la orden benedictina, por su trascendencia religiosa y cultural, puede situársele entre los acontecimientos de mayor significación en su tiempo. Veinte Papas medievales fueron benedictinos, y multitud de obispos. Ni es de extrañar que el surgimiento de otras tendencias monásticas se basara en la "regla" de San Benito, interpretada de modos diversos por los nuevos fundadores, como ocurrió con los *comaldulenses* estatuidos por *San Romualdo,* en 1018; los severísimos cartujos de *San Bruno* (1084); los *cistercienses o bernardos,* por el beato *Roberto de Citeaux* (1098), e incluso los trapenses de *Rancé* (ya en la Época Moderna en 1664).

El siglo XI fue de un gran renacimiento y proliferación para la vida religiosa.

Los monjes cistercienses tomaron hábitos blancos y por ello se les llamó "monjes blancos", mientras se denominó "monjes negros" a los demás benedictinos, por ser de este color su vestimenta.

Corresponde también al siglo XI el inicio de otras formas de organización religiosa, o casi religiosa, como ocurrió con la fundación de la orden de los *Caballeros Hospitalarios* o de *San Juan,* la orden de los *Caballeros Templarios,* y las órdenes españolas de los *Caballeros de Santiago, Calatrava, Montesa* y *Alcántara.* Eran grupos de caballeros que, en cierto modo, hacían vida religiosa, y en cierto modo tenían deberes hospitalarios o militares para la defensa de determinados lugares que se consideraban sagrados. Otras órdenes, como la de *Merced,* se dedicaban a rescatar cautivos que estaban en tierras de infieles.

Franciscanos y dominicos

Muy fecundo fue el siglo XIII en cuanto a las actividades religiosas, como lo fue, paralelamente, en el campo de la cultura. En esa centuria, en efecto, se fundaron las primeras órdenes mendicantes que, a diferencia de los grupos religiosos que se citaron antes, no tenían propiedades de las cuales vivir, sino que vivían de limosnas.

Dentro de este cuadro de ideas y de prácticas se estableció la *Orden de Frailes Menores,* fundada por *San Francisco de Asís,* en Italia, que hizo de la humildad y la pobreza sus ideales más descollantes. *Santa Clara* estableció la rama femenina de esta orden, a la que siguió la *Orden Tercera,* destinada a agrupar a los seglares que de conformidad con las indicaciones de San Francisco quisieran hacer una vida más perfecta aun viviendo en el mundo. Casi contemporáneamente se fundó la *Orden de Predicadores,* por el español *Santo Domingo de Guzmán,* con el fin de instruir y hacer frente a las herejías de su tiempo. Los dominicos llegaron a ejercer pronto un papel muy destacado en el campo de la cultura superior.

Las herejías

Al paso de los años, las primeras herejías de que se hizo mención en páginas anteriores se extinguieron o perdieron fuerza, pero otras hicieron acto de presencia en el curso de la Edad Media, a veces con características meramente religiosas, a veces complicadas con intereses políticos, como fue el caso de la herejía *iconoclasta,* enemiga de las imágenes, que llegó a ser una manifestación más en la actitud cesaropapista de algunos emperadores bizantinos, esto es, la actitud de acuerdo con la cual éstos pretendieron reunir en su persona lo mismo la potestad civil que les era propia, con determinadas potestades que tocaban estrictamente a la esfera eclesiástica. El emperador *León Isaúrico,* en el siglo VIII, prohibió el culto a las imágenes mediante un decreto general. Hubo quienes resistieron al decreto y con ello se desató una persecución que produjo mártires. Multitud de imágenes y reliquias fueron destruidas y la represión siguió aun después de muerto el emperador. A la postre, la emperatriz *Irene* inició un movimiento de pacificación. La herejía iconoclasta se disolvió temporalmente tras su condenación por el *Concilio de Nicea,* en 787, aunque el cesaropapismo continuó más tarde. En efecto, el siglo IX se reanudó la protección imperial a la herejía, en tiempos de *León V el Armenio,* que asumió una conducta muy cruel con quienes mantenían la doctrina tradicional; finalmente, con la regencia de la emperatriz *Teodora* se puso término a la persecución, y la simiente herética se extinguió.

No obstante, toda esta situación tensa, y la actitud con que se discutieron algunos lemas teológicos entre orientales y occidentales, a más del cesaropapismo, fomentaron poco a poco un clima social propio al *Cisma de Oriente,* iniciado con la rebeldía de *Focio,* Patriarca usurpador de Constantinopla, en 857, y concluido con otro Patriarca, *Miguel Cerulario,* en 1054, con un largo periodo intermedio de paz religiosa que no pudo sostenerse y que concluyó con un rompimiento total que separó a la Iglesia Ortodoxa Oriental de la Iglesia Católica.

Con posterioridad, tal conjunto religioso se fraccionó en varias Iglesias nacionales. La expresión Iglesias Orientales las abarca a todas ellas, lo mismo que a las iglesias nestoriana, armenia, copta, etiope y sirio-jacobita. *Tienen en común haber formado antes parte de la Iglesia Católica, pero ahora niegan la obediencia al Papa y sostienen diversos puntos de vista opuestos al catolicismo.* Todas ellas, sin embargo, admiten la misa, la Eucaristía, la confesión, las preces por los difuntos, la veneración a la Virgen María y la veneración a los santos.

Puntos de vista muy particulares, levantiscos, o de mero desajuste en las ideas, dieron pie a otras herejías, aunque los sínodos y concilios les hicieron frente, lo mismo que no a pocas prácticas de índole supersticiosa que en determinados momentos llegaron a tener alguna aceptación entre el pueblo.

Bien entrada la Edad Media, sin embargo, algunas corrientes heréticas, como la de los *cátaros* —es decir, los *puros*—, que pretendían ser perfectos, y enemigos de la autoridad eclesiástica; o los *valdenses* —que tomaron su nombre de *Pedro Valdo* o *Valdez*—, llamados también *insabbatati* o *pobres de Lyon* hostiles también a la jerarquía eclesiástica, que pretendían llevar una vida muy austera; o, en fin, los *albigenses* —procedentes de *Alby*, Francia—, que volvieron a la antigua convicción de un mundo dividido en dos elementos, el del bien y el del mal, fueron las más importantes en los siglos XII y XIII. La última de esas herejías llevó sus puntos de vista al extremo de identificar el mal con la materia, y sacó por conclusión que debía condenarse el matrimonio para sus "perfectos", y en determinadas circunstancias, fomentarse el suicidio.

Pintura francesa del s.XII que muestra a Hugo de San Víctor en su cátedra

Como fue obvio, esto desbordaba ya el marco de las situaciones religiosas, para asumir la fisonomía de un trastorno social, tanto más grave, cuanto que los albigenses llegaron a absorber a los demás grupos, y a contar con el apoyo de no pocos señores feudales, alcanzando una proyección muy seria en el sur de Francia, que orilló al Papa *Inocencio III* a predicar en su contra una cruzada. La lucha la llevó adelante, en lo militar, *Simón de Monfort*, que derrotó a los albigenses, aun cuando la secta siguió teniendo adeptos en suelo francés y en el norte de Italia.

La conducta a seguir ante los herejes fue, por lo demás, variada de parte de las autoridades eclesiásticas y civiles. Al principio se apeló a la discusión y a la argumentación para convencerlos, pero hacia el siglo XII se apuntaron las primeras disposiciones represivas en nivel más severo, por las autoridades civiles, decretándose al efecto penas de muerte en contra de ellos, por considerarse que no sólo hacían daño religioso, sino también social y político, por las perturbaciones a que daban lugar.

La Iglesia, a su vez, comenzó a pedir que se tomaran medidas rigurosas contra ellos, y finalmente, en el siglo XIII, se estableció la *Inquisición Romana*. El Papa *Gregorio* IX dio su aprobación, primero, a una ley contra los herejes dictada por el emperador alemán Federico II, y después ordenó que se estableciera un tribunal, formado por religiosos de las órdenes mendicantes, para juzgar y sentenciar a los herejes. Ese tribunal fue el de la *Inquisición*.

Potestad civil y potestad eclesiástica

El Papado, como guía y cabeza de la Iglesia Católica, tuvo por sede a *Roma*, que con el tiempo contó con una jurisdicción temporal.

Casi desde que la Iglesia gozó de libertad, se repitieron las donaciones de príncipes que constituyeron paulatinamente el llamado *patrimonio de San Pedro*, aunque el Papa no era soberano en este ámbito, que se conocía también como *ducado de Roma*, sino súbdito de quienes dominaban en Italia, ya bárbaros, o ya bizantinos. Cuando los lombardos atacaron el ducado, el Papa *Esteban II* pidió la ayuda de *Pipino el Breve*, rey de los francos. Éste lo ayudó, le devolvió al Papa el ducado, y el Papa, a cambio, lo ungió a él y a sus hijos. La entrega que Pipino hizo a Esteban II se llama *donación de Pipino*.

El hijo de éste, *Carlomagno*, salió a su vez en defensa del Papa al ser atacada Roma nuevamente por los *lombardos*, tomó para sí la corona de hierro de los reyes de este pueblo bárbaro, y en 754 hizo entrega una vez más al Papa de sus dominios, los cuales, aumentados más tarde con otras zonas del centro de Italia, constituyeron los *Estados Pontificios*, de los que, a la postre llegaron a ser reyes los Pontífices de la Iglesia Católica.

Capítulo de suma importancia en la historia de la Edad Media fue el de la situación del Papado entre los poderes civiles, y en especial ante la actitud de los emperadores de Alemania, que por considerarse jerarcas máximos en el mundo político europeo, pretendieron más de una vez llevar adelante una intromisión creciente en los asuntos propios de la Iglesia, dando lugar a pugnas de gran tensión.

¿Tocaba conforme a esto, al Emperador, o era algo propio del Papa, la designación de los obispos? La llamada *lucha de las investiduras* fue el resultado del variado enfoque que del problema se hizo, y en el que fue destacada la rivalidad entre el enérgico Papa *Gregorio VII* —el antiguo monje *Hildebrando*—, que quiso mantener celosamente las facultades de la Santa Sede, frente al Emperador *Enrique IV*, en el curso del siglo XI. Proseguida la discrepancia con los sucesores de uno y otro, no concluyó sino hasta alcanzarse el *Concordato de Worms* entre el Emperador *Enrique V y* el Papa *Calixto II,* en el que ambos se hicieron algunas concesiones, aunque de hecho los Emperadores alemanes renunciaron a nombrar a los obispos dentro de la jurisdicción imperial.

Este problema estuvo estrechamente unido al gran tema de la Edad Media, sobre potestades del Papa y el Emperador.

Ocurre, en efecto, que desde el siglo V había propuesto el Papa *Gelasio I* (492-496) una doctrina que después se llamó *doctrina gelasiana* que, en el plano de la teoría, trazó *una diferencia sustancial entre la esfera de lo espiritual y la de lo temporal* (diferencia que no se apunto en cambio en el Imperio Bizantino, favorable al cesaropapismo), y que se concretó en las nociones simultáneas del Imperio y de la Iglesia Universal, la primera de las cuales, como se sabe, se convirtió en el gran esfuerzo por renovar o continuar en Occidente la estructura del antiguo Imperio Romano, primero con Carlomagno y después con el Sacro Imperio romano Germánico, alentado por los Otones.

El último gran apologista del Imperio, en la Edad Media, fue el poeta Dante Alighieri, en su obra *De Monarquía,* en el siglo XIII.

Weckmann ha dicho a propósito de este tema que el "Sacro Imperio fue, fundamentalmente, una noción de derecho y no de poder, conforme a la cual todos los hombres deberían quedar unidos, en un ideal cristiano bajo la autoridad moral de un solo príncipe". Al menos así fue en la doctrina, en el terreno de la especulación, aunque en la práctica el Imperio quiso, por una parte, tener sus realidades vivas de poder efectivo, y por otras fue continuo el hecho de que no resultase fácil que dicho Imperio llegase a acuerdos completos con la Iglesia sobre delimitación de jurisdicciones. Algunos expositores insistieron en alguna época en dar al Papado una potestad amplia, que incluso llevaba consigo cierta supremacía sobre el imperio; así ocurrió, por ejemplo, con el símil propuesto por *Gregorio VII* que comparaba el Papado al sol, como primera luminaria del firmamento cristiano, y el Imperio a la Luna, cuya luz venía a ser un reflejo del primero. La llamada *Doctrina de las Dos Espadas,* formulada por el Papa *Bonifacio VIII,* vino a ser el punto culminante de esta tendencia.

La influencia posterior del pensamiento de Aristóteles y las reflexiones en esta materia de *Santo Tomás de Aquino,* constituyeron, en cierto modo, un retorno a la antigua doctrina gelasiana.

En la parte final de la Edad Media, las ideas acerca del Imperio se vieron muy menguadas, porque las monarquías nacionales comenzaron a tener cada vez mayor auge, según la fórmula *Rex est Imperator in regno suo,* acorde con el naciente absolutismo que habría de desarrollarse con toda lozanía en la Edad Moderna.

En medio de estas corrientes se apuntó también la tendencia doctrinal que, especialmente con *Marsilio de Padua* (nacido en 1270), indicó que tanto para la dirección de los asuntos eclesiásticos, como para la elección o derrocamiento de los gobernantes civiles, *la suprema ley estaba constituida por el legislador "humanus"*, es decir, la voluntad del conjunto de los ciudadanos.

No es pues de extrañar que, debido a las situaciones últimas que se mencionan —nacionalismo, absolutismo real—, la pugna entre la Iglesia y algunos poderes civiles haya derivado hacia otros sitios. Dejó de centrarse, en efecto, en relación con los emperadores alemanes de la *Casa Hohenstaufen*, y pasó a referirse a los reyes de Francia, y muy especialmente a *Felipe IV*, que a principios del siglo XIV aspiraba a tener en su país un poder absoluto, lo cual lo llevó a actitudes tan extremadas como la de la aprehensión que mandó hacer el Papa *Bonifacio VIII*. Peor aún, el nombramiento de un prelado francés, el arzobispo de Burdeos, que tomó el nombre de *Clemente V*, y los desórdenes ocurridos en los Estados Pontificios, hicieron que el nuevo Papa abandonara Roma y se estableciera en suelo de Francia, en *Aviñón*, lo que dio lugar al llamado *cautiverio de Aviñón*, en el que algunos de los Papas, de hecho, vinieron a quedar como simples instrumentos de los reyes franceses, aun concedida la circunstancia de haberse querido por parte de uno de ellos, *Urbano V*, un mejoramiento real de la Iglesia, una reforma interna, que no pudo tener mayor eco por las difíciles circunstancias que entonces privaban. El divisionismo eclesiástico fue la consecuencia natural de tal estado de cosas, de modo que al ocurrir la muerte del Pontífice *Gregorio XI* produjo la elección de dos Papas, e incluso se llegó más tarde a contar con tres, gestándose un trastorno enorme con todo ello.

A este lamentable espectáculo se le llamó *Cisma de Occidente*, que no concluyó sino con el *Concilio de Constanza*, que contando con la renuncia de quienes ostentaban simultáneamente la calidad papal, designó como Papa único a *Martín V*, el año de 1417, que obtuvo un acatamiento general, salvo de uno de los que pretendían tener la calidad papal, que era *Benedicto XIII*, el Papa Luna, quien hasta su muerte siguió defendiendo sus pretendidos derechos.

El Papado, que durante muchos años de la Edad Media fue la más alta autoridad moral de Europa, que tanto prestigio había alcanzado, sufrió un daño inmenso con el Cisma de Occidente, que debilitó la imagen de ese mismo Papado ante el pueblo.

III. LA VIDA INTELECTUAL

El derrumbe del Imperio Romano trajo consigo un desconcierto en la cultura. La presencia de los bárbaros, las invasiones, el desquiciamiento de las instituciones, el estado de permanente inseguridad en que se vivió por muchos años, no eran elementos favorables a la vida intelectual.

Sin embargo, a medida que las situaciones llegaron a asentarse, fue dable que se consolidasen también los elementos de la cultura. Éstos descansaron en la fusión de los núcleos humanos bárbaros con los indígenas, en la salvación de multitud de obras clásicas —a través de la guarda que de ellas hicieron los monjes, o a través de la transmisión que realizaron los árabes—, en la aparición de hombres relevantes, y en el aliento general de la vida medieval por el Cristianismo, que dio a Europa, y a los ámbitos geográficos mas inmediatos, un estilo característico y distintivo.

Las características de la cultura medieval no fueron, las mismas a lo largo de diez siglos. Lo que se puede apuntar del siglo VI no fueron la mismas a lo largo del XIII, y lo que fue propio del siglo X ofreció matices diferenciales respecto del siglo XIV, y de allí la necesidad de que se deban tener presentes, en esta materia, tanto las líneas generales de la cultura medieval en lo que tuvieron de más permanentes, cuanto los detalles y pormenores de cada momento.

El caso de los idiomas fue típico en este sentido.

El mundo romano conoció, en efecto, el uso del latín —clásico o vulgar— como lazo de comunidad, al lado de los idiomas o dialectos aborígenes; pero en la Edad Media, ese mismo latín, mezclado con aportaciones lingüísticas variadas, dio ocasión al surgimiento de las llamadas *lenguas romances,* derivadas sobre todo del latín bajo o vulgar, que llegaron a ser las siguientes: el *castellano,* el *catalán,* el *valenciano* y el *gallego,* en España; el *portugués,* en Portugal; el *italiano* y diversos dialectos en Italia; el *francés,* en Francia y en la Bélgica actual; el *provenzal,* en Provenza, al sur de Francia; el *rumano,* en Rumania; el *sardo,* en Cerdeña; y el *romanche,* en el Cantón de los Grisones, de Suiza.

La aparición de estas lenguas habladas por el pueblo, no impidió, con todo, que el latín siguiese siendo usado a título de lengua culta, y fue común que se le utilizase en la preparación de los libros, y en la enseñanza superior, de tal modo que no pudo considerársele entonces como una *lengua muerta,* sino como un instrumento cultural conocido y comprendido por muchas personas en cualquier parte de Europa.

Parejamente a ello conviene señalar el dato de cómo fueron desenvolviéndose otras lenguas nacionales, de raíces históricas variadas, como fue el caso de Inglaterra, en donde el habla *normanda* se mezcló con la *anglosajona;* o el caso de Holanda, Alemania, Austria y Suiza, en donde los antecedentes germánicos fueron de importancia primordial para la formación de las hablas locales; y un fenómeno equiparable ocurrió en Rusia, en Polonia, en Servia, en Bohemia y en otros puntos de la Europa Oriental, a base de lenguas de origen eslavo. Y por lo que se refiere a Hungría y Bulgaria, no es menos cierto que los idiomas nacionales reconocieron un origen mongol, con ulteriores influencias germanas y eslavas.

La educación

Cristo, el maestro por antonomasia, llegó a ser también el modelo y el punto central en torno de quien giró la educación medieval, fuertemente nutrida de los valores cristianos a medida que éstos fueron arraigando.

Basado el Cristianismo en la preeminencia de Dios, en el sentido espiritual y trascendente de la vida, en la exigencia imperativa del amor *(charitas),* como virtud profunda, la predicación descansó, naturalmente, en las doctrinas de Cristo dadas a conocer por Él con un eficaz sentido de la pedagogía, que Larroyo ha ponderado como un "nuevo tipo histórico de educación", en el que es dable hallar conceptos de particular interés, tales como la preocupación por los niños, la igualdad esencial de los seres humanos, el destino común a todos éstos, la enseñanza como un deber en rango de misericordia, y la aptitud de todo individuo de regenerarse y de acceder a una existencia mejor. Dentro del cauce cristiano, ampliado y difundido por el mundo anti-

Aspecto de la Universidad de Salamanca, en España, una de las más antiguas de Europa

guo, y después por el medieval, tales conceptos pesaron en la conformación pedagógica nueva, que fue, como proclaman algunos, básicamente "cristocéntrica", en la medida en que Cristo fue paradigma y arquetipo del ideal sustentado.

Los ámbitos naturales para la educación cristiana, en los tiempos primeros, fueron obviamente, los hogares mismos, a más de los centros de la predicación general. *"Cada casa cristiana era un santuario"*, dijo al referirse a este punto San Juan Crisóstomo. Después, a la luz de las nuevas situaciones históricas, la instrucción a quienes aspiraban a ser cristianos dio oportunidad a que apareciese el *catecumenado,* al que ya se ha hecho referencia. Se sabe también que poco a poco se agregaron a la instrucción propiamente religiosa otras materias de enseñanza elemental, como el canto, la escritura y la lectura, que redondearon el saber puesto al alcance de los niños. Más tarde, las escuelas de este tipo originaron la necesidad de *escuelas de catequistas.* La *Escuela de Catequistas de Alejandría,* fundada por *Panteno* el año 180, es típica en este sentido. Tal centro se convirtió en una escuela de enseñanza superior con *Clemente de Alejandría,* y sobre todo con Orígenes, que hizo de ella un auténtico "seminario" (semillero) para la preparación de eclesiásticos. La obra tuvo eco, y aparecieron escuelas semejantes en otras partes, que por haber nacido bajo los auspicios de los obispos, se llamaron *escuelas episcopales.*

Los *padres de la Iglesia* vieron en la educación uno de los temas más singulares de sus preocupaciones evangélicas. Algunos de dichos Padres de la Iglesia no vacilaron en reconocer el valor de la sabiduría clásica —singularmente la ciencia y la filosofía griegas— como una preparación intelectual para fundamentar mejor la teología, aunque puntualizando claramente las diferencias de valor entre ésta y aquéllas.

La obra benedictina

Con la obra de los monasterios benedictinos se conectó la aparición de nuevas formas de educación en las llamadas *escuelas abaciales.* Así en efecto, tanto porque la "regla" de San Benito propiciaba el estudio, cuanto porque desde en vida del fundador hubo familias que le confiaron la educación de sus hijos, fue práctica común en los monasterios el que hubiese una escuela externa para niños que no iban a seguir la vida religiosa, y una escuela interna destinada a los niños y novicios que iban a consagrarse profesionalmente a la religión. Esta última escuela era más rígida y completa que la primera.

Con todos los defectos que pudieron resentir tales centros —muchas veces fruto de su tiempo, como la dificultad para conseguir libros, por ejemplo—, supusieron un esfuerzo meritorio que procuró armonizar el afán puramente intelectual con el adiestramiento en los trabajos manuales.

Un benedictino, *Casiodoro Senator* (490-583) trazó el plan general de la enseñanza conforme a la cual se organizaron los estudios de las siete artes liberales, agrupadas en las dos grandes categorías del *trivium (gramática, dialéctica, retórica)* y el *cuadrivium* (que abarca la aritmética, la geometría, la astronomía y la música).

El Papa *Gregorio I,* llamado *Gregorio el Grande,* hábil político, impulsor de la cultura y de la evangelización, difundió el canto llamado "gregoriano".

No es lícito ignorar el influjo de otro benedictino célebre, *Alcuino,* principal artífice e inspirador de la obra educativa de *Carlomagno,* de tanta significación e interés para su tiempo. Sabios destacados formaron en la corte del Emperador, como *Pablo el Diácono, Pedro de Pisa, Rabán Mauro,* el historiador *Eginaldo* y el poeta *Teodulfo.* Carlomagno mismo quiso hacer de esta tarea un afán completo, y dictó varias leyes para que el sistema quedase organizado, consagrado prácticamente el principio de la obligatoriedad de la enseñanza, la cual abarcaba tanto la instrucción de los clérigos como la de los hijos de los súbditos más modestos, responsabilizándose para ello a los párrocos en cuanto a la enseñanza elemental.

Las indicaciones de Alcuino sirvieron de base para que la educación quedase organizada en tres grados sucesivos, que fueron: a) la *elemental,* atendida por los sacerdotes en las parroquias; b) la *media,* impartida en catedrales y monasterios; y c) la *superior,* confiada a hombres sabios, y que en tiempos de Carlomagno consistió en el funcionamiento de la *Escuela Palatina,* destinada a la instrucción de los futuros funcionarios.

La audaz y penetrante obra del Imperio se deshizo con los sucesores de Carlomagno, aunque fue acogida por el rey *Alfredo el Grande,* de Inglaterra (849-901), que realizó en su país una labor equiparable a la del Emperador, o en la obra que en Alemania realizaron los emperadores del siglo x.

Las universidades

Nuevas manifestaciones de la educación medieval —medularmente sustentada por eclesiásticos— en los tiempos siguientes, fueron las *escuelas catedralicias,* en las que la enseñanza superior debería estar al cuidado de un teólogo profesional, así como las *escuelas colegiales,* que llenaban la función de la instrucción media; las *escuelas parroquiales* que constituyeron un antecedente singular de las escuelas populares primarias; y las *escuelas de caridad* para niños huérfanos.

Coronamiento de la educación medieval fue la aparición de las escuelas superiores o *estudios generales* que se convirtieron en universidades, cuando por disposición del Papa o del empera-

Aula universitaria en la época medieval

dor alcanzaban el rango de *institutos máximos de enseñanza.* Las universidades comenzaron a aparecer a fines del siglo XII y se multiplicaron en el curso del siglo XIII, pudiendo citarse como las más antiguas las siguientes: las de *París y Montpellier,* en Francia; las de *Oxford* y *Cambridge,* en Inglaterra; las de *Pisa, Padua, Bolonia* y *Nápoles,* en Italia; la de *Coimbra,* en Portugal; las de *Palencia* y *Salamanca,* en España; y posteriormente, las de *Heidelberg* y *Colonia,* en Alemania; la de *Buda,* en Hungría; y la de *Praga,* en Bohemia.

En casi todas ellas solía haber facultades de *Teología, Medicina, Derecho y Artes.*

Las artes liberales eran el elemento sustancial de una enseñanza en la que los alumnos podían ser clérigos o seglares. En este sentido es preciso recordar que la Edad Media siguió la tradición clásica que hacía del saber culto algo que era medularmente libresco y apartado en medida no pequeña de la investigación sistemática de los fenómenos de la naturaleza. Las profesiones o artes "liberales" se llaman así en la Antigüedad porque eran privativas de los hombres libres, mientras las artes mecánicas y las artesanías eran vistas con desdén, como asuntos propios de esclavos. La tendencia medieval, aun cuando casi desconoció ya la esclavitud, dejó la técnica y los procedimientos prácticos como materias que no merecían el rango de un estudio universitario, y con ello se ahondó una diferencia que fue de gran peso para el divorcio entre las profesiones "liberales" y las exigencias científicas de la investigación.

Hubo, sin embargo, quienes adoptaron una actitud distinta, como fue el caso de *Rogerio Bacon* y de *Raimundo Lulio.*

a) El primero, llamado *Doctor Mirabilis,* nació en Ilchester, Inglaterra, en 1210, y murió en 1294. Estudió en Oxford y en París y fue maestro en la universidad de esta última ciudad. Franciscano de religión, escribió diversas obras. Fue un sabio que, si bien reconocía que el saber no tiene más sentido que explicar la verdad revelada por las Sagradas Escrituras, no desdeñó las ciencias, de suerte que conoció todas las de su tiempo y fue un experimentador e investigador entusiasta. Quizás nadie insistió tanto como él, en las postrimerías de la Edad Media, en que se acudiese al método experimental, y fue cultivador de la *Óptica,* de la *Astronomía* y de la *Mecánica,* de la *Alquimia,* de la *Filología,* etc.
b) El segundo, *Raimundo Lulio,* o *Ramón Lull* (en su forma catalana), nació en Mallorca, España, hacia 1233, y murió en 1315. Ha sido beatificado. Escribió más de quinientos libros lo mismo en prosa que en verso. Puso especial empeño en el uso de la razón para demostrar las verdades de la religión. Fue, como Bacon, cultivador de las ciencias de su tiempo, aunque reconociendo la preeminencia del saber teológico.

Por lo que ve a la instrucción femenina, puede decirse que dependía en buena parte de la clase social a la que pertenecía la mujer; el hogar era, en principio, el principal centro de enseñanza, pero no era raro que en las categorías sociales elevadas, las mujeres poseyeran como ocurrió en tiempos de la caballería, más instrucción que los varones; y, desde luego, en los conventos solía haber una mayor inquietud intelectual que en otras partes.

El latín y las lenguas populares

Superada la etapa de las conmociones producidas por las invasiones de los bárbaros, el mundo de las letras medievales presentó el fenómeno singular según el cual, por una parte, el latín tuvo un rango eminente como lengua culta, según se dijo antes, mientras el habla popular era, por otra parte, objeto de algún menosprecio por los hombres de mayor saber. Sin embargo, las lenguas del pueblo fueron abriéndose paso y reclamando para ellas un sitio en la producción literaria. Así, el *Poema de Beowulf* que destacaba la lucha de este héroe contra los enemigos sobrenaturales, fue escrito en anglosajón a finales del siglo VIII, y consta que Carlomagno hizo que se escribiese en su habla nativa germánica, los cantos bárbaros, que formaron una colección que no pudo llegar hasta nosotros.

Propiamente fue a partir de la centuria XI cuando empezaron a proliferar en mayor número las obras en lengua popular.

Relatos, poemas y cantos se difundieron con amplitud, contribuyendo mucho a esta expansión la labor de los *goliardos* germánicos, que eran estudiantes o clérigos vagabundos, o la de los *juglares,* que eran hombres que recorrían los varios caminos de Europa y que hacían de la recitación, de los juegos de malabarismo y del canto, un oficio con el que se ganaban la vida. Transmisores de noticias y de famas, sirvieron como instrumentos para comunicar elementos de cultura a nivel de las masas, mientras en plano más elevado, los *tronadores,* generalmente nobles, eran poetas que solían componer obras literarias por el mero placer de producirlas, y no por lucro, a partir del siglo XII.

No fue raro, que a tono con ello alcanzasen los poemas heroicos en lengua vulgar una difusión considerable, precisamente entre los siglos XI al XIII, dado el ambiente caballeresco y guerrero de los tiempos, en coincidencia con un espíritu cada vez más propenso a la afirmación de los principios políticos de un nacionalismo embrionario. En casi toda Europa surgieron los *cantares de gesta,* de que fueron ejemplos notables los muchos poemas épicos castellano-leoneses, como el *Poema de Mio Cid* —referente a Ruy Díaz de Vivar— y los poemas referentes a los *Infantes de Lara,* a *Fernán González,* a *Bernardo del Carpio* o al *rey Rodrigo.* En Alemania correspondió lo anterior a los poemas de *Gudrun* y de los *Nibelungos;* en Francia, la *Canción de Roldán* o *Roland* —que relata la derrota de la retaguardia de Carlomagno en el desfiladero de Roncesvalles, por parte de los montañeses vascos, y la muerte de Roldán— y muchos otros que fueron acaso los que más difusión llegaron a tener en Europa; y Escandinavia, los poemas llamados *eddas,* de temas mitológicos, transmitidos oralmente por poetas populares llamados *escaldas.*

Los temas de esta vasta y múltiple producción popular fueron materia de algunas colecciones medievales, lo mismo que motivo de inspiración posterior en poetas de más renombre. "En oposición a las canciones de gesta, dice Millares Carlo, de fondo más o menos histórico, se presenta toda una clase de poemas que contienen el relato de aventuras ficticias en mayor o menor grado. Son sus héroes caballeros cortesanos que van errantes en busca de aventuras, y abundan en episodios amorosos, torneos y duelos. Estos poemas ('roman') de origen francés, constituyen el ciclo de la Tabla Redonda o del Rey Arturo, basado en las tradiciones célticas sobre el mencionado monarca y sus caballeros... Con las leyendas del ciclo de Arturo propiamente dicho se mezcló muy pronto la del Santo Grial, vaso en que José de Arimatea había recogido la sangre de Cristo, vaso confundido luego con el de la Cena y con el que sirvió a Pilato para lavarse las manos. Pronto se creó la leyenda de los viajes de Arimatea y del Grial, que, perdido, debía ser encontrado por un caballero de corazón puro. Perceval (o Parsifal) fue el más ilustre de los héroes que partieron a su conquista".

Las leyendas sobre héroes como Parsifal, como Lancelot, dieron tema a diversas producciones en la pluma de no pocos poetas, lo mismo que algunos relatos amorosos, el más conocido de los cuales, el de *Tristán e Iseo* (o *Isolda),* fue posteriormente acogido por *Ricardo Wagner* como tema pra una de sus óperas en el siglo XIX.

Una clara distinción puede hacerse, en algunas partes de Europa, entre la producción popular y la erudita; esto es, la debida a poetas más o menos anónimos, pero de fuerte arraigo entre el pueblo, y la producida por hombres de letras que tenían mayor cultura y un nombre conocido.

Dante, pintado por Doménico di Michelino

La distinción dio motivo para que en España apareciese, con este motivo, el *mester de juglaría,* u oficio de juglares, de raíz hundida en el vulgo; y el *mester de clerecía,* u oficio propio de "clérigos", en cuanto este vocablo significa, al efecto *hombre de letras* —un recuerdo de lo cual perdura en la palabra inglesa *clerk* y en la francesa *clerc,* que hacen referencia a la condición de clérigo y de hombre que escribe, o empleado—. Para el siglo XIII, la literatura elaborada por hombres cultos tiene ya una aceptación definitiva. Los temas son ya más variados y suponen conocimientos, incluso tratándose de las vidas de los santos que entonces fueron escritas. Los poemas de Gonzalo de Berceo en España —*Milagros de la Virgen, Vida de Santo Domingo de Silos,* etc.—, son típicos en este sentido. El *Canto al Sol,* de San Francisco, coincide con esta tendencia de mayor elevación literaria. En Castilla se deja, en fin, sentir la influencia musulmana en poesías líricas con temas de cuentos indios, y en Francia proliferan los *fabliaux,* o cuentos expresados en verso.

El auge literario

Es preciso, con todo, llegar a las postrimerías de ese mismo siglo XIII, y a los siguientes, para encontrar las manifestaciones más excelsas de las letras medievales.

En este último marco es eminente la figura del más grande

poeta de la Época Media, el italiano *Dante Alighieri* (1265-1321), creador de obras que lo sitúan en un plano primerísimo en la literatura universal. A más del libro, *De Monarquía,* basado en sus convicciones políticas gibelinas, ya mencionado, se conoce de él una novela sentimental, la *Vida Nueva,* así como canciones amorosas y filosóficas, pero sobre todo su magno poema, la *Comedia* —más tarde calificada de *Divina*—, en donde resumió el saber de su tiempo a través de la impresionante visita del poeta al Infierno y al Purgatorio, guiado por el poeta latino *Virgilio,* y después a la gloria, guiado por *Beatriz de Portinari* —la mujer de quien estuvo prendado—, que simboliza a la Teología. Antecedentes europeos y árabes son perceptibles en la obra, aunque el genio de Dante hizo de ella una producción incomparable.

Cabe citar, en Italia, también, a *Francisco Petrarca* (1304-1374), autor de algunos escritos filosóficos y alegóricos y especialmente del poema en latín *África,* por virtud del cual fue coronado poeta en el Capitolio de Roma.

Otro célebre escritor italiano fue *Juan Boccaccio* (1313-1375), cuentista notable y autor de relatos variados. Su *Decamerón* llegó a constituir por varias narraciones en las que, apartándose del contenido moral, el autor buscó un mero entretenimiento para el lector.

En el siglo XV, cuando la influencia grecolatina tomaba cada vez más cuerpo y el poder universalista se hacía casi una exigencia entre los hombres cultos, descolló la figura de *Pico de la Mirándola.*

La obra poética, desenfadada y crítica de *Juan Ruiz,* el arcipreste de Hita, y en su *Libro de Buen Amor,* es acaso la más saliente en España del siglo XIV, mientras en la España Musulmana se hizo célebre la *Historia General de Abenjaldun,* en cuya introducción sostuvo el singular punto de vista de que los estudios históricos tienen por meta comprender el "estado social del hombre". Autores notables en la España del siglo XV fueron, a su vez, el *Marqués de Santillana, Juan de Mena, Fernando de Rojas,* cuya tragicomedia de *Calixto y Melibea* es considerada como una producción literaria de gran mérito en las letras castellanas, y *Jorge Manrique,* conocidísimo autor de las emotivas *Coplas* que escribió a la muerte de su padre.

El derecho y la historia

Se ha indicado con anterioridad que el mundo del Derecho, al calor de las invasiones bárbaras, resintió la ruda influencia de las prácticas germánicas, sólo armonizadas en alguna medida con algunas tradiciones romanas. Esta situación fue predominante en los primeros siglos de la Edad Media, en los que el estudio del Derecho Romano, desde el punto de vista teórico, casi desapareció, salvo en aquellos sitios que, como Roma, Pavía y Ravena acogieron los estudios jurídicos como una parte de la Retórica.

En el siglo XI comenzó a cambiar la situación, y el Derecho Romano conoció un nuevo auge. La ciudad italiana de *Bolonia* fue un centro cultural de primera importancia para el renacimiento del citado Derecho, bajo la acción de eminentes glosadores, que claramente comenzaron a separar los estudios retóricos de los estudios jurídicos. Las glosas de algunos llegaron a tener gran autoridad y fueron objeto de mucho acatamiento. Es de comprenderse, por lo demás, que los Emperadores alemanes, que se sentían Césares, hayan dado toda clase de protecciones a los cultivadores del Derecho Romano, el cual les servia como apoyo jurídico para la consolidación de su poder. Cuando el poder de los reyes se fue desarrollando, a su vez, como expresión de los nacionalismos de finales de la Edad Media, el Derecho Romano mereció también una acogida amplia de parte de los monarcas: así, con *Felipe el Hermoso,* de Francia, o con *Alfonso el Sabio,* de Castilla, las normas romanas tuvieron una vigencia indudable, unidas a los principios nacidos en cada país. Un ejemplo típico de este sentido fue la célebre recopilación del último rey citado, las *Siete Partidas,* en el siglo XII, cuya importancia no se redujo al *Medioevo,* sino que pasó a la Edad Moderna, como pasó asimismo, de España a América, como una proyección final del indudable interés.

Los estudios del Derecho Romano, en el siglo XIV, tuvieron representantes destacados en el nuevo grupo de "postglosadores", tan eminentes como *Bartolo*

"Concordia discordantum canones", obra de Graciano que consagró el Derecho Canónico en el siglo XII

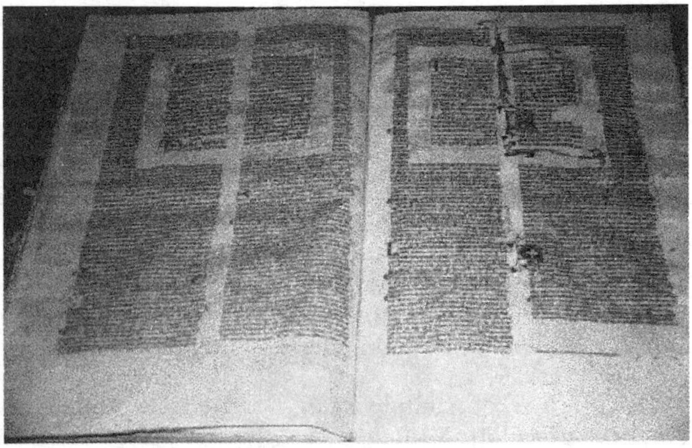

de Sassoferrato, Cinno de Pistoia y Baldo, en Italia. Ni hay para extrañarse, por todo ello, de que la enseñanza del citado derecho haya merecido un sitio importante entre las materias impartidas en las universidades.

Materias jurídicas que recabaron también la atención de muchos fueron las recopilaciones de normas para el comercio marítimo de particular aceptación en las ciudades comerciales de Italia, de España, de Alemania o de Flandes. Por su trascendencia, cabe citar también las múltiples disposiciones eclesiásticas —preceptos, cánones de los concilios, usos, decretos de los Papas, etc.— que se fueron sucediendo desde la Europa Antigua. Llegó un momento en que se hizo indispensable reunirlas, y ya en el siglo V se consiguió realizar, en Oriente, el primer ensayo de recopilación. Más tarde intentaron lo mismo Dionisio el Exiguo, por orden de Carlomagno y San Isidoro de Sevilla. Sin embargo la gran recopilación del derecho de la Iglesia o *Derecho Canónico,* fue obra de *Graciano,* monje camaldulense, el año de 1140, con el nombre de *Concordia discordantum canones;* en el resto de la Edad Media fue preciso emprender nuevas compilaciones que ayudaron a formar el cuerpo general de dicho Derecho Canónico, cuya primera gran adición tuvo lugar en 1582.

La Historia, por su parte, muchas veces considerada como una rama de la Retórica, llegó a tener manifestaciones de sumo interés, lo mismo en tiempos de los bárbaros y en los que siguieron a las invasiones de éstos, que en los años posteriores.

Obras como la de *Gregorio de Tours* —Historia Eclesiástica de los Francos, y otras—, el siglo VI, o del *Venerable Beda* —con su Historia Eclesiástica de la Nación Inglesa—, a fines del siglo VII y principios del VIII, pueden considerarse, acaso, como lo más saliente en la Baja Edad Media.

"La *Crónica de Eusebio,* dice Weckmann, traducida al latín por San Jerónimo, abre el capítulo de la historiografía latina medieval, y dio la pauta que por muchos siglos se siguió en la redacción de las crónicas".

El género proliferó mucho desde Francia hasta Rusia y de España hasta Bizancio, con valor diverso, ya con *Orosio,* continuador de Eusebio, ya con *Otto de Freising* (en el siglo XII), considerado el mejor cronista de los primeros siglos medievales, ya con *Alfonso el Sabio,* de Castilla, que en el siglo XIII hizo posible la *Crónica General,* ya en fin, con multitud de escritos historiográficos, ricos en información de toda especie.

La filosofía

Es patente que el cuadro que pueda ofrecerse en lo tocante a la filosofía medieval no puede presentar las mismas características a lo largo de diez siglos, como no puede tenerlas en ningún otro aspecto de la cultura.

Pintura de Santo Tomás de Aquino

En creciente y gradual esfuerzo, los estudios de Teología y Filosofía tuvieron una marcha cada vez más lozana, con directrices y aportaciones que fueron esenciales para el curso subsecuente del pensamiento occidental. En este sentido fue el *escolasticismo* —de *schola,* escuela— la corriente medular de Filosofía en la Edad Media, que del siglo IX al XV estructuró un sistema integral de doctrina al que dieron sus aportaciones variadas muchos pensadores. No constituyó tal sistema, empero, un cuerpo indiferenciado y único, homogéneo en todas sus partes, sino más bien una corriente que, sustentando principios comunes, tuvo, no obstante, matices singulares de acuerdo con cada tiempo, o con cada pensador que contribuyó a ella.

La adopción de muchos pensamientos de *Aristóteles* —que se buscó armonizarlos con las directrices católicas—, fue un elemento fundamental en la integración general del escolasticismo.

En términos amplios, puede decirse que en su primer periodo de formación destacaron, en sitio muy relevante, *San Anselmo,* arzobispo de Canterbury (1033-1190), a quien se considera como el fundador de la teología escolástica, y *Pedro Lombardo* (muerto en 1160), obispo de París, a quien se conoce también con el sobrenombre de "Maestro de las Sentencias". La era de apogeo de la corriente que se cita ocurrió más bien en el siglo XIII con los dominicos *San Alberto Magno* (1206-1280) y *Santo Tomás de Aquino* (1221-1274) y con el franciscano *San Buenaventura* (1221-1274) y *Juan Duns Escoto* (1265-1308).

El escolasticismo tuvo en ello a sus mejores exponentes, pero en las etapas postreras de la Edad Media, la doctrina tomó por otros caminos, especialmente con motivo de la aparición del grupo que llegó a llamarse *nominalismo* que tuvo su exponente mayor en *Guillermo de Ockam* (1280-1347), con quien el escolasticismo quedó desnaturalizado y aun abocado a convertirse en una doctrina inútil, expuesta a todas las críticas, como las que efectivamente surgieron en torno de ella.

Los principales temas escolásticos

Varios fueron los temas que en los estudios escolásticos reclamaron la atención de los pensadores, y que supusieron una actitud cabalmente distinta a la que fue propia de la filosofía griega en no pocos aspectos. Así, mientras esta última habló de la *génesis* o de la *generación* como una realidad consistente en el movimiento del ente, el paso de un principio a un fin, la escolástica, conforme con los principios del Cristianismo, se refirió a la *creación* como acto que descansaba en la existencia de un Creador que de la nada había gestado o creado el mundo, que de suyo no era necesario, sino contingente. De allí surgieron las consideraciones escolásticas sobre este gran problema de la ontología, estrechamente unido a este otro: el de que no siendo necesario el mundo, ni bastándose por sí mismo para ser, reclama una actitud continua de Dios, una solicitud de conservación que lleva a admitir la "creación continuada".

En los periodos de auge de la escolástica la "creación continuada" fue plenamente admitida, pero para los nominalistas, en cambio, fue objeto de discusiones que llevaron a la afirmación de que el mundo puede subsistir por él mismo, de modo que, según ellos, la cooperación de Dios al mundo consiste sólo en no aniquilarlo, en dejarlo que sea, y la consecuencia lógica de esta última actitud fue, naturalmente, la de llegarse a reconocer en la criatura una independencia cada vez mayor en relación con el Creador.

Otro de los grandes temas que absorbieron las preocupaciones de los teólogos y de los filósofos medievales fue el de los *universales,* con el que de algún modo estuvo conectada gran parte de las cuestiones entonces debatidas.

Los universales son, en suma, los géneros y las especies, diferentes de los individuos. El género humano no es igual que el ser humano individual. La cuestión por resolver era, pues, ésta: ¿los universales son realidades o no lo son? ¿Tienen ser o son meras especulaciones de la mente? La solución dada a tales cuestiones dividió a los escolásticos. Los que siguieron una actitud de *realismo* extremado, postularon que si bien los individuos son entes reales, los universales también lo son, lo cual, bien vistas las cosas, ofrecía el riesgo de caer de algún modo en una confusión de todo y las partes. Los adversarios de tal postura, los nominalistas, insistieron a su vez en decir que no hay más realidad que la individual, y que nada hay que sea universal en la naturaleza, sino sólo en la mente del hombre.

La actitud equilibrada la asumió *Santo Tomás de Aquino,* que propuso maduramente una solución de *realismo moderado,* que pudo salvar los puntos opuestos de los radicales.

Es dable mencionar también, como otro de los motivos sustanciales del pensar escolástico el problema del *logos,* o problema de la razón, que escindió igualmente a los intelectuales medievales en esta materia.

¿Dios, en efecto, es la razón suma, o Dios está por encima de la razón, como decían los nominalistas, y la razón es exclusiva de los conceptos humanos? ¿Es posible llegar a Dios fundamentalmente por los caminos del amor de la *charitas,* como quería *San Anselmo,* o de modo básico por los de la fe, como quería *San Buenaventura?* Como en tantas otras cosas, Santo Tomás sostuvo el punto de equilibrio al enseñar que, si bien la Teología descansa en la Revelación hecha por Dios, la razón humana labora para interpretar y conocer los datos de aquélla, pudiéndose llegar a una completa adecuación entre Dios y la razón humana.

La filosofía judía

Contemporáneamente a las grandes especulaciones cristianas hubo, según se ha visto antes, las que aportó el mundo islámico, así como las que, dentro cíe la corriente social hebrea, tuvieron un papel de interés cultural no desdeñable.

A este propósito cabe recordar al judío *Filón de Alejandría,*

Imagen de un texto ilustrado del siglo XIV que muestra el consultor de un cirujano

que, como ha dicho Dujovne, "siempre quiso ser fiel a la filosofía griega, que le parecía más aceptable, y a la de sus antepasados, de la cual se considera devoto". Sin embargo, Filón no tuvo continuadores, no tuvo una escuela o corriente que lo siguiera, y el pensamiento hebreo presenta una gran laguna que sólo se cierra hasta el siglo IX en que aparece ya una filosofía judía desarrollada sistemáticamente, sobre la base de los estudios de la Biblia y del Talmud, pero también con vínculos inocultables con el pensamiento griego y el islámico. "*Los filósofos judíos medievales,* agrega el citado autor, *sin dejar de prestar oído atento a las voces helénicas o a sus ecos, conservaban plenamente viva en sus espíritus la idea monoteísta sin transacción. Rica en consecuencias morales, no se exteriorizó en un sistema dogmático. Cabían junto a ella metafísicas distintas que, si bien diferían en puntos fundamentales, debían coincidir en la tesis que afirmaba un Dios único. Así fue, en efecto, pero el Dios único que en todas ellas se admitía era, en algunas, Dios trascendente; en otras apenas se lograba disimular su inmanencia".*

Tuvo esta tendencia algunos exponentes de mérito.

Con todo, la figura de mayor relieve fue la de *Moisés ben Maimón,* generalmente conocido como *Maimónides,* que nació en Córdoba en 1135 y murió en El Cairo en 1204. Médico erudito talmudista y hombre de gran talento, manejaba el hebreo con tanta perfección literaria como el árabe. Fue autor de un libro llamado *Guía de Perplejos,* cuyo tema central fue el de los atributos de Dios, basados en su ser, en su unidad, en su potencia creadora, en su ciencia y en su voluntad. La influencia de Maimónides fue apreciable en algunos escritos escolásticos, y desde luego en otro gran pensador judío moderno, que fue *Benito Spinoza.*

La cábala

Quizás como una reacción contra la rigidez del Talmud y de sus intérpretes, se desarrollaron dentro del judaísmo medieval, sobre todo a partir del siglo VII, varias tendencias religioso-filosóficas que proponían nuevas afirmaciones para la explicación del mundo y de la vida. En un medio de tal especie se abrió paso la *cábala o quabbalah* que significa *recepción* o *doctrina recibida* y que mucho influyó en algunos ambientes hebreos de la época.

Una cierta leyenda fue propuesta para explicar sus orígenes remotos y su fundamentación esotérica. Tal leyenda, apunta Fraile, *"admitía que Dios no solamente había entregado a Moisés las tablas de la Ley, sino que en los cuarenta días pasados en la cumbre del Sinaí le había comunicado de palabras otras muchas cosas que se habían transmitido oralmente a la vez que la letra escrita de la Biblia".* En la práctica no hay pruebas de esa supuesta tradición, pero sí de que en la Edad Media el misticismo judío, fuertemente influido por el neoplatonismo y por el pitagorismo griegos, dio lugar a la vigorosa corriente de la cábala que llegó a descansar en dos principios fundamentales: *uno, el de la doctrina de la emanación; y otro, el del poder místico de las letras del alfabeto hebreo,* conforme indica Dujovne. El antecedente más claro de esta doctrina fue el *Libro de la Creación,* redactado por un autor cuyo nombre se desconoce, quizás en Palestina, en el siglo X —aunque hay quienes lo hacen babilónico—, y el *Zohar* (o *Libro del Esplendor),* que constituyó el elemento central de la cábala, compilado en el siglo XIII *por Moisés de León,* según parece.

La cábala, en definitiva, pretende que del espíritu de Dios hubo nueve emanaciones o *sefi-*

rot, que son eternas y de las que procede todo lo demás, porque son la *materia* de todas las cosas, si bien, como afirma Box, "las veintidós letras del alfabeto hebreo constituyen su forma", fenómeno que se trata de explicar, por este último autor, atribuyendo a los cabalistas la convicción de que las "letras oscilan en cierta manera en el límite, entre el mundo espiritual y el mundo físico". Tal circunstancia se conecta al mismo tiempo con el hecho de insistirse, en la cábala, en que el lenguaje externo de la Biblia encierra otro interno que sólo es conocido por los iniciados, por más que, cuando viva la última generación humana, se comprenderá del todo el sentido profundo del texto sagrado.

La cábala llegó a ser especulativa, pero también práctica, al pretenderse la realización de milagros por parte de sus seguidores, lo que vino a darle, en este último sentido, un cierto aspecto mágico.

La ciencia medieval

No es posible entender el panorama genérico de la ciencia en la Edad Media si no se toman en cuenta los elementos históricos en que apareció esta época. Se quiere decir con ello que la obra científica medieval, en los primeros años resintió no sólo el impacto de la desarticulación política del imperio de Occidente —ya que el Oriente siguió en pie— con el retroceso a que dio lugar, sino también el dato inocultable de que Roma no aportó prácticamente nada a la ciencia, y se concretó a ser mera transmisora, sin nada original, de la cultura griega en esta materia. Este sentido de la *esterilidad científica del pueblo romano,* que incluso no supo incorporar y asimilar con suficiencia el saber alejandrino, fue una herencia pesada que llegó también a la Edad Media en sus etapas iniciales, de suerte que quienes suelen deturpar el panorama de la cultura medieval, pierden de vista que la falta de interés científico en muchos núcleos humanos no fue algo típico del Medioevo, sino consecuencia de una situación que históricamente venía de tiempo atrás.

Algunos, a pesar de todo, pretendieron salvar el legado antiguo, pero no pudieron trabajar sino con los materiales que tenían a su alcance, y no es de extrañar que la información científica que presentaron fuese de nivel sumamente modesto. Al paso del tiempo, sin embargo, y con el concurso de los hombres de cultura bizantinos, o árabes, la Europa occidental llegó a tener más tarde, sobre todo a partir del siglo X, horizontes más despejados en estos ámbitos del saber, siendo muy de tomarse en cuenta el hecho de que no pocos centros culturales monásticos aparecieron en un suelo, como el de España, tan estrechamente enlazado con el Islam y con las aportaciones judías. Lo griego, por ejemplo, pudo retornar así como elemento estimulante, a través de los conductos musulmanes, que en veces —como en la Alquimia y en la Óptica— llegaron a superar los esquemas helénicos.

El caso del monasterio hispano de *Ripoll,* en donde se tradujeron obras árabes de Matemáticas, de Astronomía y otras ciencias, entre los siglos X y XI, es típico del fenómeno que se apunta. Investigaciones recientes han puesto de manifiesto cómo, con las aportaciones judías y musulmanas de *Toledo y Córdoba,* respectivamente, y a través de la España cristiana, fue posible la difusión en varios puntos de Europa de materiales de cultura muy apreciables. Las obras físicas de Aristóteles, el Almagesto de Ptolomeo, y los escritos de Arquímedes, de Galeno, y de Apolonio, o de árabes como Avicena, Alhazen y otros, fueron objeto de traducción y conocimiento.

Un fenómeno equiparable puede apuntarse en relación con la célebre escuela médica de *Salerno,* en Italia, depositaria asimismo del saber griego enlazado con el árabe.

Es a partir del siglo XIII, sin embargo, cuando la difusión y cultivo de conocimientos científicos tuvo un enlace mayor en Europa. Muchos espíritus tuvieron verdadero afán de conocimientos universales, al paso que se despertaba un interés inocultable por los fenómenos de la naturaleza. Clérigos y seglares, plebeyos y monarcas, mostraron

Catedral de Nuestra Señora de París

Catedral de Colonia

esta curiosidad científica acomodada en su tiempo; y así no resultó raro encontrar al Emperador Federico II como aficionado al estudio y a la experimentación, o al rey de Castilla, Alfonso el Sabio, verdadero fundador de la ciencia española en esta parte de la Edad Media.

Los estudios de Geometría, por ejemplo, supusieron la asimilación de los escritos griegos, ya directamente, o ya a través de los comentaristas islámicos. En la Aritmética tuvo un lugar destacado el hecho de que la obra de este mismo nombre, escrita por el árabe *Al-Jwarizmi,* pudo ser conocida, y mediante ella fue factible el uso de los números "arábigos" —que en realidad son de origen indio, como se indicó antes—, el del "ábaco", como tabla de cálculo y el sistema de numeración decimal. Lamentablemente, el uso del cero —conocido por los indios antiguos y por los mayas de Mesoamérica— no llegó a difundirse en la Europa de entonces. Influencia islámica se percibió también en los conocimientos del Álgebra, y antecedentes griegos en los de Trigonometría. A su vez, la Astronomía medieval, en la etapa a la que nos referimos, descansó medularmente en las concepciones de *Ptolomeo* expuestas en su *Almagesto,* en donde, como se sabe, dio a conocer su teoría geocéntrica, sus ideas acerca de la estructura del Universo, los movimientos celestes y el catálogo de las estrellas, como una especie de gran explicación geométrica. Prácticamente la Astronomía medieval descansó en la doctrinas de *Ptolomeo,* y en las del árabe *Alhazen,* que admitía la excelencia de nueve orbes concéntricos, a más de la esfera de las estrellas fijas.

Por lo que se refiere a la Geografía, la obra de este mismo nombre, debida a *Ptolomeo,* gozó también de valimiento, y aunque no fue pródiga de datos, supo, por lo menos, utilizar algunos elementos de interés como las coordenadas geográficas. Hubo en la Edad Media, paralelamente a ello, una multiplicación no desdeñable de conocimientos geográficos, pero la cartografía medieval no supo aprovecharlos y en general se mostró poco desarrollada. En Física, las ideas de Aristóteles fueron dominantes, como lo fueron también en lo tocante a las ciencias biológicas, en las que se aprovecharon, asimismo, los trabajos de los griegos *Teofrasto* y *Galeno.* Las ideas de este último, su pensamiento antropológico, en el que la Anatomía y la Fisiología, venían a constituir un todo para el estudio, dominan en la cultura medieval, sin que la disección fuera extraña, pero sobre todo en animales y excepcionalmente en cadáveres humanos, práctica, esta última, que sólo se generalizó a fines del siglo XIII y principios del siglo XIV.

La Geología Griega, que había sido bastante mediocre, dejó una huella en los científicos medievales, que no se superó sino hasta que aparecieron los estudios de Avicena.

En general, sin embargo, la ciencia medieval se vio muy constreñida y limitada por dos factores que mucho pesaron y que retardaron su desarrollo: de una parte, el culto excesivo que llegó a darse a los autores clásicos cuya palabra constituía una norma inapelable, sobre la base de que habiéndolo dicho el maestro tenía que admitirse su indicación ("magister dixit") y, de otra, el poco afán que hubo de recurrir con suficiencia a la experimentación como fuente de adquisición valiosa de conocimientos —salvo excepciones notables— e incluso la "objetividad" de algunos llegaba a consistir sólo en adherirse a las opiniones de los autores sin aportar nada personal.

Los alquimistas

Es posible distinguir, empero, entre quienes sí acudieron a la experiencia de modo sistemático, a los *alquimistas,* seguidores de un saber que llegó a Europa también a través de los árabes, y que naturalmente no gozó, entre los sabios oficiales, de ningún favor.

La *Alquimia* se apuntó desde Egipto, y tuvo eco en Grecia y en Persia, alcanzó auge en el Imperio Romano, pero fue más tarde perseguida cuando algunos la mezclaron con la magia y el maleficio; desterrada, volvió a Europa en la Edad Media, y a partir del siglo X reinició su carrera. Entre los alquimistas hubo charlatanes y embaucadores, desde luego, pero también hombres sinceramente deseosos de alcanzar conocimientos más depurados. "Fiándose poco de los cuatro elementos de Aristóteles, dice Laloup, buscaron la *quinta essentia,* quintaesencia, denominación que aplicaban al supuesto substrato de las otras cuatro esencias. Con el propósito de hallarla, intentaban encontrar el modo de transmutar ciertos cuerpos; experimentan principalmente con los óxidos y las sales de oro y plata, que mezclan con los óxidos de plomo, antimonio y mercurio. En el curso de esta labor de investigación inventan una notable serie de instrumentos: alambiques, retortas, crisoles, etc.; practican corrientemente la fusión de minerales; calcinan, disuelven, pulverizan... Perseguidos por motivos religiosos o morales, emplean un lenguaje hermético, con símbolos, criptogramas y alegorías, que se convirtieron en el lenguaje habitual de estos primeros químicos.

"En la práctica, la mayoría de los alquimistas concentraron su esfuerzo en la 'piedra filosofal' substancia misteriosa que había de hacer posible la transmutación de cualquier metal corriente en oro. Sabemos hoy que las transmutaciones de los elementos no son una utopía, pero los medios que se empleaban en aquella época nos parecen muy pueriles.

"No se descubrió la piedra filosofal ni el 'elíxir de larga vida' (infusión de la piedra en alcohol), pero si la 'Gran Obra' fracaso lamentablemente, se perfeccionaron los instrumentos de trabajo y el conocimiento de los cuerpos y su clasificación".

Un alquimista sirio del siglo IX, *Gebero,* encontró, a base de sus experimentos, alcoholes, ácido nítrico, ácido sulfúrico, alumbres, álcalis y el sublimado de mercurio. Otro, *Rhazés,* en su *Libro de Arte,* intentó una singular clasificación de las sustancias en animales y vegetales.

El arte medieval

En las diez centurias que duró la Edad Media fueron varios los estilos *arquitectónicos* que florecieron.

Así, a la arquitectura bárbara que ya se ha mencionado, y que tuvo en la *tumba de Teodorico* su expresión más típica, siguieron más tarde otras tendencias que, o bien buscaban inspirarse en elementos romanos, o bien procuraban seguir sus propios impulsos.

Uno de los estilos de mayor aceptación fue el *románico,* que floreció entre los siglos IX y XIII en varios países de Europa.

Las construcciones románicas —que pretendían tener alguna inspiración en el estilo originado en Roma— fueron de recia contextura. Este estilo tuvo en algunas catedrales sus ejemplos más depurados. En general, las iglesias románicas contaban con una fachada cuya puerta tenía un arco de medio punto; las ventanas, a su vez, también tenían arcos de medio punto. La planta de estos edificios era rectangular, con columnas interiores que dividían a las tres naves correspondientes; el techo en ocasiones era abovedado, y en ocasiones plano; las ventanas eran escasas y pequeñas, por lo que el interior era oscuro; al fondo de la iglesia estaba el ábside, en semicírculo, en donde se encontraban el altar mayor y el coro. Algunas iglesias románicas tenían el campanario como parte del edificio, pero en otras el campanario era independiente. Las columnas solían tener capiteles adornados con frutas, animales o seres humanos.

Castillos y abadías de ese entonces siguieron este estilo pesado, vigoroso, en donde predominaba el macizo sobre el vano.

Ejemplos notorios de arte románico son: *la catedral vieja de Salamanca y la iglesia de San Vicente de Ávila,* en España; *la catedral de Worms,* en Alemania; *la catedral de Durham,* en Inglaterra; *la catedral de Aviñón y la abadía de Cluny,* en Francia; *y la catedral de Pisa,* en Italia.

Pintura de Giotto en Padua, Italia. Muestra a San Joaquín y a unos pastores

En el siglo XII surgió en Francia el *estilo gótico,* u *ojival,* que pronto se desbordó por casi toda Europa. Fue un arte de mayor ligereza, de mayor elevación, de mayor gracia que el anterior. Las fachadas, con un gran rosetón, se vieron cubiertas de columnas y de esculturas; las torres de las iglesias se procuró que terminaran en flechas; y siendo tan débiles los muros —cubiertos además de vitrales— fue menester que se construyesen contrafuertes para recibir los empujes de la parte superior de la construcción.

Construcciones civiles y religiosas acogieron este estilo, al que corresponden *las catedrales de Burgos y de Toledo,* en España; *las catedrales de Chartres, Reims* y *Nuestra Señora de París,* en Francia; *la catedral de Colonia,* en Alemania; *los palacios comunales de Gante y Brujas,* en Bélgica; *la catedral de Winchester,* en Inglaterra; y otros más.

Por lo que ve a la escultura, fue perceptible, al principio, la influencia bizantina con figuras hieráticas, lo mismo en los púlpitos que en los sarcófagos. En la época románica se encuentran en Europa ejemplares en forma de relieves y figuras propias de los pórticos de las iglesias, con mucha monumentalidad en ocasiones, aunque no siempre bien proporcionadas las figuras. Desde el siglo XII, la escultura fue menos rígida, y en el XIII, con el auge del estilo gótico, se encuentra en Europa una mayor proliferación de esculturas más gráciles, de mayor cercanía a los moldes griegos, de modo que todos los gestos humanos encuentran sus expresiones en la piedra, en el marfil, o en madera, hasta llegar al siglo XIV, en que parece instaurarse un cierto sentido de armonía y de la sobriedad en la escultura. Escultores notables a partir del siglo XIII fueron: *Nicolás de Apulia, Arnoldo de Cambio,* y posteriormente *Lorenzo Ghiberti* —que esculpió magistralmente las puertas de bronce del bautisterio de Florencia, con motivos bíblicos—, *Jacobo de la Quercia, Donatello y Lucas de la Robbia.*

El uso de los mosaicos bizantinos tuvo su aceptación en los primeros siglos de la Edad Media. De esta época proceden asimismo las interesantes miniaturas de las *abadías cluniacenses.* Hacia el siglo XI se inició el gusto por las pinturas murales; sin embargo además de las paredes, se pintaba sobre otros materiales como pergaminos, vidrio y madera, al tiempo que se reproducían las figuras de toda índole en los bordados y en los tapices. La pintura en los siglos XIII y XIV tuvo figuras tan eminentes como *Duccio, Cimabué, Giotto y Simone Martini,* en Italia. *Pietro Cavallini,* autor de pinturas al fresco y de mosaicos, realizó también una obra meritoria.

El más descollante de los pintores italianos citados fue *Giotto,* a quien se puede considerar como el gran precursor de la pintura moderna. Y en la centuria siguiente aparece toda una pléyade de artistas notables que, desde Italia, influyeron en el arte de muchos lugares de Europa, tales como *Fray Angelico* —que ejecutó pinturas de gran fuerza mística—; *Masaccio* —realista, vigoroso—; *Piero della Francesca* —cuyas obras lo muestran como un gran colorista—; *Sandro Botticelli* —pintor elegante y de gran valía—; *Perugino, Filippo Lippi,* y otros.

Por lo que ve, finalmente, a la música, no es posible ignorar el dato de que desde el siglo IV tuvo una aceptación muy considerable en Europa, derivada de su aprovechamiento en la liturgia eclesiástica. La introducción de la música para los salmos fue debida a *San Ambrosio,* y a *San Gregorio el Grande* la de los coros llamados *canto llano,* que son melodías para una voz.

Fue a mediados del siglo XI cuando se difundió la escritura musical en *pentagramas,* o cinco líneas paralelas, según se empleó ya por *Guido d'Arezzo,* haciéndose factible, a partir de entonces, una mayor conservación de las obras musicales. En los siglos XIV y XV, la música medieval profana se vio enriquecida con multitud de manifestaciones y temas en el norte de Europa aparecieron los cantos polifónicos, o cantos a varias voces, que más tarde tuvieron aceptación en el resto del continente. En cuanto a instrumentos, la música sacra usó el órgano portátil, mientras la música no religiosa fue interpretada mediante las cítaras, violas, laúdes, violines, flautas, trompas y cornetas.

Lecturas

Alfonso El Sabio

Entre sus creaciones docentes se cuentan los Estudios universitarios de Sevilla, en latín y árabe, y la Escuela o Universidad mixta de Murcia con profesores de las tres razas: la española cristiana, la española musulmana y la judía. Trató igualmente de crear en Sevilla cátedras de Ciencias Naturales para los físicos que venían del extranjero, a la vez que establecía en Salamanca otras de medicina, cirugía, música y canto llano.

Contemporáneamente con él, el clero regular y secular organizaba enseñanzas especiales para los sacerdotes y monjes, como las de idioma y literatura árabes, gramática y lógica, teología y Sagrada Escritura. Por impulso personal del Rey se escribió... (la) muy completa enciclopedia jurídica: Las Siete Partidas. No fueron solamente Las Partidas un libro de Derecho que resume el saber jurídico de su época y que introdujo fuertemente en la práctica judicial (más tarde en la legislación propiamente dicha) elementos importantes del derecho justiniano, sino que constituye también uno de los monumentos literarios de la lengua castellana. Ya entonces había adquirido ésta toda la fuerza de expresión y la riqueza, de palabras que la hicieron capaz de producir las grandes obras literarias de algún tiempo después...

Los sabios que rodearon a don Alfonso escribieron también, por mandato de éste, libras de cosmografía, astronomía y química; corrigieron las tablas astronómicas que sirven para medir el tiempo; redactaron la llamada Crónica General de España, que termina en el reinado de Fernando III y cuyo texto original no conocemos... e hicieron otros trabajos científicos de importancia. El rey fue también poeta, y de él nos ha quedado la mágica colección de canciones a la Virgen, en lengua gallega, que se conoce con el nombre de Cantigas de Santa María.

Rafael Altamira

Bibliografía fundamental

Alighieri, Dante. *Obras Completas.* Biblioteca de Autores Cristianos. Madrid. 1956.

ALLEVI, Luigi. *Misterios Paganos y Sacramentos Cristianos.* Edi-torial Herder. Barcelona. 1961.

APPENDINI, Ida y ZAVALA, Silvio. *Historia Universal. (Roma, Edad Media, Islam).* Editorial Porrúa. México. 1953.

AQUINO, Santo Tomás de. *Suma Teológica.* Biblioteca de Autores Cristianos. Madrid. 1947.

BABINI, José. *Historia Sucinta de la Ciencia.* Colección Austral. Espasa-Calpe Argentina. Buenos Aires-México. 1951.

BELLOC, Hilaire. *Las Grandes Herejías.* La Espiga de Oro. Buenos Aires. 1946.

DE LA PEÑA, Carlos H. *Historia de la Literatura Universal.* Editorial Jus. México. 1963. *Antología de la Literatura Universal.* Editorial Jus. México. 1960.

DÍAZ-PLAJA, Guillermo y MONTERDE, Francisco. *Historia de la Literatura Española e Historia de la Literatura Mexicana.* Editorial Porrúa. México. 1955.

DOMÍNGUEZ, Dionisio. *Historia de la Filosofía.* Editorial Sal Terrae. Santander. 1953.

DUJOVNE, León. *Introducción a la Historia de la Filosofía Judía.* Editorial Israel. Buenos Aires. 1949.

ECO, Umberto y ZORZOLI, G. B. *Historia Ilustrada de los Inventos.* Compañía General Fabril Editora, S. A., Buenos Aires. 1962.

FRAILE, Guillermo. *Historia de la Filosofía.* (Tomo II). Biblioteca de Autores Cristianos. Madrid. 1960.

GALLEGOS ROCAFULL, J. M. *La Visión Cristiana del Mundo Económico.* Taurus. Madrid. 1959.

HOURTICQ, Louis. *Historia de la Pintura.* Colección Surco. Salvat Editores. Barcelona. 1948.

LALOUP, Jean. *La Ciencia y lo Humano.* Editorial Herder. Barcelona. 1964.

LARROYO, Francisco. *Historia General de la Pedagogía.* Editorial Porrúa. México. 1960.

LECLERCQ, Jacques. *Filosofía e Historia de la Civilización.* Ediciones Guadarrama. Madrid. 1965.

LLORCA, Bernardino. *Manual de Historia Eclesiástica.* Editorial Labor. Barcelona. 1946.

MALE, Emile. *El Arte Religioso.* Breviarios del Fondo de Cultura Económica. México-Buenos Aires. 1952.

MARÍAS, Julián y LAÍN ENTRALGO, Pedro. *Historia de la Filosofía y de la Ciencia.* Ediciones Guadarrama. Madrid. 1964.

MILLARES CARLO, Agustín. *Compendio de Historia Universal de la Literatura.* Editorial Esfinge. México. 1945.

MUNDÓ, José. *Curso de Historia Universal.* Espasa-Calpe. Madrid. 1942.

OLMEDO, Daniel. *Manual de Historia de la Iglesia.* Buena Prensa. México. 1946.

PIJOÁN, José. *Summa Artis*. Espasa-Calpe. Barcelona. 1957.
REINACH, Salomón. *Apolo*. Editorial Nueva España México
REY PASTOR, J. y DREWES, N. *La Técnica en la Historia de la Humanidad* Colección Oro. Editorial Atlántida. Buenos Aires. 1957.
SCIACCA, M.F. *Historia de la Filosofía*. Editorial Luis Miracle. Barcelona 1962.
SHERWOOD TAYLOR, F. *Los Alquimistas*. Breviarios del Fondo de Cultura Económica. México-Buenos Aires. 1957.
VALVERDE, Héctor. *Historia de la Arquitectura*. Breviarios del Fondo de Cultura Económica. México-Buenos Aires. 1963.
WECKMANN, Luis. *Panorama de la Cultura Medieval*. Universidad Nacional Autónoma de México. 1962. *La Sociedad Feudal*. Editorial Jus. México. 1944.
VIGNAUX, Paul. *El Pensamiento en la Edad Media*. Breviarios del Fondo de Cultura Económica. México-Buenos Aires. 1958.

Capítulo 20

Principios del mundo moderno

El fundamento de todos los errores consiste en no saber cuál es la dirección de la civilización y del mundo.

DONOSO CORTÉS

I. El Renacimiento

En los albores de la Edad Moderna apareció en Europa una corriente cultural que, nacida en *Italia,* se extendió con posterioridad a otras naciones de aquel continente, y más tarde, por razones históricas comprensibles, a América.

Esa corriente cultural recibió el nombre de *Renacimiento,* por considerarse que vino a ser un *nuevo nacimiento* de la gran cultura grecolatina, de suerte que las obras literarias de Grecia y de Roma fueron estudiadas con mayor ahínco, se reflexionó más sobre muchos de los temas que fueron vitales en la producción de los escritos griegos y romanos, y se procuró inspirarse en los grandes modelos de la escultura, de la pintura, de la arquitectura, de la filosofía y de la ciencia clásica. El Renacimiento, sin embargo, no fue un estallido cultural imprevisto, ni llegó a ser una copia servil. Sus antecedentes comenzaron desde la época de la Baja Edad Media y fueron madurando al correr de los años. En este cuadro histórico fue Florencia el lugar de Italia donde el Renacimiento se manifestó en la Época Moderna con mayor fuerza, y de allí pasó a otras partes de la península, y luego al resto de Europa y a la América recién descubierta, con variados matices. *"Giorgio Vasari, crítico de arte y pintor del siglo XVI,* indican Appendini y Zavala, *empleó la palabra 'rinascita' (renacimiento) para señalar los cambios que habían sufrido las artes plásticas italianas a partir del siglo XIV. El historiador Jules Michelet se sirvió de la palabra renacimiento para englobar todas las manifestaciones artísticas y literarias de la corte de Francisco I, Rey de Francia; Jacobo Burckhardt, en su libro 'La Civilización del Renacimiento en Italia', se valió de la palabra antes señalada para designar los cambios de carácter intelectual, artístico, literario, moral, filosófico, material que dieron al mundo europeo un nuevo valor histórico y contribuyeron, en parte, al advenimiento de la Edad Moderna".*

No debe extrañar a nadie que haya sido Italia el sitio donde mejor se conservó la devoción a lo antiguo, y donde el Renacimiento tuvo sus manifestaciones más acabadas, porque, a más de haberse conservado allí multitud de libros, y el gusto por ellos, no había otra parte de Europa en donde estuviesen más vivos los recuerdos, los monumentos, las obras plásticas que la Antigüedad produjo, y esto daba al italiano un ambiente favorable a la prosecución de la cultura con antecedentes clásicos. A ellos se agregaron las influencias de Oriente, sobre todo de Bizancio, que arribaron al Occidente con motivo de las conquistas turcas, que obligaron a gran número de maestros y sabios a refugiarse en Italia. Su presencia permitió una amplia difusión de la lengua griega, así como nuevas luces para la interpretación de las obras clásicas. Figuran entre estos emigrantes ilustres el cardenal *Bassilio Besarion, Manuel Crisolaras y Constantino Lascaris.* Cabe agregar a eso la aguda tendencia a favor de una belleza en todas sus manifestaciones, la complacencia por la vida y por lo sensible, junto con los grandes cambios sociales e intelectuales, dando por resultado todo ello la aparición del Renacimiento como un nuevo estilo de cultura.

En el Renacimiento se insistió más que nunca, asimismo, en estudiar directamente la naturaleza, en favorecer las invencio-

Un aspecto interior de la Biblioteca del Vaticano

nes y los conocimientos científicos, y sobre todo, en hacer que hubiera una preocupación mayor por el hombre como individuo, muchas veces desvinculado de sus relaciones sociales.

El humanismo

En el cauce cultural del Renacimiento se dio el nombre de *humanismo* al estudio sistemático y comprensivo de las obras literarias griegas y latinas en sus idiomas originales. No era algo nuevo en el panorama cultural europeo, pero sí algo que demandaba cada vez más una atención porfiada de los eruditos y de los hombres de letras en general. En el siglo XIV, en las postrimerías de la Edad Media, ya fue sintomático que hombres como *Francisco Petrarca y Juan Boccaccio* hayan puesto empeño especial en interpretar y comentar los libros de los autores romanos en una medida mayor que en los años previos. Ambos dieron comienzo también al estudio metódico de la lengua griega. A partir de entonces, y de una manera más acentuada al principio de la Edad Moderna, los cultivadores de las letras clásicas, llamados *humanistas,* tuvieron auge, y entre ellos se perfilaron dos grupos: *los que por su devoción a lo griego y a lo romano trataron de hacer a un lado los valores del Cristianismo, y por eso puede llamárseles "paganizantes", y los que, por el contrario, trataron de armonizar lo clásico con lo cristiano, en actitud de equilibrio.*

El entusiasmo por lo antiguo se hizo desbordante. El fervor inicial llevó a hurgar en monasterios y conventos la presencia de manuscritos clásicos, y muchas veces se dio con verdaderos hallazgos, porque en la Edad Media hubo quienes trataron de borrar las letras originales para escribir encima nuevos textos.

A tales libros, con dos redacciones superpuestas, se les llamó *palimsestos,* y llegó a ser un verdadero arte el de tratar de restaurar las escrituras primitivas. A lo largo del siglo XV aparecieron, conforme a esta intensa tarea de restauración y localización, medallas, estatuas, códices, joyas, monedas, armas y monumentos que ayudaron a forjar una visión renovada de lo clásico como modelo e incentivo creador, e incluso no se consideró pertinente reducir la cultura a una especialidad, sino hacer de ella una actitud universalista, y así muchos se aplicaron a estudios integrales del saber de su tiempo y del saber antiguo, llegando a darse el caso de hombres como *Pico de la Mirándola, Poggin Bracciolini y Lorenzo Valla,* que tuvieron un auténtico saber enciclopédico.

Mecenas y academias

A semejanza de lo que ocurrió en tiempos de Octavio Augusto, en Roma, con el gran protector de las letras que fue *Mecenas,* en el Renacimiento hubo también seglares y eclesiásticos que consideraron adecuado y meritorio otorgar su favor al fomento del arte y de la cultura general, y por ello se les llamó "mecenas", y al acto, "mecenazgo". Algunos de ellos están estrechamente unidos al gran desarrollo del Renacimiento italiano, como ocurrió con los Papas *Nicolás V*, fundador de la Biblioteca Vaticana, *Pío II* —conocido antes como Eneas Silvio Piccolomini, autor de unos *Comentarios* y de una *Cosmografía* que ejerció influencia en Cristóbal Colón—, *Julio II; Clemente VII, León X y Paulo III;* el rey *Alfonso V* de Nápoles; y entre los seglares de mérito, los *Médicis* de Florencia, y especialmente *Lorenzo*, llamado el *Magnífico;* los duques de *Urbino;* los *Sforza* y los *Visconti*, en Milán; y los *Gonzaga* en Mantua.

Surgieron también como una remembranza del viejo sitio de las disertaciones platónicas, las *academias*, como centros de reunión a donde concurrían los sabios, destacando al efecto la *Academia Platónica* de Florencia —en la que incluso se debatían los temas en medio de suntuosos banquetes, como en la Antigüedad—; la *Romana;* y la *Pontaniana*, en Nápoles.

La literatura italiana

Todos los géneros literarios fueron cultivados en la Italia renacentista, lo mismo en la lengua del país que en la lengua latina, con particular afán de alcanzar expresiones de belleza depurada.

Varios fueron los literatos de mayor renombre, pero entre ellos cabe citar, en nivel destacado, a *Luis Ariosto* (1474-1535), poeta, comediógrafo, diplomático, autor de diversas obras, cuyo trabajo capital fue el *Orlando Furioso* —poema en el que se narra la lucha entre Carlomagno y Agramante, y entre sarracenos y cristianos—, *Torcuato Tasso* (1544-1595), poeta y dramaturgo que compuso un gran poema épico llamado *La Jerusalén Libertada* —en el que se menciona la pugna de los cruzados por libertar los Santos Lugares—; y *Baltasar de Castiglione*, autor de *El Cortesano* —a través de cuyas páginas se describe el vivir y el sentir de su tiempo.

Pedagogo notable de esta época y hombre de gran saber, fue

Lorenzo el Magnífico, pintura en el Palacio Riccardi, en Florencia

Vittorino da Feltre, muerto en Mantua en 1446.

Dentro de la literatura política y la historiografía cabe citar, sobre todo, a *Nicolás Maquiavelo* (1469-1527), que desempeñó el cargo de Secretario de la Señoría de Florencia, pero cuyas funciones no le impidieron ser diplomático, historiador, dramaturgo, poeta y cuentista. Escribió: *La Vida de Castruccio Castracani, El Arte de la Guerra, Los Discursos Sobre la Primera Década de Tito Livio, Relaciones, La Historia de Florencia,* y sobre todo *El Príncipe.* Este último libro le abrió las puertas de la inmortalidad y lo situó entre los autores clásicos en materia política —usando en ello la expresión "clásico" como lo que es perdurable y tiene valor permanente—, dado que, a pretexto de formular un tratado del perfecto gobernante —para lo cual tomó como modelos a César Borgia y a Fernando el Católico—, sentó la tesis de que *la política es amoral y sólo responde a la razón de Estado.* Nadie antes —salvo, acaso, algunos sofistas— había postulado una afirmación de esta especie, que a partir de él, sin embargo, llegó a tener una amplia difusión y aceptación inocultables, en tanto que fue propio del pensamiento antiguo y medieval el insistir en que la política y la moral son inseparables. Hondamente preocupado por la situación de desgarramiento y división en que Italia vivía, Maquiavelo anhelaba una nación unificada, fuerte y respetada. Para llegar a un fin político, todos los medios estaban justificados.

La obra fue debatida, aplaudida por unos e impugnada por otros, como ocurrió, en este último sentido, con el libro que varios años más tarde escribió en España el padre *Pedro de Ribadeneyra,* llamado *El Príncipe Cristiano.*

A su vez, *Francisco Guicciardini* (1485-1540), florentino también, e igualmente diplomático, produjo una obra de interés, que es la *Historia* de *Florencia.*

La arquitectura

Los edificios construidos durante la era renacentista en Italia trataron de inspirarse en las obras de la antigüedad, aunque de esto hubo ya, a fines de la Edad Media, ejemplos notables, como los debidos a *Bruneleschi.*

Entre los primeros arquitectos que iniciaron la corriente que se cita, ya en los tiempos modernos, estuvo *Bramante,* que se inició en el arte a través de la pintura, para la que tenía grandes aptitudes, pero más tarde se orientó hacia la arquitectura, en la que no tardó en sobresalir, debiéndosele obras de particular mérito en Roma y en Milán. Uno de sus trabajos de mayor interés fue el de la reconstrucción de *la basílica de San Pedro,* de acuerdo con los modelos clásicos, si bien sus proyectos más tarde fueron modificados por otros arquitectos, incluso *Miguel Ángel Buonarroti,* para la construcción de la cúpula.

En general, los edificios civiles, domésticos y religiosos del Renacimiento casi no tuvieron más los motivos góticos y acogieron, en cambio, el arco de medio punto, o arco romano, y muchas otras expresiones del arte clásico. Se usaron entonces las columnas libres o empotradas, conforme a los estilos jónico o corintio; aparecieron peristilos y frontones triangulares; y las bóvedas de forma gótica fueron sustituidas por bóvedas del tipo de la que es perceptible en el Panteón de Agripa. La arquitectura renacentista de Italia no fue, con todo, uniforme en sus variadas manifestaciones; en las construcciones venecianas, por ejemplo, hay un mayor desbordamiento de lujo y colorido; más grandiosidad en las romanas; y más severidad en los edificios de la Toscana. Puede apuntarse también el hecho de que lo gótico, desterrado en general, dejó todavía alguna huella en la época renacentista como sucedió en la *Cartuja de Pavía.*

Nicolás Maquiavelo

La proyección de la arquitectura renacentista pasó de Italia a España, y de España a Iberoamérica, en donde se levantaron también obras inspiradas en los antiguos modelos greco-latinos.

La pintura

Como se ha visto antes, la pintura mereció amplia acogida en Italia desde el siglo XIII, en las que destacaron las figuras de Cimabué y Giotto, sin perjuicio de que el XIV se encontrasen los pintores mencionados en el anterior capítulo, a quienes suele catalogárseles con el nombre de "primitivos". A partir de entonces se apela a la perspectiva y se estudian el paisaje y la anatomía.

En la práctica, la pintura renacentista en Italia obtuvo algunos motivos de su inspiración en la pintura clásica, pero su gran desarrollo fue propio y de fisonomía impresionante, con personajes como *Miguel Ángel Buonarroti, Rafael Sanzio, Leonardo da Vinci, Tiziano y Tintoretto.*

Miguel Ángel (1475-1564) fue, quizás, el de mayor variedad de motivos y de recursos pictóricos, y el de dibujo y colorido más vigorosos. Ninguno de los otros dos pintó tal variedad de temas, mostrando en todos su enorme talento y sus extraordinarias facultades. La circunstancia de haber estudiado anatomía durante muchos años, le dio un dominio absoluto a sus trazos de la figura humana, aunque no con una reproducción servil de ésta, sino con un conocimiento que su genio supo realzar notabilísimamente. A él se debió la obra magna de las pinturas que decoran los muros y el techo de la *Capilla Sixtina,* en Roma, con motivos inspirados en el Antiguo Testamento, así como el magno *Juicio Final* que se halla en la misma capilla y que tiene a Cristo como figura central. La labor realizada con este motivo fue minuciosa, magnífica e impresionante, y Miguel Ángel invirtió en ella ocho años, bajo la protección del *Papa Julio II.*

Rafael (1483-1520), aunque se formó de acuerdo con el arte florentino, fue en Roma donde dejó los mejores testimonios de su capacidad creadora. Sus obras muestran una delicadeza y suavidad mayores. Pintó en muros —como en las *estancias* y en las *galerías* del Vaticano—, temas tales como *La Escuela de Atenas, La Disputa del Santísimo Sacramento* —que es en realidad una pintura que gira en torno al triunfo de la Eucaristía— y *La Transfiguración;* pero también produjo multitud de cuadros de caballete entre los que descollaron sus *Madonnas* (pinturas de la Virgen María), de particular gracia y encanto.

Por su parte, *Leonardo* (1452-1519) se reveló como un hombre que, además de pintor tuvo una verdadera capacidad universal. Fue escritor, filósofo, escultor, arquitecto, anatomista, ingeniero, etc., y autor de multitud de proyectos que en su época parecieron irrealizables, como un aparato para desplazarse debajo del agua, un aparato para volar, etc., pero que en un eco lejano de la tendencia apuntada por el tiempo demostró que eran factibles. Como *Rogerio Bacon* y sus semejantes, Leonardo da Vinci, obtuvo mucho de su saber mediante la observación y la experimentación. Los inventos que ideó fueron resultado de esta actitud, que coincidía con el nuevo enfoque que acerca de la ciencia y la técnica se dejaba sentir en Europa. Estudiar las leyes y los fenómenos de la naturaleza era una preocupación continua en él, que incluso elaboró un alfabeto especial para hacer sus anotaciones. Como pintor, Leonardo da Vinci ejecutó pocas obras. Esto se debió a su deseo de realizar trabajos perfectos en cuanto al dibujo y en cuanto al color. A él se deben, efectivamente, entre otras, las siguientes pinturas: el retrato de *Gioconda* —acaso su obra maestra, célebre por la expresión misteriosa de la sonrisa y los ojos—; la *Cena* pintada en el refectorio del convento de Santa María de las Flores, en Milán, la *Virgen de las Rocas,* otras pinturas, un autorretrato y diversos bocetos. De modo lamentable, su afán de querer hallar nuevas composiciones químicas para sus colores dio por resulta-

La Gioconda

do el que, con el correr del tiempo, se echaran a perder en parte algunas de sus obras, sobre todo la Cena, que para colmo fue destruida en forma parcial por los soldados franceses durante las guerras napoleónicas, demasiado imbuidos de ideas antirreligiosas. La producción de Leonardo da Vinci fue, empero, de mucho mérito, y es menester considerarlo como uno de los más grandes artistas de todos los tiempos.

A la escuela veneciana corresponden otros tres pintores de nota, en quienes es perceptible el gusto por los motivos de mayor colorido, la vivacidad y una cierta expresión de exuberancia cálida. Uno de ellos fue *Tintoretto,* otro *Tiziano Vecellio* (1477-1576), y el otro, *Paolo el Veronés* (1528-1588). Sus lienzos fueron ocasiones propicias para dar a conocer su dominio, su maestría y la luminosidad de su inspiración.

La escultura

Si la escultura italiana fue favorable al realismo en el curso del siglo XV, en el siglo XVI se volvió más idealista y monumental. El desarrollo de esta escultura recibió estímulos nuevos, en la era renacentista, al descubrirse valiosas piezas clásicas que fueron otros tantos modelos e incentivos que seguir, como ocurrió con el célebre torso del Belvedere, el grupo de Laocoonte, y otras.

No fueron pocos los escultores que dejaron obras de valía indiscutible, pero entre todos ellos tuvo eminencia definitiva *Miguel Ángel Buonarroti* que se dio a conocer con el conjunto escultórico conocido con el nombre de *La Piedad,* en donde representó a la Virgen María sosteniendo el cuerpo exánime de Cristo una vez que había sido descendido de la cruz: más tarde produjo esculturas de tanto vigor como la de *Moisés* de la iglesia de San Pedro in Vincoli; las esculturas de los *Esclavos;* el *David;* la escultura de *Lorenzo de Médicis;* y con ellas las figuras realizadas para las tumbas de la familia Médicis: la *Noche,* el *Día,* la *Aurora,* el *Ocaso,* etcétera.

Posterior en algunos años fue *Benvenuto Cellini* (1500-1572), a quien puede considerarse váli-

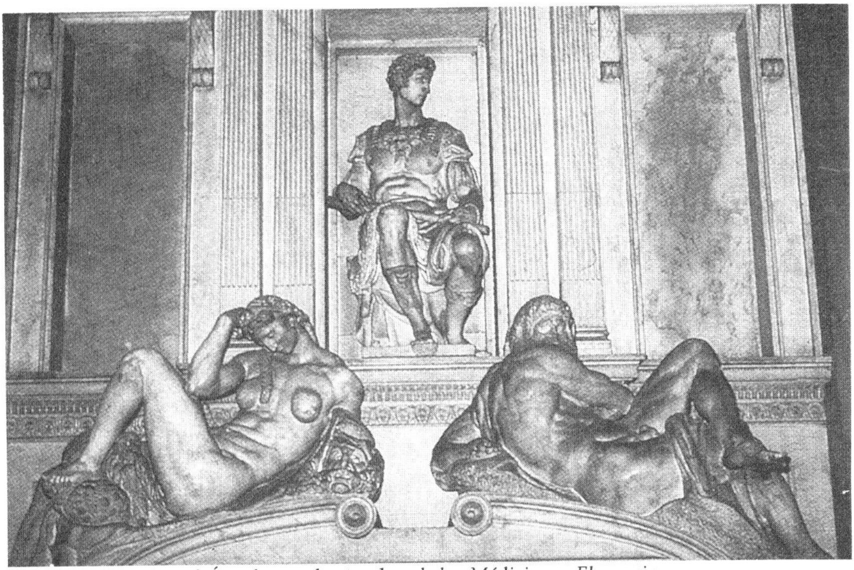

Esculturas de Miguel Ángel, para las tumbas de los Médicis, en Florencia

damente como el máximo orfebre del Renacimiento italiano, poseedor de una maestría que lo sitúa entre los más connotados creadores en la historia del arte. Su obra máxima fue el *Perseo,* que muestra al célebre personaje de la mitología griega llevando en la mano izquierda la cabeza de Medusa.

Cellini fue escritor también, y de él se conservan sus *Memorias.*

El humanismo fuera de Italia

La viva impetuosidad y los valores que el Renacimiento produjo no se ciñeron a Italia, sino que se desbordaron.

En el cauce del humanismo del siglo XVI cabe anotar, como el más conocido y notable de los humanistas no italianos, a *Erasmo de Rotterdam* (1466-1536), nativo de los Países Bajos, que escribió varios libros que alcanzaron gran eco y aceptación en muchos lugares, como su *Elogio de la Locura,* sus *Coloquios,* el *Libro contra los Bárbaros, el Manual del Soldado Cristiano,* y otros, en los cuales reveló la amplitud de su saber, su gran dominio de las lenguas clásicas —incluso el uso de un latín fluido que resultaba asequible al público de todo el continente—, pero también su actitud de cierta irreverencia y oposición contra determinadas costumbres y prácticas eclesiásticas, no obstante que él mismo era sacerdote. No rompió con la Iglesia Católica —en la cual murió—, pero en algunas expresiones suyas llevan a concluir en la tesis de que los dogmas los relacionaba con las doctrinas religiosas de Platón, Cicerón y Séneca. Por razones personales era enemigo de la vida monástica y de muchos aspectos de la Teología —él vivió contra su voluntad y por imposición de sus tutores en un convento de agustinos donde resintió las austeridades de la regla; era enfermizo y padecía por los ayunos y abstinencias— y desbordó en forma ligera sus críticas y su afán de reforma religiosa, que si bien tenía una razón de ser en la vida aseglerada y poco edificante de no pocos eclesiásticos, o en la vida supersticiosa de muchos seglares, el camino por seguir, de una purificación auténtica, mal podía ser a fuerza de escritos sarcásticos, de burlas o de cuentos mordaces. Se le recibió en muchas partes y se le admiró bastante, llegando a ser una figura de primer orden en la intelectualidad europea de su tiempo, pero más tarde fue violentamente combatido, y cuando apareció la crisis protestante, Erasmo adoptó una actitud indecisa que lo malquistó con casi todo el mundo.

Coincidió la corriente humanista y de cultivo de las letras en los Países Bajos y en Alemania, con una importante obra de propulsión cultural debida a la *Congregación de los Hermanos de la Vida Común,* fundada por *Gerardo Groote,* y muy extendida por esa área de Europa. Cooperador de esos religiosos fue el agustino *Tomás de Kempis* (1380-1471), a quien se atribuye la celebérrima *Imitación de Cristo,* en cuyas páginas se hace cifrar la verdadera sabiduría de la consecución de la paz interior, del amor divino, mediante la imitación de Dios hecho hombre.

Entre los humanistas alemanes de mérito en la misma centuria, es dable anotar a *Regiomontanus,* a *Rodolfo Agrícola,* llamado "el Petrarca alemán"; a *Juan Tritheim,* de saber enciclopédico; y a *Felipe Melanchton;* entre los españoles, el célebre *Juan Luis Vives* (1492-1540), escritor, educador y filósofo que sintió la influencia de algunas corrientes escolásticas lo mismo que de Aristóteles y de Platón, y que mostró particular afecto al método experimental e inductivo, y *Antonio de Nebrija,* como más descollantes; y entre los ingleses, especialmente el *Santo Tomás Moro,* autor de un libro llamado *Utopía* o proyecto de un estado ideal de la sociedad, y que murió mártir de la fe católica con motivo del cisma alentado por el rey Enrique VIII.

Verdaderos mecenas llegaron a ser, en suelo español, tanto los *Reyes Católicos* como el cardenal *Francisco Jiménez de Cisneros.* Los primeros llevaron a escritores italianos a su país, como *Lucio Marineo Sículo* y *Pedro Mártir de Anglería;* el segundo hizo posible la aparición de la *Biblia Complutense,* con su texto en varios idiomas, y propició el establecimiento de la *Universidad de Alcalá.* Como es natural, España fue el medio de transmisión del humanismo y de la corriente renacentista en general con destino a las colonias suyas en América, de modo que en esta última se recibió por ejemplo mucho de lo que se escribía y se pensaba en Europa; hubo "erasmistas", tanto como hubo ecos para el arte que se producía en el Viejo Mundo; y llegó a darse el caso de que algunas de las ideas de *Moro,* en su *Utopía,* inspiraron la obra civilizadora del obispo de Michoacán, *don Vasco de Quiroga.*

El arte fuera de Italia

En suelo alemán surgió, a instancias del Renacimiento, una falange de pintores que especialmente como retratistas dejaron cuadros imperecederos, como ocurrió con *Lucas Cranah* y con *Hans Holbein,* a quienes se deben las efigies de hombres que en su época merecieron una atención muy viva. Compatriota suyo fue el notable grabador *Alberto Durero,* que en su género fue, quizás, quien alcanzó niveles de creación artística más elevados que nadie.

Junto, en los Países Bajos, la tradición pictórica se había mostrado vigorosa desde el siglo XV, incluso con aportaciones de valía como las de los hermanos *Van Eyck,* a quienes se atribuía la invención de la pintura al óleo. A lo largo del siglo XVI descollaron otros más, pero fue hasta fines de dicha centuria cuando apareció el más notable de todos, que fue *Rembrandt,* maestro holandés del claroscuro; y en lugares de primerísima importancia también, otros dos pintores flamencos: *Antonio Van Dyck* y *Pedro Pablo Rubens,* a principios del siglo XVII.

En Francia se apreció un desarrollo cultural interesante, dentro del marco renacentista, que tuvo lugar o fue favorecido en gran medida por los reyes *Francisco I* y *Enrique II,* a principios del siglo XVI. Correspondió a este desarrollo la edificación de los castillos construidos en las riberas del río *Loira,* en los que se quiso buscar una cierta armonía entre lo clásico y lo gótico; y fue también la época en que los pintores *Goujon y Pilon* produjeron sus obras.

No fue menos atractivo el movimiento renacentista en España. En materia arquitectónica surgió un estilo, al que se dio el nombre de estilo *plateresco.* Recibió tal nombre porque algunos de sus motivos se inspiraron en el arte de los plateros españoles. Ejemplares de esta modalidad arquitectónica aparecieron principalmente en Castilla, y más tarde en América. En México hay varios ejemplares de gran valía, como los conventos agustinianos de *Acolman, Actopan* y *Yuriria* construidos en la primera mitad del siglo XVI. Algo más tarde, a fines de este siglo, apareció en España otro estilo, el *herreriano* (llamado así por el arquitecto *Herrera),* y su ejemplar más típico fue el *Escorial,* mandado edificar por Felipe II, estilo que también pasó a América y del que hay testimonios en pie.

Por lo que toca a la escultura, es perceptible la influencia italiana, lo mismo que en la pintura española de esa época. Pintor de cierto mérito, identificado con el Renacimiento, fue *Pedro Berruguete.*

II. La Reforma Protestante

Antecedentes

Infinidad de causas y antecedentes concurrieron para dar sitio al movimiento religioso conocido con el nombre de Reforma Protestante, en la primera mitad del siglo XVI.

Entre tales antecedentes y causas pueden traerse a cita lo mismo la supervivencia de herejías provenientes de la Baja Edad Media, al modo de la de *Juan Huss,* en Bohemia, en el ámbito del Imperio Alemán, o la de *Juan Wicleff* en Inglaterra —quienes sostuvieron, entre otras cosas, que es suficiente la Sagrada Escritura como regla de vida; que es más importante la predicación que la misa y los sacramentos; y que el Papa no tiene primacía de jurisdicción—; las condiciones existentes en Europa a instancias de la oposición entre el Papado y el Imperio; o bien, el desprestigio nacido con motivo del Cisma de Occidente, que tantos males produjo. No puede dejar de señalarse, al par de ello, la relajación de costumbres de no pocos seglares y eclesiásticos —como sucedió con el lamentable caso del Papa Borja, *Alejandro VI*—, en coincidencia con el Renacimiento, el decaimiento de la fe religiosa en muchos, a consecuencia de la aceptación que entonces se tuvo de las antiguas filosofías paganas, o simplemente del modo de vida desenvuelto y nada austero que se quiso inspirar en los modelos clásicos —tan apartados de una virtud auténtica—; así como el nombramiento para funciones religiosas de personas que no tenían vocación religiosa ni cultura suficiente, y en quienes el lujo, la ignorancia y la simonía no eran nada raros.

No pocos de estos hechos eran comentados por algunos humanistas —incluso y principalmente por Erasmo de Rotterdam como se ha visto antes—, con escritos en los que las personas e instituciones eclesiásticas llegaban a quedar en un plano muy desfavorable. Por lo cual ha dicho Menéndez Pelayo que "Erasmo abrió el camino" a Lutero "en todo lo que se refiere a disciplina, ya que en los errores dogmáticos" hubo una radical diferencia entre ambos.

La *muerte negra,* o epidemia asoladora que diezmó a Europa a fines de la Edad Media, concurrió a su modo a preparar el ambiente, al cercenar muchas vidas, y al ofrecer una coyuntura propicia para que llegasen al estado religioso individuos sin el adiestramiento y la vocación adecuados a su ministerio.

¿Y cómo pasar por alto, en fin, las inquietudes de tipo racionalista, que llevaban al desdén por la autoridad religiosa, y aun ciertas tendencias de la filosofía medieval, al modo de ciertos radicalismos del grupo nominalista, que al prescindir en buena parte de Dios preparaban el terreno para la exaltación del individuo como sujeto fundamental? Unidos los hechos y las tendencias del pensamiento, no fue raro, pues, que *Tomás Campanella,* el filósofo italiano, proclamare entonces que *"el hombre es rey, epílogo, armonía y fin de toda cosa"*, como un eco de la vieja expresión griega de que *"el hombre es la medida de todas las cosas"*.

Retrato de Erasmo de Rotterdam, por Hans Holbein

Martín Lutero

El pretexto para que se desencadenase la rebeldía religiosa fue *la cuestión de las indulgencias,* es decir, el perdón de las penas temporales de los pecados, según dispuso el Papa León X, a favor de quienes, hallándose en estado de gracia mediante confesión y comunión, contribuyesen con limosnas a la terminación de las obras de la basílica de San Pedro, en Roma.

El hecho, de suyo, no habría sido bastante para provocar una conmoción religiosa, si no hubiesen mediado las circunstancias vivas o latentes que se han mencionado antes. Pero englobado el pretexto dentro de la situación ambiente, se explica el paso que *Martín Lutero* y los suyos dieron frente a la autoridad pontificia, y que se tradujo, de una parte, en el desgarramiento de la unidad religiosa que había en Europa —excepción hecha del sureste y el levante, donde se había arraigado la tendencia ortodoxa griega nacida del *Cisma de Oriente*—, y de otra, una exaltación nueva, rotunda y vehemente del yo individual en la esfera de lo religioso —y luego en otras esferas—, que habría de ser una de las notas más características de la Edad Moderna, frente al antiguo sentido jerárquico y social del ser humano, que distinguió a la Edad Media en sus mejores épocas.

En tales términos Lutero, el monje agustino nacido en Eisleben en 1483 —que acaso ingresó en religión sin tener vocación idónea, y que fue presa dramática de una insatisfacción pertinaz para encontrar solución adecuada al problema de la salvación del alma—, se convirtió en adalid y en símbolo. *"Por conceptos harto diferentes,* ha dicho a este propósito Jacques Maritain, *tres hombres dominan al mundo moderno y rigen los problemas que lo atormentan... Lutero, Descartes, Rousseau. Ellos son en verdad, los padres de eso que Gabriel Séailles llamaba la conciencia moderna".* En el caso de Lutero hallamos, en efecto, una exaltación del individuo, del yo, que si en materia religiosa va a llevar a *libre examen,* a dejar que cada quien interprete la *Biblia* libremente, en lo general va a conducir a un despliegue de la voluntad muchas veces desdeñoso de los fueros de la razón. Así, Lutero, que negaba al Papa y a la Iglesia en general el derecho de interpretar las Sagradas Escrituras conforme a las indicaciones evangélicas, se proclamaba a sí mismo como un ser infalible, al decir: *"No admito que mi doctrina sea juzgada por nadie. El que no conozca mi doctrina no puede salvarse".*

Si pues, el "advenimiento del yo" ocupa en lo religioso un papel fundamental —un yo que inevitablemente acabará por divorciarse de Dios y de su ley, y que por lo pronto, habrá de producir la dislocación de la fe y aun el surgimiento de grupos con doctrinas religiosas opuestas entre sí, a causa de la interpretación particular—, en otros planos de la cultura ha de ser favorable al voluntarismo, a la acción, y algunas formas de moral y de economía en las que el "éxito", el "triunfo" y el "progreso" material se tomarán como las mejores muestras del bien y del carácter superior.

El luteranismo

Las ideas de Lutero, centro de la gran conmoción que se habría de producir en el siglo XVI, revelan esa sobrevalencia de lo jerárquico y de lo corporativo, siendo inevitable ver en ellas, un germen del individualismo, del liberalismo, y a su modo, en la economía, del capitalismo clásico. Escribió y predicó mucho, y en su producción es posible encontrar lo mismo la importantísima traducción de la *Biblia* al alemán —que hizo al amparo que le fue concedido por su protector, el gran elector Federico de Sajonia—, que sus libros *Llamamiento a la Nobleza Cristiana de la Nación Alemana, La Libertad Cristiana y La Cautividad de Babilonia,* en donde resaltan conceptos que en gran medida constituyeron la base de su Reforma, después proyectada, modificada o ampliada por otros.

Puesto en marcha el movimiento, las ideas centrales del reformismo luterano fueron resumidas por el teólogo y humanista *Felipe Schwarzed* o *Melanchton,* a petición del emperador Carlos V, en un documento que recibió el nombre de *Confesión de Augsburgo,* y en la que se encuentran las siguientes ideas:

1. El hombre es libre en su interior (hipertrofia del yo) y puede interpretar libremente la *Biblia,* sin sujeción a ninguna autoridad, conforme al llamado "juicio privado".
2. La naturaleza del hombre, sin embargo, está de tal modo

Castillo francés en las riberas del río Loire

corrompida, que las obras hechas por él son insuficientes para alcanzar la salvación. Ésta se obtiene por una fe profunda en la misericordia de Dios. La fe consiste no sólo en los dogmas sino en la comunión suprema del alma humana con Dios.

3. No es de admitirse la jerarquía de la Iglesia, ni el sacerdocio católico, aun cuando se admite una jerarquía de obispos y pastores.
4. No son de aceptarse más sacramentos que el bautismo y la Eucaristía —aunque en ésta hay sólo consustanciación de la presencia de Cristo en el pan, y no transustanciación como sostiene la doctrina católica—. Se descarta la vida monástica, el celibato de los clérigos —Lutero se casó con la ex religiosa Catalina Bora y tuvo varios hijos—, la confesión ante un sacerdote, la misa, la veneración a las imágenes, los ayunos y el culto a la Virgen María. Sin embargo, se siguieron admitiendo los dogmas acerca de la Trinidad, la Encarnación y la Redención.
5. Es precisa una reforma integral de la religión. La única fuente de Revelación es la *Biblia.*

Lutero más tarde afirmó que el hombre tiene una libertad muy reducida, y este pensamiento fatalista le valió a Lutero una discusión con Erasmo, quien sostenía a su vez el principio de que la libertad es necesaria en el campo moral.

Paulatinamente fue siendo corriente, en el grupo reformista, el prescindir del latín, para hacer las plegarias y cantos en lengua nacional, y los templos llegaron a ser centros de reunión religiosa, pero desprovistos de imágenes y reliquias.

Lutero era, por lo demás, un hombre que veía con ruda hostilidad a la filosofía, y en especial al escolasticismo, que seguramente no conoció sino en sus expresiones degeneradas; de allí que hablase de *Aristóteles* como "el baluarte impío de los papistas", el "filósofo rancio", un "pilluelo que hay que meter en la pocilga o en la cuadra de los asnos", "un comediante", y el "más astuto corruptor de las mentes"; y de *Santo Tomás* afirmó que "nunca ha comprendido un capítulo de Aristóteles o del Evangelio", por lo cual, él, Lutero, "le rechaza y le niega".

Es sabido cómo, encendida la polémica desbordadas las pasiones, el Papa condenó las proposiciones de Lutero en la bula *Exurge Domine,* pero éste dispuso que fuese quemada el 10 de diciembre de 1520. Mediaron intentos de resolución; se celebraron vanas dietas imperiales, pero la ruptura estaba hecha; en tal virtud, otra bula posterior, de 1521, excomulgó al caudillo reformista.

Todos los esfuerzos hechos por el emperador Carlos V para detener el movimiento fracasaron. Gran número de los príncipes y nobles alemanes se pusieron de parte de la rebelión religiosa, y muchos elementos populares también. En el norte de Europa el luteranismo prendió con rapidez con el apoyo de los monarcas, y diversos extrarreligiosos —hechos políticos, económicos y sociales— se mezclaron con la directriz reformista: así, el absolutismo de los monarcas septentrionales se vio favorecido y vigorizado, al sostenerse, en mitad de la crisis, que *"según fuese la religión del príncipe, así sería la del pueblo";* y aunque esto era una práctica negación al principio del libre examen concedido a todo individuo, la incongruencia de no pocos reformistas consagró una situación que significaba la sobrevalencia de los reyes y de los príncipes, los cuales, además, al sentirse desligados de la fe tradicional, y por ende de la Iglesia, se consideraron autorizados a tomar para sí los bienes eclesiásticos. En otros planos comenzaron a rendir sus frutos los principios del individualismo religioso, especialmente en Alemania, incluso con las tendencias al comunismo de los *anabaptistas* de Tomás Münzer; o bien con la sangrienta *rebelión de los campesinos,* de los siervos contra los nobles que los dominaban.

Todavía más, el enfrentamiento del emperador al rey francés, Francisco I, obligó a aquél a tener que mostrarse tolerante con los nobles reformistas, cuyo concurso necesitaba en la lucha; aunque éstos, temiendo verse en un momento dado constreñidos por la actitud imperial, formaron la *Liga de Smalkalda* con ayuda extranjera. Hubo, entonces, un paréntesis de expectación que se rompió sin embargo, y tras una guerra incierta, el emperador logró la paz mediante la concesión de la libertad religiosa a los reformistas o *protestantes,* nombre, este último, que usaron con motivo de una anterior prohibición imperial destinada a impedir que hicieran propaganda en las zonas católicas.

La Paz de Augsburgo, de 1555, fue el documento que consagró el acuerdo con los reformistas, conforme a los siguientes puntos:

1. Los príncipes y señores del Imperio Alemán estaban en aptitud de escoger libremente la religión católica o la luterana, y podían imponerla a sus súbditos.
2. Quienes no quisieran acatar la religión de su señor podrían vender sus bienes y emigrar, pero no podían ser condenados a muerte.
3. Los bienes eclesiásticos de que se hubiese tomado posesión hasta 1552, serían conservados por sus nuevos poseedores.
4. No podría haber nuevos apoderamientos de bienes eclesiásticos.
5. Los prelados católicos que se convirtieron al luteranismo perderían su dignidad eclesiástica y sus bienes.

Proyección del reformismo

En Suiza, uno de los principales caudillos reformistas en el siglo XVI fue *Ulrico Zwinglio* (1484-1531), cuya actitud religiosa fue en cierto modo más radical que la de Lutero. Consideraba, por ejemplo, que la Eucaristía no confiere gracia alguna, que es meramente figurativa y sin presencia real. Era párroco de Glaris y deseaba una renovación amplia del Cristianismo. Hizo de *Zurich* su centro de actividades. Quiso propagar sus ideas entre los montañeses de los altos cantones suizos, pero los pobladores de éstos, que tenían sacerdotes de gran integridad moral y pobreza, no admitieron la reforma y resistieron la penetración. Estalló la guerra y Zwinglio fue muerto en la batalla de Coppel, de 1531.

Martín Lutero, cuadro de Lucas Cranach

Un clérigo francés, que huyó de su país y se refugió en Ginebra, *Juan Calvino* (1509-1564), llegó a ser el fundador de una tendencia de muy largo alcance social y religioso.

Fue autor del libro llamado *Instituciones de la Religión Cristiana.* En él quiso reafirmar que las Sagradas Escrituras eran la única fuente de las verdades religiosas, interpretadas por personal revelación interior; subrayó más que ningún otro teólogo reformista, que el hombre está *predestinado* por la Providencia a la salvación o a la condenación eternas, y nada puede hacer para evitarlo. La calidad de justo de un individuo se le imputa desde fuera, no radica en el alma. Consideró que los sacramentos eran signos de la gracia, pero sólo para los elegidos; rechazó el sacerdocio jerárquico y la doctrina del Cuerpo Místico; y, al revés de Lutero, que sostenía que la Iglesia puede quedar sometida al Estado, Calvino sostuvo que el Estado debe estar sujeto a la Iglesia, a tono con lo cual impuso en Ginebra una rígida dictadura religioso-política.

Calvino estableció un sacerdocio formado de ministros y pastores, ancianos y diáconos. Los órganos del gobierno fueron dos: la *Venerable Compañía,* con facultades exclusivamente religiosas, y el *Consistorio,* integrado por ministros y ancianos, que vigilaba las costumbres y la vida moral de los ginebrinos. Un estatuto llamado *Código de Ordenanzas Eclesiásticas,* contenía las normas destinadas a regular la vida de la ciudad.

La existencia en Ginebra se vio sujeta a preceptos rigurosos, y Calvino reprimió con dureza a cuantos disentían de su doctrina, mandándolos a la hoguera o al cadalso. Una de sus víctimas más célebres fue el médico español *Miguel Servet,* descubridor de la pequeña circulación de la sangre, quien sostenía puntos de vista distintos a los de Calvino acerca de la Trinidad. Servet murió quemado en la hoguera.

Por lo demás, no hay duda de que de todas las sectas reformistas —que llegaron con el tiempo a ser muchas y opuestas entre sí, como fruto del libre examen— la más activa y de mayor alcance popular en el centro de Europa y después en otras partes, fue la calvinista. El calvinismo llegó a los *Países Bajos* y causó una verdadera conmoción, lo mismo que en Escocia —con los *presbiterianos*— y en Francia. En este último país, los calvinistas recibieron el nombre de *hugonotes,* vocablo derivado del alemán *eidgenoss,* que significa "confederado". En el curso de los siglos XVI y XVII llegaron a constituir de un 10 a un 15 por ciento de la población francesa, muchos de ellos burgueses y nobles. A sí mismos se llamaban *Les Reformés.*

La cuestión religiosa en Inglaterra no fue, en medida fundamental, asunto de discrepancias doctrinales, sino, al principio, consecuencia de la pasión innoble del rey *Enrique VIII* que, pretendiendo repudiar a su esposa, la reina *Catalina de Aragón* —hija de los *Reyes Católicos de España*—, y no habiendo podido conseguir que el Papa anulase el matrimonio, rompió sus relaciones con Roma, no obstante que poco tiempo antes había salido por los fueros del catolicismo en contra de Lutero, hasta el punto de haber escrito un pequeño libro que le valió del Papado el título de *defensor de la Fe.* La pasión por *Ana Bolena* pesó más que las consideraciones teológicas, y mediante el *Acta de Supremacía,* el rey quedó como jefe de la Iglesia de Inglaterra, en lo que no fue al principio sino un *cisma* que dio por resultado la singular consecuencia de que se persiguiese a los católicos por rebeldes —la víctima más ilustre fue *Santo Tomás Moro,* el canciller, como se ha dicho antes—, y a los protestantes por herejes.

Con violencia y con medidas varias, el pueblo inglés fue siendo separado de sus viejas convicciones, y a la postre el cisma se convirtió a su vez en herejía, con el hijo de *Enrique VIII,* que fue *Eduardo VI* y más tarde con su otra hija, *Isabel I,* poniéndose en marcha de esta suerte un estado de cosas en el que al final sólo unos cuantos núcleos católicos pudieron subsistir, sin que se restableciera la jerarquía católica en Inglaterra hasta el siglo XIX.

La contrarreforma

En el seno de la Iglesia Católica comenzó a gestarse, aun antes de que apareciera la rebeldía luterana, un movimiento de reforma, pero no en la doctrina, sino en la disciplina interna.

Clérigos y seglares, conscientes de que había males que era preciso superar, se empeñaron en esa tarea de depuración y mejoramiento, tanto de las órdenes religiosas como del clero diocesano, e incluso del episcopado. Fue *España,* sin duda alguna, el país que primero vio alzarse el afán de cambio, conforme a una honda conciencia moral, y la obra que en tal sentido emprendieron la reina doña *Isabel de Castilla* y el arzobispo de Toledo, el cardenal *Francisco Jiménez de Cisneros,* contribuyó en mucho a esta tarea de transformación plenamente católica. Figuras eminentes en el campo religioso surgieron más tarde, y puede mencionarse entre ellas al beato *Juan de Ávila,* a *Santa Teresa de Jesús,* a *San Juan de la Cruz,* a *Santo Tomás de Villanueva,* a *San Juan de Dios,* y a muchos más que, con la predicación, el sacrificio, la penitencia y la labor de caridad llegaron a ser exponentes egregios de un espíritu religioso a muy elevado nivel.

Por lo demás, cuando surgió el Protestantismo, la Iglesia Católica en general procuró que el trabajo de depuración se emprendiese.

Una nueva orden religiosa, la *Compañía de Jesús,* fue acaso uno de los mejores instrumentos que tuvo la Iglesia Católica, asimismo, para hacer frente a la herejía difundida con tanta amplitud y para depurar a sus elementos. La Compañía de Jesús fue fundada por un hidalgo vascongado, *Íñigo López de Loyola* o *Ignacio de Loyola,* con varios condiscípulos y amigos a quienes había conocido con motivo de sus estudios en París; su acción enérgica, disciplinada y eficaz se dejó sentir pronto en multitud de países, con obras fecundas de predicación, de sostenimiento de escuelas y misiones. En momentos en los que la autoridad del Papa era tan rudamente combatida, los jesuitas, por disposición de San Ignacio, se colocaron decididamente al servicio de los sucesores de San Pedro.

En fin, la Iglesia Católica convocó al *Concilio de Trento* (efectuado de 1545 a 1563), que a través de sus deliberaciones y resoluciones atendió al problema religioso vivo en ese momento, reafirmando las doctrinas católicas en cuestión dogmática. Teólogos destacados acudieron al llamado del Pontífice Paulo III, sobresaliendo los españoles.

Página de la "Biblia" de Lutero, publicada en 1523

En materia de dogma se insistió en que la Sagrada Escritura es fuente de la Revelación, pero sus verdades se transmiten a través de la Iglesia: tanto porque Cristo así lo quiso, como porque así se evita la confusión de ideas y las contradicciones a que da lugar la interpretación libre y personal de la misma Escritura. Se agregó que también la Tradición es fuente de la Revelación. Ante el problema de la salvación, el Concilio manifestó que no basta la fe para que el hombre se salve, sino que son indispensables la fe y las obras. Los siete sacramentos fueron definidos, y se volvió a insistir en la doctrina acerca de la misa, del purgatorio, de las indulgencias, del culto a los santos y del culto a las imágenes.

En materia disciplinaria, el Concilio de Trento aprobó que los obispos debían vivir en sus diócesis —a fin de evitar los abusos que surgían cuando se designaba como titulares a individuos que nunca iban a ellas—, y no salir sino por razón grave; les encomendó la tarea de predicación y de vigilar la educación religiosa de niños y jóvenes. Quiso que los sacerdotes tuviesen una vida de santidad, adecuada a su estado, y demandó de ellos la

Juan Calvino

predicación, la enseñanza religiosa y la protección a los necesitados.

En Trento se acordó finalmente, que en cada diócesis se fundaran *seminarios* para la preparación de los futuros sacerdotes; y que los religiosos vivieran apegados a las normas propias de su orden.

En el campo de la investigación y el estudio de tipo religioso, la competencia entre protestantes y católicos dio lugar a un serio impulso a la exegética, la hagiografía y el conocimiento de la patrística. Lamentablemente, en cambio, la pugna en el campo social y político degeneró en enfrentamientos rudos que llevaron en varios lugares de Europa a las llamadas *guerras de religión,* especialmente en Francia, Irlanda y en el Imperio Alemán. Muchas veces los intereses puramente terrenales se mezclaron a la contienda religiosa, que se vio confundida gravemente.

En un ambiente de esta naturaleza no hubo sitio para la tolerancia mutua. En los países protestantes hubo represiones violentas contra quienes disentían de las doctrinas oficiales en flagrante violación al principio del libre examen. En las naciones católicas tampoco se toleraba a los reformistas, en quienes se veía a unos herejes, pero también a otros tantos perturbadores del orden y de la paz social. La Inquisición Española —tan difamada por la *leyenda negra*— realizó una tarea de suma importancia en su solar nativo y luego en Iberoamérica, porque, a más de ayudar a preservar la fe, con amplio consentimiento popular, según lo ha demostrado Menéndez Pelayo, evitó el desbordamiento de las pasiones religiosas en pugna, desterró los gérmenes de la "guerra de religión", y opuso decididamente a determinadas prácticas antisociales y supersticiones: todo lo cual fue positivo, aun concediéndose el exceso represivo de su acción en algunos casos y en algunas épocas, sobre todo en territorio español, ya que en México, por ejemplo, el número de ajusticiados, en casi tres siglos, fue sólo de 43 individuos.

La consecuencia más honda de la Reforma en el mundo —ya que, si bien se originó en Europa, se ha proyectado a todas partes— ha sido el desplazamiento de la unión de los cristianos, no sólo porque supuso un enfrentamiento con la Iglesia Católica, sino porque los grupos reformistas se subdividieran en acerbas contradicciones entre sí. Conscientes, empero, del daño producido por la desunión algunos grupos protestantes han pretendido armonizar sus puntos de vista, o siquiera algunas de sus actitudes para realizar tareas de mejores frutos. Esto ha sido especialmente cierto desde mediados del siglo XIX, dentro de una tendencia de que son ejemplos: la *Alianza Evangélica,* fundada en Inglaterra en 1846, a la que se unieron las iglesias protestantes de Alemania; el intento efectuado en 1871 para reunir en una sola Iglesia nacional a las 26 Iglesias alemanas; la integración del *Federal Council of Churches of Christ,* de los Estados Unidos, y sobre todo el *Consejo Ecuménico de las Iglesias,* que con sentido de coordinación ha realizado diversas reuniones en Suiza, pero manteniendo la autonomía de cada grupo que conserva.

Hay, pues, conciencia del gran derivado de la desunión, y deseo de superarlo. El espíritu de comprensión puesto de manifiesto por la Iglesia Católica en el Concilio Vaticano II —sin concesiones en lo doctrinal, que esto pertenece y permanecerá incólume— ha abierto, por parte de ella, ocasiones propicias a un entendimiento fraterno.

III. Inventos y Descubrimientos

El tránsito de la vida medieval a la moderna fue el resultado de grandes mutaciones en la vida política, social, económica y religiosa.

Mientras los acontecimientos mencionados en líneas anteriores desplegaban sus características, nuevas rutas marítimas se abrían, a su vez, a instancias de la acción enérgica de hombres de varios países —*Portugal, España, Inglaterra, Francia, Holanda, Italia*—, dilatando los mercados y las ocasiones para la interrelación cultural. Intereses sociales y económicos múltiples aparecieron. La nobleza perdió poco a poco su ascendiente social, al paso de una burguesía poderosa. Se instauró cada vez más el Precapitalismo, o Capitalismo Mercantil y Bancario; y las preocupaciones filosófico-religiosas, con raíces que venían de la Edad Media, fueron haciendo a un lado en muchos sitios, el concepto de que Dios era la primera realidad que debía ser considerada, para dejar en lugar suyo el concepto del hombre, como primer ser de cuya comprobación habría de derivarse todo lo demás.

En el umbral de la Edad Moderna aparecieron también diversos *inventos* y *descubrimientos* que tuvieron un interés de tal relevancia, que a ellos se debieron muchas de las transformaciones sociales y económicas de Europa, con notables proyecciones a casi todas las demás partes del mundo.

Poder disponer, en efecto, de la *brújula,* de la *pólvora,* del *papel,* o de la *imprenta,* fue algo que no pudo quedar confinado a un ambiente mínimo, sino que llevó consigo una fuerza enorme de expansión humana y cultural.

La imprenta

Hasta ese entonces, como se sabe, los textos se escribían a mano, y se usaba, con tal motivo, de diversos materiales entre los cuales el pergamino había llegado a ser el de difusión más extendida.

El procedimiento y el costo de los materiales determinaban, empero, que los libros resultasen onerosos, y que la cultura escrita no fuese patrimonio sino de unas cuantas personas; cada libro tenía que ser realizado por un individuo, a mano, y, todo lo más, la única manera de poderse conseguir alguna celeridad mayor para el caso, consistía en que alguien dictase y varios escribiesen al mismo tiempo. Lo común, sin embargo, era que los libros se copiasen de modo individual, por los *copistas.* Un paso adelante en la obtención de los libros consistió en el aprovechamiento de la *jilografía,* según la cual se labraban tablas de madera con las letras realzadas en toda una página, las cuales podían, al entintarse, imprimir páginas enteras en repetidas ocasiones. En Alemania se conserva un jilógrafo del año de 1423, aunque ya se conocía el sistema desde el siglo XIII. En general se utilizaban tablas de boj que se recubrían con tinta preparada en aceite y negro de humo, para imprimir libros escolares y eclesiásticos.

A mediados del siglo XV, un vecino de Harlem, ciudad de los Países Bajos, llamado *Lorenzo Coster,* ideó hacer que las letras de madera fueran movibles, y con ello pudo disponer de los mismos caracteres para componer cada nueva página de un libro.

Finalmente, en el mismo siglo XV, un alemán, *Juan de Gensfleisch,* conocido como *Juan de Gutenberg,* inventó un sistema nuevo para hacer de metal las letras movibles, y así surgió *la imprenta,* aunque procedimientos equiparables a los de Coster y a los de Gutenberg ya habían sido ensayados con éxito en China por más que, como se expresó antes, no fueron acogidos por razones muy particulares derivadas de la escritura de ese país y por el gusto artístico por las letras pintadas.

Juan de Gutenberg era nativo de Maguncia, Alemania, en donde nació en 1400, y tenía una experiencia vasta en los sistemas en uso entonces; conocía la tipografía ideada por Coster, y su sistema puede ser considerado como el fruto inteligente de un proceso en marcha. El invento que revolucionó la tipografía y que constituyó un hito en la Historia Universal, consistió en el uso de tipos o caracteres movibles hechos mediante una aleación de plomo, de antimonio y de arsénico, suficientemente dura como para resistir a la presión sin deformarse. Cuando Guten-

San Ignacio de Loyola

berg pudo contar con el sistema que lo haría celebre, se dio a imprimir, saliendo de sus prensas varias obras, incluso la famosa *Biblia* compuesta con páginas de 42 líneas, que algunos fechan en 1457.

Gutenberg murió en su ciudad natal en 1467, pero a partir de su invento, la impresión de libros, de hojas sueltas y de periódicos, alcanzo un progreso creciente e inusitado, y a poco andar hubo imprentas en muchos lugares del mundo, tanto de Europa como de América, y sólo más tarde en el resto del globo.

Es evidente, por lo demás, que el invento de Gutenberg no habría tenido un eco y una difusión como las que tuvieron, si no hubiese habido el uso apropiado del *papel,* que sirvió al efecto. El invento del papel procedió de China, varios siglos después del nacimiento de Cristo; "el funcionario palaciego Isai-Loun, dice Weise, consiguió hallar la manera de fabricar el papel mezclando trapo, corteza de árbol, fibras vegetales e hilo de cáñamo, y en 806 el Estado chino estableció la primera fábrica de papel". Los europeos conocieron la nueva materia por conducto de los árabes, probablemente desde el siglo XII. En Europa fue aceptado el invento con amplitud, tanto porque facilitaba la preparación de los libros, cuanto porque resultaba más barato que el pergamino.

La pólvora y la brújula

Otro invento destinado a tener grandes repercusiones fue el de la pólvora —mezcla explosiva hecha corrientemente de carbón, azufre y salitre—, originado igualmente en suelo chino y transmitido, igualmente, por los árabes.

La pólvora parece que no tuvo un uso militar específico en su país de origen, pero sí en Asia Menor y en Europa. Hay datos para afirmar que fue usada en la Guerra de Cien Años varias veces, y ciertamente la aprovecharon los turcos en su ataque final contra Constantinopla. El disponer de la pólvora alcanzó niveles mayores, en efecto, a partir del siglo XV, y con ello sobrevino un gran cambio en el arte de la guerra: los antiguos combates cuerpo a cuerpo, en que las armas principales eran las armas blancas, fueron sustituidos por combates en que los guerreros se disparaban a distancia. Esto hizo preciso contar no con grupos reducidos de soldados, sino con grandes masas de combatientes, organizados con sentido permanente, que por ser costoso su sostenimiento, en general, sólo los gobiernos, los reyes, podían mantener. Inclusive, los antiguos castillos y murallas, que antiguamente eran invulnerables, o que por lo menos podían resistir un largo asedio, resultaron poco menos que inútiles, ya que sus muros podían caer ante el impacto de las balas de cañón. Ni es de extrañar que esto pesase en las estructuras sociales, en las que la nobleza feudal cedió terreno, mientras el poder de los reyes, aun desde el punto de vista militar, se sobrepuso, y quedó afirmado fundamentalmente en la Europa continental.

Grabado en madera que muestra una imprenta en el siglo XVI

Otro procedimiento técnico de no menor valía fue el de la *brújula.*

Ya desde tiempo atrás, los chinos —según se dice— conocían una aguja imantada cuya extremidad se dirigía siempre hacia el polo norte, o más exactamente, al norte magnético. Los árabes tuvieron conocimiento de ella y la transmitieron a los europeos, especialmente a los genoveses y venecianos, desde el siglo XI. Éstos la perfeccionaron y la comenzaron a usar con mayor amplitud para beneficio de la navegación. La forma que ahora se conoce de la brújula parece que fue imaginada por un navegante italiano, *Flavio Gioja,* natural de Amalfi, a principios del siglo XV. Hasta ese entonces, los marinos, tanto los antiguos como los medievales, si bien es cierto que podían orientarse en un momento dado en alta mar, no solían practicar la navegación de altura, sino la de cabotaje, es decir, la navegación a lo largo de las costas; los fenicios, sobre todo, conocían procedimientos para internarse mar adentro, según ya se explicó, pero lo corriente, lo ordinario, es que los marinos en general optasen por navegar a la vista de los litorales. En tal virtud, cuando pudo contarse con un medio de la naturaleza de la brújula, los navegantes estuvieron en aptitud de aventurarse a empresas de mayor alcance, lo cual fue factible, además, por el continuo mejoramiento en las técnicas de construcción naval que tuvo lugar en la Edad Media y a principios de la Edad Moderna.

El uso de la *brújula* y del *astrolabio* —instrumento de invención griega, conocido por los árabes y por los europeos de la Edad Media, que servía para medir la altura, situación y movimiento de las estrellas—, a más del perfeccionamiento en los sistemas de construcción de navíos, coincidieron, en efecto, con las grandes transformaciones de que se ha hecho mención, que tuvieron, en los descubrimientos geográficos, uno de sus elementos de mayor relieve.

El comercio se hizo más intenso, y surgieron relaciones económicas, sociales y políticas más estrechas entre Europa y el Cercano Oriente, que ya desde las Cruzadas habían comenzado a apuntarse. Como es claro, la visión que los europeos comenzaron a tener del mundo difirió radicalmente de la que había en la Edad Media; en principio, los conocimientos geográficos medievales estaban reducidos a su propio continente, al Cercano Oriente, al norte de África, y un poco al Extremo Oriente, por los datos aportados de tiempos antiguos, por lo que transmitían los árabes, y por los relatos del italiano Marco Polo. La conformación general de la Tierra, y el saber con certeza de otras regiones, era algo que estaba fuera de sus nociones inmediatas.

Los descubrimientos portugueses

Ello no obstante, y bajo la presión de los requerimientos económicos inclinados a un comercio mayor, así como por ímpetus de conquista explicables en pueblos como el *portugués* y el *español,* que tenían años y años de lucha contra el Islam que los había invadido, y porque, finalmente, se contaba ya para el siglo XV con mejores instrumentos técnicos para la orientación náutica, los europeos se dieron a la tarea de hacer recorridos que ampliaron el mundo conocido.

Factores múltiples concurrieron para que *Portugal* se encontrase dispuesto a iniciar la obra de roturación de los nuevos caminos oceánicos, aunque de hecho hubo marinos de otras nacionalidades que aisladamente habían intentado lo mismo con anterioridad. El caso de los genoveses *Ugolio* y *Vadino Vivaldi,* que quisieron llegar a la India en 1391, costeando por el oeste de África hasta el *Cabo Bojador* —último sitio en el que quedó la noticia suya, perdiéndose más tarde toda pista de ellos—, fue típico en este sentido.

Las empresas de recorrido y conquista comenzaron a principios del siglo XV, el año de 1415, cuando una población de Marruecos, *Ceuta,* cayó en poder de los portugueses. El asentamiento en el norte, sin embargo, no fue sino una prueba inicial del gran esfuerzo que se realizó más tarde, y que tuvo en el príncipe *Enrique* —denominado por ello *Enrique el Navegante*—, hijo del rey *Juan I,* a su exponente más valioso.

El príncipe fundó en *Sagres* un verdadero centro marítimo, que fue también punto de confluencia de hombres eminentes y conocedores de muchas partes, que como geógrafos, marinos y cartógrafos alentaron la formación de peritos en las diversas disciplinas, se allegaron datos, y pusieron las bases para la gran obra de proyección portuguesa hacia el África y la India.

Naves portuguesas comenzaron a recorrer los litorales del occidente de África. Se descubrieron las *Islas Azores y Madeira;* y en 1435, *Gil Eannes* pudo llegar al *Cabo Bojador.* Fueron tocados más tarde el *Cabo Blanco y el Cabo Verde,* así como las costas de *Senegambia, Sierra Leona y Guinea.* En 1471, *Fernando Poo* cruzó la línea del Ecuador y descubrió la isla que lleva su nombre. A finales del siglo, nuevos sitios pudieron ser conocidos, hasta llegarse finalmente en 1487 al *Cabo de las Tormentas,* como lo hizo la flota mandada por *Bartolomé Días,* en el extremo sur del continente negro. La importancia del hecho y las perspectivas que abrió, hicieron que el nombre del punto fuese cambiado, y que en lo sucesivo se le conociera como *Cabo de Buena Esperanza.*

La costa oeste de África fue pues cabalmente conocida, y al tiempo que la Geografía acrecentaba su patrimonio, la economía ganaba elementos, y se desterraban, de paso, las viejas leyendas que suponían la existencia de monstruos, o particularidades riesgosas en el sur, demostrándose que todo ello era falso.

Tras el arribo al Cabo de Buena Esperanza, el capítulo siguiente lo realizó *Vasco de Gama* que pudo llegar a la India en 1498, y que aun cuando no pudo establecer relaciones comerciales, indicó la ruta y señaló una meta. En 1500, otro marino portugués, *Pedro Álvarez Cabral,* con mayor número de navíos logró el descubrimiento del *Brasil* —quizás no de modo casual, como se pensó durante mucho tiempo, sino con toda intención— y pudo llegar después a la India, donde tuvo más suerte que Vasco de Gama, pudiendo comerciar con los aborígenes en volumen apreciable. Nuevos viajes se precipitaron a partir de entonces. Los portugueses no tenían, en principio, la intención de conquistar tierra adentro de los puntos inmediatos a la costa, sino sólo de formar pequeñas colonias que les permitieran atender las operaciones de compra y de venta que pretendían realizar. A semejanza de los fenicios y de los griegos integraron tales centros mínimos de arraigo, llamados *factorías,* que llegaron a ser muy numerosas en la India —de las que a la postre sólo le quedaron los pequeños territorios de *Goa, Damao y Diu,* que el gobierno indio se apropió en el presente siglo— y en África, aunque con el correr del tiempo, en esta última fue siendo cada vez más penetrante la acción portuguesa, como ocurrió en las colonias de *Angola y Mozambique,* así como *Cabo Verde* y los archipiélagos de *Barlovento* y *Sotavento,* que llegaron a tener extensiones mayores.

Con sus colonias, Portugal formó un verdadero imperio, que convirtió a Lisboa en un gran centro comercial. Posesiones suyas a más de las citadas, fueron las de *Macao,* junto a China, y una parte de la isla de *Timor.*

La nación portuguesa, sin embargo, no se benefició en su conjunto con las empresas de expansión. Los beneficios solían ser para comerciantes y funcionarios, pero en las clases media y pobre no se presentó la misma situación; la agricultura y la industria en general resistieron la marcha de los jóvenes que abandonaban el solar nativo como marinos Comerciantes y conquistadores, y la vida general del país se perturbó conforme a un fenómeno social que después se repitió en España. A pesar de todo, la pequeña nación difundió elementos de economía y de cultura, y realizó una gran función social de intercomunicación con otros pueblos.

Dibujo que muestra las carabelas de Colón

El descubrimiento de América

Es ya lugar común afirmar que el descubrimiento oficial de América, por parte de Cristóbal Colón, tuvo antecedentes inocultables. Otros exploradores procedentes de Europa habían llegado en épocas anteriores, mientras del Extremo Oriente —y presuntamente también de Polinesia— habían procedido, en verdad, los pobladores que forjaron en suelo americano las culturas nativas.

En torno a los más conocidos predecesores europeos de Colón, conviene tener en cuenta que el año de 795, en efecto, algunos marinos irlandeses pudieron arribar a Islandia, y casi dos siglos después, en 986, pudieron realizarse viajes desde Islandia hasta las costas de Groenlandia.

En 999 o 1000, un marino del norte de Europa, *Leif Eriksson,* llegó finalmente a suelo firme de

América, probablemente a *Nueva Escocia,* a la que él llamó *Vinlandia.* Hay elementos para sostener, asimismo, que varios años después se hicieron descubrimientos en la Península del Labrador y luego en Terranova, y aun se sabe que en Groenlandia llegó a haber incluso un obispo; pero todo este conjunto de empresas no se tradujo en una organización, y poco a poco el esfuerzo se fue diluyendo hasta el punto de que apenas se tenía noticia de nada de ello en el siglo XV. El valor de la obra de Colón consistió, pues, en haber emprendido un viaje en circunstancias difíciles, sin suficiente comprobación de cuantos datos geográficos corrían entonces, pero sobre todo, por haber permitido, de modo concluyente, que con su descubrimiento se iniciara en firme la relación de la raza europea con la raza americana, con la derivación natural de haberse creado en el Nuevo Mundo nuevas estructuras políticas, sociales y económicas, nacidas del establecimiento de la cultura occidental en él, con los matices propios que derivaron de las aportaciones indígenas.

Enrique el Navegante

Independientemente de los estudios y experiencias que Colón haya tenido antes de vivir en Portugal —sujetos a la crítica que debate aún el origen y la vida previa del descubridor—, lo cierto es que poseía los conocimientos náuticos y geográficos que eran ya comunes en su tiempo, incluso el de la esfericidad de la Tierra, junto con las indicaciones geográficas que era dable hallar en los escritos de *Pío II —en* su *Historia Rerum—;* de *Marco Polo* —en sus *Millione—;* de *Pedro de Ailly* —en su *Imago Mundi—;* de *Toscanelli* —en su *Tabla Oceánica—;* y de otros escritores y pensadores contemporáneos.

Consecuencia comprensible de sus estudios, meditaciones y experiencias, fue la convicción de que, surcando las aguas del Atlántico por la ruta del occidente, podría llegar a la *India,* a *Cipango* (el actual Japón) y a *Catay* (la actual China). Sus argumentos, empero, no convencieron a muchos en Portugal, ni después en España, quizás porque los portugueses ya estaban seguros de los caminos marítimos que habían abierto, y los preferían, o acaso, asimismo, porque en el caso de los españoles, Colón presentó de modo vago y poco preciso sus puntos de vista cuando lo hizo ante los sabios de las universidades de Córdoba y de Salamanca. A la postre, sin embargo, y pese a los trastornos derivados de la lucha contra los moros granadinos, fue España, y concretamente la *Corona de Castilla* —con el concurso decidido de la reina doña *Isabel la Católica*— la que hizo factible que se acopiaran los recursos y elementos necesarios para llevar a cabo la empresa del descubrimiento que se deseaba.

Un pacto fue suscrito entre los Reyes Católicos y Colón, conocido con el nombre de *Capitulaciones de Santa Fe,* en donde se consignaron, a favor del segundo, las siguientes ventajas: *1o. recibiría el título de almirante; 2o. dicho título lo heredarían todos sus descendientes varones en línea recta; 3o. le sería conferido el título de virrey y gobernador de todas los tierras que descubriese; 4o. recibiría un diezmo de los productos obtenidos; 5o. sería juez en todos los conflictos nacidos del tráfico de las especias.*

Colón, a cambio de ello, abriría una ruta nueva con destino a la India.

Los puntos constitutivos de las Capitulaciones de Santa Fe muestran la importancia que se concedía a la posibilidad del tráfico mercantil, pero evidenciaban, al mismo tiempo, el desconocimiento real de lo que era el Nuevo Mundo, y cómo, de haberse aplicado tales cláusulas, Colón habría quedado en posesión de una potestad civil y de unas riquezas que excederían con mucho a las que estaban a disposición de los Reyes Católicos. Y esto, unido a los desaciertos administrativos, una vez que tuvo lugar el descubrimiento el 12 de octubre de 1492, más otros factores de índole política y social, determinaron que finalmente las Capitulaciones quedasen insubsistentes, salvo en lo referente a los dos primeros puntos.

Colón no pudo recoger mayor cosa de su esfuerzo, y la muerte de su protectora, doña Isabel, constituyó el capítulo final de su drama.

La línea alejandrina

Europa se encontró, sin embargo, con que se dilataba la geografía y se abrían ocasiones múltiples para la interrelación humana, y por consiguiente, para el intercambio de los valores culturales.

Por lo pronto, quedó planteado el problema de si a España sola tocaría realizar la obra de proyectarse a América, con exclusión de otros países, o si estos otros podrían tener aspiraciones a hacerlo también. Esto dio motivo para que se llevase el asunto ante el Papa *Alejandro* VI—el Papa Borja—, que por tener tal cargo, venía a ser de hecho la máxima autoridad en materia internacional. Así pues, mediante dos bulas, la *Eximiae devotio-*

nis y la *Intercaetera,* de 1493, estableció el Papa una línea imaginaria que iría de polo a polo y debería pasar como un meridiano a cien leguas de las *Islas Azores* y *Cabo Verde,* de suerte que lo que estuviese al oriente sería de Portugal, y de España lo que estuviese al occidente, con obligación para los reyes respectivos de evangelizar a los naturales.

Inconformes los portugueses con esa resolución que en la práctica no los beneficiaba, promovieron que la *línea alejandrina* se corriese 270 leguas más al occidente —mediante el Tratado de Tordesillas— de suerte que en total fueron 370 leguas las que se tomaron como referencia, y que sirvieron para dar confirmación al dominio de Portugal sobre la colonia del Brasil.

Los acuerdos pontificios crearon diversas interrogaciones serias, como eran éstas: ¿cuál había sido el sentido auténtico de la resolución dada por Alejandro VI? ¿Significaba una donación integral a los reyes de las tierras descubiertas en el Hemisferio Occidental? ¿Era un reconocimiento de soberanía? ¿Actuó el Papa como una especie de notario que sólo consignaba un reparto que realizarían las partes interesadas? ¿Tenía derecho el Papa de hacer esta clase de entregas? ¿O fue, exclusivamente, como ha querido el jurista mexicano don Toribio Esquivel Obregón, una *encomienda para evangelizar?* Las opiniones fueron y son variadas, pero lo cierto es que España y Portugal se proyectaron con firmeza hacia América.

La materia, por lo demás, dio ocasión a que algunos pensaran incluso en un *derecho de conquista* de España sobre América, y a que otros pretendiesen justificar la toma de posesión basándose en la idolatría profesada por los pueblos aborígenes. Así, un documento redactado por el doctor *Palacios Rubio,* solía ser leído por algunos conquistadores —en lengua extraña y a distancia, con el uso de conceptos que resultaban incomprensibles para los indígenas— a fin de conminarlos a reconocer el dominio de su rey, y los principios del Cristianismo, bajo pena de ser acometidos si no lo hacían. Tal intento de justificación fracasó en la teoría y en la práctica, porque sobre ser de discutible base jurídica, aun para la mentalidad de la época, su inconsistencia moral hizo que muchas inteligencias preclaras se pronunciaran en España contra él, y las autoridades acabaron por prohibir el "requerimiento", y aun la circunstancia de que se hablase de "derecho de conquista" como título de justificación del dominio hispano en América.

Es, en este aspecto, donde resalta la figura egregia de fray *Francisco de Vitoria,* profesor de Teología en la Universidad de Salamanca, y maestro de varias generaciones, quien en los conceptos vertidos en sus discursos académicos, y muy especialmente en sus *Relecciones,* sentó el principio de que ni el Papa ni el emperador —que lo era entonces Carlos I de España y V de Alemania— tenían de suyo derecho a despojar a nadie de sus tierras; que los indios eran verdaderos dueños de sus posesiones, y que éstas y la libertad no podían ser objeto de despojo a pretexto de la idolatría; reconoció, asimismo, que tòdos los pueblos formaban y forman — y en esto debe verse el principio del moderno *Derecho Internacional,* que tuvo en Vitoria y en el holandés *Hugo Grocio* sus iniciadores— una sociedad, una verdadera comunidad internacional.

Las ideas de Vitoria y de otros teólogos y juristas españoles produjeron, de una parte, el espectáculo de haber sido España el único país que hizo de la posesión de América un "caso de conciencia" —sin perjuicio de que en la práctica hubiese transgresiones dramáticas a la ley y a la moral por sujetos inescrupulosos—, mientras otros pueblos sólo respondieron a sus afanes políticos o mercantiles. Por otra parte, poco a poco se fueron afinando los títulos de justificación del dominio de los reyes españoles sobre los territorios de América, que en suma pueden ser considerados en los siguientes puntos:

1. *El Rey ejercía autoridad legítima en relación con los pueblos aborígenes que se habían sometido pacíficamente* (por ejemplo, en el caso de Nueva España, los totonacas, los pueblos del occidente en tiempos de Cortés, los tlaxcaltecas después de su primera resistencia, etc.).
2. *El Rey ejercía autoridad legítima en relación con los territorios que antes no pertenecían a nadie y que los capitanes españoles, como primeros ocupantes, tomaron a nombre de él.*
3. *El Rey ejercía autoridad legítima respecto de los pueblos conquistados por las armas, a partir de la época en que dichos pueblos y sus descendientes dieron su consentimiento tácito o expreso al Rey, al aceptar las leyes españolas, al reconocer y someterse pacíficamente a las autoridades nombradas por la Corona Española, al pagar sus tributos, al ir a los tribunales, y al mostrar, en general, a lo largo del tiem-*

El Papa Alejandro VI, según una pintura del Vaticano

po, su conformidad con el orden social y político en que vivían. En una palabra, en este caso no había lo que en Derecho se llama "legitimación de origen", pero sí "legitimación de ejercicio" de la autoridad.

4. *El Rey ejercía autoridad legítima, finalmente, respecto de las nuevas poblaciones de mestizos, criollos, negros, españoles e indios que fueron apareciendo en sus dominios.*

La amplitud y profundidad del esfuerzo colonizador supuso, contra la opinión condenable de algunos, el dato de la racionalidad de los indios, ya apuntando en algunas normas dictadas por doña Isabel la Católica, y después acogido con vehemencia por muchos religiosos cuyas instancias hicieron posible el que los reyes españoles promulgaran nuevas disposiciones, y que el Papa Paulo III diese la bula *Sublimis Deus,* de 1537 —con especial insistencia del obispo de Tlaxcala, fray *Julián Garcés*—, en donde reiteró el carácter racional de los nativos de América, y el ser capaces de salvación y de recibir todos los sacramentos.

América y las nuevas rutas

El nuevo continente no llevó el nombre de Colón sino el del cartógrafo italiano *Américo Vespucio,* que al lado de portugueses y españoles había recorrido no pocos lugares. El hecho resultó inesperado, porque habiendo escrito Vespucio algunas cartas a *Lorenzo de Médicis* y a *Pietro Solerini* en las que consignaba sus correrías, y trazado varios mapas, el año de 1507, un editor alemán, *Martín Waldsemüller,* propuso que el Nuevo Mundo llevase el nombre de *América,* por considerarlo como un homenaje al italiano, y la proposición llegó a perpetuarse con el tiempo.

España usó oficialmente el nombre de *Indias* para designar a América —*indios* fueron llamados los nativos, e indianos los mismos españoles que retornaban a su tierra de origen procedentes de América—, y otro tanto hizo Holanda, a cuyas posesiones se las conoció con el nombre de *Indias Occidentales Holandesas,* para distinguirlas de las asiáticas que eran llamadas *Indias Orientales.*

De hecho, una vez abierta la ruta al Nuevo Mundo, los marinos *españoles* y *portugueses,* y luego los *italianos, los franceses,* los *ingleses* y los *holandeses,* se dedicaron a surcar los mares correspondientes y a crear las ocasiones propicias a la extensión del dominio político, económico y cultural de Europa. Los nombres de españoles como *Ojeda,* como *Pinzón,* como *La Cosa,* como *Núñez de Balboa;* de italianos como *Verazzano* y *Caboto;* de franceses como *Cartier;* de portugueses como *Fernando de Magallanes,* están estrechamente unidos a la gesta que vinculó a los mundos. Cada uno de esos viajeros hizo factible que la era de los descubrimientos llegase a dimensiones notables. El caso de *Magallanes,* secundado por el vizcaíno *Sebastián Elcano,* fue particularmente destacado, porque no sólo significó un conocimiento preciso del estrecho situado al sur de América, en 1520, y que hoy lleva su nombre, sino porque fue el principio del primer viaje de *circunnavegación* que, si bien Magallanes no pudo concluir por haber sido muerto en la isla de Zebú, en las Filipinas, pudo ser concluido por Elcano, que retornó a España en 1522. Uno de los marinos supervivientes del viaje, *Antonio Pigafetta,* llevó un diario de la interesantísima travesía.

El viaje de circunnavegación demostró de manera práctica y verídica, que la Tierra era redonda sin lugar a dudas.

Carlos I de España y V de Alemania, durante cuyo reinado se planteó en el campo jurídico y teológico el problema de la conquista española en América

Es evidente que con motivo del descubrimiento de América y de los viajes previos de los portugueses a través de las costas africanas, y con rumbo a la India, el Mar Mediterráneo dejó de ser el sitio de primera importancia económica que había sido en la Antigüedad y en la Edad Media. Las ciudades italianas perdieron la primacía que habían logrado, y nuevos intereses emergieron a instancias de la nueva situación. Los océanos Atlántico, Índico, y después el Pacífico, reclamaron una atención considerable. Al mismo tiempo, fueron exploradas y conquistadas vastas regiones del mundo, y se crearon inmensos imperios coloniales dirigidos por varios países europeos.

Es dable ver en coincidencia con esto, cómo la economía europea pudo expandirse de una manera casi universal. La agricultura europea y el comercio se enriquecieron con productos americanos como el cacao, el tabaco, el maíz, la vainilla, la papa o patata, y otros, y por su parte, las regiones conquistadas y colonizadas de América aumentaron sus productos, conocieron más variedad de ellos traídos de Europa y de Asia —como el trigo, el arroz, la caña de azúcar, el café, la naranja, la manzana, etc.— mejoraron sus técnicas de cultivo —conocieron el arado— vieron la creación de una ganadería múltiple —cuando en los años previos al descubrimiento sólo en la zona andina se conocían los rebaños de llamas, alpacas y vicuñas—, se aumentó y diversificó la población, se fundaron nuevos pueblos, y, sobre todo, se estableció la cultura occidental en el Nuevo Mundo como el estilo propio de vida en éste, matizado por las aportaciones indígenas, allí donde las había. En ninguna parte del mundo pudo darse un espectáculo de esta naturaleza —según ha observado con tino Pereyra—, porque mientras en Asia y en África los pueblos conquistados siguieron siendo elementos culturalmente diferenciados, en América la cultura occidental, o se transplantó apenas con ligeros cambios donde apenas había pobladores nativos, o se arraigó como materia dominante, aunque con mezcla, en donde tales pobladores eran más numerosos. Y en la práctica ocurrió —y sigue ocurriendo— que fue esa cultura occidental, adaptada a América, la que estableció el denominador común de la fisonomía general, mientras la aportación nativa, cuando la hubo, fue, en el caso de Iberoamérica, la que llegó a dar los rasgos característicos a cada pueblo.

IV. La proyección hacia América

Los europeos que llegaron al Nuevo Mundo encontraron un estado de cosas que ofrecía vivos contrastes geográficos y humanos. En la esfera de lo social no había ciertamente un nivel común a todos los pueblos. La organización política, la economía y las forjaciones culturales llegaban a discrepar muy sensiblemente, para no mencionar el hecho de las pugnas y fricciones de aquellas sociedades, aun las más elaboradas, que todavía no habían logrado formar verdaderas naciones, aunque algunas estaban a punto de lograrlo, especialmente en el caso de los incas, y entre los nahuas de la altiplanicie mexicana.

Los indígenas de la zona norteamericana, de gran parte de Sudamérica —menos el área andina— y aun de grandes porciones del norte de México, vivían en pequeñas tribus de guerreros y sus formas culturales eran muy rudimentarias. La cacería continuaba siendo, como en los tiempos primitivos, el medio ordinario de obtención de los alimentos, combinado con la recolección de los frutos, y con la guerra, por los despojos que podía acarrear. Algunos conocían la agricultura sin arado, y todos desconocían la ganadería. Situación equiparable tenían los aborígenes de las Antillas.

La región que había sido asiento de un proceso evolutivo más acentuado en el mundo indígena contemporáneo a la Conquista, se localizaba en Centroamérica, en la altiplanicie mexicana y en la cadena de los Andes como se había visto antes. En ella, como en las zonas anteriores, se irradió el esfuerzo europeo, concretado en la acción de

Retrato de Fernando de Magallanes

los españoles, de los ingleses, de los franceses, de los portugueses, de los holandeses, de los daneses y de los rusos, en variada escala de importancia.

Para el siglo XVII, como indica también Pereyra, la situación de unos y otros se traducía en la siguiente situación característica:

"I. *Los españoles, desde el paralelo 35 de latitud norte, hasta el estrecho de Magallanes."*

"II. *Los ingleses, en las Antillas y en la costa atlántica, desde la Florida hasta la Nueva Escocia."*

"III. *Los franceses en las Antillas, en el río San Lorenzo, en los Grandes Lagos y en el Misisipí."*

"IV. *Los portugueses en el Brasil."*

"V. *Los holandeses en la desembocadura del río Hudson, en el Brasil, en la Guayana y en las Antillas."*

El mismo autor mexicano apunta a propósito de cada uno de estos grupos las siguientes directrices en su acción:

"Los ingleses colonizaban. Cada una de las tierras ocupadas por ellos era una factoría de europeos, explotada con trabajo blanco o negro."

"Los franceses descubrían y evangelizaban. Sus empresas tenían un color muy definido de inquietud geográfica y de celo por la conversión de los gentiles."

"Los españoles colonizaban, descubrían, evangelizaban y hacían algo más: creaban una nueva rama étnica. Nacieron las variedades. Se mezclaron el blanco, el indio y el negro. De aquí resultaron el mestizo, el mulato y el zambo."

"Los portugueses, como los españoles, sin salir de su inmenso territorio, aunque sí de sus primeros límites, fueron descubridores, colonizadores y creadores de castas nuevas."

"Los holandeses, desalojados del Brasil y del río Hudson, fueron un factor de ínfimo orden por lo que respecta a la acción modeladora de los tipos de sociedades americanas."

"Los dinamarqueses apenas merecen que se hable de ellos como ocupantes de un punto microscópico en las Antillas."

Cabe agregar a ello que, finalmente, la presencia de los rusos en Alaska, hacia el siglo XVIII, no dejó mayor huella cultural en el suelo americano.

La formación de los pueblos americanos

España fue el país europeo que logró ejercer una hegemonía mayor en la geografía del Nuevo Mundo. Al paso del tiempo y por exigencias vigorosas de los intereses que iban apareciendo en sus colonias, éstas fueron divididas, según su extensión e importancia, en dos categorías, que fueron las de *virreinatos y capitanías generales.* Los virreinatos —el de *Nueva España, Perú, Río* de *la Plata y Nueva Granada*— suponían el gobierno de un virrey, y la existencia de una jerarquía política más elevada. Las capitanías generales —como las de *Guatemala,* que comprendía toda Centroamérica, *Cuba, Venezuela, Chile,* etc.— se regían por un capitán general, y contaban, en términos amplios, con menor número de recursos. A tales núcleos se agregaban, de una parte, la *Audiencia de Quito,* y de otra, las *Misiones del Paraguay.*

El centro de la autoridad era el rey, de quien las autoridades coloniales derivaban sus potestades. Había asimismo, además de los virreyes y capitanes generales, otros funcionarios, y como eran los oidores de las Reales Audiencias, los gobernadores de los reinos, y después los intendentes, más los alcaldes, los corregidores, los gobernadores indios, y otros personajes que completaban la estructura gubernamental española en América, que descansaba en una sociedad viva jerarquizada, en donde el *negro* solía ser esclavo, y el *indio* —que sólo fue esclavizado en algunos sitios durante el siglo XVI, aunque después hubo prohibición terminante al respecto— y explotado en no pocos lugares, estaba sujeto a un estatuto legal en el que menudeaban las normas de protección y tutela que buscaban ampararlo de los abusos que aparecieran entonces; esa situación de privilegio legal que alcanzaba a gran número de indígenas tuvo su razón de ser y su justificación al principio, aunque a la postre, faltando la visión creadora en los gobernantes españoles de las postrimerías, fue un obstáculo para la maduración de las masas nativas.

Juan Sebastián Elcano, marino español que concluyó el viaje de circunnavegación en torno a la Tierra

Al lado de esos núcleos estaban los cada vez más numerosos componentes de las *castas,* o grupos mezclados, entre los cuales destacaron por su número e influjo los *mestizos* —resultado del cruzamiento de españoles e indios—, que llegaron a ser, en gran número de las futuras repúblicas iberoamericanas, los pobladores más abundantes y los que vinieron a constituir el tipo humano más característico en este sentido. Los españoles, a su vez, se subdividieron en *europeos y americanos,* según su lugar de nacimiento, y estos segundos, llamados también *criollos,* por sus puestos dentro de la sociedad, por su instrucción y arraigo, fueron, sin duda alguna, los que primero sintieron el surgir del sentimiento de nacionalidad —difundido después a los otros grupos— y los que, en consecuencia, apuntaron la acción separatista en relación con España.

El caso de los jesuitas criollos que, desterrados por Carlos III en 1767 dieron a conocer en Europa la fisonomía de las sociedades de donde procedían, y que de algún modo alentaron el afán de independencia al exaltar los valores nacionales, es típico dentro del cuadro de vida que se apunta.

La obra cultural española

La obra cultural española —medularmente castellana— fue dilatada y profunda. No quiso desconocer los valores indígenas sino en la medida en que contradijeran al Cristianismo o a las leyes españolas, y aun hubo, en general, una actitud de aceptación respecto de prácticas e instituciones antiguas de naturaleza aborigen, que eran conciliables. Sin embargo, el predominio de lo occidental entre españoles, criollos, mestizos y aun en no pocos grupos indígenas, fue inevitable.

Contra lo que afirma un extendido prejuicio, España en América no redujo su acción a construir iglesias: modificó las técnicas de la agricultura y aumentó el acervo de los productos de ésta; creó, como se ha visto, la ganadería; introdujo nuevos y más eficaces sistemas en los procesos de extracción de los metales; difundió el uso de la rueda, de los carruajes y de los animales de carga; permitió el desarrollo de industrias no sospechadas antes, como la del azúcar, la de forjación de hierros, la de curtidurías de pieles, la de los hilados de lana y de lino, hizo posible que aparecieran las primeras sistematizaciones gramaticales de las lenguas indígenas; el castellano, lengua universal, fue el medio lógico de comunicación de pueblos que antes se perdían en una confusión babélica de lenguas, aunque subsistieron muchas lenguas nativas; aparecieron la imprenta, los libros y los periódicos; se extendió el uso de la escritura latina; se modificaron las vestimentas; aparecieron las casas aun humildes, de tipo mediterráneo, con techos de dos aguas cubiertos de tejas rojas; se instauraron escuelas, colegios y universidades; se tuvo un nuevo concepto del urbanismo y de la navegación; y se hizo connatural un Derecho que arrancaba de Roma.

Conceptos como el de la dignidad de la persona humana, libertad individual, bien común y destino eterno, al modo cristiano, fueron, desde entonces, nociones incorporadas al patrimonio cultural de indios, mestizos y descendientes españoles; nociones que, como han sostenido con tino Tena Ramírez, Navarro y otros, formaron el fondo común de las ideas de quienes, tiempo más tarde, se lanzaron a la tarea de obtener la liberación de las nacientes nacionalidades.

Reflejos de lo creado en España, o creaciones donde lo occidental y lo nativo se unían, fueron muchas de las muestras del arte, según puede verse en determinadas formas de la arquitectura, en donde José Moreno Villa quiere ver un cierto mestizaje cultural, al que le ha dado el nombre de *tequitqui,* que en náhuatl significa *vasallo,* como en España se dio el nombre de "mudéjar" —*vasallo,* en lengua árabe— al arte creado por los mahometanos en los territorios que los cristianos dominaban. Aparecieron en América, es cierto, estilos como el *plateresco,* el *herreriano,* el *barroco,* el *churrigueresco* y el *neoclásico,* provenientes de Europa, pero la presencia de los artífices indígenas dejó una huella plástica que a veces es muy perceptible. En las letras, en la escultura y en la pintura es dable ver, asimismo, una situación semejante a la que acaba de señalarse, convertida en producciones de neto corte europeo, al lado de obras que, si tenían esa misma inspiración, ultramarina, no era menos verdad que dejaban translucir la presencia de seres que no eran europeos, sino que vertían un poco de su sensibilidad indígena. Nueva España, Perú y Quito fueron, en punto a forjación cultural, las colonias de mayor mérito en este sentido.

"El abrazo del hijo pródigo". Pintura de Murillo

Todo el concurso de elementos humanos y culturales que se citan —sin que se desconozcan las diferencias de clase muy vivas, las tropelías y los abusos cometidos con los nativos, y los desniveles en la posesión de bienes económicos y culturales— formaron la base y la estructura de las futuras naciones iberoamericanas, aun concedido el hecho de que cada una de ellas haya llegado a tener, con los años, algunos rasgos muy propios, bien que el denominador general lo dio y lo sigue dando la cultura occidental cristiana.

La obra portuguesa, holandesa y francesa

La obra *portuguesa* emprendida en el Brasil tuvo algunos caracteres similares a los que se presentaron en las colonias españolas, pero también no pocos elementos muy propios. La circunstancia, por ejemplo, de que la población aborigen fuese proporcionalmente más escasa para un territorio tan amplio, y de un nivel de cultura poco elevado, determinó el que no se llegasen a presentar los problemas de fusión racial mayor que hubo en los dominios españoles; y en la práctica, salvo lo que ocurrió en los primeros años, el indio fue siendo desplazado y sustituido por las nutridas inmigraciones de esclavos negros, que llegaron a formar la base humana del trabajo organizado. Esclavos negros eran quienes, en efecto, atendían las rudas faenas del campo y de las minas, en las que descansaba una economía no muy diversificada, y con tendencias claras hacia la atención de determinadas labores, como el cultivo de la caña de azúcar, o del algodón, el corte de palo del brasil —de donde se derivó el nombre del territorio—, la preparación de pieles, la obtención del oro y de los diamantes.

Los puestos eminentes, en el gobierno, en la sociedad y en la política, quedaron reservados a los portugueses, y las diferencias de clase tuvieron desequilibrios muy acentuados. En general, por lo demás, la vida brasileña se concentró en las costas, donde surgieron precisamente las principales ciudades, como *Bahía, Pernambuco, Sao Paulo y Río de Janeiro,* en donde la cultura pudo desenvolverse más.

En el caso de las colonias *holandesas,* el rasgo mercantil fue el saliente, hasta el punto de que tanto en las colonias de América como en las de Asia, fueron compañías las que tuvieron a su cargo la dirección y el ejercicio de la autoridad por un largo periodo de tiempo. En ambos casos había un monopolio comercial, que en lo tocante a América se extendió a una parte del *Brasil,* de donde los holandeses más tarde fueron expulsados, la *Guayana Holandesa,* la isla de *Curazao, y* varios territorios en Norteamérica incluso *Nueva Amsterdan,* que mas tarde fue vendida a los ingleses, quienes le pusieron por nombre *Nueva York.* A fines del siglo XVIII, la *Compañía de las Indias Occidentales* corrió la misma suerte que había tenido la *Compañía de las Indias Orientales,* en cuanto, por diversos inconvenientes, fue disuelta y el Estado Holandés se hizo cargo directo de sus posesiones.

Lo típico y propio de la obra "colonial" como obra de sujeción política y económica, con monopolio comercial y reducción de la colonia a ser mercado de consumo para los productos metropolitanos y centro proveedor de materias primas, se encontró en los dominios holandeses, sin que se diera un esfuerzo profundo de incorporación de la población nativa a la cultura de los dominadores o de interrelación étnica, de suerte que si algunos elementos culturales subsistieron —lengua, técnica, instituciones sociales—, fue más bien como fruto lógico de un estado de cosas prolongado por varios siglos.

La huella *francesa* reconoció dos aspectos sustanciales: el del arraigo y colonización con pobladores europeos en el área canadiense de *Quebec,* que vino a ser como una prolongación cultural de Francia, sin mestizaje y con mantenimiento del estilo de vida francés en casi todos sus aspectos y de otra parte, en los sitios donde la población francesa era minoritaria se produjo el fenómeno de una obra política, social y económica en la que se presentaron los grupos raciales de franceses e indígenas perfectamente diferenciados, lo cual se repitió en otro territorio de Norteamérica —la *Luisiana* en el Caribe y en Sudamérica, en donde se contó con los indios, en el primer caso, y de los negros en los otros. En este último sentido, la existencia del *Código Negro,* en Haití —en donde se consagraron las normas que estructuraban la sociedad isleña sobre la base de la esclavitud—, es típico y ejemplificante. Un vivo contraste fue distinguible entre tal situación y la del Canadá francés, que no obstante haber pasado a manos de Inglaterra, en el siglo XVIII, siguió siendo un núcleo de cultura francesa muy apegado a sus valores y tradiciones en todos sentidos.

Las colonias inglesas

Amplia como fue, a su vez, la acción colonizadora de *Inglaterra* en América, tuvo, como en el caso de la de Francia, esa doble categoría de territorios en la que era mayoritaria la población británica, y de colonias en las que una población no blanca —india o negra— era la que se hallaba en mayor número. En el primer caso se estructuraron sociedades en donde prácticamente no hubo mestizaje, y las formas de cultura inglesa persistieron, con las naturales adaptaciones a la nueva tierra. Lengua, religión, tradiciones jurídicas, costumbres, estilo general de vida, todo fue una proyección británica de particular importancia, como ocurrió en las trece colonias de Norteamérica y después en el Canadá británico. En contraste, los territorios en donde los pobladores blancos eran escasos, tuvieron una fisonomía social y política en la que las autoridades inglesas tenían todo el poder, y los dominados sólo muy levemente asimilaron algunas formas culturales, bien de tipo idiomático, bien de prácticas religiosas, vestimenta, algunas costumbres, etcétera.

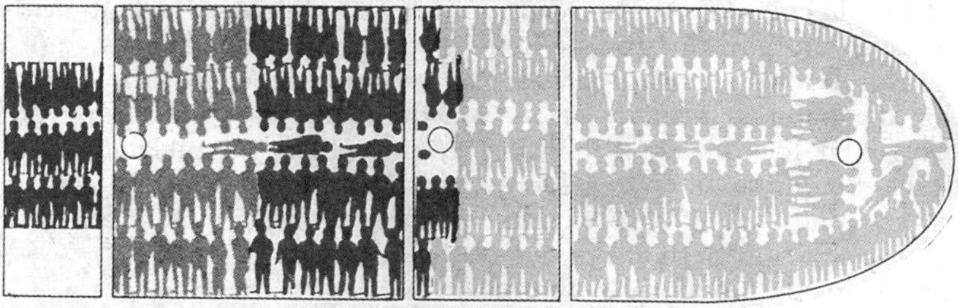

Plano de la bodega de un barco negrero inglés, que muestra cómo se distribuía la carga humana destinada al Continente Americano

Conviene poner énfasis en el caso de las trece colonias norteamericanas —*Massachussets, Virginia, Maryland, Carolina del Norte, Carolina del Sur, Georgia, Pennsylvania, Connecticut, Nueva York, Nueva Hampshire, Rhode Island, Nueva Jersey y Delaware*—, porque no sólo fueron el germen de los Estados Unidos, sino también porque el tipo de civilización que ahí se fue madurando tuvo enorme influencia en los destinos del resto de América.

Tales colonias, en efecto, no eran al principio grandes centros industriales. La transformación creada por la Revolución Industrial no las había tocado, y su economía descansaba fundamentalmente en la explotación de la tierra, en la ganadería y en el comercio. Sus labores industriales eran escasas. El industrialismo norteamericano se gestó hasta tiempo más tarde.

No obstante, las trece colonias eran prósperas, su nivel de cultura tenía un mérito nada escaso, y contaban, algunas de ellas, incluso con establecimientos de enseñanza superior, como las universidades de *Harvard* y de *Yale*, mientras las inquietudes intelectuales de otra índole se vertían en la difusión de libros y periódicos en medida apreciable. Conforme al prisma económico, constituían un excelente mercado para el comercio de productos ingleses. Nacieron como un trasplante inglés a América, con la misma lengua, raza, leyes y costumbres. En esa sociedad, el indio norteamericano, con su patrimonio cultural escaso, apenas aportó nada. Y el inglés lo expulsó y lo orilló a dejarle sitio. Por eso las trece colonias norteamericanas nacieron y se desarrollaron con una homogeneidad, con una similitud de elementos, que les permitieron actuar con mayor facilidad y desenvoltura en un suelo notablemente rico.

Esa homogeneidad, sin grandes diferencias sociales entre los mismos blancos —puesto que los negros eran esclavos—, se desenvolvió con más éxito en Norteamérica por el hecho de que cada inmigrante, cada colono, tenía que trabajar como los demás para vivir. El valor de un hombre no estaba, como en muchos países europeos, en su apellido y en su alcurnia sino en su capacidad de trabajo.

Es preciso recalcar, asimismo, que los colonos ingleses eran individuos que habían llevado consigo los principios democráticos derivados de la historia británica. Creían que era necesario respetar ciertas libertades en cada hombre. Procuraban evitar el abuso de la autoridad y estimaban indispensable que los ciudadanos participaran —poco o mucho, pero efectivamente— en el nombramiento de sus representantes y en la marcha general del gobierno. Los enérgicos colonos practicaron por eso casi desde un principio el gobierno democrático y representativo. Y fue *Virginia* la primera colonia que tuvo una *asamblea electa.* Para el siglo XVIII, todas las colonias tenían sus asambleas o *pequeños parlamentos,* que desempeñaron un gran papel en la vida del pueblo, y ayudaron a fortalecer el principio de que la autoridad debe contar con el consentimiento popular. Al mismo tiempo los hombres públicos norteamericanos se ejercitaron en funciones de gobierno, de tal modo que cuando se hizo la independencia contaban con experiencia adecuada. Esto no quería decir que sólo los colonos gobernasen; quería decir que junto a los gobernadores de cada colonia actuaban las asambleas designadas por los colonos, y todas las colonias reconocían al Rey de Inglaterra como soberano suyo.

LECTURAS

La hipocresía del príncipe

No es indispensable que un príncipe disponga de todas las virtudes que se han mencionado, pero sí es necesario que dé la apariencia de disponerlas. E incluso osaré decir todavía más: que el poseerlas y ponerlas en práctica en toda circunstancia es perjudicial, mientras que es útil aparentar que se las tiene. Es correcto mostrarse con piedad, con fidelidad, con humanidad, rectitud y religiosidad, y serlo de modo efectivo, pero conviene que se esté dispuesto a llegar al punto opuesto si ello fuere conveniente. Es preciso tener presente que un príncipe, especialmente si es un príncipe nuevo, observe en su conducta todo aquello gracias a lo cual los individuos son considerados buenos, porque, con frecuencia, para mantenerse en el poder, se ve orillado a actuar contra la fe, la caridad, la humanidad y la religión. Es indispensable, por consiguiente, que el príncipe disponga de una inteligencia apta para aco-

modarse a todas las circunstancias, y que, como he afirmado con anterioridad, no se separe del bien mientras le sea posible, pero en caso de necesidad, no vacile en entrar en el mal.

NICOLÁS MAQUIAVELO

El descubrimiento de América

Y porque la carabela Pinta era más velera e iba delante del Almirante, halló tierra y hizo las señas que el Almirante había mandado. Esta tierra vido primero un marinero que se decía Rodrigo de Triana; puesto que el Almirante, a las diez de la noche, estando en el castillo de popa, vida lumbre, aunque fue cosa tan cerrada que no quiso afirmar que fuese tierra; pero llamó Pedro Gutiérrez, repostero de estrados del Rey, e díjole que parecía lumbre, que mirase él, y así lo hizo y vídola; díjole también a Rodrigo Sánchez de Segovia, que el Rey y la Reina enviaban en la armada par veedor, el cual no vido nada porque no estaba en lugar do la pudiese ver. Después que el Almirante lo dijo, se vido una vez a dos, y era como una candelilla de cera que se alzaba y levantaba, lo cual a pocos pareciera ser indicio de tierra. Pero el Almirante tuvo par cierto estar junto a la tierra...

A las dos horas después de media noche pareció la tierra, de la cual estarían dos leguas. Amañaron todas las velas, y quedaron con el treo, que es la vela grande sin bonetas, y pusiéronse a la corda, temporizando hasta el viernes, que llegaron a una isleta de los Lucayos, que se llamaba en lengua de indios Guanahani. Luego vieron gente desnuda, y el Almirante salió a tierra en la barca armada, y Martín Alonso Pinzón y Vicente Yáñez, su hermano, que era capitán de la Niña. Sacó el Almirante la bandera real y los capitanes con las banderas de la Cruz Verde, que llevaba el Almirante en todos los navíos por seña con una F y una Y: encima de cada letra su corona... Puestos en tierra vieron árboles muy verdes y aguas muchas y frutas de diversas maneras.

Los cuatro viajes del Almirante y su Testamento fragmentos de los ejercicios espirituales

- *La primera anotación es, que por este nombre de ejercicios espirituales, se entiende todo modo de examinar la conciencia, de meditar, de contemplar, de orar vocal y mental, y de otras espirituales operaciones... Porque así como el pasear, caminar y correr, son exercicios corporales, por la mesma manera todo modo de preparar y disponer el ánima, para quitar de sí todas las affecciones desordenadas, y después de quitadas para buscar y hallar la volun-*

tad divina de la disposición de su vida para la salud del ánima se llaman exercicios espirituales.

- *El hombre es criado para alabar, hacer reverencia y servir a Dios Nuestro Señor, y mediante éste, salvar su ánima; y las otras cosas sobre la haz de la tierra son criadas para el hombre, y para que le ayuden en la prosecución del fin para que es criado.*
- *El primer tiempo, es que a la mañana luego en levantándose, debe el hombre proponer de guardarse con diligencia de aquel pecado particular o defecto, que se quiere corregir y enmendar.*

El segundo, después de comer, pedir a Dios Nuestro Señor lo que hombre quiere, es a saber, gracia para acordarse cuantas veces ha caído en aquel pecado particular o defecto, y para enmendar adelante, y consequente haga el primer examen demandado cuenta a su ánima de aquella cosa propósito y particular de la cual se quiere corregir y enmendar, discurriendo de hora en hora o de tiempo en tiempo, comenzando desde la hora en que se levantó hasta la hora y punto del examen presente; y haga en la primera línea de la "g" tantos puntos cuantos ha incurrido en aquel pecado o particular defecto; y después proponga de nuevo enmendarse hasta el segundo examen que hará.

El tercer tiempo, después de cenar se hará el 2o. examen asimismo de hora en hora comenzando desde el primer examen hasta el 2o. presente, y haga en la segunda línea de la misma "g" tantos puntos cuantas veces ha incurrido en aquel particular pecado o defecto.

San Ignacio de Loyola

Postulados astronómicos

1. *No existe ningún centro de gravedad de todos los círculos o esferas celestes.*
2. *El centro de la Tierra no es el centro del Universo, sino tan sólo de gravedad y de la esfera lunar.*
3. *Todas las esferas giran alrededor del Sol como de su punto medio y, por tanto el Sol es el centro del Universo.*

Nicolás Copérnico

Pensamientos de Lutero

- *¿Por qué hizo Cristo de mí un doctor? Actuó según su voluntad, según la llamada de Dios. Dios me guía, me abandono a él, como el navío a los vientos y a las olas. Porque la palabra de Dios no puede* *avanzar sin tempestades. Habláis de prudencia: aconsejadla a mis adversarios... Si fuese la razón humana la que me hiciese actuar, seria diferente; pero es Dios quien me arrastra; a él corresponde decidir lo que quiere hacer de mí y por mí.*

- *Todos los cristianos son hermanos. Cristo ha hecho de todos ellos sacerdotes.*
- *Satán se fatiga mucho por arrancarme del corazón el artículo de la remisión de los pecados por los virtudes de Cristo, que es para mí la única roca en la que me apoyo contra sus ataques y tentaciones.*
- *Existe en Dios una voluntad manifiesta y una voluntad secreta. Manifiesta, proclama su gracia por la que el hombre debe ser salvo; pero secretamente, señala cuáles son los hombres que han de tomar parte en esta gracia, por la que únicamente se puede alcanzar la salvación, y cuáles son los que de ella han de quedar excluidos.*
- *Por la misma presciencia de Dios, por tanto, por su voluntad, todo está igualmente previsto y decidido desde toda la eternidad. Por lo que el pretendido libre albedrío humano no puede sino ser aniquilado.*

(CONSIGNADOS POR FUNCK BRENTANO).

BIBLIOGRAFÍA FUNDAMENTAL

BABINI, José. *Historia Sucinta de la Ciencia.* Espasa-Calpe. Argentina. Colección Austral. Buenos Aires-México. 1951.

BELLOC, Hilaire. *Las Grandes Herejías.* La Espiga de Oro, Buenos Aires. 1946. *Cómo Aconteció la Reforma.* Emecé, Editores. Buenos Aires. 1945.

BURCKHARDT, Jacobo. *La Cultura del Renacimiento en Italia.* Editorial Posada. Buenos Aires. 1944.

DE LA PEÑA, Carlos H. *Historia de la Literatura Universal.* Editorial Jus. México. 1963.

DOMÍNGUEZ, Dionisio. *Historia de la Filosofía.* Editorial Sal Terrae. Santander. 1953.

FERGUSON, J. M. *Historia de la Economía.* Fondo de Cultura Económica. México-Buenos Aires. 1963.

GALLEGOS ROCAFULL, José Ma. *El Hombre y el Mundo de los Teólogos Españoles de los Siglos de Oro.* Editorial Stylo. México, 1946.

HENRIQUEZ UREÑA, Pedro. *Historia de la Cultura en la América Hispana.* Fondo de Cultura Económica. México-Buenos Aires. 1948.

JUNCO, Alfonso. *Inquisición sobre la Inquisición.* Editorial Jus. México. 1956.

LANGER, William L. *Enciclopedia de la Historia del Mundo.* Editorial Sopena Argentina. Buenos Aires. 1955.
LLORCA, Bernardino. *Manual de Historia Eclesiástica.* Editorial Labor. Barcelona. 1946.
MARITAIN, Jacques. *Tres Reformadores.* Librería Editorial Santa Catalina. Buenos Aires. 1945.
MENÉNDEZ PELAYO, Marcelino. *Historia de los Heterodoxos Españoles.* Biblioteca de Autores Cristianos. Madrid. 1956.
MUNDÓ, José. *Curso de Historia Universal.* Espasa-Calpe Madrid. 1942.
OLMEDO, Daniel. *Manual de Historia de la Iglesia.* Buena Prensa. México. 1946.
PEREYRA, Carlos. *Breve Historia de América.* M. Aguilar Editor. Madrid, 1941.
PIJOÁN, José. *Summa Artis.* Espasa-Calpe. Madrid . 1957.
VITORIA, Francisco. *Obras.* Biblioteca de Autores Cristianos. Madrid . 1960.
WEISS, J. B. *Historia Universal.* Tipografía La Educación. Barcelona. 1927.

Capítulo 21

Estructura sociopolítica moderna

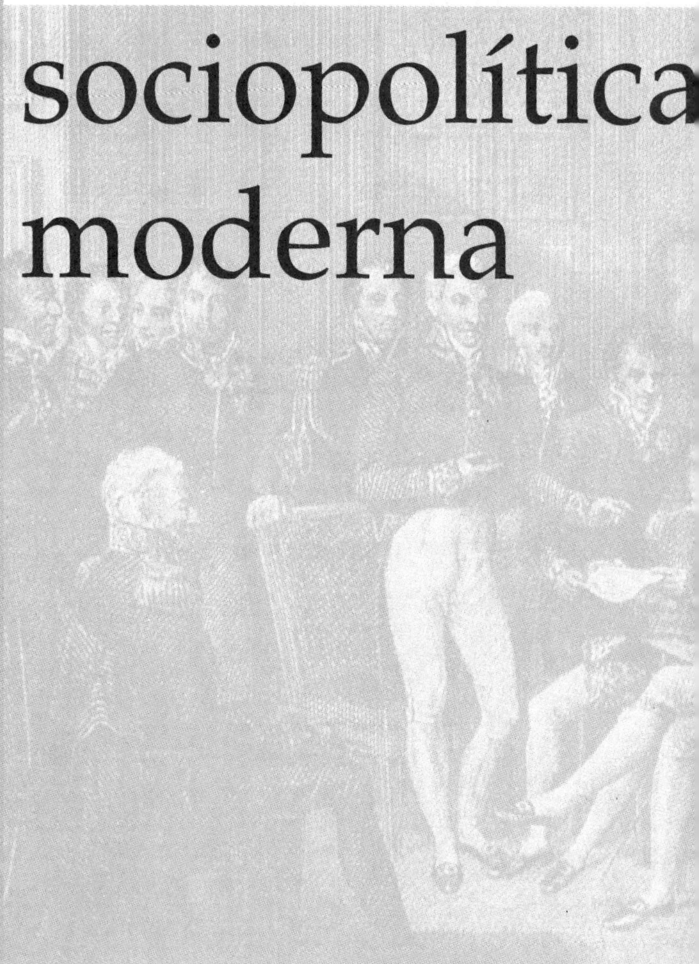

I. La situación gubernamental

La *Edad Moderna* - tradicionalmente localizada entre el año de 1453, en que *Constantinopla* cayó en manos de los turcos, y el año de 1789, en que se inició la *Revolución Francesa* – heredó situaciones que venían apuntándose desde las postrimerías de la Edad Media, y que alcanzaron un desarrollo notable posterior, lo mismo en cuanto a las ideas acerca del mundo y de la vida, que acerca de los instrumentos culturales de que se dispuso en lo sucesivo.

El absolutismo

Hecha salvedad de las ciudades italianas, alemanas o flamencas que mantenían su régimen municipal, o de las ciudades suizas que habían vigorizado un régimen igualmente democrático, lo común en Europa, desde fines del Medievo, y sobre todo en la Edad Moderna, fue la tendencia al *absolutismo,* que incluso trató de arraigarse en Inglaterra, no obstante los fuertes intereses que la nobleza sostenía frente a los reyes.

La inclinación a ciertas formas de absolutismo por parte de los monarcas ingleses tuvo ejemplos diversos, como lo prueba el hecho de que a principios del siglo XVI, su rey *Enrique VIII* pudo erigirse, según se ha visto, en cabeza de la Iglesia Anglicana, y su hija, *Isabel,* pudo hacer, de lo que comenzó como un cisma, una corriente teológicamente herética con esa misma Iglesia. Más aún, el sucesor de ésta en los comienzos del siglo XVII, *Jacobo Estuardo* —cuya madre fue mandada decapitar por *Isabel*— no ocultó sus tendencias absolutistas, y vio en su calidad de jefe del Anglicanismo una ocasión propicia para asentar su poder con mayores facultades. Jacobo I pretendía ser teólogo y pensador, y con tal motivo dio a conocer su doctrina del *derecho divino de los reyes,* según el cual los monarcas recibían el poder directamente de Dios, sin intermedio de nadie, y no tenían que dar cuenta a nadie de sus actos, sino sólo a Dios mismo. "En tal virtud, ha escrito Gettel, los argumentos de que se valen Dante, Occam y Marsilio para apoyar al emperador medieval contra el Papa, y por Lutero al reconocer carácter incluso sagrado a los príncipes independientes de Alemania se convierten ahora en una doctrina fervorosa de apasionamiento y lealtad monárquicas en términos de mística devoción". En un discurso pronunciado ante el Parlamento en 1609, Jacobo I llegó a proclamar: *"A los reyes se les reverencia, justamente, a manera de un poder divino sobre la tierra"*; y en otro discurso dicho en 1616 ante la Cámara de la Estrella, postuló: *"De la misma manera que constituye blasfemia y ateísmo poner en tela de juicio lo que Dios puede hacer, así representa, también, gran vanidad y menosprecio que los súbditos discutan las acciones del monarca"*.

En Inglaterra fueron principalmente los puritanos, los partidarios del régimen parlamentario y los católicos, quienes más decididamente se opusieron al absolutismo y a la tesis del "derecho divino de los reyes". En España, un eminente teólogo, el padre *Francisco Suárez,* expresó también su desacuerdo en su obra *Defensio fidei,* en la que sostuvo el carácter comunitario de la sociedad humana, incluso en lo tocante a quien gobierne, al decir: *"la suprema potestad civil ha sido dada inmediatamente por Dios a los hombres reunidos en una ciudad o comunidad perfecta política. Por una consecuencia natural y en virtud de su primera creación: por esto, en virtud de tal donación no está el poder en una sola persona, ni*

Retrato de Luis XIV, el máximo exponente del absolutismo europeo, que ostenta una peluca auténtica del monarca

en una peculiar congregación de muchas, sino en todo el pueblo perfecto, o sea, en el cuerpo de la comunidad"; de donde se sigue que aun en el caso de la monarquía, *"ningún rey o monarca tiene o ha tenido (según ley ordinaria) inmediatamente de Dios o por divina institución el principado político, sino mediante la voluntad y la institución de los hombres".*

La doctrina expuesta por el P. Suárez tenía antecedentes en *San Ambrosio,* en *San Agustín,* en *San Gregorio* y en *Santo Tomás de Aquino,* en el curso del pensamiento cristiano.

Entre el rey o gobernante, y el pueblo, hay, pues, una especie de pacto que debe ser mutuamente respetado, pero si el primero convierte su justa potestad en una tiranía, abusando de la comunidad, el pueblo puede defenderse, y en caso extremo es lícito el *tiranicidio.* Tal fue la afirmación que sostuvieron también, entre otros, algunos de los primeros jesuitas, como los padres *Juan de Mariana,* y el mismo Suárez, aunque esto no era tampoco una novedad, como que ya había sido apuntada por *Santo Tomás de Aquino* y por *San Cayetano.*

Por lo demás, el absolutismo alentado por los seguidores del "derecho divino de los reyes", fracasó en gran medida, a resultas de los desaciertos de Jacobo I en su política general.

La propensión absolutista llegó a generalizarse más bien en el continente, y se tradujo en una clara concentración de la autoridad en manos de los monarcas. Éstos, en efecto, procuraron disminuir cada vez más las prerrogativas de la nobleza, tanto como quisieron impedir o minimizar la acción de los organismos congresionales que procedían de la Edad Media. Eso explica cómo los Estados Generales de Francia dejaron de reunirse desde los inicios del siglo XVII, y cómo, a su vez, después de la derrota de los "comuneros", en España, a principios del siglo XVI, la vida democrática se debilitó, y las Cortes, varios años más tarde, dejaron de ser convocadas. El absolutismo inglés, por tanto, no llegó a tener vigor que presentó en la tierra firme europea. Al fin y al cabo había en Inglaterra una tradición recia de poder en manos de la nobleza, tanto como disposiciones legales que buscaban limitar el poder del rey; y si en veces los monarcas pudieron recabar una autoridad robusta, ni el Parlamento desapareció del todo, ni dichos monarcas pudieron, a la postre, quedaron como únicos árbitros de la vida pública británica.

El parlamentarismo inglés

Conviene tener presente a este propósito que en Inglaterra regía, desde 1215, la *Carta Magna* que los nobles impusieron a *Juan Sin Tierra,* y que contenía normas jurídicas de su interés.

De acuerdo con ella, en efecto, se establecía que el monarca no podría establecer impuestos sin el consentimiento de los barones que éstos no podrían ser juzgados sino por sus iguales; que no podría nadie ser condenado sino mediando el consentimiento de un jurado; que nadie podría permanecer en prisión sin ser sometido a juicio; y al igual, otras disposiciones en virtud de las cuales la clase noble aseguraba de la monarquía el reconocimiento a sus privilegios. Éstos, con el tiempo, se desbordaron y pudieron ser aplicados a todos en los siglos posteriores. La Carta Magna implicaba una seria limitación al poder real, y es dable ver en ella el más vigoroso antecedente del régimen constitucional en la Gran Bretaña. Bien perfilada, en consecuencia la propensión señorial a impedir el absolutismo de los reyes, encontró un nuevo elemento en los *Estatutos de Oxford*, de 1258, impuestos al hijo de Juan sin Tierra, *Enrique III*, que había querido hacer a un lado la Carta Magna, pero derrotado por los nobles se vio constreñido a aceptar los Estatutos que se citan, conforme a los cuales le fue preciso gobernar con un consejo de quince barones, que tenían la potestad de nombrar a los principales funcionarios del reino.

En la Edad Moderna, la situación política inglesa resintió el peso de aquella tradición, y si bien hubo momentos en los que los reyes propendieron al autocratismo ya en lo político y en lo religioso, como con *Enrique VIII, Isabel y Jacobo I*, o ya en lo político, como con *Carlos I y Jacobo II*, en el siglo XVII, la estructura constitucional era demasiado fuerte para poder ser destruida, ya que descansaba en la fuerza de la nobleza y en las condiciones de amplios núcleos de la población. Ello no quiso decir, empero, que se deseara la república. Cuando ésta, en efecto, fue instaurada por *Cromwell*, en el siglo XVII, no subsistió mucho tiempo, y el retorno de la monarquía mostró hasta qué punto estaba ésta enraizada en las convicciones políticas del país, las cuales encontraron nuevos motivos para consolidarse con motivo de la *gloriosa revolución* que, al deponer a *Jacobo II*, dio ocasión para que se ratificara el *Bull of Rights* o *Declaración de Derechos*, de 1689, que redondeó y afirmó el régimen constitucionalista.

Este documento establecía que era ilícita la suspensión de las leyes sin el consentimiento del parlamento; la recaudación de impuestos era ilegal también si no había consentimiento parlamentario; los súbditos, además, tenían el derecho de elevar peticiones al rey, sin que por ello fuesen molestados; el Parlamento debía dar su consentimiento, asimismo, para que hubiese ejército permanente; las elecciones de miembros del Parlamento eran libres; las multas o fianzas no podían ser excesivas; los castigos no debían ser inhumanos ni crueles; no debía coartarse la libertad de palabra; si alguien fuese acusado de algún delito, no podía multársele o confiscár-

Pintura que muestra a la Reina Isabel I de Inglaterra

sele, si no estaba comprobada su culpabilidad.

Institución muy importante para asegurar el cumplimiento de los derechos personales frente a las autoridades inglesas fue el *habeas corpus,* expresión latina que equivale a *que tengas tu cuerpo,* y según la cual nadie podía ser detenido más de veinticuatro horas sin ser sometido a juicio.

Por razón de circunstancias históricas especiales, Inglaterra derivó en la Edad Moderna cada vez más hacia el sistema parlamentario, constitucional, y de limitación al poder del rey —incluida la aparición de los partidos tradicionales de *tories,* o conservadores, y *whigs,* o liberales— al darse el hecho de acceder al trono la familia *Hannóver,* cuyo primer miembro, Jorge *I,* de origen alemán, nunca aprendió la lengua inglesa, y los negocios públicos quedaron en manos del *Primer Ministro,* designado por el Parlamento: atenta la tradición británica de reconocer como norma una costumbre arraigada —derecho consuetudinario—, esto coadyuvó a fin de ir, poco a poco, restando cada vez más importancia al monarca, cuyas funciones ejecutivas fueron quedando en manos del Primer Ministro, reflejo de poder parlamentario. Lo cual se consagró en la expresión de que *"el rey reina, pero no gobierna".*

El despotismo ilustrado

El contraste entre esta situación británica y la que se desenvolvió en la Europa continental fue demasiado elocuente; tanto más que mientras en el siglo XVIII el constitucionalismo inglés se asentaba por ineficacia y debilidad de los primeros Hannóver, el absolutismo del resto de los países europeos derivó hacia una forma especial conocida con el nombre de *despotismo ilustrado.*

En efecto, varios de los monarcas de ese siglo quisieron seguir el consejo de *Nicolás Maquiavelo* —el ya citado escritor y político florentino del Renacimiento—, de que *"el rey es el servidor del Estado",* de suerte que el mismo rey debe actuar como padre ante sus súbditos. En la práctica quisieron fomentar muchos aspectos de la vida de sus pueblos, dictar leyes que favorecieran el progreso y la cultura, ser humanitarios y condescendientes, pero sin que alguien pudiera oponerse a sus órdenes.

No pocos de estos *déspotas ilustrados* se inspiraron en cuanto a su acción general en los pensamientos de los escritores y filósofos de su tiempo, y no pocos de ellos, asimismo —*Carlos III de España, Luis XV de Francia,* etc.— se vieron rodeados de ministros sagaces que tenían sus mismas ideas, las cuales, a la postre, si promovieron a veces algunos aspectos del desarrollo material, dieron ocasión también a no pequeños trastornos sociales y religiosos, derivados de su autoritarismo y de su inquina antieclesiástica, de lo que fue ejemplo típico la célebre expulsión de los jesuitas, seguida de la presión ante la Santa Sede para que disolviera la Orden, como efectivamente fue disuelta por el Papa *Clemente XIV.*

Por lo demás, en medio de todas estas estructuras y tendencias políticas, surgieron corrientes de pensamiento de singular interés en el campo de las relaciones públicas.

Es dable mencionar a este propósito, como más relevantes, las figuras de:

a) el italiano *Tomás Campanella* (1568-1639), autor de un libro llamado *La Ciudad del Sol,* en donde traza la existencia utópica de un pueblo gobernado por un monarca absoluto, con sacerdotes-ministros, y con un claro sentido jerárquico. La vida era en común, sin organización familiar y sin propiedad privada.

b) *Juan Bodin* (1583-1569), francés, consideraba que la prosperidad de su país dependía del destierro de las contiendas religiosas y de la acción de una monarquía vigorosa. Fue, por ello, partidario de la tolerancia en materia de religión. Creía en un sentido progresista de la historia. El Estado, para él, reconocía como elemento primario a los jefes de familia. Los hombres eran libres, pero debían estar sometidos al poder soberano del Estado.

c) *Hugo Grocio* (1583-1645), jurista holandés. Se le consideraba por algunos como el fundador del Derecho Internacional, aunque los principios enunciados en España con anterioridad por fray Francisco de Vitoria como ya se ha visto, permiten reclamar para este último la primacía. Grocio sostuvo la idea de que los hombres vivían en estado primitivo o estado de naturaleza, antes de que se formase la sociedad, la cual fue resultado de un convenio o pacto de aquéllos. Fue partidario de la libertad de los mares. Postuló, asimismo, que existe entre las naciones un derecho común (germen del Derecho Internacional), así en la guerra como en la paz.

d) *Tomás Hobbes* (1588-1679), inglés, fue autor de varias

obras, pero acaso la más notable de todas fue el *Leviatán*. Era partidario del orden, de un Estado fuerte y de un gobierno absoluto, pero fundado en motivos meramente racionales. En la obediencia de los súbditos se fundaba la soberanía del Estado. Éste lo representaba Hobbes como un gran *Leviatán* (vocablo usado en el Libro de Job, en la *Biblia*, para designar un monstruo marino), especie de gigante formado por todos los hombres, que encierra el poder soberano y la unidad absoluta. El hombre, abandonado a si mismo, "es lobo del hombre" a fin de obtener paz y bienes celebra un pacto mediante el cual constituye la sociedad política y cede sus derechos naturales a "un poder común" al cual los individuos se someten "por miedo", pero que "encamina sus actos en beneficio de todos".

e) *Juan Locke* (1632-1704), inglés también, escribió varios libros, tales como su *Ensayo del gobierno Civil, Carta de Tolerancia*, y otros. Influyó mucho en las corrientes políticas europeas y norteamericanas. Sostenía que las autoridades debían ser nombradas por el pueblo, o por lo menos debían tener su consentimiento dichas autoridades no debían desconocer los derechos que todo hombre tiene (la vida, la libertad, la propiedad); y en caso de que el gobierno atacase los derechos del individuo, el pueblo podía rebelarse contra tal gobierno. Propugnó por la separación entre la Iglesia y el Estado, y se mostró favorable a la tolerancia religiosa.

El precapitalismo

Desde el punto de vista social, la Edad Moderna presentó un panorama que en cierto sentido fue continuación de algunas estructuras que venían de la Edad Media, y en otros sentidos mostró cambios de importancia. Algunas formas de vida feudal, por ejemplo, que habían ido perdiendo vitalidad en el sur y en el occidente de Europa, como la *servidumbre*, subsistían en cambio en el oriente, de suerte que las estructuras sociales ofrecieron matices de contraste de nación a nación. Fue un dato relevante, sin embargo, el del auge cada vez mayor que la *burguesía* fue alcanzando en casi todo el suelo europeo. La *burguesía* medieval era simplemente el conjunto de los habitantes de los *burgos*, o ciudades libres, *pero al paso del tiempo se dio ese nombre a la clase rica que no era noble, y fue esa burguesía, en efecto la que, cada vez más encumbrada en la jerarquía social, comenzó a desplazar de ésta, a la nobleza, en las grandes tareas de dirección pública y económica.*

Burgueses, profesionistas, comerciantes, banqueros, artesanos y trabajadores de variada índole, solían vivir en las ciudades modernas, mientras en el campo

Salón de Madame Geoffrin, burguesa rica de París

era común que estuviesen los nobles, en sus castillos, y, naturalmente los labradores. Las ciudades, no obstante, no eran muy crecidas, y eran raras las que tenían una población verdaderamente abundante. La industria solía estar en manos de los artesanos, quienes, por una tradición que venía de la Edad Media, muchas veces estaban agrupados dentro de los ya citados *gremios* o *corporaciones*. En términos generales puede afirmarse, en consecuencia, que la economía de principios de la Edad Moderna descansó principalmente en las actividades agrícolas, pecuarias, mineras, mercantiles y navales. Empero, si la industria no creció pronto, el comercio y las actividades bancarias sí, dentro de un cuadro de vida social que puede llamarse *Precapitalismo* o también *Capitalismo Comercial* o *Bancario,* en el que el espectáculo de familias y sujetos que ejercían dominio sobre muchos bienes, ya en forma de dinero, ya en forma de empresas mercantiles y financieras, no fue nada raro.

Llegó a darse el caso de hombres audaces y enérgicos que, a la vuelta de pocos años, llegaron a ser inmensamente ricos. Tal fue lo que ocurrió *con Jacobo Coeur,* en Francia, en el siglo XV, que debido a múltiples trabajos y operaciones financieras, y casi partiendo de la nada, llegó a tener una fortuna que, al tiempo de su caída, en 1451, era enorme. En términos semejantes se hallaron otros personajes posteriores a él, como los *Rapondi,* los *Laurin,* los *Welser* y los *Fugger* —o *Fúcar,* según su nombre castellanizado—, muchos de los cuales hicieron su dinero con el comercio, con la industria textil, con la minería o con las transacciones bancarias. Hombres de este tipo fueron prestamistas de los reyes, de los príncipes, de los prelados de la Iglesia y de las autoridades de las ciudades.

Su éxito económico dependía en gran parte de la sagacidad e inteligencia de los jefes de la familia, pero no fue raro que sus herederos sin las dotes de los padres, no pudiesen sostener la empresa, que comenzaba a venir a menos, hasta su total desmoronamiento. Por ello las acciones económicas sólo pudieron ser más permanentes hasta la difusión de las sociedades mercantiles.

Hechos diversos y convicciones nuevas ayudaron a que se produjera el cambio económico en el umbral de la Edad Moderna.

Así en efecto, la *Reforma Protestante* del siglo XVI dejó su huella en un ánimo particularmente dispuesto a la mutación socioeconómica de tipo capitalista. *"El nuevo protestantismo,* ha dicho el historiador de la economía, Ferguson, *sustituyó el punto de vista internacional de la Iglesia Católica por la idea de independencia nacional, prestó su apoyo al individualismo así en economía como en religión."* La usura, tan vivamente condenada por los escolásticos medievales, se convirtió, lo mismo que cualquier otra especulación, en una actividad también en el desenvolvimiento del capitalismo moderno como agentes muy activos de él. En algunas partes, en Holanda sobre todo, aunque también en Francia y en Alemania, y después en los Estados Unidos, tomaron parte en medida considerable en las grandes operaciones del capitalismo comercial y financiero. Grandes bancos quedaron en sus manos, y figuras como las de *Rotschild* y otros semejantes, se hallan unidas a muchas actividades de la gran finanza capitalista; lo cual es muy explicable, ya que el hecho de que las familias hebreas tuviesen componentes suyos en muchos países, les facilitaba hacer operaciones que para otras personas resultaban más difíciles. *"Fueron precisamente los puritanos (calvinistas), al par que los judíos, apunta* Sée, *los que contaban entre los agentes más activos del capitalismo moderno".*

El internacionalismo hebreo ayudó mucho a la internacionalización del capitalismo.

A este ángulo de situaciones nuevas en donde lo religioso tuvo gran influencia, es dable añadir el enorme impacto que, a su vez, dejó en la economía europea la expansión colonial de países como *España, Inglaterra, Francia, Holanda y Portugal* —cuyos dominios se extendieron por América, Asia y África—, que produjo una conmoción muy apreciable.

Algunas manufacturas tuvieron que multiplicarse para atender a crecientes mercados de consumo; el comercio y las finanzas se vieron ampliadas a grandes volúmenes, y el arribo a Europa de grandes sumas de metales acarreó también modificaciones de interés considerable en la economía de Europa. Cada vez se usó más la moneda metálica, y una dislocación impresionante en los precios llegó a presentarse en no pocos sitios, bajo el peso de las transformaciones generales de que se trata, de suerte que en sólo un siglo, por ejemplo, de 1550 a 1650, el nivel general de la vida europea subió en un 300 por ciento, originando la famosa *"revolución de los precios"*.

El mercantilismo

En concordancia con una situación de tal especie, nació, en la economía europea, el *mercantilismo,* como política a seguir por algunos países del Viejo Mundo.

El mercantilismo supuso un afán de intervencionismo del Estado en la vida económica en casi todas sus formas. Esto fue factible gracias al poder de las monarquías y a su sentido de nacionalismo agudo. El Estado quiso impulsar la industria rudimentaria de su época lo mismo que el comercio; y en el caso de los países colonialistas, el Estado dispuso el monopolio en relación al tráfico comercial con las posiciones de ultramar. Precios, salarios, actividades mercantiles y aun formas de trabajo, pretendieron ser reglamentados oficialmente. Las tareas industriales fueron vigiladas para disminuir la competencia.

En la práctica se tomó el poseer metales preciosos como signo elocuente de la riqueza, y esto vinculó de modo estrecho a la teoría de la *balanza de comercio* —conforme a las ideas de la época—, en cuanto se pensaba que un país tenía una balanza de comercio *favorable* cuando vendía más de lo que compraba, y la diferencia, que había de ser pagada en dinero, se traducía en ganancia. Y con ello para restringir las compras y facilitar las ventas, se erigieron grandes barreras arancelarias, grandes impuestos aduanales, que tendían a proteger manufacturas nacionales.

Una política de economía como la que se acaba de mencionar, se la conoció también en Francia como *colbertismo* —dado que fue llevada a planos extremados por *Colbert,* el ministro de Luis XIV, en el siglo XVII—; como *cameralismo,* en Alemania, como *sistema restrictivo* y aun como *sistema comercial.*

La política mercantilista, indudablemente, dio un impulso serio a las tareas económicas; con todo, fue patente que el proteccionismo que ejerció, pudo, a veces, tener razón de ser, tanto que en otras ocasiones, como lo que ocurrió en relación con el monopolio comercial respecto de las colonias, evitó en éstas una adecuada maduración y desarrollo. Su teoría de la balanza económica "favorable", a base de ganancias que supusieran ventajas para una nación, en demérito de otra, fue un error, finalmente, porque las operaciones mercantiles pueden efectuarse, a nivel internacional, de un modo ventajoso para todas las partes interesadas.

Los principales países europeos propiciaron en general el mercantilismo.

Los fisiócratas

En Francia surgió, un poco como carácter propio y un poco como reacción contra el mercantilismo, la nueva tendencia llamada *fisiócrata.*

Los *fisiócratas:* impugnaban la agobiante multiplicidad de cargas fiscales que tenían que pagar los causantes franceses, y abogaban por un *impuesto único,* consideraban que solamente la tierra es productiva en sentido estricto, porque todas las demás actividades, distintas de la *agricultura,* constituían meras transferencias o modificaciones de las mercancías. No desdeñaban el aumento de la industria extractiva, pero el tributo de la productividad lo asignaban a los propietarios y cultivadores del suelo. Partidarios del derecho natural basado en un orden natural de las cosas, consideraban que el más importante de los derechos del individuo consiste en el goce de los frutos de su trabajo, con tal que con ello no se lesione a nadie; *en consecuencia, el Estado debe intervenir lo menos posible en los asuntos económicos, a menos que se trate de dar protección a la vida, a la privada y a la libertad de contratación.*

Colbert, ministro de Luis XIV, fue el principal sostenedor del mercantilismo en Francia

Exponente máximo de la tendencia fisiocrática fue el francés *Francois Quesnay,* nacido en 1694 y muerto en 1774. Tiempo más tarde el deseo de limitar al extremo la intervención del Estado, llegó a convertirse en una de las exigencias del liberalismo económico.

II. LA VIDA INTELECTUAL

Descartes y la filosofía moderna

En el campo de pensar frente al mundo y la vida, apareció una corriente que, en los albores de la Edad Moderna, quiso darse cuenta de cómo se derrumbaba la estructura medieval, y cómo, sobre sus ruinas, emergía una situación nueva, preñada de posibilidades. Esa corriente, española y católica, no quiso desconocer el pasado, pero tampoco quiso aferrarse a él. Busco en el patrimonio de la cultura cristiana cuantos valores tenían sentido de permanencia, y los aprovechó, los unió a los valores que surgían, y propuso una visión adecuada a su tiempo, para propugnar por un criterio y una conducta en las que el catolicismo se actualizó con modernidad, pero sin deformación, a las exigencias de su tiempo, lo mismo en la esfera del derecho que en la de la política, en la de la teología, que en la de las consideraciones sociales.

Representantes de tal labor emérita fueron, cada uno en su puesto, *Francisco de Vitoria, Melchor Cano, fray Alonso de Castro, Domingo de Soto, Francisco Suárez, Juan de Mariana, Domingo Báñez,* y cuantos, como ellos, trabajaron ardorosamente en tan amplia y profunda empresa.

Por esto España tuvo entonces características muy peculiares y distintas en el marco del pensar propio de la nueva época.

Por lo demás, conviene reconocer al hacer una análisis de la renovación filosófica de la Edad Moderna, que las aportaciones hechas procedieron de pensadores de diversas nacionalidades europeas, y fue a partir de los siglos XVI y XVII cuando las corrientes más contrastantes tomaron mayor amplitud.

Un personaje inglés, *Francisco Bacon,* Barón de Verulam (1561-1626), dio a conocer ideas de particular interés. Este hombre fue quien trató de reformar de modo radical los métodos de las ciencias. En sus obras fundamentales postuló la conveniencia de que se adoptara como sistema de conocimiento el "inductivo", esto es, un método basado en la experimentación veraz y pura de la naturaleza, a fin de conocer la causa auténtica de los fenómenos, al margen de los prejui-

Retrato de Francisco Bacon

cios. Para él, la filosofía estaba subdividida en varias partes, una de las cuales, la filosofía natural era la que se refería a todas las ciencias, y su fin era encontrar las leyes de la naturaleza para poder explotarla mejor, con sentido utilitario.

Mayor transcendencia para el pensamiento moderno alcanzó, sin embargo, *Renato Descartes* (1596-1649).

Este filósofo francés se aplicó el conocimiento de las Humanides, de las Matemáticas, de la Filosofía Escolástica y del Derecho. Recorrió como militar o como particular varios países europeos y al fin se estableció en Holanda. Invitado por la reina *Cristina de Suecia,* fue a Estocolmo, en donde el frío le causó una pulmonía de la que murió asistido cristianamente por el P. Viogué.

Por su obra, ha dicho Julián Marías, *"es la figura decisiva del paso de una época a otra. La generación que marca el tránsito del mundo medieval al espíritu moderno en su madurez en la suya".*

Filósofo y matemático, Renato Descartes fue también un hombre vivamente interesado en otros campos de la cultura. A él se debe el inicio de la Geometría Analítica; descubrió la refracción de la luz; cultivó los estudios anatómicos y sospechó el peso del aire. Por impulsos de su vocación, pero también por la influencia del ambiente, y en especial por las indicaciones del cardenal Berulle —que lo incitó a consagrarse a la reforma de la Filosofía—, Descartes puso en ésta particular empeño. Antes que nada quiso, con este motivo, encontrar un método para estructurar un *"nuevo sistema filosófico",* y para eso estimó como asunto primario encontrar un principio que fuese evidente, y del cual pudiese llegar después a todas las conclusiones filosóficas por un proceso de análisis riguroso. Descartes comenzó por considerar que nada podía merecerle confianza, y que le era preciso dudar metódicamente de todo. Encontró, entonces, con que lo único seguro que tenía era el hecho de que estaba dudando, y de allí sacó la consecuencia de que pensaba, y si pensaba, dedujo que era *"Mientras quería pensar así que todo era falso,* escribió, *era menester necesariamente que yo, que lo pensaba, fuese algo; y observando que esta verdad: pienso, luego soy, era tan firme y tan segura que todas las más extravagantes suposiciones de los escépticos no eran capaces de quebrantarla, juzgué que podría admitirla sin escrúpulo como el primer principio de la filosofía que buscaba".*

Así, de ese elemento básico, el *"pienso, luego existo",* procedió a la búsqueda de los demás principios, de las demás verdades, afirmando al respecto que *"el criterio de la verdad es la percepción clara y distinta";* tras lo cual dio los pasos siguientes que fueron los de ir al encuentro de Dios y del mundo.

El pensamiento cartesiano muestra un rasgo eminentemente moderno al sentar como principio inicial el "yo", y al prescindir, en su base, en otras consideraciones metafísicas. Su sistema marca un rumbo y pesa en muchas conciencias en los sucesivo, tanto en Filosofía como en el Arte y en las ciencias; aporta ideas de interés sumo, a no dudar, pero adolece de fallas diversas, como el querer explicar a toda la Filosofía el método matemático; el considerar que la extensión sea la esencia de los cuerpos y el pensamiento, la del alma; o que los animales son autómatas y el alma es una sustancia completa; viendo en el hombre, que es un complejo, una "cosa que piensa"; o exagerando el dualismo entre el cuerpo y el alma.

Como quiera que sea, su influjo en el pensar filosófico posterior fue de dimensión considerable, como lo reconoce todo el mundo.

El empirismo

Contemporáneos o posteriores a Descartes fueron los escritores ingleses que dieron impulso al *empirismo.*

Tales escritores fueron, medularmente: *Tomás Hobbes,* ya mencionado a propósito de sus ideas políticas, lo mismo que *Juan Locke, Jorge Berkeley* (1685-1763) y *David Hume* (1711-1776).

El empirismo es, en síntesis, la doctrina según la cual no hay en la mente humana ningún principio que le sea connatural, propio, innato, sino que todos nuestros conocimientos derivan de la experiencia.

Hobbes insistió en que la única fuente de todos nuestros conocimientos son los sentidos; de allí sacó como deducciones naturales, las de que las imágenes no son sino huella de las sensaciones en la fantasía; el pensamiento resultó ser una mera operación matemática hecha con vocablos y el alma humana una suma de movimientos corporales. La libertad —que es una realidad espiritual— no tuvo sitio en tal sistema, y por esta vía puede comprenderse mejor el carácter despótico que Hobbes quiso dar a su sistema político.

Por su parte, *Locke,* en su obra *Ensayo sobre el Entendimiento Humano,* usó una imagen que ya había apuntado Aristóteles, y proclamó que la inteligencia es como una "tabla rasa", como "un papel en blanco", en el que se van grabando las ideas que llegan a través del canal de los sentidos. Para él no había ideas verdaderas innatas. Las fuentes de conocimiento, en consecuencia, eran dos: la *experiencia externa,* aportada por los sentidos, y la *experiencia interna* fruto de la reflexión, entendiendo por ésta la conciencia que el alma tiene de sus propias experiencias dentro de sí. A todos estos elementos los llamó *ideas compuestas,* que eran la combinación de varias ideas simples. Por lo demás, toda demostración debía apoyarse en una percepción inmediata o intuición.

El sistema de Locke, aparte de acertar en el principio de que no hay ideas innatas, incurrió en no pocas ambigüedades, en una confusión patente para distinguir las facultades del alma, y sobre todo, en una falta de capacidad real para explicar cómo determinadas ideas pueden ser fruto de la experiencia. No basta con recibir los datos de una experiencia. Se requiere toda una estructura mental y cultural para darle a esa experiencia su debido valor. Como ha dicho Vasconcelos con acierto: *"Hace falta siempre que quien practica la experiencia o realiza el invento esté preparado con los recursos de la ciencia teórica. El caso del descubrimiento de Neptuno consumado por la teoría matemática antes que por el anteojo del observador es típico, pero no es único".*

Otro de los pensadores empiristas, *Berkeley,* tuvo como elemento central de su filosofía la convicción de la irrealidad de la materia —o *inmaterialismo*—, que él consideraba como algo que podía deducirse de los principios asentados por Locke. La realidad, según él, la componen los espíritus. El universo corpóreo no es otra cosa que un mundo de ideas, el mundo de las *ideas de cuerpos* que cada quien debe buscarse en Dios, que las pone en mente.

Aunque algunos puntos de vista de Berkeley han tenido interés para la psicología el cuerpo general de su sistema está en pugna con los datos más inmediatos del sentido común y de la realidad.

Fue *David Hume* quien llevó las consecuencias del empirismo a sus planos más extremados. Para él, las ideas no son sino copias desvanecidas de las impresiones, que se combinan o se asocian en nuestra mente. Por la simple experiencia se explica completamente nuestra vida psíquica. Nada hay innato, y aun la moral y la estética son fruto de la experiencia; el criterio moral no descansa en un principio racional, sino en los sentimientos, de tal modo que apuntó a este respecto: *"El bien y el mal no se dan* en *sí sino que toda la diferencia entre los dos depende de los afectos y pasiones humanas".* (Lo cual no explica cómo se puede cumplir con el deber, aun cuando nos repugne; ni cómo debemos abstenernos del mal aun cuando nos complazca.) En religión se mostró escéptico, y fue él quien por primera vez intentó hacer una historia natural de las religiones a base de datos psicológicos e históricos, pasando del politeísmo al monoteísmo, lo que las actuales investigaciones, como se vio inicialmente, no admiten.

En fin no puede pasarse por alto a:

Nicolás Malebranche (1638-1715), oratoriano francés, quien, si por una parte consideraba que las percepciones que provienen de los sentidos, son modificaciones de nuestra conciencia que de modo confuso representan al mundo exterior, afirmaba, por otra parte, que los hombres no producen ideas, sino que todo conocimiento proviene de Dios, que lo participa.

Baruch o Benito Spinoza, nacido en Ámsterdam en 1632, de

David Hume

una familia judía de origen portugués, vivió una vida de apartamiento, tanto por su apego a la independencia, cuanto por haber sido expulsado de la sinagoga debido a sus puntos de vista. Murió en La Haya en 1677. Consideraba que Dios es una sustancia infinita y pura que se integra mediante infinitos atributos, cada uno de los cuales expresa un ser infinito y eterno. A su vez, el hombre sólo conoce dos atributos, que son: el pensar y la extensión. En el fondo, su sistema era un panteísmo, ya que lo corpóreo y lo anímico venían a coincidir en la sustancia divina.

Blas Pascal (1623-1662), francés, talento matemático extraordinario, incursionó también por la Filosofía y por el campo de las consideraciones religiosas. Postuló que en la existencia hay un triple orden, que es el de la naturaleza (objeto de estudio de la Física Matemática), de la razón humana (objeto de investigación de la Filosofía), y, en fin, el conocimiento intuitivo que nace del corazón y de la fe *("el corazón,* dijo, *tiene razones que la razón no conoce").*

Godofredo Guillermo Leibnitz (1646-1716), alemán, fue un talento universal. Entendía que los conocimientos pueden ser *a posteriori* es decir, mediante la experiencia; pero también usó la expresión *a priori* para nombrar, dice Larroyo, *"lo que está virtualmente en el espíritu"*, es *"susceptible de desarrollarse en la conciencia"* y es independiente de la experiencia. Así, frente a los simplemente empiristas, Leibnitz completó el pensamiento aristotélico de que *"nada hay en el intelecto que primero no haya estado en los sentidos"*, con este concepto: *"excepto el intelecto mismo"*. El filósofo alemán no quiso admitir una visión estática del mundo, sino una visión dinámica, y de allí su cosmovisión según la cual no hay sólo una sustancia sino un número infinito de ellas. Cada una es una unidad, o *mónada* (del griego *monas* uno), que es un elemento indivisible de las cosas, las cuales están sujetas a un desarrollo de sí mismas. Las mónadas están sujetas a una jerarquía, y la más perfecta e infinita es Dios.

Cabe mencionar, asimismo, entre otros, al francés *La Mattrie*

(1709-1751), materialista y sensualista; y *Esteban de Condillac* (1715-1780), francés también, propugnador igualmente del sensualismo, incluso en los campos de la ética y de la estética.

La falta de consistencia de estas últimas doctrinas, su incapacidad para resolver los problemas más hondos del mundo y de la vida, ha hecho siempre que el sensualismo no pase de ser una actitud que si explica algunos fenómenos, es radicalmente insuficiente en capítulos de primerísima importancia en el ser del hombre, sobre todo para darle una visión del universo que sepa elevarlo.

Blas Pascal

Las letras modernas

El cultivo de las letras alcanzó en la Edad Moderna un auge inusitado. Por el número de literatos, por la diversidad de géneros que fueron acometidos, y por el interés de los temas que fueron tratados, resultó que hubo, en varios países, verdaderas, *edades de oro.*

En ese entonces, y un poco reflejo de lo que había ocurrido en el Renacimiento italiano, en que aparecieron varias "academias", diversas naciones vieron el surgimiento de instituciones que llegaron a impulsar tanto las letras como el arte y la ciencia como sucedió con la *Academia Francesa,* propiciada por el cardenal de Richelieu, y que apareció en 1636; pocos años más tarde tuvo lugar la fundación de *Royal Society,* en Inglaterra (año de 1660); y luego: la *Academia Prusiana de la Ciencias* (en 1700); *la Academia Literaria de Arcadia* y la *Academia Científica de Lincei,* en Roma; *la Academia de la Lengua,* en Florencia; y la *Real Academia de la Lengua* en España. Paralelamente a ello, fue corriente, en algunas partes, el establecimiento de salones en los que la gran inquietud demostrada por hombres y mujeres acerca del desarrollo de la ciencia y de la especulación filosófica pudo convertirse en tema de reuniones. Damas de buena posición social abrían sus casas a quienes ocupaban un sitio en la cultura, y las materias a considerar eran tantas como los personajes que concurrían a ellas. Así se hicieron célebres, en Francia, los salones de las señoras de *Geoffrin*, de *Deffant*, de *Rambouillet*, y otras, mientras en Inglaterra, fueron más bien los cafés y los clubes, los centros de la inquietud intelectual.

La Edad Moderna significó una exaltación del nacionalismo, y no puede verse como algo raro que la manifestación de las ideas haya tenido ambientes como los que se acaban de citar. Ni hay que considerar extraño que las letras, de modo específico, también hayan sido un testimonio vivo del espíritu nacional de cada pueblo.

En los siglos XVI y XVII, los países que más destacaron al respecto fueron Italia, España, e Inglaterra, y en parte del XVII y en el XVIII, Francia.

Las letras italianas

En *Italia*, aparte de las corrientes descritas con motivo del Renacimiento, es dable señalar una franca tendencia al carácter reflexivo, más que de imaginación. Coincidió esto con la aparición del *Diccionario de la Lengua*, obra de la Academia respectiva, y tuvieron tal tendencia infinidad de escritos de índole moral, crítica o filosófica, en las postrimerías del siglo XVI. En la siguiente centuria destacó un cierto culteranismo, o *marinismo* que gustó mucho de la forma en demérito del fondo, ahogado éste por el recargo en los giros y expresiones, como una especie de barroquismo de las letras. Su representante más conspicuo fue *Juan Bautista Marini* (1569-1625) a quien se debe un poema típico que fue el *Adonis*. Múltiples obras poéticas de entonces son pruebas inequívocas de pobreza moral, de superficialidad y de falta de profundidad evidente. Se cultivaron la tragedia y la comedia al modo clásico, y se dio a conocer también la llamada *comedia del arte*, consistente en un argumento trazado de antemano en torno del cual los actores —que usaban máscaras— improvisaban sus diálogos. En el XVII aparece una forma nueva de representación escénica llamada *melodrama* en la que los hechos dramáticos eran acompañados por la música. Nació de los ensayos e investigaciones que algunos eruditos, formadores de la *Camerata Fiorentina*, habían realizado tratando de revivir la música del coro en las tragedias griegas; así, los poemas se adoptaban a la música, y al paso del tiempo lo que se produjo resultó ser la *ópera* moderna. Fue *Pedro Traspassi* o el *Metastasio* (1698-1782), un notable creador de melodramas.

Cultivador de la tragedia presentada fuera de las normas clásicas fue *Víctor Alfieri* (1749-1803), que usaba de un lenguaje sencillo, directo y sin rebuscamientos, especialmente a base de temas de índole histórica *(Virginia, Bruto Menor, Saúl, Felipe II).* Realista, deseoso de captar el mundo de un modo fiel, fue otro literato. *Carlos Goldoni* (1707-1793), a quien puede considerarse como el renovador de la comedia italiana.

Carlos Goldoni

La historia mereció la atención de varios autores —*Luis A. Muratori, Pedro Giammone, Jerónimo Tiraboschi,* etc.—; y el Derecho supo de la obra de un hombre cuyas ideas dejaron huella muy honda en las consideraciones jurídicas penales de todo el mundo, como fue *César Beccaria* (1735-1794) cuyo celebérrimo libro, *De los Delitos y de las Penas,* irradió convicciones de gran impacto, al pugnar contra los viejos sistemas penitenciarios que entonces prevalecían en todo el mundo, y cuya inhumanidad era manifiesta.

Las letras españolas

En *España* se dejaron sentir las influencias literarias de Italia en los umbrales de la Edad Moderna. El petrarquismo, por ejemplo, se nacionaliza en España con *Juan Boscán* y con *Garcilaso de la Vega* aunque tal influencia fue combatida por *Cristobal de Castillejo.* En los años siguientes se distinguen varias escuelas de poesía: así, la *salmantina,* de que fue representante egregio fray *Luis de León* (1528-1519), religioso agustino, profesor de la Universidad de Salamanca, y a quien puede considerarse válidamente como el príncipe de los líricos castellanos —autor de obras como *Los Nombres de Cristo, La Perfecta Casada, Al Apartamiento, La Profecía del Tajo,* etc.—, y la *sevillana,* que tuvo por portavoces principales a *Fernando de Herrera* (1534-1597) —autor de unas *Odas Triunfales*—; *Rodrigo Caro* —célebre autor de la *Canción a las Ruinas de Itálico*—, y otros.

A semejanza de lo ocurrido en Italia, España conoció también de la propensión desmedida por las producciones literarias barrocas, de formas rebuscadas y aun difíciles. Este *culteranismo* hispano reconoció en *Luís de Góngora y Argote* (1561-1627) a su más eminente encarnación. Su sentido de la metáfora, el uso violento del hipérbaton y el manejo de vocablos cultos por su parte, le merecieron críticas muy contrastantes, y en ocasiones severas, por más que no es posible negarle su valor como literato. Más que la preferencia por la expresión formal, la escuela conceptista, posterior a la que acaba de citarse, dio sobrevalencia al concepto sutil y de comprensión nada fácil. Tuvo en *Baltasar Gracián* —autor de *El Criticón* y de *Agudeza y Arte de Ingenio*— y en don *Francisco de Quevedo* a sus perceptistas.

En el tránsito de los siglos XVI y XVII alcanzó el teatro español un nivel egregio. Se vertió casi exclusivamente en verso y se dirigió, medularmente, al pueblo. Las obras se representaban en las plazas, en teatros primitivos o corrales, en tablados improvisados y a la vista de individuos de todas las clases sociales. Cada obra constituía el sentir y el pensar del autor, pero también de su circunstancia o ambiente histórico.

Sin ignorarse el papel que desempeñó esta forma de cultura literaria en las etapas anteriores —*Lope de Rueda* y otros—, no hay duda que fue en la segunda mitad del siglo XVI cuando aparecieron sujetos de la talla de *Lope de Vega* (1562-1635) —cuya imaginación corría parejas con su fecundidad de escritor—, que escribió piezas en las que la inspiración, tomada de antiguas leyendas y tradiciones, unida a la de hechos contemporáneos y humanísticos, caracterizó una obra en la que puede mencionarse, a título de simples ejemplos, *Fuente Ovejuna, Porfiar hasta Morir, El Mejor Alcalde el Rey,* y muchísimas otras más de este verdadero *Fénix de los Ingenios,* maestro originalísimo. Al lado suyo cabe citar a fray *Gabriel Téllez,* conocido por su seudónimo de *Tirso de Molina* (1571-1648) —autor de *El Burlador de Sevilla, El Condenado por Desconfiado, La Prudencia en la Mujer,* etc.—, maestro en la descripción de caracteres. En este plano primerísimo del teatro del *Siglo de Oro* es posible consignar la obra de don *Pedro Calderón de la Barca* (1600-1681), en quien los conceptos dominantes en su tiempo —en torno a la religión, la monarquía y el honor— resaltan como fondo de sus personajes o de las situaciones planteadas en sus dramas: *La Vida es Sueño, El Médico de su Honra, El Alcalde de Zalamea, El Mayor Monstruo, Los Celos,* etc. Llevó a la perfección, como nadie, el *auto sacramental.*

Con rasgos propios, en los que el sentido psicológico está muy acusado, y con quien puede decirse que se inicia más en firme el teatro de costumbres, se halla el novohispano *Juan Ruiz de Alarcón,* menos prolijo como escritor que los anteriores, pero con un valor literario que lo distingue claramente y le da un sitio intransferible. Así puede verse en obras suyas del tipo de *La Verdad Sospechosa, Los Pechos Privilegiados, El Tejedor de Segovia, Las Paredes Oyen* y *Ganar Amigos,* consideradas como sus mejores comedias. "En el inundo ruidoso de la comedia española, ha dicho Alfonso Reyes, Alarcón da una nota en sordina, en tono menor... Alarcón parece más preocupado de los verdaderos problemas de la conducta, menos inventivo, mucho menos lírico, y crea la comedia de costumbres. Su diálogo alcanza una perfección no igualada; sus personajes no saben cantar, no son héroes, no vuelan nunca: hablan siempre, son hombres de este mundo, pisan la tierra. Así se ha dicho que Alarcón es el más moderno de los dramáticos del siglo de oro."

La prosa sirvió como instrumento apto para la novela pastoril, la novela histórica y la novela picaresca. Destacaron, en esta última, escritos tan punzantemente satíricos de situaciones y personajes de la época —sobre la base de los actos de algún *pícaro,* o personaje de particular astucia, habilidad y cinismo—, como *El Lazarillo de Tormes, El Buscón, El Pícaro Guzmán de Alfarache, Estebanillo González,* y otros.

Sitio prominente en las letras españolas tuvieron los escritos de carácter religioso, y más concretamente místico, con una falange valiosísima de prosistas y poetas, varios de ellos elevados por sus virtudes a los altares, como fueron: *Santa Teresa de Ávila, San Juan de la Cruz, fray Luis de León, fray Luis de Granada,* y cuantos, como ellos, fueron expresión palpitante del gran renacer católico en la España de su tiempo.

Cumbre de la literatura castellana fue el hidalgo don *Miguel de Cervantes Saavedra,* soldado de Lepanto, cautivo en Argel, y hombre con una vida llena de contratiempos en España. Escribió obras poéticas, piezas dramáticas y novelas, pero su producción más descollante fue *El Ingenioso Hidalgo don Quijote de la Mancha,* que lo consagró como figura universal.

LA VIDA DE
LAZARILLO DE
Tormes, y de sus fortunas y aduersidades.

EN ANVERS,
En casa de Martin Nucio.
1554.
Con Preuilegio Imperial.

Facsímil de la edición príncipe de La Perfecta Casada, de fray Luis de León

Entre los historiadores españoles de la Edad Moderna pueden citarse al padre *Juan de Mariana, Juan de Zurita, Hurtado de Mendoza Melo,* y la gran suma de quienes se aplicaron concisamente al estudio de las culturas prehispánicas o que narraron los acontecimientos a través de los cuales España se proyectó a América —algunos de ellos actores del drama, inclusive—, como *Hernán Cortés, Bernal Díaz del Castillo, Oviedo, Fray Bartolomé de las Casas* —cuya prosa desbordante y cargada de vehemencia, muchas veces infiel a los datos más

Don Francisco de Quevedo

rigurosos, contribuyó, sin duda, a despertar muchas conciencias a favor de una actitud justa ante el indio, pero cuya exageración desnaturalizó los hechos, creó convicciones apartadas de la verdad, y contribuyó, junto con los escritos del desleal secretario de Felipe II, Antonio Pérez, a difundir ideas que, ampliadas después por los reformistas y enemigos de España desde el siglo XVI, forjó la *leyenda negra antihispánica*–, el padre *José de Acosta, fray Toribio de Benavente, fray Bernardino de Sahagún*, el *padre Burgoa, fray Diego Durán, Pedro Cieza de León*, y otros más.

Y es que América, con sus características propias, ofrecía ángulos inéditos a la consideración de los estudiosos.

Fue, asimismo, un continente en el que la producción literaria nativa dejó, en las letras castellanas, testimonios múltiples que van del español radicado en México, *Bernardo de Balbuena*, a la mexicana *Sor Juana Inés de la Cruz*, del español *Francisco Cervantes de Salazar*, a don *Carlos de Sigüenza y Góngora* –el talento más universal que hubo entre los novohispanos–, y del español, que narró la epopeya de la conquista de Chile, la *Araucana*, que fue *Alonso de Ercilla*, al indio peruano *Juan Espinosa Medrano*, conceptista de relieve en sus discursos y culteranista, en sus versos; y como ellos, otros exponentes cumplidos de la cultura colonial en el hemisferio Occidental.

El elemento indígena, que escribía en castellano, no fue ajeno a esta corriente, y hubo así, personajes de singular relieve en la producción histórica, como don *Fernando Alvarado Tezozomoc, don Fernando de Alva Ixtlilxóchitl, Muñoz Chimalpáin*, y otros, en Nueva España, así como el peruano *Juan Santa Cruz Pachacuti* –que compuso la *Relación de Antepasados del Perú*–; o bien, con sitio propio, el mestizo también peruano hijo del capitán español Garcilaso de la Vega y de una princesa incaica, que fue el *Inca Garcilaso de la Vega* (1539-1616).

Las letras inglesas

La llamada *gran época* de las letras en Inglaterra corrió, a su vez, de 1578 a 1625, a partir del reinado de Isabel I, y en concordancia con la gran expansión de la Gran Bretaña como potencia mundial, en que el sentimiento nacionalista se muestra con brío.

Corresponde a esta época la poesía llamada *enfuísta,* cuyo adalid fue *Juan Lilly,* autor del poema *Euphues* —que dio nombre a la corriente—, y que representa en la literatura inglesa lo que el culteranismo en España, esto es, un gusto especial por las expresiones rebuscadas y preciosistas.

Gran perfección y desarrollo alcanzó la prosa inglesa a propósito de los libros escritos al calor de las polémicas de tipo religioso, sin que deba exceptuarse de esta consideración la muy cuidada y bella revisión que se hizo de la traducción de la *Biblia* el año de 1611. Con todo, fue en el teatro de ese entonces cuando floreció *Guillermo Shakespeare* (1564-1616), el más elevado talento, que si para las letras de su patria fue el genio más representativo, para la dramática universal fue uno de sus próceres. En su fecunda producción cultivó argumentos de variada especie, tomados lo mismo de relatos históricos grecolatinos, que de hechos medievales, así como temas de fantasía y piezas a base de caracteres humanos, hasta alcanzarse tipos que han quedado fijados indeclinablemente por su pluma; fue autor de *Macbeth, Hamlet, Otelo, El Mercader de Venecia, Romeo y Julieta, La Tempestad, El Rey Lear,* etc. Alguien dijo de él que "su vitalidad perdura al cabo de tres siglos y parece crecer de lectura en lectura".

La producción dramática inglesa, dice Pérez Bustamente al referirse a los años inmediatos, "se detiene en 1642 por un decreto del Parlamento puritano que cerró los teatros". Lo que entonces se produjo tuvo los caracteres de la prosa puritana: "dura, áspera, combativa y lanzada hacia la controversia religiosa y hacia una obsesionante búsqueda de los caminos de la salud espiritual", al modo como ellos lo entendían. No obstante, fue entonces cuando la literatura obtuvo una obra de valor perdurable que fue *El Paraíso Perdido,* poema escrito por *Juan Milton* (1608-1674), fruto de las meditaciones de un puritano sobre las Sagradas Escrituras.

Al caer la efímera República Inglesa y restaurarse la monarquía, se dio un cambio al rumbo de las letras; los teatros volvieron a abrirse y los regocijos populares tomaron de nuevo su sitio en la sociedad británica. En el siglo XVIII, hubo, en cambio, más bien propensión a la prosa de tipo filosófico, que tuvo como representantes máximos a *Eduardo Young,* autor de *Pensamientos Nocturnos,* y a *Alejandro Pope,* autor de unos *Ensayos de Crítica.* A su vez, *Daniel Defoe* dio confirmación a la novela de aventuras con su *Robinson Crusoe,* y *Johnatan Swift* con sus *Viajes de Gulliver,* que si hoy los vemos como una mera ficción, en su tiempo encerraron una inocultable sátira de naturaleza política.

Guillermo Shakespeare

La historia y el periodismo a base de ensayos y críticas literarias o científicas, redondearon el panorama inglés de esa época.

Las letras francesas

La corriente literaria del Renacimiento tuvo eco, en Francia, especialmente con *Francisco Rabelais,* escritor de obras satíricas no exentas de cierto clasicismo; pero acaso el hombre de mayor prominencia, en este sentido, fue *Miguel E. de Montaigne,* autor de amplia cultura e inquietud muy vasta por temas variados, cuyo libro fundamental fue la suma de sus múltiples *Ensayos,* en los que tocó materias de casi toda especie. Escéptico en el fondo en cuanto a su actitud filosófica, era un devoto de la naturaleza: *"El soberano precepto,* decía, *es vivir conforme a la naturaleza".* Propuso ideas sugestivas en cuanto a la educación, pero su gesto escéptico —expresado con elegancia y sencillez, grato para algunas mentes arreligiosas— deja una sensación de vacío.

Las letras de Francia, a partir de entonces, se caracterizaron por un gran dominio del lenguaje, la sencillez ática, la claridad, la precisión dentro de la belleza. Así se manifestó la poesía de *Francisco Malherbe* (1555-1628), en el que la dignidad de los vocablos corrió pareja con la diafanidad de los mismos.

A poco andar, el teatro constituyó dentro de esta literatura, uno de los aspectos primordiales y de mayor significación en el curso del siglo XVII. A dicha época corresponde *Pedro Corneille* (1606-1684), considerado no sin razón como el "padre de la poesía dramática francesa" —cuyos temas los tomó generalmente de los acontecimientos históricos, como *El Cid, Horacio,* y otros, o bien se inspiró, para *El Mentiroso,* en la obra del mexicano Juan Ruiz de Alarcón—, y cuyos personajes muestran pasiones violentas, sin perjuicio de que a la postre triunfen la virtud, la razón o el deber. En *Juan Racine* (1639-1699) se encuentra una interpretación mas íntima del ser humano. Obras maestras suyas fueron *Atalía, Británico, Fedra* y *Berenice.* Fue, sin embargo *Juan Bautista Poquelín* (1622-1673) quien con sus comedias de bello colorido logró la supremacía en el teatro de la Francia de su época. Es conocido con su seudónimo de *Moliére,* y su pluma supo interpretar de modo insuperable los tipos humanos, a veces contrastados unos con otros, en gama muy variada, que va cabalmente desde los nobles hasta los campesinos. Piezas eminentes del teatro de Moliére son *Las Preciosas Ridículas, El Tartufo, La Escuela de Mujeres, El Enfermo Imaginario y El Burgués Gentilhombre.*

Estilista incisivo —aunque no siempre bien informado en materia de religión— fue *Blas Pascal* (1623-1662), el notabilísimo talento matemático ya citado, autor de las *Cartas Provinciales,* y de los *Pensamientos,* en donde dio cuenta de su criterio. Las primeras, dirigidas contra los jesuitas, han sido analizadas con tino por Hilaire Belloc, que ha demostrado su inconsistencia en muchos puntos. Como fabulista destacó *La Fontaine.* Como orador sagrado y escritor de prosa filosófico-religiosa, *Jacobo Benigno Bossuet* (1627-1704); en la proceptística, *Nicolás Boileau,* autor de *Arte Poética;* en la sátira social, *Pedro Agustín Boaumarchais* (1732-1799); en la prosa moralizante, *La Bruyére;* en sus *Máximas, Francisco de la Rochefoucauld* (1613-1680); en la prosa didáctica *Francisco de la Motta* (1651-1715), mejor conocido con el nombre de Fenelón. Y dos géneros de novelas, uno, el de aventuras, fue cultivado por *Alain Renato Le Sage* (1668-1747), y otro, el sentimental, por el abate *Antonio Francisco Prevost,* que escribió la célebre *Manon Lescaut.*

En una palabra, la literatura francesa de la era moderna demuestra el arraigo de una corriente que en sus mejores épocas se caracterizó por un clasicismo inocultable y por una distinción patente, en medio de un criterio que buscaba ser cristiano, razonador, monárquico e intelectual.

La arquitectura

El arte barroco dominó en los países católicos de Europa —y por reflejo, en Iberoamérica— a partir de mediados del siglo XVI, especialmente alentado por la Compañía de Jesús. Es el arte de la Contrarreforma, de la afirmación de los valores católicos, del triunfo, y por ellos fue más allá de las líneas severas del clasicismo renacentista, para adoptar líneas y expresiones de formas más exuberantes.

El estilo debió su designación al nombre "dado por los portugueses a las perlas irregulares *(barroco)",* recuerda Reinach, sin duda por el desbordamiento excesivo que de la fantasía hicieron los arquitectos que los alentaron.

En Italia, concretamente, la tendencia barroca alcanzó en el siglo XVII sus expresiones más depuradas, sobre todo en las construcciones de carácter religioso, como las que fueron debidas *a Juan Lorenzo Bernini* (1598-1680), *Francisco Borromini* (1599-1667), y de *Carlos Reinaldi.*

Grabado que muestra una escena de la tragedia griega Fedra, de Fenelón

De los tres, el primero fue el arquitecto más importante. A *Bernini* se deben, en efecto una construcción típica del estilo que se menciona que es el baldaquino de la basílica de San Pedro, así como otras decoraciones de ésta. La doble columna que limita la plaza de San Pedro, fue también obra suya.

El barroco, ha dicho Velarde, no se limitó "a la arquitectura de edificios aislados; fue, sobre todo, el arte de los grandes conjuntos, de las composiciones urbanísticas, en las que intervenía la hermosura de la naturaleza y la claridad del cielo para fundirse con el movimiento vital de sus formas; panoramas jardines y colinas se sucedieron por medio de amplias perspectivas arquitectónicas, diferencias de planos, terrazas, cascadas de agua y monumentales escaleras de elegantes y onduladas formas". Las residencias campestres de las grandes familias de la época, como las villas romanas de los Borghese, Doria, Barberini, Ludovisi, tienen ese carácter de lujosa fusión con la naturaleza y el paisaje. Los jardines con sus escalinatas, avenidas y parterres, bordeados con balaustradas, y estatuas, se extienden detrás de estos palacios, llegando en el Villa Ludovisi a unirse en la lejanía con la idílica y luminosa campiña romana.

"Luego, en la misma Roma, tan adecuada por sus colinas a estos juegos de niveles, se crearon magníficos conjuntos tales como la Plaza de España, la escalinata de la iglesia de la Trinidad, etcétera."

Fuera de Roma, otras ciudades italianas vieron alzarse edificaciones barrocas tan características como los palacios *Pesaro y Rezzonico,* en Venecia, o como el templo de *la Salute* —construido por *Longhena*— en la misma ciudad. A su vez, Génova contó con la iglesia de la *Annunziata,* que es un dechado de decoraciones en varios colores, y de materiales múltiples y elegantes.

Para el siglo XVIII, sin embargo, se presentó una reacción de mayor austeridad y clasicismo en la arquitectura italiana.

En *Francia* fue perceptible cómo, después de traspuesto el periodo renacentista, se dejó sentir en la arquitectura religiosa la influencia italiana, conforme al estilo que fue llamado "jesuita"; en lo civil fue perceptible también el barroco en tiempos de Luis XIII, y se tornó majestuoso en el curso de la segunda mitad del siglo XVII, a tono con el sentido absolutista y de exaltación de los valores característicos de lo nacional.

Durante el reinado de *Luis XIV* ocurrieron varios acontecimientos que pesaron en las manifestaciones de la arquitectura. Entre otras cosas surgió entonces la *Academia de Arquitectura.* Los arquitectos que se mantuvieron en relación con ella se sujetaron a normas que con tal motivo fueron llamadas "académicas", las cuales significaron un vivo desprecio por todo lo que no era clásico. El absolutismo que se inspiraba en todo el país, no podía dejar de proyectar su influencia en este campo del arte, por lo cual las edificaciones tuvieron esas tres notas distintivas que Lemonnier ha podido precisar al respecto, que son las de: *laicas, gubernamentales* y *monárquicas,* en los dos sitios donde se puso particular atención, que fueron *París* y *Versalles.* Fue en esta ultima en la que *Luis XIV —el Rey Sol,* el hombre alrededor de quien giraba la vida política de la nación— puso mayor énfasis, y en donde dispuso que se aplicasen los mayores presupuestos, a fin de que se construyese un enorme y grandioso núcleo residencial, en el que lo arquitectónico pudo armonizarse con una ornamentación consecuente. Líneas clásicas en algunos aspectos, y desbordamiento barroco en otros, matizado todo con orgullo y dignidad, dieron a la arquitectura de esta época un sello único y original.

Los nombres del pintor y decorador *Carlos Le Brun,* y de arquitectos de gran personalidad, como *Julio Hardouin-Mansart* y *Perrault,* están vinculados a las grandiosas construcciones francesas del "gran siglo".

En tiempos del siguiente monarca, *Luis XVI,* la arquitectura de Francia adoptó el estilo *rococó,* estilo preciosista, de una fantasía desbordante —todavía más que el Barroco— en el que se adoptaron con profusión los adornos, las guirnaldas de flores y los motivos generales de una ornamentación más femenina que grandiosa. Por oposición a ese tipo de arquitectura, renació una vez más la tendencia clasicista durante el reinado de Luis XVI, esto es, en las postrimerías del siglo XVIII.

En lo tocante a *España,* como ya se explicó antes, las tendencias *plateresca, herreriana, barroca* y *churrigueresca,* fueron las que destacaron en sus varias etapas de la Era Moderna. En fin, *Inglaterra* percibió un poco de influencia italianizante, pero la tradición gótica era demasiado viva y vigorosa, y pudo seguir determinando las normas arquitectónicas.

Escultura y pintura

La escultura, por su parte, se vio dominada en Italia por la figura de *Bernini,* cuyo influjo en el siglo XVII fue también profundo en esta esfera cultural. A él se deben producciones de tanto mérito como la *Bienaventurada Albertina, el Ángel que llevó la Corona de Espinas, El éxtasis de Santa Teresa,* y otras igualmente meritorias.

Escultores de nota hubo en Francia en el ciclo de que se trata, como *Pierre Puget* (1620-1694), artista que supo unir el realismo con la grandeza, y a quien se deben las cariátides del Ayuntamiento de Tolón, y cabe citar en el mismo sentido, a los varios decoradores que en Versalles dejaron la prueba de su capacidad, como *Girardón* y *Coysevox.*

Escultores españoles e italianos laboraron a su vez en suelo hispano. Se ha mencionado ya a *Berruguete,* y es dable citar, entre los segundos, a los integrantes de la familia *Leoni;* en tanto que entre los españoles se hallaron *Gregorio Hernández;* los artistas de la llamada "escuela sevillana", entre quienes el más notable y valioso fue *Juan Martínez Montañés* —autor del célebre *Cristo de la Cartuja de las Cuevas*— mientras en Granada descolló *Alonso Cano, y* tras él, varios discípulos de mérito.

Muchas y muy valiosas fueron las producciones de índole pictórica que se dieron a conocer en los tiempos modernos de Europa, en el curso del periodo que consideramos.

La pintura italiana tuvo como principales representantes, de una parte, a los artistas que seguían las huellas de los *Carracci,* en *Bolonia,* que impulsaron una especie de eclecticismo plástico, tratando de tomar de cada corriente lo que estimaban preferible y mas valioso; y por otra, a *Caravaggio,* afecto a los temas tomados de la naturaleza, con gran aprovechamiento de los contrastes de luz y sombras. Pintor de gran colorido, de lujo de Fantasía, fue *Juan Bautista Tiepolo* (1692-1770).

En Francia hubo un gran retratista que fue *Felipe de Champaigne* (1602-1674), que no obstante ser flamenco de nacimiento, su mejor producción la logró en suelo francés. Se conocen de él obras de valía singular, incluso de tipo religioso, como su célebre retrato de la *Madre Angélique Arnauld,* pero su pintura en general de la sensación de cierta frialdad y austeridad evidentes, frutos, acaso, de la influencia que en sus convicciones dejó la fe jansenista que tuvo por foco de irradiación a los religiosos de Port-Royal, de quienes fue muy amigo.

Otros pintores franceses destacados fueron el ya citado *Le Brun, Claudio Lorrain* (1600-1682) y *Nicolás Poussin* (1594-1665), en quienes puede afirmarse que hubo ese testimonio de claridad y de sencillez en la forma que fue, en general, una nota distintiva del espíritu de Francia en ese entonces y en las etapas posteriores, y que es dable hallar en estas materias, lo mismo que en la literatura, como se ha expresado antes.

En España, la Edad Moderna asiste a la manifestación más prominente de su producción pictórica de todos los tiempos, por el número y calidad de las obras de entonces obtenidas. Inspirada, realista, despojada de cánones inflexibles, la pintura española moderna inició su gran vuelo con el cretense avecinado en España, *Dominico Toetocópuli,* llamado *El Greco (muerto en 1614), que supo impregnarse de las esencias de la nación para realizar sus obras, tales como El entierro del conde de Orgaz,* en la iglesia de Santo Tomé, en Toledo —ciudad que fue su sede— el *San Mauricio,* del Escorial; *El Espolio,* de la catedral toledana; el *San Sebastián,* de la catedral de Palencia, y otras muchas pinturas más.

Pintura de Felipe de Champagne, que muestra al cardenal de Richelieu

Otros pintores españoles de mérito fueron: *José Ribera,* llamado el Españoleto (1558-1656), valenciano, de realismo incontrastable; el extremeño *Francisco de Zurbarán* (1598-1662?), pintor de los ascetas españoles: el suave y devoto *Bartolomé Esteban Murillo* (1618-1682), autor de varias imágenes de la Virgen María, en su advocación de Inmaculada Concepción, aunque produjo también cuadros de índole naturalista; y el sevillano *Diego Rodríguez de Silva y Velázquez* (1599-1660), situado entre los genios de la pintura universal. Realizó sólo unos cuantos cuadros —por ejemplo el retrato ecuestre del *conde-duque de Olivares,* el de *Felipe IV,* el del *príncipe Baltasar Carlos,* la célebre pintura de *Las Lanzas,* que es la rendición de Breda a Spínola, en Flandes; las *Hilanderas;* los retratos de varios bufones y las famosas *Meninas* —, pero son bastantes para reconocer su sentido maestro.

La producción pictórica holandesa, a su vez, reflejo del Renacimiento en el siglo XVII, fue citada ya en líneas anteriores. Proyección de esta tendencia fue el práctico monopolio de la gran pintura que en Inglaterra ejercieron los flamencos, y destacadamente el retratista *Van Dyck.*

No es posible dejar de indicar, a este propósito, cómo las convicciones religiosas influyeron en el arte, y de modo destacado en la escultura y en la pintura. En efecto, mientras éstas pudieron alcanzar en los países católicos de Europa y de Améri-

Éxtasis de Santa Teresa, obra de Bernini, en la iglesia de Santa María della Vittoria, Roma

ca, expresiones tan destacadas en las obras destinadas a recintos religiosos, o simplemente con espíritu religioso, en las naciones protestantes la situación fue distinta. Para no citar un ejemplo, puede compararse la producción del ámbito que más tarde fue *Bélgica,* con predominio católico, para señalar la obra del pintor *Pedro Pablo Rubens* —como *El Descendimiento de la Cruz,* en la catedral de Amberes; o el *San Ambrosio y Teodosio,* del Museo de Viena—, que ofrece tan vivo contraste con los temas generales de la pintura holandesa, fruto de un medio calvinista.

La música

Paralelamente al desarrollo de las artes plásticas se observa un auge en la producción musical, lo mismo en los pueblos católicos que en los protestantes. A diferencia del relativo vacío que se acaba de citar en la pintura y en la escultura religiosa, la *música* tuvo en los países reformistas un incremento notable. "El canto de la comunidad entera, indica Goetz, había de preceder y de seguir al acto de la predicación. La misa católica podía prescindir de la música, pero el servicio divino protestante queda imperfecto si los acordes del órgano y del cántico coral no abren el camino a la predicación, y si después de ésta no acompañan con sus solemnes armonías a la comunidad que regresa al mundo exterior...; la música era el arte más adecuado a la piedad protestante."

En términos generales puede afirmarse que la música, a principios de la Edad Moderna resintió la influencia medieval en gran medida. Con el Renacimiento, sin embargo, el canto polifónico tomó mayor vuelo en Italia, en Francia y en Flandes. Puede decirse que tanto la música religiosa como la profana alcanzaron niveles notables.

En el campo de la música religiosa el gran renovador fue el italiano *Juan Pierluigi Palestrina* (1524-1594). Su obra maestra es, probablemente, su *Misa del Papa Marcelo.*

Francia dio acogida amplia a la canción como testimonio de la música profana moderna, aun cuando tal género tuvo antecedentes medievales. En *Alemania* se afirmó la *lied* (que en lengua alemana significa *canción),* que es un tipo de poema musical marcadamente germánico. Italia, por su parte, tuvo ocasión de conocer el auge de otro género llamado *madrigal,* que apareció en el siglo XV. Tuvo a partir del siglo XVI, dos formas: el madrigal acompañado de instrumentos que fue precursor del *concierto,* de la *suite* y de la *sonata,* y el madrigal dramático, que mantuvo el aspecto coral y colectivo, y fue precursor lejano de la *ópera* y del *poema sinfónico.* Cultivador destacado del madrigal fue *Claudio Monteverdi* (1567-1643), que compuso obras célebres entre ellas, con valía notable, su *Orfeo.* El arte musical se prodigó en Italia en los siglos XVII y XVIII, y tuvo como exponentes más destacados a *Alejandro Scarlatti* (1659-1725), autor de varias óperas y piezas de índole diversa: *Alejandro Stradella* (1645?- 1682) compuso óperas, cantatas, etc.: *Juan Bautista Pergolesi* (1710-1736), autor de sonatas, misas y óperas; y *Domingo Cimarosa.*

Un capítulo muy interesante en la historia de la música fue la creciente importancia de la orquesta y el uso de dos nuevos instrumentos que fueron el *clavicordio y el clavecín.*

La gran importancia que *Italia* tuvo en las primeras centurias de la Edad Moderna, disminuyó en el siglo XVIII, quedando en sitio de primacía tanto *Alemania* como *Austria,* con figuras tan destacadas como *Juan Sebastián Bach* (1685-1750), de familia de músicos, genial compositor lo mismo de música religiosa que de música profana; *Jorge Federico Haendel* (1685-1759), autor de óperas y oratorios de mérito; *Francisco José Haydn* (1732-1809), que compuso sinfonías, óperas y cantatas; y el genial *Wolfgang Amadeus Mozart* (1756-1791), de precoz talento, que a los cuatro años compuso minués, y a los once tenía compuestas seis sinfonías; se conocen de él 626 obras de valía notable en casi todos los géneros musicales.

Cristoph Willibald Gluk (1714-1787), también de origen germánico, se hizo célebre sobre todo por sus óperas.

En fin, al italiano naturalizado francés *Juan Bautista Lulli y Lully* (1632-1687), se atribuyen numerosas piezas musicales incluso un *Te Deum* del cual se tomó el canto nacional inglés *God save the King* (Dios salve al Rey).

Las ciencias

La Edad Moderna supuso un cambio y una superación indudables de los conceptos científicos, en relación con muchos que se sustentaban desde la Antigüedad o en el curso de la Edad Media.

Mucho de todo esto se obtuvo fuera de las aulas universitarias, en las que la inquietud intelectual se vertía, salvo excepciones, en la enseñanza y en el aprendizaje de las obras clásicas. Es cierto, desde luego, que a instancias del fervor renacentista, y de otros factores, hubo una renovación en los medios universitarios —ya en los planteles protestantes, ya en los católicos influidos por los jesuitas—, como hubo, asimismo, deseo de hacer llegar algunas manifestaciones del conocimiento científico hasta elementos populares. En este último sentido trabajó sobre todo *San Juan Bautista de Lasalle* en el siglo XVII, en Francia, instaurando una obra que prosiguieron sus discípulos, Los *Hermanos de las Escuelas Cristianas.* Esto es verdad, pero no lo es menos que los descubrimientos de mayor penetración y las experiencias de mayor valía, generalmente se efectuaron en forma independiente de los grandes planteles escolares de tipo universitario.

Las Matemáticas, la Física, la Astronomía y las Ciencias Naturales, tuvieron en la Edad Moderna grandes y prestigiados cultivadores.

El interés de que se usase el método experimental, el afán de recurrir a los fenómenos de la naturaleza para obtener las verdades científicas, tuvo un éxito no conocido en los siglos previos. El algunos lugares de Europa, el esfuerzo científico obtuvo apoyo de las autoridades, y eso hizo factible que se pudiese establecer, por ejemplo, el observatorio astronómico que impulsó Tycho Brahe, en 1597, en Dinamarca; el de Greenwich en Inglaterra, en 1667; y el de Francia, también en este mismo último año. La fundación de varias *Academias de Ciencias,* al modo de las citadas con anterioridad, fue prueba patente, asimismo, del afán de saber orientado a estas materias, pudiendo citarse como otro ejemplo del espíritu de renovación, el surgimiento de algunos jardines botánicos, oficiales o particulares.

Síntoma de los tiempos, el *latín* fue dejando de ser usado como el lenguaje culto por excelencia, para ser sustituido por los idiomas nacionales.

1. En los *estudios astronómicos,* el hombre que revolucionó los criterios, y a quien puede considerarse verdaderamente como al innovador de mayor influjo, fue el canónigo polaco *Miklas Kopperpigt* más conocido como *Nicolás Copérnico* (1473-1543), quien puso de manifiesto que el centro del sistema planetario no era, como se sostuvo por tanto tiempo en la Antigüedad y en la Edad Media —salvo el punto de vista del griego Heracleides—, la *Tierra,* sino el Sol; cambió, pues la visión *geocéntrica* que se tenía, por una nueva y más certera, que fue la *heliocéntrica.* El Libro de Copérnico, el *Tratado de las Revoluciones de los Cuerpos Celestes,* abrió el camino a las futuras investigaciones y estudios realizados más tarde por *Galileo* y por *Kepler.*

El primero de ellos, de origen italiano y cuyo nombre completo era *Galileo Galilei* (1564-1642), se aplicó al perfeccionamiento del telescopio y se adhirió a las ideas de Copérnico. Escribió una obra denominada *Los Diálogos de las Ciencias Nuevas.* Con el anteojo que inventó pudo descubrir diversos datos nuevos para la ciencia de entonces, tales como los satélites de Júpiter y su revolución, las fases de Venus, y otros, que sólo podían explicarse una vez aceptado el heliocentrismo. Perfeccionado su telescopio en 1610, pudo observar los anillos de Saturno y las manchas del Sol, con base en las cuales dedujo el movimiento de rotación del astro. Todo ello lo consignó en su obra *Nuntius sidereus,* o *Mensajero de los Astros,* que apareció ese mismo año. El libro se difundió con rapidez y en 1614 llegaron algunas denuncias al Santo Oficio. Dos años más tarde, en 1616, el mismo tribunal prohibió a Galileo enseñar que *"el Sol es el centro de la esfera y está inmóvil, siendo la Tierra la que da vueltas a su alrededor".* A su vez la congregación del índice, vio en casa *"falsa doctrina pitagórica la ruina de la verdad católica"* y condenó igualmente, el libro de Copérnico. Galileo asumió una actitud mesurada al principio, pero después publicó en lengua vulgar su obra *Diálogo sobre los Dos Principales Sistemas del Mundo,* en 1632, que le valió ser citado por el tribunal en 1633, el cual hizo abjurar *"sus errores y herejías",* condenándolo a reclusión, que de hecho consistió en quedar internado en su casa de campo, donde prosiguió sus trabajos hasta su muerte. En 1638

Pierre Simón Laplace

dio a la luz su *Discurso Sobre las Dos Nuevas Ciencias,* en donde expuso su descubrimiento medular, en mecánica, que fue la ley del movimiento uniformemente acelerado.

En el caso de Galileo y su condenación es evidente que hubo un abuso de poder en su contra, explicable en algunos medios religiosos de la época cuando no se había hecho en todas las mentes una clara distinción entre los campos de la religión y la ciencia, y había quienes veían un riesgo, sobre todo cuando consideraban que ponían en peligro la fe. El gesto de la Inquisición se basaba en las convicciones corrientes en su tiempo, lo cual demuestra que la repulsa contra las innovaciones era una reacción explicable de parte de quienes estaban habituados a un modo de pensar determinado. Afortunadamente hubo ya entonces, y sobre todo después de quienes entendieran que entre la fe y la ciencia no había contradicción alguna.

Por lo demás, el universo descrito por Copérnico, como dice Laín Entralgo, era "meramente descriptivo", pero con los descubrimientos de *Kepler, Galileo y Newton,* ese universo resultó ser plenamente dinámico. Conforme a ello, las "tres famosas leyes astronómicas de *Johannes Kepler* (1571-1630) reducen a expresión matemática rigurosa el movimiento de los planetas alrededor del Sol. Las órbitas planetarias no son circulares, sino elípticas; los radios vectores cubren áreas iguales en tiempos iguales; el cuadrado del tiempo de revolución de un planeta es igual al cubo de su distancia al Sol"; más aún, Kepler propuso como concepto explicativo de esas leyes, "la existencia de una *virtus corporeata,* por obra de la cual los cuerpos se atraen y tienden a unirse".

Sin embargo, el "verdadero fundador de la dinámica celeste", fue el inglés *Isaac Newton* (1642-1727), a quien se deben, entre otras cosas, la demostración matemática de la ley de gravitación que lleva su nombre, la comprobación de las leyes de Kepler, el cálculo de la masa del Sol y de la Tierra, el achatamiento del globo terráqueo, la teoría acerca de las mareas y el movimiento de los cometas. Sus obras fundamentales fueron: el *Tratado de Mecánica Celeste* y la *Teoría Analítica de las Probabilidades.*

Contemporáneamente, o con posterioridad a esos grandes revolucionarios de la ciencia, otros astrónomos fueron completando la nueva visión astronómica, característica de la Edad Moderna. En este sentido puede decirse que el último gran astrónomo de esa edad fue el francés *Pedro Simón Laplace* (1749-1827). Matemático de mérito y astrónomo, buscó probar la estabilidad del sistema solar mediante un modelo mecánico. Sus principales estudios los orientó al tema de la dinámica del sistema solar. A él se debe una explicación —que durante mucho tiempo gozó de gran aceptación— acerca de cómo se formaron los planetas de nuestro sistema, al desprenderse algunas partes de una masa gaseosa, que a la postre resultó ser el Sol.

2. Las *Matemáticas* fueron cultivadas en la Edad Media, y, como se vio antes, los árabes dieron contribuciones de interés sumo en la materia, sobre todo en relación con el *Álgebra.* En el siglo XVI hubo, no obstante, modalidades nuevas, que mucho influyeron en su curso posterior. Es preciso mencionar a este propósito la invención de los logaritmos y la compilación de la primera tabla de ellos, por el inglés *Juan Napier* (1550-1617), así como la invención del cálculo integral, diferencial e infinitesimal, por dos grandes matemáti-

cos, que llegaron al mismo punto en forma separada, y que fueron: el filósofo alemán *Godofredo Guillermo Leibnitz,* ya citado, y el inglés *Isaac Newton.* En el mismo orden de ideas cabe citar la obra del suizo *Leonardo Euler* (1707-1783), hombre de talento variado, ya que fue filósofo, físico y matemático, y a quien se debe un libro de valor perdurable, conocido como *Instituciones de Cálculo Diferencial e Integral.*

3. La *Física* y la *Química* se desligaron, respectivamente, de los antiguos conceptos aristotélicos y de la Alquimia, para seguir por rumbos propios, y lograr un desarrollo muy notable. Con un manejo cada vez mayor del método experimental, con una acuciosa observación de los fenómenos de la naturaleza, la Física se fue enriqueciendo cada vez más, y a partir de los siglos XVI y XVII, encontró sus propios causes.

Galileo descubrió varias leyes, como la del péndulo y la referente a las caídas de los cuerpos. Ideó el termoscopio, que fue el primer intento para la obtención del termómetro moderno, e inventó la balanza hidrostática. Un poco posterior a él, e italiano asimismo, fue *Evangelista Torricelli* (1608-1648), a quien se deben varias obras en la materia de que se trata, lo mismo que la invención del barómetro. Físico destacado fue, igualmente, *Edmé Mariotte* (1620-1684), de nacionalidad francesa a quien se deben varios aparatos e instrumentos de laboratorio. Hizo estudios particulares de la hidrostática y de

"La Sagrada Familia con san Juan niño", pintura de Esteban Murillo

los gases. El inglés *Roberto Boyle* (1621-1691) realizo experimentos en cuanto a los gases, los cuales fueron perfeccionados por Mariotte, y de allí se produjo la llamada *ley Boyle-Mariotte,* acerca de la presión gaseosa. Casi en los mismos años vivió el holandés *Cristian Huyghens* (1629-1695), a quien se debe la invención del reloj de péndulo.

Otros físicos, nativos de Italia, que contribuyeron vivamente al desenvolvimiento de la ciencia en este campo, fueron *Luis Galvani* (1737-1798), y *Alejandro Volta* (1745-1828), que aplicaron sus estudios especialmente a la electricidad. El segundo de ellos ideó la pila eléctrica, que tanta importancia tuvo para las experiencias posteriores.

En fin, el inglés *Jacobo Watt* (1736-1819) hizo estudios de trascendencia en cuanto al mejoramiento de la máquina de vapor; y, asimismo, con objeto de poder medir la elasticidad del vapor en las calderas, utilizó el manómetro de mercurio.

Como es evidente, todas estas aportaciones dieron a la Física un vuelo y una amplitud que en los años posteriores no pudieron haberse sospechado.

4. Es comprensible que la transformación y adelanto de la ciencia en la Edad Moderna haya tenido pruebas elocuentes en el ámbito de la Medicina, ya estudiada con éxito en la Antigüedad y en, la Edad Media —sobre todo, en ésta, en las Escuelas de *Lovaina, Salerno* y *Montpellier*—, pero que ahora va, a su vez, a escalar a niveles cada vez mayores.

La labor del flamenco *Andrés Vesalio* (1514-1564) fue de primordial importancia. Fue médico de Carlos V y profesor en la Universidad de Padua. Sus estudios e investigaciones efectuadas mediante disección, materialmente transformaron el concepto tradicional de la Anatomía y abrieron posibilidades muy amplias a este respecto. Escribió un libro que lo hizo célebre, llamado *Examen de las Opiniones de Gabriel Falopio.* El personaje a quien se refería el libro era su discípulo, de origen italiano (1523-1562), que realizó importantes descu-

Galileo Galilei

brimientos anatómicos y fue quien inició el estudio de la osteología craneana. Su paisano *Bartolomé Eustachi* (1510-1574) también pudo hacer otros descubrimientos atómicos, y escribió con tal motivo varios libros de anatomía que fueron ilustrados notablemente por Tizziano.

Otros hallazgos de mérito fueron los hechos por dos médicos de distinta nacionalidad: el español *Miguel Servet,* que descubrió la pequeña circulación de la sangre, y el inglés *Guillermo Harvey* (1578-1637), que dio con la gran circulación de la sangre. El primero de ellos murió quemado en la hoguera en Ginebra por órdenes de *Calvino,* a resultas de su discrepancia de criterio en materia religiosa, a propósito del dogma de la Trinidad.

En ese entonces se inventó el microscopio, y esto permitió que un médico italiano, *Marcelo Malpighi* (1628-1694), a quien se considera como el fundador de la *Anatomía Comparada,* haya podido hacer muy cabales estudios en cuanto a la estructura de los tejidos.

Más tarde vivió el inglés *Eduardo Jenner* (1749-1823), cuya contribución a la lucha contra los padecimientos fue enorme, mediante la utilización de la vacuna contra la viruela negra, gracias a la inoculación en el hombre del virus obtenido de las pústulas que aparecían en la piel de los animales vacunos (de allí el nombre); y si bien es cierto que el sistema fue conocido en la Época Antigua por los indios, por algunas tribus persas, y por varios grupos andinos precolombinos, no es menos cierto que la primera demostración científica del hecho fue propuesta por Jenner, en 1796.

5. A *Antonio Lorenzo Lavoisier (1743-1794),* puede considerársele, justamente como el fundador de la *Química* moderna. Estudió los elementos que componen el aire: indicó que el oxígeno entra en la composición de los ácidos y postuló que en la naturaleza química nada se pierde, sino que todo se transforma. Lavoisier murió guillotinado durante la Revolución Francesa.

6. En la esfera de las *Ciencias Naturales* fue perceptible una renovación equiparable a los otros campos de la cultura que se ha considerado, y es posible ver en los descubrimientos geográficos una ocasión propicia que presentó a los ojos de los europeos multitud de objetos naturales no conocidos por ellos con anterioridad. El afán de estudio y sistematización de tales fenómenos produjo, entre otros, dos esfuerzos de consideración enorme realizados uno, por el francés *Jorge Buffon* (1707-1788), que compuso una enciclopedia de las Ciencias Naturales en treinta y seis volúmenes; y otro, por el sueco *Carlos Linneo* (1707-1778), que clasificó las plantas.

En una palabra, la ciencia en la Edad Moderna se sustrae de limitaciones múltiples, y emprende una obra de incalculables dimensiones. A partir del siglo XIV, el sabio deja de querer ser, al modo griego, un "servidor de la naturaleza", para querer ser un "señor" de ella.

LECTURAS

Origen del poder

- *Ningún rey o monarca tiene o ha tenido (según ley ordinaria) inmediatamente de Dios o por divina institución el principado político sino mediante la voluntad y la institución de los hombres.*

- *Esta potestad gubernativa políticamente considerada en sí, sin duda que procede de Dios, como dije; no obstante que esté en este hombre por donación de la misma república, como se ha probado; luego por este título es de derecho humano. Además que el régimen de tal república o provincia sea monárquico es por institución de los hombres, como se ha demostrado arriba; luego también el mismo principado proviene de los hombres. De lo cual es también señal que, según el pacto o convenio hecho entre el reino y el rey, la potestad de éste es mayor o menor; luego, absolutamente hablando, procede de los hombres.*

FRANCISCO SUÁREZ

Formas de gobierno

Se ha visto ya que al concurrir por primera vez los hombres para integrar una sociedad política, el poder total de la comunidad reside de modo natural en la mayoría de ellos. En tal virtud, es posible a la mayoría usar esa potestad en dictar de vez en vez normas para la comunidad y poner en ejecución a través de funcionarios designados por ella tales normas. En esas circunstancias la forma de gobierno es una democracia cabal. Es posible asimismo otorgar la facultad de elaborar leyes en manos de algunos hombres seleccionados, y de sus sucesores o herederos; en cuyo caso se trata de una oligarquía. Puede también colocar el poder en manos de un solo individuo, y entonces se trata de una monarquía.

JOHN LOCKE

Del oráculo manual

No comenzar a vivir por donde se ha de acabar. Algunos toman el descanso al principio y dejan la fatiga para el fin; primero ha de ser lo esencial, y después, si quedara lugar, lo accesorio. Quieren otros triunfar antes de pelear. Algunos comienzan a saber por lo que menos importa, y los estudios de crédito y utilidad dejan para cuando se les acaba el vivir. No ha comenzado a hacer fortuna el otro, cuando ya se desvanece. Es esencial el método para saber y poder vivir.

BALTASAR GRACIÁN

Bibliografía fundamental

BELLOC, Hilaire. *La Crisis de Nuestra Civilización*. Editorial Sudamericana. Buenos Aires. 1945.

DE LA PEÑA, Carlos H. *Historia de la Literatura Universal,* Editorial Jus México 1963.

DOMÍNGUEZ, Dionisio. *Historia de la Filosofía.* Editorial Sal Terrae Santander 1953.

GALLEGOS ROCAFULL, José Ma. *La Doctrina Política del P. Francisco Suárez.* Editorial Jus. México. 1948.

HOURTICQ, Louis. *Historia de la Pintura.* Colección Surco. Barcelona. 1948.

LALOUP, Jean. *La Ciencia y lo Humano.* Editorial Herder Barcelona. 1964.

MARÍAS, Julián y LAIN ENTRALGO, Pedro. *Historia de la Filosofía y de la Ciencia.* Ediciones Guadarrama. Madrid. 1964.

MUNDÓ, José. *Curso de Historia Universal.* Espasa-Calpe. Madrid. 1942.

REINACH, Salomón. *Apolo.* Editorial Nueva España. México.

SCIACCA M. Federico. *Historia de la Filosofía.* Editorial Luis Miracle. Barcelona. 1962.

WEISS, J. B. *Historia Universal.* Tipografía La Educación. Barcelona. 1927.

Capítulo 22

El mundo contemporáneo

No se os pase día en que no hayáis leído u oído y escrito algo con que se mejore y acreciente la doctrina, el juicio o la virtud.

LUIS VIVES

I. LA REVOLUCIÓN INDUSTRIAL

Es corriente señalar el año de 1789 como el año en que concluyó la *Edad Moderna* y comenzó la Edad Contemporánea. El tránsito de una a otra de dichas edades se significó por la existencia de grandes cambios sociales, económicos y políticos.

En el centro de esos cambios, ocurridos el siglo XVIII, es factible percibir el desarrollo de tres grandes movimientos de muy recio impacto: a) la *Revolución Industrial;* b) la *Revolución Norteamericana* o *Independencia de los Estados Unidos;* y c) la *Revolución Francesa.*

Causas de la Revolución Industrial

No hay duda que a fines del siglo XVIII y en el curso del siglo XIX sufrió transformaciones de importancia la vida social y económica de algunos países europeos, y por reflejo, de algunos pueblos que estaban en relación con ellos.

Esas transformaciones se engloban en la designación genérica de *Revolución Industrial,* y tuvieron, entre otras, las siguientes características; *uso cada vez más difundido de la maquinaria movida por vapor, para fines productivos; aumento de los trabajadores en las fábricas; desarrollo de las ciudades de tipo industrial; y preeminencia cada vez mayor de la burguesía (es decir, de la clase rica, formada por banqueros, industriales, grandes comerciantes y dueños de empresas de transportes), como clase que social y políticamente quedó como la directora en las naciones industrializadas, al lado de los grandes latifundistas o poseedores de la tierra, y de los dueños de las minas.*

No fue la Revolución Industrial, desde luego, una revolución armada. Fue una renovación socio económica cuyo desarrollo no se presentó en forma aislada, sino en coincidencia con otros cambios económicos y técnicos ocurridos en la agricultura, y las actividades bancarias, el comercio y los transportes.

Las causas que pueden señalarse como determinantes para el surgimiento de la Revolución Industrial son, sustancialmente, las siguientes:

a) *la demanda de mercancías europeas en América y en Asia, que obliga a los fabricantes a multiplicar su producción;*
b) *el hecho de que Inglaterra, así como otros países europeos, guardaban estrechas relaciones con los territorios americanos y asiáticos, ya porque eran colonias suyas, ya porque había lazos de comercio permanentes;*
c) *situaciones favorables existentes en Inglaterra, y luego en otras naciones europeas, para que la industrialización se desenvolviese;*
d) *la coincidencia de lo anterior con un apreciable número de inventos y descubrimientos, especialmente el aprovechamiento del vapor, en pueblos que poseían los recursos naturales necesarios para desarrollar tales inventos y descubrimientos; y*
e) *la tendencia educativa que daba particular atención a los fenómenos de la naturaleza como materia de estudio, lo que servía a un serio acrecentamiento de los datos científicos y técnicos.*

El vapor

El hombre que desde la Prehistoria usó a más de sus manos, de otros instrumentos para la realización de sus labores, supo forjar *herramientas* y después *máquinas.*

Las herramientas son los objetos de uso técnico movidos por la energía humana; las máquinas son los objetos movidos por una fuerza natural.

Máquinas las hubo desde que los seres humanos se ingeniaron para contar con el viento o el agua como elementos capaces de impulsar sus instrumentos. Más tarde se aprovechó el vapor, y con posterioridad,el petróleo,la electricidad,y moderadamnte la energía atómica. *En tales términos, como apunta Arthur Birnie, fue el descubrimiento de la máquina de vapor lo que permitió que se pudiese contar con fuerza motriz en cualquier sitio y en cualquier circunstancia para acelerar la producción industrial.* El contar con el vapor permitió la obtención de una suma mayor de mercancías, al tiempo que hizo posible una especialización en las tareas de los operarios. La fuerza del vapor, empero, no comenzó a ser utilizada sólo hasta los tiempos de la Revolución Industrial. Se la conocía de antes, pero como resultado de esta revolución alcanzó una amplitud insospechada. En el siglo XVII, por ejemplo, un francés, llamado *Dionisio Papin,* la había utilizado en Alemania para mover máquinas destinadas al bombeo del agua de las minas. El procedimiento fue perfeccionado en Inglaterra por *Tomás Newcomen,* en el siglo XVIII; y con posterioridad se mejoró la máquina de vapor, merced a los nuevos diseños ideados por *Jacobo Watt,* también en suelo británico.

Por la acción del vapor, las máquinas tuvieron que hacerse de *hierro* para ser más resistentes, y esto llevó a la necesidad de una explotación más intensa de los yacimientos de dicho metal, lo mismo que a la búsqueda de mejores métodos destinados a su fundición. Al principio, en efecto, se usó como combustible en los establecimientos que fundían hierro, el *carbón de leña;* más tarde se optó por el *carbón de coque,* a mediados del siglo XVIII, y finalmente se prefirió el *carbón en bruto,* con lo que las actividades de extracción en las cuencas carboníferas se vieron multiplicadas. Algún tiempo más tarde, a mediar el siglo XIX, el *hierro fue* sustituido por el *acero* en la gran industria, debido a su mayor durabilidad y ligereza.

Ahora bien, puesta en marcha la obra de transformación técnica, puede decirse que fue *la industria textil* de la Gran Bretaña la que primero acogió las

Grabado que muestra una familia británica tejiendo gobelinos

nuevas modalidades en todos sus aspectos. El invento de *la lanzadera volante,* en 1733, permitió aumentar la producción por parte de los tejedores, con lo que fue menester conseguir mayores cantidades de hilo. Hasta aquel momento, la lana se hilaba en casa por la mujer y las hijas del tejedor, pero con el nuevo aparato, las posibilidades se desarrollaron enormemente; así se agudizó el ingenio de los inventores y aparecieron nuevas máquinas hasta con cien carretes para hilar. El siguiente paso consistió en la aparición de los telares mecánicos, que redondearon el perfeccionamiento de la industria, con la circunstancia de que la energía que movía todas estas máquinas era el vapor justamente.

Las ventajas inglesas

Una falsa concepción de los hechos pretendió, durante algún tiempo, que había ciertas influencias religiosas en la propulsión económica hacia la industrialización vigorosa; que los países protestantes eran los que habían logrado alcanzar tal meta, que suponía progreso y civilización, mientras las naciones católicas se habían estancado y carecían de los beneficios derivados de la gran industria.

Una visión histórica de tal especie ignoró que la Revolución Industrial supuso el que se podía contar con elementos materiales y sociales en algunos puntos, mientras en otros había factores que retrasaban todo esfuerzo de industrialización. En efecto, mientras *Inglaterra,* país predominantemente anglicano, se industrializó antes que ningún otro en el mundo, *Alemania, Holanda* o *Suecia,* países también de mayoría protestante, sólo se industrializaron hasta tiempo más tarde, cuando lograron superar determinadas dificultades, en tanto que un país católico, como *Bélgica,* alcanzó un grado mayor de desenvolvimiento industrial, frente a *Noruega* o *Finlandia,* de mayoría protestante. *Por consiguiente, el industrialismo en Europa —y después en otras partes del mundo— no tuvo ocasión de aparecer sino en aquellos lugares donde había una base material idónea —debido a que podía contarse con carbón, con hierro, con conocimientos técnicos—, así como realidades sociales propicias y, ciertamente, ningún país tuvo tan prontamente esas facilidades como Inglaterra, por lo cual la Revolución Industrial se apuntó con vigor en ella, cuando en el resto de Europa se vivía de acuerdo con otros tipos de economía: rural, minera, artesanal, marítima y mercantil.*

La sociedad inglesa, asimismo, estaba estructurada ya de tal modo que no había barreras interiores de tipo aduanal o jurisdiccional en ella, toda vez que la función de *Inglaterra, Escocia* y *Gales* era una realidad evidente. Puede agregarse a eso, además, que la burguesía británica, y aun buena parte de la nobleza no miraban con desdén el trabajo, el impulso a las empresas económicas —como ocurría con muchos nobles franceses o españoles, por ejemplo—, mientras la aplicación de la técnica era cada vez más un hecho común y admitido.

Los transportes

Nada raro fue que, a impulsos de una producción que aumentaba constantemente se hiciese necesario, igualmente, poder contar con transportes adecuados, tanto en tierra como en el agua.

A la luz de estas consideraciones, fue *Francia* el país que primero extendió su red de comunicaciones terrestres, con la construcción de una importante red de vías camineras que para el siglo XVIII tenía un total de 25,000 millas, que fueron posibles debido al trabajo obligatorio de los campesinos, que debían laborar en esto 30 días al año cada uno de ellos. Carreteras, en cambio, no las tuvo en buenas condiciones la Gran Bretaña sino hasta ya entrado el siglo XIX, pero en cambio contó con un magnífico sistema de comunicaciones interiores, a base de sus ríos

Roberto Fulton, ingeniero norteamericano que llevó a cabo grandes labores para el aprovechamiento del vapor en la navegación

navegables y de canales construidos a este propósito, y que permitían una interrelación de los centros de producción y de consumo, de modo fácil y a costo reducido.

A principios del siglo XIX, el sistema de comunicaciones de Inglaterra recibió una aportación enorme, que superó a la red de canales y ríos. Consistió en el invento del *ferrocarril* por *Jorge Stephenson,* quien, en 1830, con la pequeña locomotora de vapor que ideó, de hecho inició la era de los caminos de hierro, cuando dicha locomotora pudo arrastrar una carga de 13 toneladas a una velocidad promedio de 29 millas por hora. Superados los obstáculos iniciales, propios de toda innovación los ferrocarriles se desarrollaron mucho, sobre todo por el impulso que a las empresas respectivas dieron los particulares, que fueron quienes aportaron los recursos necesarios, quienes planearon las rutas y quienes pusieron las bases para su explotación ulterior. Las autoridades británicas intervinieron poco en el manejo de los ferrocarriles, a diferencia de lo que sucedió en el continente europeo, en donde las líneas férreas fueron, en general, proyectadas, construidas y explotadas con una gran injerencia de los gobiernos correspondientes.

Conviene agregar la singular invención que el norteamericano *Roberto Fulton* obtuvo, al aprovechar el vapor como fuerza motriz en los barcos, hasta entonces movidos por la energía de los remeros o del viento. El barco ideado por Fulton, llamado *Clermont* navegó sin dificultad a través del río Hudson, desde Nueva York hasta Albany, empleando en ello 32 horas. Poco después, el año de 1819, un barco que combinó el uso de las velas con el vapor, atravesó por primera vez el Atlántico. Y en 1838 se inició en firme la comunicación regular entre Europa y América con barcos de vapor, aun cuando al principio tenían fuerte competencia de parte de los veleros, que por ser más rápidos, más baratos y de manejo más sencillo, resultaban muchas veces preferibles. Los perfeccionamientos técnicos de los barcos de vapor, que al final fueron hechos todos ellos de metal, fueron determinantes en la exclusión de barcos de vela, que quedaron relegados al campo meramente deportivo, o de simples prácticas navales.

Comercio libre y bancos

No hay duda de que uno de los factores que más pesaron en la industrialización de Inglaterra fue que, como se apuntó antes, carecía de limitaciones aduanales en el interior de su territorio, como resultado de su unidad política. Esto es, se trataba de un país en el que era factible, y de hecho se hacía así un comercio interior libre. Tal situación no se encontraba en otras partes de Europa, especialmente en aquellas que no habían logrado establecer una auténtica unidad política, como ocurría en *Alemania* y con *Italia.* El primero de estos países, por ejemplo, por una herencia política que venía desde la Edad Media, contaba con infinidad de divisiones territoriales, con tarifas, portazgos y barreras continuas, entre sus 350 señoríos, principados, baronías y ciudades.

Inglaterra contaba, pues, con su ventaja incuestionable, en este sentido.

Por lo demás, el país británico fue uno de los primeros que, en tiempos recientes, concedió a las actividades bancarias —orientadas al desarrollo económico— una importancia del primer orden. *El Banco de Inglaterra* —fundado en 1694— fue, en su tiempo, una institución privada, el gobierno le concedió dos importantes funciones, que fueron *las de emitir billetes de banco con exclusión de los demás, y la de servir como organismo coordinador del crédito en el país,* para lo cual se dispuso que sus operaciones las hiciera no con particulares sino sólo con los demás bancos, por lo que se dijo que era un "Banco de banqueros".

Instituciones financieras de interés e influjo en sus ambientes propios fueron: la *Caja de Descuento,* en Francia; el *Banco Real,* de Berlín; el *Banco Corriente,* de Dinamarca y Noruega; y los *Ban-*

Carruaje europeo que influyó en muchos modelos norteamericanos

cos Imperiales de San Petersburgo y Moscú, en Rusia.

La revolución agrícola

Si bien la Revolución Agrícola que hubo en Inglaterra no llegó a tener los volúmenes que obtuvo la Revolución Industrial, sí alcanzó un interés inocultable.

No fue, obviamente, una "rebelión agraria", porque no fue un movimiento armado que hubiese tratado de modificar las estructuras del régimen de propiedad. Fue, sustancialmente, un hecho económico que tuvo como puntos salientes la práctica de cultivar plantas forrajeras y raíces de invierno —nabos, remolacha, etc.—, en términos tales que permitieron que la tierra estuviese en explotación mayor tiempo, y que, asimismo, se pudiera contar con una mayor rotación en los cultivos y con mayor cantidad de alimentos para el hombre y para el ganado. Esto último constituyó una circunstancia de particular importancia, porque al aumentar el ganado, aumentó también el abono animal, que se usó mucho para dar una mayor fertilidad al suelo.

La capacidad para alimentar mayor número de animales en invierno, merced a los forrajes, y la consiguiente de surtir de carne fresca al país, junto con el aumento en la producción de trigo, favoreció la resistencia orgánica de la población contra algunas enfermedades.

La Revolución Agrícola inglesa —sólo imitada hasta años después en el resto de Europa— se aceleró con el uso del riego en mejores condiciones, el descubrimiento de los abonos químicos, la invención de la maquinaria agrícola y un aumento apreciable del área cultivable gracias a la desecación de ciénegas y pantanos.

No obstante, la Revolución Agrícola en Inglaterra benefició más a los grandes propietarios, a los terratenientes, que tenían dinero para adquirir los nuevos elementos técnicos, y no a los granjeros o pequeños agricultores que formaban una clase media importante hasta entonces, no siendo raro, asimismo, que los trabajadores agrícolas de los latifundios fuesen explotados inicuamente por sus patrones.

II. Independencia de los Estados Unidos

La emancipación de las trece colonias inglesas de Norteamérica que desembocó en el establecimiento de un país soberano denominado *Estados Unidos,* no fue sólo un acontecimiento militar, sino un marco histórico que hizo posible, al par del nacimiento de una futura gran nación, el asentamiento de principios sociales y políticos, que trascendieron sus fronteras.

Características políticas

Las trece colonias eran, como se vio antes, una prolongación de la vida británica hacia el Nuevo Mundo, dada la homogeneidad racial de sus problemas y el mantenimiento de sus elementos culturales más salientes, lo mismo en el lenguaje que en las costumbres, o en la vigencia de las normas jurídicas, inglesas. Sin embargo, puestos en contacto los núcleos humanos con un ambiente distinto, en el que las necesidades y los medios de satisfacerlas eran también diferentes a los de Inglaterra, se fue creando en los habitantes de Norteamérica una fisonomía anímica y social contrastante con sus hermanos de raza del otro lado del Atlántico. Poco a poco surgió un claro sentimiento de nacionalidad, y una propensión a buscar formas de convivencia en las cuales se consolidaran y se respetaran sus derechos, sobre todo frente a la eventualidad de que la Corona Inglesa, en manos de *Jorge III* —en el siglo XVIII—, despojase a las colonias de sus asambleas locales, dejándolas sujetas a solamente el Parlamento de Inglaterra, en el que los colonos no estaban representados. En estas condiciones, la tirantez del ambiente ocurrida ese siglo con motivo de las llamadas *leyes intolerables,* provocó una reacción natural de parte de los norteamericanos contra lo que consideraban un atentado a sus derechos como súbditos británicos. Agudizada la pugna, la conciencia de los colonos derivó, de una simple reclamación jurídico-política ante el quebranto de lo que estimaban suyo, hacia una franca proclamación de los derechos a la independencia y a la exaltación de su propia personalidad nacional.

La filosofía política difundida en ese entonces resultó simultáneamente del despertar creciente del nacionalismo, de tal manera que los políticos en Norteamérica dejaron de hablar de los *derechos del hombre inglés,* para insistir sobre todo en los *derechos naturales* del hombre, como elemento que era preciso defender a toda costa. Y dentro de este cauce, el pensamiento político de *John Locke,* expuesto en su *Ensayo sobre el Gobierno Civil,* sirvió para nutrir el criterio de los hombres que encabezaron, primero, el movimiento de resistencia a las disposiciones reales, y después la franca rebelión de índole separatista. Así, la insistencia de Locke en cuanto a postular como *derechos naturales* los correspondientes a la vida, a la libertad y a la propiedad conseguida por el trabajo, tuvo amplia acogida, lo mismo que su pensamiento según el cual los gobiernos existen para dar protección a esos derechos, de suerte que si no lo hacen, pueden ser combatidos por el pueblo.

Un vivo reflejo de tales ideas fue el texto de la *Declaración de la Independencia,* redactado por *Tomas Jefferson* y publicado el 4 de julio de 1776.

Esta declaración insistió, en efecto, en sus primeras líneas, en la vigencia de las *leyes de la naturaleza,* y habló, asimismo, del *Dios de la Naturaleza,* para fundamentar la independencia y la postu-

Cuadro de F. Leutze que representa a Washington y algunos de sus soldados, atravesando el río Delaware para atacar a los ingleses de Trenton, el 25 de diciembre de 1776

lación de los derechos de los seres humanos, conforme a las siguientes afirmaciones:

"Sostenemos como verdades evidentes que todos los hombres nacen iguales, que están dotados por su Creador de ciertos derechos inalienables, entre los cuales se cuentan el derecho a la vida, a la libertad y la búsqueda de la felicidad; que para asegurar estos derechos, los hombres instituyen gobiernos derivando sus justos poderes del consentimiento de los gobernados; que cuando una forma de gobierno llega a ser destructora de estos fines, es un derecho del pueblo cambiarla o abolirla, e instituir un nuevo gobierno, basado en esos principios y organizando su autoridad en la forma que el pueblo estima como la más conveniente para obtener su seguridad y felicidad. En realidad, la prudencia aconseja que los gobiernos erigidos mucho tiempo atrás no sean cambiados por causas ligeras y transitorias; en efecto, la experiencia ha demostrado que la humanidad está más bien dispuesta a sufrir; mientras los males sean tolerables, que a hacerse justicia aboliendo las formas de gobierno a las cuales se halla acostumbrada. Pero cuando una larga cadena de abusos y usurpaciones, que persiguen invariablemente el mismo objetivo, hace patente la intención de reducir al pueblo a un despotismo absoluto, es derecho del hombre, es su obligación, arrojar a ese gobierno y procurarse nuevos guardianes para su seguridad futura. Tal ha sido el paciente sufrimiento de estas colonias; tal es ahora la necesidad que las obliga a cambiar sus antiguos sistemas de Gobierno"

Emprendida la guerra de independencia por parte de los colonos, con apoyo de *Francia* y de *España,* concluyó con el reconocimiento que de dicha independencia hizo Inglaterra, y que tuvo su confirmación definitiva en la *Paz de Versalles,* de 13 de septiembre de 1783.

Franklin, Adams y Jefferson, tres personajes prominentes de la revolución norteamericana, en los momentos de redactar la Declaración de Independencia

El federalismo

Las trece colonias se convirtieron en trece estados independientes.

Resintieron, empero, el desconcierto inicial propio de la separación y de la vida autónoma, pero a la postre optaron por hacer suya la forma de *régimen federal,* en la que tanto insistieron hombres como *Jorge Washington,* el héroe de la lucha, *Benjamín Franklin* y *Alejandro Hamilton* —editor este último del convincente periódico llamado *El Federalista*—, persuadidos del mal que se derivaría de una desunión persistente.

Fruto de esos y otros esfuerzos que concurrieron al mismo fin, fue la Convención Constitucional que se reunió en *Filadelfia,* con el propósito de estructurar el país políticamente.

La *Constitución* elaborada entonces fue resultado de un pensamiento público maduro, experimentado y realista. Desde 1787 en que se redactó, no ha sido sustituida por otra, aunque se le ha hecho objeto de reformas —o *enmiendas,* según la terminología norteamericana— para ponerla a tono con los cambios impuestos por el tiempo. La Constitución estableció una república democrática, representativa y federal, aunque con respeto a los gobiernos locales de cada uno de los estados.

El Gobierno Federal, que se hizo extensivo a toda la nación, podría conocer de múltiples casos que en la antigua Confederación que sirvió de tránsito entre la independencia y el régimen federal, no era posible resolver. El Poder Ejecutivo fue entregado a un *presidente* con auténtico poder, con verdadera autoridad, que no fuera una simple figura decorativa, capaz de intervenir en la vida pública general, aunque su poder estaría, naturalmente, limitado a un plazo de cuatro años, bien que con la posibilidad de ser reelecto para gestiones posteriores. En caso de faltar el presidente entraría en funciones el vicepresidente.

El Poder Legislativo se confió a un Congreso compuesto por dos Cámaras: la de *Diputados,* representantes de determinado número de habitantes, y la de *Senadores,* que representaban a los estados.

El organismo superior del Poder Judicial Federal fue la *Suprema Corte de Justicia.*

En cada estado habría igualmente tres poderes.

Los habitantes del país serían, finalmente, titulares de sus derechos como individuos.

El análisis de esta Constitución, con su antecedente en la Declaración de Independencia, demuestra que fue Estados Unidos el primer país que consignó de manera pública una lista de los *derechos del hombre,* antes de que esto ocurriese en Francia, y fue, asimismo, el primer país que adoptó tendencias liberales en el mundo occidental, como parte de su patrimonio político. Ni es posible dejar de reconocer como asimismo, la corriente de exaltación del Poder Ejecutivo en América, o *presidencialismo,* tuvo un primer modelo en los Estados Unidos, a reserva de verse repetido prácticamente en todas las demás naciones del Nuevo Mundo que se fueron independizando en lo sucesivo.

Por lo demás, si los Estados Unidos prefirieron en la esfera de su *Derecho Público,* el sistema de una Constitución estricta y no meramente consuetudinaria, en el campo del *Derecho Privado* mantuvieron, en cambio, sus tradiciones jurídicas de normas a base de costumbres como parte esencial de su vida social. Esta propensión última no alcanzó eco en el resto del continente americano de cultura hispanolusitana, atento el gran ascendiente del Derecho Romano, pero sí fue notorio que las líneas sustanciales del federalismo norteamericano sirvieron como incentivo —y en veces como un patrón copiado con excesiva fidelidad— a otros países que incluso llegaron a llamarse *Estados Unidos,* al modo de lo que ocurrió con México y con Brasil.

III. La Ilustración

Tendencias generales

Con la Revolución Francesa, ocurrida poco tiempo después, a partir de 1789, se derrumbó el *Antiguo Régimen,* esto es, la organización política, social y religiosa de Francia, tal como se encontraba desde hacía siglos. Con todo, los alcances de la Revolución Francesa desbordaron sus fronteras e hicieron conmover a casi todas las naciones.

Desde el punto de vista doctrinal, la Revolución Francesa tuvo como principal antecedente el movimiento conocido con el nombre de *Ilustración,* o el de *Iluminismo,* originado en la filosofía burguesa de los años anteriores, que sostenía *el triunfo de la razón en todos los campos de la cultura.* El movimiento, como se sabe, comenzó en realidad en Inglaterra, desde la caída de los Estuardos; pasó a Francia, donde se hizo antiabsolutista y más acentuadamente anticatólico; luego a Alemania y otras partes de Europa, y posteriormente a América.

Ya se han citado algunas de las directrices sustanciales de *Locke*, de *Berkeley* y de *Hume*, que mucho influyeron en los medios intelectuales y políticos. En general, los seguidores de la nueva corriente llegaban a postular criterios diferentes en algunos puntos. Varios creían en Dios. Algunos consideraban estar adheridos a los valores cristianos. Otros eran materialistas. *Todos, sin embargo, estaban persuadidos de que la razón era el único instrumento para conocer la verdad, y que todo —religión, política, vida social, cultura en términos amplios— debía estudiarse racionalmente, sin que pudieran admitirse dogmas ni principios que estuvieran por encima de la razón.* Casi todos insistieron también en la existencia de derechos naturales del hombre, y fueron partidarios de exaltar al individuo, dejando a la sociedad en segundo lugar. Sin embargo, los ingleses, dentro de este cuadro, fueron más religiosos que los franceses.

En el Iluminismo francés hubo fuerza y sistema, pero pocas ideas nuevas. Los franceses, o que escribían en Francia, alcanzaron más repercusión. Sus escritos fueron más audaces. Y haciéndose idólatras de la razón, quisieron "*construir un nuevo Estado* —apunta Pérez Bustamante—, *una nueva sociedad y una nueva religión con arreglo a normas puramente racionales, abstractas, matemáticas*", prescindiendo de otros factores, de otra suerte de elementos sociales importantísimos, e incluso del hombre mismo en toda la amplitud y complejidad de su ser, irreductible a un mero esquema de naturaleza teórica, lo que llevó a los racionalistas "*al deísmo, al ateísmo, al materialismo y a la moral laica o natural, de ahí la debilitación del sentimiento religioso, la irreverencia y la impiedad, que son características de la época*", es decir, especialmente del siglo XVIII, llamado por algunos "*el siglo de las luces*".

Montesquieu y Voltaire

Un admirador de las instituciones de Inglaterra, *Carlos de Secondat, barón de Montesquieu*, escribió sus *Cartas Persas* para criticar la vida francesa; escribió también su *Grandeza y Decadencia de los Romanos*, con intención histórica; pero su principal obra política fue *El Espíritu de las Leyes*, donde sostuvo que "*el espíritu de éstas nace del espíritu de cada pueblo (suma de sus condiciones históricas, clima, costumbres, religión)*", y en donde presentó como ideal el constitucionalismo británico con su división del gobierno en tres poderes.

El barón de Montesquieu, según un grabado de B. L. Henríquez

No fue esto último algo nuevo, pero es indudable también que los escritos de Montesquieu fundamentaron muchas de las ideas políticas de la época revolucionaria y de los años posteriores, por lo cual hay críticos que lo consideran como *el padre del constitucionalismo* contemporáneo.

Francisco María de Arouet, que usaba el seudónimo de *Voltaire,* fue, acaso, la figura más representativa del Iluminismo francés.

Su influencia intelectual llegó a ser, en el siglo XVIII, equivalente a la que en el XVI tuvo Erasmo de Rotterdam dentro de las corrientes humanistas. A semejanza de muchos otros escritores contemporáneos suyos, no creó un sistema original de filosofía, y ni siquiera fue un filósofo sistemático, pero sí *"un entusiasta y hábil propagandista y popularizador de ideas ajenas".*

La tendencia deísta —adoración de Dios, o Ser Supremo, pero sin el sentido cristiano de la expresión—, lo tuvo por partidario suyo, y fue un acerbo enemigo del Cristianismo y en especial de la Iglesia Católica. Sus incisivas y no pocas veces irónicas obras de filosofía, de historia o de literatura —el *Siglo de Luis XIV,* que marcó nuevos derroteros a la historiografía; su *Ensayo sobre* las *Costumbres,* sin profundidad ni conocimiento bastante, donde especialmente buscó desprestigiar al Cristianismo; su *Diccionario Filosófico; Micromegas, Cándido,* etc.—, buscaron siempre acumular hostilidad contra lo cristiano, y mucho de lo irreligioso de la Revolución tuvo en él su antecedente. A pesar de ello, avizorando algún peligro, no tuvo inconveniente en recurrir a una comunión calificada de escandalosa, en 1768, sin reparar en escrúpulos... Sus ideas sobre religión —consideradas por él como invención de los sacerdotes— se han visto descartadas aun por las doctrinas ateas, y demuestran su incomprensión de aquélla, que responde a una profunda necesidad de la naturaleza humana.

Voltaire, en política, sólo fue revolucionario para la gente ilustrada, para los aristócratas y los burgueses. Habló de libertad y de igualdad, pero esperó la salvación del "despotismo ilustrado" y sostuvo correspondencia con Federico II de Prusia, Catalina II de Rusia, y los reyes de Dinamarca y de Suecia.

Rousseau

Un ciudadano de Ginebra, *Juan Jacobo Rousseau* (1712-1778), fue, con Voltaire y Montesquieu, figura destacada de la revolución doctrinal.

Estuvo afiliado originariamente al calvinismo, más tarde se hizo católico y volvió posteriormente al protestantismo. *Pretendía ser enemigo del Iluminismo, porque no admitía él la exaltación de la razón, sino del sentimiento; pero se enmarcó dentro de este tiempo, y de hecho fue un vigoroso operario en la reforma de las ideas.* Su pensamiento político, que no fue original, sino que en buena parte procedía de otros escritores, se encuentra sobre todo en el *Contrato Social* y en el *Discurso sobre la Desigualdad entre los Hombres.* En el primero afirma que el hombre, visto fuera de la sociedad cuenta con tres notas características: es *naturalmente bueno* —lo que lo lleva a ser feliz y perfecto, que su poder— y es *igual* a los demás hombres— fácilmente—, es *libre* —ya que no depende de nadie, ni tiene más límite a su actividad que su poder— y es *igual* a los demás hombres. En consecuencia, en ese estado asocial, o *estado de naturaleza,* su situación supone condiciones primitivas; de allí se sigue al mismo tiempo que sólo se considere legítima la sociedad formada mediante un *contrato social,* que sea un pacto que fundamente una asociación libre de hombres con derechos igual en la cual todos unen sus fuerzas para protección de su vida y de sus intereses. Los gobernantes resultan ser, de este modo, simples mandatarios del pueblo. La ley debe ser expresión de la *voluntad general* del pueblo, y esa voluntad general es poco menos que infalible. Además, todos los derechos que los contratantes no reunieron son sus derechos naturales, son sus libertades, que el Estado no debe lastimar sino proteger.

Juan Jacobo Rousseau coleccionando hierbas, según un grabado de la época

Su idea de que el *estado de naturaleza* en que vivía el hombre era ideal, la refuerza en el *Discurso sobre la Desigualdad entre los Hombres,* al afirmar que la civilización corrompió al hombre, que tenía una bondad natural, y aún más, nacieron las desigualdades cuando apareció la propiedad privada, que dividió a los hombres en dos grupos: los que poseían y los que no poseían, pensamiento, este último, que el marxismo habría de aprovechar más tarde.

La crítica histórica no puede admitir la existencia del contrato social, ni de la bondad originaria del hombre, que son simples afirmaciones gratuitas. Pero la idea, en su tiempo, fue de un impacto político enorme, por la confusión doctrinal y el ansia de renovación social existentes en el siglo XVIII. Rousseau influyó también en la educación —con su libro *Emilio*— que tuvo sus elementos de bien, como el favorecer la higiene infantil y la educación física, pero que contó asimismo con extravagancias, y sobre todo, con un principio falso: el de creer que la naturaleza era la única fuente de bien para el hombre. *Rousseau* que fue contradictorio, individualista, socialista, anárquico y educador, y aun cínico en sus *Confesiones,* lanzó al mundo ideas de revolucionarismo, que ese mundo, en Occidente, acogió con entusiasmo.

La enciclopedia

Importante, en fin, por su alcance y difusión, y por los pensamientos en ella contenidos, fue la *Enciclopedia* —o *Diccionario Razonado de las Ciencias, de las Artes y de los Oficios*—, verdadero resumen de la tendencia racionalista del siglo XVIII, que bajo el punto de vista formal era sólo un diccionario, pero que doctrinariamente fue una exposición de las doctrinas sensualistas y de otras de franca hostilidad al Cristianismo. La Enciclopedia fue inspirada por *Dionisio Diderot,* y el discurso preliminar lo escribió *D'Alembert.*

La publicación de los volúmenes, que incluían mapas, planos y dibujos industriales, se hizo de 1751 a 1772, con dos interrupciones impuestas por la censura.

Colaboraron en ella, aparte los citados, *Voltaire, Montesquieu, Rousseau,* el economista *Quesnay* y el naturalista *Buffon.* "Los enciclopedistas, ha dicho Domínguez, se dieron a sí mismos el nombre de 'filósofos'; pero su filosofía, frívola e incoherente, se redujo: a explicarlo o querer explicarlo todo por la naturaleza, a la que hacían omnipotente, a poner dudas en la existencia de Dios y demás fundamentos de la misma religión natural, a combatir todas las religiones primitivas, como fraudes de los sacerdotes y señaladamente al Cristianismo".

Ya en tiempos de *Luis XV,* la Enciclopedia fue prohibida. Este rey frívolo renovó algunas de las prohibiciones contra libros peligrosos, pero el resorte de su voluntad estaba roto, y había muchas influencias favorables a la difusión de la obra mediante suscripción. *El duque de Choiseul, la marquesa de Pompadour* y otros elementos de la nobleza ayudaron a que continuase la difusión clandestina.

Muchos nobles acogían con entusiasmo las nuevas ideas. Se hizo de buen tono, que algunas damas nobles tuviesen reuniones para discutir sobre temas de filosofía y religión. Las piezas teatrales donde se apuntaba ya el revolucionarismo, eran aplaudidas por buena parte de la Corte, sin entender que el día en que el rey cayese, la nobleza caería con él sin remedio, sin que deba perderse de vista cómo, junto con ello, la fe tradicional se había visto también seriamente afectada por los reflejos postreros del *jansenismo* que tanta repercusión tuvo en Francia en el siglo XVII.

El jansenismo consistió en la herejía profesada por *Cornelio Jansen o Jansenio* (1585-1638), obispo de Yprés, en Flandes, quien la apuntó originalmente en su libro llamado *Augustinus,* en el que pretendía demostrar, con supuesta base en San Agustín, que no era posible resistir a la gracia, ni que Cristo hubiese muerto por todos los hombres. En 1642 condenó el Papa *Urbano VIII* tal libro y en 1653 *Inocencio X* condenó a su vez como herética cinco proposiciones que contenían los errores de Jansenio. La herejía se extendió sobre todo en Francia y tuvo por cuartel general el monasterio cisterciense de *Port-Royal,* en donde se dejaba sentir la influencia de la familia *Arnaud.* Muchos de los jansenistas mostraron gran piedad y ascetismo, pero con una rigidez fría y extremada que les hacía incluso evitar acercarse a los sacramentos. Sostuvieron ardientes polémicas con los *jesuitas,* partidarios de la *frecuencia de sacramentos,* y se hizo corriente entre los herejes la acusación, ciertamente exagerada, de que los jesuitas sostenían una moral laxa y demasiado casuística.

A la larga, el jansenismo fue perdiendo fuerza, pero en Francia cooperó al debilitamiento de las convicciones católicas.

La ilustración en Norteamérica

Las principales directrices doctrinarias del Iluminismo, sobre todo el de origen inglés, pasaron a las colonias de Norteamérica.

Ya se ha visto cómo, por ejemplo, el pensamiento de *Locke* fue determinante en la formación del criterio de quienes encauzaron y realizaron el afán de emancipación política, como testimonio de la comunidad de ideas a uno y otro lado del Atlántico. Conviene agregar cómo, asimismo, desde fines del siglo XVII y principios del XVIII fue perceptible una gran inquietud de tipo cultural —en lo político, en lo religioso, en lo científico—, de gran interés. Así, las colonias inglesas resintieron la acción renovadora de nuevas sectas protestantes opuestas a la rigidez doctrinal en las Iglesias Luterana y Anglicana; tales sectas fueron, por ejemplo, la *pietista,* de *Spencer;* la de los *cuáqueros,* de *Fox,* llevada a América por

Guillermo Penn; los *metodistas* de *Wesley,* etc. En medio de todo ello fue abriéndose paso el espíritu racionalista.

El cultivo de las letras clásicas en las universidades, y el gusto por las ciencias experimentales —de que fue ejemplo preclaro *Benjamín Franklin,* inventor del pararrayos— se pusieron de manifiesto en este cuadro general de la cultura inglesa en las colonias norteamericanas.

Don Carlos de Sigüenza y Góngora, eminente polígrafo mexicano, hizo estudios e investigaciones lo mismo de astronomía que de matemáticas, historia y geografía. Nació en 1645 y murió en 1700

La cultura hispanoamericana

Para entender un poco de la corriente de la Ilustración en Iberoamérica, es indispensable tener en cuenta que en España misma se había arraigado ésta, en algunos círculos sociales. La Ilustración española no fue ajena a las ideas del enciclopedismo francés. Fue, como éste, favorable al racionalismo, al liberalismo político y económico, y a la literatura satírica. Su principal antecedente fue el benedictino *Benito Jerónimo Feijoo* y su representante más conspicuo fue *Gaspar Melchor de Jovellanos.* En el caso de las colonias, el siglo XVIII resultó ser particularmente fecundo en acontecimientos de índole cultural y política.

Cuando hubo entonces, ya en un sentido, ya en otro, supuso naturalmente lo que llegaba de España, así como algunas raíces culturales de la centuria anterior, de modo que en el XVII hubo una amplia y acendrada inquietud por la filosofía moderna y por las investigaciones de tipo científico, no es posible dejar de anotar el hecho de que en el anterior aparecieron síntomas tan elocuentes como el saber universalista de don *Carlos de Sigüenza y Góngora,* o los atisbos cartesianos en algunos pasajes de la monja jerónima *Sor Juana Inés de la Cruz.* Pero, en definitiva, las inquietudes más hondas fueron las que ocurrieron en los años anteriores a la Independencia, en la centuria XVIII.

El barroco, en el arte, cede sitio al neoclasicismo. La escolástica deja en gran parte su lugar a las nuevas corrientes filosóficas, o por lo menos es estudiada tanto como los sistemas de Descartes y de Leibnitz. El cultivo de las letras clásicas no se desdeña, pero se ve con sumo interés el estudio de las lenguas indígenas, lo mismo que las culturas precolombinas. Hay una preocupación más acentuada por la ciencia, incluso con cierto sentido universalista y enciclopédico. Al par de ello se abren paso las tendencias al laicismo y a ciertas formas de anticlericalismo más o menos evidente, que tuvo su punto de mayor relieve en la expulsión de los jesuitas en 1767, decretada por Carlos III, en un momento en el que su gobierno se vio dominado por elementos afiliados al movimiento masónico iluminista, al modo del conde de Aranda, el marqués de Floridablanca y el marqués de Campomanes.

Los jesuitas representan, dentro de este cuadro de vida americana, al grupo educador de mayor relieve, con fuerte inquietud y afán de profundizar tanto en las letras clásicas como en los problemas de la cultura americana —que después habrían de dar a conocer con amplitud en Europa, una vez desterrados, como ocurrió con los padres *Clavijero, Abad, Alegre,* y otros. Las directrices de su pensamiento tuvieron huella profunda, en lo cultural y en lo social, de tal modo que puede verse en ellos a otros tantos precursores de las tendencias de independencia.

Si fuera menester citar un hombre que represente, en Nueva España —y como ejemplo, en Iberoamérica— el espíritu que aleteaba entonces, habría que mencionar al sacerdote *Benito Díaz de Gamarra,* nacido en Zamora en 1745. Fue discípulo de los jesuitas en el Colegio de San Ildefonso; viajó por España, Portugal e Italia. Se doctoró en Pisa. Vuelto a Nueva España se aplicó a la renovación de los estudios de filosofía y escribió un texto: *Elementa Recientiores Philosophiae,* que según sus censores, contenía "lo más selecto de las doctrinas de los filósofos modernos, en el que se puede aprender lo que ahora no se puede ignorar sin deshonor e ignominia". "El P. Gamarra, dice de él Jiménez Rueda, es uno de los espíritus modernos que abren brechas en la conciencia de sus contemporáneos a las ideas que se abrían paso en el mundo europeo. Además de Cartesio, suenan en las aulas los nombres de Locke y Gassendi".

Vertido el afán de saber hacia infinidad de campos, la situación que se apunta la describe Henríquez Ureña de este modo: "Las ciencias matemáticas y físicas, la jurisprudencia y la medicina, daban ocupación a hombres de singular actividad y extensa doctrina, universales y fecundos, para quienes la carrera jurídica no estorbaba el culto de la astronomía, ni las matemáticas eran óbice al solaz de las letras clásicas. Observaciones astronómicas (especialmente de eclipses y de pasos de planetas por o cerca del disco solar), determinación de situaciones geográficas, trazo de mapas, proyectos de desagües y carreteras, examen de los terrenos y las minas del país, clasificación de la flora, análisis de las propiedades curativas de las plantas y animales, reglas para industrias, redacción de leyes, descripciones de movimientos de la civilización indígena; todo lo abarcaron el esfuerzo y la curiosidad de estos infatigables experimentadores que agregaban a su trabajo de gabinete, la publicación constante de libros, propios o traducidos por ellos, de folletos y de periódicos".

Poco a poco, en medio de ese estado de cosas, los pueblos iberoamericanos tomaban conciencia de ellos mismos y veían el desarrollo de los gérmenes de su sentido de nacionalidad. Los estudios nativos, o hechos por extranjeros como *Carlos María de la Condamine* o el barón *Alejandro von Humboldt,* que ayudan a redescubrir la naturaleza y recursos de América, ponen delante de los ojos la convicción —acaso a veces exagerada— de las riquezas propias, y de la posibilidad de que éstas sirvieran como base de una independencia en relación con España.

Testimonios vivos y elocuentes de la Ilustración en la América Hispana se encuentran, asimismo, en la multiplicación de universidades —aparecieron en el siglo XVIII la de La Habana, en 1721; la de Caracas, en 1721; la de Santiago de Chile, en 1758; y la de Quito en 1786— lo mismo que de centros de enseñanza a nivel universitario, pero de organización independiente, de que fueran ejemplo el Colegio de Minería (1792) y la Academia de Bellas Artes (1783) en México; el Anfiteatro Anatómico (1753), de Lima; la Academia de Artes y Ciencias (1797) en Santiago de Chile; y poco después, a principios de la siguiente centuria, el Observatorio Astronómico (1803) de Bogotá, y la cátedra de Medicina (1801) en Buenos Aires.

Se fundaron bibliotecas públicas en muchas partes, se introdujo la imprenta en las colonias que carecían de ella, y surgieron, al mismo tiempo, los primeros periódicos propiamente dichos —al modo de la *Gaceta de México y Noticias de la Nueva España,* editada en 1722 por don *Juan Ignacio*

Ejemplar de la Gazeta de México, de 1722

GACETA DE MEXICO,
Y noticias de Nueva-España, que se imprimiràn cada mes, y comienzan desde primero de Henero de 1722.

LA Nobilissima Mexico, cabeza de la Nueva-España, y corazon de la America, celebrò los dos Siglos cumplidos de su Conquista el dia de el glorioso Martyr S. Hypolito su Patron à 13. de Agosto de el año passado, con festivas demonstraciones de luminarias, mascaras, y colgaduras, y con passeo la vispera, y dia, montados à cavallo, el Exc. Señor Virrey, Real Audiencia, Tribunales, Ciudad, y Cavalleria. Sacò el Estandarte Real el Conde de el Valle de Orizaba su Regidor. Se solemnizò por tres dias, y el dia 15. de la Assumpcion de N. Señora Titular de esta Santa Iglesia Metropolitana, q̃ coronò su hermoso Templo de Gallardetes, luzes, y con los mas ricos Ornamentos colocò en su Altar Mayor la Bellissima Imagen de Oro de la Reyna de los Angeles. Predicò de Pontifical vna Eloquentissima Oracion Panegyrica Moral, el Illmo. y Rmo. Señor M. D. Fr. Joseph Lanciego y Eguilaz su Arçobispo. La feliz duracion de esta Corte estrena su tercer Siglo, con el qual comiença à dar à las prensas sus memorias dignas de mayor manifestacion, apuntadas en estas *Gazetas* pues imprimirlas es politica tan racional, como authorizada de todas las Cortes de la Europa, dando à la Estampa las noticias que ocurren en el breve tiempo de siete dias, por el distrito capaz de sus dominios. Difusa esta costumbre ha llegado hasta la Imperial Lima, Corte celebre del Perù, y practicando esta plausible diligencia, imprime cada mes sus acaecimientos, y no siendo menos la Muy Illustre Mexico, Corona de estos Reynos, comiença à plantear esta politica con las licencias de el Exmo. Señor Marquès de Valero, haziendo con ello mas memorables los aciertos de su govierno, è introduciendo para lo venidero este vrbano estylo, que hechavan menos los Curiales de Mexico, para mayor authoridad de su Ciudad, y conocimiento de su grandeza. No carece de vtilidad, pues à mas de el general motivo de las Gacetas, siendo estas vna fidelissima Relacion de lo que acaece en estas dilatadas Regiones, puede sin trabajo qualquier discreto, con la diligencia de juntarlas, formar vnos Anales en lo futuro, en que sin el cuydado de examinarlos, logre el aplauso de escrivirlos, y los correspondientes, el de complacer à los que de la Europa piden noticias de la America, para enriquezer con novedad sus Historias. No tengo escrupulo de que se me fiscalizen algunas individualidades, que si por vistas en esta Ciudad continuamente, no son novedad à los presentes, seran admiracion à los que las oyen distantes, y credito de Mexico en todo el Vniverso.

Es costumbre de Madrid poner cada Corte separada, y por esso se pone aqui cada Ciudad dividida, en las que son Capitales de Obispados, Provincias, y Puertos, para q̃ con esta distincion se lean, con mayor commodidad.

Mexico Henero de 1722.

EL dia primero, assistiò su Exc. à la Cassa Professa de la Sagrada Compañia de JESVS, donde en memoria de su nombre, celebra la de la Circumcision. El Ayun-

La Gaceta de México, primer periódico publicado en la Nueva España en 1722, por D. Juan Ignacio María de Castorena Ursúa y Goyeneche.

Castorena y Ursúa—, que sustituyeron a las antiguas *hojas volantes*, que sólo aparecían cuando ocurría algún suceso de importancia, pero sin periodicidad alguna.

IV. La Revolución Francesa

Las fuerzas sociales

Nadie duda que la Revolución Francesa —aparecida en 1789, pero de consecuencias muy perdurables—, fue una "revolución" auténtica, y no una mera "revuelta" armada. Su pretexto inmediato fue la convocatoria hecha por *Luis XVI* de los Estados Generales para atender el problema financiero del país; pero las causas profundas que alentaban en ese entonces hicieron que el movimiento se desbordara y alcanzara metas insospechadas a través de sus varias etapas, que fueron: la *Asamblea Constituyente*, la *Asamblea Legislativa*, la *Convención* y el *Directorio*.

Con ella, todas las instituciones que supervivían del antiguo feudalismo se derrumbaron. *La nobleza* perdió su papel director de la sociedad, y fue sustituida por la *burguesía*, que tomó en sus manos la dirección de la vida socioeconómica en Occidente. Todo ello implicó una mutación social que debe conectarse con las transformaciones sufridas en la economía por la *Revolución Industrial*, y con la significación política que tuvo la *Independencia de los Estados Unidos*.

Así, la Revolución Francesa fue una etapa de crisis, de conmoción, en la que se hundieron algunos valores e instituciones, y surgieron otros en lugar suyo.

Desde el punto de vista político, el sacudimiento fue tan fuerte, que las monarquías absolutas resultaron afectadas. No todas cayeron enseguida. Pero las semillas sembradas dieron sus frutos en los años posteriores, produciéndose múltiples revoluciones de hondo significado, a través de las cuales el liberalismo político y el económico se arraigaron en diversos sitios. El Cristianismo, a su vez, fue tocado por los movimientos políticos que buscaban destruir, o por lo menos limitar la vida de la Iglesia Católica. Todas las tendencias antieclesiásticas tuvieron un desarrollo vigoroso: desde la filosofía racionalista ya citada, junto con la escuela laica o irreligiosa, hasta la literatura en varias de sus manifestaciones; en una palabra, las ideas liberales que exaltaban al individuo —con antecedentes en la Reforma Protestante—, y que favorecían al capitalismo como régimen económico.

Las corporaciones que aún subsistían, provenientes de la Edad Media, como los gremios y otras formas de agrupación, desaparecieron, para dar lugar a un ambiente nuevo, sin jerarquías, en el que el hombre se encontró solo frente al Estado.

La masonería

En el sostenimiento de tales ideas, y de su puesta en práctica, desempeñó una función de pri-

Dibujo de la primera reunión de los Estados Generales, en 1789

mordial importancia la *Francmasonería,* o simplemente *Masonería,* que ciertamente estaba en pleno vigor en la segunda mitad del siglo XVIII.

Ya en las Cortes de muchos países de Europa se encontraban personajes suyos. Carlos III había tenido junto a sí al *conde de Aranda;* el *marqués de Pombal,* en el reino portugués, había sido aliado suyo; y en Francia, desde la época de Luis XV, la penetración de la masonería en la Corte de Versalles tuvo caracteres impresionantes. Al iniciarse la Revolución Francesa, el Gran Maestre era un primo del rey, el *duque de Orleáns.* En fin, el embajador norteamericano en Francia, *Benjamín Franklin,* figura destacada en las logias de los Estados Unidos, fue recibido con entusiasmo en París y colaboró en la unificación de los grupos masónicos franceses.

Por lo demás, en torno a la masonería se han formulado muchas explicaciones que tratan de dar con sus orígenes probables.

Se sabe de fijo que es un conjunto de sociedades que actúan secretamente, con diversos grados sucesivos por los que pasan sus adeptos, y con ritos especiales en sus ceremonias. Se presenta ante el mundo como una fraternidad internacional que busca la mejoría moral de sus individuos, la tolerancia y la ayuda mutua. Sin embargo, independientemente de que eso puedan hacerlo o no sus componentes, lo cierto es que en política la masonería se ha mostrado muy activa: trabajó en gran medida a favor de la Revolución Francesa, y animó igualmente casi todas las rebeliones y reformas liberales en Europa y en América.

¿Cuáles son sus antecedentes?

Aunque por razón del secreto que los grupos masónicos han mantenido casi siempre, no es fácil determinarlos con toda seguridad —hay quienes los hacen descendientes de las agrupaciones de *Caballeros Templarios,* hay quienes los hacen derivar de agrupaciones hebreas, nacidas después de la Dispersión, etc.—, es presumible, no obstante, que sus primeras manifestaciones hayan tenido lugar en los gremios de canteros y albañiles de la Edad Media en Francia y luego en Inglaterra (*freemasons*), que guardaban celosamente los secretos técnicos de las construcciones. En los pabellones o "logias" de dichos albañiles se daba a los componentes de las corporaciones —que también eran cofradías religiosas, bajo la protección de San Juan Bautista— instrucción religiosa y moral, aunque en forma un poco simbólica y misteriosa. Desde mediados del siglo XIV, comenzaron a separarse las actividades técnicas de las corporaciones, de las actividades religiosas de las cofradías, que antes estaban unidas; y desde el siglo XV, las cofradías comenzaron a recibir personas que no eran artesanos.

Cuando ocurrió el cisma de Inglaterra, fueron suprimidas en este país todas las órdenes monásticas, lo mismo que las cofradías de "masones", pero algunas de éstas siguieron viviendo en forma oculta. Poco a poco sufrieron una evolución. Continuaron siendo organismos que daban instrucción, pero ya no de acuerdo con la doctrina católica, sino de conformidad con ideas distintas, incluso tomadas de la *Cábala* —esa doctrina de origen judío ya mencionada antes, que pretende encontrar enseñanzas ocultas en las Sagradas Escrituras— y de otras supersticiones. Ritos de diversa índole fueron adoptados por la corriente de que se trata, la masonería, que cada vez fue diferenciándose más y más de sus fuentes primitivas. Las ideas liberales, y en especial el deísmo y el racionalismo, se convirtieron en algo suyo. Comenzaron asimismo a intervenir en política, contra los Estuardos. Y por fin, el 24 de junio de 1717, en la fiesta de San Juan Bautista, las cuatro logias de Londres se fusionaron en una sola llamada *simbólica,* bajo la dirección de un Gran Maestre.

En 1772 había ya 160 logias en Inglaterra. Su proliferación fue notable en Europa y en los Estados Unidos, y después, en el siglo XIX, en Hispanoamérica. A Nueva España, según parece, llegaron los primeros masones en el séquito del virrey segundo conde de Revillagigedo, aunque la fundación de la primera logia tuvo lugar algún tiempo después conforme al Rito Escocés.

En los países de habla inglesa, aparte su intervención en política, la masonería se encaminó hacia los principios del deísmo, de la tolerancia para todos los grupos cristianos, especialmente protestantes, y hacia la ayuda social. En los países católicos de Europa y de América, la masonería se mostró más activa en el campo religioso, ya fomentando cierto indiferentismo, ya dirigiendo y animando, en veces, movimientos francamente anticlericales.

Como derivaciones, o por lo menos como organismos paralelos a la masonería, que de ella tomaron inspiración, o que coincidieron con algunos de sus elementos, pueden citarse, además, la sociedad de los *carbonarios* en *Italia,* y la secta de los *iluminados,* en *Alemania.* La primera tuvo, entre otra de sus preocupaciones básicas, la lucha por la unidad de su patria, y contra el Papado. Fue fundada por *José Mazzini* y participó en gran medida en los movimientos políticos del siglo XIX. La otra la fundó el bávaro *Adam Weishaupt* el 1° de mayo de 1776. Ambas aparecieron también, al igual que la masonería, como sociedades secretas; pero la de los "carbonarios" fue más localista, más regional, más vuelta hacia los problemas italianos, en tanto que el *Humanismo Weishaupt* —cuya doctrina contenía puntos que pueden citarse como antecedentes básicos del comunismo— fue más internacional, más amplia y de alcances mayores.

En vista de los procedimientos secretos y de su especial filosofía, de su indiferentismo religioso, así como por su tendencia antieclesiástica, la Iglesia Católica dispuso que sus fieles no pudiesen pertenecer a la masonería, o a las sociedades semejantes a ella, *bajo pena de incurrir en excomunión.* Hay, en tal sentido, varios documentos que van desde la Constitución Apostólica *In eminenti,* dada por el Papa *Clemente XII* el 24 de abril de 1738, hasta el de *León XIII,* que fue la encíclica *Humanum genus,* del 20 de abril de 1884.

Los derechos del hombre

La Revolución Francesa supuso una transformación social profunda.

Nacida y alentada por los grupos revolucionarios de tendencias individualistas y racionalistas, no es de extrañar que las leyes y disposiciones que aparecieron en la nación francesa, hayan sido medularmente propicias a la exaltación del ser humano, a la ponderación de sus derechos y facultades, pero en forma tal que, como se expresó en líneas anteriores, el hombre quedó solo frente al Estado, al derrumbarse muchas de las sociedades intermedias entre uno y otro.

Un documento significativo de esta tendencia fue el que apareció a mediados de 1789, conocido con el nombre de *Declaración de Derechos del Hombre y del Ciudadano,* acogido con entusiasmo no sólo por los diputados del "estado llano", o burgueses, que estaban en los Estados Generales, sino también por los diputados de la nobleza y aun los del clero. "El 4 de agosto, ha escrito Gaxotte a este respecto, a propuesta de un diputado sin fortuna, el vizconde de Noailles y de un gran señor filósofo, el duque d'Aiguillón, la Asamblea resolvió suprimir todos los privilegios de colectividades y personas. En una especie de delirio sentimental, cortado por aclamaciones y lágrimas, se adoptó la supresión de los derechos feudales, de los vedados, diezmos, inmunidades providenciales y municipales, todo revuelto. Se abrazaban, lloraban, sacrificaban sus derechos y los del vecino, y ya no sabían ni lo que se decía ni lo que se hacía. Al amanecer proclamaron a Luis XVI 'restaurador de la libertad francesa', y se dejó para la sesión siguiente la transformación en decretos de aquella fiebre nocturna".

La obra legislativa inmediata, en efecto, basada en los acuerdos anteriores, elaboró la *Declaración de los Derechos del Hombre y del Ciudadano,* sobre el principio de que el fin de toda asociación política es la conservación de los derechos naturales del hombre, según el modelo norteamericano y la filosofía individualista.

La Declaración establecía la igualdad de todos los hombres ante la ley, afirmando que los hombres nacen libres e iguales en derechos. *Los derechos naturales del hombre son, según este documento: la propiedad, la libertad, la seguridad y la resistencia a la opresión.*

La soberanía reside en la nación.

Se consagraron las libertades de prensa, de opinión y de religión, un reparto más proporcional de los impuestos y la inviolabilidad de la propiedad, salvo la expropiación por utilidad pública.

Elementos tomados de esta Declaración sirvieron más tarde para inspirar leyes de orden público en otros países, especialmente en los aspectos constitucionales de los *derechos del hombre,* o *garantías individuales* que tuvieron su parte positiva en la necesidad de preservar al ser humano del desbordamiento de poder que pudiese manifestar el Estado, pero también su parte negativa en cuanto el individualismo relajó los vínculos sociales, ponderó demasiado el derecho sin el deber correlativo ante los demás, e hizo de la libertad, muchas veces, como lo fue en materia económica, un instrumento al servicio de los económicamente fuertes. Así se demostró poco más tarde cuando se expidió la *Ley de Chapelier,* de 1791, que prohibió la existencia de corporaciones o asociaciones de trabajadores, dejando a estos últimos sin ninguna defensa social, ya que al adoptarse el principio de la libertad de contratación, se vio en la práctica que si el empresario era libre para contratar, el obrero inerme, tenía que plegarse a las condiciones que se le imponían, y su libertad resultaba irrisoria.

Preeminencia de la burguesía

En la espera de los principios legales que tocaban a la vida económica, la *burguesía revolucionaria* resultó ser la clase social más ganânciosa con la Revolución Francesa; y así lo fue también en lo social y en lo político, como quiera que la nobleza perdió terreno; gran suma de tierras que antes pertenecían a la nobleza o al clero francés, quedaron a disposición de nuevos propietarios; y el dominio del Estado, por burgueses —no por nobles ni elementos sociales de otras clases—, se confirmó incluso por las armas.

La Guardia Nacional, por ejemplo, organizada y sostenida por la burguesía, se encargó en 1789, 1790 y 1791 de reprimir los movimientos republicanos de tipo extremista, que pretendían llevar las cosas a situaciones más radicales. Los grupos directores de la Revolución querían ciertamente un cambio, pero no una transformación que fuese hasta niveles de trastorno general. Se comprende, de este modo, que la burguesía haya puesto especial empeño, tanto en lograr la aprobación de leyes y disposiciones favorables a sus intereses y a los del pensamiento revolucionario, cuanto en impedir que la propaganda y la acción de elementos comunistas pudiesen desbordarse. Estos últimos no constituían, obviamente una corriente perfectamente organizada y con un cuerpo de doctrina coherente y sistemático: eran más bien los exponentes de un despertar de tendencias políticas y sociales en París y en otras ciudades, en las que se

El juramento del Juego de Pelota, en virtud del cual los diputados se comprometieron a no separarse hasta haber dado a Francia un régimen constitucional

buscaba un igualitarismo dominante.

En términos amplios puede afirmarse que la corriente comunista —y en veces claramente anarquista— de tiempos de la Revolución Francesa, giró sobre todo en torno a dos problemas sustanciales: *el problema del reparto de la tierra y el del reparto de las subsistencias.* Personajes conectados con los medios populares hicieron factible esto, incluso propiciando una conspiración política que en 1793 tuvo lugar y señaló la magnitud de los hechos. Entre dichos personajes puede citarse en plano primero a *Francisco Natividad Babeauf* (1760-1797), conocido también con el nombre de *Graco.* Fue autor de un sistema político de corte comunista llamado *babuvismo,* y su obra principal fue su *Manifiesto de los Iguales,* en donde preconizaba la supresión de toda desigualdad entre los seres humanos. Al fin, en la época del Directorio, fue aprehendido, enjuiciado y condenado a la guillotina.

La lucha de la burguesía liberal por evitar que se llegase a los objetivos deseados por los comunistas dio ocasión a represiones vivas; y dentro de los mismos grupos revolucionarios hubo además el enfrentamiento de las facciones. Esto implicó la liquidación del Antiguo Régimen; la sujeción de la Iglesia a manos del Estado —supresión de órdenes religiosas, propósito de querer someter el clero al gobierno, apoderamiento de los bienes eclesiásticos, educación laica—; y la apertura de una situación económica favorable al individualismo liberal, la destrucción del latifundismo y la aparición de una clase media rural de enorme importancia para la vida económica del país.

Napoleón Bonaparte

La obra cultural de la Revolución Francesa

La Revolución Francesa se hizo eco de la filosofía iluminista ya citada, y no fue nada raro que al triunfar haya querido usar de esta última, lo que explica que el *laicismo* —o política que quería desterrar todo lo que fuese religioso— se haya convertido en un estilo de vida que se fue arraigando en Francia cada vez más.

Entre otras cosas, se estableció una nueva era con un calendario en el que se cambiaban los nombres de los meses, que en lo sucesivo serían de 30 días, con 5 días suplementarios, con los siguientes nombres para los meses: *Vendimiario, Brumario* y *Frimario (Otoño); Nivoso, Pluvioso* y *Ventoso* (Invierno); *Germinal, Pradial* y *Floreal* (Primavera); y *Mesidor, Termidor* y *Fructidor* (Verano).

Las leyes revolucionarias prohibieron el descanso del domingo —día del Señor—y se impuso el "decadí"; no habría oficialmente fiestas sagradas, sino que a guisa de patrones de los días habría flores, plantas y animales domésticos. Se autorizó el matrimonio de los sacerdotes; y se admitió el divorcio. *En noviembre de 1793 se abolió oficialmente el Cristianismo, proclamándose en lugar suyo el culto a la Libertad y a la Razón.* En la catedral de París se adoró a ésta, personificada en una actriz puesta en el altar mayor.

El propósito de Voltaire y de los filósofos de aplastar al Cristianismo, se estaba cumpliendo.

Sin embargo, el hecho de que aumentara en forma impresionante el ateísmo hizo que Robespierre tratara de contrarrestarlo imponiendo el culto al Ser Supremo, especie de Dios sin providencia, del que eran partidarios algunos pensadores racionalistas.

No es posible ignorar, por lo demás, la obra de la Revolución en materia educativa, porque fue de huella muy honda. No hubo entonces, ciertamente, grandes pedagogos, pero sí una tarea legislativa y política de particular relieve. Uno de sus hombres, *Talleyrand* —antiguo obispo, hombre de tanto talento político como oportunismo y falta de escrúpulos, que sirvió a todos los regímenes que le fue posible— logró que en la Constitución de 1791 se estableciera el precepto de que *"se creará y organizará una instrucción pública, común para todos los ciudadanos, gratuita en todas las enseñanzas indispensables para todos los hombres"*. Para reglamentar dicha norma redactó un *Informe* que contenía un vasto sistema de educación, en el que era punto saliente la *"educación política del ciudadano"*, con la insistencia pertinaz de ver en la instrucción, como él decía, *"el contrapeso necesario de la libertad"*.

Varios personajes externaron ideas dispuestas a la extensión general del esfuerzo educativo, y no faltaron, entre ellos, algunos que, como *Condorcet,* propugnaron ante la Asamblea Legislativa, en 1792, la instauración de una enseñanza que debería tener las características de nacional, única, gratuita y neutral, mientras otros, como el jacobino *Lepelletier,* propugnaban por un sistema a base de *"internados obligatorios"* en los que la niñez sería educada por el Estado sin influencias contrarias a los ideales de la Revolución, en lo que puede considerarse como un vigoroso antecedente de la educación propia de los regímenes totalitarios.

A la luz del Derecho Positivo fue probablemente la llamada

Ley Lakanal —propuesta por *el jacobino José Lakanal* (1762-1846)—, el punto culminante del empeño revolucionario en materia de enseñanza popular. La ley, de 17 de noviembre de 1794, prescribía como programa de la escuela elemental, los siguientes puntos: 1o. lectura y escritura; 2o. la Declaración de los Derechos del Hombre y la Constitución; 3o. instrucciones elementales de moral republicana; 4o. elementos de la lengua francesa; 5o. las reglas del cálculo simple y de la agrimensura; 6o. instrucciones sobre los principales fenómenos y las más comunes producciones de la naturaleza, además del aprendizaje "de las acciones heroicas y de los cantos triunfales".

Así quedó organizada la escuela primaria obligatoria, gratuita y laica. La Convención creó también la *Escuela Politécnica,* la *Escuela de Lenguas Orientales;* restauró tres escuelas de Medicina y dio impulso al *Museo,* al *Colegio de Francia,* al *Conservatorio de Música* y a la *Escuela de Artes y Oficios.*

La Caída de Robespierre —personaje central de la Convención— determinó la instauración del *Directorio,* que siguió una tendencia más moderada en diversos capítulos de la vida social; con todo, políticamente se presentó más tarde una coyuntura para que un golpe de Estado cambiase el escenario, y diese paso a un fruto de la misma Revolución, a *Napoleón Bonaparte,* que si restauró la monarquía en su persona cuando lo creyó oportuno, no es menos cierto que dio proyecciones muy amplias a la obra de la Revolución, cuyas semillas fueron llevadas por sus soldados a casi toda Europa. Como cónsul, primero, a partir de 1799, y como emperador después, a partir de 1804, Napoleón emprendió una tarea que, independientemente de sus gestiones guerreras, fue perdurable y de trascendencia muy considerable en diversos ámbitos de la cultura. Así, en efecto, Napoleón quiso fomentar la sistematización de las leyes, y favoreció la elaboración del *Código Civil* que lleva su nombre y de otras normas igualmente importantes; reglamentó los impuestos, centralizó la administración; fundó el Banco de Francia; e instituyó la Legión de Honor para premiar los méritos civiles y militares. En la esfera de la educación superior, su contribución principal consistió en haber fundado la *Universidad Imperial,* por la ley de 11 de marzo de 1806, la cual comprendía *colegios, liceos y facultades,* pero con un marcado espíritu de fidelidad servil al emperador.

Mucho de todo ello influyó fuera de las fronteras de la nación francesa.

Para las instituciones políticas hubo oposición ruda de parte de los reyes y de los partidarios de los regímenes absolutistas, así como de parte de quienes recelaban del movimiento revolucionario por sus tendencias contrarias a la religión; pero en muchos otros ambientes de la época se dejó sentir la Revolución Francesa como un conjunto de orientaciones, de guías y de estímulos que fueron recibidos con entusiasmo por quienes deseaban la transformación del mundo occidental de acuerdo con las ideas liberales, constitucionalistas y arreligiosas en la vida social.

Por lo que a Latinoamérica se refiere, la *Revolución Francesa* y las otras dos grandes revoluciones, la *Industrial* y la *Norteamericana,* influyeron igualmente. Por razones comprensibles, la Revolución Industrial se reflejó en Latinoamérica de modo indirecto; Inglaterra y otros países vieron en las naciones de América —dependientes de España, al principio, e independientes después—, otros tantos mercados posibles de consumo, que también podían proveerles de materias primas. La Revolución Norteamericana en cambio, tuvo un impacto mayor. Sirvió como modelo. Y la Revolución Francesa, por la mayor cercanía cultural, y por la fuerza misma de sus alcances, fue guía indispensable para la formación doctrinal de muchos caudillos iberoamericanos. *Debe advertirse, sin embargo, que las teorías revolucionarias difundidas desde Francia fueron admitidas sólo parcialmente. Los libros de Rousseau, de Montesquieu, y de otros escritores de entonces, eran conocidos en América, aunque lo antirreligioso de la Revolución*

Pintura del venezolano Tovar y Tovar, en la municipalidad de Caracas, que representa la firma del acta de independencia de Venezuela. El general Francisco de Miranda aparece de pie, con un traje militar, junto a la mesa. El acto tuvo lugar el 17 de agosto de 1811

Francesa no fue adoptado por los caudillos hispanoamericanos del tiempo de la independencia. Más aun, la simpatía con que en América, se vio el movimiento revolucionario francés en 1789, se convirtió en repulsión cuando aquél se hizo enemigo de la Iglesia y de la religión. Por ello ha podido escribir Marius André, a este propósito, que: "Todos los jefes, salvo rarísimas excepciones, son fieles firmemente adheridos a la Iglesia y a sus dogmas, y los incrédulos, como Bolívar —que se convertirá más tarde— y Miranda, los respetan".

En estas condiciones, el pensamiento político francés tomó carta de naturalización en América, bien que unido a los antecedentes que en las colonias españolas había de la tradición católica y española, en tanto que las corrientes antirreligiosas sólo prendieron más tarde, ya en la etapa independiente, y la Masonería no fue ajena a ellas.

V. La Cuestión Social

Características

La economía y la vida social de Inglaterra y de otros países de Europa sufrieron mutaciones severas a partir de la Revolución Industrial.

Hechos tan característicos como la producción en gran escala, el uso de las máquinas, la exigencia de grandes mercados de consumo, la concentración de las masas obreras en vastas fábricas, y el desarrollo de las ciudades industriales, fueron características de una etapa económica que se fue desarrollando cada vez más, a partir del siglo XVIII. La Gran Bretaña fue el país que primero alcanzó las metas del industrialismo. Otros países de Europa llegaron a serlo posteriormente, o de una manera más imperfecta. Y el fenómeno se proyectó más tarde a América, en el caso de los Estados Unidos, y luego a Asia, con el Japón.

La vida interna dejó de ofrecer la fisonomía que fue propia de tales países hasta antes de que arraigase la gran industria. Su política internacional también se transformó, y al paso de las nuevas exigencias económicas de la industria, fueron surgiendo *vastos imperios* cuyas metrópolis europeas dominaban territorios de amplitud variada en África, en Asia, en Oceanía y en América. Pudieron consolidarse y ampliarse, desde luego, los imperios que tenían un perfil de capitalismo industrial, mientras, en contrapartida, comenzaron a debilitarse o a hundirse los imperios más antiguos que en lo económico sólo descansaban en un capitalismo comercial como fue el caso de España.

El industrialismo, visto en su proyección social y humana, acarreó, por lo demás, tanto bienes como males. Permitió, es cierto, que aumentara la riqueza nacional, aunque no aumentó siempre el bienestar personal de muchos pobladores, especialmente de los obreros: *"Fomentó la prosperidad material,* ha dicho Birnie, *pero suspendió el progreso social".*

En una gran proporción se formó, a instancias del industrialismo, una nueva clase social: el *proletariado,* o clase trabajadora. Clase cuyos componentes se encontraron, empero, con que no tenían más patrimonio que sus brazos para trabajar. Más todavía, debido a la política económica de tipo liberal, indiferente a la práctica de la justicia social la condición de vida de los proletarios en muchos lugares llegaron a ser muy deprimentes. De hecho, los trabajadores estaban atenidos a sus fuerzas aisladas, individuales, para encararse a los empresarios. Fue muy común que se prohibiera la asociación de los trabajadores —como se vio en Francia con la Ley de Chapelier—, y las condiciones de los contratos de trabajo dependían sólo de la voluntad del patrón. En teoría, obrero y empresario contrataban libremente; pero en la práctica, el económicamente más fuerte, el empresario, era quien imponía las condiciones al económicamente más débil, el obrero.

Cualquier maniobra para obtener mejores condiciones, mediante presión, se llegó a considerar un delito. Y la huelga fue prácticamente una forma delictiva.

En diversos países de Europa, y en los Estados Unidos cuando se industrializaron, no fue raro que los trabajadores tuvieran jornadas diarias de muchas horas. No se conocían los seguros sociales; no había vacaciones; no había indemnizaciones por accidentes de trabajo; ni jubilaciones. No pocos empresarios preferían tener en sus fábricas a mujeres y niños, porque eran más dóciles, y podía exigírseles más sin que ofrecieran tanta resistencia como los hombres.

Todo esto creó la *cuestión social,* es decir, la existencia de grandes masas de población que vivían en malas condiciones morales, sociales y económicas, lo cual dio lugar a que algunos se preocuparan por resolver los problemas creados por la injusticia en la sociedad. Y se dio lugar, también, a movimientos políticos y sociales que quisieron reformar la estructura aun por medios violentos.

Liberalismo y capitalismo

Desde luego, el liberalismo, como doctrina económico-política que abandonaba a su suerte a los trabajadores, ya que no había protección para ellos, favoreció el predominio de uno de los factores de la producción: el *capital.* Y del dominio general de los capitalistas en la sociedad, en la economía y en la política, nació el régimen de *Capitalismo Industrial y Bancario,* que tuvo por antecedente, como ya se vio, al *Capitalismo Mercantil y Bancario.* A los capitalistas que no cuidaban de atender a la justicia en su trato con los trabajadores, nadie podía oponérseles realmente. El

Adam Smith (1725-1790), escritor inglés cuyas ideas ayudaron a dar a la Economía Política su carácter de ciencia equiparable a las demás. Fue, al mismo tiempo, uno de los principales teóricos del liberalismo económico

trabajador aislado no podía hacerlo por él mismo. El Estado, de acuerdo con el pensamiento liberal, no debía intervenir en estas cuestiones sino cuando hubiera desórdenes. El Estado debía *dejar hacer* y *dejar pasar*. Los individuos debían resolver las cosas por ellos mismos. "*Dejad al gobierno* —escribió Burke, uno de los teóricos de la doctrina económica liberal— *proteger y alentar a la industria, garantizar la propiedad, reprimir la violencia y desaprobar el fraude; eso es todo lo que tiene que hacer. En otros respectos, mientras menos se mezcle en estos asuntos, mejor*".

En una palabra, en el campo social y económico sólo debía contar el interés individual. Y mientras no hubiera violencia o desorden, el Estado no debería intervenir para nada.

Sin embargo, la realidad de un gran desajuste social, la realidad de una miseria efectiva entre grandes núcleos de población, era demasiado evidente para ser desconocida ya en los primeros años del siglo XIX, y por eso hicieron su aparición las corrientes reformistas de múltiple orientación.

El socialismo utópico

La palabra *socialismo*, según unos, fue usada por primera vez en 1832, en un artículo de prensa escrito por un periodista parisino llamado *Pedro Leroux;* según otros, apareció en 1833 en el periódico inglés *The Poor Man's Guardian*.

Como quiera que haya sido, la expresión *socialismo* fue usada en el curso del siglo XIX por dos corrientes doctrinales a las que ahora se conoce, respectivamente, con los nombres de *socialismo utópico* y de *socialismo científico*. La primera denominación corresponde, en general, a los escritores premarxistas que hicieron crítica del capitalismo e imaginaron estados sociales, idealizados por ellos. La segunda fue aceptada por Marx y Engels para referirse a la corriente doctrinal que quisieron auspiciar y encauzar.

En el marco del *socialismo utópico*, las principales figuras fueron *Saint-Simon, Proudhon, Blanc* y *Owen.*

El francés *Claudio Enrique, conde de Saint-Simon,* que estudió la revolución económica efectuada en su época, y que se dio cuenta de su importancia, enseñó que la sociedad debería organizarse como una amplia asociación de productores, dentro de la cual el gobierno —formado por industriales y científicos— tendría como papel el de coordinar la producción. Buscaba una reforma social que excluyera el lucro y fomentara la fraternidad.

Francisco María Carlos Fourier, francés también, estimó que había desorden en la vida social, y creyó que era posible una situación mejor mediante la creación de *falansterios* o *falanges,* que serían pequeñas comunidades socialistas. Cada comunidad tendría sus tierras; y los integrantes vivirían en una especie de casa multifamiliar cooperativa. Los productos de un "falansterio" podrían cambiarse por los de otro, e incluso podrían formarse confederaciones para que las sociedades se ayudaran entre sí.

El inglés *Roberto Owen* fue partidario de que hubiera reformas sociales, normas de protección a los trabajadores —como lo hizo él en sus empresas— y acabó por admitir la conveniencia de que hubiera un sistema de comunidad de bienes.

Su compatriota *Luis Blanc* consideró que los males de la sociedad derivaban de la competencia. Por ello se mostró partidario de la existencia de talleres comunales, administrados por los trabajadores mismos. El gobierno debía fomentarlos y poco a poco los talleres particulares irían desapareciendo, y al desaparecer, se acabaría la competencia desordenada y la ruina.

En la práctica, nada de esto se mostró que hubiese podido ser eficaz.

El socialismo científico

Por lo que al *socialismo científico* o *comunismo* se refiere, conviene hacer distingos.

Sus fundadores fueron *Carlos Marx* y *Federico Engels,* aunque muchas de sus ideas no fueron propias de ellos, sino que venían de tiempo atrás, y ellos las sistematizaron, y aportaron otras.

Carlos Marx, uno de los fundadores del socialismo científico, nació en 1818 y murió en 1883

Carlos Marx (cuyo verdadero apellido era *Mordecai),* nació en Tréveris, Alemania, en 1818, de padres judíos de la clase media. Cuando él tenía seis años, sus padres se convirtieron al Cristianismo, aunque sólo en forma aparente, sin duda para evitarse las consecuencias legales o sociales que en su perjuicio podían derivarse de profesar públicamente su primitiva religión. Carlos Marx estudió en las Universidades de Bonn y de Berlín, donde cursó derecho y filosofía. Obtuvo el doctorado en filosofía en la Universidad de Jena, en 1841. Por ese entonces estudió a fondo el pensamiento *del filósofo Federico Guillermo Hegel,* que lo inspiró en gran manera, pero debido a las ideas radicales que ya comenzaba a sostener, Marx no pudo ingresar al profesorado en la universidad. Se dedicó al periodismo. Viose obligado más tarde a salir de Alemania, y después vivió en Francia, en Bélgica, en Inglaterra y en otros sitios. Colaboró en diversos periódicos, publicó varios libros y animó algunos movimientos obreros. Su obra es decisiva en la marcha contemporánea del comunismo, que lo considera como el principal de sus doctrinarios. Murió en 1883.

Entre los libros que escribió Marx pueden citarse, entre otros, los siguientes: *La Sagrada Familia* (en colaboración con Engels); *La Miseria de la Filosofía* (en 1847); el *Manifiesto Comunista,* también en colaboración con Engels (en 1848); *Contribución a la Crítica de la Economía Política* (en 1859) y *El Capital* (a partir de 1867).

Su compañero y amigo, *Federico Engels,* nació en Alemania en 1820 y murió en 1895. Pertenecía a una familia poseedora de establecimientos textiles. Su padre lo introdujo a sus negocios, aunque él mostró pronto gran afición por la filosofía y las doctrinas sociales. Para 1844, cuando comenzó su amistad en firme con Marx, era considerado ya como un escritor de renombre.

En la lista de las obras de Engels, cabe citar éstas: *La Situación de la Clase Obrera en Inglaterra* (en 1845), fruto de sus observaciones y estudios en la Gran Bretaña, en donde estuvo por encargo de su padre para asuntos de negocios; *La Ideología Alemana* (en colaboración con Marx, lo mismo que el *Manifiesto Comunista), Ludwig Feuerbach y el Fin de la Filosofía Clásica Alemana, Las Guerras de Campesinos en Alemania, El Origen de la Familia, la Propiedad Privada y el Estado, La Dialéctica de la Naturaleza y el Anti-Dühring* (la más importante de todas).

De lo expuesto por ellos puede decirse que la doctrina del *socialismo científico* o *comunismo* tienen los siguientes puntos salientes:

a) En filosofía es materialista y atea. Considera que la realidad se desenvuelve a través de tres etapas sucesivas, de acuerdo con el método dialéctico de Hegel, que son: la tesis, la antítesis y la síntesis; pero como la realidad es material y concreta, su doctrina se llama, por eso, *"materialismo dialéctico"*. Marx y los suyos afirman que todos los fenómenos sociales e históricos dependen de la base económica; y así, el arte, la religión, la cultura, en suma (cuyas formas son, de acuerdo con eso, simples "superestructuras") están determinados por lo económico, y su gran motor histórico es la lucha de clases. (Tesis notoriamente errada, porque desconoce la importancia de la libertad y la existencia de lo espiritual; ha sido desmentida por la historia en muchas ocasiones, ya que hay formas sociales y económicas que nada tienen que ver con lo económico, y aún más, países de estructuras económicas semejantes, como Bélgica y Holanda, tienen patrimonios culturales diferentes, en la lengua, en la religión, en el arte, y en otras formas de vida colectiva.)

b) El marxismo impulsado por Lenin afirmó que al capitalismo sucederá la *Dictadura del proletariado,* a ésta el socialismo, y a éste el comunismo. A partir de la Dictadura del Proletariado se procederá a hacer desaparecer la propiedad privada de todos los medios de producción y distribución. En dicha dictadura, el proletariado tomará el poder y destruirá a la burguesía y su fuerza. En el socialismo continuará el trabajador percibiendo aún salario por su trabajo, pero ya no habrá ninguna forma de propiedad privada de los medios de producción y distribución; en esta etapa, el trabajador ganará "según su trabajo". Y en el comunismo final, cuando la comunicación de los bienes sea mayor, el trabajador ganará "según sus necesidades" y se le exigirá "según sus capacidades". Para entonces habrán desaparecido radicalmente las clases sociales y aun el mismo Estado, ya que allí donde hay propiedad, hay clases, y donde hay clases hay Estado. En este punto, hay una concordancia básica entre el comunismo y el anarquismo, que Lenin, el propulsor y guía de la revolución bolchevique de Rusia, en 1917, se encargó de subrayar, al decir en su obra *El Estado y la Revolución:*

"El proletariado no tiene necesidad del Estado más que durante cierto tiempo. No estamos en modo alguno en desacuerdo con los anarquistas en cuanto a la abolición del Estado como fin. Afirmamos que, para alcanzar este fin, es necesario utilizar provisionalmente los instrumentos... del poder del Estado, contra los explotadores, lo mismo que es indispensable para la supresión de las clases la dictadura provisional de la clase oprimida".

La historia y la experiencia contemporánea han demostrado, sin embargo, que ha sido posible llegar a formas socialistas sin que el proletariado sea el que conquiste el poder: la Europa Oriental de la posguerra, por ejemplo, fue comunizada mediante la fuerza de las armas; y por otra parte, se ha demostrado que puede haber clases sin propiedad privada de los medios de producción, como ocurría entre los Incas del Perú precolombino; o como sucede ahora con los llamados países "socialistas", en donde, no obstante en que se ha extinguido en gran medida la propiedad privada de los medios de producción, y de hecho toda la propiedad privada de los medios de distribución, hay una *nueva clase* que goza de grandes privilegios, formada por funcionarios, políticos, técnicos y militares de alta graduación. Y aún más, en vez de que se asista en tales países a un debilitamiento de la fuerza del Estado, se contempla más bien su desarrollo hipertrofiado y de franca tendencia totalitaria.

c) En el campo económico, el marxismo afirmó que el capitalismo marchaba fatalmente a su derrumbe; que a medida que el tiempo pasara, el capital se concentraría en pocas manos; que los empresarios explotaban a los trabajadores por razón de la competencia —ya que una parte del trabajo que los obreros realizan, la *plusvalía,* no les es pagada—; y que el valor de los productos en el comercio se mide y determina por el trabajo que fue necesario usar para obtenerlos. La realidad se ha encargado de mostrar que gran parte de esto es falso. Por ejemplo, en muchas partes, en vez de concentrarse el capital en pocas manos, se encuentra hoy en muchas; tal ocurre con la propiedad de la tierra en la Europa Occidental, o en industrias, en las que los trabajadores tienen participación en la propiedad de las empresas. La explotación de los trabajadores, que fue común en las peores épocas del capitalismo liberal, ha disminuido mucho a su vez, tanto por la fuerza defensiva de los sindicatos, cuanto por la legislación protectora de los obreros, en la inmensa mayoría de las naciones democráticas.

Tras la muerte de Lenin, en la Unión Soviética, se mostraron claramente rivales dos tendencias: la sostenida por José Stalin, de crear el socialismo en un país, y desde él irradiarse, y la del forjador del Ejército Rojo, León Trotsky, a favor de una "revolución permanente".

Trotsky salió derrotado. Fugitivo en diversos países, acabó por radicarse en México, en donde fue asesinado por un agente soviético en 1940. Con este motivo puede decirse que el comunismo tuvo un sentido monolítico con base en la URSS, pero al paso de los años esa situación se ha modificado. La China comunista ha disputado con la URSS. Otros países, como Yugoslavia, han optado por crear tendencias marxistas propias. Y en los últimos tiempos se ha abierto paso la corriente del "eurocomunismo", que, sosteniendo el pensamiento marxista, pretende disminuir la influencia de Lenin y su estrategia revolucionaria, como inaplicable para la era de postguerra, optando por la lucha parlamentaria más que por la lucha armada para llegar a sus metas.

El pensamiento de *Mao Tse-tung,* o el del alemán *Herbert Marcuse,* constituyen muestras salientes de diversas corrientes marxistas.

Otras doctrinas sociales

A fines del siglo XIX, en Inglaterra, un grupo de individuos de la clase media —entre ellos *Bernard Shaw, Sidney Webb,* y otros— fundaron la *Sociedad Fabiana,* que tomó su nombre del dictador romano *Fabio Cunctator,* propulsor de una política moderada. Los "fabianos" quisieron reconocer las ventajas del socialismo, aunque sin querer caer en los errores de análisis cometidos por Marx. Según ellos, había una tendencia continua a que el Estado se posesionara de muchos bienes, y suponían que esto traería consigo el socialismo que ellos deseaban. La práctica, no obstante, ha demostrado que aun hecha la nacionalización de muchos elementos de la economía, el socialismo no aparece de modo fatal.

En la misma centuria apareció el *Anarquismo.* Éste quiso resolver los problemas sociales mediante un recurso desesperado: el de acabar con toda clase de autoridades, desde la del Estado hasta la de las sociedades menores. La exaltación del individuo —punto extremo de la "exaltación del yo"—, y su liberación de toda ley, de toda norma, de toda dependencia, serían los caminos para su bien y para

León XIII, propugnador de las ideas socialcatólicas y hombre eminente por muchos conceptos

su felicidad. Y llegar a eso quizá requería usar de la violencia. Sólo que su misma debilidad doctrinal ha sido el peor enemigo del anarquismo, ya que nada es posible hacer, y menos en materia social o política, sin un mínimo necesario de organización y de autoridad.

Los principales corifeos del *Anarquismo* fueron *Miguel Bakunin* y *Pedro Kropotkin.* En general el anarquismo no tuvo grande acogida en Europa, salvo en *España,* en donde proliferó en determinados lugares, especialmente en Asturias; en México se propagó un poco, y su principal representante fue *Ricardo Flores Magón,* que pasó de un cierto neoliberalismo anticlerical a la postura anarquista, conforme a la cual vio como enemigos a destruir: la religión, la patria y la autoridad.

Más arraigo alcanzó, en cambio, el *Sindicalismo,* sobre todo en Francia. Su principal doctrinario fue *Jorge Sorel,* autor de una obra llamada *Reflexiones sobre la Violencia,* aparecida en 1909. Allí se sostuvo la teoría de que la única forma de organización social que el proletariado debe tener para liberarse de toda opresión, es el sindicato, a fin de transformar el orden social. Y el arma fundamental del sindicato para alcanzar ese fin es la *huelga general,* para derrotar a la burguesía. Todos los intentos de huelga general en los diversos países donde se le ha querido poner en práctica, han fracasado.

La doctrina social de la Iglesia

Es visible en el pensamiento cristiano a través de los siglos una preocupación continua por la situación social de cada época. Y de esta preocupación es de donde ha nacido la *Doctrina Social de la Iglesia,* cuyos primeros elementos pueden encontrarse incluso antes de que la Iglesia misma se fundara: porque ya en el Antiguo Testamento, antes del nacimiento de Cristo, había conceptos morales para tratar de resolver las cuestiones sociales de su tiempo.

Puede decirse que, en general, la doctrina social de la Iglesia, es la aplicación y la extensión de sus principios morales y revelados a la vida de los hombres en sociedad. De este modo, los Padres de la Iglesia, los doctores, los teólogos escolásticos y los grandes pensadores de la Edad Media, trataron de apuntar soluciones u orientaciones para las circunstancias en las que vivían.

Aun antes de que se diera a conocer la Encíclica del Papa León XIII, *Rerum Novarum,* en 1891, ya muchos católicos habían trabajado y escrito a favor de una reforma que, basada en la justicia y en la caridad, cambiase la situación de la sociedad. En tal sentido pueden mencionarse los nombres de *Federico Ozanam,* nacido en 1813 y muerto en *1853,* fundador de las *Conferencias de San Vicente de Paul;* del *cardenal de Croi* arzobispo de Ruán (quien en 1838 condenaba la explotación a que se sujetaba a los niños en los trabajos fabriles), de *monseñor Rendu,* obispo de Annecy (que en noviembre de 1845 se quejaba ante el rey de Cerdeña sobre la triste condición de los obreros, fruto de un industrialismo despiadado); de *monseñor Belmas,* obispo de Cambray (en cuyas cartas pastorales de 1837, 1838, 1839 y 1841, insistía en el mismo tema anterior); e igual, en demanda de reformas, los siguientes personajes: *monseñor Giraud,* arzobispo de Cambray; la revista alemana *Der Katholik,* en 1835; el *doctor Fodéré,* autor de un ensayo en el que sostenía la conveniencia de una política de progreso social; el *prefecto Villeneuve-Bargemont* (1784-1850); *Montalembert; Lammenais,* antes de su apostasía, *monseñor*

Ketteler (1811-1877), obispo de Maguncia y una de las personalidades más descollantes del pensamiento socialcristiano; *Jaime Balmes* y muchísimos otros más.

En realidad casi no hubo país de Europa, con núcleos católicos, en donde no hubiese eclesiásticos o laicos preocupados por la reforma de la sociedad bajo el signo de la justicia. Los Pontífices Romanos se hicieron eco de ello y la publicación de la encíclica *Rerum Novarum* de *León XIII* el 15 de mayo de 1891 fue el punto de partida de un gran florecimiento de esta tendencia, aunque pueden citarse documentos pontificios de tipo social dados anteriormente.

En términos generales se anotan, como muy descollantes, entre otros, los documentos de los siguientes Papas:

a) de *León XIII:* la *Rerum Novarum,* síntesis del pensamiento socialcristiano de su época; *Graves de Communi* (18 de enero de 1901, sobre la democracia cristiana); *Quod Apostolici muneris* (en 1878, sobre el socialismo); *Arcanum divinae* (en 1880, sobre el matrimonio cristiano); *Diuturnum illud* (en 1881, sobre la autoridad política); *Immortale Dei* (en 1885, sobre la constitución cristiana del Estado); *Libertas praestantissimum* (en 1888, sobre la libertad y el Liberalismo), etcétera.

b) de *Pío X:* Motu proprio sobre la Acción Católica Popular; encíclica *Il fermo proposito* (de 10 de junio de 1905, con directrices a los obispos italianos sobre el problema social); *Vehementer Nos* (de 1906, acerca de la separación entre la Iglesia y el Estado); carta *Notre Charge* (de 1910, a los obispos franceses, sobre *Le Sillon* y la democracia); encíclica *Singulari Quadam* (de 14 de septiembre de 1912, a los obispos alemanes, sobre las asociaciones profesionales, básicamente de trabajadores), etcétera.

c) de *Benedicto XV: Pacem Dei munus* (de 25 de mayo de 1920), sobre la paz; y su carta al patriarca de Venecia; *Intelleximus ex eis* (de 17 de junio de 1920) sobre los organismos de conciliación entre empresarios y trabajadores, a más de otros documentos.

d) de *Pío XI: Ubi Arcano Dei* (de 23 de diciembre de 1922) sobre la situación del mundo; la encíclica *Quas Primas* (de 11 de diciembre de 1925) pidiendo el reinado social de Cristo; encíclica *Casti Connubii* (de 30 de diciembre de 1930) acerca del matrimonio; *Divini Illius Magistri* (de 31 de diciembre de 1929) sobre la educación y sus fundamentos; la encíclica *Quadragesimo Anno,* en conmemoración de la *Rerum Novarum,* a los cuarenta años de su expedición, dedicada al problema social; la encíclica a los obispos italianos *Non abbiamo bisogno* (de 29 de junio de 1931), contra la violencia de los métodos fascistas; *Mit brennender Sorge* (de 14 de marzo

Juan XXIII, Papa que inició el Concilio Vaticano II y que hizo importantes aportaciones a la doctrina social de la Iglesia

de 1937), contra el nazismo; y en el mismo año de 1937, dos documentos más: *Divini Redenptoris y Nos es Muy Conocida,* relativos, el primero, a la condenación del comunismo ateo; y el segundo, de queja por la persecución que la Iglesia sufría en México.

e) de *Pío XII: Summi Pontifi-catus* (de 20 de octubre de 1939), acerca de la guerra y sus causas profundas derivadas de la crisis espiritual; varios de sus discursos de Navidad, especialmente los de 1941, 1942 y 1944, y otros documentos.

f) de *Juan XXIII: Mater et Magistra* (de 15 de mayo de 1961); que contuvo puntos de vista y soluciones últimas al problema social; y *Pacem in Terris* (de 11 de abril de 1963) sobre las condiciones en que la paz, basada en la justicia, puede arraigar en el mundo.

g) de *Paulo VI: Ecclesiam Suam* (de 10 de agosto de 1964) y sobre todo la Encíclica *Populorum Progressio* (de 26 de marzo de 1967).

Conviene añadir, a tales documentos, la Constitución *Gaudium et Spes,* aprobada en el Concilio Vaticano II.

Conforme a ese gran material de guías, cabe reconocer que la *Doctrina Social de la Iglesia* presenta, en la Época Contemporánea, los siguientes puntos destacados:

1. *La reforma social no puede efectuarse plenamente si no hay una reforma moral de los hombres, porque las mejores instituciones son ineficaces si no hay hombres moralmente respetables que las vivifiquen.*
2. *Es indispensable un cambio en las estructuras sociales y económicas al servicio de los seres humanos.*
3. *Son precisas, por consiguiente, las renovaciones espiritual y social.*
4. *La renovación moral tiene que efectuarse en la vida privada y en la vida pública.*
5. *Dos son especialmente las virtudes en las que debe descansar la reforma social: la justicia y la caridad.*
6. *La propiedad privada es una conveniencia del orden social,*

pero no debe usarse de un modo egoísta: la propiedad privada tiene una función social.

7. *La reforma social debe procurar la multiplicación de la propiedad. Al revés del capitalismo liberal, que concentró la propiedad en unas cuantas manos, y distante del Socialismo, que niega dicha propiedad, la doctrina social de la Iglesia insiste en que la propiedad debe ponerse al alcance del mayor número de personas. Esta doctrina se muestra partidaria del cooperativismo y de un régimen en el cual los trabajadores tengan participación no sólo en las utilidades de la empresa, sino también en la administración y aun en la propiedad.*
8. *El Estado no debe absorberlo todo. Tampoco debe asumir un papel negativo y de simple vigilante. El Estado debe trabajar en favor del bien común de la sociedad; e incluso debe procurar que haya una justa distribución de la propiedad.*
9. *Tanto el capital como el trabajo tienen derechos que son respetables. La colaboración de las clases, sobre la base del respeto mutuo, es de prudencia.*
10. *Al trabajador debe reconocérsele su dignidad de persona; tienen derecho a la sindicalización para su defensa; y conviene que haya leyes protectoras de él, acerca de salarios mínimos, seguridad social, descansos, jubilaciones, etcétera.*
11. *Es de conveniencia la existencia de asociaciones profesionales.*
12. *El Estado no debe ser ajeno a las leyes morales.*

Simultáneamente a lo anterior, la Iglesia ha puntualizado cuáles son sus orientaciones en el orden internacional, acerca de la familia, acerca de la educación, etcétera.

a) *En cuanto al orden internacional, reconoce que las naciones no han de actuar egoístamente, separadas unas de otras, sino formando una gran sociedad, con derechos y deberes entre sí.*
b) *Respecto de la familia destaca la eminente función de ésta, la relación de moralidad entre los cónyuges, la indisolubilidad del matrimonio, los derechos y deberes que entre sí tienen padres e hijos, y una paternidad responsable que es una actitud de solícita atención a los hijos, y en casos de necesidad, mediante una conciencia recta, limitación de la concepción, pero sólo por medios naturales, y no artificiales.*
c) *Respecto a la educación, la Iglesia ve en ella una tarea elevada de formación de las almas. El derecho a educar corresponde a los padres de familia y a la Iglesia, y supletoriamente al Estado.*

VI. La situación socio-política

Las estructuras políticas que en la Edad Contemporánea han arraigado en los diversos países, ofrecen situaciones contrastantes. Así, mientras en gran parte de la

Europa central, nórdica y occidental, fue notoria la pugna entre los regímenes que descansaban en las monarquías absolutas y las tendencias constitucionalistas, que a la postre se resolvió en el triunfo de éstas —y por tanto, en el establecimiento de monarquías o repúblicas de corte constitucional—; en la Europa oriental hubo una mayor persistencia de los sistemas políticos tendientes al absolutismo.

Conviene recordar, dentro de este marco histórico, que gran parte de los Balcanes permaneció hasta bien entrado el siglo XIX bajo el dominio de los turcos, lo que supuso el mantenimiento de formas de gobierno monárquicas y absolutistas.

Y esto último puede también decirse en relación a las naciones asiáticas o áfricanas que no llegaron a convertirse en colonias, y en donde las estructuras que descansaban en reyes de poder omnímodo —lo mismo China que Siam, Japón que Etiopía— no sufrieron cambio en el curso de esa centuria.

La fuerza irradiante del pensamiento constitucionalista fue de tal naturaleza, sin embargo, que a la postre excluyó de gran número de naciones al absolutismo real, dando paso a una democracia en la que de algún modo se quiso limitar el antiguo poder de los monarcas, al tiempo que se pretendió consagrar los derechos fundamentales del individuo. De este modo, en las constituciones que aparecieron a lo largo del siglo XIX, fue común que hubiese dos partes esenciales, que eran: *la dogmática,* formada por el catálogo de las libertades o derechos del hombre, *y la orgánica,* referida a las normas que establecían las diversas facultades de los poderes públicos; sólo hasta el siglo XX se modificó tal distribución, y tocó a la *Constitución Mexicana de 1917* inaugurar una nueva modalidad según lo cual hubo, a más de las dos partes citadas antes, una tercera, referida a los *derechos sociales,* o garantías a favor de la clase trabajadora —con directrices dispuestas a tratar de resolver la *cuestión social*—, que pronto fue objeto de imitación por la Constitución Alemana de Weimar, de 1920, y posteriormente por otras más.

En este mismo siglo XX ha asistido el mundo a la aparición de sistemas de gobierno de enorme concentración del poder, de que son ejemplos notorios el *fascismo* italiano, el *nazismo* alemán, y el *comunismo* arraigado en Rusia en 1917, y extendido con gran amplitud después de la Segunda Guerra Mundial.

La democracia parlamentaria

Con raíces que se dilatan a través de los años, el gobierno de tipo democrático ha alcanzado particular desarrollo en la Edad Contemporánea.

Su nombre, derivado de los vocablos griegos *demos,* pueblo, y *kratos,* gobierno, tiene una prosapia griega; recuerda, asimismo, algunas situaciones de valía en Roma y en la Edad Media, en las que el pueblo de algún modo concurría para orientar a los gobernantes, o para designarlos; pero en su realidad actual ha cristalizado la democracia sobre todo desde fines del siglo XVIII y en el curso de los años posteriores. Abraham Lincoln la definió como *"el gobierno del pueblo, para el pueblo y por el pueblo"*, y en esa definición encerró las ideas conforme a las cuales la presencia de la colectividad es imprescindible en el gobierno, el cual debe estar al servicio de esa misma colectividad que lo designa y sostiene. Por sus características básicas, se dice que un régimen político es democrático cuando las autoridades son electas por el pueblo, o tienen el consentimiento del pueblo; hay libertades esenciales que la ley reconoce y protege; recursos para garantizar el goce de esas libertades; equilibrio entre los poderes del Estado; y, naturalmente, derecho de voto para todos los hombres —y también para todas las mujeres— en edad adecuada.

Sobre tales primicias se encauzaron las democracias en Europa y en América, aunque muchas veces el texto de la ley quedó como un enunciado muerto ante la realidad operante de núcleos de población iletrada que de hecho han estado excluidos de una asistencia regular en los asuntos públicos; o ante situaciones de despedazamiento recíproco de los partidos; o ante realidades de simulación política, en las que la democracia ha sido sólo un disfraz de las dictaduras o de las oligarquías.

Con todo, no es menos cierto que la aspiración a la democracia ha sido muy fuerte en los tiempos contemporáneos, y ha cristalizado en dos estructuras que pueden denominarse así: *regímenes parlamentarios,* unas, y *regímenes presidencialistas,* otras. Estas segundas han tenido en América —lo mismo la sajona que la hispánica— sus expresiones de mayor relieve, con el dato inocultable de un Poder Ejecutivo determinante en la vida pública; en tanto que las estructuras, la de los regímenes parlamentarios, han sido más bien propias de las naciones europeas.

Las democracias parlamentarias no son necesariamente republicanas. Su modelo clásico y tradicional es *Inglaterra,* cuyo sistema es monárquico. Mas lo que las distingue —así monarquías como repúblicas— es que tanto el rey como el *presidente* carecen de facultades de gobierno propiamente dichas; representan un papel simbólico más que nada; es más bien el *primer ministro,* designado entre los directores del partido dominante en el *Parlamento,* el que ejerce de hecho y de derecho la mayor potestad. Su poder descansa, empero, en el voto de confianza que el Parlamento le otorga, en ausencia del cual el primer ministro dimite.

La democracia, ya la presidencialista, ya la parlamentaria, reclama, para su indispensable

Benjamín Disraeli, Lord Beaconsfield, jefe del Partido Conservador inglés y destacado primer ministro del reino en la era victoriana

subsistencia, el poder combinar los intereses políticos con la atención a las exigencias sociales de las grandes masas, y reclama, asimismo, un mayor respeto a las sociedades intermedias entre el individuo y el Estado —familias, corporaciones, sindicatos, municipios, etc.—, si quiere salvarse ella, y con ella, la libertad y la dignidad personal, políticamente hablando.

El fascismo y el nazismo

Al término de la *Primera Guerra Mundial* —1914-1918—, Italia se encontró en una situación comprometida.

Por muchas partes eran visibles los testimonios de la miseria, del desconcierto y de la insatisfacción. La parte del botín que le tocó —una vez vencidos los *Imperios Centrales*— fue insuficiente, y la economía italiana se halló desarticulada, con miles de desocupados, y con una población que, en general, percibía ingresos completamente inadecuados. Peor todavía la amenaza del comunismo, que pretendía sacar partido de ese estado de cosas, creó un ambiente político muy tenso, al que no supo o no quiso hacerle frente el régimen monárquico parlamentario que entonces privaba; entre otras cosas porque, como indica con razón G. D. H. Cole, "el Gobierno Parlamentario siempre fue allí débil y vacilante; y, ante la creciente influencia del socialismo, durante y después de la guerra, había llegado a términos de verdadera impotencia". El caos administrativo y público era completo. "Casi pudo decirse, agrega el mismo autor inglés, que Italia ya no era gobernada, y que nadie tenía ni poder ni voluntad para sostener la ley. Los socialistas, por su parte, eran lo bastante fuertes para paralizar el gobierno, sin serlo lo bastante para tomarlo en sus propias manos, porque carecían de influencia suficiente en las zonas agrarias del sur, y temían que el apoderarse de la autoridad en el norte sólo los condujera a una guerra civil prolongada y desastrosa en el curso de la cual bien podrían verse obligados a rendirse ante un posible bloqueo extranjero. En consecuencia vacilaban y, mientras por una parte se rehusaban a ayudar al antiguo régimen, tampoco se atrevían, por otra, a instituir en su lugar otro nuevo, a pesar de sus simpatías por Rusia".

En tal clima de desajuste integral apareció una vigorosa reacción política, que fue el *fascismo,* animado por el ex-socialista, periodista y escritor *Benito Mussolini.*

Mussolini formó sus grupos con un sentido militante, y sus componentes se caracterizaron por usar camisas negras. Desde 1919 comenzaron los fascistas a actuar contra los comunistas, los masones y los burgueses liberales.

En 1922, sintiéndose suficientemente fuertes, organizaron la "marcha sobre Roma" a consecuencia de la cual el *rey Víctor Manuel III,* presionado por tal acto, entregó el gobierno a Mussolini al nombrarlo primer ministro.

Una vez al frente de la administración pública, Mussolini cambió la estructura política del país. Acabó con el régimen parlamentario y suprimió todos los partidos, menos el fascista. Creó un sistema corporativo en el cual las distintas actividades socioeconómicas fueron atendidas por las corporaciones, en las que se hizo participar a obreros y empresarios, y dichas corporaciones se encargaron, asimismo, de ser quienes nombraban a los diputados. El organismo director de las corporaciones fue el Consejo Nacional, y cada rama de la vida económica tuvo un agrupamiento obrero-patronal.

En lugar prominente de la vida política quedó el Gran Consejo Fascista, en el que las decisiones de Mussolini eran acatadas, y por esa vía se llegó al hecho de que la vida pública italiana quedó en lo sustancial bajo las orientaciones y directrices del Estado. Todo lo cual encajaba plenamente dentro de la filosofía política expuesta por el dictador italiano:

"Para el fascismo, todo está en el Estado y nada humano ni espiritual existe y a fortiori nada tiene valor fuera del Estado. En este sentido el fascismo es totalitario, y el Estado fascista, síntesis y unidad de todo valor, interpreta, desarrolla y domina toda la vida del pueblo.

"Ni individuos, ni grupos (partidos políticos, asociaciones, sindicatos, clases) fuera del Estado".

Entre el fascismo y el comunismo ruso hubo, en común, la tendencia al vigor notable del Estado, el dominio de la vida general por parte de éste; la supresión de las formas de acción democrática; el aniquilamiento de la libertad, salvo para el grupo dominante. Sin embargo, en otros puntos se presentaron oposiciones radicales. Para el comunismo, la supresión de las clases debía ser un ideal; para el fascismo, era indispensable la colaboración de esas clases. El comunismo aspiró —y sigue aspirando— a la forjación de una sociedad mundial, en donde el sentido de patria quede borrado. Para el fascismo, la realidad más honda es la "nación", y el fin de la política es el engrandecimiento de la nación, sin que nada ni nadie deba mostrarse superior a ella. Alejado del pacifismo, el Estado fascista consideró pertinente prescindir de todo lo que se le interpusiese en su afán de consolidarse en lo interno y de expandirse en lo internacional: de allí su afán para arraigar en las colonias que Italia ya poseía, y su aventura conquistadora en Abisinia, que si pudo conseguirse durante algún tiempo, a la postre se perdió —como todas las colonias italianas en África— al cabo de la Segunda Guerra Mundial, que trajo consigo la derrota del fascismo y aun la muerte de Benito Mussolini.

Posterior, y con ciertas líneas paralelas al fascismo, resultó ser el movimiento *nacional-socialista,* que emergió en Alemania también después de la Primera Guerra Mundial, bajo la dirección de *Adolfo Hitler,* hijo de *Alois Hitler* y de *Klara Pölzl.*

La derrota militar alemana, en 1917, que precipitó la caída del gobierno monárquico parlamentario del kaiser *Guillermo II,* y la huida de éste a Holanda, abrió el camino a la república que contó con la Constitución de Weimar, cuya debilidad inicial no era un misterio para nadie. Los comunistas también quisieron aprovechar el caos que apareció al desplomarse el antiguo régimen, y a esta época corresponde la acción de la *Liga Espartaquista,* dirigida por *Rosa Luxemburgo* y *Carlos Leibknecht,* cuya revuelta, si bien no tuvo éxito, reveló el riesgo de que Alemania siguiera el

Un aspecto de Berlín, la antigua capital alemana, a principios del siglo XX

ejemplo ruso. Es creíble que, relativamente consolidado el sistema republicano y democrático alemán, su equilibrio hubiese sido mayor de haber contado con la comprensión de las otras potencias europeas contra las que Alemania peleó en la guerra. El canciller de la República Alemana, *Gustavo Stresemann,* que actuó de 1923 a 1929, quiso seguir una política de leal acercamiento con Francia a fin de "ganar la paz", pero los políticos franceses de ese entonces no supieron entender esa actitud, y los demócratas alemanes quedaron solos ante la indiferencia del exterior y ante los embates de los comunistas, los monárquicos y los nazis en el interior.

En tal situación inestable surgió, el *Partido Nacionalsocialista,* o Nazi, fundado por *Adolfo Hitler* en Munich, con ideas de profundo nacionalismo, exaltación del poder del Estado, hostilidad contra los judíos y fervor por la raza germánica. Los nazis comenzaron a ganar adeptos, incluso entre católicos, aunque después hubo seria oposición en su contra, no sólo de parte de algunos grupos demócratas y socialistas, sino también de parte de los obispos católicos, que vieron en la filosofía pagana sustentada por Hitler una clara tendencia anticristiana, llegando en un principio incluso a prohibir a los fieles que se adhirieran al partido.

En un ambiente muy difícil, agravado por la ocupación de la zona del Ruhr (de gran importancia industrial) por las tropas francesas, y en medio del desastre financiero que afectaba a Alemania, los nazis bajo la guía del mariscal *Ludendorff* y de *Hitler* intentaron un golpe de Estado, el "putsch" de la cervecería de Munich, contra el gobierno de Baviera, del 8 al 11 de noviembre de 1923, pero fracasaron. El levantamiento estuvo mal planeado y Hitler cayó preso. Se le condenó a cinco años de prisión, y en ella escribió su célebre libro *Mein Kampf* (Mi lucha), en donde concretó sus ideas y su programa. Antes de que cumpliera un año en la cárcel fue puesto en libertad y prosiguió su tarea propagandística.

El 26 de abril de 1925 fue electo presidente de la república el mariscal *Paul von Hindenburg.* En la política de partidos que entonces surgió, los socialistas comenzaron a ganar fuerza, pero también los nazis (que usaban camisas cafés como una especie de uniforme), y por fin el 30 de enero de 1933, Adolfo Hitler fue nombrado canciller por disposición de Hindenburg. El mismo año se acrecentó definitivamente el dominio de los nazis sobre el gobierno, especialmente después del incendio del *Palacio del Reichstag* (Parlamento), el 27 de febrero, que la propaganda dijo había sido causado por los comunistas, aunque parece que fueron los mismos nazis quienes lo provocaron. En julio, el Partido Nacionalsocialista fue declarado como único partido que se admitiría en todo el país, y, simultáneamente, la vida pública de la nación fue siendo modelada de acuerdo con el ideario de Hitler. Este ideario seguía en gran parte el pensamiento del mariscal *Eric von Ludendorff*, que insistía en que se luchase contra las tres internacionales que él mencionaba: la negra (la masonería); la amarilla (el *Judaísmo)*; y la blanca (la *Iglesia Católica)*. Hitler, dueño absoluto de la vida alemana, dictó leyes de excepción contra los hebreos y contra los católicos, no obstante que estaba en vigencia el Concordato firmado por el mismo Hitler en un principio, cuando aún vivía el presidente Hindenburg.

La represión contra los católicos tuvo diversas formas, como la desviación de la enseñanza de acuerdo con las ideas paganas del nazismo, un persistente desprestigio del clero, persecución contra obispos y sacerdotes, y limitación de su influencia moral y social. Los hechos llegaron a ser de tal índole, que el Papa Pío XI dio a conocer su encíclica *Mit Brennender Sorge*, en la que condenó al nazismo.

Hubo también ruda persecución contra los comunistas, cuyos cuadros políticos fueron destruidos, y se remitió a no pocos, lo mismo que a católicos, judíos y toda clase de opositores, a los campos de concentración. Al término de la Segunda Guerra Mundial, el mundo conoció la existencia de dichos campos, entre los que destacaron los de Buchenwald y Dachau.

La exaltación de la aza germánica aria (según la teoría de que los alemanes eran descendientes de los antiguos arios), especie de mezcla de orgullo nacionalista, fanatismo y adopción de teorías racistas, tuvo caracteres de paganismo acentuado —y aun de pretensión doctrinal en los escritos de *Alfredo Rosenberg*— y de allí se siguió en buena parte la hostilidad en contra de los judíos, a los que se privó de multitud de derechos.

Desde el punto de vista económico y social se forjó en Alemania un régimen totalitario, en el que el gobierno ejerció poder desmedido sobre todas las empresas y sobre todos los organismos sociales. Se fomentó notablemente la industria, que había salido quebrantada de la guerra; se construyeron múltiples obras públicas, inclusive grandes autopistas que intercomunicaron a todo el territorio; el comercio y la marina volvieron a tener gran importancia; se procuró exaltar en la juventud el ideal de la raza pura, el del trabajo y el de la capacidad. Fue creado, asimismo, el Frente del Trabajo, que ayudó a redoblar las labores organizadas socialmente.

El régimen nazi se derrumbó con motivo de la derrota militar de Alemania, en 1945, y Hitler se suicidó entre las ruinas de la cancillería.

La difusión del comunismo

La Primera Guerra Mundial fue fatal para el gobierno del zar *Nicolás II* de Rusia. Los reveses padecidos por sus tropas a manos de los alemanes y austriacos, los desajustes económicos, la falta de visión y energía del mismo zar, la intensa propaganda política de tipo revolucionario y la miseria, crearon un estado de cosas de enorme perturbación.

El año de 1916 se dejaron sentir ya los síntomas de la quiebra interna del país.

En los primeros meses de 1917 continuaron las huelgas y los tumultos, y finalmente, el 10 de marzo se produjo un motín de las tropas de *Petrogrado,* seguido de la desobediencia de la *Duma* (o *Parlamento)* a acatar la orden imperial para que se disolviera. El 12 de marzo, el príncipe *Jorge Lvov,* presidente de la Unión de Municipalidades, proclamó la existencia de un gobierno provisional en el que había varios demócratas, y un socialista, *Alejandro Kerensky.* En seguida, el 15 de marzo del mismo año, el zar Nicolás II renunció al trono igual que su hijo, y cedió sus derechos a favor de su hermano Miguel, quien abdicó a su vez a favor del Gobierno Provisional, en tanto se hacían los preparativos para la elección de una Asamblea Constituyente.

La actitud del Gobierno Provisional quiso ser aliadófila, liberal y favorable a determinadas reformas sociales; pero en la práctica se mostró titubeante y débil, de tal modo que su política dejó hacer a los revolucionarios más extremistas, que tomaron posiciones, y no pudo o no quiso reprimir la acción de los bolcheviques, partidarios del comunismo.

El régimen de Lvov y Kerensky siguió peleando contra los alemanes con fortuna adversa, hasta que el grupo rojo dirigido por *Vladimiro Ilich Ulianov* (V. Lenin) se apoderó violentamente del poder y sustituyó el régimen burgués por otro de tipo marxista.

Lenin, Zinoviev, Radek, Lunacharski y otros jefes comunistas habían estado refugiados en Suiza, y con ayuda del Alto Comando Alemán pasaron por suelo germano en un tren blindado con rumbo a Rusia a promover una revolución que los alemanes estimaban beneficiosa para ellos en ese momento, porque haría que el gobierno ruso no pudiese se-

Vladimiro Ullich Ulianov, Lenin

guir combatiendo. En tales condiciones llegaron a Petrogrado.

El programa de Lenin en esos instantes se concretaba en los siguientes puntos:

a) *Entrega del gobierno a los "soviets" o consejos de obreros, campesinos y soldados;*
b) *Cese de la guerra, incluso mediante un acuerdo separado con los Imperios Centrales;*
c) *Toma de posesión de la tierra por los campesinos, aun cuando la Asamblea Constituyente todavía no lo decretase;*
d) *Apoderamiento de la industria por los comités de trabajadores.*

Los bolcheviques intentaron apoderarse del gobierno, pero fallaron, y Lenin huyó a Finlandia. En las filas del gobierno, empero, había disensiones, ya que el general Larv Kornilov era partidario de una política firme contra los extremistas, y Kerensky se mostraba blando con ellos. De hecho, Petrogrado estaba en manos de los revolucionarios. Kornilov avanzó sobre la ciudad para dominarla, pero falló su ataque a mediados del mes de septiembre de 1917, y el 6 de noviembre (que correspondía al 6 de octubre del calendario ruso), los bolcheviques se lanzaron a tomar el poder, con el apoyo de soldados, marinos y obreros. El Palacio de Invierno cayó en sus manos. Los componentes del Gobierno Provisional fueron arrestados y Kerensky huyó.

Al día siguiente, 7 de noviembre, los bolcheviques eran dueños plenos del poder y el *Segundo Congreso Soviético de Todas las Rusias* —salvo los socialistas moderados— aprobó el golpe de Estado, y desde ese momento el curso histórico de Rusia se orientó hacia el marxismo.

Algunos militares anticomunistas recibieron insignificante ayuda de Francia, Inglaterra y Estados Unidos, que cesó pronto, y el Ejército Rojo, fundado por *León Davidovich Bronstein* (León Trotsky) quedó como firme baluarte del nuevo régimen, que por la fuerza impuso la colectivización de casi toda la tierra y la liquidación de la propiedad privada en las fábricas, los bancos y los transportes. Las corrientes de oposición, fueron ruda y sangrientamente reprimidas por la *Cheka,* que después fue sustituida por otros organismos policiacos y de espionaje como la *NKVD,* la *MVD,* y modernamente la *KGV.* El Estado omnipotente trató de destruir, y de hecho destruyó, casi todos los organismos que se le oponían, mientras desde Moscú se encargó de propagar el comunismo una institución llamada *Komintern.* Como organismo gubernamental supremo quedó el *Consejo* de *los Comisarios del Pueblo* y Rusia cambió su nombre por el de *Unión* de *Repúblicas Soviéticas Socialistas.* El sistema rojo se asentó no sólo sobre Rusia propiamente dicha, sino que también se extendió a *Azerbaiján, Armenia, Kasakstán, Uzbekistán, Turkmenia, Tadjikia* y *Kirghisia.*

El hambre y los trastornos económicos hicieron que el gobierno comunista moderase sus procedimientos, mediante la llamada N. E. P. (o *Nueva Economía Política)* conforme a la cual incluso se autorizaron concesiones a industriales extranjeros y ciertas formas de propiedad privada en la tierra y en la industria.

Muerto Lenin, lo sustituyó el antiguo secretario general del Partido Comunista, *José Vissarionovich Djugashvili* (José Stalin), quien consolidó la obra leninista, liquidó a gran parte de los antiguos bolcheviques y erigió una implacable dictadura que giró en torno a su persona, objeto de un culto servil por los comunistas rusos y aun los de fuera de la URSS. El ateísmo se constituyó en doctrina oficial. La Iglesia Ortodoxa fue domeñada. El Patriarcado de Moscú quedó a sus órdenes, y quienes no quisieron admitir esto, fueron perseguidos. Y el clero católico prácticamente fue destruido. La obra económica fue programada de acuerdo con los llamados "planes quinquenales", que supusieron una exacerbación del régimen colectivista de la tierra y de los demás medios de producción, así como una feroz represión en contra de todos los opositores.

La Segunda Guerra Mundial tuvo a la antigua URSS como uno de los más sangrientos escenarios, pero en el curso de aquélla, y en los tiempos que la siguieron inmediatamente, el sistema comunista se extendió —mediando la fuerza armada— sobre la *Europa Oriental,* y después sobre *China* y otros lugares de la Tierra, no siendo ajenos algunos estadistas occidentales a las concesiones extraordinarias que en lo político y en lo económico —como ocurrió con la entrega a la URSS de gran parte de la industria de Alemania— fueron otorgadas a los jefes soviéticos. No era, en realidad, la primera vez que la economía rusa se veía favorecida de ese modo, aunque nunca lo fue con tanta largueza. En los años anteriores a la Segunda Guerra Mundial, por ejemplo, muchos de los elementos industriales con que contaron los soviéticos, procedían de los Estados Unidos: así, el gran complejo industrial de Magnitorgorsk, fue construido por ingenieros norteamericanos; la gran presa hidroeléctrica de Dnieperpetrovsk, que en su tiempo fue la mayor del mundo, se debió al coronel Cooper y a su estado mayor de ingenieros norteamericanos; lo mismo que la fábrica de automóviles en Gorki, que fue equipada por la Ford. La gran fábrica de tractores de Stalingrado contó, a su vez, con una estructura de techados y maquinaria surtida desde Estados Unidos y levantada por un grupo de peritos norteamericanos dirigidos por John Calder, de Detroit. Con ello, y con otros ejemplos notorios de cooperación norteamericana o europea, la URSS pudo llevar adelante su gran transformación técnico-industrial, a la que no fueron ajenos los robos de secretos científicos y técnicos, y el arribo de científicos y trabajadores alemanes, de que hay multitud de casos. Puede afirmarse, en este aspecto, que la asimilación de aportaciones culturales de Occidente, por Rusia, siguió y ha seguido la vieja tendencia inaugurada por Pedro el Grande en el siglo XVII, de buscar a toda costa la europeización, tanto en la arquitectura como en la vestimenta, en las doctrinas lo mismo que en las instalaciones fabriles, aunque por debajo de todo ello se halló el férreo dominio del Estado comunista como en tiempos de los zares.

A instancias del triunfo en la Segunda Guerra Mundial, la URSS se apoderó de los países bálticos y de parte de Polonia, aunque, a partir de 1987, "la Europa de Lenin" ha visto cambios con franco repudio al sistema marxista.

Organismos internacionales

El siglo XIX no contempló ningún esfuerzo de organización internacional que tratase de unir a todos, o siquiera a gran parte de los países del mundo. Las labores de solidaridad fueron siempre parciales, o se erigieron sobre motivos de alianza político-militar.

De esta suerte, ni el *Congreso de Viena,* que dio ocasión a que naciese la *Santa Alianza* a propuesta del zar *Alejandro I* de Rusia, fue otra cosa que la unión de los vencedores de Napoleón, dispuestos a lo largo de la primera mitad del siglo XIX a reprimir las corrientes constitucionalistas; ni la *Triple Alianza* —integrada por *Alemania, Italia* y *Austria*—; ni la "entente cordiale", de *Inglaterra* y *Francia,* supusieron una estructura encaminada a unir a las naciones de modo estable y con fines de equilibrio en el Viejo Mundo.

En América, en cambio, pueden citarse casos que sí tuvieron el ánimo propicio a la solidaridad internacional. Tal ocurrió con la *Junta Anfictiónica* convocada por Simón Bolívar en 1826, que fracasó, o el propósito de unión hispanoamericana sugerido por el mexicano don *Lucas Alamán,* que fue, acaso, el antecedente de mayor valía de los actuales esfuerzos de integración económica latinoamericana, aunque en su época nada pudo lograrse. Hubo también otros intentos de acercamiento de varios países sudamericanos, en años posteriores, a mitad del siglo —como el *Congreso de Lima*— de 1864 a 1865, aunque ninguno tuvo éxito; cabe citar, finalmente, las *Conferencias panamericanas* que a instancias de los Estados Unidos comenzaron a efectuarse a partir de 1889, las cuales sí llegaron a tener un mayor sentido institucional. La primera se efectuó en *Washington,* sucediéndose las otras en *México* (en 1902), en *Río de Janeiro* (en 1906), en *Buenos Aires* (en 1910), en *Santiago de Chile* (en 1923) y en *La Habana* (en 1928). Todas ellas constituyeron búsquedas de puntos de contacto en los países de América, pero fue la Conferencia celebrada en la capital de Cuba la que puede considerarse como el principio de una correlación mayor. De allí, en efecto, salieron convenios de suma importancia sobre los agentes diplomáticos, los cónsules, los tratados interamericanos, el derecho de asilo, la situación de los Estados en cuanto a derechos y deberes en caso de revueltas, un *Código de Derecho Internacional Privado,* un acuerdo sobre aviación comercial, y otros elementos más.

La séptima reunión se denominó *Conferencia Interamericana* y tuvo lugar en *Montevideo* en 1933. Entre otras cosas, aprobó la *Declaración de Derechos y Deberes de los Estados,* que consagró el principio de que ninguno de dichos Estados podría intervenir en los asuntos externos o internos de los demás, cualquiera que fuese el motivo invocado. A instancias de las resoluciones de esta Conferencia, que tuvo el apoyo constante del presidente norteamericano *Franklin D. Roosevelt,* propugnador de la política de la *Buena Vecindad,* se hizo factible la solución del conflicto armado entre Paraguay y Bolivia por la región del Chaco, en 1936. La Junta fue útil, asimismo, porque consagró el *procedimiento de consulta* en virtud del cual era indispensable la reunión de los cancilleres americanos para conocer de cualquier asunto que amenazase la paz del continente.

Don Lucas Alamán

En la Octava Conferencia Internacional de Estados Americanos, en *Lima,* en 1938, se aprobó un documento llamado *Declaración de Principios Americanos,* que reiteró la norma de la "no intervención" citada antes.

Así pudo formarse el clima adecuado para que en la Novena Conferencia, realizada en 1948 en la capital de Colombia, *Bogotá,* se integrara propiamente la *Organización de Estados Americanos* (OEA), como centro de coordinación de las labores entre los países del hemisferio occidental.

La OEA cuenta, además, de los principios aprobados en las reuniones previas, con tres documentos sustanciales que son: la *Carta de Bogotá* (que es el conjunto de las normas que regulan su funcionamiento y fijan sus propósitos, y que contiene, además, los derechos y deberes fundamentales de los Estados, la solución pacífica de las controversias, las medidas de seguridad colectiva y otros puntos conexos). Esta carta fue aprobada en la Novena Conferencia, en 1948, año en el cual, asimismo, se aprobó el *Pacto de Bogotá* o *Tratado de Soluciones Pacíficas,* que es el segundo de los documentos que se ponderan. Y el tercero es el *Tratado de Asistencia Recíproca,* aprobado en *Río de Janeiro* en 1942, en momentos en que los Estados Unidos consideraban indispensable contar con la solidaridad de los demás países americanos en el curso de la Segunda Guerra Mundial.

Con tales antecedentes, la OEA funciona mediante una secretaría general que es la antigua *Unión Panamericana;* cuenta además con *Conferencias Interamericanas* que deben celebrarse regularmente; dispone, también, de un *Consejo de la Organización;* y actúa igualmente a través de la *Reunión de Consulta, las Conferencias Especializadas* y los *Organismos Especializados.*

En *Centroamérica* funciona, por su parte, como agrupación local, la *Organización de Estados Centroamericanos* (ODECA), cuyo acto constitutivo tuvo lugar el 14 de octubre de 1951, fecha en la cual se aprobó la *Carta de San Salvador,* sustituida el 14 de diciembre de 1962 por una nueva carta.

La sede de este organismo está en *San Salvador.*

Con proyección internacional más dilatada puede mencionarse a la *Liga* o *Sociedad de las Naciones,* propuesta por el presidente de los Estados Unidos *Woodrow Wilson* en sus célebres *Catorce Puntos,* dados a conocer el 8 de enero de 1918, y cuyas ideas influyeron sin duda en el texto del *Tratado de Versalles* que se impuso a Alemania al fin de la Primera Guerra Mundial. Uno de esos puntos, el XIV, indicaba la conveniencia de que se estableciera *"una sociedad general de naciones, con el fin de establecer garantías recíprocas, que salvaguardaren la independencia política y la integridad territorial de los países grandes y pequeños, por igual".* Al redactarse el Tratado de Versalles, la idea fue admitida. El documento respectivo fue adoptado el 28 de abril de 1919, y, según decía el preámbulo del pacto, los fines de la *Sociedad* o *Liga de las Naciones* eran los de lograr la paz y la seguridad internacional, así como promover la cooperación entre los pueblos.

Los órganos fundamentales de dicha sociedad eran dos: la *Asamblea* y el *Consejo.* Al lado suyo, y como elementos conectados con ella, quedaron la *Organización Internacional del Trabajo* y el *Tribunal Permanente de Justicia Internacional,* establecido en La Haya. Otros organismos —como la *Organización Sanitaria,* la *Organización de Transportes y Comunicaciones* y la *Organización Económica y Financiera*— realizaban trabajos de asesoramiento técnico a las naciones componentes de la sociedad.

La *Asamblea* abarcaba a todos los países miembros, cada uno de los cuales tenía un voto al tomarse las resoluciones. Y el *Con-*

sejo era el órgano ejecutivo, formado por representantes permanentes de las grandes potencias, y por once representantes no permanentes de los otros países.

Lamentablemente, la obra de la sociedad no tuvo todo el éxito que hubiera sido de desear, ya porque muchos países no cooperaron ampliamente, ya por faltar en otros de sentido de solidaridad, ya por el exceso de nacionalismo en algunos. Su gran misión de evitar la guerra no pudo lograrla.

En el periodo que medió entre las dos grandes guerras, se realizaron varios esfuerzos que tendieron a evitar los conflictos armados. Ejemplos de tales intentos fueron los *Tratados Bryan* suscritos por los Estados Unidos con varios países de América, los *Tratados de Locarno* aprobados por varias naciones europeas, y las *Conferencias del Desarme,* aunque a la postre nada de eso sirvió para contener la pugna bélica de 1939, por virtud de la cual Alemania atacó a Polonia, y se desencadenó la lucha mundial.

Empero, la idea de hacer posible una paz institucional, subsistió, acaso más intensa por el espectáculo de gran desgarramiento internacional que costó 50 millones de vidas.

Poco a poco fue tomando forma el pensamiento de renovación o sustitución de la Sociedad de las Naciones, y varios hechos políticos ayudaron en este sentido.

Uno de ellos fue la *Declaración de Moscú* suscrita en la capital rusa el 30 de octubre de 1943 —aún en plena guerra— por los ministros de Asuntos Exteriores de la *Gran Bretaña, Estados Unidos* y la *Unión Soviética,* en donde se insistía en la necesidad de establecer, cuanto antes fuese posible, una organización internacional en la que quedaran agrupados todos los Estados pacíficos. El artículo IV de la *Declaración de Moscú* insistía en que debía haber igualdad de soberanía entre los Estados, y que se daría atención preferente a los problemas de la paz y de la seguridad internacionales.

Tuvo lugar, posteriormente, una conferencia en *Dumbarton Oaks,* Estados Unidos, a la que concurrieron, a mediados de 1944, representantes de los mismos *Estados Unidos,* la *Gran Bretaña,* la *Unión Soviética* y *China,* para poner las bases de la futura organización. El proyecto fue puesto al alcance de otros países aliados a fin de que lo comentasen y le hicieran las observaciones que estimaran prudentes.

El tema de la organización internacional estuvo presente; asimismo en la *Conferencia de Yalta,* de 11 de febrero de 1945, en la cual los concurrentes, *Winston Churchill, Franklin D. Roosevelt* y *José Stalin,* fijaron la fecha para la convocatoria a una reunión internacional, en la ciudad de San Francisco, que habría de efectuarse el 25 de abril de 1945. El gobierno chino se adhirió a esta proposición y así resultó que las cuatro grandes potencias aparecieron como las que invitaban al encuentro mundial. Según la convocatoria se invitaba a todos los Estados "pacíficos" que pretendiesen ingresar.

Algo más de cincuenta países enviaron representantes a la ciudad californiana. Y éstos, al deliberar sobre el proyecto ya conocido, y sobre las observaciones que fueron hechas al respecto, pusieron las bases de la *Carta de la Organización de las Naciones Unidas,* que al aprobarse permitió el nacimiento del nuevo organismo internacional.

La *Organización de las Naciones Unidas* (ONU) apareció con más fuerza y con mayor sentido de cooperación que la antigua *Sociedad* de *las Naciones.* Los fines que la ONU proclamó como más notables, los de *mantener la paz* y la *seguridad internacionales,* fueron estampados en el preámbulo de la carta. En el capítulo II de ésta se indicó, además, que la ONU tendría dos clases de miembros: los *originarios,* es decir, los que participaron en la Conferencia de San Francisco; y los que posteriormente fuesen admitidos, para lo cual tendrían que ser Estados "amantes de la paz", aceptar las obligaciones de la carta y estar capacitados, a juicio de la Organización, para cumplir con dichas obligaciones.

En la Carta de las Naciones Unidas se precisó que serían órganos fundamentales de la Organización, los siguientes: a) la *Asamblea General* (en la que estarían todos los Estados miembros, iguales en sus derechos y con un voto cada cual); b) el *Consejo de Seguridad* (organismo formado por 11 miembros, de los cuales serían permanentes los representantes de los *Estados Unidos,* la *Gran Bretaña,* la *Unión Soviética, Francia* y *China,* y los demás electos por la Asamblea; su tarea fundamental debía ser la de preservar la paz, y las decisiones podrían tomarse por mayoría, aunque en ciertos casos se indicó que bastaba que una gran potencia interpusiese el *veto,* es decir, votar negativamente, para que se paralizara el acuerdo); c) el *Consejo Económico y Social (ECOSOC);* d) *el Consejo de Administración Fiduciaria;* e) la *Corte Internacional de Justicia;* y f) la *Secretaría* (cuyo titular, el Secretario General de la ONU, debería realizar funciones ejecutivas y de orientación administrativa). Esta tarea la han desempeñado, hasta ahora, el noruego *Trygve Lie;* el sueco *Dag Hammarskjöld;* el birmano *U Thant,* y el austriaco *Kurt Waldheim.*

Con el correr del tiempo, el ECOSOC se ha diversificado en multitud de comisiones especializadas o subsidiarias, como son: la *Comisión de Asistencia Técnica* (TAC), la *Comisión de Transportes y Comunicaciones,* la *Comisión de Derechos Humanos,* la *Comisión Social,* la *Comisión del Estatuto de la Mujer,* la *Comisión de Población,* la *Comisión de Narcóticos,* la *Comisión de Productos Básicos* y la *Comisión de Estadística.* Al lado suyo hay otras cuatro *Comisiones Económicas Regionales* que son: la *Comisión Económica para la América Latina* (CEPAL); la *Comisión Económica para Europa* (ECE); la *Comisión Económica para Asia y el*

Lejano Oriente (ECAFE); y la *Comisión Económica para África* (ECA), en fin, el ECOSOC tiene otros dos organismos que de él dependen: la *Oficina del Alto Comisionado para los Refugiados y* el *Fondo de Emergencia Internacional de las Naciones Unidas para los Niños.*

Los hombres que elaboraron el vasto cuerpo internacional que se llama Organización de las Naciones Unidas, previeron igualmente el que ésta adoptase, con el título de *organismos especializados,* a varias organizaciones que funcionan en relación con la ONU, pero que se manejan con cierta autonomía interior. En este último caso se encuentran: la *Organización Internacional del Trabajo* (OIT); la *Organización para la Alimentación y la Agricultura* (FAO); la *Organización para la Educación, la Ciencia y la Cultura* (UNESCO); la *Organización para la Aviación Civil Internacional* (OACI); el *Fondo Monetario Internacional;* el *Banco Internacional para Reconstrucción y Fomento; la Organización Mundial de la Salud (OMS); la Organización Internacional de Refugiados* (OIR); la *Unión Postal Universal* (UPU); la *Unión Internacional de Telecomunicaciones* (UIT); la *Organización Meteorológica Mundial* (OMM); la *Organización Marítima Consultiva Internacional* (OMCI); la *Organización Internacional de Comercio* (ITO); y el *Organismo Internacional de Energía Atómica* (IEA).

Un documento de particular importancia en la nueva Organización de las Naciones Unidas fue el aprobado el 10 de diciembre de 1948 por la Asamblea General, que recibió el título de *Declaración Universal de Derechos Humanos.* En él se consignan derechos esenciales de la persona humana, aunque en la práctica gran parte de ellos han sido violados o desconocidos flagrantemente por algunos gobiernos que firmaron tal documento.

Es dable agregar a esas realizaciones de unión y solidaridad internacional, de tipo amplio, otras de carácter más regional, algunas de contenido económico, otras de contenido económico-social y otras más que siguen el viejo trazo de la alianza meramente militar, en distintas partes del mundo. Ejemplo notorio de una organización regional de tipo económico es el *Mercado Común Europeo,* surgido después de la Segunda Guerra Mundial; del segundo tipo es la ALPRO (o *Alianza para el Progreso),* puesto en marcha por el extinto presidente de los Estados Unidos, *John F. Kennedy,* en su discurso del 13 de marzo de 1961, para acometer conjuntamente su país y los iberoamericanos diversas cuestiones de interés social y económico, aunque al final se extinguió; y, finalmente, de la tercera categoría es ejemplo evidente el SEATO (o Tratado del Sureste de Asia, también llamado *Pacto de Manila),* que es un convenio multilateral de defensa, firmado en 1954, que abarca a *Australia, Francia, Nueva Zelanda, Filipinas, Tailandia,* los *Estados Unidos* y la *Gran Bretaña.*

VII. LA VIDA INTELECTUAL

Principales corrientes filosóficas

Es imposible desentenderse de la enorme influencia que en la segunda mitad del siglo XVIII y en el curso posterior de la Edad Contemporánea ejerció —y sigue ejerciendo con variada importancia— el pensador alemán *Emmanuel Kant* (1724-1804).

Su papel ha sido ciertamente considerable, ponderado no sólo por sus seguidores, como es lógico, sino también por quienes han discrepado de sus puntos de vista, pero que han apreciado el hecho real: "a nadie, ha dicho en efecto Menéndez Pelayo, es lícito hoy filosofar sin proponerse, antes que todos, los problemas que él (Kant) planteó, y tratar de darles salida. Así como en la Antigüedad toda poesía procede de Homero, así en el mundo moderno toda filosofía (moderna) procede de Kant, incluso la que niega y contradice su influencia, a la cual nadie se sustrae". Este juicio del gran polígrafo santanderino, válido quizás a fines del siglo XIX y principios del XX, debe atemperarse, desde luego, habida cuenta de las corrientes filosóficas desarrolladas en la actual centuria.

Kant procedía de una familia de protestantes pietistas, de condición modesta. Nació y pasó toda su vida en Koenigsberg, Prusia, donde cursó las Humanidades en el gimnasio Fridericiano, y después las materias de cultura superior en la universidad. Fue profesor particular de varias familias ilustres y más tarde profesor oficial en la universidad, donde enseñó Matemáticas, Geometría y Filosofía.

Era un hombre sobrio, afable, de enorme talento y con un afán de ser metódico que parecía exagerado. "Cuentan de él, afirma Domínguez, que por treinta años durmió siete horas justas, que cada día paseaba una hora exacta y que a sus tertulias nunca convidó ni menos de tres amigos, tantos como las Gracias, ni más de nueve en honor de las Musas".

En su múltiple producción como escritor, pueden citarse los libros correspondientes a dos épocas: los del llamado periodo *precrítico* —es decir, el anterior a la *Crítica de la Razón Pura*—, y los correspondientes al periodo "crítico" posterior. De las obras "precríticas" de mayor relieve cabe mencionar su *Historia Natural Universal y Teoría del Cielo,* de 1755, donde dio cuenta de su célebre hipótesis cosmogónica, y otra denominada *El Único Argumento Posible para una Demostración de la Existencia de Dios,* publicada en 1763. En 1770 publicó una disertación latina titulada *De mundi sensibilis ataque inteligibilis causa et principiis,* en donde se apuntó ya la evolución de su pensamiento hacia la crítica; luego sobrevino un silencio de casi diez años, que se cerró con la primera edición de la *Crítica de la Razón Pura,* en 1781, a la cual siguieron: los *Prolegómenos a Toda Metafísica Futura que Quiera Presentarse como Ciencia* (1783); la *Fundamen-*

tación de la Metafísica de las Costumbres (1785); la *Crítica de la Razón Práctica* (1788); y la *Crítica del Juicio* (1790), a más de otros trabajos, entre los que estuvieron la *Antropología* y las *Lecciones de Lógica,* que se editaron en 1800, y los que se publicaron después de su muerte.

El pensamiento kantiano presenta, entre otros, los siguientes puntos más destacados:

Emmanuel Kant

1. La Filosofía es fundamentalmente una reflexión sobre la cultura humana (esto es, sobre la ciencia, el arte, la religión, la moral, etc.), y la cultura es una tarea proveniente de la conciencia humana. "La creación, dice Larroyo al dar cuenta del kantismo, o contemplación de una obra de arte, la obediencia de un precepto moral, la vivencia de un hecho religioso, etc., son acontecimientos que emanan de la conciencia humana. En ella hay que descubrir los principios que hacen posible ciencia y moral, arte y religión. La Filosofía no pretende crear estos productos de la cultura. Los toma como algo hecho y se limita a explicarlos... Así, en el territorio del arte, la Filosofía nos rendirá cuentas acerca de lo que sea el arte general y la belleza en general; en el territorio de la ciencia, lo que sea el conocimiento en general y la verdad en general, etcétera."

   En una palabra, la Filosofía obtiene sus verdades de los resultados de la cultura, elaborados a lo largo de las centurias.
2. Para llegar a tales metas, la Filosofía usa del método "crítico" o "trascendental", el cual parte de los hechos para determinar las *leyes de la conciencia,* que vienen a ser las "relaciones constantes e invariables que nos permiten designar con el mismo nombre" a un hecho cultural, por ejemplo, un hecho artístico, "a pesar de que se haya producido en distintas épocas y en distintos individuos".
3. El método crítico no pretende sacar sus conclusiones de la nada, ni deducirlas de los principios metafísicos.
4. Descartes había sostenido que el verdadero conocimiento

procede de la razón; Hume dijo por su parte: "Todos los conocimientos proceden de los sentidos". Frente a estas dos posiciones aparentemente inconciliables, Kant quiso proponer una nueva tesis del conocimiento y para ello indicó: no es posible conocer las cosas en ellas mismas ("noúmenos"), sino que las cosas sólo son conocidas como se le aparecen al individuo ("fenómenos"). El individuo tiene frente a sí un verdadero caos de sensaciones, algo que se le da, pero para conocer las cosas ordena ese caos, pone algo. Al poner orden en el caos, el pensamiento "hace las cosas" de tal modo que no es dicho pensamiento el que se adapta a las cosas, sino éstas a él.

5. Ante los *juicios analíticos* (que son aquellos cuyo predicado está contenido en el sujeto, como "la esfera es redonda"), y los *juicios sintéticos* (aquellos cuyo predicado no está incluido en el sujeto, como "la silla es de madera"), Kant indicó que son los sintéticos los que tienen valor para la ciencia, básicamente cuando se trata de *juicios sintéticos a priori* (es decir, juicios independientes de la experiencia, universales y necesarios).
6. Prescindió prácticamente de la metafísica tradicional, cuyos temas esenciales (el alma, el mundo, Dios), los dejó para la simple fe, abriendo así un abismo entre ésta y la ciencia.
7. Supuso que el hombre es un ente racional, libre y moral, cuya ética descansa en un *imperativo categórico,* que sustancialmente dice así: *"obra siempre de tal suerte que quieras que la máxima de tu acción se convierta en máxima de universal observancia";* lo cual reclama que haya voluntad, y que esta voluntad sea *autónoma,* es decir, ajena a todo motivo extraño a la voluntad.
8. Para Kant la religión resultó ser una *moral deificada,* y la única válida era, para él, la religión natural, en la que los "imperativos categóricos" podían ser considerados como órdenes de Dios. Los dogmas cristianos los consideró como meros símbolos de verdades racionales.

El kantismo, por lo demás, se erigió sobre una serie de principios filosóficos, muchos de los cuales es dable percibir en *Locke,* en *Hume* y aun en *Leibnitz* y en otros pensadores anteriores; pero los estructuró de un modo singular, aunque la exposición de su sistema no siempre resultó clara y fácilmente asequible. Dudó, en verdad, que se pudiesen conocer las cosas en si y sin embargo, supuso y trató de probar prácticamente que conocía la razón teórica en si misma. Hay contradicciones en sus ideas acerca del "noúmeno" y el "fenómeno", contradicciones de tal naturaleza que entre sus discípulos pueden hallarse las más diversas interpretaciones. Su postulación del "imperativo categórico" como un "deber por el deber mismo", se tradujo, en fin, en un vacío real por falta de una ley eterna, emanada de algo superior al hombre.

Como quiera que sea, es evidente que el movimiento filosófico puesto en marcha por Kant ha tenido huellas muy profundas en Occidente, que llegan a nuestros días.

Tras él, otras figuras prominentes en el pensamiento alemán fueron:

Juan Teófilo Fichte (1762-1814), partidario de un sistema de idealismo absoluto, egocéntrico, autor de la *Doctrina de la Ciencia.*

Federico Guillermo Schelling (1775-1854), cuya filosofía fue una mezcla de idealismo, evolucionismo y espinosismo.

Guillermo Federico Hegel (1770-1831), favorecedor de un panteísmo lógico e idealista, consideró la Historia como la realización humana de las ideas espirituales relativas a la libertad, al derecho y a la justicia. La idea de Dios viene a ser el pensamiento absoluto en el cual se encuentra la verdad universal. Hegel pensó que la idea —que es la verdadera sustancia de las cosas— se desenvuelve a través de las tres vías de una especie de sucesión continua o "dialéctica" que son: la *tesis,* la *antítesis* y la *síntesis.* Acerca de la Historia apuntó, asimismo, que la historia de la Humanidad es el espíritu que se manifiesta a sí mismo en el tiempo en tres grandes etapas: el *despotismo* (con las monarquías orientales), el *gobierno democrático y demagógico* (repúblicas griegas) y las *monarquías parlamentarias* (en el siglo XIX). La importancia de Hegel se encontró también en sus escritos favorables a la exaltación del Estado, lo que mucho pesó en el pensamiento político alemán. Su sistema, aunque deformado, fue un antecedente del marxismo en cuanto a varios conceptos medulares.

Filósofo del pesimismo fue *Arturo Schopenhauer* (1778-1860), cuya obra principal fue *El mundo como Voluntad y Representación,* en la que sostuvo la tesis de que el deseo de existir radica tanto en la naturaleza como en el hombre, pero como ese deseo no puede satisfacerse de modo pleno, el dolor aparece en la vida; de allí que, un poco al modo budista, la única manera de alcanzar la feli-

Guillermo Federico Hegel

cidad sea el prescindir de deseos y el abandonarse a esta especie de "nirvana".

Posteriormente se han distinguido, en Alemania, entre otros: *Max Scheler, Nicolás Hartmann, Martín Heidegger* (propugnador del "existencialismo"), *Guillermo Windelband* (que inauguró la "axiología" o "filosofía de los valores"), *Oswald Spengler* y *Guillermo Dilthey* (cuya filosofía de la historia se menciona al principio de esta obra).

El suizo *Federico Guillermo Nietzsche* (1844-1900), pasó su vida entre la insania mental y la cordura. Escribió mucho. Dominado por una imaginación desbordante, su pensamiento se dispersó en multitud de aforismos. El centro de su ideario puede decirse que estuvo en la "inversión de todos los valores filosóficos", mediante la "voluntad del poder". Así, a la verdad debe sustituir la utilidad vital, e igualmente en lo demás. La nueva actitud basada en que "la vida es la realidad suprema tiene su punto culminante en el "superhombre", especie de bestia indómita, superdotada, que acaso pudo haber servido de fundamento, a las teorías racistas del germanismo posterior y antisocial.

En el danés *Sören Kierkegaard* (1813-1855), puede verse el antecedente más destacado del existencialismo; su pensamiento fue una especie de reacción contra Hegel, que trataba de explicar "todos los problemas menos el del hombre concreto", y a quien opuso entonces una filosofía apartada de las esencias inmutables y eternas, y basada en la "existencia".

En Francia —con un influjo muy serio a otras partes de Europa, y luego a América—destacó el pensamiento de *Augusto Comte,* que recibió el nombre de Positivismo. Llevando la tendencia del empirismo a planos radicales, Comte reconoció como única realidad la que podía obtenerse por la experiencia, sin pretender llegar al origen o causa de las cosas; de este modo sólo los fenómenos y las relaciones científicas que pudiesen probarse eran admisibles para él; e hizo de la ciencia un motivo de culto. Partiendo del estudio de hechos concretos y de sus relaciones, creyó poder encontrar leyes aplicables a toda la ciencia. Señaló como ciencias positivas las Matemáticas, la Física, la Química, la Biología, la Psicología y la Sociología (que a él debió su nombre).

Su influjo en materia educativa fue determinante. Un discípulo suyo, el doctor *Gabino Barreda,* introdujo el *Positivismo* en México, e influyó con gran peso en las tendencias educativas de la segunda mitad del siglo XIX y a principios del siglo XX, hasta que se produjo una reacción espiritualista —alentada especialmente por *José Vasconcelos* y *Antonio Caso*—que quiso superar la esterilidad cultural y humana creada por las corrientes positivistas.

El punto saliente más aprovechable del Positivismo, sin embargo, fue el de haber contribuido a persuadir a muchos de que con la ciencia era posible intentar reformas sociales y políticas a favor del pueblo, aunque faltando en ello un contenido espiritual superior, los resultados fueron naturalmente mezquinos.

En Europa, el *neokantismo* fue la respuesta vigorosa que sepultó al movimiento positivista.

Otras figuras descollantes del pensar filosófico en Francia han sido: *Enrique Bergson* (1859-1941), sostenedor de un sistema conforme al cual el Universo, esto es, la materia, se mueve a consecuencia de un *impulso vital* que viene a ser una conciencia instintiva e intuitiva. Sus convicciones evolucionaron en materia religiosa desde su original judaísmo hacia un límite inmediato al catolicismo, aun cuando no llegó a convertirse a este último, más que nada, según parece, por no abandonar a sus hermanos de raza cuando se veían duramente acosados por el nazismo; y *Jean Paul Sartre* (1905-1980) filósofo existencialista, que ha dado a conocer sus ideas tanto en libros como en ensayos y obras de teatro.

En Inglaterra nació y dio a conocer su pensamiento *Juan Stuart Mill* (1806-1873), considerado como el fundador del positivismo inglés, pero con un marcado carácter individualista.

El *materialismo* fue, y sigue siendo, una de las corrientes de mayor significación en la filosofía de Occidente en los siglos XIX y XX. Por supuesto, en los países comunistas constituye la filosofía oficial, y la que rige el pensamiento político y educativo. El Comité Central del Partido Comunista de la URSS hizo obligatorio, desde 1956, la enseñanza del materialismo dialéctico en todos los centros de educación superior.

El inglés *Herbert Spencer* (1820-1903), de gran erudición científica, partió de las lucubraciones de Comte y de Darwin para erigir su sistema llamado "materialismo evolucionista". Veía en los fenómenos de la naturaleza una sucesión de cambios, y sostenía que todo progreso va de lo homogéneo a lo heterogéneo; por ley de la evolución, según pensaba, las cosas pasan de lo indefinido a lo definido, de lo incoherente a lo coherente, y de lo simple a lo complejo. Todo tiende a una causa final, aunque el hombre no conoce acerca de la misma nada positivo. Profundamente individualista, Spencer supuso que la sociedad se ha desenvuelto merced a la lucha por la existencia, con el triunfo de los mejores y más fuertes; a la postre se establecerá la felicidad humana cuando las mejores formas acaben con las organizaciones imperfectas y deficientes.

El pensamiento de Spencer, seriamente contradicho por la experiencia —en la que es patente que no siempre triunfan los mejores—parece ser un trasunto último del calvinismo, con su confusión del triunfo y del bien como categorías paralelas.

Como una derivación del "materialismo evolucionista" apareció la filosofía pragmatista, o "pragmatismo" del norteamericano *Guillermo James* (1842-1910), quien se encerró también en una cierta limitación filosófica en virtud de la cual de nada sirve encontrar la causa final del Universo, ni puede conocerse su significado original. Las nociones de "error" o de "verdad" son relativas; los conceptos filosóficos sólo tienen sentido cuando ayudan a sostener y encauzar las actividades prácticas y espirituales de la vida.

Otro pensador norteamericano de significación fue *Ralph Waldo Emerson* (1803-1882), panteísta, partidario de una moral pura, pero individualista; en religión opuso al culto externo, la revelación íntima e inmediata.

Ya a fines del siglo XIX, los estudios de filosofía cristiana, o simplemente de filosofía espiritualista, volvieron a tomar auge en lucha contra el racionalismo, el positivismo y el materialismo de muchos pensadores, que influían en la sociedad y aun en los movimientos políticos. El Papa León XIII instó al estudio de Santo Tomás en la encíclica *Aeterni patris* (1879). En el curso de esa época, y principios del siglo XX, se advirtió, efectivamente una fuerte corriente neotomista que tuvo, en España, fuertes sostenedores como *Jaime Balmes* (1810-1848); y *Marcelino Menéndez Pelayo* (1856-1912); y en Bélgica, sobre todo en Lovaina, el impulso del cardenal *Mercier.* Figura principalísima en la filosofía cristiana de Francia, en los últimos tiempos, ha sido la *de Jacques Maritain* (n. en 1882), y dentro del existencialismo cristiano, la de *Gabriel Marcel.*

Lugar especial ocupa, en España, la figura *de José Ortega y Gasset* (1883-1955), muchas veces asistemático, pero propugnador, en el fondo, de un "vitalismo" conforme al cual cada individuo y cada pueblo deben realizar su vida de acuerdo con un programa, a partir de hechos concretos y no de principios o de verdades abstractas.

Entre los pensadores de Iberoamérica cabe citar al mexicano *José Vasconcelos,* propugnador de un sistema de monismo estético; a los positivistas *José Ingenieros* (argentino) y *Tobías Barreto* (brasileño); el escéptico *Vaz Ferreira* (uruguayo); el esteticista *Alejandro O. Deustúa* (peruano); el espiritualista *Antonio Caso* (mexicano), y otros.

Literatura

1. El Romanticismo

Con parentesco inocultable respecto de algunas corrientes filosóficas que le eran contemporáneas, la literatura de principios del siglo XIX mostró, en diversos países europeos y americanos, sus preferencias por el *romanticismo,* y fue *Alemania* el país que tuvo, al menos en una parte, con *Juan Wolfgang Goethe* (1749-1832) y *Federico Schiller* (1759-1805), las personalidades que más adelantaron esta tendencia. El primero de ellos —autor de *Fausto, Germán* y *Dorotea, Werther*, etc.—, es considerado, al mismo tiempo, como una de las figuras cumbres de las letras universales. Más tarde, ya en franca corriente de aceptación del romanticismo se encuentra el nombre de *Enrique Heine* (1797-1856), quien, como todos los cultivadores de esta tendencia, pretendió la belleza interior más que la descripción de la simple realidad externa, al par de una clara preferencia del sentimiento sobre la razón conforme a lo típico de la corriente.

En *Inglaterra* repercutió aquella escuela y tuvo adeptos como *sir Walter Scott* (1771 - 1832), novelista autor de *Ivanhoe, El Anticuario*, y otras obras; así como el poeta *Jorge Gordon, lord Byron* (1788-1824), apasionado, elegante e irónico. Corresponde a ese tiempo, asimismo, la obra del más notable de los poetas líricos ingleses, que fue *Percy Bysshe Shelley* (1792-1822), y la de otro poeta de gran fama que fue *Alfredo Tennyson* (1809-1892). El romanticismo francés tuvo, a veces, ciertas preferencias por lo cristiano, como ocurrió con *Francisco Renato vizconde de Chateaubriand* (1768-1848), autor de *El Genio del Cristianismo, Los Mártires, Atala*, etc. También se encuentra dentro del romanticismo inicial de Francia, la escritora *Germana Necker*, hija del financista de Luis XVI, más conocida con el nombre de *Madame Staël* (1766-1817). Otros poetas románticos, fueron: el conde *Alfredo de Vigny* (1797-1863), dramaturgo y novelista también; *Alfredo de Musset* (1810-1857), cuentista y comediógrafo; *Alfonso de Lamartine* (1790-1869) y *Teófilo Gautier* (1811-1872).

Francia hizo de la lucha entre clasicistas *y* románticos, una polémica apasionante que se resolvió a favor del romanticismo con el triunfo de *Hernani*, de *Víctor Hugo*, estrenado en 1830 en la Comedia Francesa. *Víctor Hugo* (1820-1885) fue, en lo sucesivo, la gran figura de la tendencia romántica francesa que, como en otras partes de Europa, mostró una inclinación sentimental por algunas formas de cultura medievales.

El romanticismo literario italiano se mezcló a veces con las ansias de unificación nacional, y así pudo aparecer la obra de *Silvio Pellico* (1789-1843), *Mis Prisiones*, aunque éste también fue autor de otras obras entre las cuales descolló su tragedia *Francesca de Rimini*. Una novela de traza romántica fue *Los Novios*, de *Alejandro Manzoni* (1785-1873), mientras la poesía tuvo expresiones de notable vigor en la producción de *Jacobo Leopardi* (1793-1837), cuyos escritos muestran su ingenio, pero a veces también su amargura. El poeta *Hugo Fóscolo* (1778-1827) apunta el resurgimiento político de Italia.

No fue España una excepción, y en su suelo hubo también romanticismo en las letras, que tomó sitio primerísimo con don *Ángel de Saavedra, duque de Rivas*

Jaime Balmes, cuadro de Gallés

(1791-1862); *Juan Eugenio Hartzenbusch* (1806-1880); *Rosalía de Castro* (1837-1885); con *José Zorrilla* (1817-1893); con *José de Espronceda* (1802-1842); con *Gustavo Adolfo Bécquer* (1836-1870), con *José Mariano de Larra* (1809-1837), y otros.

2. El Naturalismo

En la segunda mitad del siglo XIX, Europa vio una nueva tendencia literaria: el *naturalismo,* corriente que quiso superar al romanticismo, presentando el aspecto "natural" de la realidad exterior.

Hipólito Tome (1828-1893), en Francia, fue uno de sus principales corifeos; pero fue *Emilio Zolá* (1840-1892) quien llevó las consecuencias del naturalismo hasta sus extremos mayores de antiespiritualismo e irreligiosidad. Otros naturalistas franceses, aunque sin participar todos ellos del radicalismo de Zolá, fueron: *Alfonso Daudet* (1840-1897); *Guy de Maupassant* (1850-1893); *Julio* (1830-1870) y *Edmundo* (1822-1896) *Goncourt;* y sobre todo *Enrique Beyle* (1783-1842), quien usaba el seudónimo de *Sthendal, Gustavo Flaubert y Honorato de Balzac* (1799-1850), de prodigiosa producción.

Con estilo propio, irreverente y de ironía corrosiva y estéril, escribió *J. A. Thibault* (1844-1924) con el sobrenombre de *Anatole France.* A esta misma época, pero en categoría aparte, corresponde la producción de *Julián Viaud* (1850-1923), que usó el seudónimo de *Pierre Loti,* protestante, de prosa melancólica.

En los últimos años del siglo XIX fue perceptible la escuela literaria del *Parnasianismo* suce-

Goethe

dida de nuevos intentos de vuelta al tradicionalismo, o sencillamente por otras corrientes en las letras. Dentro del *simbolismo* se agruparon, en Francia, poetas como *Carlos Baudelaire* (1821-1867); *Pablo Verlaine* (1844-1896) y *Esteban Mallarmé* (1842-1898), así como el belga *Mauricio Mae-terlinck.*

Coincidiendo con los grandes conflictos y turbaciones políticas y militares, se presentaron en la misma nación francesa, asimismo, multitud de corrientes literarias, como el *humanismo,* el *integralismo,* el *espiritualismo,* el *neoclasicismo,* el *impulsionismo,* el *dadaísmo,* el *existencialismo,* etc. A esta época corresponden las figuras de los poetas *Carlos Péguy, Pablo Valéry,* de la novelista *Jorge Sand,* del ensayista *André Gide,* el novelista *Romain Rolland y* el también novelista *Marcel Proust.*

En lugar aparte se encuentra la producción prodigiosa del novelista y científico *Julio Verne.*

En la corriente cristiana más reciente, Francia ha contado con escritores de tanto relieve como *Pablo Claudel, Pablo Bourget, Enrique Bordeaux, Francisco Mauriac, Jorge Bernanos, Luis Bertrand, Gilberto Sesbron, Gabriel Marcel,* y otros.

La literatura italiana de la segunda mitad del siglo XIX se impregnó, como en los años anteriores, del sentimiento patriótico y nacionalista, o irredentismo, que pretendía la incorporación a Italia de todas las regiones que tuviesen su misma cultura. A esa tendencia pertenecen los poetas *Josué Carduccí* (1835-1907) y *Gabriel D'Annunzio* (1864-1941), mientras en la novela o el ensayo destacaban: *Antonio Fogazzaro* (1842-1911), *Juan Papini* y *José Prezzolini,* y en el teatro *Luis Pirandello.*

3. La generación española del 98

Como una especie de reacción ante los grandes desastres nacionales, la perturbación política y el desquiciamiento del imperio, apareció en España una corriente literaria, social y filosófica de cierto pesimismo, de querer volver a los valores estrictamente propios, de querer una renovación, a instancias de la llamada *generación del 98.* Pertenecieron a ella *Miguel de Unamuno,* brillante escritor y filósofo heterodoxo; *Azorín, Pío Baroja* y otros. Literariamente se produjo, en el tránsito de uno a otro siglo, un gran cambio: el *modernismo,* que tuvo como portaestandarte al nicaragüense *Rubén Darío,* con honda huella en la literatura española e iberoamericana.

Otros cultivadores de las letras españolas, incluso más recientes, han sido: *Ramón Menéndez Pidal,* critico y filósofo de gran mérito; *Ramón Pérez de Ayala, Ramiro de Maeztu, Jacinto Benavente,* el más notable de los dramaturgos hispanos de este siglo; *Federico García Lorca* poeta y dramaturgo de mérito; *Juan Ramón Jiménez, José María Permán,* el dramaturgo *Alejandro Casona,* los comediógrafos hermanos *Álvarez*

Quintero, el dramaturgo *José Echegaray,* los hermanos *Machado,* los dramaturgos *Manuel Linares Rivas* y *Gregorio Martínez Sierra,* el erudito *Américo Castro,* etc. Entre los novelistas conviene anotar a: *Juan Valera, Pedro A. de Alarcón, José Ma. de Pereda,* el *padre Coloma, Benito Pérez Galdós, Ramón Ma. del Valle Inclán, Armando Palacio Valdés, Emilia Pardo Bazán, Vicente Blasco Ibáñez, Fernán Caballero (Cecilia Böhl de Faber),* etcétera.

La vecina Portugal tuvo poetas destacados en la Edad Contemporánea como *Joao de Deus* y novelistas como *Eca de Queiroz.*

Rubén Darío

4. Otras literaturas

Entre los más célebres escritores norteamericanos del siglo pasado puede citarse a Washington Irving, Enrique Longfellow, Walt Whitman, Edgar Allan Poe, Fenimore Cooper y el humorista *Mark Twain.* En el presente siglo la novela corta y el drama han tenido cultivadores tan destacados como *Sinclair Lewis, Juan Dos Passos, Guillermo Faulkner, Eugenio O'Neil, Arturo J. Miller, Juan Hemingway, Tennessee Williams, Pearl Buck,* y otros.

En *Inglaterra,* después de la etapa romántica, pueden consignarse los nombres del gran novelista *Carlos Dickens,* de poetas como *Henley* y *Kipling,* del agudo ensayista, novelista y filósofo *Gilberto K. Chesterton,* acaso la pluma católica de mayor relieve en Inglaterra en este siglo, junto a la del historiador *Hilaire Belloc;* el novelista e historiador *H. G. Wells;* el dramaturgo y ensayista irlandés *Bernardo Shaw,* el novelista y ensayista *Aldous Huxley, James Joyce;* el poeta y ensayista *T. S. Eliot,* etcétera.

No pueden ignorarse las figuras de la literatura alemana como *Sudermann, Kretzer* y *Kroger,* y más modernamente, *Thomas Mann, Stephan Zweig,* novelista e historiador, *Eric María Remarque,* novelista que reflejó en sus obras la situación alemana de tiempos de la Primera Guerra Mundial, y en los años que siguieron a ésta; *Hermann Hess,* y otros.

Cultivadores destacados de las letras en Rusia fueron: el novelista y poeta *Alejandro Puchkin;* el novelista *Iván Turguenev;* el también novelista *Nicolás Gogol;* el poeta *Lermontov;* y sobre todo,

Carlos Dickens

el mayor genio de tal literatura, donde el alma rusa, trágica e idealista, encontró su mejor reflejo, *Fedor Dostoiewsky*. Cabe mencionar también al novelista *León Tolstoi*, asimismo a *Chéjov, Andreiev* y *Máximo Gorki;* y los poetas *Ivanov* y *Mayakowsky;* los novelistas *Boris Pasternak, Alejandro Soljenitsin, Miguel Cholokov,* y otros.

En las letras de otras partes de Europa es dable señalar la presencia del fabulista danés *Hans Christian Anderson* (1805-1875), del también danés *Juan Jeorgensen,* poeta y biógrafo; de la novelista sueca *Selma Lagerlof* (1858-1940); del célebre dramaturgo noruego *Enrique Ibsen* (1828-1906); del novelista igualmente noruego *Knut Hamsun;* del checo *Franz Kafka,* etcétera.

5. Los Escritores Hispanoamericanos

La producción literaria de Hispanoamérica tuvo exponentes, en los tiempos de la independencia y del romanticismo, tan destacados como el venezolano *Andrés Bello,* gramático notable; el ecuatoriano *José Joaquín Olmedo;* los cubanos *José María de Heredia* y *Gertrudis Gómez de Avellaneda;* el uruguayo *José Zorrilla de San Martín;* y el colombiano *Jorge Isaacs.*

En México el romanticismo tuvo adeptos como el dramaturgo *Manuel Eduardo de Gorostiza;* el ensayista y poeta *Guillermo Prieto;* los poetas *Fernando Calderón, Ignacio Ramírez Galván, Manuel Acuña, Ignacio Ramírez* y el dramaturgo colonialista *José Peón Contreras.*

A lo largo del siglo pasado y en el curso del presente siglo, han descollado en las letras hispanoamericanas (en fechas muy diversas y con las más variadas tendencias literarias), los mexicanos: *Joaquín Arcadio Pagaza, Ignacio Montes de Oca, Ignacio M. Altamirano, Salvador Díaz Mirón, Manuel José Othón, Manuel Gutiérrez Nájera, Amado Nervo, Ramón López Velarde, Mariano Azuela, José Vasconcelos, Federico Gamboa, Martín Luis Guzmán, Salvador Novo, Rosario Castellanos, Emma Godoy, Enrique González Martínez, Xavier Villaurrutia, Alfonso Junco, Alfonso Reyes, Octavio Paz, Rubén Marín* y otros más; los colombianos *Eusebio Caro, José Asunción Silva, Rufino José Cuervo, Rafael Pombo, Aurelio Martínez Mutis,*

José María de Heredia

Miguel Ángel Osorio (Porfirio Barba Jacob), José Eustasio Rivera y *Gabriel García Márquez* novelistas; el venezolano *Rómulo Gallegos,* autor de novelas que pintan la vida del país, especialmente en el ámbito rural; los ecuatorianos *Gabriel García Morena, Juan Montalvo,* ensayista y polemista, *José Ma. Egas, Jorge Carrera Andrade, Aurelio Espinosa Polit y Jorge Icaza;* los peruanos *Ricardo Palma,* cronista; *José Santos Chocano,* poeta; *Manuel González Prada, José de la Riva Agüero, Ciro Alegría, Mario Vargas Llosa;* los bolivianos *Francisco Tamayo, Mariano Ricardo Terrazas,* y *Ricardo Freyre;* los chilenos: *José Vitoria Lastarria, Benjamín Vicuña,* el historiador *José Toribio Medina,* el poeta *Neftalí Reyes (Pablo Neruda)* y *Lucila Godoy (Gabriela Mistral);* entre los argentinos: el novelista *José Mármol,* los también novelistas *Enrique Rodríguez Larreta* y *José Hernández,* el educador y ensayista *Domingo Faustino Sarmiento,* el historiador *Bartolomé Mitre, Leopoldo Lugones,* el ensayista y *filósofo José Ingenieros; Manuel Gálvez,* la poetisa *Alfonsina Storni,* el novelista *Ricardo Güiraldes* y el también fecundo novelista *Gustavo Martínez Zubiría (Hugo West);* los uruguayos *José Herrera, Delmira Agustini, Juana de Ibarbourou, José Enrique Rodó, Carlos Reyles* y *Florencio Sánchez;* y los dominicanos: *Eugenio María Hostos* y los hermanos *Henríquez Ureña.*

Pueden mencionarse entre los cubanos: el vehemente escritor y poeta *José Martí, Julián del Casal, Alejo Carpentier, Nicolás Guillén;* entre los brasileños: *Tobías Barreto, Manoel Antonio de Almeida, Machado de Assis, Oliveira Vianna* y otros.

Entre los centroamericanos, los guatemaltecos: *Rafael Arévalo Martínez, Máximo Soto Hall y Miguel Ángel Asturias;* los salvadoreños: *Alicia Larde de Venturino* y *Rómulo Ernesto Durón;* el hondureño: *Rafael Heliodoro Valle:* los costarricenses: *Ricardo Fernández Guardia, Roberto Brenes Mesen* y *Joaquín García Monge;* los nicaragüenses: *Pablo Antonio Cuadra, Salomón de la Selva* y *Hernán Robleto;* y el panameño: *Octavio Méndez Pereira.*

El periodismo

El periodismo, como tarea escrita de información y comentario en forma periódica, no existió propiamente en el mundo occidental sino a partir del invento de la imprenta. En algunos lugares hubo algunos antecedentes de interés, como la ya mencionada *Gaceta de Pekín,* o como los *Annales maximi,* que en la República Romana se publicaban por el Gran Pontífice con noticias de los principales hechos ocurridos en el año anterior a su aparición. Con Julio César, el siglo I a.C., se publicó a su vez un diario, o *Diurna urbis acta,* cuya publicación dice Weise, pretendía "dar las noticias en tal forma que la opinión pública quedara influida en sentido gubernamental". No se hacía sino un solo ejemplar, que era expuesto a la curiosidad en una plaza pública. En la Edad Media, por las condiciones sociales y políticas que privaron, sobre todo en los primeros años, apenas hubo nada que sirviera para transmitir noticias en forma regular.

Algo que podría considerarse como antecedentes del periodismo, en las postrimerías de la Edad Media, vinieron a ser las colecciones de efemérides, los pregones y las relaciones en forma de relatos. No fue raro que de las relaciones se hiciesen copias que circulaban de mano en mano, a reserva de que más tarde comenzaran a aparecer las *hojas de noticias,* los *avisos,* y las *cartas,* que satisfacían el afán de saber de la gente.

En el tránsito de la Edad Media a la Edad Moderna, la actividad periodística se vigorizó. En *Venecia* principalmente, centro de gran actividad comercial, pululaban las "hojas de avisos" escritas por "novellanti" o "gazzettanti", que muchas veces no se concretaban a informar, sino que se prevalecían de su situación para atacar a determinados personajes, lo que les valió entrar en dificultades con la Curia romana. La cada vez más intensa interrelación de unos países con otros obligó, asimismo, a que determinados personajes, como los célebres banqueros alemanes *Fugger* —o *Fúcar* en la expresión castellanizada—, tuvieran verdaderas redes de información que servían a sus intereses. Mas con la imprenta y el papel, el periodismo tomó vuelo entre el público ávido de estar informado. En algunos lugares como en *Estrasburgo* y *Basilea,* los impresores dieron en numerar las "hojas volantes". A principios del siglo XVII, y perfeccionados los medios de comunicación de su época, se hizo factible enviar las informaciones a mayores distancias, y esto se tradujo en la aparición de semanarios.

A través de las "hojas volantes" corría el fluir noticioso, arrancado de la vida diaria, y por más que los nombres eran variados para designar a aquéllas, en Italia arraigó el de *gazzettas,* que más tarde alcanzó carta de naturalización en otros países, como sinónimo de periódico por excelencia. Hubo *gazzettas* en Ámsterdam y en Rotterdam, Países Bajos; sus semejantes llamáronse *zeittungen* en Alemania;

mercurys en Inglaterra; *courriers* y *journaux* en Francia; y en otras partes, "cartas", "avisos" y "relaciones". América no fue extraña a este fenómeno, y ya en Nueva España comenzó a aparecer, desde 1722, *La Gaceta de México* y *Noticias de la Nueva España,* de don Juan Ignacio Castorena y Ursúa, y posteriormente otras publicaciones de variado interés. Al sur apareció la *Gazeta de Goathemala,* en 1729, mientras en Perú surgió en 1743, la *Gazeta de Lima. Un Papel Periódico* de La Habana salió a la luz en 1790. Y así en las otras colonias hispanoamericanas. En Norteamérica se imprimió a fines del siglo XVII el primer periódico de que se tiene noticia, que fue el *Public Ocurrences both Foreign and Domestic,* editado en Boston por Benjamín Harris; hubo también publicaciones alentadas por un dueño de postas, aunque el primer diario norteamericano fue el *Boston News-Letter,* que salió al público en 1704.

En Europa tuvo relevancia la obra del médico *Teofrasto Renaudot,* en la corte de Luis XIII de Francia, hasta el punto de que puede tomársele como el más vigoroso impulsor del periodismo en el siglo XVII. Los informes que proporcionaba a sus clientes a través de sus "nouvelles a la main" sirvieron de antecedente a su *Gazeta,* aparecida en 1631, y seguida de *Le Mercure Français.* El periodismo tuvo otras manifestaciones en distintos países, y pronto se hizo connatural en la vida ordinaria y en la cultura. Periódicos, hojas a mano o impresas, según las condiciones de la política, y de la mayor o menor libertad concedida por las autoridades, aparecieron en Inglaterra, cuyo primer diario fue el *Daily Courant,* aparecido en 1702, editado por una mujer, Elizabeth Mallet.

Otros de los primeros diarios fueron: el *Leipziger Zeitung,* en Alemania en 1660, aunque algunos autores le niegan la calidad de periódico; el *Journal de París,* de 1777; y el *Diario noticioso, curioso erudito y comercial, público y económico,* publicado en España en 1758.

Desde la época de la Revolución Francesa y con las transformaciones políticas y económicas que fueron concomitantes a ella, el periodismo tomó un gran auge, aunque pronto tuvo una tendencia mas acentuada a favor de lo noticioso en los Estados Unidos y en Inglaterra, mientras la influencia política fue muy perceptible en otras partes del mundo. Así el periodismo ha llegado a alcanzar, hasta nuestros días, planos de interés considerable por su difusión amplísima, cuanto por el uso de maquinaria cada vez más perfeccionada que permite editar ejemplares en número y calidad crecientes —uso, por ejemplo, del vapor para fines tipográficos— gracias a los trabajos del alemán *Frederik Koenig,* que dio ocasión a que el más célebre periódico de Gran Bretaña, *The Times,* fundado el 1° de enero de 1785, pudiese revolucionar sus sistemas hasta quedar a la cabeza del periodismo de principios del siglo XIX; o uso del linotipo, inventado por el también alemán *Otomaro Mergenthaler;* posibilidad de contar, en fin, con rotativas, sistema de offset, de rotograbado, de heliograbado, etcétera.

El periodismo lleva noticias, comentarios e información a grandes masas, y constituye uno de los vehículos de mayor impacto en la formación de criterios y actitudes en la vida de nuestros días. Son los *Estados Unidos,* ciertamente, el país donde la técnica periodística ha llegado a tener manifestaciones más variadas y efectivas, pero la obra de desarrollo no se ha ceñido a ese país, y tiene, lo mismo en *Inglaterra* que en el *Japón,* en la *URSS,* en *Alemania,* en *Francia* o en *Italia,* testimonios de valía muy notable que no pueden ser pasados por alto.

Puede medirse el impacto público de algunos periódicos si se toman en cuenta los ejemplares que editan, como ocurre con los *Estados Unidos,* en donde es enorme la cantidad de periódicos que se publican, y cuyos principales testimonios son: el *New York Daily News,* que edita 2,230,400 ejemplares diarios, si bien su edición dominical rebasa los 3 millones de ejemplares. El número de diarios norteamericanos se acerca a los 2 mil títulos, con un tiro de alrededor de 60 millones de ejemplares cotidianos. En *Europa Occidental,* los diarios son casi 3 mil y su tiro bordea los 95 millones de ejemplares cada día. A su vez, en la *URSS* hay publicaciones de gran tiraje, como *Izvestia,* que edita 7,500,000 ejemplares diariamente; *Pradva,* con 6,000,000; *Komsomolskaya Pravda,* con 6,800,000 *Pionerskaya Pravda* con 9,000,000 de ejemplares y otros. El *Japón* tiene casos notables, como ocurre con el *Asahi Shimbun,* con más de 4 millones de ejemplares, o el *Yomiuri Shimbun* con alrededor de 3 millones, a más de otros tres diarios con más de un millón cada día. *Alemania Occidental* tiene un diario, el *Bild Zeitung,* con cerca de 4 millones de ejemplares en su tiraje nacional; no tiene abundancia de diarios con más de 1 millón, pero sí varios de cientos de miles de ejemplares, cuya suma sitúa al periodismo alemán entre los primeros del mundo.

El arte

1. La música

El siglo XVIII fue, como se ha visto, el que alcanzó un nivel culminante dentro del clasicismo, pero en sus últimos años se percibió ya el paso del romanticismo, paso que tuvo en *Ludwig van Beethoven* su mejor exponente. Un estupendo sentido del equilibrio y de la grandiosidad dominó sus obras, situadas en lugares primerísimos de la producción mundial. No fue extraño a ninguno de los géneros musicales, pero entre sus piezas merece subrayarse la importancia de las sinfonías *Eroica* (dedicada inicialmente a Napoleón), la *Quinta Sinfonía*, la *Pastoral* y la *Sonata a Kreutzer*.

El romanticismo alcanzó su esplendor en los años siguientes, al exaltar lo íntimo, el amor a la naturaleza, lo emotivo, con *Carlos María von Weber* (1786-1826), alemán, autor del *Fraeischutz; Carlos Gaunod*, francés (1818-1893), autor de *Fausto* y de *Romeo y Julieta;* y *Jorge Bizet* (1838-1875), autor de la ópera *Carmen*.

Una exuberante fantasía se percibe en la obra operística de *Joaquín Rossini* (1792-1868), creador de óperas de éxito mundial como *El Barbero de Sevilla, Guillermo Tell* y otras, que aún comparten el favor del público con óperas románticas como *Elíxir de Amor* y *Lucía de Lamermoor*, de *Cayetano Donizetti; Aída, Otelo* y *Falstaff* de *José Verdi* (1813-1901).

Grandes músicos románticos fueron asimismo, el austriaco *Franz Schubert* (1797-1828), autor de *El Canto de Invierno;* el hebreo alemán *Félix Mendelssohn* (1809-1847); *Roberto Schumann*, autor de conciertos y música de cámara; y sobre todo el polaco *Federico Chopin* (1810-1849), de rica sensibilidad y ternura, en sus valses, o de vibrante patriotismo en sus "polonesas".

Igual que en la literatura, en la música se percibió desde mediados del siglo XIX un deseo de abandonar lo sensitivo para adoptar lo realista, lo descriptivo, el mundo exterior, y con tal tendencia compuso sus obras el francés *Héctor Berlioz* (1803-1869). Franco espíritu nacionalista se encuentra

Ricardo Wagner

en la producción del alemán *Ricardo Wagner* (1812-1883), inspirado en las grandes leyendas alemanas que le dieron tónica para su obra de gran fuerza y colorido en *Lohengrin, Tannhauser, Parsifal* y *Tristán*.

A esta época corresponde *Franz Lizst* (1811-1886), húngaro, de gran colorido; y un poco posterior, *Eduardo Grieg* (1843-1907), noruego, autor múltiple y variado.

No menos nacionalistas fueron los grandes compositores rusos como *Modesto Mussorgsky* (1839-1881); *Borodine* y *Rimsky Korsakoff*. De producción más universal fue *Pedro Tchaikowsy* (1840-1893), en cuya obra es muy apreciable un contraste frecuente de ritmos, originalidad y lirismo. Su obra más valiosa es, acaso, su *Sexta Sinfonía*.

Entre los músicos de fines del siglo y principios del actual, descollaron: los bohemios *Federico Smetana y Antonio Dvorak,* de fuerte raigambre nacionalista; el finlandés *Juan Sibelius* (1865-1957); el húngaro *Bela Bartok* (1881-1945); el ruso *Sergio Rachmaninoff* (1873-1943); el norteamericano *Edgardo McDowed;* los españoles *Felipe Pedrell, Isaac Albéniz, Enrique Granados y Manuel de Falla;* los franceses *Camilo Saint-Saens, Julio Massenet* y *César Frank.* Fue *Claudio Debussy* el principal propulsor del modernismo en Francia, lo mismo que *Mauricio Ravel.*

Romántico y modernista fue *Ricardo Strauss,* alemán, de contrastante producción.

La música sagrada contó como principal representante a *Lorenzo Perosi.* Otros músicos italianos célebres fueron: *Pedro Mascagni* (1890-1935) y *Jaime Puccini* (1858-1925).

Entre los compositores más recientes cabe mencionar: al norteamericano *Gershwin,* y a los rusos *Igor Stravinsky, Sergio Prokofieff, Miguel Shostakovich, y* otros.

2. La pintura

En forma coincidente con el romanticismo que prevalecía en Europa, la pintura se inspiró en los temas sentimentales, o vivamente apasionados, aun en materia social y política.

Dentro de este cauce se encuentra el español *Francisco Goya* (1746-1826), incisivo, crítico mordaz, de fuerte ironía trágica en sus temas, mientras, a su vez, fue romántico su compatriota *Madrazo,* como románticos fueron: el alemán *Overbeck y* los ingleses *Turner, Rommey, Gainsborough* y *Lawrence.*

Nacionalista, sentimental, romántico, fue *Fernando de la Croix* (1798-1863), en Francia.

A fines del siglo fue notoria la existencia de una multiplicidad de tendencias pictóricas que buscaban librarse lo mismo del academismo que de los excesos del romanticismo, brotando así la "escuela realista", que tuvo como representantes más connotados en Francia a *Courbet* y *Millet;* a *Whistler,* en Inglaterra; a *Menzel* en Alemania y en España a *Sorolla, Fortuny* y *Zuloaga.*

Después hizo su aparición el impresionismo, que significó la captación rápida, luminosa de la vida, del color, como instantánea vertida en el lienzo. Su fundador fue *Eduardo Manet* (1833-1883) en Francia, seguido de sus compatriotas *Claudio Monet* (1840-1926) y *Eduardo Degas* (1834-1907).

El post-impresionismo, desarrollado en el occidente de Europa, tuvo representantes notables como los franceses *Pablo Cézanne* (1839-1906) y *Pablo Gauguin* (1838-1903) y el holandés *Vicente van Gogh* (1853-1890).

En el curso del siglo XX se produjeron grandes revoluciones pictóricas al buscarse lo sólido hasta sus expresiones geométricas; esto repercutió en el "cubismo" que animó en alguna época de su vida el español *Pablo Pica-*

Fusilamientos de la Moncloa. Pintura de Goya

sso; y después, como reacción, el "expresionismo", deseoso de expresar lo íntimo, lo subconsciente, desembocando en el "surrealismo" del también español *Salvador Dalí.*

Utrillo y Matisse han sido pintores franceses de fuerte personalidad.

En América, el mayor impulso lo ha resentido México, que después del academismo de vigorosa influencia europea, y del nacionalismo paisajista de *José María Velasco,* vio cómo la Revolución dio lugar a nuevas tendencias de contenido social, especialmente en las pinturas murales, en las que se quisieron presentar tesis políticas y revolucionarias, con cierto tinte de forzado indigenismo, con *Diego Rivera, José Clemente Orozco* y *David Alfaro Siqueiros.*

En las corrientes contemporáneas de la pintura mexicana, el mejor paisajista fue *Gerardo Murillo (Dr. Atl),* y en pinturas murales o de caballete, pueden citarse: *Rufino Tamayo,* los *Anguiano, José Chávez Morado, Federico Cantú, Manuel Rodríguez Lozano, Francisco Goitia,* y otros.

En la imposibilidad de mencionar ni sumariamente a pintores hispanoamericanos de fechas recientes, cabe mencionar, al menos, al brasileño *Cándido Portinari,* al ecuatoriano *Osvaldo Guayasamín,* a los argentinos *Antonio Berni* y *Juan Carlos Castagnino.*

3. La arquitectura

La arquitectura fue clasicista en Europa y en América a principios del siglo XIX.

Más tarde, respondiendo a las nuevas necesidades, se modificó paulatinamente, adoptando estilos y tendencias variadas. Un cambio profundo en la estructura y en la forma tuvo que operarse al dejar de tenerse la piedra como material básico, para sustituirla por el cemento armado, que revistió al hierro o al acero. En Europa y en América, y después en el resto del mundo, esta nueva arquitectura ha permitido una mayor ligereza, favorable a las grandes edificaciones y a las líneas severamente audaces lo mismo en edificios públicos que en residencias, en templos, o en fábricas.

La influencia del francosuizo *Le Corbusier,* ha sido profunda en este sentido.

4. La escultura

La escultura, atraída a veces por las formas naturales, a veces por un deseo de copia a lo clásico, y a veces queriendo servir, como la pintura, para sostener tesis políticas, ha tenido menor desarrollo que las otras artes plásticas, pero pueden mencionarse los nombres de los franceses *Rodin* y *Meunier,* entre los más célebres.

La ciencia

1. La educación

La *Pedagogía,* como ciencia de notoria trascendencia, ha tenido en la Edad Contemporánea expresiones de múltiple relieve. Ya el hecho de haber convertido la Revolución Francesa en ideal la educación primaria, *gratuita* y *obligatoria* –que en tal movimiento se caracterizó además por ser *laico*–, influyó en multitud de países que siguieron la orientación marcada en tal sentido. De esta suerte por impulso y convicción de los gobiernos de las instituciones particulares o de simples individuos, fue común que se difundiesen los planteles de instrucción elemental, y que se llegase en muchas partes, a consagrar como norma estampada en las Constituciones, la obligatoriedad y gratuidad de la enseñanza de esta clase; y requerimientos culturales crecientes llevaron, al mismo tiempo, el de-

La Universidad Nacional Autónoma de México

sarrollo de centros educativos de nivel medio o superior, en infinidad de sitios. El caso del establecimiento de nuevas universidades fue típico en este sentido, aunque no puede olvidarse que para algunos políticos influidos por ideas de radicalismo, o de filosofía positivista, hubo una inquina inocultable respecto de ellas, hasta el punto de haber laborado activamente por su desaparición, como ocurrió en México a lo largo del siglo XIX.

La enseñanza universitaria que, en términos generales, se vio colocada en la Edad Moderna principalmente hacia las materias de Humanidades, más que sobre temas de científicos —salvo excepciones muy señaladas, como sucedió con la tendencia "experimental" que acogieron desde los siglos XVII y XVIII las universidades inglesas de Oxford y Cambridge, las escocesas de Glasgow y Edimburgo, la holandesa de Leyde y las alemanas de Halle y Göttingen—, en muchas partes se vio envuelta por el conflicto planteado entre la filosofía escolástica y la ciencia, que se salvó a la postre, sino hasta casi el inicio de la Edad Contemporánea. El auge de la ciencia y el nuevo enfoque de los problemas permitieron, con todo, que hubiese al mismo tiempo una mayor desenvoltura universitaria, en la que se consideró esencial contar con una metodología científica adecuada —incluso, por ejemplo, el sistema de "seminarios", desenvuelto en la Universidad de Göttingen—.

La perspectiva general que ocurrió a lo largo de los siglos XIX y XX, ha sido resumida por el Doctor Pablo Latapí de este modo:

"La fundación de la Universidad de Berlín en 1810 según la idea de Wilhelm von Humboldt, con sus dos primeros rectores, Fichte y Schleiermacher, determina el principio de un siglo de hegemonía científica alemana y señala la madurez de la 'libertas philosophandi' la libertad académica, como característica esencial de la universidad moderna. Si la ciencia en frase de Humboldt, debe ser considerada como algo que no ha sido aún totalmente descubierto, se sigue a la vez la necesidad de que la universidad una a la docencia la investigación científica, y que el principio de la libertad de docencia y de investigación se consideren el principio fundamental de toda universidad.

"De la universidad alemana, con fuertes influencias también de la inglesa, nace la universidad de los Estados Unidos... de la universidad francesa, centralizada y excesivamente sistematizada por la reforma napoleónica, brotan las transformaciones de las universidades latinoamericanas..."

Cabe agregar, en relación con estas últimas, que a partir del segundo decenio de este siglo han propendido a alcanzar, en lo tocante a universidades no particulares, los ideales de "autonomía" y "libertad de cátedra".

El impulso católico a favor de las universidades reconoció como un gran sostenedor al Papa *León XIII,* quien prescribió que la filosofía y teología escolásticas de Santo Tomás de Aquino informasen las directrices del pensamiento en estos ámbitos. Diversos autores maestros y tratados educativos de inspiración católica pueden citarse al respecto, y son pocos los países no sometidos al comunismo que no tienen una o varias universidades de esta inspiración. Los hermanos *maristas,* los *hermanos de las escuelas cristianas* y *los jesuitas* son los religiosos que tienen acaso el mayor acervo de planteles en los niveles medio y superior. "Solamente los jesuitas, indica Bravo Ugarte, regentean actualmente unas 50 universidades y unos 550 colegios, y dirigen institutos de química y de biología y observatorios astronómicos, heliográficos, sismográficos, geofísicos y meteorológicos".

Por la amplitud de su labor entre las clases populares y por el valor pedagógico puesto en marcha por *San Juan Bosco* desde mediados del siglo XIX en Italia, y luego casi en todas partes del mundo, conviene subrayar el papel desempeñado por las escuelas *salesianas,* medularmente orientadas a la preparación de técnicos y obreros calificados.

Entre los hombres que más decididamente han contribuido, en fin, al desarrollo de la ciencia pedagógica, pueden mencionarse los siguientes: el suizo *J. H. Pestalozzi* (1746-1827), acaso el maestro más afamado del siglo XIX, que dio énfasis a la enseñanza objetiva para desarrollar el espíritu de observación y razonamiento de sus discípulos. *J. F. Herbart* (1776-1844), que tomó en cuenta los métodos de Pestalozzi y trató de armonizarlos con los ético-sociales y los psicológicos; *Andrew Bell* (1753-1832) *y José Lancaster* (1778-1838), que impulsaron un sistema educativo que mucho contó en Europa y América, basado en "monitores", es decir, en la acción de un maestro secundado por los alumnos mas aventajados que, bajo su vigilancia, instruían a sus condiscípulos; el norteamericano *Juan Dewey* (1859-1952), que inspiró el método que, basado en experiencias en forma de problemas, quiso que se aprovechase cuanto interesaba al alumno para orientarlo en un sentido útil a él y a la sociedad; *Federico Fröbel* (1782-1852), iniciador de los "jardines de niños"; el belga *Decroly,* que admitió los métodos de la pedagogía científica de *Dewey* y trató de perfeccionarlos con nuevas técnicas de medición psicológica (pruebas de carácter y de voluntad), de medición del aprovechamiento escolar (pedagogía cuantitativa) y de experimentos pedagógicos (pedagogía experimental), etc.; *María Montessori* (1870-1950), italiana, que impulsó un sistema basado en la observación del niño, en su libertad y en la abolición de premios y castigos. Una franca tendencia a dar al niño una participación mayor, o enseñanza activa, ha tenido diversas variantes en la Pedagogía contemporánea, en la cual han participado, a escala diferente, lo mismo la técnica de *Celestino Freinet* (la imprenta en la escuela), que la experiencia inglesa de *Summer Hill,* que otras labores más modernas.

En el campo educativo conviene mencionar el hecho de que, mientras en muchos países se estimó indispensable respetar el principio de la libertad de enseñanza, en otros se quiso insistir en que la educación pública debía estar sujeta a las orientaciones impuestas por el Estado: ya las de tipo laicista, impuestas por los políticos liberales, ya las totalitarias de comunistas, nazis y fascistas. En la actualidad, la inmensa mayoría de las naciones democráticas aceptan en sus leyes y en sus prácticas el principio de libertad de enseñanza, y son muchos los que reconocen el derecho de los padres de familia a determinar el tipo de educación que deseen para sus hijos, de acuerdo a sus convicciones propias. El tipo más acabado de respeto e impulso a la educación con sentido de libertad, es el que presenta *Holanda.*

2. La psicología

Aunque es notorio que interés y aun escritos sobre temas psicológicos los hubo en las Edades Antigua y Media, no es menos cierto que su desarrollo en campo propio tuvo lugar a partir de las postrimerías del siglo XVIII y principios del siglo XIX. En esa

Alumnos de la escuela Summerhill

era de inclinación al uso de la razón y la experiencia, la psicología, dice Mueller, quiso tener "sus derechos de ciudadanía en el mundo científico, con el mismo título que la química o que la biología".

Los pasos iniciales tuvieron que ser, naturalmente, difíciles y de titubeo. Algunas tendencias pusieron demasiado énfasis en lo subjetivo, mientras otras pusieron su empeño, por el contrario, en una psicología demasiado dependiente de la filosofía; aunque no faltaron, sin embargo, quienes supieron superar esta oposición que se antojaba irreductible.

En *John Stuart Mill,* autor de un *Sistema de Lógica* (1843), encontramos ya a quien destaca el carácter de ciencia independiente de la psicología; ciencia que mediante la observación y la experimentación podía descubrir "las leyes en función de las cuales los fenómenos del espíritu se engendran los unos a los otros", aunque en estrecha relación con las condiciones orgánicas. En *Herbert Spencer* (1820-1903), hállase, por su parte, un reconocimiento explícito de las inquietudes naturalistas que dominaban en su tiempo, y que reflejadas al campo de la psicología permitían insistir, a favor de ésta, en los "hechos" y en la experiencia. Los estudios de *Johann-Friedrich Herbat* (1776-1841) y de *E. H. Weber* (1795-1878), en Alemania dieron impulso a una psicología experimental que fue, fundamentalmente, una psico-física que, sin haber muerto del todo, ha sido desplazada en muchas partes por una psico-fisiología. Algunos autores no quisieron reducir los estudios psicológicos a un ámbito puramente individual, y emprendieron, con variada fortuna, la empresa de estudiar la *psicología* de *los pueblos,* al modo del alemán *Wilhelm Wundt* (1832-1920), como se dieron, asimismo, al estudio de la *psicología de las multitudes,* los franceses *Gabriel Tarde* y *Gustavo Le Bon.*

Sigmund Freud

El entusiasmo con que en algunos círculos se animó a la nueva ciencia, tuvo uno de sus mayores sostenedores en el francés *Teódulo Ribot* (1839-1916), profesor del Colegio de Francia, quien dio amplia preferencia a la influencia de lo fisiológico en los estados psíquicos, aunque sin excluir otros factores, todo ello impregnado de un fuerte sentido de transformismo. Por doquier cobró interés el gusto por la psicología en la segunda mitad del siglo XIX y en los primeros del siglo XX. En 1889 se reunió el primer "congreso de psicología experimental" bajo la presidencia nominal del "gran Charcot" —que en Francia, en la Salpetrie, había hecho ensayos famosos con afectados de histeria, incluso con procedimientos a los que no era ajena la hipnosis—, aunque bajo la dirección real de Ribot.

El año de 1900, en que se efectuó el cuarto congreso, en París, se publicó también la primera obra fundamental de *Segismundo Freud,* llamada *La Interpretación de los Sueños.* La obra de Freud ha tenido repercusiones amplísimas, y el *psicoanálisis,* que puso en marcha, ha podido alcanzar

Cuadro que muestra a Claudio Bernard, el celebre fisiólogo y médico francés, al lado de algunos colaboradores en un laboratorio

un desarrollo considerable. Tal psicoanálisis no fue para él una exploración escueta del psiquismo humano, es decir, de los procesos inconscientes no analizados por la psicología clásica, sino también una terapia para el tratamiento de algunas neurosis y psiconeurosis. No obstante, desbordado su sentido original, se quiso llevar el psicoanálisis a otros dominios de la cultura, a la literatura, el arte, e incluso a la historia de las religiones. Ya en Freud mismo se apuntó el origen de la religión con una explicación en la que lo fantasioso y lo mítico corrieron parejas con lo erótico, conforme al "complejo de Edipo" —lucha de los hijos contra el padre, o patriarca, cuyo dominio se extendía incluso a las mujeres, aunque una vez muerto fue divinizado por sus mismos hijos y matadores, dando lugar, al culto del muerto— aunque en ello no hay verdadera base ni histórica ni científica, como elemento primario de la religión.

Es preciso decir que, por lo demás, Freud quiso ver en los motivos esenciales de la conducta humana el peso de dos instintos básicos: *el eros* y *el instinto destructivo;* y entre ambos concedió al primero, que es el impulso sexual, que incluye el de la propia conservación, un interés mayor.

Las teorías freudianas permitieron a la psicología una serie de aportaciones de alto valor, aunque sus exageraciones, sobre todo en lo tocante a su sexualismo desmedido, dieron ocasión a que incluso algunos discípulos suyos, como *Carlos Gustavo Jung* y *Alfredo Adler,* tomaran por vías propias: uno con su "psicología analítica", y otro con su "psicología individual", que significaron otras tantas desviaciones al estrecho cauce del freudismo ortodoxo.

No puede dejar de apuntarse, en fin, en el vasto campo de la psicología, la tarea del francés *Enrique Bergson,* que a su tiempo reaccionó contra el naturalismo, e insistió tanto en la importancia de la intuición, cuanto en el sentido de temporalidad de los fenómenos psíquicos; y la otra de *Dilthei,* en Alemania, que también se opuso al naturalismo y proclamó el carácter de totalidad, o de estructura organizada, de la vida anímica.

Nombres como los de *Franz Brentano, Werthelner, Köhler, Kaffka, Janet, James, Fechner, Fromm, Rogers* y otros, han tenido también significación nada despreciable en el desenvolvimiento de una ciencia que ha obtenido muchos logros, pero que tiene aún muchos problemas que resolver.

3. El dominio físico

El avance de la ciencia y de la técnica ha sido tan grande y prodigioso y desmesurado, que lo obtenido en los siglos XIX y XX supera con creces a lo alcanzado por la humanidad en toda su historia previa. Los pasos dados en esta vía de acrecentamiento de los conocimientos científicos ha hecho decir a Franz Kahan, con no escasa ironía, que "Aristóteles no conocía el concepto de atracción y no hubiera podido discutir con Newton. A su vez Newton no podría seguir un congreso actual de físicos, pues los conceptos de campo, cuantum y salto electrónico no existían en su cerebro".

En la Era Contemporánea, todos los ramos de la ciencia se han proyectado hasta planos de extraordinaria valía y complejidad, aun reconociéndose, por supuesto, las bases puestas en los siglos anteriores.

La Física, la Química, la Astronomía, los mismo que las Matemáticas, han tenido cultivadores de primer orden, sin que pueda ignorarse en ello hasta qué punto, en el alba de la Edad que mencionamos, la obra de *Papin,* de *Watt,* de *Stephenson* y de *Fulton,* ya mencionada en cuanto al aprovechamiento del vapor, fue fundamental en el aspecto técnico propicio al desarrollo de la civilización, de la industria y de los transportes.

Es preciso tener en cuenta, en un breve y somero repaso de algunos hechos, la tarea de *Hans Christian Oerstedt,* que descubrió el electromagnetismo, al hallar que una corriente eléctrica desvía una aguja. Por su parte *Andrés Mana Ampère* (muerto en 1836) puede ser considerado como el fundador de la electro-dinámica, debiéndosele la demostración de que la luz y el calor son esencialmente iguales; y a instancias de ello, se sigue dando el nombre de *amperio* a la unidad de intensidad de la corriente. La electricidad fue siendo conocida cada vez más en cuanto a sus propiedades, hasta llegarse con posterioridad a un dominio sorprendente de ella. *Jorge Simón Ohm,* fallecido a mediados del siglo XIX, apuntó desde 1827 la ley de la resistencia eléctrica en virtud de la cual se denomina a la unidad de resistencia con el nombre de *ohmio. Alessandro Volta,* a quien llegó a calificarse de "el maestro de baile de las ranas", porque demostró con batracios que la energía química podía convertirse en energía eléctrica, dejó también su nombre en la expresión *voltio,* usada para denominar la unidad de diferencia de potencial.

En el campo de las experiencias eléctricas, *Miguel Faraday* pudo demostrar en 1831 que el magnetismo es capaz de producir corriente, y reafirmó y amplió el principio de Ampère al postular que el magnetismo, la luz, la electricidad y el calor son manifestaciones de una común energía natural. Trabajos de particular importancia realizaron también, hasta el punto de poder enunciar determinados principios científicos en materia de energía térmica, el alemán *Julius Robert Mayer* y el inglés *James Prescott Joule.* La óptica, como ciencia de la luz, debió mucho al alemán *Fraunhofer,* que logró descubrir en el espectro solar las rayas que hoy llevan su nombre, precisó la longitud de las ondas luminosas y se le considera como el precursor de los estudios sobre análisis espectral. Fue de interés indudable, asimismo, el trabajo del belga *Gramme,* que ideó la máquina dinamoeléctrica. En 1835, *Morse,* logró una mejoría más en la transmisión de mensajes mediante la telegrafía electromagnética. Con su nombre se designa el alfabeto que se usa en esta materia. Nueva aportación fue la del telégrafo submarino, con los trabajos del mismo *Morse* y de *Vail* para una mejor comunicación de los continentes; apareció después el teléfono, producto de la labor del norteamericano *Alejandro Graham* y del italiano *Antonio Meucci.*

Fueron descubiertas las ondas hertzianas por *Enrique Hertz,* y su aparición posterior a la telegrafía sin hilos, por el italiano *Marconi.*

No menos interesantes han sido las invenciones de la fotografía, con el francés *Daguerré,* del fonógrafo y otros productos eléctricos, incluso la bombilla —que vino a sustituir el antiguo alumbrado de gas—, con el norteamericano *Tomás Alva Edison.*

Deben mencionarse también los rayos X, descubiertos por *Röentgen,* en 1895; los trabajos fundamentales en radiotelefonía, telefotografía, y, sobre todo, las investigaciones acerca de la constitución del *átomo* cuya naturaleza, y la posibilidad de liberar su fuerza nuclear, han recabado esfuerzos de trascendencia incalculable para la guerra —como desgraciadamente ha ocurrido— o para la paz, con grandes posibilidades de toda índole. El ahondamiento en las investigaciones físicas ha permitido un conocimiento mayor de dicho *átomo,* que según se ha demostrado, no es "indivisible", como antes se supuso, sino que es una estructura de notable complejidad formada por varios componentes. Los estudios y experimentos realizados con una parte del átomo, el *electrón,* han permitido, por ejemplo, el desarrollo de una parte fundamental de la física que es la *electrónica,* cuya aplicación a la práctica ha dado sitio a su utilización en infinidad de aparatos. No es extraño a estos ámbitos de la cultura, el intento de construir —en un campo denominado genéricamente con el nombre de *cibernética*— aparatos y máquinas que, a base de procedimientos electrónicos efectúen por sí mismos cálculos complicados que en un ser humano requerían más tiempo y esfuerzo. La elaboración de *cerebros electrónicos* y *robots* (palabra que deriva del checo *robotz,* o faena, ideada por el escritor *Karel Capek)* entra en este cauce fecundo. Físicos de valía en aspectos variados de su especialidad, han sido los esposos *Joliot-Curie, Lawrence,* el príncipe *Luis de Broglie, Enrique Fermi, Albert Einstein* —uno de los mayores genios contemporáneos, descubridor, asimismo, de la ley de la relatividad—, *Dunning, Nier, Oppenheimer, Hahm, Planck, Bohr, Heisenberg, Dirae,* etcétera.

Pueden mencionarse, entre los astrónomos de mayor relieve, al alemán *Guillermo Herschel,* que descubrió el planeta Urano y construyó potentes telescopios; al italiano *Juan Schiaparelli,* que hizo estudios de interés sobre Marte, Venus, y los cometas; a los ingleses *Chamberlain* y *Moulton,* autores de una teoría sobre la formación del sistema planetario; y a otros más.

Guillermo Marconi

Es indispensable citar tras el impulso que Lavoisier dio a la química, la obra de *Liebig,* quien en la segunda mitad del siglo pasado fundó en Ciessen el primer laboratorio experimental que hubo en Alemania, y quien, por el empeño puesto en el uso de los abonos minerales, puede ser reputado como el fundador de la química agrícola. Sujeto fundamental en materia química fue el sueco *Jöns Jakob Berzelius* (muerto en 1848), quien además de haber descubierto los elementos selenio y tono, propuso el análisis elemental; en 1814 ideó, dice *Mikoletzky*, "los símbolos químicos hoy adoptados universalmente y calculó los pesos atómicos y pesos relativos de numerosos elementos". Desenvuelta cada vez más la química, sus aportaciones han sido medulares en el orden farmacéutico e industrial, en múltiples sentidos.

Y en cuanto a la medicina, los logros no son menos espectaculares que los obtenidos en otras parcelas de la ciencia. Sobre los conocimientos que venían de tiempo atrás y que tenían variada relevancia, la medicina contemporánea ha podido llegar a metas muy destacadas. En la larga lista de los cultivadores de la medicina pueden citarse, entre muchos más, los nombres del austriaco *Leopoldo Aunbrugger* (muerto en 1809), que ideó el sistema de percusión, por el cual los golpes dados en la superficie del cuerpo permiten conocer el estado y posición de los órganos; *Laënnec*, francés, aplicó el método de la auscultación, mediante la aplicación directa del oído al cuerpo del paciente, o mediante el estetoscopio; *Rudolf Virchow* (muerto en 1902) propuso, sobre ideas y experiencias que venían de tiempo atrás, la "teoría celular" en virtud de la cual se quiso considerar que las enfermedades dependían de la alteración de las células del cuerpo humano; *Santiago Ramón y Cajal*, español (muerto en 1934) fue uno de los fundadores de la histología moderna. El francés *Luis Pasteur* hizo descubrimientos sensacionales con las bacterias, generalizó el uso de las vacunas, y destruyó la vieja teoría de la generación espontánea. El religioso austriaco *Gregorio Juan Mendel* descubrió las leyes de la herencia. Investigaciones diversas llevaron al alemán *Roberto Köch* a descubrir el bacilo de la tuberculosis. Por su parte, *Emil Behring* descubrió a fines del siglo XIX el suero antidiftérico, que permitió considerarlo como el iniciador de la medicación antibiótica.

Ha sido de valía, para la represión de las enfermedades, el auxilio prestado por las *sulfamidas* y los *antibióticos*. En ello, el inglés *Alejandro Fleming* tuvo participación meritoria con su descubrimiento de la *penicilina*. Varios padecimientos que antes fueron verdaderos azotes de la humanidad han sido reprimidos, aunque otros, como el cáncer, cobran vidas en gran escala, si bien la cirugía, diversos medicamentos y la aplicación del cobalto constituyen modalidades singulares en la lucha contra el flagelo. En fin, los adelantos de la medicina general son de volumen considerable, incluso en *la psiquiatría*, cuyo desarrollo es también tarea contemporánea. Es legítimo agregar, en fin, que desde fines del siglo XVIII, y principios del XIX, una rama particular de la medicina, la *homeopatía*, tomó por caminos propios, a instancias del alemán *Samuel Hahnemann* (muerto en 1843), a base del procedimiento consistente en combatir las enfermedades con sustancias mínimas que en volúmenes mayores producen manifestaciones patológicas. Su principio se enuncia así: "similia similibus corantur".

En fin, en las ciencias naturales, en general, son perceptibles adelantos de mucho mérito. Acerca de los fenómenos biológicos y en especial acerca del origen de la vida, apuntaron teorías de variada importancia, a principios del siglo XIX, *Jorge Leopoldo Dagoberto Cuvier* y *Juan Bautista Lamarck;* fue éste quien propiamente inició la teoría de la evolución y de la función creadora de los órganos, que acogió y amplió *Carlos Darwin,* autor de la célebre obra *El Origen de las Especies,* que destacó en ella la importancia de la selección natural. Eco lejano de esta teoría y con variadas consideraciones en el campo filosófico y teológico, es el pensamiento reciente de *Teilhard de Chardin,* quien ha querido ver en el Universo, en su conjunto, una evolución general orientada a Dios ("Creo, dijo, que el Universo es una evolución. Creo que la evolución va hacia el Espíritu. Creo que el Espíritu se eleva en lo personal. Creo que lo personal supremo es el Cristo Universal"). Todo, para él, desde las partículas del átomo hasta Cristo, se desarrolla evolutivamente en función de un "proceso sideral total". Las afirmaciones de Teilhard de Chardin —objeto de grandes elogios y de grandes dicterios—, contenidas en múltiples libros suyos, despertaron un recelo apreciable en no pocos círculos eclesiásticos que llevaron al Santo Oficio —cuyo jefe nato es el Papa— a expedir en 1962 un "monitum" es decir, una advertencia, para poner en guardia a los católicos, no contra la labor científica del célebre jesuita, sino contra sus puntos de vista en materia filosófica y teológica que, según ese monitum encierran "tales ambigüedades y aun errores tan graves que ofenden la doctrina católica". Es de explicarse, en esta virtud, que el pensamiento de Teilhard de Chardin siga siendo el centro de controversias agudas.

Todo ello ocurre en momentos de seria crisis de un mundo que parece estar en transición hacia otra edad histórica; en que muchas estructuras se cimbran, y en que muchos valores son puestos a debate. Esa edad nueva, que se apunta en medio de prodigiosos hallazgos de la ciencia y de la técnica, pero también de serios desajustes ético-sociales, puede ser la realización de posibilidades enormes de desarrollo, pero puede resentir también riesgos ominosos, según que se aproveche el patrimonio cultural para el servicio del hombre —orientado éste a Dios, que es la Suma Sabiduría—, o se vea el ser humano aplastado por una cultura atea y deshumanizada que lo afrente. A la postre, sin embargo, los valores más altos prevalecerán, pero mayor ahorro de dolor podrá obtenerse si el hombre sabe armonizar el saber con la libertad, con la justicia, con el derecho, y en suma, con el Bien y la Verdad.

Lecturas

Pensamientos de Adam Smith

- *El desenvolvimiento de mayor importancia en las aptitudes productivas dispuestas al trabajo, y en gran medida la destreza, la idoneidad y el acierto con que se aplican y encauzan, parecen ser el resultado de la división del trabajo.*
- *El crecimiento apreciable en la cantidad de mercancías que una misma cantidad de individuos puede elaborar, a consecuencia de la división del trabajo, proviene de tres particularidades distintas: primera, de la mayor habilidad de cada operario en particular; segunda, del ahorro del tiempo que ordinariamente se pierde cuando se pasa de una labor a otra; y finalmente, de los inventos de una gran suma de máquinas, que dan facilidad a las labores, adiestrando a un hombre para realizar el quehacer de muchos.*
- *El precio de cualquier objeto, lo que en verdad le cuesta al individuo que quiere poseerlo, son los esfuerzos y fatigas que su adquisición reclama.*
- *Es notorio que cualquier persona, en su situación propia, puede juzgar de mejor manera que no cualquier político o legislador. El hombre de gobierno que pretende dirigir a los sujetos particulares sobre cómo han de emplear su capital, no sólo toma para sí un trabajo innecesario, sino que se arroga una autoridad que no puede otorgarse a una persona sola, ni tampoco a un grupo o senador de la índole que sea.*
- *El consumo es el único objetivo y método de toda producción; y el interés del productor debe ser únicamente, hasta donde alcance a ser necesario, el del consumidor.*

TRAD. GABRIEL FRANCO

Economía y conciencia

En la producción social de la vida, los hombres contraen determinadas relaciones de producción, necesarias e independientes de su voluntad, que corresponden a una determinada fase de desarrollo de sus fuerzas productivas materiales. El conjunto de estas relaciones de producción forma la estructura económica de la sociedad, la base real sobre la que se erige una superestructura jurídica y política, y a la que corresponden determinadas formas sociales de conciencia. El modo de producción de la vida material condiciona el proceso de vida social, política y espiritual, en general. No es la conciencia de los hombres la que deter-

mina su ser, por el contrario, su ser social es el que determina su conciencia.

CARLOS MARX
TRAD. WENCESLAO ROCES

El estado fascista

El liberalismo negaba al Estado en interés del individuo; el fascismo reafirma al Estado como la verdadera realidad del individuo. Y si la libertad debe ser el atributo del hombre real, y no del fantoche abstracto del cual pensaba el liberalismo individualista, el fascismo está por la libertad. Está por la única libertad que puede considerarse cosa seria, la libertad del Estado y del individuo en el Estado. En efecto, para el fascista, todo está en el Estado y nada humano ni espiritual existe y "a fortiori" nada tiene valor fuera del Estado. En este sentido el fascismo es totalitario, y el Estado fascista, síntesis y unidad de todo valor, interpreta, desarrolla y domina toda la vida del pueblo.

BENITO MUSSOLINI
TRAD. GREGORIO GARCÍA MANCHÓN

El estado y la raza

- *Desde el momento en que la nacionalidad, o, por mejor decir, la raza, no es una cuestión de idioma sino de sangre, sólo sería posible hablar de germanización si el proceso pudiese alterar la naturaleza de la sangre de lo persona a él sometida. Esto, no obstante, es imposible. Por consiguiente, para que tuviese lugar la germanización, sería indispensable la mezcla de la sangre, lo cual equivaldría a rebajar el nivel de la raza superior.*
- *Cada vez que se ha introducido sangre extraña en el cuerpo de nuestra nación, hemos sufrido desdichados efectos, consistentes en quebrantar nuestro carácter nacional.*
- *El principio esencial que debemos observar se finca en que el Estado no es un fin sino un medio. El Estado es el fundamento en que ha de apoyarse la más alta cultura humana, mas es incapaz de engendrar esta última. Para ello se requiere lo presencia de una raza dotada de capacidad para la civilización. Podrá haber en el mundo cientos de Estados modelos, y, sin embargo, si el conservador de la cultura, el ario, se extinguiese, no podría subsistir cultura alguna cuyo nivel intelectual fuese comparable con el de las grandes naciones de hoy día... De aquí que la condición indispensable para engendrar*

una humanidad superior no sea el Estado sino la raza que posee las cualidades necesarias para ello.

- *El fin esencial que debe perseguir un Estado nacional estriba en la conservación de los elementos raciales primitivos que, al propagar la cultura, crean la belleza y la dignidad de una humanidad mejor.*

ADOLFO HITLER
TRAD. DE ALBERTO SALVÍVAR P.

El desarrollo

Las diferencias económicas, sociales y culturales demasiado grandes entre los pueblos provocan tensiones y discordias, y ponen la paz en peligro. Como nos dijimos a los Padres conciliares a la vuelta de nuestro viaje de paz a la ONU "la condición de los pueblos en vía de desarrollo debe ser el objeto de nuestra consideración, o, mejor aún, nuestra caridad de los pobres que hay en el mundo —y éstos son legiones infinitas— debe ser más atenta, más activa, más generosa". Combatir la miseria y luchar contra la injusticia es promover, a la par que el mayor bienestar, el progreso humano y espiritual de todos, y, por consiguiente, el bien común de la Humanidad. La paz no se reduce a una ausencia de guerra fruto del equilibrio siempre precario de las fuerzas. La paz se construye día a día, en la instauración de un orden querido por Dios que comporta una justicia más perfecta entre los hombres.

PAULO VI
TRAD. JESÚS IRIBARREN

Principales artículos de la declaración universal de los derechos humanos de la ONU

1. *Todos los seres humanos nacen libres e iguales en dignidad y derechos y, dotados como están de razón y conciencia, deben comportarse fraternalmente los unos con los otros.*
2. *1) Toda persona tiene todos los derechos y libertades proclamados en esta Declaración, sin distinción alguna de raza, color, sexo, idioma, religión, opinión política o de cualquier otra índole, origen nacional o social, posición económica, nacimiento o cualquier otra distinción. 2) Además, no se hará distinción alguna fundada en la condición política, jurídica o internacional del país o territorio de cuya jurisdicción dependa una persona...*
3. *Todo individuo tiene derecho a la vida, a la libertad y a la seguridad de su persona.*

4. *Nadie estará sometido a esclavitud ni a servidumbre...*
8. *Toda persona tiene derecho a un recurso efectivo, ante los tribunales nacionales competentes, que la ampare contra actos que violen sus derechos fundamentales reconocidos por la constitución o por la ley.*
9. *Nadie podrá ser arbitrariamente detenido, preso ni desterrado...*
13. *1) Toda persona tiene derecho a circular libremente y a elegir su residencia en el territorio de un Estado. 2) Toda persona tiene derecho o salir de cualquier país, incluso del propio, y a regresar a su país...*
16. *La familia es el elemento natural y fundamental de la sociedad y tiene derecho a la protección de la sociedad y del Estado.*
17. *1) Toda persona tiene derecho a la propiedad, individual y colectivamente. 2) Nadie será privado arbitrariamente de su propiedad.*
18. *Toda persona tiene derecho a la libertad de pensamiento, de conciencia y de religión; este derecho incluye la libertad de cambiar de religión o de creencia, así como la libertad de manifestar su religión o creencia, individual y colectivamente, tanto en público como en privado, por la enseñanza, la práctica, el culto y la observancia.*
19. *Todo individuo tiene derecho a la libertad de opinión y de expresión...*
21. *Toda persona tiene derecho a participar en el gobierno de su país, directamente o por medio de representantes libremente escogidos...*
23. *Toda persona tiene derecho al trabajo, a la libre elección de su trabajo, a condiciones equitativas y satisfactorias de trabajo y a la protección contra el desempleo.*
26. *1) Toda persona tiene derecho a la educación. La educación debe ser gratuita, al menos en lo concerniente a la instrucción elemental y fundamental. La instrucción elemental será obligatoria. La instrucción técnica y profesional habrá de ser generalizada; el acceso a los estudios superiores será igual para todos, en función de los méritos respectivos... 2) Los padres tendrán derecho preferente a escoger el tipo de educación que habrá de darse a sus hijos.*
30. *Nada en la presente Declaración podrá interpretarse en el sentido de que confiere derecho alguno al Estado, a un grupo o a una persona, para emprender y desarrollar actividades o realizar actos tendientes a la supresión de cualquiera de los derechos y libertades proclamados en esta Declaración.*

Bibliografía fundamental

Alvear Acevedo. Carlos. *El Mundo Contemporáneo.* Editorial Jus. México. 1968. *Breve Historia del Periodismo.* Editorial Jus. México.

1965. *Introducción a la Historia del Arte.* Editorial Jus. México. 1969.
BABINI, José. *Historia Sucinta de la Ciencia.* Colección Austral. Espasa-Calpe Argentina Buenos Aires-México. 1951.
BELLOC, Hilaire. *La Crisis de Nuestra Civilización.* Editorial Sudamericana. Buenos Aires. 1945.
BOCHENSKI I. M. *La Filosofía Actual.* Breviarios del Fondo de Cultura Económica. México-Buenos Aires. 1965.
BRAVO UGARTE, José. *La Educación en México.* Editorial Jus. México. 1966.
DE LA PEÑA, Carlos H. *Historia de la Literatura Universal.* Editorial Jus. México. 1969. *Antología de la Literatura Universal.* Editorial Jus. México. 1960.
FERGUSON, J. M. *Historia de la Economía.* Fondo de Cultura Económica. México-Buenos Aires. 1963.
LALOUP, Jean. *La Ciencia y lo Humano.* Editorial Herder. Barcelona. 1964.
LANGER, William. *Enciclopedia de la Historia del Mundo.* Editorial Sopena Argentina. Buenos Aires.
LARROYO, Francisco. *Historia General de la Pedagogía.* Editorial Porrúa. México. 1960.
LECLERCQ, Jacques. *Filosofía e Historia de la Civilización.* Ediciones Guadarrama. Madrid. 1965.
MARAIS, Julián y LAÍN ENTRALCO, Pedro. *Historia de la Filosofía y de la Ciencia.* Ediciones Guadarrama. Madrid. 1964.
MILLARES CARLO, Agustín. *Compendio de Historia Universal de la Literatura.* Editorial Esfinge. México. 1945.
MIKOLETZKY, H. L. *Historia de la Cultura.* Editorial Labor. Barcelona. 1966.
MUELLER, F. I. *Historia de la Psicología.* Fondo de Cultura Económica. México-Buenos Aires. 1966.
OLMEDO, Daniel. *Manual de la Historia de la Iglesia.* Buena Prensa. México. 1946.
PEREYRA, Carlos. *Breve Historia de América.* M. Aguilar Editor. Madrid. 1941.
PÉREZ BUSTAMANTE, C. *Compendio de Historia Universal.* Ediciones Españolas. Madrid. 1940.
PIJOÁN, José. *Summa Artis.* Espasa-Calpe. Barcelona. 1957.
REINACH, Salomón. *Apolo.* Editorial Nueva España. México.
REY PASTOR, J. y DREWES, N. *La Técnica en la Historia de la Humanidad.* Colección Oro. Editorial Atlántida. Buenos Aires. 1957.
RIMLI E., Th. *Historia Universal Ilustrada.* Vergara Editorial. Barcelona. 1957.
RUTYCH, N. *El Partido Comunista Ruso en el Poder.* Editorial Jus. México. 1961.

SACHER, Hermann. *Comunismo Chino.* Colección Panorama. Editorial Jus. México. 1962.
SCIACCA, M. F. *Historia de la Filosofía.* Editorial Luis Miracle. Barcelona. 1962.
SEPÚLVEDA, César. *Curso de Derecho Internacional Público.* Editorial Porrúa. México. 1960.
TORRI, Julio. *La Literatura Española.* Breviarios del Fondo de Cultura Económica. México-Buenos Aires. 1964.
VAN DER MEER, F. *Panorama de la Cultura Occidental.* Ediciones Guadarrama. 1967.
VAN GESTEL, C. *La Doctrina Social de la Iglesia.* Editorial Herder. Barcelona. 1961.
VELARDE, Héctor. *Historia de la Arquitectura.* Breviarios del Fondo de Cultura Económica. México-Buenos Aires. 1963.
WEISS, J. B. *Historia Universal.* Tipografía La Enseñanza. Barcelona. 1927.

Apéndice

Desenvolvimiento de los ferrocarriles

El transporte ferroviario se ha perfeccionado a lo largo del tiempo y ha sufrido cambios de importancia. Así, al tren movido por *vapor*, se fueron agregando los ferrocarriles impulsados por *electricidad*, el *petróleo*, o por su derivado, el *diesel*, e incluso se llegaron a idear vías elevadas o bien, vías únicas —como el *monorriel*— para determinados lugares, con un servicio cada vez más veloz y preciso. Una de las últimas manifestaciones de este adelanto ha sido el nuevo ferrocarril de la *Tokaido Line* preparado para la "Expo 70", en el *Japón*, y dispuesto para cubrir la distancia entre Tokio y Osaka, que es de 320 millas, en 3 horas, esto es, a 125 millas por hora.

Prácticamente en todo el mundo hay ferrocarriles, pero la longitud de las redes varía según las condiciones geográficas y el adelanto técnico de cada nación. Los Estados Unidos son el país mejor dotado al respecto: tiene una red de 341,000 kilómetros; le sigue la URSS, con 139,800 kilómetros; Canadá, con 93,265 kilómetros; después, Argentina, con 41,907; Alemania Occidental, con 41,800; Francia, con 38,550; Brasil, con 38,160, etcétera.

México cuenta con 23,501 kilómetros de red ferroviaria.

Son notables, por su longitud, algunas líneas como las del *Ferrocarril Transiberiano*, de Moscú a Vladiovstock, inaugurado en tiempos de los zares, en 1903, y que cuenta con 9,344 kilómetros; el *Transaustraliano*, de Perth a Brisbane, con 5,600 kilómetros, puesto en servicio en 1917; el *Cen-*

tral Pacific, de Nueva York a San Francisco, vía Chicago, con 5,099, inaugurado en 1869; el *South Pacific,* de Washington a Los Ángeles, tiene, a su vez 4,787 kilómetros y su fecha de inauguración fue en 1881; el *Sudáfricano,* de Beira a Lobito, cuenta con 4,711 kilómetros; el *Canadian Pacific,* de Montreal a Vancouver, tiene 4,609 kilómetros y fue inaugurado en 1885; *el Central Pacific,* de Nueva York a San Francisco vía San Luis, cuenta con 4,246 kilómetros y se inauguró en 1869; el *North Pacific* corre de Nueva York a Seattle, tiene 3,560 kilómetros y comenzó a funcionar en 1893; en fin, el *Direct-Orient,* va de París a Estambul, tiene un total de 3,304 kilómetros.

La interrelación de los países europeos occidentales (a los que eventualmente se podrán unir los de Europa del este, después del derrumbe de tantas estructuras socialistas) ha alentado la comunicación ferroviaria unida, con anchura similar de rieles, a más del desarrollo de los trenes de alta velocidad. En las poblaciones de desarrollo medio continúan usándose los trolebuses, los tranvías y los trenes ligeros; y como medio de transporte masivo, los trenes subterráneos, en lo cual la URSS ha tenido el mayor desenvolvimiento, que aspira a alcanzar la meta total de 3,781 kilómetros en sus varias ciudades.

Otros medios de transporte

Aparte del triunfo definitivo de los barcos de vapor o de petróleo, que ya se citó con anterioridad, conviene recalcar que los barcos de vela se siguen usando, pero relegados a las actividades deportivas.

Por lo que se refiere a los *submarinos,* la idea, como se sabe, vino desde los primeros años de la Edad Moderna, con *Leonardo da Vinci.* Más tarde trabajó en ello el holandés *Cornelius van Drebbel,* que hizo ensayos en el Támesis en 1624, y luego ocurrió lo mismo en los Estados Unidos a fines del siglo XVIII y principios del XIX. El español *Narciso Monturiol* inventó un submarino, el *Ictíneo,* con el que navegó en aguas de Barcelona en 1859, y a fines de la centuria, en 1888, hizo otro tanto *Isaac Peral,* que pudo hacer una travesía a 10 metros de profundidad. El irlandés *John P. Halland* logró, en 1898, mover un submarino con fuerza alterna de motor o eléctrica. Gradualmente las embarcaciones submarinas se fueron perfeccionando hasta llegarse a la situación actual, en la que la energía nuclear ha sido utilizada al respecto de suerte que en 1959, uno de los submarinos norteamericanos logró cruzar por debajo del Polo Norte.

Otros medios de transporte se difundieron ampliamente en los siglos XIX y XX: desde la bicicleta hasta los automóviles y las naves destinadas a volar.

La primera, es decir, la *bicicleta,* tuvo como antecedente la *máquina corredora* hecha de madera por el barón alemán *Karl von Drais,* en 1817; tal máquina se convirtió propiamente en bicicleta en 1845, debido a *Moritz Fischer,* que adaptó una manivela de pedal a la rueda delantera. Más tarde se construyó el *velocípedo,* de alta rueda delantera y otra posterior más pequeña en 1845; con posterioridad, el francés *Ernest Michauz* creó, en 1855, una bicicleta de rueda baja con un mando por cadena unido a la rueda posterior. No fue, sin embargo, sino hasta 1870 cuando apareció la rueda con radios de acero ordenados tangencialmente, a instancias del inglés *Edward Alfred Cowper.* Y por lo que ve a la llanta neumática, la ideó primero *Robert William Thompson,* en 1940, aunque no tuvo aplicación por la carencia de caminos adecuados, y sólo hasta muchos años después pudo *John Dunlop* presentar su *neumático* con un éxito que resultó perdurable.

El automovilismo

En la historia del *automóvil* cabe señalar, desde luego como un primer capítulo, el caso del francés *Gugnot,* que con su máquina de vapor pudo recorrer en 1770 algunas calles de París. Otro inventor, el ya citado inglés *Ricardo Trevithick,* condujo en 1802 un "vagón de caminos", también movido por vapor, desde Cornualles hasta Londres, y en 1827 llegó a existir un servicio regular con vehículos de esta especie en algunos caminos de Inglaterra, inmediatos a la capital. Tenían capacidad para 6 pasajeros sentados y 15 colgados alrededor. La velocidad promedio era de 15 a 30 kilómetros por hora. Su inventor fue *Goldsworthy Gurney* y sus dificultades principales fueron, más que de orden técnico, de orden social, porque había quienes veían en la máquinas a otros tantos instrumentos de desplazamiento de los trabajadores, hasta el punto de que una ocasión Gurney fue apedreado y herido. Otros obstáculos resultaron de la oposición que los ferrocarriles y los cocheros le hacían. Además, como los automóviles de vapor eran pesados, con grandes ruedas de metal que dañaban los caminos, fueron sujetos a duros derechos de peaje; pero aun, en 1865 se aprobó en Inglaterra la *ley de la bandera roja,* en virtud de la cual los automóviles debían lanzar vapor en el camino y tenían que ser precedidos por un individuo que con una bandera roja o con una linterna fuera delante, a pie, para advertir el peligro que se acercaba. Evidentemente, esto restó ímpetu a la industria automovilística en suelo británico por algún tiempo.

A mediados del siglo, en 1864, el austriaco *Siegfried Marcus* construyó un motor de gasolina y en 1875 ideó un automóvil movido por tal carburante y con un encendido electromagnético. Tal vehículo se encuentra hoy en el Museo de Viena.

Los creadores del automóvil con características que serían el punto de arranque del desarrollo automovilístico fueron propiamente dos alemanes: *Karl Benz* y *Gorrlieb Daimeler,* que singularmente llegaron a metas semejantes por procedimientos diferentes, y que trabajaron a distancia corta, aunque nunca se conocieron, Daimler fue el inventor del motor de combustión interna, esto es, un motor que funciona a base de explosiones, lo cual significa la transformación de la energía química en mecánica. El motor Daimler fue adquirido por los franceses *Panhard y Levassor,* que se dieron a la tarea de construir automóviles que en los últimos años del siglo XIX comenzaron a circular en París, con ruedas revestidas de caucho y a una velocidad promedio de 32 kilómetros por hora.

Al fin, Inglaterra derogó en 1896 la "ley de la bandera roja" y se aplicó al perfeccionamiento del automóvil. Y los Estados Unidos a su vez se interesaron en este tipo de transporte. Se hicieron ensayos con coches movidos por vapor, electricidad y gasolina, predominando éstos al final, en lo cual tuvieron parte fundamental los hermanos *Duryea,* que lograron construir un automóvil que podía desarrollar una velocidad mayor. Con todo, en 1896 no había sino cuatro de estos automóviles; el de los *Duryea,* otro hecho de *Benz,* otro del norteamericano *Haynes* y otros más pertenecientes a *Henry Ford.*

Las experiencias de varios norteamericanos, y singularmente las de Ford permitieron un perfeccionamiento mayor de los vehículos y su producción en masa. Eso explica la afirmación que entonces se popularizó, de que Ford "puso a la multitud en automóvil" aunque es obvio que en el gran desenvolvimiento de la industria automovilística tuvieron parte sustancial las mejores técnicas en los caminos, en los puentes y en los túneles, así como en el mejor uso de los combustibles derivados del petróleo.

La industria automovilística ha tenido un desenvolvimiento notable en el siglo XX, lo mismo en *Europa* que en *América* y en *Asia,* sobre todo a partir de *la producción en masa.* El aspecto mismo de los automóviles cambió: se abandonó el de elevados y escuadrados vehículos, al modo de carrozas, para elaborarse vehículos más largos y más bajos, incluso algunos de líneas verdaderamente elegantes, por los años treinta, al modo del *Lincoln Continental,* el *Mercedes-Benz* y el *Hispano-Suiza.* Un hecho importante fue la aparición del *Volkswagen* en 1936 que por decisión de *Adolfo Hitler* diseñó *Ferdinand Porsche.* En los años posteriores a la Segunda Guerra Mundial, la tendencia ha sido la de disminuir el tamaño de los automóviles, en general, con líneas más singulares y mayor potencia y velocidad. La producción de automóviles —que alcanza muchos millones de unidades— tiene como países de mayor aportación a: *Estados Unidos, Alemania, Francia, Reino Unido, Italia, Japón, Canadá, Australia, España, la Unión Soviética, Bélgica* y *Brasil.* El número de vehículos en circulación ha obligado a la multiplicación de las autopistas, a la reglamentación del tránsito y a la toma de medidas frente al creciente número de accidentes en todo el mundo.

En Estados Unidos se ha calculado que alrededor del 43% de las personas que mueren por accidentes, lo son a causa de los automóviles.

Es conveniente mencionar el invento del alemán *Rudolf Diesel*, de un motor térmico de encendido automático que, perfeccionado al paso del tiempo, es utilizado no tanto por autotransportes como por los ferrocarriles y por los aviones de muchas partes del mundo.

Los *Estados Unidos* han impulsado el programa de construcción vial más dilatada del mundo. Una carretera de circunvalación, de 195 kilómetros, en el *Reino Unido*, es, en su género, la mayor en el planeta. Caminos de larga distancia se están llevando a cabo en *Australia, China, Arabia Saudita* y otros países, teniéndose que enfrentar, a veces, los retos de altas o muy bajas temperaturas (como en suelo árabe, o entre *Noruega* y *Suecia*, respectivamente), de túneles considerables, y la posibilidad del paso por uno de ellos bajo el *canal de la Mancha*.

Transportes aéreos

Volar, en fin, ha sido y es una de las grandes aspiraciones del hombre, según lo muestra el mito de Icaro, que voló con alas pegadas con cera, y según lo corroboran las leyendas de infinidad de pueblos. No obstante, la obra en firme realizada al respecto es asunto de fines del siglo XVIII. El año de 1767, un inglés, *José Black*, logró hacer experimentos de cierto interés a base de hidrógeno. Pero fue en 1783 cuando dos franceses, los hermanos *Joseph* y *Etienne Mont-golfier*, pudieron lanzar al aire un globo lleno de aire caliente, en Lyon, con varios tripulantes que eran un carnero, un gallo y un pato. El 5 de junio del mismo año pudieron hacer ellos otro tanto desde Versalles, en una canastilla que pendía de un globo de 34 metros de circunferencia, que también contenía aire caliente. La travesía duró 10 minutos y concluyó 2 kilómetros más adelante del punto de partida.

Los globos que se hicieron con posterioridad renunciaron al aire caliente y optaron por el hidrógeno que es un gas más liviano que el aire. Con un globo de esta clase fue posible cruzar el Canal de la Mancha en 1785, y el uso de aparatos de tal especie se generalizó tanto para diversión de la gente, cuanto para fines de observación y militares. La obra fue depurándose poco a poco, y en 1904 logró el brasileño *Santos Dumont* ganar un premio de 20,000 dólares por haber logrado volar en torno de la Torre Eiffel con un globo en forma alargada, que tenía atrás un timón y delante una hélice. El proceso tuvo otro aspecto sustancial con la aparición, también en 1904, del dirigible ideado por el alemán *conde Zeppelin,* que fue el antecesor de todos los vehículos llamados *zeppelines,* y que tuvieron como punto culminante el viaje de Alemania a los Estados Unidos en 5 días y la posterior vuelta al mundo, en 1929. Empero, el incendio del dirigible *Hindemburg,* en el aeropuerto de Lakehursta, en 1937, demostró los grandes riesgos de las naves que contenían gas, con lo que de hecho las comunicaciones a base de globos fueron abandonadas.

El *avión,* que es más pesado que el aire, es el resultado de una serie de experiencias que se hicieron a base de planeadores con alas movidos por un motor. En la obra se encuentran los nombres de *Le Bris,* que construyó un planeador en 1850, en forma de pájaro; la nave de *Pénaud,* en 1872; el deslizador de *Montgomery,* en 1883; y el de *Otto Lilienthal,* en forma de murciélago esto es, era un aparato de unas amplias alas. Hubo también aparatos movidos por vapor, como los aviones *Maxim* y *Phillips,* en 1893, el primero de los cuales tenía un enrejado delantero para contener el viento. Al final, se vio que el disponer de alas planas con motores movidos con gasolina era preferible, y en tal sentido trabajaron *Langley* y los hermanos *Willbur* y *Orville Wrigth.* Estos últimos realizaron en 1903 y 1904 sus vuelos en un aparato biplano con motor de 16 caballos, paralelamente a una experiencia semejante hecha por el alemán *Carl Jatho.* Los hechos comenzaron a sucederse con rapidez, y las aplicaciones fueron múltiples para el transporte pacífico de personas y objetos, o para la guerra. En 1909, el francés *Blériot* cruzó el Canal de la Mancha. En 1910, el inventor del hidroplano, *Glenn Curtis,* voló de Nueva York a Albany en 3 horas. En 1919, cien años después de la primera travesía en barco de vapor entre Europa y América, tuvo lugar el primer vuelo sobre el Atlántico, por un avión de la marina norteamericana tripulado por el teniente comandante *A. C. Read.* Los vuelos se sucedieron, y uno de los más famosos fue el realizado por *Charles A. Lindbergh,* que en 1927, en su avión *El Espíritu de San Luis,* fue el primero que pudo llegar de Nueva York exactamente al lugar que se había propuesto, que era París; los anteriores habían tenido siempre que hacer desviaciones en sus trayectorias.

En 1918 se estableció el primer servicio de pasajeros que hubo en el mundo, entre París y Londres. A partir de ese año, todo el mundo se ha visto cruzado por las líneas aéreas, que disponen, como en nuestros días, de aviones de toda clase, incluso los de turbo-hélice, y los de "propulsión a chorro", o "retropropulsión", generalmente llamados, "jets". El instrumental ha llegado a ser muy complicado, pero también muy perfecto, de tal suerte que los aviones de toda clase pueden volar con una precisión y seguridad notables, por encima de las condiciones adversas de la atmósfera; haces de rayos direccionales, instalaciones de radiotelefonía y otros aparatos le permiten al piloto guiarse en el aire, saber su posición y disponer de contactos permanentes con tierra.

En la última década del siglo XX, al par de perfeccionamientos técnicos importantes, y de un aumento apreciable en el número de pasajeros (en 1985 se calculó que en vuelos regulares se transportó alrededor de 900 millones de personas), se dio el caso de contar con 150 líneas aéreas agrupadas en la IATA (Organización Internacional de la Aviación Civil), si bien la situación económica ha ido en ellas desde el éxito hasta el tener que fusionarse unas a otras, o el de vivir en situación de difícil equilibrio.

Los últimos capítulos de la transportación ideada por el hombre están situados por los *satélites artificiales* y las naves destinadas a los viajes espaciales. Científicos norteamericanos y soviéticos han trabajado en ello con persistencia y éxito, sobre la base de las experiencias llevadas a cabo por los alemanes, que en las postrimerías de la Segunda Guerra Mundial pusieron en servicio las bombas V, que eran teledirigidas. Algunos sabios alemanes, asimismo, trabajaron después en Estados Unidos y en la URSS. El 4 de octubre de 1957 se lanzó al aire el satélite ruso *Sputnik I,* y en noviembre del mismo año se dio un paso más con otro satélite, el *Sputnik II,* que llevó consigo a la perra *Laika.* A su vez, el 11 de agosto de 1960 fue factible que un equipo norteamericano pusiera en órbita un cohete espacial dotado de diversos aparatos para observaciones científicas, que en la estratosfera pudo dar 17 vueltas antes de retornar a la Tierra en un punto de Alaska. Varios meses más tarde, el 12 de abril de 1961, los soviéticos lanzaron la nave *Volstok I,* de 4,725 kilogramos, tripulada por *Yuri Gagarin.* El aparato pudo mantenerse a 302 kilómetros de nuestro planeta y a una velocidad de 30,000 kilómetros por hora, lo que permitió al tripulante dar la vuelta en 1 hora y 18 minutos. Otro soviético, *Titov,* no sólo fue tripulante del *Volstok II,* el 7 de agosto de 1961, sino que pudo pilotear el aparato: dio 17 vueltas en 25 horas y 18 minutos.

Para fines del año de 1959, cerca de 20 satélites quedaron en órbita, norteamericanos unos, rusos otros, en esta fase nueva de la técnica humana.

El proceso ha seguido adelante con realizaciones espectaculares. Así por ejemplo, el 18 de marzo de 1965 el ruso *Leonof* salió de una nave espacial, atado por un cable, y logró la primera fotografía de la Tierra desde el exterior, por su parte, el 3 de junio de 1965, el comandante norteamericano *White* abandonó también su nave, a 190 kilómetros de la Tierra. Otro artefacto norteamericano, el Mariner IV, transmitió a la Tierra la primera fotografía directa de Marte. Y en el curso de 1969 pusieron los Estados Unidos un máximo empeño en los vuelos *Apolo,* de circunnavegación en torno de la Luna y de arribo a ella, con todo lo que eso significó de apertura humana al mundo extraterrestre.

El *21 de 1969* culminó, en efecto, el feliz viaje de la nave *Apolo XI* tripulada por los astronautas *Neil Armstrong, Michael Collins* y *Edwin Eugene Aldrin,* que permitió llegar a nuestro satélite natural. *Armstrong* fue el primer ser humano que pisó el suelo lunar, seguido por *Aldrin:* permanecieron cerca de dos horas y tomaron muestras de materiales del planeta. El gran acontecimiento pudo ser transmitido por televisión "en vivo", desde la Luna misma.

Éste fue el inicio de importantísimas experiencias astronáuticas.

En el mismo año de 1969, el *Apolo XII* llegó a la Luna, tripulado por *Charles Conrad, Richard Gordon* y *Alan Bean,* y descendieron a aquélla el primero y el tercero: instalaron instrumentos y recogieron rocas. El viaje sirvió para organizar las siguientes expediciones. En 1970, una nave soviética, la *Lunik XVII,* a partir de un satélite artificial puesto en órbita alrededor de la Tierra, se posó en la Luna. Un año después, en el *Apolo XIV,* tripulado por *Stuart Roosa, Mitchell* y *Shepard,* llegó a nuestro satélite natural y fue factible montar una estación científica en éste. El mismo año, los rusos *Vladimir Shatalov, Alexei Yeliseyev* y *Nikolai Rukavismikov,* tripulantes del *Soyuz X,* lograron ensamblar a éste con la estación orbital *Salyut.* También en 1971, otros norteamericanos: *David R. Scott, James B. Irwin y Alfred M. Worden,* permanecieron cuatro días en la Luna, donde realizaron experiencias diversas, viajaron en un vehículo apropiado al suelo lunar y establecieron un laboratorio espacial.

Más viajes se llevaron a cabo posteriormente, ya hacia la Luna, ya para obtener informaciones de Marte y de otros planetas de nuestro sistema solar. Los estudios de este campo de la astronáutica han tenido también cooperación de otros países de Europa y Asia.

Los adelantos son notables, pero también se han resentido fallas, insuficiencias, fracasos, e, incluso, situaciones dramáticas, la peor de las cuales fue el estallido en pleno vuelo del transbordador *Challenger,* de los *Estados Unidos,* cuyos siete tripulantes perecieron en 1986. Interesantes han sido los estudios logrados de varios planetas, así como el conocimiento de las características del cometa *Halley* en 1986, y, en sitio especial, el uso de aparatos destinados por *Estados Unidos* a la defensa estratégica —conocida como *Guerra de las Galaxias*—, sobre todo para rastrear e interceptar misiles.

Desarrollo del comercio

Al correr del siglo XIX, *Inglaterra,* convertida en la primera potencia del mundo, alentó cada vez más su política comercial a base del libre cambio, y en oposición al proteccionismo arancelario que predominaba en casi todas partes.

Aun la antigua *Ley de Navegación,* dictada por Cromwell varias centurias antes, y que había ayudado tanto al poderío naval inglés, fue derogada, Inglaterra se convirtió en el país campeón del comercio libre contra las barreras aduanales. A la larga, sin embargo, tanto ella como las demás naciones de la Tierra sujetaron su política comercial al *proteccionismo,* que de hecho está hoy vigente en todas partes. El gran comercio de nuestros días, realizó en ocasiones en plena competencia de unos países con otros, se realiza, en otras, mediante convenios multinacionales, en los que productores y consumidores fijan cuotas de consumo y precios que rigen por un tiempo determinado. Como quiera que sea, los grandes países industrializados suelen estar siempre en mejor posición que los subdesarrollados, y las quejas presentadas por éstos en virtud de faltas de ayuda, deterioros de precios de las materias primas, y competencias desleales, se repiten de continuo.

El comercio en gran escala, interior y exterior, ha venido a mostrar la profunda interrelación de los países. El consumo en masa supone una vasta red de productores y distribuidores que participan en el proceso, y cuya acción se deja sentir hasta los sitios más lejanos. Modalidad singular de este comercio de gran volumen, son los *trust* y *carteles,* en el plano internacional, tanto como las cadenas de tiendas que los norteamericanos han impulsado tan decisivamente. Esto último se inició en *F. W. Woolworth,* quien en 1879 abrió en Utica, Nueva York, una empresa comercial de precio único, que al principio expendía sus artículos a 5 centavos. Al paso del tiempo, la red se extendió dentro y fuera de los Estados Unidos, al igual que otros sistemas comerciales de su tipo.

La actividad bancaria a su vez, se ha difundido con amplitud en todos los países del mundo; pero ha sido fenómeno generalizado el de la concentración de capitales en determinadas instituciones poderosas, sin perjuicio de que siga habiendo instituciones pequeñas. La propensión a que haya un banco central en cada nación está igualmente aceptada en casi todas partes. Algunos bancos tienen por características no operar sólo para un país determinado, sino para otros, como es el caso del *Banco Mundial de Desarrollo.* En fin, otros organismos de tipo financiero han tenido igualmente gran desenvolvimiento, al modo de las *bolsas,* o mercados de valores, cuyo nombre deriva de una familia holandesa, llamada *Van der Beurse,* en cuya casa, en *Brujas,* celebraban reuniones los comerciantes desde fines de la Edad Media.

Desenvolvimiento agrícola

Es evidente, sin embargo, que la economía inglesa derivó desde el siglo XVIII hacia una situación en la cual, si bien fue sobre todo la *industria* lo que constituyó la base principal de la vida material inglesa, la *agricultura* y la *ganadería* tuvieron también una importancia clara.

En otras partes de Europa, la *agricultura* siguió siendo importante, sobre todo en las áreas orientales, aunque en las zonas occidentales tuvo la industrialización un puesto cada vez más destacado. La mecanización en esas últimas partes, lo mismo que en los *Estados Unidos,* el *Canadá, el Japón* o la *URSS,* ha sido intensa. Grandes áreas se encuentran destinadas al cultivo, y las formas de éste varían según las condiciones geográficas de cada sitio. A más de máquinas múltiples —arados mecánicos, desgranadoras, despepitadoras, etc.—, hay obras de riego, grandes y pequeñas, que fecundan zonas que en otras condiciones serían completamente áridas: los casos de *Egipto,* con la presa de Assúan, o las tareas emprendidas en *Israel* para transformar en vergel el desierto de Neguey, son típicos en este sentido. Cabe agregar la obra de selección de semillas, el estudio de terrenos, el combate contra las plagas, incluso con aviones especiales, y otras labores más que lo mismo se utilizan en grandes propiedades de tierra, que en pequeñas, a fin de obtener resultados apetecibles. Se considera a *Holanda* y *Bélgica* como los países europeos que mayores rendimientos obtienen del suelo.

El régimen de propiedad, por otra parte, ha sido objeto de modificaciones de importancia. En pueblos subdesarrollados se ha puesto en marcha una *reforma agraria* que ha pretendido una redistribución en la posesión del suelo, aunque en determinados sitios el problema no es el de repartir sino el de reagrupar las tierras, allí donde existe el minifundio. En otros lugares se ha optado por la unión de los esfuerzos de los agricultores, a base de cooperativas, y es en los Estados Unidos donde, acaso, existe uno de los esfuerzos más altos, en este sentido, con cerca de 15,000 sociedades de tal especie que agrupan a socios que forman gran parte de los agricultores activos del país.

Medios de difusión

Aparte la *prensa,* han tenido gran desarrollo el *cine,* el *radio* y la *televisión.*

Hacer posible que a través de las imágenes se pudiese reproducir el movimiento de seres humanos o de objetos, fue aspiración alimentada por muchos años, y se culminó en la actual industria y arte de la *cinematografía.*

La obra es propia de la Edad Contemporánea en sus formas definitivas. Entre los antecedentes del cine pueden citarse varias experiencias singulares como las de *J. A. Plateau,* en la Universidad de Gante, y del austriaco Von Stampfer, que en la primera mitad del siglo pasado lograron mostrar imágenes en movimiento, mediante un sistema que consistía en montar dibujos en un orden sucesivo al borde de un disco que al girar permitía la ilusión de una escena en marcha. Tiempo más tarde otro austriaco, *Uchatius*, combinó el disco con la *linterna* mágica —aparato óptico en el que a través de varios lentes se hacían aparecer, proyectadas sobre la pared, o sobre una tela, las figuras contenidas en tiras de cristal eliminadas valiéndose de una luz puesta detrás del disco—, con lo que las imágenes se proyectaban sobre la pantalla. Las primeras fotografías dispuestas en forma continua, a las que se ponían a girar después, a fin de dar la sensación del movimiento, las tomó en 1860 el norteamericano *Coleman Sellers*, por simple recreo familiar, aunque su invento no fue capitalizado. Se hicieron varios ensayos para obtener múltiples fotografías, pero las dificultades de ser tomadas aisladamente, y de que la impresión se hacía en cristal, entorpecieron el procedimiento. Sólo cuando *Eastman* invento el *celuloide*, en lugar de las placas de vidrio, se dio un paso en firme en la tarea de que se trata. Más tarde, *Tomás A. Edison*, pudo conseguir, en 1889, mediante una especial cámara fotográfica, una sucesión rápida de imágenes en una tira de celuloide enrollada en un carrete. La cámara usada por Edison tenía el principio aún en uso en las cámaras de cine ya que se abría y se cerraba el obturador varias ocasiones por segundo. Pero contra lo que pudiera suponerse, la película de Edison no se llegó a proyectar: se veía simplemente a través de un aparato con un ocular, que se llamaba *Kinetoscopio*.

Los inventores del cinematógrafo propiamente dicho fueron los franceses hermanos *Lumière*, que lograron aprovechar las experiencias previas hasta lograr la proyección de imágenes con un aumento de 35,000 veces el tamaño de las fotografías. En ese entonces y en los años siguientes, los aparatos de los Lumiére lograban tomar 16 fotografías por segundo, en tanto que las películas sonoras de nuestros días toman 24 imágenes por segundo. Esto explica por qué las películas antiguas muestran movimientos saltarines . Tales películas eran "mudas", es decir, sin sonido, y así lo fueron hasta 1924; pero desde ese año se agregó el sonido a las películas, primero mediante una sincronización de las cintas con un disco fonográfico, y después mediante el registro del sonido en la misma película.

Al principio las cintas eran cortas, con temas simples; pero en 1902 produjo el francés *Jorge Meliés* su *Viaje a la Luna*, predecesor de las películas de aventuras, y en 1903 se filmó la película llamada *La Vida de un Bombero Norteamericano*, tomada con escenas de la vida real. A partir de ese momento, el cine ha llegado a convertirse en una vasta empresa en que el arte y los intereses industriales se combinan hasta límites impresionantes. Vastas inversiones suponen los estudios cinematográficos, que hoy se encuentran en innumerables países, con obras que mucho impacto tienen en el público de todo el mundo, no sólo con películas hechas a base de situaciones humanas o ambientales, sino también a base de dibujos animados, en lo que fue maestro el célebre artista norteamericano *Walt Disney.*

Los antecedentes de la radiofonía son, en lo sustancial, asuntos de fines de siglo XIX y principios del actual. Es decir, deben tomarse en cuenta los experimentos de *Hertz,* en 1888 sobre oscilaciones electromagnéticas, o los de *Guillermo Marconi,* que pudo, inclusive, idear un sistema telegráfico completo. La técnica inalámbrica recibió otras aportaciones, pero su desarrollo firme no se alcanzó sino hasta haberse inventado la lámpara de electrones, ya entrado el presente siglo. Perfeccionados los instrumentos, el 22 de diciembre de 1920 tuvo lugar la transmisión del primer concierto a través de onda larga desde Alemania, en Konigswusterhausen. Al año siguiente, en 1921, comenzó a trabajar en Pittsburgh, Estados Unidos, la primera emisora de onda media. Y en 1923 quedó establecido en forma el sistema alemán de radio. Actualmente no hay país que no tenga emisoras de variada potencia, cuyo influjo en el pueblo es patente, lo mismo para diversión, que para transmisión de noticias, o para obtención de fines de propaganda política.

En fin, la *televisión* es la última expresión de los grandes hallazgos entre los medios de difusión. Son enormes sus ventajas y también sus desventajas desde el punto de vista de la cultura y de la psicología de masas, porque si bien es factible una difusión amplísima de conocimientos de múltiple contenido, no es menos cierto que los aficionados habituales a ella suelen desviar su inquietud cultural de los libros a las pantallas de los televisores, sin perjuicio de que en ellos se vaya modelando una actitud muchas veces pasiva y sin discernimiento bastante para la recepción de toda clase de imágenes e ideas.

La historia de la *televisión* supone los trabajos de diversión científicos del mundo, tales, entre otros, el físico inglés *Carey,* que trabajó en 1875 en la reproducción de imágenes de un mosaico de células fotoeléctricas; el alemán *Paul Nipkow,* que buscó la obtención de imágenes mediante la rotación de un disco; el alemán *Heinrich Hertz* que pudo obtener y detectar ondas electromagnéticas, en 1888; y el escocés *John L. Baird,* que en 1927 pudo transmitir varias imágenes a una distancia de 600 kilómetros, valiéndose de alambres. Poco después, entre los años de 1928 y 1930, quedó montada la primera estación televisora, la WGY, de la General Electric, en Schenectady, Estados Unidos. Hoy se cuenta con estaciones emisoras en casi todo el mundo, con una gran fidelidad en la transmisión de las figuras, e inclusive a colores naturales. El aprovechamiento de satélites artificiales para la transmisión es un auxiliar notabilísimo.

La música popular

En otros planos es indudable que la música popular, la folklórica y la bailable han tenido en el siglo pasado y en el actual una gran difusión. Desde las *mazurkas* y las *polcas,* procedentes de Polonia, hasta las polcas alemanas que en España se convirtieron en el *chotís,* y desde el *vals* vienés hasta los tangos argentinos y las piezas cubanas, la gama es múltiple y de muy variado nivel en cuanto a su valía, si bien la aceptación en algunos casos ha sido muy significativa. Por su interés renovado, y por su impacto fuerte en lo que va del siglo, conviene poner énfasis en el *jazz,* como una expresión musical de origen norteamericano que prácticamente tiene alcances universales.

A lo que parece, la historia del jazz es preciso unirla a los tiempos de la Guerra de Secesión, cuando la innata disposición de los negros les permitió expresar sus sentimientos con instrumentos obtenidos de soldados del Ejército Federal que los iban abandonando tras la victoria sobre los confederados. Sin estudios, pero con gran capacidad artística, muchos negros supieron unir, en sus bandas musicales, el ritmo áfricano con la armonía europea y los himnos de raíz protestante. Lo que produjeron tuvo un fuerte matiz de melancolía, y fue *Nueva Orleáns* el primer gran centro de la nueva música que poco a poco sustituyó el antiguo *ragtime* de finales del siglo XIX. Más tarde, se usó en Chicago, hacia 1915, el término "Jazz" para designar despectivamente a unos músicos blancos que tocaban en la cafetería *Lamb* de dicha cuidad, y que bajo la dirección de Tom Brown había llegado de Nueva Orleáns para interpretar el nuevo ritmo. El nombre fue adoptado por ellos, a pesar de todo, y tuvo éxito. En los años siguientes, el "jazz", interpretado por los negros y blancos, se convirtió en una modalidad típicamente norteamericana, pero con reflejos que hoy resultan prácticamente mundiales.

Varias bandas y varios músicos se hicieron famosos, como la banda de *King Oliver,* hacia los años 1922-1923, que contó entre sus componentes a quien habría de ser, según se cree, el mejor intérprete de esta modalidad musical que fue *Luis Armstrong,* rey de la trompeta, y *Duke Ellington,* pianista y director del conjunto más espectacular que el jazz ha tenido.

Con la disposición de instrumentos de aliento —especialmente trompetas y saxofones— y de percusión, integrantes en este último caso de una batería, que es esencial al caso, el jazz ha venido a acostumbrar al público a una gran sentido de disciplina rítmica, a una insospechada variedad de coloración, pero también a una cierta carencia de melodía superior.

No podría pasarse por alto, en fin, el gran desenvolvimiento alcanzado por el *ballet* en los dos últimos siglos. En efecto, si en la era clásica una expresión notable, con los románticos se creó en Alemania el drama musical de acción continua, y poco a poco, sobre todo en *Rusia* y en *Francia,* la danza, que al principio tenía sólo un carácter secundario y subordinado a la ópera, pudo desprenderse y obtener rango propio, en combinación con una música apropiada. A fines de la pasada centuria, el ballet romántico tuvo ejemplares de tanta valía con *Cascanueces, La Bella Durmiente, El Lago de los Cisnes,* de Tchaikowsky, *Copelia* y *Silvia* de Leo Delibes, a más de otros.

En los primeros años de este siglo fue fundamental la obra del director ruso *Sergio Diaghilev,* que integró conjuntos de magna espectacularidad, con óperas y poemas sinfónicos de *Rimsky-Korsakov, Borodin* y *Tchaikowsky,* y después de *Stravinsky, Debussy, Ravel, Falla* y otros. En otros países comenzaron a alentar, tiempo más tarde, conjuntos de ballet en la línea clásica, o en la nacional, como el *Ballet de Montecarlo,* en Francia; el *Ballet Americano,* de los Estados Unidos o el *Ballet Folklórico,* de México.

El teatro

El teatro se vio seriamente limitado en su desarrollo hasta el siglo XIX, debido a prejuicios derivados de las antiguas reglas clásicas. Fue, asimismo, un espectáculo para minorías, y no para grandes masas, salvo casos de excepción. Sin embargo, con la rebeldía artística que se produjo en la segunda mitad del siglo XIX, y con la conjugación de esfuerzos procedentes de la literatura, de la música, del arte dramático, de la plasticidad de los decorados y de las nuevas aportaciones de la arquitectura, el teatro tomó cada vez más hacia planos superiores en casi todo el mundo. Lo singular es que uno de los mayores innovadores en esta materia no fue un actor profesional, sino el *duque de Sajonia Meininge,* quien organizó una compañía teatral en la que, puestas fuera las esquematizaciones tradicionales que se habían anquilosado, insistió en un arte dramático natural y fluido. Y así, a partir de 1880 realizó su compañía muchas representaciones por distintos países de Europa, y su labor pesó mucho en lo que hizo más tarde el ruso *Constantino Stanislavsky,* que forjó el Teatro de Arte de Moscú.

Puede decirse que en ese marco de la renovación teatral se manifestaron, desde fines del siglo XIX, varias tendencias: la naturalista o realista y la poética.

La primera alcanzó desde un principio, una aceptación amplísima y permitió la aparición de obras pertenecientes a dramaturgos de los más diversos países. Conviene mencionar, entre ellos, el sueco *Augusto Strindberg* (1849-1912), con la *Señorita Julia* y *Danza de la Muerte;* el noruego *Enrique Ibsen* (1828-1906), con *La Casa de Muñecas* y *Los Enemigos del Pueblo,* y su discípulo *Björnsen* (1832-1910); los franceses *Enrique Becque* (1837-1899), con *Los Cuervos,* y *Emilio Zolá* (1840-1902), con *Naná* y *La Taberna.* Asimismo los alemanes: *Germán Sudermann* (1857-1926), con *Viva la Vida* y *El Honor* y *Gerardo Hauptmann* (1862-1946), con *Los Tejedores.*

En Inglaterra siguió la tendencia naturalista el irlandés *Jorge Bernardo Shaw* (1856-1950), con *Hombre y Superhombre* y con *Cándida,* e igualmente los autores que escribieron con posterioridad de los citados, como los españoles *Jacinto Benavante* (1866-1945), con *Señora Alma y Los Intereses Creadores; Federico García Lorca* (1898-1936), con *La Casa de Bernarda Alba y Bodas de Sangre; y Manuel Linares Rivas* (1878-1938), con *La Garra y Cobardías.* El máximo representante de esta corriente en Italia fue *Luis Pirandello (1867-1936),* autor de *Cada uno su Verdad, Enrique IV* y *Seis personajes en Busca de Autor.* Otros autores franceses dados al realismo han sido *Francisco Mauriac, Eduardo Bourdet* y *Francisco de Curel.* Y en Estados Unidos: *Arturo Miller,* con *La Muerte de un Viajante, Eugenio O'Neil* (1888-1953), con *Extraño Interludio* y *Ana Christine,* y *Tenessee Williams,* con *Un Tranvía Llamado Deseo.*

El naturalismo llegó a cierto límite y produjo una reacción contraria. Se optó por el expresionismo, por los efectos escénicos múltiples, por la luz y el sonido como elementos básicos en la presentación de una obra, e inclusive con modalidades derivadas de los escenarios giratorios o redondos, y de los diversos niveles en el foro. Es decir, se quiso que hubiera un mínimo de actuación esencial y un máximo de realizaciones de conjunto, para llegar a una impresión de fuerte impacto en el público. Decoradores y arquitectos, tanto como escenógrafos y electricistas hicieron un sitio importante en esta nueva fisonomía del teatro contemporáneo, a la que contribuyeron en gran medida al alemán *Max Rheinhardt y* el ruso *Vsevolod Meyerhold.*

Finalmente, es legítimo anotar, entre los autores de la tendencia poética, con matices filosóficos y aun románticos, el alemán *Francisco Wedeking* (1868-1917), autor de *El Espíritu de la Tierra;* el francés *Pablo Claudel* (1868-1955), con la *Anunciación a María;* el italiano *Gabriel D'Annuzio* (1863-1938), con *La Hija de Iorio* y *La Ciudad Muerta;* el francés *Juan Giraudouz* (1882-1944), con *La Guerra de Troya, No Tendrá Lugar* y *Anfitrión:* el belga *Mauricio Maesterlich* (1842-1949), con *El Pájaro Azul;* y los norteamericanos *Archibaldo MacLeissh* y *T. S. Eliot (Asesinato en la Catedral).*

Dentro de una corriente que busca dar una visión descarnada de la vida, con un impacto desquiciante pueden citarse a los franceses *Juan Pablo Sartre* y *Alberto Camus.*

IMPRESO EN PROGRAMAS EDUCATIVOS, S.A. DE C.V. • 117286 500 02 99 518

EMPRESA CERTIFICADA POR EL INSTITUTO MEXICANO DE NORMALIZACIÓN Y CERTIFICACIÓN, A.C.
BAJO LA NORMA ISO-9002: 1994 / NMX-CC-004: 1995 CON EL No. DE REGISTRO RSC-048